벼랑 끝에 선
민주주의

《벼랑 끝에 선 민주주의》에 쏟아진 찬사

정신없이 몰입하게 하는 매혹적인 책이다. 이렇게 중요한 사안을 이렇게 탄탄한 원천 자료들로 풀어낸 책은 정말 만나기 어렵다. '사회적 책임'과 '평등주의'의 가치를 깊이 믿었던 미국 대중이 어쩌다가 규제 없는 자유시장만이 '자유'와 '선택'을 지키는 길이라는 주장에 넘어가게 되었을까? 낸시 매클린은 이 과정을 밝히면서, 우리가 한때 그토록 소중히 여겼던 미국의 민주주의가 매우 심각한 공격에 직면해 있음을 보여준다. 적대와 대치로 점철된 오늘날의 정치를 파악하고자 한다면 당장 이 책을 읽기 바란다.

앨리스 케슬러-해리스(컬럼비아 대학교 교수, 전 미국 역사학자협회 회장)

어쩌다 이 지경에 이르게 되었을까? 어쩌다 기업이 '권리'를 갖게 되었을까? 어쩌다 민주주의가 이기적인 개인주의를 뜻하게 되었을까? 어쩌다 돈이 '표현의 자유'를 의미하게 되었을까? 낸시 매클린의 신간은 이에 대한 답을 파헤친다. 자신들이 정치제도를 좌지우지하는 것을 정당화하기 위해 억만장자들이 사용하는 이론과 논거를 꿰뚫어보려면 이 책을 꼭 읽어야 한다. 더없이 시의성 있고 긴요한 책이다.

그렉 그랜딘(뉴욕 대학교 교수, 밴크로프트 상 수상자)

미국의 민주주의가 내부로부터 전복되고 있다. 지금 정말로 벌어지고 있는 일이다. 우파는 이 일을 어떻게 해냈을까? 낸시 매클린은 코크 형제가 사용하고 있는 전략의 진짜 개발자에 대해 이제까지 알려지지 않았던 이야기를 들려준다. 그는 정치경제학자 제임스 맥길 뷰캐넌이다. 뷰캐넌은 '주의 권리'라는 개념과 '자유시장' 이론을 결합해서 오늘날 공화당 주류가 대표하는 과두주의 이데올로기를 형성하는 데 일조했다. 주도면밀한 연구와 날카로운 통찰이 담긴 이 책은 '국민에 의한 정부'를 믿는 사람이라면 꼭 읽어야 할 책이다.

낸시 아이젠버그(루이지애나 주립대학교 석좌교수)

극우는 어떻게 긴 게임을 펼쳐 승리했는가? 때때로 권력 연합은 돈과 권력을 가진 쪽과 그렇지 못한 쪽 사이의 격차를 계속해서 벌리는 영구 운동 기계처럼 보인다. 그럼에도 이 책에서 나는 희망을 본다. 이러한 책들이 앞으로 계속해서 중요한 진실에 빛을 비추어 주면 사람들은 더 관심을 기울여야 할 필요성을 느끼게 될 것이고 거짓을 말해온 사람들이 가장 나은 지도자라는 냉소적인 견해에 굴복하지 않게 될 것이다.

<뉴욕타임스>, 헤더 부시(워싱턴평등성장센터 수석경제학자)

극우가 목표로 하는 바는 무엇인가? 다수를 억압하는 사회다. 사상사의 관점에서 풀어낸 제임스 맥길 뷰캐넌의 전기에서 낸시 매클린은 대중에게 잘 알려지지 않고 있었던 자유지상주의자 뷰캐넌의 사상이 어떻게 현대 정치에 영향을 미치고 있는지를 설명한다.

<슬레이트>

낸시 매클린은 정치경제학자 제임스 맥길 뷰캐넌과 막대한 부를 소유한 보수주의자들이 어떻게 미국의 민주주의를 변형시키고 훼손했는지를 깊이 있고 통렬하게 파헤친다. (…) 매클린은 뷰캐넌의 전략이 어떻게 정부를 '기업의 지배'에 친화적이고 '복지 국가'에 적대적인 방식으로 몰고 갔는지를 보여준다. (…) 미국 정치사와 사상사 분야의, 또 하나의 역작이다.

<퍼블리셔스 위클리>

낸시 매클린은 우파의 궁극적인 목표가 20세기[의 진보]를 거꾸로 되돌리려는 것이라고 말한다. 코크 형제와 공화당이 "재산이 최고로 군림하는" 새로운 도금시대Gilded Age를 만들려 한다는 것이다.

<살롱>

현대 극우 운동의 핵심 설계자인 제임스 맥길 뷰캐넌에 대한, 눈을 뗄 수 없게 흥미로우면서도 두려운 이야기.

<오프라 매거진>

자유지상주의를 주류로 등극시키고 종국에는 정부 자체를 장악하기 위해 벌어졌던 60년간의 운동에 대해 그 과정을 꼼꼼하게 추적했다.

<NPR>

에피소드 1: 오래전 미국에서 유학하던 시절의 일이다. 유학 초기 영어가 서툴러서 말로 쓰는 과목의 성적은 그리 좋지 않았지만 한국 고등학교에서 강한 수학교육을 받은 필자는 숫자로 하는 과목은 모두 반에서 1, 2등이었다. 친한 여학생 하나가 "원윙드 비One-Winged Bee(한쪽 날개만 가진 벌)는 잘 날지 못해"라는 조크를 걸어왔다. 그다음부터 필자의 별명은 바로 '원윙드 비'였다.

에피소드 2: "최빈국의 어느 마을에 100가구가 살고 있는데 그중 한 가구만 매우 부유하고 나머지 99가구는 대체로 가난하다. 부유한 가구의 가장은 1,000평이나 되는 넓은 집에 살며 외국으로 이민 가서 크게 성공한 아들이 매달 풍족하게 송금해주는 돈으로, 그 나라 기준으로는 '귀족'처럼 살고 있다. 부자 가구가 이발소도 가고 가게에서 식품도 사면서 소비하는 돈으로 마을의 경제가 돌아가는 탓에 마을 사람들은 이럭저럭 살아가는 데는 지장이 없다. 하지만 부자를 제외한 나머지 가구는 10평 미만의 집에서 비좁게 산다. 어느 날 마을회의에서 일부 가구가 이런 상황에 대해, 주민투표로 뜻을 모아 부자 가구의 집을 차지하고 공평하게 나누어 모두 넓게 살자고 제의한다. 주민투표에서 1대99로 이 안이 지지를 얻어 통과된다. 그 결과 부자는 마을을 떠나고 마을의 경제도 더 이상 지속될 수 없어 예전보다 훨씬 더 가난해진다."

오늘날 전 세계 대부분의 나라가 정치체제로서 대중 민주주의, 경제체제로서 자본주의를 채택하고 있어 이 두 체제의 결합은 자연스러운 것으로 받아들여지고 있다. 하지만 이 이야기는 그 출처는 불분명하지만 두 체제 간의 잠재적인 모순을 설명하는 예로서 거론되고 있다.

낸시 매클린의 《벼랑 끝에 선 민주주의》는 역사학자의 시각에서 코크 형제와 뷰캐넌이란 '자유지상주의자'들이 연합하여 각각 '부'와 '이론'을 무기로 어떻게 미국의 민주주의에 '족쇄'를 채우고 일부 가진 자들의 이익을 대변하는 방향으로 미국의 법과 의회를 바꾸려 했는지를 기록한 책이다. 저자는 역사학자답게 여러 문서와 보도를 촘촘히 엮어가면서 정연한 논리를 펼치고 있다. 저자는 억만장자인 코크 형제가 자금을 대고, 버지니아학파의 태두泰斗이자 '공공선택이론'으로 노벨 경제학상을 수상한 뷰캐넌이 탄탄한 이론을 제공하면서 조지 메이슨 대학을 거점으로 수십 년간 수많은 '공작원'을 키워냈다고 주장한다. 이들이 사회 각계에서 활동을 펼쳐 미국의 정치지형을 바꾸어놓았다는 것이다. 이 공작원들은 레이건 정부 시절부터 민영화 및 규제완화의 논리를 제공하기 시작하다가 급기야는 공화당을 '은밀히' 접수하고, 연방 정부 차원을 넘어 주 정부 레벨까지 의회와 행정부, 나아가 사법부까지 장악했다고 본 것이다. 이 과정이 매우 조직적이고 은밀한 데다 전략까지 뛰어나 국가 정책결정의 최상부까지 장악하는 것이 일반 대중은 알아채지 못한 채 진전되었다고 시사하고 있다. 이들 '급진우파'의 '은밀한 공작'은 현재 진행형으로서, 저자는 이들이 "궁극적으로 목표하는 바는 미국의 가장 중요한 정치 규정집인 헌법을 바꾸는 것"이라고 단언하고 있다. 이 결과 대의제로 대표되는 미국의 민주주의는 다수 대중의 힘이 대변되지 못하고 일부 주에서는 위생, 환경, 교육 면에서 공공서비스의 질이 크게 나빠지는 것은 물론, 소득 불평등도 '극단적'으로 증가했다는 것이다. 저자는 나아가 "현재 미국의 극단적인 불평등은 상당 부분 기업과 부유한 후원가들의 과도한 권력이 정치와 공공정책에 영향을 끼쳐서 발생한 것이다"라고 쓰고 있을 정도다.

그런데 경제학자인 필자의 눈에는 논리적으로 훌륭한 이 책을 읽는 독자들에게 권하고 싶은 것이 있다. 이 책은 분석적이고 다양한 에피소드를 섞어 독자들을 흡인하는 힘을 가지고 있어, 이 책의 논리를 그대로 따라가고 공감한다면 앞서 '에피소드 1'에서 언급한 "원윙드 비"가 될 우려가 있기 때문이다. 좀 더 큰 관점에서 이 책의 배경을 이해하고 보는 것이 좋겠다는 것이다. 그러면 이 책을 좀 더 균형적인 시각으로 '즐기며' 받아들일 수 있을 것이다.

'에피소드 2'와 비슷한 맥락에서 MIT 교수였던 레스터 서로우Lester Thurow는 원래 자본주의와 민주주의는 본질적으로 상충되는 제도라 주장하고 있다. 그는 저서 《자본주의의 미래The Future of Capitalism》에서 다음과 같이 설파했다.

"민주주의와 자본주의는 적절한 권력의 분배에 대해 매우 다른 믿음을 가지고 있다. 하나는 '1인 1표'라는 정치권력의 완전히 평등한 분배가 좋다고 믿는 반면, 다른 하나는 경제적 비적격자를 몰아내어 경제적으로 멸종시키는 것이 경제적 적격자의 의무라고 믿는다. (중략) 자본주의와 민주주의는 권력의 올바른 분배에 대한 가정들에 이르면 매우 큰 불일치를 보인다. 민주주의는 경제적 불평등이 커지면 문제가 생기는데, 이는 바로 민주주의가 '1인 1표'라는 정치적 평등을 옳다고 믿기 때문이다. 민주주의는 큰 불평등과 양립할 수 없는 신념들과 준거집단들을 내세우고 있다. 자본주의도 그 자체가 양산해내는 불평등을, 왜 이런 불평등이 옳고 공정한 것에 대해 민주주의와 전혀 반대되는 신념들을 가지고 옹호하는 데 어려움을 겪는다."●

그럼에도 불구하고 오늘날 전 세계 대부분의 나라가 정치체제로서 대중 민주주의, 경제체제로서 자본주의를 채택하고 있다. 한국도 예외가 아니어서 많은 사람들이 이 두 체제의 결합을 자연스러운 것으로 받아들인다. 많은 사람들은 자본주의와 민주주의가 인류의 역사만큼 오래되었다고 생각한다. 실제로 자본주의가 개인 소유권의 인정에서 시작되었다고 본다면 이는 구약 성경에도 기록될 정도로 오래되었다고 추정할 수 있다. 왕이 국가의 모든 자산을 소유했다고 인정되었던 중세 유럽의 절대군주주의 시대에도 상행위로 부를 축적한 상인계급(부르주아)이 출현했다. 이에 반해 민주주의, 특히 대중 민주주의의 역사는 생각보다 짧다. 고대 그리스의 민주주의나 마그나카르타(대장전) 이후 영국의 민주주의도 귀족이나 일부 신분계층만이 누릴 수 있는 체제였다. 우리가 흔히 알고 있

● Lester C. Thurow, The Future of Capitalism, p247, Penguin Books, 1996.

는 대중 민주주의, 즉 모든 계층의 성인들이 1인 1표의 투표권을 행사할 수 있는 정치체제는 영국의 식민지에서 독립한 미국에서부터 시작되었다고 보는 것이 맞다. 그러나 이것도 여성의 투표권에 제한이 있는 불완전한 형태였다. 20세기 초에야 여성에게도 투표권이 부여되면서 미국의 대중 민주주의는 제대로 된 형태를 갖추기 시작했다. 유럽의 본격적인 민주주의 도입도 19세기 말에 와서야 시작되었다.[*] 미국과 유럽을 제외한 각국의 대중 민주주의 도입은 이보다도 더 늦었다. 2차 세계대전 이후 서구 및 일본 제국주의의 지배를 받던 아시아와 남미의 국가들이 승전국인 미국의 주도로 해방되거나 독립하면서, 대중 민주주의를 본격적으로 채택했기 때문이다. 아나톨 칼레츠키^{Anatole Kaletsky}도 그의 저서 《자본주의 4.0^{Capitalism 4.0}》에서 근대 자본주의(자본주의 1.0)의 시작을 미국이 독립한 해부터라고 규정하고 있다.[**] 이 책은 자본주의의 발전 경로를 대중 민주주의와 자본주의가 제대로 결합되면서 상호 발전을 도운 과정으로 설명하고 있다. 저자는 근대 자본주의의 시작을 알리는 이론서인 아담 스미스^{Adam Smith}의 《국부론》도 미국 독립과 같은 해인 1776년 출간된 것에 주목한다.

미국과 유럽에서 이렇게 본질적으로 어울리기 어려운 민주주의와 자본주의가 어떻게 잘 결합하고 상호작용을 하면서 19세기 이후 큰 번영을 이루어 현재 전 세계의 지배적인 정치경제 시스템이 될 수 있었을까?

이런 혼합체제가 균형을 이루기보다는 상호 모순으로 나라 경제 전체가 무너질 위험성은 지금도 높은 것이 사실이다. 예를 들어 민주주의가 너무 힘이 세져서 자본주의를 억누를 지경에 이르는 것이 바로 '포퓰리

즘'과 '중우정치衆愚政治'이다. 국민들은 갈수록 무상복지에 취해 더 큰 정부를 원하고, 이 정부가 선심성 정책을 남발하면 나라 곳간은 곧 바닥이 나게 되어 있다. 중과세로 다시 재정을 메꾸는 과정에서 이를 피해 국부와 브레인이 해외로 대거 빠져나가는 악순환 고리를 우리는 남미와 유럽의 상당수 국가에서 이미 보았다. 반면에 자본주의가 너무 힘이 세지는 경우에는 기업들의 독과점이 난무하고, 극심한 환경오염으로 맑은 물과 공기는 갈수록 접하기 힘들어지며, 사회 취약계층에 대한 보호와 의료지원, 계층간 양극화, 부의 세습 등으로 일부 계층을 제외하고, 잘 살기 힘든 사회가 될 것이다.

서로우는 미국의 경우 민주주의 절차에 의해 선출된 정부가 시장을 가만히 놓아두었을 때보다 더 평등한 소득분배를 이루는 데 적극적으로 활용되었기 때문에 큰 번영을 이룰 수 있었다는 설명을 내놓는다.••• 실제로 미국에서는 경제적 불평등을 줄이기 위해 오래전부터 여러 가지 조치가 취해져왔다. 그 대표적인 예로서 20세기 초 누진 소득세가 처음으로 도입되어 계층 간 소득격차를 줄이는 역할을 해왔다. OECD 통계를 보면 OECD 국가 중에서도 미국은 가장 강력한 누진세 제도를 실시하는 나라 중 하나다. 미국의 가계 부문에서 걷히는 소득세 총액 중 상위 10% 납세자가 내는 세금의 비중은 세계적으로 가장 높은 수준이다. 자본주의는 민주주의의 도움을 받아 그 자체의 문제점이 파국의 상태로 흘러가지

●　　Lester C. Thurow, The Future of Capitalism, p247, Penguin Books, 1996.
●●　Anatole Kaletsky, 자본주의 4.0, p60, 위선주 역, 컬처앤스토리, 2010.
●●● Lester C. Thurow, The Future of Capitalism, p242, Penguin Books, 1996.

않도록 끊임없이 보완하면서 우월한 제도로 살아남았다는 것이다.

그런데 미국에서조차 이런 두 체제 간의 조합 과정이 항상 이상적으로 진행되어오지는 않았다. 1930년대 대공황을 극복하는 데 정부의 역할을 강조하는 이론적 배경을 제공한 케인즈학파가 득세하고, 2차 세계대전과 베트남 전쟁으로 막대한 전비조달의 필요성 때문에 필연적으로 정부 부문의 비대함과 비효율이 초래되었다. 그 결과 규제는 심해지고 민간 부문은 위축되었다. 최고 세율이 50%에 달하는 등 기업가의 의욕도 크게 떨어졌다. 결국 미국 경제 전체의 글로벌 경쟁력은 계속 정체되거나 후퇴되며 1980년대 들어 일본과 독일에 세계 경제의 리더 자리를 위협받는 처지로 몰리게 되었다. 이 책 저자의 관점에서 본다면 '민주주의가 자본주의를 과다하게 억누르는 상황'이 벌어진 것이다. 필자의 판단으로는 코크와 뷰캐넌의 '자유지상주의' 운동은 이런 상황에 대한 반동으로 나온 것으로서, 자본주의의 근간인 (경제적) 자유를 다시 강화함으로써 자본주의의 활력을 살리겠다는 의도로 보아야 된다는 것이다. 실제로 이러한 시도는 레이건 행정부의 '소득세 삭감, 규제완화, 민영화'라는 경제정책 기조에 반영되면서 미국 경제가 1980년 후반부터 활력을 찾기 시작해 1990년대 '신경제', 2000년대 '디지털 혁명'을 거쳐 세계 최고의 경쟁력을 회복한 밑거름이 된 것은 부인하기 힘든 사실이다.

헤겔의 '변증법'적으로 이 상황을 비유하자면 20세기 초부터 1970년대까지는 민주주의와 자본주의 간 균형의 추가 민주주의 쪽으로 갈수록 기울어진 '정正'의 상황이었다. 반면 이후 코크와 뷰캐넌이 주도한 '공작' 등 일련의 움직임은 이 추가 다시 자본주의 쪽으로 오는 '반反'의 상황으로 비유할 수 있다. 필자의 눈에 현재는 이 두 체제 간의 모순을 극복하고 보다 나은 관계를 다시 설정하는 '합合'의 단계가 막 시작되는 양상으로 보인다.

《벼랑 끝에 선 민주주의》의 저자인 낸시 매클린은 바로 이 '반反'의 단계가 진행되어온 모습을 집중적으로 조명한 것이다. 문제는 코크와 뷰캐넌에 대한 저자의 시각이 정의감에서인지 개인적인 분노로 발전하면서 이들의 '운동'을 이 책에서는 모두 부정적으로 보고 있다는 점이다. 논리학에 나오는 전형적인 '우물에 독타기'형 접근법이다. 즉, 어느 행위와 말을 한 당사자의 단·약점을 지적하고 공격함으로써 그 사람의 행위와 말의 정당성을 부정하는 것이다. 그래서 이런 점이 필자의 눈에는 책 전체에 걸쳐 엿보이는 저자의 '객관적인 시점' 유지 노력을 크게 디스카운트하는 아쉬움도 있다. 이런 점들을 유의하며 이 책을 읽는다면 독자는 '양 날개로 나는 벌'의 시각을 가지게 되리라 확신한다. 결론적으로 민주주의-자본주의 조합체제 발전의 한 단계를 아주 정교하게 그려내었고 향후 미래의 발전방향에 많은 시사점을 줄 수 있다는 점에서 큰 의미가 있는 책이라 하겠다. 해서 역사와 경제에 관심이 있는 일반 독자들뿐 아니라 이코노미스트들에게도 필독을 권하는 바이다.

김경원
세종대학교 경제경영대학 학장

벼랑 끝에 선
민주주의

억만장자 코크는 어떻게 미국을 움직여왔는가

낸시 매클린 지음 | 김승진 옮김

세종

나의 선생님들께

목차

1부 사상의 구성

2부 사상의 실행

3부 사상의 영향

공공선택혁명은 정치세력으로서의 '우리'가 종말을 고하게 만든 사건이다.

피에르 르뮤Pierre Lemieux[1]

딕시에서의 조용한 거래

1956년이 저물어갈 무렵, 버지니아 대학 총장 콜게이트 화이트헤드 다든 주니어Colgate Whitehead Darden Jr.는 사랑하는 버지니아 주의 앞날을 걱정하느라 수심에 잠겨 있었다. 그 전해에 연방 대법원이 '브라운 대 교육위원회Brown v. Board of Education' 사건에 대한 두 번째 판결에서 공립학교의 인종분리를 "최대한 신속한 노력을 기울여with all deliberate speed" 철폐해야 한다고 결정하자, 이에 분노한 버지니아 주 지배층은 인종통합을 실시하려는 학교가 있을 경우 주 정부 권한으로 그 학교를 강제 폐쇄할 수 있게 하는 법안을 통과시켜 연방 법원의 판결을 거부한다는 뜻을 강력하게 표명했다. 몇몇 과격파들은 아예 공립학교 자체를 없애자는 주장까지 들고 나왔다. 버지니아 주 주지사 출신인 다든은 이렇게 무모하고 성급한 움직임이 가져올지 모를 피해를 앉아서 걱정만 하고 있을 수는 없었다. 심지어 이들의 움직임에는 "대대적인 저항massive resistance"이라는 이름이 붙었는데, 이는 신사적인 버지니아 주를 미시시피 주와 비슷해 보이게 만들고 있었다.

다든의 책상에는 새로 온 경제학과장이 쓴 제안서가 하나 놓여 있었다. 작성자는 37세의 제임스 맥길 뷰캐넌James McGill Buchanan으로, 본인은 스스로를 테네시 촌놈이라고 불렀지만 다든은 그의 진가를 알고 있었다. 무려 밀턴 프리드먼Milton Friedman도 뷰캐넌의 잠재력을 극찬한 바 있었다. 제안서를 읽으면서 다든은 이 사람이 내 머릿속에 들어왔다 나갔나 싶어 깜짝 놀랐을 것이다. 당면한 위기 자체는 언급하지 않았지만, 다든이 생각하고 있던 바를 거의 고스란히 담고 있었기 때문이다. 그 생각인즉, 브라운 판결이 상징적으로 보여주었듯이 주의 권리가 [연방 정부에 의해] 점점 더 침해되는 추세에 대해, 더 세련되고 효과적으로 대응할 수 있는 새로운 수단이 필요하다는 것이었다.

당시 북부 사람들에게는 브라운 판결의 의미가 학교의 인종분리를 철폐하라는 것 이상도 이하도 아니었다. 그리고 남부인 버지니아 주에서 드러난 반발도 인종에 대한 것이었다. 하지만 남부식 정치경제 시스템을 지키는 데 깊은 사명감을 가진, 그리고 맥락을 읽어내기에 충분할 정도로 교육을 많이 받은 다든과 뷰캐넌 같은 사람들이 보기에, 브라운 판결은 단순히 인종에 대한 것을 넘어 훨씬 더 대대적인 변화가 닥치리라는 불길한 전조였다.

최소한만 생각해보더라도, 일단 연방 법원 판사들은 '주의 권리'를 내세우는 논변들을 더 이상 받아들이지 않을 터였다. 더 우려스러운 점은, 주 정부가 시행하는 정책이 수정헌법 14조의 "평등권 보호" 조항에 위배된다는 증거가 있을 경우, 연방 법원이 지금까지보다 훨씬 더 적극적으로 시정을 요구하며 주 정부의 일에 간섭하게 되리라는 것이었다. 실제로 '주의 권리' 개념은 '개인의 권리' 개념에 밀려 힘을 잃어가고 있었다. 앞으로 버지니아 주가 지금처럼 옛 노동 관행을 유지하거나, [특정 인구 집단의] 투표권을 제한하기 위한 조치를 실행하거나, 주 의회에 도시와 교외 지역에 사는 온건 성향 유권자들이 과소 대표되고 농업 지역에 사는 반동적 성향의 백인 유권자들이 과다 대표되도록 선거구를 조작했다는 증거가 제시될 시 법원이 어떤 판결을 내리게 될지는 다든과 뷰캐넌 모두에게 불을 보듯 뻔했다.

뷰캐넌은 버지니아 주 상류층 출신이 아니었고, 그 당시의 남부 백인치고 딱히 더 인종차별적이었거나 평등권 개념에 무관심하거나 하지는 않았다. 그렇더라도, 그가 브라운 판결에서 읽어낸 것은 오로지 〔연방 정부의 부당한〕 '강요'였다. 추상적인 분석의 수준에서만이 아니었다. 연방 대법원의 판결은 개인적인 모멸감도 자극했다. 늘 나 같은 남부 백인들을 멸시하던 북부 '리버럴'〔진보주의자〕들이 급기야 이제는 남부 사회를 남부 사람들이 어떻게 운영할지에 대해서까지 명령하려 들고 있지 않은가. 설상가상으로, 뷰캐넌을 비롯해 자산을 소유한 사람들은 이제 버지니아 주가 마땅히 도입해야 한다고들 하는 그 온갖 개선에 비용을 대기 위해 세금까지 더 내야 할 판이었다. 그러면 나의 권리는 어떻게 되는가? 연방 정부가 자기 멋대로 사회를 주무르고 변형하면서, 거기에 필요한 돈은 나 같은 사람에게 내라고 요구할 수 있는 권한을 대체 어디에서 부여받았단 말인가? 나 같은 사람들의 이해관계는 누가 대변하는가? 뷰캐넌은 다짐했다. **나는 여기에 맞서 싸울 수 있다. 나는 여기에 맞서 싸우고 싶다.**

다든에게 낸 제안서에서 뷰캐넌은 다음과 같이 요청했다. **내가 버지니아 대학에 새로운 센터를 열 수 있도록 자금을 마련해달라. 그러면 나는 그 센터를 이용해 정치경제학 및 사회철학 분야의 새로운 학파를 만들겠다.** 뷰캐넌의 계획에 따르면, 이곳은 엄정하게 학문을 추구하는 '학술연구센터'일 것이지만 은밀한 정치적 의제를 가진 센터이기도 할 것이었다.

그 의제란, 우리의 삶의 방식, 뷰캐넌의 표현을 빌리자면 "개인의 자유에 기초해 지어진 사회질서"를 파괴하려 하는 "왜곡된 형태"의 〔진보적〕 자유주의를 무찌르는 것이었다. 여기에서 "개인의 자유에 기초해 지어진 사회질서"는 특정한 의미를 지칭하는 말이었는데, 물론 다든은 이 암호가 의미하는 바를 대번에 알아들었을 것이다. "경제적·사회적 영역에서 정부의 역할이 증대되어야 한다"고 주장하며 〔원치 않는 곳에까지〕 이를 강요하려 드는 자들에게 맞서기 위해, 뷰캐넌은 그들의 주장을 논파할 수 있는 이론을 개발할 "새로운 학자 대오"를 양성하겠다고 약속했다.[1]

그는 이길 수 있을 것이었고, '이론'을 무기로 이길 작정이었다.

오늘날의 우리로서는 뷰캐넌이나 다든이, 아니 이성적이고 합리적인 사람 그 누구라도, 극도로 인종분리적이던 1950년대의 버지니아를 '개인의 권리'에 기초해 지어진 사회라고 생각할 수 있었다는 게 잘 상상이 안 되지만, 어쨌든 당시에 그렇게 생각했던 사람들에게 브라운 판결이 막대한 위기감을 불러일으켰으리라는 것은 상상하기 어렵지 않다.[2] 뷰캐넌은 자신이 착수하려 하는 일이 어마어마한 도전이라는 것을 잘 알고 있었고, 따라서 곧바로 성과가 나오리라는 약속은 하지 않았다. 하지만 혼신의 힘을 다하겠다는 각오만큼은 분명히 밝혔다.

다든 쪽에서는 약속을 지켰는데(센터 설립자금을 따왔다) 뷰캐넌 쪽에서는 약속한 결과를 내지 못했다고 보는 사람들도 있을 것이다. 실제로 1960년대와 1970년대 내내 뷰캐넌의 팀은 연방 정부가 남부에 가하는 압력을 별달리 줄이지 못했다. 하지만 현재까지 이어지는 60년간의 긴 흐름을 보면 사뭇 다른 그림이 나타난다. 뷰캐넌의 학문적인 탁월함〔그는 1986년에 노벨상을 받는다〕뿐 아니라, 오늘날 미국의 민주주의를 위협하는 가장 강력하면서도 가장 파악되지 않고 있는 요인에 대한 섬찟한 이야기가 드러나는 것이다. 그것은 억만장자의 탄탄한 뒷받침을 등에 업고 민주적 제도들을 무효로 돌리려 하는 급진우파 운동의 이데올로기적 기원에 대한 이야기다.

공정한 대우와 법 앞에서의 평등이 민주적 통치의 전국적인 기준으로 확립되어가던 1950년대에 그 기준에 따르기를 거부하며 버지니아 주가 시도했던 조용한 움직임이, 60년이 지나자 미국 전체를 (명시적인 짐 크로 법만 없을 뿐) 당시의 버지니아 주와 비슷하게 만들려는 전국적이고 대대적인 운동으로 변모했다. 이제 이 운동은 주 단위와 전국 단위 모두에서 미국이 진보해온 과정을 거꾸로 되돌리면서, 20세기 중반의 버지니아 주에서 볼 수 있었던 과두적 지배체제를 미국 전체에 퍼뜨리려 한다.

애통하게도, 미국 정치에 굉장히 심각한 무언가가 스며들었음을 사람들이 감지하기 시작한 것은 2010년대 초가 되어서였다. 〔그나마도 정확한 전모를 알게 된 것은 아니고〕 그저 다음과 같은 정도만 분명하게 감지되었을 뿐이었다. 이를테면, 급진우파 성향의 주지사나 의원들이 전형적인 정당 정치를 훌쩍 넘어서는 방식으로, 심지어는 지난 몇십 년간 미국 정치의 〔안 좋은〕 특징이었던 극단적인 당파주의마저도 훨씬 넘어서는 방식으로 경악스러운 조치를 취하는 일이 지리적으로 굉장히 광범위한 여러 곳에서, 그리고 점점 더 자주 벌어지고 있었다. 이런 조치들은 중앙 정부의 권한과 역할을 축소하고 중앙 정부에 공공 서비스와 권리 보장을 요구하는 집단들의 힘과 입지를 약화시키려는 의도를 가진 것으로 보였다.

2011년에 위스콘신 주에서는 새로 선출된 주지사 스콧 워커Scott Walker 가 노조 가입률을 떨어뜨리도록 고안된 일련의 법안들을 통과시킴으로써 공공 부문 노동자의 단체협상권을 거의 모조리 박탈했다. 전체적으로 이 조치들은 이제까지 어떤 노조 파괴 운동이 일으켰던 것보다도 치명적인 결과를 가져왔다. 더욱 이상하고 걱정스러운 것은, 주 정부의 재정 문제를 함께 극복하기 위해 노조가 적극 협력하겠다는 양보 의사를 이미 밝혔는데도 이런 조치가 나왔다는 점이었다. 그런데 왜 전면공격으로 반응하는가?

동부의 뉴저지 주는 또 어떤가? 여기에서는 주지사 크리스 크리스티 Chris Christie가 경악스러울 정도의 독설을 퍼부어가며 교사들을 공격하기 시작했다. 당시 한 기사의 제목이 교사들의 당혹감을 잘 보여준다. "교사들은 의아하다. 왜 이렇게 모멸적으로 우리를 대하는가?"**3** 정말이지, 왜 그러는 것인가?

이에 못지않게 의아한 일이 또 있었다. 공화당이 다수를 차지하고 있는 몇몇 주 의회가 규제의 적용을 받지 않는 〔자율형 공립학교〕 '차터스쿨charter school'을 허용하고 사립학교에 보조금을 제공하는 법안을 전격적으로 밀어붙이는 동시에, 공립학교에 대해서는 살을 뭉텅 베어내는 수준으로 예산을 삭감한 것이다. 위스콘신 주, 노스캐롤라이나 주, 루이지애나 주, 미시시피 주, 아이오와 주에서는 주의 경제발전에 핵심적인 역할을 해왔고, 정당을 막론하고 자부심의 원천이었던 주립대학들마저 대폭적인 예산 삭감의 대상이 되었다. 이 조치에 감히 맞서는 총장은 곧바로 총장직을 잃었다.**4**

그러더니 이번에는 투표율을 낮출 목적으로 정교하게 고안된 법안들이 쏟아져나왔다. 2011년과 2012년에 41개 주 의회에서 투표 자격과 투표 방식을 규제하는 법안이 180개도 넘게 발의되었다. 대부분은 저소득층 유권자들(특히 소수집단의 저소득층 유권자들)과 젊은 층, 그리고 거동이 덜 자유로운 노년층을 타겟으로 삼은 듯 보였다. 한 언론은 "재건시대Reconstruction Era가 끝나고 남부의 모든 주가 시민의 투표권을 극도로 제약했던 때 이래로 미국에서 전혀 보지 못했던 일"이 벌어지고 있다고 보도했다.[5]

이러한 움직임은 오바마 행정부의 건강보험개혁법Affordable Care Act(일명 '오바마 케어')을 무산시키기 위한 운동에서 주 단위를 넘어 전국 규모로 확장되었다. 애초에 백악관은 합의를 이끌어내기 위해 보수적인 싱크탱크가 제안하고 공화당의 미트 롬니Mitt Romney가 주지사 시절에 매사추세츠 주에서 이미 시도했던 모델을 토대로 법안을 만들었다. 그랬는데도, 법안이 상정되자마자 우파는 다짜고짜 이 법안이 "사회주의적"이라고 비난했다. 법안을 무산시키는 데 실패해서 오바마 케어가 통과되자, 2013년에는 오바마 케어에 들어가는 예산을 깎기 위해 16일이나 정부를 셧다운했다.

수많은 논평가와 전문가들이 각자 자신의 영역에서 벌어지는 일들을 보면서 의사진행 방해, 악의적인 당파주의, 정부의 정상적인 작동을 멈추려는 시도 등이 이렇게까지 심하게 벌어지는 것은 "전례 없는" 일이라고 입을 모았다.

2016년 초에 안토닌 스칼리아Antonin Scalia 대법관 사망으로 공석이 된 자리에 대통령이 대법관 후보자를 지명했을 때 공화당이 청문회조차 거부하자, 평소에는 과묵한 편인 클래런스 토머스Clarence Thomas 대법관마저 목소리를 냈다. 보수 싱크탱크인 헤리티지 재단Heritage Foundation과의 인터뷰에서 그는 이렇게 말했다. "어느 시점이면, 지금 우리가 우리의 제도를 우리 손으로 죽이고 있다는 것을 깨닫게 될 것입니다."[6]

그런데 **바로 그게** 그들의 목표라면 어떻게 되는 것인가? 그들의 목표가 우리의 제도를 파괴하는 것이 (적어도 원래 모습을 전혀 알아볼 수 없을 만큼 심각하게 훼손하는 것이) **맞다면** 어떻게 되는 것인가?

우파의 전례 없는 움직임을 보면서, 많은 사람들이 대체 이 운동을 추동하는 요인과 세력이 정확히 무엇인지 파악하고자 여러 노력을 기울여왔다. 이를테면, 위스콘신 대학의 역사학자이자 미국역사학회장인 윌리엄 크로논William Cronon은 위스콘신 주에서 워커 주지사가 공공 부문 노조를 공격한 것을 더 깊이 파헤쳤다. 연구 결과, 크로논은 위스콘신 주에서 일어난 일이 그곳에서 시작된 것이 아니라고 확신하게 되었다. 그는 "우리가 목격한 것"은 "잘 기획되고 조정된 **전국적인** 운동"의 일부였다고 언급했다. 또한 크로논은 거의 베일에 싸여 있던 어느 조직의 자금과 활동을 더 상세히 알아볼 필요가 있다고 했는데, 실로 선견지명이 있는 제안이었다. 그가 말한 조직은 자칭 '미국 법안 교환 위원회American Legislative Exchange Council, ALEC'라는 곳으로, 각 주의 공화당 의원들이 자기 주 의회에 가져가서 활용할 수 있도록 매년 수백 건의 "모델 법안"을 만들고 있었으며, 이 중 20% 정도가 법제화로 이어지고 있었다(이곳에 관여된 의원들이 누구누구인지는 공개되지 않았다). 노조를 무력화하는 법안은 물론이고, 세법을 변경하고, 환경규제를 철폐하고, 방대한 영역에 걸쳐 공공 자원을 민영화하고, 미등록 이주자들에 대해 경찰이 강력한 조치를 취하도록 요구하는 것 등 수많은 의제에 대해 법안 샘플이 마련되어 있었다.[7] 정말로, 도대체 무슨 일이 벌어지고 있는 것인가?

2010년에는 탐사보도기자 제인 메이어Jane Mayer가 억만장자 형제인 찰스 코크Charles Koch와 데이비드 코크David Koch가 "오바마와의 전쟁"에 1억 달러 이상을 썼다고 폭로해 미국인들을 경악케 했다. 후속 보도에서 메이어는 코크 형제를 비롯한 부유한 우파 후원자들이 노조를 없애고, 투표권을 제한하고, 기업 규제를 완화하고, 과세를 부유층이 아닌 사람들에게로 옮기고, 심지어 기후변화를 부인하려 하는 후보와 단체에 막대한 "다크 머니" (비영리 기구를 통한 정치자금. 법적으로 진짜 후원자가 누구인지 밝힐 의무가 없기 때문에 사실상 자금 추적이 되지 않는다)를 쏟아부었다는 사실도 밝혀냈다.[8]

하지만 이렇게 상세하게 자금을 추적한 탐사보도에도 빠진 조각이 하나 있었다. 이 모든 공격의 배후에 있는 마스터플랜은 무엇인가? 이 운동은 언제, 왜 시작되었으며, 이것이 궁극적으로 목표로 하는 바, 즉 이 운동이 스스로 '승리'라고 선언할 수 있을 상황은 어떤 것인가? 그리고 이 운동이 '승리'하게 되면 미국은, 국민들은 어떤 상태에 처하게 될 것인가?

그 마스터플랜을 찾아내기 위해, 즉 누구의 사상이 이 전투적인 움직임에 지침을 주고 있는지 알아내기 위해, 몇몇 연구자들은 현재 벌어지고 있는 이상한 일들과 신자유주의 우파 학자들(이들은 스스로를 애덤 스미스Adam Smith와 같은 18, 19세기의 시장자유주의 사상가들과 동일시하기 때문에 "신자유주의" 사상가라고 불린다) 사이의 관련성을 조사했다. 특히 열렬한 신자유주의 옹호자로 유명한 밀턴 프리드먼, 아인 랜드Ayn Rand, 프리드리히 A. 하이에크Friedrich A. Hayek가 주목을 받았다.[9] 하지만 이러한 탐색도 좌초하기 일쑤였다. 이 유력한 용의자들 중 누구도 이 운동을 낳지는 않았기 때문이다.

이 퍼즐의 비어 있는 조각은 제임스 맥길 뷰캐넌이었다.

뷰캐넌이 없었다면 이 운동은 지금처럼 탄탄하게 세력화에 성공하기는커녕 미국 사회에 이렇다 할 영향을 거의 끼치지 못한 채로 막다른 골목에 다다라 사라졌을, 극우파의 또 하나의 판타지로 끝났을 것이다. 그렇다면 이 이야기는 한 학자의 사상·목표·행동을 통해 풀어낸, 급진우파의 진정한 기원 서사가 되는 셈이다.

이 독특한 급진우파 운동이 부상하는 데 뷰캐넌이 결정적인 역할을 했다는 사실을 내가 알게 된 것은 순전히 우연이었다. 나는 미국의 사회운동 및 그것이 공공정책에 끼치는 영향을 연구하는 역사학자다. 10년쯤 전, 나는 브라운 판결 이후 버지니아 주 의회가 사립학교로 전학하는 백인 학생들에게 보조금[바우처]을 지급하기로 한 결정에 대해 연구하고 있었다(브라운 판결은 공립학교에만 해당하므로, 백인 학생들이 사립학교로 옮길 경우 인종분리를 사실상 유지할 수 있게 된다 - 옮긴이). 당시에 사립학교 바우처 정책과 관련해 가장 많이 언급되던 학자가 밀턴 프리드먼이었기 때문에, 나는 프리드먼의 저술을 읽기 시작했다. 그런데 각주에서 '제임스 맥길 뷰캐넌'이라는, 내가 미처 알지 못했던 경제학자의 이름과 두 번이나 마주쳤다. 뷰캐넌은 "버지니아 정치경제학파의 창시자"라고 알려져 있는 사람이었다. 왠지 그가 프리드먼과 한 팀에서 뛰고는 있지만 프리드먼의 사상과는 다른, 또 하나의 거대한 사상을 가진 사람이라는 느낌이 들었다.[10] 마침 내 연구 주제의 주무대인 버지니아 주와 연고도 있는 사람이라고 하니 그에 대해 조금 더 알아봐야겠다는 생각이 들어서, 뷰캐넌의 저술도 읽기 시작했다. 그러던 어느 날 조지 메이슨 대학에 있는 비공개 문서보관소에 뷰캐넌 관련 자료가 다수 소장되어 있다는 사실을 알게 되었고,[11] 2013년에 그곳에 가보기로 했다. 뷰캐넌은 그해 초에 사망했다.

대개의 문서보관소는 수십 명의 개인과 단체에 대한 문서를 소장하고 있고 아카이브 전문가가 상주하면서 보조 인력들의 도움을 받아 끊임없이 자료를 모으고 정리하고 관리해가며 연구자들이 이용하기 좋게 만든다. 그런데 '뷰캐넌 하우스'는 좀 달랐다. 버지니아 주 페어팩스에 있는 조지 메이슨 대학 메인 캠퍼스에 가보니, 이곳은 예전에 뷰캐넌과 동료들이 일했던 오래된 목조저택이었다. 지금은 거의 방치되어 있었고, 세미나가 열리거나 방문객을 접견하는 데 쓰였을 장엄한 2층짜리 건물의 회의실들에는 이제 고인이 된 이 저명한 인물의 집에서 나온 문서 상자들이 가득했다. 온갖 곳에 파일 캐비닛이 있었고, 잠시 후에 보니, 심지어 계단통 아래 벽장에도 문서가 가득했다.

뷰캐넌의 개인 사무실이던 방에 들어서자 한층 더 압도되었다. 빈 공간 하나 없이 모든 곳에 문서가 쌓여 있었다. 순서도 체계도 없는 상태라 어디서부터 시작해야 할지 몰라서, 문 바로 왼쪽 의자 위에 쌓여 있는 서신 무더기부터 시계 방향으로 가보기로 했다. 나는 그것을 집어 들고 읽기 시작했다. 1997, 1998년경부터의 대외비 편지들로, 찰스 코크가 뷰캐넌의 공공선택연구센터Center for Study of Public Choice에 수백만 달러를 투자하기로 한 내용, 그리고 그 이후 [센터 운영상의 문제로] 반목이 생겨 뷰캐넌이 노발대발한 내용 등이 담겨 있었다. 숨을 한번 크게 삼키고서, 나는 빈 의자를 갖다놓고 앉아 본격적으로 읽기 시작했다.

정보들을 맞춰가며 이 방대한 문서들이 무엇을 말해주는지 알아내는 데는 시간이 많이(아주 많이) 걸렸다. 이 문서들은 뷰캐넌이 1956년에 버지니아 대학에서 시작한 프로그램이 전국적인 급진우파 운동의 연구기획센터로 변천해간 과정의 궤적을 담고 있었다. 원래는 브라운 판결의 영향(그리고 그 판결을 가능케 한 헌법 해석 및 정부 정책의 변화)이 버지니아 주에 못 들어오게 막기 위해 대응이론을 개발할 학자들을 키우려고 시작된 학술센터 (처음에는 버지니아 대학에 세워졌고 나중에 조지 메이슨 대학으로 이전한다)가 점차 훨씬 더 대담한 프로젝트의 본부가 되었다. 이제 이 프로젝트는 사상 전투에 나설 '학자'들을 훈련시키는 것만을 목표로 삼고 있지 않았다. 이제 이곳은 코크 형제(및 이들과 방대한 네트워크를 이루고 있는 부유한 후원자들)가 돈을 대는 수많은 재단과 기관에서 일할 '공작원'들도 훈련시키고 있었다. 그런 곳들로는, 코크의 이름이 들어간 찰스 코크 재단Charles Kock Foundation과 코크 인더스트리즈Kock Industries를 비롯해, 카토 연구소Cato Institute, 헤리티지 재단Heritage Foundation, 건전 경제를 위한 시민들Citizens for a Sound Economy, 번영을 위한 미국인Americans for Prosperity, 프리덤웍스FreedomWorks, 성장을 위한 클럽Club for Growth, 주 정책 네트워크State Policy Network, 경쟁 기업 연구소 Competitive Enterprise Institute, 조세 재단Tax Foundation, 리즌 재단Reason Foundation, 리더십 연구소Leadership Institute 등 수많은 곳이 있으며, 겉으로는 다 별개의 기관들로 보이지만 사실은 매우 긴밀하게 연결되어 있다.

어떤 이들은 보건정책부터 총기 소유권, 공공 부문 노조 등에 이르기까지 방대한 주제에 대해 법리적인 해석과 적용을 대대적으로 바꿔내기 위해 코크의 기관에 고용되어 훈련을 받았다. 또 어떤 이들은 코크의 기관에서 배운 것을 가지고 버지니아 주 주지사부터 대선후보에 이르기까지 공화당의 수많은 핵심 정치인과 그들의 보좌진에게 자문을 제공했다. 현 부통령 마이크 펜스도 코크 네트워크에 속한 기관 중 여러 곳과 일한 바 있는 주요 일원이다.[12]

나는 '뷰캐넌 하우스'의 문서와 그 밖의 자료들을 한데 모아, 이 운동이 어떻게 시작되었으며 (더 중요하게) 목표와 전략이 어떻게 변천되어갔는지에 대해 상세한 그림을 그려나가기 시작했다. 차차로 나는 어떻게 해서 찰스 코크가 1970년대에 뷰캐넌의 연구에 처음으로 관심을 갖게 되었는지, 코크가 카토 연구소의 전신인 프로그램을 만드는 데 뷰캐넌이 어떻게 도움을 주었는지, 코크가 뷰캐넌의 연구팀과 여러 조직에서 어떻게 함께 일하게 되었는지 등을 알게 되었다. 1990년대 말이면 코크는 사반세기 동안 찾아 헤매던 사상을 드디어 발견했다고 믿은 게 분명해 보인다. 지극히 혁신적이고 모든 측면을 철저하게 숙고했으며 너무나 엄정하고 탄탄해서, 일단 그것이 현실에서 작동하게 되면 틀림없이 미국의 통치체제를 그가 원하는 대로 바꿀 수 있을 그런 사상 말이다. 그때부터 코크는 이 사상을 현실에서 적용할 작전 전략으로 바꾸기 위해 아낌없이 돈을 댔다. 자본주의를 민주주의로부터 영구히 구해내기 위해서.

이 문서들이 알려준 것이 또 하나 있다. 왜 이들의 운동이 본질적으로 '은밀한 작전'이어야 했는지다. 일찍이 뷰캐넌은 버지니아 주 정치인들에게 영향을 끼치려 시도했을 때 〔진짜 목표를 대중에게 다 드러내지는 않는〕 은밀한 작전의 중요성을 깨달은 바 있었다. 하지만 '은밀함'을 이 운동의 정책으로 삼은 사람은 코크였다. 뷰캐넌의 프로그램에 첫 번째 대규모 자금을 지원하면서, 찰스 코크는 이 프로그램이 대중의 시야에 드러나지 않는 채로 이뤄졌으면 한다는 점을 내비쳤다. 그는 "우리가 수적으로 막대하게 열세이기 때문에" 단순히 설득을 통해서는 승리할 수 없다며, 운동의 내부자들은 "게임의 규칙"(현대 민주주의 정부가 작동하는 방식)을 잘 습득해서 그 지식을 이용해 "승산이 있는 전략을" 짜야 한다고 말했다. MIT 학위를 세 개나 가진 엔지니어답게, 코크는 "우리의 우월한 테크놀로지를 사용하지 못한다면 실패할 수밖에 없다"고 말했다.[13] 알아듣기 쉽게 번역해보면 이런 말이다. **대다수 미국인은 우리의 계획을 지지하지 않을 것이다. 따라서 승리할 수 있으려면, 우리가 정말로 원하는 바를 공개적으로 천명하기보다는 은밀한 전략을 통해 장막 뒤에서 활동해야 한다.**

뷰캐넌의 개인 사무실이었던 방부터 시작해 '뷰캐넌 하우스'를 구석구석 돌아다니며 그의 사상과 연결고리의 변천 과정을 고스란히 담고 있는 문서들을 읽어나가노라니 이 작업 자체가 퍽 아이러니한 일이라는 생각이 들었다. 내가 이 작업을 할 수 있었던 것은 코크의 팀이 '메르카투스 센터Mercatus Center'라는 더 큰 곳으로 이전하면서(이곳도 조지 메이슨 대학에 있다) '뷰캐넌 하우스'를 사실상 방치한 덕분이었다. 아마도 코크 사람들은 미래를 향해 달려가느라 바빠서 자신들이 무신경하게 버려두고 간 역사적 흔적들의 운명이 어찌될지에 대해서는 생각해보지 않은 모양이다. 그 바람에, 정보를 캐내려는 외부의 눈(특히 탐사보도기자들의 눈)에 띄지 않고 혁명을 수행하는 능력을 늘 몹시도 자랑스러워하던 이 운동은 결정적으로 중요한 문 하나를 잠그는 것을 잊고 말았다. 지금 내가 들어와 생쥐처럼 돌아다니며 자료를 긁어모으고 있는 이 저택의 대문 말이다. 그덕분에, 나는 모호한 감에 이끌려 찾아왔다가 이 모든 것을 시작한 사람의 마음속 깊숙이 들어갈 수 있었다.

뷰캐넌이 억만장자의 책사로서 그의 경제학 연구를 시작한 것은 아니었다(다른 건 둘째 치고 일단 1956년에 미국에는 수십억 달러대 재산을 가진 갑부가 없었다. 석유 재벌 J. 폴 게티J. Paul Getty 정도가 그나마 근접할 뿐이었다).[14] 경제학과는 점점 더 세분화, 전문화되고 기법상의 정교함을 추구하는 방향으로 치우치는 추세였지만(뷰캐넌과 사상적으로 동류인 밀턴 프리드먼 같은 경제학자도 마찬가지였다), 뷰캐넌은 이전 시대의 경제학 전통으로 되돌아갔다. 그의 꿈은 존경받는 사회철학자 애덤 스미스 같은, 고전적인 의미에서의 '정치경제학자'가 되는 것이었다. 또한 그는 경제학의 인센티브 개념을 흔히 말하는 '경제학적' 문제보다 '정부'의 행위를 연구하는 데 적용하고 싶었다. 미국을, 한때는 그러했지만 1950년대인 지금은 얼마 안 되는 흔적만이 버지니아 주에서 겨우 명맥을 유지하고 있는 "자유사회"로 되돌리겠다는 희망을 가지고서 말이다.

그런데 "개인의 자유"를 보호한다는 그 "자유사회"는 정확하게 무엇을 의미하는가? 뷰캐넌은 자유사회의 모델을 중앙정부의 권한과 역량이 이례적으로 약했던 과거의 어느 시기[더 정확하게는 1900년경]에서 발견했다. 그 자유사회에서는 정부의 권한이 매우 약했으므로 민간 행위자인 개인의 축재 수단을 규율하는 규칙은 거의 없었고, 치안과 국방의 용도를 제외하면 개인의 부 중 일부를 정부가 [세금으로] 요구하는 것에는 막대한 제약이 있었다.

뷰캐넌의 분석적 정신을 자극한 것은, 연방 정부가 개인들에게 그들이 동의한 바 없는 공공재와 사회보장 프로그램을 위해 돈을 내라고 강요할 수 있는 권한을 가진 듯이 행동한다는 점이었다. 그러한 공공재와 사회보장 프로그램은 점점 늘어나고 있었고, 이를 위해 과세를 강요할 수 있는 정부의 역량에는 거의 제약이 없어 보였다. 흑인 학생들에게 더 나은 학교, 새 교과서, 더 많은 수업이 제공되면 그들에게 도움이 되기야 하겠지만, 여기에 비용을 댈 책임은 누구에게 있는가? 그 학생들의 부모? 자발적으로 흑인 학생들을 돕고 싶어 하는 사람들? 아니면 뷰캐넌 본인처럼, 지원하고 싶지 않은 프로그램을 위해 점점 더 조세를 강요받는 사람들?

다른 사람들 같으면 사회정의의 진전이나 공공재 공급을 위한 조세라고 불렀을 것이 뷰캐넌에게는 탈취자들이 아무 정당성이나 권한도 없이 다른 이들이 노력해 얻은 과실을 빼앗아가는 현대판 폭도 행위로 보였다. 그에게는 개인의 재산을 보호하는 것이 법으로 승인된 폭도 행위에 맞서 개인 자체를 보호하는 것이었다.

이 폭도 행위는 어디에서 시작되었는가? 뷰캐넌이 사회진보를 위해 나서는 정치인, 헌법학에 족적을 남기고자 하는 야망 있는 변호사, 활동가적 지향을 가진 판사 등을 지목했을 것이라고 예상하기 쉽겠지만, 뜻밖에도 뷰캐넌은 현대판 폭도 행위가 이보다 훨씬 일찍 시작되었다고 언급했다. 평범한 사람들이 혼자서는 힘이 없지만 함께 뭉쳐서 사회운동을 일군다면 다수로서의 강점을 활용해 정치인들이 그들의 필요에 관심을 갖고 그들을 위해 행동하게 만들 수 있다는 것을 깨달았을 때, 바로 이때가 현대판 폭도 행위의 시작이었다.

뷰캐넌이 제안서를 쓰던 당시에 가장 강력했던 사회운동은 (그의 표현으로) "노동 독점 운동"(오늘날 우리가 쓰는 표현으로는 노조운동)이었지만, 그에 못지않게 해로운 다른 운동들도 떠오르고 있었다. 점점 강력해지는 민권운동도 그랬고, 대공황 이후 조직되지 못했던 노년층이 다시 조직적으로 목소리를 내기 시작한 것도 그랬다. 이런저런 운동들이 노동자, 민권운동 활동가, 혹은 빈곤 속에서 말년을 보내게 될까 봐 걱정하는 노인 등 구체적으로 누구를 포함하는지는 뷰캐넌에게 중요하지 않았다. 그들이 주장하는 바의 정당성이나 그들이 현재 겪고 있는 고통, 또 그들이 뒤집고자 하는 불의가 얼마나 오래 지속되어왔는지 등도 뷰캐넌의 관심 밖이었다. 뷰캐넌의 생각에 꽂힌 유일한 사실은 그들이 가진 권력이 "집합적인" 원천을 갖는다는 것, 그리고 이런 운동은 일단 형성되고 나면 사라지지 않고 계속 존재하는 경향이 있다는 것이었다. 그들은 지속적으로 정치인에게 접근하고 압력을 넣어 무언가를 얻어내려 했으며, 정치인이 그들의 필요에 반응하지 않으면 수적 우세를 활용해 투표로 그 정치인을 몰아낼 수도 있었다. 이것이 다른 사람들에게 어떻게 공정한 것일 수 있는가? 이것을 어떻게 '미국적'이라고 말할 수 있는가?

뷰캐넌은, 어떤 집단이 정부로부터 무언가를 얻어내고자 할 때 거기에 필요한 돈을 그것 자체가 갖는 강점에 기초해서 시민들(매우 부유한 사람들도 포함해서)이 자발적으로 내도록 설득할 수 없다면, 수적 우세를 활용해 원하는 바를 얻어내는 것은 설득이 아니라 강압이며 납세자의 자유를 침해하는 것이라고 믿었다.

이 강압을 끝내려면 "정부의 부패"를 멈춰야 했다. 여기에서 정부의 부패란 정치인과 조직화된 집단 사이에 표와 요구사항을 주고받는 거래가 이뤄지는 것을 의미한다.[15] 처음에 뷰캐넌은 이러한 거래를 하는 것이 얼마나 잘못된 일인지를 정치인들에게 알아듣게 설명할 수 있을 것이라고 생각했다. 대공황 이래 전성기를 구가하고 있는 케인스의 경제이론에서도 정부는 불황기에만 수입을 초과하는 지출을 하도록 상정되어 있지 않은가? 그러나 뷰캐넌은 반反민주주의적인 1950년대의 버지니아 주에서조차 재선을 망칠지 모른다고 여겨지면 어느 정치인도 뷰캐넌이 제안하는 류의 행동을 취하려 하지 않으리라는 것을 곧 깨닫게 되었다.

1950년대에 버지니아 대학은 일류 연구 대학은 아니었지만 상당히 존경받는 대학이었고, 뷰캐넌은 비영리 고등교육기관인 대학에 정치적 색채를 갖는 센터를 설치하게 해달라고 총장에게 요구하는 것이 부적절하다는 사실을 잘 알고 있었다. 대학 내에 "극단적인 견해를 가진 조직, 또는 선전선동을 하는 기관"을 세우려 한다는 비난이 이는 것을 막고자, 뷰캐넌은 "경제적 자유"가 "이 프로그램의 진짜 목적"을 담고 있는 말이긴 하지만 센터 이름에는 "경제적 자유"라는 말을 쓰지 **않는 것이** 좋겠다고 제안했다.[16]

뷰캐넌은 훗날 '버지니아 정치경제학파'라고 불리게 될 경제이론의 제반 요소들에 이름을 붙일 때도 이에 못지않은 신중함을 발휘했다. 정부의 의사결정이 어떻게 이뤄지는가에 대한 이론은 "공공선택 경제학"이라고 불리게 되며, 정부가 다수 대중의 의지에 휘둘리는 것을 원천적으로 막을 수 있도록 거버넌스의 규칙 자체를 어떻게 바꿀 것인가에 대한 이론은 "입헌경제학"이라고 불리게 된다. 그가 타파하고자 하는 적에는 "집합적 질서"라는 이름이 붙었는데, 정부를 상대로 활동하는 사회적·정치적 집단들을 일컫는다.

이후 몇 년 동안 뷰캐넌은 이 센터에서 자신의 연구를 정교화하고 그 비전을 실행에 옮길 전략을 개발했다. '학자 뷰캐넌'과 '운동가 뷰캐넌'이 그의 안에서 나란히 작동했다. 그런데 학자 뷰캐넌은 엄청난 성공을 거둔 반면, 운동가 뷰캐넌은 그리 진전을 보이지 못하는 듯했다.

뷰캐넌은 인센티브가 정부의 행동에 어떻게 영향을 끼치는지를 분석한 이론으로 1986년에 노벨 경제학상을 받는다. 이는 그의 학문적 성취를 입증하는 최고의 증거라 할 만했다. 하지만 또 다른 뷰캐넌, 즉 정치 전선에서 싸우는 우파 전투원으로서의 뷰캐넌은 쌓여만 가는 좌절을 경험하고 있었다. 1950년대 말에 버지니아 주에서 그가 밀었던 급진적인 법안들은 처참하게 실패했다. 그가 아직 몰랐던 것을 주 의회 의원들은 알고 있었기 때문이다. 그의 정치경제적 비전을 대중이 전혀 좋아하지 않는 다는 사실 말이다.

1964년에 배리 골드워터^{Barry Goldwater}가 대선후보로 나서면서 뷰캐넌의 희망은 다소 되살아났다. 하지만 (우리가 알고 있는 형태의) 사회보장제도를 없애려 한다는 것, 재산권과 주권^{州權}(주의 권리)을 내세워 민권법 통과를 저지하고자 한다는 것, 단일세율에 의한 일률 과세를 도입하고자 한다는 것, 공립학교를 축소하고자 한다는 것을 유권자들에게 열심히 알린 결과, 골드워터는 자신의 출신 주인 애리조나 주와 딥 사우스^{Deep South}(남북 전쟁 이전 노예제와 대농장에 강하게 의존하고 있던 남부 지역으로, 루이지애나·미시시피·앨라배마·조지아·사우스캐롤라이나 등 5개 주를 가리킨다 – 옮긴이)의 주들을 제외한 모든 주에서 패배했다.[17]

심지어 미국 정계에서 보수세력이 우세해진 뒤에도 뷰캐넌은 그의 '경제적 자유' 개념이 계속해서 옆으로 제쳐지는 것을 보아야 했다. 리처드 닉슨^{Richard Nixon}은 전임자들보다 정부를 더 확대했고 환경보호청 Environmental Protection Agency이라는 거대 조직을 비롯해 비용이 많이 드는 새로운 정부기관과 규제들을 만들었다. 남부 기반의 극우 성향 정치인인 조지 월리스^{George Wallace}도 대선에 출마했을 때 백인을 지원하기 위한 공공지출 확대를 지지했다. 말로는 "작은 정부"를 외치던 로널드 레이건 Ronald Raegan도 임기 8년 동안 정부 적자를 눈덩이처럼 불려놓았다. 그리고 1989년에 냉전이 갑자기 종식되자, 사회운동 조직들은 삶의 질을 높인다는 명목의 국내 정책들을 저마다 제안하며 이른바 "평화 배당^{peace dividend}"(갈등 상황이 종결되어 군비 축소 등으로 얻어질 사회적·경제적 이득 – 옮긴이)을 어떻게 쓸지에 대한 아이디어들을 앞다퉈 내놓기 시작했다. 게다가 동지로 보였던 정치인들도 선거에서 승리해 공직에 앉고 나면 뷰캐넌과 계속해서 뜻을 맞춰가는 것을 부담스러워했는데, 1993년 '전국 유권자 등록법National Voter Registration Act'이 통과되면서 문제가 더 꼬였다. 이제 가난한 사람들이 유권자 풀에 더 많이 들어오게 될 텐데, 이들은 비용이 많이 들어갈 공공 프로그램을 지지할 가능성이 크기 때문이었다. 이에 더해, 1990년대에는 환경주의자들이 기후변화를 국가적 의제로 밀어올리기 시작했다. 기후변화에 대응하기 위해 정부가 더 과감한 행동을 취해야 한다는 환경주의자들의 요구는 성공적으로 달성될 듯 보였다. 이 무렵이면 스스로를 친환경적이라고 생각하는 시민이 매우 많아져 있었기 때문이다. 뷰캐넌이 비관적이 되지 않는다면 이상할 상황이었다.

뷰캐넌만큼 좌절했고, 뷰캐넌만큼 결연하게 어려운 싸움에 나서고자 했으며, 뷰캐넌보다 훨씬 뛰어난 경영 수완을 가지고 있었던 또 한 명의 인물이 없었다면 우리의 이야기는 매우 다른 방향으로 흘러갔을 것이다. 하지만 그런 인물이 있었으니, 바로 찰스 코크다. 아버지에게 물려받은 회사의 수익을 1,000배 이상으로 키운 천재적 기업가 코크 역시 아직 실현되지 않은 자유에 대한 꿈을 가지고 있었다. 그의 꿈은 정부의 간섭이 전혀 없는 자본주의, 그리고 (적어도 그의 생각으로는) 그런 형태의 자본주의만이 가져다줄 수 있는 번영과 평화의 꿈이었다. 이를 위해 그가 어떻게든 알아내야 했던 문제는, 그가 원하는 것을 다수 대중이 원치 않을 때 '민주주의' 사회에서 그의 목적을 어떻게 달성할 것인가였다.

찰스 코크는 1980년 대선에서 로널드 레이건에게 맞서기 위해 막대한 돈을 들여 자유지상당Libertarian Party을 창당하고 동생 데이비드 코크를 부통령 후보로 내보냈지만, 대패하고 말았다. 그의 명분에 동의하는 사람 몇몇을 불러올 수 있었다는 것 외에는 투자한 만큼의 가치를 전혀 뽑지 못했다. 그가 설립한 카토 연구소도 그가 원하는 정책을 밀어붙이는 데 그리 성과를 내지 못하고 있었다. 정치인들은 "소유자 사회" 등 카토 연구소가 제공한 슬로건들을 사용하는 데까지는 설득이 되었지만, 판세가 불리하게 돌아갈 때면 코크가 원하는 만큼의 급진적인 변화를 대중 앞에서 공언하기를 꺼려했다. 요컨대, 통상적인 선거 정치는 코크가 원하는 것을 결코 가져다주지 못할 터였다.

타개책이 나타나기를 희망하면서, 사상을 공부하는 데 집착적이라 할 정도로 열정을 가지고 있었던 찰스 코크는 전도유망한 자유지상주의 학자를 발굴하고 육성하는 데 무려 30년을 쏟았다. 이를 위해 인간문제연구소Institute for Humane Studies라는 모호한 이름의 학술단체를 후원했고 한때는 직접 운영하기도 했다. 코크는 이렇게 설명했다. "나는 (오랫동안) 수백 명의 학자들을 지원해왔다. 내게는 이것이 최고의 인재와 최고의 전략을 찾아내는 실험의 과정이었기 때문이다."[18]

코크가 뷰캐넌을 처음 알게 된 것은 1970년대 초였다. 마침 이때는 뷰캐넌이 정부의 행위를 이론적으로 분석하던 데서, 급진적인 변혁을 위한 실천 전략을 개발하는 쪽으로 관심이 막 이동한 시점이었다. 그전까지 뷰캐넌은 적자 지출이 허용되는 한 정부가 대중의 요구에 "NO"라고 말하는 것이 왜 불가능한지를 분석하는 데 초점을 두었지만, 이 무렵에는 (그 자신의 표현으로) 혁명적이라는 수식어를 붙이는 게 적합할 만큼 급진적인 변화를 위한 전략집을 만드는 쪽으로 초점이 바뀌어 있었다. 뷰캐넌은 이제 특정한 정당이나 후보에 기대를 거는 전략에서 벗어나야 한다고 보았다. **통치자가 누구인지**에 영향을 미치려 하기보다 **통치의 규칙 자체를 어**

떻게 바꿀 것인지에 초점을 두어야 한다는 것이었다. 자유가 번성하려면 정부 당국자들에게 법적인(사실은 헌법적인) 족쇄를 채울 방법을 알아내야 했다. 이 족쇄는 해당 정치인이 얼마나 대중의 의지에 공감하든, 또 자신의 재선에 얼마나 신경을 쓰든 간에, 대중의 요구에 반응하는 것이 원천적으로 불가능할 만큼 강력한 것이어야 했다. 뷰캐넌이 주창한 해법에는 또 하나의 더 사악한 측면이 있었다. 이런 족쇄가 일단 채워지고 나면 그것이 영구적으로 유지되어야 한다는 점이었다(오늘날 우리가 그 결과를 목도하고 있듯이, 이 견해는 코크에게도 크게 영향을 끼쳤다). 다수의 의지가 대의제 정부에 영향을 끼치는 것을 막을 수 있는 유일한 방법은 (그의 표현으로) "헌법적 혁명"을 통해서만 가능할 터였다.[19]

요컨대 뷰캐넌이 도달한 결론에 따르면, 현대사회의 조건에서 다수의 지배는 체계적인 부패를 일으키기 때문에(그리고 이것은 자본주의에 심각한 위협이 된다) "현존하는 어떤 헌법도" 정부에 대해 "충분한 제한이나 제약을 가할 수 없다". 이런 면에서, "현존하는 모든 헌법은 실패작"이었고, 마찬가지로 "거의 모든 개혁안"도 실패작이었다.[20] 뷰캐넌은 그의 팀이 훈련시키던 공작원들에게, 또 기업 후원자들에게 반복적으로 이렇게 강조했다. 이것이 뷰캐넌이 자신이 낳은 운동을 떠나며 남긴 고별 선물이었다.

앞에서 언급했듯이, 1990년대 말이면 찰스 코크는 자신이 그토록 찾고 있던 사상가가 제임스 뷰캐넌이라고 확신하게 된 것으로 보인다. 정부가 어떻게 해서 이렇게 강력한 힘을 갖게 되었는지를 알고 있는 사상가, 자본주의를 다시 자유롭게 만들기 위해 그 강력한 정부의 힘을 누를 방법을 알고 있는 사상가, 그리고 점진적이지만 상호 강화적인 공격들만이 언론의 집요한 눈길을 피하고 살아남을 수 있을 것이기 때문에 '은밀한 작전'이 중요하다는 것을 알고 있는 사상가 말이다. 잠시 동안 이 운동은 뷰캐넌과 코크가 공동으로 이끌게 될 것으로 보였다. 하지만 제임스 뷰캐넌이나 찰스 코크 같은 사람은 절대로 권력을 나눠 갖지 못하는 사람들이다. 그리고 이 두 사람의 경쟁에서 누가 이길 것인지는 이미 정해진 결론이었다. 뷰캐넌은 은퇴를 하기로 결정했고, 그 이후로 그는 자신의 아이디어를 찰스 코크가 혁명을 위한 행동계획으로 바꿔내고 그것을 무시무시한 속도로 달성해내는 것을 지켜보게 된다.

코크는 자신이 하고 있는 일에 대해 결코 스스로를 속이지 않았다. 이 운동의 일원 중에는 스스로를 '보수주의자'라고 생각하는 사람도 있었지만, 코크는 자신의 목표가 얼마나 '급진적인' 것인지를 정확하게 알고 있었다. 일찍이 코크는 그가 후원한 학자 중 한 명에게서 블라디미르 레닌Vladimir Lenin이 혁명을 조직하는 방법에 대한 전략론을 썼다는 이야기를 들은 적이 있었다. 그때부터, 레닌처럼 코크도 정치적 게임판을 유리하게 바꿀 수 있는 영리한 수들을 고안하면서도 목표에 대해서는 어떤 타협도 하지 않는 혁명운동을 일구기 위해 핵심 "간부단cadre"을 맹렬히 육성했다.

하지만 병사 없이 장교만으로 전쟁에서 이길 수는 없는 법이다. 성공하려면 골수 우파 자유지상주의자들을 넘어서는 대중적인 기반이 필요했다. 우파 자유지상주의자들은 같은 신념은 공유하고 있었지만 수가 적었다. 그래서 '간부단' 공작원들은 이 운동의 목표 중 가장 급진적인 부분들은 드러나지 않게 위장하고서 공통의 목표로 삼을 수 있을 만한 것들을 내세워 대중적인 보수주의 집단들로 외연을 넓혀나갔다.[21] 2008년 이후로 이 운동의 핵심 공작원들은 보수주의의 망토를 점점 더 많이 둘렀다. 물론 이들은 [기존의 것을 지키고 보존한다는 의미에서의] 보수주의가 절대로 자신이 원하는 것이 아님을 아주 잘 알고 있었고, 단지 보수주의의 망토를 두르는 것이 전술적으로 유리하다고 판단했기 때문에 그렇게 한 것이었다.

마찬가지의 정치적 계산에서, 코크는 적어도 당분간만이라도 종교계 우파와 손을 잡기로 했다. 뷰캐넌을 포함해 많은 자유지상주의 사상가들이 신을 믿는 사람을 멸시하는 무신론자였는데도 말이다. 어쨌든 제리 폴웰Jerry Falwell 목사, 랠프 리드Ralph Reed, 팀 필립스Tim Phillips 등 보수적인 백인 기독교인들을 정치 행동에 동원하는 종교 지도자들도 나름의 방식으로 '사업가'였으므로, 자유지상주의와 이들 사이에 공동의 목표가 생길 수 있었다. 이들 '종교 사업가'들은 신도들에게 자유지상주의 경제학을, 특히 공립학교에 반대하고 정부의 보조 대신 가족이나 자선에 의존하도록 촉구하는 주장을 기꺼이 전파했다.[22] 역시 마찬가지의 정치적 계산에서, 코크의 팀은 기업계로도 외연을 넓히는 방법을 알아나갔다. 사실은 기업들이 정부에 로비를 해서 이득을 얻는 것에 반대하는 것이 자유지상주의의 입장이었지만 말이다(자유지상주의 원칙주의자들은 기업이 로비를 통해 정부에서 농업 보조금부터 조세 혜택, 특정한 산업에 대한 보호무역 정책 등에 이르기까지 여러 이득을 얻어내는 것에 반대했다).[23]

코크의 팀이 실행한 은밀한 작전 중 가장 중요한 것, 그리고 성공에 가장 결정적으로 기여한 것은 1990년대 말부터 공화당을 장악하게 된 것이었다. 공화당에서 급진우파의 장악력은 2008년 이후 급격히 상승했고, 곧 이들은 자신들이 공화당의 진정한 대표자이며 다른 사람들은 다 이름만 공화당인 '라이노Republicans in Name Only, RINO'라고 주장하기에 이르렀다. 하지만 코크의 공작원들은 공화당 **내부에서** 공작을 하고 공화당을 자신들의 실행 수단으로 사용하면서도 이에 대해 절대로 착각에 빠지지 않았다. 코크 공작원들은 '위대하고 오랜 정당Grand Old Party, GOP'(공화당의 속칭 – 옮긴이)에도, 전통과 기준을 수호하는 정당이라는 역할에도 헌신하지 않았다. 이들은 오로지 자신들이 추구하는 '혁명적'인 목표에만 헌신했다.

공화당을 위해 오래도록 일해왔으니 공정하게 인정받고 대우받으리라 믿었던 충성스런 공화당원들은, 자신이 공화당의 가치에 얼마나 헌신해 왔는지가 저들에게는 아무 의미도 없다는 것을 곧 알게 되었다. 새로운 실세들은 복종만 인정했고, 복종하지 않으면 곧바로 보복했다. 이들은 오랜 공화당원이라도 문제라고 여겨지면 누구든 제거 대상에 올렸고, 다음 번 선거에서 그를 떨어뜨리기 위해 도전자 후보를 내세우고 막대한 돈을 퍼부었다. 이런 식으로 문제적 인물을 [이 운동의 목적에 맞는다는 의미에서] 더 "보수적인" 인사로 교체하거나, 아니면 적어도 본때를 보여줘서 앞으로 말을 잘 듣도록 만들었다.

펜실베이니아 주 출신 연방 상원의원 알렌 스펙터Arlen Specter는 복종하지 않았다가 의원직을 잃은 베테랑 공화당원의 초창기 사례다. 그는 자신을 끌어내린 사람들을 일컬어 "우리가 아는 형태의 정부를 끝장내고자" 하는 "식인종들"이라고 묘사했다. 어떤 사람들은 호된 경험에서 생존법을 배웠다. 레이건주의적 공화당원이자 6선 의원이었던 유타 주 출신의 오린 해치Orrin Hatch 연방 상원의원은 2012년에 [그가 의원이 된 1977년 이후 수십 년 만에 처음으로] 자신이 속한 정당에서 도전자가 나오자 격노했다. "이들은 보수주의자가 아니다. 이들은 공화당원이 아니다. 이들은 급진 자유지상주의자들이다. (…) 나는 이들을 경멸한다." 그들이 보수주의자 망토를 둘렀을 뿐 보수주의자가 아니라는 해치 의원의 말은 맞는 말이었다. 하지만 결국 해치 의원은 맞서기를 포기하고 그들을 따름으로써 자리를 보전하는 법을 배웠다. 물론 전 연방 하원의장 존 베이너 $^{John\ Boehner}$ 이야기도 빼놓을 수 없다. 2015년에 베이너는 의회 내에서 이 운동을 이끄는 핵심인물 중 하나인 테드 크루즈 $^{Ted\ Cruz}$ 상원의원(텍사스 주)을 "육신을 가진 악마"라고 부르면서 결국 두 손 들고 의장직과 의원직을 포기했다.[24]

이런 말들은 [타 정당과 경쟁하는] 정당정치에서 자기 편[자기 정당] 사람을 지칭해 사용하는 표현이라고는 생각하기 어려운 것들이다.

무슨 일이 벌어지고 있는 것인지 파악하기가 너무나 어려운 이유 중 하나는, 우리가 '정치적 분열'이라는 주제를 생각하는 방식에 뿌리 깊은 고정관념이 작동하고 있기 때문이다. 미국인들은 아주 오랫동안 정치 논쟁이란 보수 대 진보, 친시장 대 친정부, 공화당 대 민주당의 틀로 다 설명된다고 들어왔다. 그래서 더 복잡하고 기민한 무언가가 장기적으로 진행되고 있을 때는 케케묵은 이분법이 시야를 가려 이것이 우리에게 포착되거나 인식되지 못한다.

우리는 옛 공화당이, 내 아버지가 평생 투표한 그 정당이 더 이상 존재하지 않는다는 사실을 이해하지 못한다. '공화당'이라는 이름을 가지고 있는 저 실체가 미국의 주요 정당 치고는 어쩐지 지나치게 '골수'가 되었고 도그마에 경도되어 있다는 것은 많은 사람들이 분명히 느끼고 있다. 하지만 그것이 무엇으로 변했는지를 묘사하기에 적합한 어휘를 가지고 있지 못한 나머지, 우리는 우리가 보고 있는 것이 그저 매우 추한 유형의 당파적 정당정치며, 아마도 소셜 미디어 때문에 더 악화된 모양이라고 생각해버린다.[25] 그러나 이것은 단순히 나쁜 형태의 정당정치에 불과한 것이 아니다. 이제 공화당은 타협이란 더러운 말이라고 생각하는 진정한 신도들의 무리가 지배한다고 해도 과언이 아니게 되었다.

그들이 내세우는 명분은 '자유'다. 하지만 그 자유란 사유재산권을 정부의 손이 닿지 않게 보호하고 오랫동안 공적으로 제공되거나 관리되던 많은 것들(학교, 감옥, 서부의 땅, 기타 등등)을 기업이 접수하게 하는 것을 의미한다.[26] 즉, 이 '자유'는 많은 이들의 자유를 극도로 위축시키게 될 자유다. 핵심적으로, 그들은 '민주적 저항'이 아무런 효과를 내지 못하는 공허한 것이 되게 만들려고 한다. 그리고 그들 스스로가 내리는 판단에 따르면 그들의 운동은 성공을 목전에 두고 있다.[27]

이들은 2016년 대선에서 커다란 승리를 거머쥘 수 있을 것으로 기대했다. 그러면 운동 전반적으로도 큰 이득이 될 터였다. 이들의 네트워크는 선거에 쓸 돈과 권력이 아주 많았기 때문에, 프라이머리 시즌이 되자 공화당에서 경선에 나선 모든 후보가 이 운동의 의제를 내걸겠다고 맹세했다. 어느 후보도 기후변화가 정말로 심각한 문제라고 인정하지 않았다. 어느 후보도 총기 소유가 문제라고 인정하지 않았고, 모두 총기 소유가 더 널리 퍼질수록 좋다고 말했다. 모두가 공립학교 시스템과 교사 노조를 공격했다. 모두가 차터스쿨을 더 만들어야 하고 심지어 종교 학교에 조세 보조를 해야 한다고까지 주장했다. 모두가 조세와 정부 지출에 급진적인 변화를 촉구했다. 모두가 사회보장제도와 메디케어가 치명적인 위기에 처해 있다며 개인퇴직계좌individual retirement account, IRA와 의료저축계좌health savings account, HAS가 가장 좋은 해법이라고 말했다(그러면 거기에 불입된 돈은 월스트리트 기업들에 투자될 것이다). 젭 부시Jeb Bush는 코크가 총애하던 저자 클린트 볼릭Clint Bolick과 공저로 책까지 내서 이민법을 이들의 비전에 맞게 개혁해야 한다고 주장했다.[28]

그런데 예기치 못한 일이 벌어졌다. 부동산 재벌이자 TV 유명인사로, 코크 네트워크의 자금에 의존할 필요가 없고 이 운동의 목표 따위는 전혀 모르는 것처럼 보이는 도널드 트럼프Donald Trump가 경선에 뛰어든 것이다. 여기에서 그치지 않고 트럼프는 그들이 이미 '꼭두각시'로 만든 다른 후보들을 성공적으로 조롱하며 승기를 잡았다. 또한 트럼프는 그들과 매우 다른 경제적 비전을 제시했다. 물론 트럼프도 자본주의를 사랑했다. 하지만 트럼프는 자유지상주의자가 아니었다. 이전의 빌 클린턴Bill Clinton처럼 그는 자신이 사람들의 고통에 공감한다고 말했고, 공화당의 다른 후보들이 촉진하려 하는 바로 그 정책들을 꺾음으로써 사람들의 고통을 덜어주겠다고 약속했다. 미국의 공장 문을 닫게 만드는 자유무역협정은 더 이상 없을 것이었다. 사회보장제도와 메디케어를 삭감하는 일도, 미국의 인프라가 망가지는 동안 정부가 인색하게 구는 일도 없을 것이었다. 심지어 트럼프는 미국 기업이 절박한 이주자들을 값싸게 고용해 미국인들의 일자리를 없애지 못하도록, 엄청난 지출을 해서라도 국경에 장벽을 세우겠다고까지 했다. 물론 그가 말하고 행한 것은 이것 말고도 많았고, 그중에는 추하고 선동적인 것도 많았다. 하지만 어쨌든 11월이 되었을 때 트럼프는 선거인단 투표에서 승리함으로써 세계를 충격에 빠뜨렸다.

트럼프 본인은 자신의 승리가 무엇을 의미하는지 완전히 이해하지 못했을지 모르지만, 그의 승리는 정치경제사상에서 근본적으로 상이하고 대척적인 두 개의 접근법 사이에 그를 위치시켰다. 하나는 뷰캐넌이 연구를 시작했을 때 정점에 올랐던 접근법으로, 대표적인 경제학자는 존 메이너드 케인스John Maynard Keynes다. 케인스는 현대의 자본주의-민주주의 체제가 번성하려면 한 나라의 경제에서 발생된 이득을 국민 모두가 나눌 수 있어야 하고 경제가 규율되는 방식에 국민 모두가 발언권을 가질 수 있어야 한다고 보았다. 케인스에 따르면, 시장 시스템에는 매우 많은 장점이 있지만 내재적인 오류도 적지 않으며 이것을 고칠 역량이 있는 것은 정부뿐이었다.

나는 경제학자가 아니어서 케인스의 이론에 대해 가타부타 말할 수 있는 입장에 있지 않다. 케인스의 견해에 대한 상세한 논쟁은 다른 이들에게 맡겨야 할 것이다. 하지만 역사학자로서 나는 케인스의 사고방식이 대공황 시기에 대중에게 선출된 공직자들에 의해 정책으로 실행되었고, 그럼으로써 재앙에 직면한 미국의 자본주의를 당시 전 세계적으로 유력한 두 대안이었던 파시즘이나 공산주의가 아닌 자유민주주의 체제로서 지켜냈다는 것을 알고 있다. 또한 나는 전후에도 경제적·사회적 질서가 케인스주의에 기초해 구성되면서, 평범한 사람들이 집단으로서 힘을 모아 행동하고 정부가 조세를 거둬 공동의 목적에 필요한 일들을 진행함으로써 모든 이의 삶이 더 나아질 수 있다는 희망을 전에 없이 광범위한 사람들이 갖게 되었다는 것도 알고 있다.[29]

케인스주의와 두드러지게 대척점에 위치한 접근법은 뷰캐넌이 창시한 버지니아 정치경제학파의 접근법이다. 이에 따르면, 공공재 운운하는 그 모든 이야기는 "탈취자"가 "창출자"를 착취하는 것을 가리는 데 쓰는 연막에 불과하다. 탈취자들은 더 나은 삶을 자신의 노력을 통해서가 아니라 "투표를 통해서 얻기 위해" 정치적인 결탁과 연합을 이용한다. 방법에서는 이견이 있었어도 밀턴 프리드먼과 F. A. 하이에크 모두 시민의 압력으로 정부 당국자들이 옳은 일을 하게 만들 수 있다는 가능성을 열어두었던 데 반해, 뷰캐넌은 정부가 행위자들의 부정직함 때문에 실패하게 된다고 보았다. 활동가든 유권자든 공직자든, '공익'이니 '공공의 이해'니 하는 것을 운운할 때는 〔진정으로 공공의 이해를 생각해서가 아니라〕 남을 희생시켜 자신의 이익을 추구하는 것을 가리기 위해서일 뿐이기 때문이다.[30] 뷰캐넌의 냉소주의는 너무나 독성이 강해서 이것이 널리 믿어지면 염산처럼 시민적 삶을 부식시켜버릴 수 있었다.[31] 게다가 뷰캐넌은 1970년대 이후로 한술 더 떠 국민과 국민의 대표자들이 공적인 권력을 민주사회에서 오랫동안 사용되어온 방식으로 사용하는 것을 영구히 금지해야 한다고 주장하기까지 했다. 〔민간의 재산을〕 갈취해가려는 정부의 손에 영구적으로 수갑을 채워야 한다는 것이었다.

1956년부터 현재까지 뷰캐넌과 그의 사상이 어떤 궤적을 밟아왔는지 풀어내는 책을 쓰는 동안 점점 더 나를 괴롭힌 질문이 하나 있었다. 내가 다루고 있는 이 희한한 대상이 지금은 위세를 떨치고 있지만 결국에는 대중이 지나치게 급진적인 주장들을 면밀히 따져보고 가려내게 되어 딱 그것이 갖는 가치에 걸맞을 정도로 수그러들게 될 우파 운동 중 하나일까? 혹시, 그게 아니라 이 운동이 미국 역사상 존재하지 않았던, 전적으로 새로운 무엇이지는 않을까? 가령, 어쩌면 이것이 미국의 민주적 통치체제 자체를 전복시키려는 '제5열'의 공격이지는 않을까?

'제5열'이라는 표현은 사용하기가 조심스럽고 저어되는 표현이다. 이것은 스페인 내전 때 나온 말인데, 당시 〈뉴욕 타임스〉의 보도에 따르면, 프란시스코 프랑코Francisco Franco가 민주정부를 전복하기 위해 군사 쿠데타를 일으켰을 때 그의 부관 중 한 명이 이렇게 말했다고 한다. "우리에게는 마드리드 밖에서 마드리드로 진군해가고 있는 네 개의 대열이 있고, 마지막 다섯 번째 대열은 마드리드 안에서 은밀히 활동하며 우리가 진입하자마자 합류할 준비를 하고 있다."**32** 그때 이래로 '제5열'은 적진에 은밀히 침투해 선전선동이나 사보타주 등의 활동을 폄으로써 본진이 들어와 점령할 수 있게 준비를 갖추는 대원들을 일컫는 말로 사용된다. 그런데 학자가 쓰기에는 조심스럽고 우려되는 표현이기도 하다. 권력자들이 '적들이 우리 사회에 침투해 활동하고 있다'는 공포심을 조장해 사회를 통제하는 용도로 이 말을 매우 유용하게 사용해왔기 때문이다. 냉전 시기에 적색 공포를 불러일으켰던 것이 대표적 사례다. 공산주의자가 사회 요소요소에 침투해 있다는 공포심을 불러일으켜서 정부와 시민 모두가 아주 작은 저항의 움직임이라도 샅샅이 감시하게 만들었고, 이는 시민적 자유에 막대한 비용을 초래했다.**33** 명백히 이것은 내가 의도하는 바가 아니다. 나는 우리 사회가 논의와 토론을 침묵시키는 것이 아니라 적극적으로 촉진해야 한다고 생각한다.

하지만 완벽한 표현은 아닐지라도 '제5열'은 자본의 지배를 공고히 하고자 하는 급진우파 운동의 몇 가지 중요한 특징들을 짚어내기에 가장 적합한 용어로 보인다. 대중의 지지를 얻을 수 없으리라는 것을 아는 운동은 고전적인 의미에서의 사회운동이 아니다. 역사 내내 미국은 사회운동들에 의해 대체로 더 좋은 쪽으로 변화해왔다. 노예제 철폐운동처럼 급진적인 운동들도 있었다. 지난 두 세기 반 동안 미국의 역사는 시민들이 각각의 사회운동이 내놓는 주장과 논리들을 잘 평가하고 가려내면서 사회운동을 통해 배우고 성장할 수 있음을 계속해서 보여주었다. 대중의 마음을 얻는 지점에서 운동가들은 큰 진전을 이룰 수 있었고 대중의 마음을 얻지 못하면 그 운동은 곧 휘청거렸다.

그런데 이 책에서 다루는 운동은 다르다. 이 운동은 본질적으로 미국의 현대 정치 시스템[민주공화제]에 적대적인, 비교적 소수의 급진우파 억만장자들이 추동하고 있으며, 이들의 자금으로 정상적인 민주적 통치 과정을 훼손하려는 활동을 펴고 있다. 이 운동의 한 일원은 "워싱턴DC를 적대적 인수합병으로 접수하자"는 기치를 들기도 했다.[34]

이와 같은 접수 전략은 제5열의 활동과 매우 흡사하다. 이들은 고도로 계산된 전략에 따라 움직이며, 공개적으로 정치 공방을 주고받는 일반적인 정치 행위자보다는, 점령세력과 더 비슷한 방식으로 활동한다. 이 세력의 규모는 어마어마하다. 코크의 네트워크를 연구한 학자들에 따르면, 이 네트워크는 "미국의 전국 정치 정당에 비견될 규모로 작동하고" 있으며 2015년에 공화당 당직자보다 세 배나 많은 인력을 정식으로 고용하고 있었다. 이것은 제5열의 또 다른 특징을 보여준다. 정상적인 정치의 작동 과정을 그것의 기능을 교란시키는 계략들을 통해 '압도해버리는' 전술을 사용한다는 점이다. 실제로 이렇게 해서 이 거대하고 막강한 자금줄을 가진 세력은 자신이 장악한 정당[공화당]을 그 정당을 지지하는 유권자 대부분이 원하지 않는 정책 쪽으로(가령, 사회보장제도부터 메디케어, 교육 등에까지 이르는, 중요한 공공 서비스들의 민영화) 몰아가고 있다.[35]

여기에서도 이들의 프로그램은 대중의 마음을 얻기 위해 자신의 목적을 솔직하게 드러내는 여타 사회운동들과 뚜렷한 차이를 보인다. 물론 이 운동의 일원들도 자신이 믿는 바를 위해 열심히 싸울 권리가 있다. 하지만 공개적이고 솔직한 방식으로 활동해야 한다. 민주적 절차를 전복하려 할 게 아니라 미국의 대중에게 자신의 진짜 목적을 완전히 알려야 하고, 결정은 전체 이야기를 다 들은 상태에서 대중이 내리도록 해야 한다.

이 운동이 꿈꾸는 바는 '자유'다. 뷰캐넌은 2000년대 초에 한 인터뷰에서 "나는 어느 누구도 다른 이들 위에 군림하는 권력을 갖지 않는 사회를 원한다"며 다음과 같이 말했다. "나는 당신을 통제하고 싶지 않고 당신에게 통제받고 싶지도 않습니다."[36] 매우 합리적이고 공정하고 솔깃하게 들린다. 하지만 이 언명의 핵심은 마지막 부분에 있다. "당신에게 통제받고 싶지 않습니다." 여기에서 그들이 통제받고 싶어 하지 않는 "당신"은 '미국의 다수 국민'을 의미한다. 또한 이 운동의 기획가들은 "경제적 권력"이 "다른 이들 위에 군림하는" 강력한 도구가 되고 있다는 사실을 절대로 인정하지 않는다. 그들에게는 제약 없는 자본주의야말로 자유다.

미사여구를 아무리 갖다 붙여도, 이 운동이 진정으로 추구하는 바는 과두제, 즉 경제적 권력과 정치적 권력 모두가 소수의 손에 집중되는 세계로 되돌아가는 것이다. 그 세계는 20세기 초의 미국 시스템을 되살린 것과 비슷할 것이다. 투표권을 대대적으로 박탈하고 노조의 활동을 불법화한 덕분에 거대 기업과 부유한 개인들이 연방 의회와 대부분의 주 정부를 장악할 수 있었고, 이들이 다른 이들 위에 군림하는 데 법원들이 끼어들어 방해하지 않으리라고 확신할 수 있던 시절 말이다.

이 운동이 정말로 추구하는 바가 무엇인지를 파악하기 위한 첫 단계는 핵심개념들의 뿌리를 추적해보는 것이다. 이 운동의 일원들은 자신이 미국 헌법을 기초한 제임스 매디슨James Madison의 후예라고 말하길 좋아하지만, 이것은 사실이 아니다.[37] 이들의 사상적 나침반은 미국 건국 후 한 세대 뒤, 남부에 노예제에 기초한 잔인한 경제 시스템이 뿌리를 내리던 시기에 민주주의에 대해 급진적인 비판을 개진해 매디슨을 경악하게 했던 존 C. 칼훈John C. Calhoun이다.

지배계급의 마르크스

오늘날 미국 정치 시스템을 뒤엎으려 하는 사람들은 두 세기를 거슬러 올라가는 일군의 사상의 후예다. 그 사상을 한마디로 말하면, 민주주의에 대한 부유한 지배층의 반발이라고 할 수 있다. 미국에서 이 사상이 처음 일관된 형태로 개진된 것은 1820년대 말과 1830년대, 사우스캐롤라이나 주의 존 C. 칼훈John C. Calhoun에 의해서였다. '지배계급의 전략가'로서 너무나 명민하고 수완이 좋아서, 역사학자 리처드 호프스태터Richard Hofstadter는 칼훈을 "지배계급의 마르크스"라고 불렀다.[1] 역설적인 위트가 담긴 호프스태터의 명명은 칼훈의 전략이 가진 혁명적 속성을 잘 포착하고 있다. 칼훈의 전략은, 어떻게 하면 당대의 가장 부유한 1%(사실 1%도 안 되었을 것이다)가 입헌공화제 국가에서 압도적인 권력을 행사할 수 있을 것인가와 관련이 있었다. 부통령을 지냈고 그 전략을 세우던 당시에 상원의원이었던 칼훈은 미국 최초의 조세저항 운동 전략가였고, 아마도 극단주의자 중에서 미국 사회에 가장 큰 영향력을 끼친 사람일 것이다.

이것은 비밀스러운 기원이 아니다. 제임스 M. 뷰캐넌의 몇몇 학문적 후예도 뷰캐넌의 정치경제학파가 존 C. 칼훈의 사상을 거울처럼 반영하고 있다고 언급한 바 있다. 찰스 코크가 돈을 대고 진두지휘한 급진우파 공작의 핵심인물인 조지 메이슨 대학의 경제학자 알렉산더 타바록Alexander Tabarrok과 타일러 코언Tyler Cowen은 남북전쟁 이전 시기의 상원의원이었던 칼훈이 "현대 공공선택이론의 전조"라고 말했다. 공공선택이론은 뷰캐넌이 창시한 정치경제학파를 일컫는 또 다른 이름이다. 타바록과 코언에 따르면, 뷰캐넌과 칼훈 모두 "민주주의가 자유를 지키는 데 실패한 것"을 몹시 우려했고 "세금 생산자와 세금 소비자" 사이에 일종의 계급 갈등이 존재한다고 보았다. 또 둘 다 정치를 착취와 강압의 영역으로, 경제를 자유로운 교환의 영역으로 보았고 이미 헌법이 명시하고 있는 수많은 재산권 보호 조항을 훨씬 넘어서는 수준으로 '소수자'[수적으로 소수인 부유층]의 권리를 지키기 위한 창의적인 방법들을 고안했다.[2] 칼훈과 뷰캐넌 모두 소수의 경제적 지배계층을 다수 시민의 "착취"로부터 영구히 보호하기 위한 헌법체제를 고안했고 (타바록과 코언이 정확하게 짚었듯이) "그것과 동일한 목적과 효과를 갖는" 소수자[부유층]의 '거부권'을 옹호했다.[3] 또한 칼훈과 뷰캐넌 모두 민주사회에서 유권자들이 집합적으로 달성할 수 있는 것의 범위를 가장 부유한 계층도 동의할 수 있을 법한 것들로만 제한할 방법을 찾으려 했다.[4]

알고 보니, 찰스 코크의 브레인들 사이에서는 존 C. 칼훈을 자신의 사상적 기원으로서 높이 평가하는 것이 특이한 견해가 아니라 자주 이야기되는 견해였다. 칼훈의 반反민주주의적 정치이론(칼훈은 정치이론서라고 할 수 있는 《정부에 관한 논고Disquisition on Government》와 《미국의 헌법과 정부에 관한 논고A Discourse on the Constitution and Government of the United States》를 집필했다[5])에서 정확히 어느 면이 이들에게 그토록 소중했을까?

코크의 후원을 받은 초창기 학자로 오스트리아학파 경제학을 공부한 머리 로스바드Murray Rothbard는 이 운동이 칼훈에게 빚진 바에 대해 공개적으로 언급하면서, 조세를 중심으로 한 칼훈의 계급 분석이 자유지상주의 운동의 토대가 되었다고 말했다. 로스바드는, 계급 적대가 노동관계(생산관계)에서 발생한다고 보았던 이전의 사상들과 달리, "국가의 개입 **그 자체가** 상호 적대적인 계급들과 그들 사이의 계급 갈등을 일으킨다는 것"이 "칼훈의 통찰"이었다고 설명했다. 칼훈은 "한 국가에서 반드시 누군가는 순납세자가 되고 누군가는 조세의 순수혜자가 될 수밖에 없다"고 보았다(요즘 용어로 말하자면, '생산자'와 '탈취자'라고 할 수 있겠다). 칼훈의 이론에 따르면 세금의 순수혜자는 "착취하는 지배계급"이었고 순납세를 하게 되는 사람은 "착취당하는 피지배계급"이었다. 다른 말로, 칼훈은 누가 누구 위에 군림하는가에 대해 대부분의 사람들이 갖고 있는 생각을 거꾸로 뒤집었다. 노예를 부려 재산을 쌓은 사람은 정부에 세금을 내야 하니까 착취당하는 피해자였고 가난한 유권자들은 경계해야 할 착취계급이었다. 로스바드는 칼훈이 민주주의가 경제적 자유를 위협하게 되는 "핵심기제"로서 "조세와 재정정책에 주목한 것"이 "매우 옳은 접근"이었다고 설명했다.[6]

그렇다면 당시에 칼훈의 전략이 어떻게 펼쳐졌는지를 살펴보면 현재 우리 사회에서 민주주의 체제를 전복하고자 하는 은밀한 계획이 어떻게 이뤄지고 있는지 이해하는 데 도움이 될 것이다.

1860년 무렵이면 미국에서 10만 달러 이상을 소유한 소수의 부자 중 3분의 2는 메이슨-딕슨 선Mason-Dixon Line(메릴랜드 주와 펜실베이니아 주 사이의 주 경계 분쟁을 해결하기 위해 설정된 선으로, 북부와 남부의 경계를 의미하기도 한다 - 옮긴이) 아래쪽에 살고 있었다. 인구 대비 기준으로 당시에는 뉴욕보다 미시시피에 백만장자가 더 많았다. 사우스캐롤라이나는 '연방the Union'(1860년 당시의 미 합중국 전체를 일컫는다. 1861년부터는 남부 주들이 탈퇴하기 시작하며, 이후 '연방'은 남부를 의미하는 '연맹the Confederacy'과 대비해 북부를 의미하게 된다. 사우스캐롤라이나는 가장 먼저 연방을 탈퇴한 주다 - 옮긴이)에서 가장 부유한 주였다. 남부에 풍요를 가져다준 부의 원천은, 노예 노동력으로 생산해 전 세계에 수출하는 농작물(주로 면화)이었다. 노예 기반 농업의 수익성은 비견될 게 없을 정도로 높아서, 노예에 투자된 돈이 철도나 공장에 투자된 돈보다 많았다.[7]

이 투자금을 지킬 방법을 칼훈보다 더 열심히 고민한 사람은 없었을 것이다. 몹시 공격적인 그의 스타일을 두고 당대의 한 여성은 그를 "강철 인간"이라고 묘사했다. 날카로운 눈과 각진 얼굴을 가진 칼훈은 전투적인 노예제 폐지 운동가 존 브라운John Brown과 막상막하인 근엄한 인상을 가지고 있었다. 물론 추구한 임무는 정반대였지만 말이다. 당대는 물론 그 이후의 한 세기까지 통틀어 봐도, 민주적 정부의 손발을 묶기 위해 (한 저명한 정치학자의 말을 빌리면) "일군의 헌법적 도구들"을 고안하는 데서 칼훈이 발휘한 수완과 천재성은 필적할 사람을 찾기 어렵다.[8]

칼훈은 예일 대학을 다니고 법학을 공부하는 등 건국 초기 미국에서 극히 소수만 받을 수 있던 높은 수준의 교육을 받았다. 그리고 그 교육을 자신이 속한 계급, 전 세계적으로 유례없는 수준의 막대한 부를 가진 계급의 이해관계를 관철시키는 데 활용했다. 그는 헌법이 이 계급의 이해관계를 적절히 보호하지 못하고 있다고 생각했다.

당대의 진보적 자유주의에 맞서 이데올로기 전쟁을 벌이고자 한 칼훈의 맹목적인 투지에는 그의 동료들이 보기에도 경악스러운 면이 있었다. "운명의 힘"이 자신을 이끌고 있다는 확신, 막무가내로 단순화하고 환원하는 식의 논리, 그리고 철저하게 도구적인 인간관계는 많은 사람을 질리게 했다. 칼훈에게는 공감, 인내, 유머라는 개념이, 그의 소유물인 사람들(노예들)이 각자 고유한 개인으로서 꿈과 지성을 가진 존재라는 개념만큼이나 생소한 것인 듯했다. 칼훈과 같은 정당인 앤드류 잭슨^{Andrew Jackson} 대통령이 칼훈을 반역죄로 교수형에 처했어야 했다고 말했을 정도다. 물론 경솔한 말이었지만, 그가 이렇게 말한 데도 이유가 없지 않았고, 그것은 단지 칼훈이 너무나 호감이 안 가는 사람이어서만은 아니었다. 정부에 대한 칼훈의 견해는 "건국의 아버지"들과 헌법의 기초를 닦은 제헌의원들이 가지고 있던 비전과도, 또 칼훈 본인이 속한 정당의 비전과도 극명하게 달랐다. 칼훈은 자신이 속한 단 하나의 계급, 즉 노예를 부리는 대농장 소유 계급이 수적으로는 명백하게 소수이지만 다른 모든 이들보다 우세한 권력을 가져야 한다고 생각했다.[9]

칼훈도, 오늘날의 현대판 칼훈들도, 나름대로는 맞는 말을 했다. 그들이 생각하는 의미에서의 경제적 자유와 정치적 민주주의는 **실제로 상충한다.** 다수 대중은 그럴 수만 있다면 언제나 민주적 정치 과정을 이용해 자신의 상황을 개선하려 할 것이고, 이는 그에 필요한 자금을 대기 위해 부유한 사람들에게 조세를 부과하는 결과로 이어질 것이었다. 실제로 미국 사람들은 다수 대중으로서의 권력을 사용해 중요하고 유의미한 일들을 많이 성취해왔고 여기에는 세금이 쓰였다. 공립학교를 통해 보편 교육을 제공하는 것, 제조업을 육성하는 것, 도로와 다리를 짓는 것, '랜드 그랜트' 대학들(1800년대 후반, 모릴 법^{Morrill Act}에 의거해 토지를 불하받아 세워진 대학 - 옮긴이)을 세우는 것, 식품과 의약품의 안전성을 높이는 것, 노동자가 노조를 통해 집합적인 목소리를 낼 수 있게 하는 것, 노년의 빈곤을 줄이는 것, 차별 철폐를 위해 노력하는 것, 모든 시민이 투표권을 행사할 수 있게 하는 것, 공기와 물의 오염을 막는 것, 기타 등등, 기타 등등. 이런 것들은 대부분의 미국인이 자랑스러워하는 성취다.**10**

하지만 이 모든 것은 오늘날 돈이 가장 많은(따라서 정치자금을 가장 후하게 내는) 계급 사람들이, 특히 그중에서도 호전적인 경제적 자유지상주의자들이 극히 혐오하게 된 수단을 통해서 이뤄졌다. 칼훈도 그랬듯이 오늘날의 자유지상주의자들도 제임스 매디슨이 기초한 헌법이 평범한 사람들이 "집합적으로" 행동할 수 있는 역량을 완전하게 저지하지 못한다는 점에서 실패라고 본다. 따지고 보면, 위에서 나열한 정책들 모두가 집합행동을 통해 이뤄진 것이었다. 대중들이 집단을 이뤄서, 정부로 하여금 소수의 자유를 불가피하게 제약하는 행동을 취하게 함으로써 달성한 일이었던 것이다. 여기에서 '소수'는 과거의 질서로 되돌아가기를 원하는 사람들 [부유한 소수]을 말한다.

그래서 칼훈은 경제적 자유와 정치적 자유 중 하나가 반드시 희생되어야 한다면 그것은 정치적 자유여야 한다고 생각했다. 반드시 남부 대농장주들의 뜻이 관철되어야 했다. 그들의 재산권이 다른 모든 것보다 우선해야 했다. 남부를 대표해 미국의 제헌의회에 참여한 의원들은 재산 소유자(노예 소유자도 포함해서)들을 보호할 수 있는 여러 조치를 헌법에 넣었지만, 칼훈이 보기에는 충분하지도, 적절하지도 않았다. 칼훈은 각 주가 "자신의 주의 평화와 안전"을 위해 필요하다고 판단할 경우에는 어떤 법이라도 자체적으로 통과시킬 수 있어야 한다고 생각했다. 특히 "주인과 노예 사이에 기존의 관계를 유지하기 위해 필요한 법"은 무엇이건 주 정부가 자율적으로 만들 수 있어야 했다. 가령, 주 의회가 자신의 주 내에서 노예제 폐지 문건을 배포하지 못하도록 금지하는 법을 제정하는 것도 가능해야 했다. 나아가 칼훈은, 재산권 보호를 위해 연방 정부가 우체국에 대한 통제력을 이용해 위와 같은 문건 배포 금지령을 전국적으로 집행해야 한다고도 주장했다. 출판과 언론의 자유는 수정헌법 1조가 보장하는 권리인데도 말이다.[11]

여기에서 드러난 패턴에 주목할 필요가 있다. 재산 소유자 계급의 자유를 위협하는 연방 정부의 행동은 비판하면서, 그와 동시에 자신의 계급에 불리한 의견을 틀어막기 위해 연방 정부가 공권력을 동원해야 한다고 촉구하고 있는 것이다. 연방 정부가 공공의 이익을 위해 행동할 권력을 갖는 것은 정당성이 없다고 주장하면서 자신의 계급이 아닌 사람들을 억압하는 데는 연방 정부의 권력이 사용되어야 한다고 촉구하는 패턴을 이 책에서 앞으로 계속 보게 될 것이다. 오늘날에도 뷰캐넌의 사상을 현실에 적용하고자 하는 사람들이 꼭 '큰 정부' 자체에 반대하는 것은 아니다. 그들은 자신이 통제할 수 있는 정부 분야에 대해서는 정부의 권한을 더 키우려 한다.

한마디로 칼훈 같은 사람에게 정부는 나의 재산권을 보호하기 위해 존재하는 것이었고, 그 과정에서 다른 이들의 발언의 자유나 행동의 자유를 침해하게 되더라도 정부는 그렇게 해야 했다. 칼훈은 '연방'에 새로이 편입된 주들이 노예제를 유지하는 게 합법이냐 아니냐를 대중 주권의 원칙에 따라 결정되게 두면 안 된다고 생각했다.[12] 1847년에는 노예제 폐지 운동을 하는 한 흑인(그는 자유민이었다)에게 찰스턴에 감히 발을 들이면 "쫓겨날 것"이라고 경고하기도 했다. "자유민인 흑인이 들어오는 것이 허용되면 다른 흑인들이 반란을 일으키도록 자극하게 될 것이기 때문"이었다.[13]

타계급을 억압하고자 하는 칼훈의 열망이 표출된 방식 중에 오늘날까지 시사점이 있는 패턴이 또 한 가지 있다(이 패턴 역시 앞으로 이 책에 계속 등장할 것이다). 칼훈은 강한 권력을 갖는 연방 정부의 위험성에 대해 열변을 토했지만, 주 정부와 지방 정부 사이의 관계에 대해서는 [규모가 더 작은] 지방 정부가 주 정부보다 시민의 의지를 더 진정성 있게 반영한다고 옹호하지 않았다. 오히려 칼훈은, 재산권과 개인의 권리를 지킨다는 명분으로, 평범한 사람들이 영향을 끼치기가 더 쉬운 지방 정부의 권력을 빼앗아 주 정부에 집중시키는 운동을 전개했다(연방 정부, 주 정부, 지방 정부 중 주 정부의 권한이 가장 커져야 한다고 본 것이다). 그의 계급이 가장 쉽게 통제할 수 있는 정부가 주 정부이기 때문이었다. 그는 실제로 사우스캐롤라이나 주에 중앙집중적인 권력을 갖는 새로운 시스템을 도입했는데, 법 역사학자 로라 에드워즈Laura Edwards에 따르면 이는 "과거와 급진적으로 단절한" 새로운 형태의 주 정부였다. 칼훈의 지도하에, 남북전쟁 직전의 사우스캐롤라이나는 "국민의, 국민에 의한, 국민을 위한" 정부라는 이상에서 가장 거리가 먼 형태의 주 정부를 갖게 되었다. 또 다른 남부의 지도층 인사 한 명은 이를 "압제자의 민주주의"라고 불렀다.[14] 요컨대, 칼훈은 헌법의 기초를 닦은 사람들의 원래 의도를 반영하기는커녕, 자신의 계급이 더 큰 권력을 가질 수 있도록 [연방·주·지방] 정부들 사이의 권한과 위계를 재조정하는 참신한 방법을 고안한 셈이었다.

새로이 권력에 목말라진 주 정부가 오래도록 지역 공동체가 가지고 있던 권한을 밟고 빼앗는 패턴이 오늘날 '레드 스테이트Red States'(공화당 지지 주-옮긴이)들에서 다시 나타나고 있다.[15] 이제 노예제 존속 여부는 쟁점이 아니지만, 다수 대중의 집합적인 권리를 누르고 그 위에 군림하고자 하는 공격적인 소수의 열망은 사라지지 않았다. 2010년 이래 이들이 통제력을 획득한 주들을 보면, 연방 정부로부터의 자유를 목놓아 외치는 바로 그 사람들이 (주 정부의 힘을 앞세워) 지방 정부들이 오랫동안 가지고 있던 권한을 없애고 기존에 잘 확립되어 있었던 지방 정부 관련 법들을 대대적으로 바꾸고 있다. 이에 대해서는 이 책의 마지막 장에서 상세히 다뤘다.

이렇듯 과거의 전술이 오늘날 되살아나고 있는 것은 이 책의 핵심주제 하나를 말해준다. 오늘날 우리가 목도하고 있는 것은 오래전부터 미국에 존재했던 충동의 새로운 변주다. 재산이 있는 소수가 다수 대중에게 민주주의가 약속하는 바를 제약하고자 하는 것이다(재산 소유자들 중에서 이들은 늘 이데올로기적으로 극단적인 사람들이었다. 재산 소유자들 중 유독 더 "탐욕스러운" 사람들이라고 표현해도 무방할 것이다). 가능하다면 다수 대중은 그 소수의 재산 소유자가 원하는 정책을 선택하지 않을 것이기 때문이다.

2009년 이후 미국 정치를 뒤흔드는 데 티파티^{Tea Party} 운동이 끼친 영향, 그리고 글로벌 경쟁에 직면한 제조업의 쇠퇴가 2016년 대선에 끼친 영향을 생각해볼 때, 애초에 칼훈이 극단적인 조치들을 주장하고 그것을 정당화하기 위해 독창적인 "정치학^{political science}" 이론(칼훈 본인의 표현이다. 문자 그대로는 '정치 과학'이라는 뜻이다)을 발달시키게 된 계기가 유치산업(주로 제조업) 보호를 위해 연방 정부가 부과하려던 관세에 대한 불만이었다는 점은 흥미롭다.[16]

1828년에 연방 정부가 제조업 수입품에 관세를 물리기로 하자 분노한 대농장주들은 이를 "혐오스러운 관세Tariff of Abominations"라고 부르며 반발했다. 이 보호관세는 미국 경제의 취약성을 여지없이 드러낸 "1812년 전쟁"(미국과 영국 사이의 전쟁) 이후 유치산업을 육성하기 위해 입안된 것으로, 제조업 육성에 이해관계가 걸려 있는 지역이 가장 큰 수혜자였고 노예제를 폐지한 북동부의 주들이 그런 지역이었다. 그리고 수출용 면화재배가 주요 산업이던 남부 주들은 이 관세가 도입되면 불리했다. 노예노동력 기반의 면화 생산이 매우 수익성이 높았기 때문에 남부의 권력층은 산업 다각화에 별로 관심이 없었다. 칼훈은 이 보호관세가 부당하다고 목청 높여 외쳤다. "우리는 체제의 노예다." 그는 이 관세가 차별적인 조세라며 분노했고, 이 분노는 불과 한 세대 전에 제헌의원들이 구성한 정부 체제에 근본적으로 도전하는 급진적인 입장으로 이어졌다. 칼훈은 "다수가 지배해야 한다는 벌거벗은 원칙에 기초한 정부"는 다른 이의 재산을 도둑질하고 "자유"를 침해하는 결과로 귀결될 수밖에 없을 것이라고 목소리를 높였다.[17]

요컨대, 칼훈은 〔중앙정부에 대항해〕 미국 역사상 처음으로 자신의 지역에서 조세저항 운동을 일으키기 위해 나섰다가 어찌어찌해서 대의제 정부 자체에 대해서까지 문제를 제기하게 되었다. 오늘날의 독자들이 보기에는 의외라고 여겨질지 모르지만, 당시에 칼훈과 같은 대노예 소유주들이 연방 정부가 공익적 목적에서 부과한 조세의 정당성을 문제 삼으며 벌인 운동은 외로운 싸움이었다. 역사학자 로빈 아인혼Robin Einhorn이 건국 초기의 주 세금과 지방 세금을 처음으로 면밀히 연구해 보여주었듯이, 이들이 우려한 바는 노예가 없는 주들에서는 전혀 제기되지 않았다. 자유롭게 투표할 수 있는 곳의 유권자들은 내가 가치 있다고 생각하는 공공 서비스를 나의 정부가 제공해주기를 바랐고, 그렇게 하겠다고 약속하는 후보에게 투표했다. 올리버 웬델 홈스 주니어Oliver Wendell Holmes Jr.가 나중에 표현한 바를 빌리면, 이들은 세금이 "문명화를 위해 우리가 지불해야할 값"이라고 생각했다.[18]

'자유주free states'(남북전쟁 이전에 노예제를 두지 않았던 주 - 옮긴이)의 초창기 유권자들은 정부가 어떤 일들을 할 것인지, 그리고 그것을 위해 어떻게 조세를 부과할 것인지를 자신들이 '국민으로서' 결정할 수 있다는 점에서, '국민에 의한' 공화제 정부의 조세정책을 좋아했다. 이들에게 자유는 국정 사안에 대해 발언권을 갖는 것, 그리고 가장 좋은 길이 무엇인지에 대한 공론의 장에 참여할 수 있는 것을 의미했다.

식민지 시기부터 남북전쟁 시기 사이에 있었던 공적인 토론들을 살펴본 아인혼은 노예가 거의 없거나 아예 없는 곳들의 정부가 "더 민주적이고 강하고 경쟁력이 있었으며" 노예제가 지배적인 곳들의 정부는 "더 귀족적이고 약하고 경쟁력이 떨어지는" 경향이 있음을 발견했다. 또한 노예제가 지배적인 곳들은 자기 목적대로 정부를 좌지우지하려는 부유한 소수에게 정부가 포획되어 있을 가능성이 컸다. 진보적인 유권자들은 '적극적인 정부'를 원했다. 그들은 공립학교를 짓기 위해, 먼 지역 간에 이동을 용이하게 해줄 도로를 놓기 위해, 물건을 나를 운하를 짓기 위해, 스스로에게 조세를 부과했다. 남부에서도 노예가 적은 지역의 자영농들은 그들이 원하는 공공 서비스를 제공하도록 정부에 압력을 넣고자 하는 경우가 있었지만, "대농장 소유주들은 자신의 통제를 벗어나는 정치적 행동은 무엇이건 자신의 '재산'에 대한 위협으로 간주했고", 심지어 "자영농들이 요구하는 것이 도로나 학교와 같은 일반적인 서비스일 때도" 그랬다. 이 모든 것은 엄청난 아이러니를 보여준다. 아인혼이 지적했듯이, "오늘날에도 정치에 숱하게 등장하는, 정부에 반대하는 화법은 사실 자유(의 지지)가 아니라 노예제(의 지지)에 뿌리를 두고 있다". 즉, 오늘날 너무나 팽배한, 정부가 아무것도 할 수 없을 정도로 정부를 불신하는 분위기는 원래 평범한 사람들에게서가 아니라 칼훈 같은 지배층에게서, 그것도 극단주의자들에게서 나온 것이었다. 그들은 연방 정부의 권력이 커지는 것이 자신이 지키고자 하는 인종주의적 노예제에 위협이 된다고 보았다.[19]

그뿐 아니라 칼훈은 자신과 같은 사람들이 '착취당하는' 것을 막기 위해 헌법 자체를 완전히 재해석하고자 했다. 극도로 자신의 이익을 추구하는 데 경도된 남부의 자본가 칼훈에게는 제임스 매디슨 등 제헌의원들이 재산권을 지키기 위해 넣은 조항들이 영 충분해 보이지 않았다. 헌법은 대중의 권력에 충분하게 족쇄를 채우지 못하고 있었다. 미국 헌법이 자랑하는 '견제와 균형'의 주요 목적 중 하나가 여론의 쏠림에 따라 정치제도가, 특히 재산권 보호와 관련된 제도가 급작스럽게 훼손되는 것을 막는 것이었지만, 어쨌거나 칼훈에게는 더 이상 헌법이 충분해 보이지 않았다.

칼훈이 '건국의 아버지'들이 가지고 있었던 비전에서 얼마나 많이 벗어났는지 감을 잡으려면 매디슨도, 그의 동료들도, 순수한 민주주의를 옹호하지는 않았다는 사실을 기억할 필요가 있다. 헌법의 주요 설계자인 매디슨 본인도 막대한 부를 가진 노예 소유주였으며 대중(당시에는 자산을 가진 백인 남성을 의미했다) 주권에 기초한 정부에서 부유한 소수의 권리를 어떻게 보호할 것인가에 대해 오래도록 고민했다. 그래서 매디슨과 동료 제헌의원들은 부유한 소수의 권리와 재산을 보호하기 위한 조항들을 헌법에 아주 많이 포함시켰다. 선거인단제도와 상원제도도 그런 사례다(인구가 더 적은 주가 과다 대표되어 더 유리하다). 또한 그들은 노예제도 지키려 했다. 1조 2항은 잘 알려진 사례인데, 과세와 의석 배분을 위해 각 주의 인구수를 산정할 때 "자유민"과 인디언을 제외한 "모든 다른 사람"[노예 등]은 인구수의 "5분의 3"으로 가산되었다(인디언은 인구수 산정에서 배제되었고 과세도 되지 않았다-옮긴이). 그렇다 해도 매디슨, 제퍼슨 등 건국 초기의 지도자들은 노예제를 부끄러워하고 있긴 했기 때문에 헌법에 '노예제'라는 말을 쓰지 않았다. 그들은 인간을 예속하는 이 제도가 언젠가는 사라져 없어질 것이고 마땅히 그래야 한다고 생각했다.[20]

하지만 칼훈은 달랐다. 독립혁명 세대가 아닌 그는 예속 노예를 두는 "기이한 제도"에 대해 '건국의 아버지'들이 가지고 있던 부끄러움을 가지고 있지 않았다. 그는 조면기(목화씨와 섬유를 분리하는 기계-옮긴이)의 세대였고, 조면기는 노예제 대농장 시스템을 가장 수익성 있는 자본주의적 사업이 되게 해준 기술 혁신이었다. 심지어 칼훈은 노예제가 자랑스러운 제도인 것처럼 이야기했다. 상원 연단에서 그는 노예제가 [필요악necessary evil이 아니라] "절대 선positive good"이라고 말했다. 그가 보기에 노예제는 남부의 노예 소유주에게뿐 아니라 북부의 자본가에게도 좋은 제도였다. 남부의 "위대한 보수주의 권력"이 [남부뿐 아니라] 전국적으로 [자본가들의] 재산권을 자유민인 노동력이 일으키는 어떤 저항으로부터도 지켜줄 것이기 때문이었다. 심지어 노예제는 노예들에게도 좋은 제도였다. 칼훈에 따르면, 북부의 임노동자들은 식품과 주거지를 반드시 가질 수 있다는 보장이 없지만, 남부의 노예들에게는 식품과 주거지가 보장되기 때문이었다.[21]

칼훈이 노예제의 우월성을 강하게 주장하는 정치이론을 개진하기 시작한 시기는 자유민 노동력을 가진 북부가 인구 면에서 남부를 능가하기 시작하고 북부의 정치제도가 노동 대중을 더 많이 포용하는 방향으로 바뀌어가던 때였다(오늘날 일부 갑부들을 경악하게 한 인구 구성상의 전환〔머지않아 미국에서 유색 인종이 인구수에서 백인을 능가하게 될지 모른다는 추산치들이 나오고 있다 - 옮긴이〕과 비슷한 상태였다고도 볼 수 있다). 칼훈은 몇 명의 도망 노예, 흑인 자유민, 백인 노예폐지론자들이 노예제가 신을 모독하고 예수의 신성한 가르침을 모욕하며 미국 독립선언문의 정신을 훼손한다고 주장하기 시작했다고 해서 자신과 같은 남부의 지배층에게 '목화왕 King Cotton' 전략(남북전쟁 이전 남부 주들의 분리독립주의자들이 주창한 전략. 남부가 목화 수출을 장악하고 있으므로 분리독립을 해도 충분히 경제적 번영을 이룰 수 있고 면직 공업에 타격을 입힐 수 있을 것이며, 자국의 직물 산업이 미국 면화에 의존하고 있는 영국과 프랑스도 남부를 지원하리라는 전제하에, 전쟁을 불사하더라도 분리독립을 추진해야 한다는 전략 - 옮긴이)을 가능케 해주었던 부를 포기하는 일이 생기게 두지는 않을 작정이었다. 하지만 칼훈은 전국적으로 정치 지형이 〔그에게 불리하게〕 변화하고 있다는 것을 잘 알고 있었다. 무언가를 하지 않으면, 남부와 북부가 인구 비례 면에서 더 대등하게 붙게 될 때 남부의 노예 소유주들은 전에 누렸던 것을 대폭 잃게 될 터였다. 칼훈은 1831년에 남부는 이미 "절망적으로 소수"라고 경종을 울렸다.[22]

사우스캐롤라이나 주 출신인 칼훈은 그곳의 노동제도가 널리 받아들여질 만한 것으로 보이게 만들기 위해 할 수 있는 모든 일을 했다. 그는 서로 다른 인종은 (가령 남부에서 백인이 흑인을 지배하듯이) 한 인종이 다른 인종을 지배하지 않는 한 "평화롭게, 혹은 조화를 이루며 공존하거나 상호 이득을 주는 관계로 지낼 수 없다"며 이것은 자연의 명령이라고 주장했다. 유럽계 후손이 아닌 사람들은 노예의 조건에서 사는 것이 지극히 적합한 일이었다.[23] 성경도 노예화를 용인하지 않았는가. 칼훈에게 "노예제는 섭리에 의해 명령된 제도이고, 오랜 시간 동안 지켜져온 제도이며, 복음이 승인한 제도이고, 특히 개인과 국가의 자유에 좋은 제도"였다.[24]

노예제가 자유에 좋은 제도라고? 성경과 당대에 풍미했던 인종주의적 유사과학 등을 닥치는 대로 갖다 붙여 정당화하면서도, 칼훈은 연방 정부가 다수의 여론에 지배될 경우 자신이 원하는 종류의 자본주의는 민주적인 검토와 판단의 과정을 통과하지 못하리라는 현실을 냉철하게 직시하고 있었다. 남부 이외 지역 사람들은, 노예제를 즉각 폐지하는 것까지는 아직 마음의 준비가 되지 않았다 해도, 또 노예제의 희생자들〔흑인노예들〕에게 평등한 시민적·정치적 권리를 주는 것까지는 아직 생각하지 않았다 해도, 점점 더 노예제가 미국의 건국 원칙을 모욕하는 제도라고 여기고 있었고, 자신들의 경제적·정치적 미래에도 크게 위협이 될 것이라고 여기고 있었다. "자유로운 땅, 자유로운 노동, 자유로운 인간"이라는 외침은 이들의 희망과 두려움을 실로 잘 포착하고 있었다.[25]

하지만 칼훈에게 자유는 자신이 가진 생산적인 자산을 누구의 방해나 간섭도 없이 자유롭게 사용하고 누리는 것을 의미했다. 만약 그가 자신이 소유한 노동자에게 "30대의 채찍"과 "빵과 물만으로 이뤄진" 식사를 주어야 한다고 생각한다면(알렉이라는 한 젊은 노예가 도망가자 그는 그렇게 했다) 그런 결정을 내리는 것은 소유주로서 그가 가진 권한에 속했다. 내 사업이 수익성을 유지할 수 있도록 내가 소유한 노동력을 어떻게 다룰 것인가는 남이 상관할 일이어서는 안 되었다.[26] 칼훈은 이런 것까지 모두 포함하는 의미에서의 재산권을 절대적인 것으로 만들고자 했다. 미국은 언제나 이런저런 방법으로 재산권이 규제되는 사회였는데 말이다(당시에는 이러한 규제가 연방 정부보다는 주나 지방 정부의 규제이긴 했다).[27]

칼훈이 보기에 경제는 소유자 계급이 전적으로 자유를 행사할 수 있는 영역이어야 마땅했는데, 정부(특히 연방 정부)가 권력이 남용되기 쉬운 영역이라는 것이 문제였다. 정부가 대중의 통제하에 들어가게 되면 반드시 "억압"이 발생하게 될 것이므로, 자산을 소유한 사람들은 반드시 그것을 막아야 했다. 그의 계급적 이해관계가 여타 계급과 점점 더 벌어지면서, 칼훈은 점점 더 연방 정부를 자유의 적으로 규정하게 되었다. 미국의 수도에서 진전되고 있는 민주주의가 그의 지역에서 노예제의 존속을 위협하고 있다는 두려움에서, 칼훈은 거의 히스테리컬하다고 할 만큼 격렬하게 "'미합중국의 국민'이라는 공동체" 같은 것은 존재한 적이 없다고 주장했다. 그는 모든 "주권sovereignty"은 연방에 동의한 "각 주의 사람들"에게서 나오는 것이며, 따라서 "집합적인 의미에서의 미국 국민에게는 (…) 주권이 단 한 톨도 존재하지 않는다"고 말했다.[28]

"집합적인 의미에서의 미국 국민"이라는 존재에게서 칼훈이 느낀 두려움은 정확히 무엇이었을까? 칼훈은 재산권을 무엇보다 우선시하는 계층, 즉 그와 같은 자산가 계층이 통제할 수 없는 정부를 두려워했다. 오늘날 칼훈의 계승자들도 그렇다. 하지만 오늘날의 후예들 중 많은 사람이 칼훈이 쓴 원전을 직접 읽었을 것 같지는 않다. 남북전쟁 이전에 칼훈이 개진한 이론은, 자신의 문제를 가지고 씨름하던 현대의 자유지상주의자들이 해법을 찾으려 고전하던 와중에 '재발굴'된 덕분에 다른 이들에게도 알려졌을 것이다.

실제로 오늘날 부유한 소수가 밀어붙이고 있는 급진우파 운동은 칼훈 시절부터 죽 이어져온 것이 아니라 중간에 오랫동안 공백이 있었다.[29] 1865년 4월 [남군을 이끄는] 로버트 E. 리Robert E. Lee 장군의 북버지니아 군대가 애퍼매톡스에서 패배한 이후, 칼훈의 개념은 한 세기 가까이 심연에 빠져 있었다. 그래도 남부의 식자층 엘리트 중 일부는 언제나 칼훈의 개념이 갖는 가치를 잘 알고 있었다. 이들은 "주들 사이의 전쟁War Between the States"(남부에서는 남북전쟁을 이렇게 불렀다)에 대해 신화화된 버전의 이야기를 소중히 여겼고, 남부가 노예제를 지키기 위해서가 아니라 자유를 지키기 위해서 전쟁에 나선 것이라고 이야기했다. 칼훈 및 이후의 추종자들이 생각한 남부는 실제의 남부가 아니었다. 실제의 남부에는 백인뿐 아니라 흑인 인구도 존재하고 수백만 명의 저소득층과 중산계층 백인도 존재했으며, 이들은 이제까지 민주사회에서 조세를 통해 제공된 공공 서비스로 혜택을 보았다.

하지만 다른 곳도 아니고 미국에서, 역사에 대해 관심이 가장 많다는 이 지역에서, 부유한 백인 지배층은 극단적인 부와 불평등이 야기하는 위험을 인정하지 않으려 하면서 반민주주의적이고 인종차별적인 통치 전략을 사용했다. 남부의 자산 소유자들은 인종차별에 기반한, 그리고 고도로 착취적인 이 지역 특유의 정치경제 시스템을 지키겠노라 결연하게 결심했고, 따라서 이들은 민주주의를 억누르기 위한 계획을 고안하는 데서 최전선에 나섰다. 칼훈을 비롯한 대농장주들이 성립에 크게 기여한 그 정치경제 체제는, 처음에는 속박 노예에 기초한 체제였고 나중에는 투표권이 박탈된 저임금 노동력, 인종분리제도, 그리고 매우 빈약한 공공 영역에 기초한 체제였다.[30] 미국에서 독립선언문에 대한 표면적인 지지와 경제적·정치적 권력의 현실이 이렇게 극명히 벌어진 곳은 찾아보기 어려울 것이다.

이러한 불의를 막을 수 있을 만큼 강력한 힘을 가진 것은 연방 정부뿐이었다. 물론, 이는 널리 합의된 미국의 이상이 침해되는 것에 맞서 연방 정부가 나서게 할 만큼 강한 대중의 압력이 존재해야만 가능한 일이다. 따라서 남부의 백인 지배층은 전국적인 민주주의의 진전을 가로막고 자신의 지배를 유지할 수 있는 방법에 대해 그 어느 곳의 그 누구보다도 전략적이고 의식적으로 고민했다. 이들이 기울인 노력의 핵심은 헌법에 강조된 '주의 권리'를 아전인수적으로, 하지만 매우 영리하게 재해석하는 것, 그리고 대중(백인, 흑인 모두)을 억누르기 위한 법 규정들을 다양하게 마련하는 것이었다. 일례로, 20세기로 넘어가던 무렵에 농민들이 범인종적으로 연합해 운동을 벌이자, 남부 각 주의 백인 지배층은 수정헌법 14조를 직접적으로 위배하지 않으면서 그 운동을 억누르기 위해, 흑인들의 투표율을 낮출 목적으로 고안된 새로운 법안들을 통과시켰다. 그럼으로써 '인종'이라는 단어를 쓰지 않고서도 흑인 투표율을 대폭 낮출 수 있었다.

이러한 법들은 아주 부유한 사람을 제외한 모두를 억압했지만 인종적 소수자들이 가장 크게 타격을 받았다. 착취적인 고용주와 권력을 남용하는 주 당국자들에 맞서 자신의 권리를 지키기 위해 연방 정부를 필요로 하는 사람들이었기 때문이다. 오늘날에도 이들은 자신의 권리를 지키기 위해 연방 정부를 필요로 한다. 그리고 칼훈의 정세 분석에서도 볼 수 있듯이, 애초부터도 '연방 정부의 부당한 개입'이라는 개념은 백인 부유층의 계급적 지배뿐 아니라 인종적 지배를 유지하기 위한 열망과도 뗄 수 없는 것이었다. 그러므로 이들이 지배층에 속하지 않은 사람들에게 연방 정부의 부당함을 설파할 때면 명시적으로든 암묵적으로든 거의 언제나 백인의 인종적인 우려를 건드리는 프레임을 사용했다는 것은 놀랄 일이 아니다.[31] 이것은 오늘날까지도 온갖 문제적인 결과들을 낳고 있다.

1950년대 무렵이면 소수 지배층이 다수 대중 위에 군림할 수 있게 할 정교한 규칙들을 만들어내는 일의 실험실은 버지니아 주가 담당하고 있었다. '올드 도미니언Old Dominion'(버지니아 주의 속칭 – 옮긴이)은 정치적 리더십에서 존중받을 만한 전통을 가지고 있었다. 미국의 첫 다섯 대통령 중 네 명을 배출했고, 남부 연맹의 수도가 있던 곳이었다. 그리고 상원의원 해리 F. 버드 시니어Harry F. Byrd Sr.의 고향이었다. 프랭클린 델라노 루스벨트 Franklin Delano Roosevelt와 뉴딜의 주적수인 버드는, 20세기 중반의 버지니아 주에서 마치 자신의 영지를 다스리는 봉건 영주처럼 군림하고 있었다. 버드의 동료들이 '브라운 대 교육위원회' 판결에 맞서 전투를 벌이기 위해 칼훈의 정부 이론을 재발굴하고 있던 바로 그때, 경제학 박사 제임스 뷰캐넌이 버지니아 주를 대표하는 대학에 경제학과장으로 부임했다.

1장   무엇도 우리를 막을 수 없었어요

버지니아 주는 '브라운 대 교육위원회' 사건에 병합된 다섯 사건 중 하나의 피고였다. 이 소송은 참을 만큼 참았다고 생각한 어느 십대 여학생의 결기 덕분에 제기될 수 있었다. 그 여학생은 버지니아 주 프린스 에드워드 카운티(과거 노예제 대농장이 있던 곳이다)의 바버라 로스 존스Barbara Rose Johns다. 바버라 존스는 헛간 같은 "판잣집" 교실에 수많은 아이들이 빽빽하게 들어찬 상태로 백인 학교에서 "물려받은" 교재를 가지고 공부해야 하는 것을 참다못해, 학교 여건 개선을 요구하며 2주간의 동맹휴학과 농성을 이끌었다. 총 450명가량의 학생이 여기에 참여했다. 바버라 존스는 버넌 존스Vernon Johns 목사(나중에 마틴 루터 킹 주니어의 멘토가 되는 급진주의적 성향의 목사)의 조카이지만 이 일을 계획할 때 몽고메리에 있는 삼촌과 상의하지는 않았다.[1]

대신 가장 좋아하는 선생님인 이네즈 대븐포트Inez Davenport와 상의했다. 대븐포트의 오후 수업을 듣는 학생들은 얼핏 보면 닭장이라고 착각할 임시 구조물에서 수업을 들어야 하는 것이 "불공평하다"고 불만을 토로하곤 했다. 이 학생들은 내부 배관도 없고, 지붕이 새고, 나무를 때야 하고, 기자재는 죄다 부서지기 일보직전인 교실에서, 백인 학교에서 버린 교재들을 가지고 공부해야 했다. 반면 백인 학생들은 과학실, 내부 배관, 스팀 난방, 체육관, 그리고 많은 책을 갖춘 도서관까지 있는, 새로 지어진 학교에 다니고 있었다.

1950년 가을의 어느 날, 이날도 학생들은 대븐포트의 수업에서 학교의 비참한 여건에 대해 불평을 토로했다. 대븐포트는 매사추세츠 주의 학생들이 수업 거부와 농성을 벌여서 요구사항을 관철해냈다는 신문 기사를 보여주면서 이렇게 말했다. "그들이 할 수 있었다면 너희도 할 수 있을 거야." 귀가 번쩍 뜨인 바버라는 수업 후에 따로 남아서 아까 하신 말씀이 정말이냐고 물어보았다. 임금인상이나 새로운 권리를 요구하며 노동자들이 벌이는 파업과 농성 이야기를 신문에서 자주 보긴 했어도, 바버라는 학생들도 파업 비슷한 일을 벌일 수 있으리라고는 생각하지 못하고 있었다.[2]

그날 오후에 나눈 사제지간의 대화는, 그때까지 있었던 어떤 저항이 해낸 것보다 버지니아 주의 짐 크로 체제를 크게 뒤흔들게 될 비밀 협동 작전의 시작이었다. 물론 전에도 흑인 학교의 여건에 대한 문제제기가 없지는 않았다. 흑인 학부모들은 학교 여건을 개선해달라고 학교감독위원을 계속 찾아가 요구했다. 1947년에 버지니아 주 교육위원회가 실시한 조사 결과도 이들의 주장을 뒷받침해주었다. 이 조사 보고서는 로버트 러사 모튼 고등학교의 환경이 "부적절"하며, 전후의 베이비붐으로 학생 수가 더 증가할 것이 확실하기 때문에 이는 더욱 심각한 문제라고 언급했다. 이 조사 결과가 나오면서 학부모들은 적어도 공청회를 개최하겠다는 약속을 받아낼 수 있었다. '유색인종 지위 향상을 위한 전국협회National Association for the Advancement of Colored People, NAACP'가 흑인과 백인의 학교 교육을 "동등화"하기 위한 운동을 밀어붙이며 공론화해온 덕분에, 연방 정부가

"분리되어 있지만 평등한separate but equal" 교육을 제공하고 있다는 남부의 주장을 미심쩍게 보기 시작했다는 것을 남부 당국자들도 잘 알고 있었기 때문이다.[3]

하지만 실제로 개선을 얻어내는 것은 다른 문제였다. 버지니아 주는 투표세 제도가 있어서, 선출직 공직자가 저소득층 아이들의 교육을 방치해도 부모들이 유권자로서 공직자에게 책무를 지게 만들 수 없었다. 남부의 많은 주가 그랬듯이, 버지니아 주에서도 유권자들이 투표에 참여하려면 세금을 내야 했다. 게다가 버지니아 주에서는 투표세가 누적해서 적용되었다. 즉, 앞의 두 차례 선거에서는 관심 있는 후보가 없어서 투표에 참여하지 않았다가 그다음에 투표에 참여하고 싶어졌을 경우, 세 번에 해당하는 세금을 모두 내야 했다. 가난한 흑인 농장 노동자가 많은 프린스 에드워드 카운티 같은 곳에서는 투표세가 이들이 정책에 영향을 끼치는 것을 사실상 차단하고 있었다. 그래서 학부모들은 투표가 아니라 애원을 해야 했다. 하지만 카운티 당국자들은 흑인 학생들의 교육이 돈을 더 들여서까지 할 만한 가치가 있는 일이라는 데 설득되지 않았다.[4]

모튼의 교장 M. 보이드 존스M. Boyd Jones는 카운티 당국자들이 늘 "니그로는 조세 기여도가 너무 낮다고 말하면서" 이를 정당화한다고 지적했다. 이 카운티의 전체 재산세 수입 중 "니그로"가 내는 비중은 10분의 1밖에 안 된다는 논리를 댄다는 것이었다. 이 논리에 대해 존스 교장은 이렇게 응수했다. "그들은 우리가 받는 교육을 향상시키지는 않은 채로 우리더러 소득을 높이라고 한다."[5] 흑인 학교를 개선하려면 세금을 올리거나 채권을 발행해 재원을 조달해야 했는데, 백인 유권자들은 둘 다 지지하지 않을 게 분명했다. 자기 아이는 백인 학교에서 교육을 잘 받고 있었기 때문이다. 그리고 어쨌거나 농장, 부엌, 공장에서 일할 역량밖에 갖지 못할 "유색인종 아이들"을 위해 당국이 왜 무언가를 더 해줘야 한단 말인 가?[6] 이런 판단을 내리는 백인들은 그 아이들의 미래를 너무나 쉽게 박살내면서도 그 아이들의 삶에 대해 전혀 알려고 하지 않았다.

이 시기에 권력을 갖지 못한 사람들이 그들 위에 군림하는 지배계급에 맞서 권력의 저울을 조금이나마 기울일 수 있는 방법이 바로 파업이나 동맹휴학 같은 집합행동이었다. 바버라가 신문을 보고 알고 있었듯이 말이다. 이렇게 해서 대븐포트 선생님이 뿌린 씨가 자라났다. 합창단, 토론팀, 연극 클럽, 학생회 등에서 활동하던 바버라는 버지니아 주 전역을 다니며 다른 학교들을 볼 기회가 있었다. 그리고 시도해볼 만한 일이라는 확신을 얻었다. 대븐포트의 비전은 간단명료했다. '학생들이 동맹휴학을 하고 농성에 나서면 학교위원회는 알게 될 것이다. 어이쿠, 이 학생들 지금 장난이 아니구나. 학교 환경을 개선해주자.'

하지만 대븐포트는 수업 거부와 농성이 자신의 일자리를(아마 다른 이들의 일자리도) 위험에 빠뜨릴 수 있다는 것도 잘 알고 있었다. 그때 교사들은 보복성 해고에 맞서 권리를 지켜줄 노조의 보호를 받지 못하고 있었다. 그래서 대븐포트는 바버라에게 그들이 이야기를 나누는 모습을 누구도 봐서는 안 된다고 말했다. 그들은 대븐포트가 책상에 놓아둔 음악책에 메모를 끼워두는 식으로 소통했다. 모든 것이 전례 없는 일이었고 대담한 일이었다. 다른 말로, 짐 크로 시절의 버지니아 주에서는 매우 위험한 일이었다. 그래서 읽고 난 메모는 즉시 없앴다. 대븐포트는 처음부터 절대적인 비밀 유지가 필수라고 말했다. 또한 농성에서 "질서 있고 존중받을 만하게" 행동하는 것도 필수라고 누누이 강조했다.[7]

대븐포트는 바버라에게 서두르지 말고 신중하게 작업해야 한다며, 이미 학생들 사이에서 평판이 좋은 리더 격이고 프린스 에드워드 카운티에서 존경받는 집안 출신이어서 부모가 고용주로부터 협박을 받지 않을 만한 아이들을 공동 조직가로 끌어들이라고 조언했다. 훗날, 바버라가 처음으로 접촉한 동료인 존 스토크스John Stokes는 바버라가 마치 "적외선 탐지 미사일이 목표물을 찾아가는 것처럼" 신중하게 작업했다고 회상했다. 존은 반장이었고 우등생이었으며 육상팀과 토론팀에 속해 있었고 농촌의 흑인 청년들에게 리더십 역량을 키워주는 단체 '미국의 새로운 농민New Farmers of America'의 버지니아 주 지도부로 선출되기도 한 유능한 학생이었다. 그리고 그의 여동생 캐리Carrie는 모든 고등학교의 학생회장이었다. 학생회는 교장이 학생들에게 (비록 현실에서는 거부되고 있지만) 민주주의를 경험하게 해주려고 만든 것이었다. 지역의 백인 신문도 스토크스 가족이 "뛰어난" 사람들이라고 인정했다. 부모는 교육받은 사람들었고 토지를 소유한 농민이었다. 위의 세 아들은 육군 부사관으로 복무했고 큰딸은 해병대에서 일했다. 또한 이들은 동네에서 흑인 농민들의 믿을 만한 조언자이기도 했다. 바버라는 존과 캐리를 학교 운동장의 콘크리트 스탠드로 불러 비밀 모임을 가졌다.[8]

세 사람은 이 계획을 2차 세계대전 시기 핵폭탄 개발 프로젝트 이름을 따서 "맨해튼 프로젝트"라고 불렀다. 이들은 "성품과 리더십에 주안점을 두면서" "핵심 타격 부대" 역할을 할 20명의 지도부를 모집했다. 계획은 간단했다. 학생총회에서 바버라가 "우리가 겪는 문제들에 대해 연설을 하고서", 다른 파업들에서도 그렇듯이, 피켓을 들고 시내까지 행진해 "사람들이 우리 이야기를 듣고 우리의 어려움을 이해할 수 있게" 한다는 것이었다. 또한 동맹휴학 기간 중에 대오를 이탈해 수업 거부를 깨려는 학생이 생길 경우 그가 학교에 들어가려다가도 마음을 돌릴 수 있도록 "학교 운동장 바로 밖에" 피켓들을 세워두기로 했다.[9]

훗날 존 스토크스는 "아주 세세하게 계획을 짰다"고 회상했다.[10] 여섯 달 동안 그들은 D-데이를 준비했다. D-데이는 1951년 4월 23일이었다. 교장이 학생들의 농성에 책임이 있는 것처럼 보이지 않게 하려고, 오전 11시가 되기 조금 전에 학생 몇 명이 급한 상황이 생겼다고 그를 속여서 학교 밖으로 데리고 나갔다. 나머지 학생들은 학생총회를 열었다. 농성준비위원회가 무대로 올라갔고 존 스토크스의 선창으로 모두 함께 주기도문을 외웠다. 교사들은 농성에 협조했다는 이유로 해고되지 않도록 총회장에서 나가도록 안내받았다. 단상에서 조직위원회가 바버라 뒤에 그리스 합창단처럼 줄을 지어 선 가운데 바버라의 연설이 이어졌다. 바버라는 절제되었지만 열정적인 어조로 모두가 너무나 절실히 알고 있는 것들을 이야기했다. 무너져가는 건물에 빽빽하게 모여 수업을 받아야 하는 것, 백인 학생뿐 아니라 모든 학생이 배울 권리를 갖고 있는데도 흑인 학생들은 배움에 필요한 자원을 거부당하고 있는 것 등등. 바버라는 환호하는 청중에게 우리가 함께 모여서 새로운 학교 시설을 요구하지 않는다면 아무것도 변하지 않을 것이라고 말했다.[11]

"와아, 그때 너 정말 대단했어." 나중에 존 스토크스가 그날을 회상하며 이렇게 말했다. "아무도 자리에 앉아 있지 않았고" 모두 발을 구르고 박수를 쳤다. 이어서 학생들은 함께 시가 행진을 했다. 오늘을 위해 며칠 전부터 만들어 숨겨두었던 피켓을 들었다. 이들은 고개를 꼿꼿이 들고 행진을 하며 백인인 학교감독위원을 만나러 시내로 갔다. 감독위원 사무실이 꽉 차도록 들어간 학생들을 대표해서 바버라는 "우리는 현대 세계에 살고 있으며 현대 세계와 함께 성장하기를 원한다"고 말했다. 감독위원이 내쫓겠다고 협박했지만 소용없었다. 그다음에는 그만두지 않으면 부모가 감옥에 가게 될 것이라고 협박했는데, 이것은 약간의 동요를 일으켰다. 하지만 곧 누군가가 이 도시의 감옥은 여기 모인 사람의 부모들을 다 잡아넣기에는 너무 작다고 말했고, 존의 회상에 따르면, "그 이후로는 무엇도 우리를 막을 수 없었다".[12]

바버라 존스와 캐리 스토크스는 지역 유지인 L. 프랜시스 그리핀L. Francis Griffin 목사의 도움으로 버지니아 주 NAACP 지부의 연락처를 얻을 수 있었다.[13] 리치몬드에서 활동하는 NAACP 변호사 스팟스우드 W. 로빈슨Spottswood W. Robinson과 올리버 힐Oliver Hill이 팜빌에 와서 농성에 참여한 학생과 부모를 만나기로 했다. 팜빌에 온 두 변호사는 농성 참여자들이 단지 동등한 학교 시설만 요구하는 데서 그치지 않고 인종분리 자체가 내재적으로 불평등한 것이라고 주장할 의사가 있다면 그들을 원고로 대리해 소송을 제기할 수 있게 도와주겠다고 제안했다. 바버라 존스도 스토크스 남매도 그때는 몰랐지만, 이 만남이 있기 직전에 NAACP는 매우 중요한 결정을 내린 상태였다. 하워드 대학Howard University 법학대학장 찰스 해밀턴 휴스턴이 이끄는 팀이 초기의 소송 전략을 수정하기로 한 것이다. 초기의 전략은 개별 흑인 학교들을 하나씩 백인 학교와 동등하게 만드는 것이었다. 이 전략은 흑인 교사들의 임금을 올리고 많은 카운티에 새 흑인 학교를 짓는 성과를 내긴 했지만, 버지니아 주에만 해도 75개나 되는 학군에서 개별적으로 싸우는 일을 끝도 없이 계속해야 한다는 문제가 있었다. 달성하기는 더 어렵더라도 짐 크로 자체를 철폐 대상으로

삼는 것이 더 확실한 조치로 보였다.[14]

NAACP 변호사들은 한 가지 조건을 더 요구했다. 흑인 학부모의 95% 가 농성을 지지해야 한다는 것이었다.[15] 그리핀 목사의 도움으로 학생들 은 이 카운티의 거의 전역에서 학부모의 서명을 받았다. 농장주와 고용 주가 보복한다면 생계수단을 잃을 위험이 있는 소작농과 임금 노동자들 까지도 서명에 동참했다. 아무도 자녀의 눈에서 전에 없이 빛나는 불빛이 꺼져버리는 것을 보고 싶어 하지 않았다.[16]

5월 3일에 NAACP 변호사들은 프린스 에드워드 카운티 학교위원회에 인종분리와 열악한 교육 환경을 끝내라고 요구하는 청원을 제기했다. 그 날 밤, 퍼스트 침례교회에서 사람들이 "발 디딜 틈 없이" 들어찬 가운데 또 하나의 대중집회가 열렸다. 많은 어른들이 발언을 했지만 모두가 기 억한 목소리는 바버라 존스의 목소리였다. 바버라는 그곳에 모인 부모와 조부모들에게 말했다. "우리는 여러분들에게 의지하고 있습니다." 눈물과 박수갈채가 쏟아졌다. 그리핀 목사는 다음과 같은 말로 모임을 마무리했 다. "이 아이들이 목숨을 걸고 나섰는데도 지지하지 않는 사람은 사람이 아닐 것입니다."[17]

동맹휴학은 며칠 뒤에 끝났다. 450명의 학생들은 끝까지 완전한 연대 를 유지했다. 모두의 동의로 수업 재개가 결정되기 전까지 한 명도 학교 로 돌아가지 않았다. 학교로 돌아가기로 한 날은 5월 7일 월요일로, 변 호사들이 연방 법원에 소송을 제기한 날이기도 했다. 이것이 '데이비스 대 프린스 에드워드 카운티 학교위원회Davis v. County School Board of Prince Edward County' 사건이다. 9학년인 도로시 데이비스Dorothy Davis의 이름을 딴 것인 데, 연서한 117명의 학생과 67명의 학부모 명단 중 도로시의 이름이 맨

위에 있었기 때문이다.[18]

이 소송에 백인 지배층은 경악했다. 이들은 "자신들의" 니그로가 이렇게 불손하고 고마움을 모르는 행동을 했다는 게 믿어지지 않았다. 그래서 참가자를 색출해 보복을 하기 시작했다. 카운티 당국은 교장의 계약을 갱신하지 않기로 했다. 주 전역에서 기피 대상 인물로 이름이 도는 바람에 존스 교장과 새 아내 이네즈 대븐포트 존스(바버라가 계획 세우는 것을 비밀리에 도운 음악 선생님)는 앨라배마 주 몽고메리로 이사를 해야 했다. 거기에서 그들은 새 직장을 찾았고 버논 존스 목사의 교회에 합류했다. 서명한 부모들과 〈팜빌 헤럴드Farmville Herald〉에 이름이 언급된 부모들도 경제적인 보복을 당했다. 토지를 소유한 자영농들은 안전하리라고 생각했지만 지역에서 작물을 구매해줄 곳을 찾을 수 없었고 수확기까지 버티는 데 필요한 은행 대출도 받을 수 없었다. 이렇게 분위기가 적대적이 되자 로버트 존스Robert Johns와 바이올렛 존스Violet Johns는 딸 바버라를 몽고메리에 있는 삼촌 버논 존스의 집에 가 있도록 했다. 거기에서 바버라는 안전하게 고등학교를 마칠 수 있었다. 존 스토크스의 가족은 자기방어를 위해 필요할 경우에 대비해서 장전된 총 다섯 정을 준비해두었다. 다른 흑인 가정들도 만약의 경우에 대비해 총을 준비했다.[19]

이들이 총을 써야 할 상황은 벌어지지 않았다. 버지니아 주는 정치인들이 자경단의 범법 행위를 암묵적으로 용인하는 조지아 주나 미시시피 주, 앨라배마 주와 달리 신사들이 통치하는 곳이었고 인종에 관계된 문제를 잘 다루고 있다고 자부하는 곳이었다.[20] 하지만 그렇다고 백인들이 양보하기로 한 것은 아니었다. 1심 법원은 백인 지배층의 손을 들어주었고, 패소한 학생들은 항소했다.

'데이비스 대 프린스 에드워드 카운티 학교위원회' 사건이 ('브라운 대 교육위원회' 사건으로 병합된 다섯 사건 중 하나로) 연방 대법원까지 올라가자 버지니아 주는 피고 측인 카운티 학교위원회 편에서 개입했다. 역사학자 제임스 H. 허시먼 주니어James H. Hershman Jr.에 따르면, "버지니아 주는 NAACP가 제시한 심리학적 증거들을 공격했으며 자신들이 섭외한 전문가를 증인으로 내세워 흑인들이 정신발달 면에서 열등하다고 주장했다".[21] 버지니아 주 법무장관은 버지니아 태생인 컬럼비아 대학 심리학과장 헨리 가레트Henry Garrett 박사를 불러와 피고 쪽 "핵심증인"으로 삼았다. 그는 인종분리 정책은 단순히 "상식"이라며 모든 학생의 최선의 이익에 부합하는 제도라고 주장했다. 또한 그는 예전의 박사과정 제자인 케네스 클락Kenneth Clark 박사와 매미 핍스 클락Mamie Phipps Clark 박사의 진술을 반박하기 위해 (그들의 연구 결과는 원고 측, 즉 학생 측의 입장을 뒷받침하고 있었다) 낙인을 찍는 효과를 내지 않고도 인종분리가 이뤄질 수 있다고 주장했다.[22] 이 주장은 다른 주장들과 마찬가지로, 대법관들을 설득하지 못했다.

1954년 5월에 대법원은 '브라운 대 교육위원회' 사건에 판결을 내렸다. 학술문헌 정도에만 언급되어 있을 뿐 사람들이 잘 모르는 사실 하나는, 버지니아 주의 백인 대부분은 이 결정을 받아들일 의향이 있었다는 것이다. 그 결정을 좋아하는 사람은 거의 없었지만, 어쨌거나 이것은 미국의 최상위 법원이 만장일치로 내린 결정이었고, 적지 않은 사람들이 마음속으로는 인종분리가 매우 불공정한 제도라는 것을 알고 있었다. 그래서 이들은 대법원의 최종판결을 이 문제에 대한 최종판결이라고 받아들였고, 이제 인종분리 철폐는 그들이 어찌해볼 수 없는 기정사실이라고 여

겼다. 그래서 한동안은 별다른 반발의 목소리 없이 조용하게 흘러갔다.[23]

하지만 버드 오가니제이션이 이끄는 버지니아 주의 지배층(버드 오가니제이션은 과거 노예노동을 활용하는 대규모 플랜테이션이 있었고 현재도 흑인 인구가 다수인 버지니아 남부 지역에 기반을 두고 있었으며, 프린스 에드워드 카운티도 그런 지역에 속한다)에게는 대법원의 결정이 뉴딜 시기 말부터 연방 정부가 주 정부의 자치권을 침해해온 일련의 사건 중 가장 최근의, 그리고 가장 충격적인 사건이었다. 그만큼이나 중요한 것으로, 인종분리는 그들이 지키겠노라 결연히 마음먹은 사회질서와 문화, 즉 그들이 "우리의 삶의 방식"이라고 부르는 것을 떠받치는 제도들과 뗄 수 없이 연결되어 있었다.[24]

옛 질서를 지키고자 하는 사람들은 브라운 판결에 합법적으로 맞설 수 있는 방법을 궁리하기 시작했다. 여기에 오클라호마 출신의 젊은 기자 제임스 잭슨 킬패트릭James Jackson Kilpatrick이 등장한다. 버지니아 주의 유수 일간지 〈리치몬드 뉴스 리더Richmond News Leader〉의 기자인 그는 얼마 전에 편집자로 승진한 상태였다. 그의 선배인 존 데이너 와이즈John Dana Wise는 명망 있는 버지니아 주 '대통령 가문' 중 하나의 후손인 존 랜돌프John Randolf의 말을 즐겨 인용했다. "나는 귀족이다. 나는 자유를 사랑한다. 나는 평등을 혐오한다." 킬패트릭은 신문사 초년 시절에 "어쩌다 나의 진보적 충동이 신문 지면에 새어 나갈 때마다 (와이즈가) 나를 그의 사무실로 불러서 한 줄 한 줄 지적해주었다"고 회상했다. 당대의 한 논평가가 언급했듯이, 이 신문사를 소유한 사람들은 사회가 "당나귀와 그 당나귀를 타는 사람으로" 구분되는 것이 당연한 질서라고 생각했다.[25]

킬패트릭은 당나귀를 타는 사람이 되고 싶었다. 1951년에 학생들이 소송을 제기했을 때, 그는 깜짝 놀랄 만한 주장을 폈다. "세금으로 지원되는 공립학교 교육을 완전히 버려야 할 때"가 온 것인지도 모른다는 것이었다.[26] 1955년 11월에 브라운 사건에 대한 대법원의 두 번째 판결이 나오자(이 판결은 실행 명령이었다), 킬패트릭은 [공립학교의 인종분리를 없애라는] 연방 정부의 "지시"에 맞서는 십자군 전쟁을 촉구하며 교육을 민영화해 버리자고 주장했다.[27] 그는 1955년 11월 21일부터 이에 대한 본격적인 선동에 나섰다. 그날부터 1956년 1월까지 킬패트릭은 날마다 칼럼을 써서, 버지니아 주가 버지니아 주의 일을 어떻게 꾸려갈지에 대해 연방 정부가 이래라저래라 명령을 하려 드는 데 대해 버지니아 주가 양보해야 할 이유는 전혀 없다고 주장했다. 그가 자신의 논리를 뒷받침하기 위해 무기로 삼은 것은 존 C. 칼훈이 개진했던 헌법 이론이었다. 남북전쟁 이전의 사우스캐롤라이나 주 출신 연방 상원의원으로, 호전적인 남부 정신을 불러일으키고자 했던 바로 그 사람 말이다.

1800년대에 칼훈은 흑인을 재산으로 취급하는 데 토대를 둔 남부의 독특한 정치경제제도를 지키기 위해, 아무리 연방법이라 해도 주 정부가 도저히 받아들일 수 없다고 판단하면 그 법에 따르기를 거부할 권리가 있다는 주장을 폈다. 칼훈은 수정헌법 10조에 기초해 이 주장을 개진했다. 수정헌법 10조에 따르면, "본 헌법에 의하여 미국 연방에 위임되지 아니하였거나 각 주에게 금지되지 아니한 권한은 각 주, 혹은 사람들이 보유한다"고 되어 있다. 북부와 서부에서 전국적으로 노예제를 폐지해야 한다고 생각하는 사람들이 다수가 될 것을 우려해서, 칼훈은 미국 헌법의 권위는 "집합적인 의미에서의 미국 국민"에게서 나오는 게 아니라 연방에 동의한 주들에서 나오는 것이라고 주장했다. 따라서 그는 각 주의 지도자들이 나름의 권위와 권한을 가지고 자기 주 사람들과 워싱턴의 연방

정부 사이에 "끼어들^{interpose}" 권리가 있다고 결론을 내렸다.²⁸

　이런 문제를 조금이라도 생각해본 미국인 중 대다수는 남북전쟁에서 북부가 승리한 것으로 이런 문제는 이미 다음과 같이 결론이 났다고 생각했다. **"국민의, 국민에 의한, 국민을 위한" 전국적인 연합정부를 결성하자고 주창한 쪽이 이기고, 다수 대중의 집합적인 의지로부터 자신의 권력을 보호하려 했던 대농장 소유주들이 졌다. 그리고 연방 정부의 권위는 다수 대중의 의지로부터 나오는 것이다.** 하지만 킬패트릭은 브라운 판결에 대해 존중받을 만한 방식으로 맞서 싸울 수 있는 방법을 찾아내서 자신이 밀고자 하는 명분을 "인종이라는, 때로는 지저분한 수준"보다 한 차원 위로 끌어올리고자 했고, 여기에 '주의 권리'에 대한 칼훈의 이론이 유일한 선택지로 보였다.²⁹ 머지않아 〈워싱턴 포스트〉는 킬패트릭을 주권州權 우위설^{interposition}의 "사도"라고 묘사하면서, 그가 이 복잡한 개념을 남부 전체에 가르치고 있다고 언급하게 된다.³⁰

　킬패트릭은 많게는 하루에 14시간씩 일하면서 6주 동안 연달아 칼럼을 쏟아냈다. 연방 정부가 짐 크로 학교를 없애라고 명령했지만 남부 주들은 그에 따르지 않고 거부할 헌법적인 권리가 있으며 거부하는 것이 명예로운 일임을 남부의 동료 백인들에게 설파하기 위해서였다. 이렇게 위용 있게 패를 펼쳐 보인 것은 "오만하고 벌거벗은 아홉 명(의 대법관)이" 브라운 판결로 "헌법에 대한 강간"을 저질렀다고 독자들이 믿게 한다는 목적 달성에 효과가 있었다. 킬패트릭의 열정도 그의 목적만큼이나 많은 주의를 끌었다. 지역의 한 신문 기자는 당시에 사람들이 "매대에서 〈리치몬드 뉴스 리더〉를 사면 곧바로 사설 페이지로 넘겨 그의 글을 읽었다"며 "눈으로 보지 않으면 믿기 어려울 것"이라고 말했다.³¹

킬패트릭이 이렇게 다급하게 나선 것은 버지니아 주가 상징적인 수준에서나마 브라운 판결을 따르려 하고 있었기 때문이었다. 물론 판결의 취지대로 학교에 진정한 인종통합을 이루려는 것은 아니었다. 이를테면, 브라운 판결 이후 학교정책을 새로이 마련하기 위해 주지사가 임명한 위원회(위원장인 주 상원의원 갈란드 그레이Garland Gray의 이름을 따서 '그레이 위원회'라고 불린다)는 골수 인종분리주의자들의 제안을 일부 수용한 상태였다. 그중 중요한 것으로, 주 정부가 보조하는 학비 바우처 제도가 있었다. 이 학비 바우처는 흑백통합 학교라는 개념을 도저히 받아들이지 못하는 백인 학부모가 자기 아이를 백인만 받는 사립학교에 보낼 수 있게 도움을 줄 수 있었다(이런 바우처가 없이는 아주 부유한 백인 학부모만 그렇게 할 수 있을 것이었다). 하지만 그레이 위원회는 각 지역 당국에 선택을 맡기자는 안도 내놓았다. 법원의 [인종통합] 명령을 받을 경우 그에 따를지 말지를 해당 학교 지구가 알아서 결정하게 하자는 것이었다. 인종통합을 제한할 수 있도록 고안된, 주 정부가 통제하는 학생 배정 시스템의 제약으로 온전히 자율적인 결정은 아닐 테지만, 어쨌든 학교 지구의 결정에 따라서는 인종통합 학교가 도입될 여지가 열리게 되는 것이었다.[32]

그렇게 해서 알링턴 카운티 학교위원회가 법원의 명령에 따르기로 하자 킬패트릭의 동지인 한 의원은 다른 의원들에게 어떤 학군이든 "우리와 함께하지 않기로 한다면" 흑인 학생들을 받아들이는 학교를 폐쇄함으로써 "(강제로라도) 우리와 함께하게 만들어야 한다"고 촉구했다.[33]

이와 관련해 킬패트릭이 다음 수를 고민하고 있었을 때 가장 크게 떠오른 사람은 버지니아 주 출신 연방 상원의원 해리 플러드 버드 시니어 Harry Flood Byrd Sr.였다. 68세의 버드는 머리카락은 조금 줄었지만 결코 줄지 않는 활력을 가지고 있었고 워싱턴에서 가장 막강한 사람 중 하나이기도 했다. 또한 자신의 출신 주에서도 가장 막강한 사람이었다. 20세기 중반에 버지니아 주에서 어떤 영향력이든 발휘하고 싶은 사람이라면 그게 어떤 사안이든 간에 '해리는 어떻게 생각할까?'를 질문해봐야 했다. 해리 버드가 태양이자 달이었기 때문이다. 천구의 어느 구석에든 자리를 잡고 싶은 사람은 "버드 오가니제이션Byrd Organization"(비판하는 사람들은 "버드 머신"이라고 불렀다)의 묵시적인 승인을 받아야 했다.

〈타임〉 매거진에 따르면, 상원의원 버드는 "진정한 귀족"이었다. 하지만 1950년대에 ABC 방송이 폭로했듯이, 그의 부는 그 지역에 "상당히 높은 수준의 실업이 있었는데도" 카리브해에서 "값싼 노동력"을 수입해온 덕분에 쌓일 수 있었다. 한 연방 정부 당국자는 이러한 이주 노동자 시스템이 "최악으로는 현대판 노예무역이고 좋게 말해도 속박된 하인 시스템"이라고 묘사했다. 이들 이주 노동자들은 미국에서 아무런 권리도 갖고 있지 못했으므로 "주 60시간 노동을 시키고 60달러나 그 이하만 줘도" 되었고 거기에서 교통비 등을 또 제했다. 버드의 노동자들과 같은 바하마 노동자들은 "최악의 착취를 겪고 있었다".[34]

하지만 착취냐 아니냐는 관점의 문제였다. 재산권을 열렬히 옹호하는 버드에게는 이것이 자유시장의 작동일 뿐이었다. 시장에 노동공급이 많아 노동자들은 더 싼 임금에라도 노동력을 공급하고자 하고 고용주는 자신의 운영 수익을 극대화할 수 있다는 것이다. 수입 노동자들은 성가신 "연방 노동여건이나 생활여건 기준"의 적용을 받지 않는다는 점에서 대규모 고용주들에게 매우 좋은 노동자였다. 20세기 중반에 버드는 "세계에서 가장 큰 개인 사과 과수원 소유주"가 되었다. 그는 "2마일에 걸쳐 늘어서 있는 20만 그루의 나무"를 굽어볼 수 있는 대저택에 살았다. 흰 기둥들이 있는 이 저택의 웅장함은 [조지 워싱턴 대통령의 저택] 마운트 버넌Mount Vernon이나 [토머스 제퍼슨 대통령의 저택] 몬티첼로Monticello쯤은 되어야 필적할 수 있을 정도였다. 버드는 자신이 '주의 권리'가 연방 권력의 침입으로부터 자신을 보호해주었기 때문에 성공할 수 있었던 자유 기업인의 대표적인 사례라고 보았다.[35]

하나의 주를 이렇게 오랫동안 (점잖은 방식이긴 했지만) 완전하게 장악했던 사람은 또 없을 것이다. 버드는 1920년대의 거의 대부분을 주지사로 보냈고 1933년부터 은퇴한 1965년까지 연방 상원의원을 지냈으며 칼훈도 놀랐을 만한 권력을 가지고 있었다. 그런데 해리 버드의 정치 머신은 북부 도시들의 선거 머신과는 닮은 점이 없었다. 북부의 선거 머신은 다양한 집단으로 구성된 저소득층 유권자들의 마음을 사기 위해 이런저런 공공 서비스를 약속했다. 하지만 '버드 오가니제이션'은 정반대였다. 버지니아 주의 정치를 연구한 한 저명한 학자는, 버드 오가니제이션은 본질적으로 "버지니아 주의 기득권 연합"이며 "버드가 그곳의 의장"이었다고 설명했다. 이들의 목적은 시민의 압력 때문에 정부가 공공지출이나 기타 개혁정책을 하지 않도록 정부에 보호막을 치는 것이었다. 그리고 이들의 수단은 동의하지 않는 자를 처벌하는 것이었다. 버드 오가니제이션 사람이 모든 카운티 당국에 존재했으므로, 거슬리는 누군가에 대해 "운만 띄우면" 그 사람의 경력을 끝장내거나 사업을 접게 만들 수 있었다.[36]

해리 버드는 '자유'를 지키기 위해 그의 막강한 권력을 휘둘렀다. 물론 그가 생각하는 종류의 자유였다. 그는 미국의 어느 주보다 제헌의원을 많이 배출한 주의 의원이었고 제헌의원들의 본래 의도(라고 그가 생각한 바)를 실행하겠다는 결연한 의지가 있었다. 한 진보 인사가 그를 "20세기를 상징하는 거의 모든 것에 대해 막무가내로 반대하는 사람"이라고 부르며 비웃었지만, 버드는 반反진보주의적 정치인이라는 평판을 오히려 자랑스러운 배지로 여겼다. 한 상원의원에 따르면, 막강한 상원 재정위원회의 위원장이던 버드는 상원의원으로서의 자신의 성공을 "무엇을 통과시켰는지가 아니라 무엇이 통과되지 못하게 막았는지로 이야기했다". 자유가 지켜지려면 연방 정부는 국방과 치안만 담당해야지 다른 것까지 하려 들면 안 되었다.[37]

'버드 오가니제이션'이 미는 정책들은 대다수 사람들이 원하는 바와 배치되었기 때문에, 이들은 투표와 대의제의 규칙을 조작하는 데 지대한 공을 들였다. 확실히 믿을 만하다고 입증된 도구는 투표세였는데, 이것은 대부분의 백인과 거의 모든 흑인을 효과적으로 선거 과정에서 배제할 수 있게 해주었다. 1902년에 버지니아 주 제헌의회가 열려 투표세가 도입되자, 흑인 유효 유권자는 가장 수가 많았을 때에 비해 7분의 1로 떨어졌다. 흑인만이 아니었다. 리치몬드의 한 편집자는 1920년대에 리치몬드에서 백인이 얼마나 정치에 참여하고 있는지에 대해, "많이 잡아도 유권자의 겨우 20%가 이곳을 지배한다"며 "그런데도 이것이 민주주의라고 불린다!"고 비판했다. 또 하나의 주요 도구는, 식민지 시대부터 쓰여온 기법으로, 더 보수적인 농촌 거주자들이 의회에서 과다 대표되고 더 온건한 정치적 입장을 가진 도시와 교외 거주자들은 과소 대표되도록 선거구를 획정하는 것이었다. 역사학자 J. 더글러스 스미스J. Douglas Smith는 "1956년에 버지니아 주 의회가 학교를 〔인종적으로〕 통합하기 위해서가 아니라 폐쇄하기 위해서 표결을 했을 때, 이 조치를 지지한 상원의원 21명의 지역

구 주민 수는 이 조치에 반대한 상원의원 17명의 지역구 주민 수보다 적었다"고 지적했다.[38]

40년 동안 '버드 오가니제이션'은 잠재적 유권자 중 10% 정도의 지지만 얻으면 권력을 유지하기에 충분했다. 정치학자 V. O. 키 주니어[V. O. Key Jr.]는 남부의 정치를 다룬 저명한 저서에서 "버지니아 주는 미국의 모든 주 중에서 가장 심하게 과두 귀족이 지배하는 주라는 타이틀을 거머쥐기에 손색이 없다"며 버지니아 주에 비하면 "미시시피 주는 민주주의의 요람으로 보일 지경"이라고 비꼬았다.[39]

버지니아의 과두 귀족들은 야밤의 기습공격이 아니라 신중하게 고안된 법과 규정들을 가지고 통제력을 확보했다. 그들은 딥 사우스의 다른 지역들에서 횡행하던 자경주의를 용인하지 않았다. 오히려 버드가 주지사였을 때 버지니아 주는 쿠클럭스클랜[KKK]을 불법화했고 린치도 거의 금지했다.[40] 버지니아 주의 지배자들은 영리하게 고안된 법적 규칙들을 이용해서도 버지니아 주를 인구 대비 유권자의 참여율이 전국에서 가장 낮은 수준이 되게 만들 수 있고, 부富 대비 세금이 전국에서 가장 낮은 수준이 되게 만들 수 있다는 것을 누구보다 잘 알고 있었다. 무엇보다, 법적 규칙들은 민주주의가 자신들에게 무언가를 더 해주기를 원하는 사람들이 집합적으로 권력을 갖는 것을 견제할 수 있을 터였다.[41]

이를 잘 보여주는 사례로, 버지니아 주는 미국에서 '클로즈드숍[Closed Shio]'을 불법화한 초창기 주들 중 하나다. 클로즈드숍은 고용주가 노동자를 고용할 때 해당 노동자가 노조에 가입되어 있는 것을 필요조건으로 둔 협정을 말한다. 보수적인 의회가 1947년에 태프트-하틀리 법[Taft Hartley Act](비판하는 사람들은 이 법을 "노예노동법"이라고 부른다. 해리 트루먼[Harry Truman]

대통령이 거부권을 행사했지만 결국 통과되었다)을 통과시켜 노조 활동을 대폭 제약하기 몇 달 전에, 이미 버지니아 주지사는 노조의 힘을 약화시키기 위해 고안된 이른바 "일할 권리" 법에 서명했다('일할 권리' 법은 노조 가입을 고용조건으로 거는 것을 금지하는 등 노조를 약화시키기 위해 고안된 법들을 통칭한다).[42] 물론 주도면밀한 제약들 때문에 정부에 영향을 줄 길이 막혀 있는 상황에서도 때로는 몇몇 시민들이 어찌어찌 모여서 변화와 개혁을 요구하곤 한다. 그럴 경우, 버지니아 주의 언론은 간단히 그것을 무시하고 보도하지 않았다. 이것도 "버지니아 방식"의 일부였다. 집합행동을 막을 수 없을 때는 그것에 대한 기사라도 묻히게 해야 했다.[43]

이것이 그들이 보기에 그렇게 절박하고 긴급하게 지킬 필요가 있던 자유의 시스템이었다. 브라운 판결에 타협하지 말자는 운동을 맹렬하게 벌이던 킬패트릭은 일단 소기의 목표를 달성했다. 버지니아 주 역사상 가장 강력한 인물이 몹시 기뻐한 것이다. "나는 당신의 칼럼을 모두 꼼꼼하게 읽습니다." 버드는 이 동지의 "탁월한" 글을 칭찬하는 의미로 이렇게 말했다. 미시시피 주의 상원의원 제임스 이스트랜드 James Eastland 도 버드에게 전화해서, 킬패트릭의 계획이 1955년 크리스마스까지 이어지는 시기에 점점 더 세를 몰아서 "남부 전역에서 크게 인기를 끌 수 있게 해야 한다"고 말했다. 남부 출신 상원의원 중에 브라운 판결을 수용해 "우리의 신념에 대해 타협을 하려는" 사람이 아무도 없게 만들기 위해, 버드는 킬패트릭을 워싱턴으로 초청해 킬패트릭이 개진한 주장을 "11개 〔남부〕주의 통일된 전선"의 "초석"으로 삼을 전략을 논의했다. 가히 칼훈의 재림이라 할 만했다.[44]

버지니아 주를 본받아, 1956년 말이면 11개 남부 주에서 '주의 권리 우위론'에 입각한 법안 및 '대대적인 저항' 조치와 유사한 법안들이 모두 106 건이나 통과되었다. 또한 이 주들 출신의 연방 의원들은 고향에서 벌어지고 있는 호전적인 조치들을 공동 결의안으로 지지했다. 이 결의안은 "남부 선언문Southern Manifesto"이라고 불린다. 선언문 낭독에 대해 오리건 주의 한 상원의원은 "오늘 당신은 마치 칼훈이 살아서 상원에 걸어 들어와 이야기하고 있는 것 같다고 느낄 것"이라고 언급했다. 버지니아 출신 의원 전원을 포함해 옛 남부연맹 주들의 의원 총 101명이 대법원의 판결에 반발하는 선언문에 서명했다. 그들은 대법원의 결정이 "건국의 아버지"들이 헌법을 제정할 때 의도한 바를 "부당하게" 벗어난 것이라고 주장했다.[45]

연방 정부에 대한 반발로서 천명된 '주의 권리' 결의안을 바탕으로, 8월에 버지니아 주 의회에서는 한 무더기의 '대대적인 저항' 법안들을 통과시키기 위한 특별 회기가 열렸다. 어안이 벙벙해진 한 〔주 의회〕 상원의원의 말대로 이것은 "법의 형태를 한 허리케인"이었다. 통과된 법안 중 하나는 교육과 관련해 각 지역 당국이 자체적으로 가지고 있던 권한을 없앴다. 소송에 걸린 어떤 학교가 연방 법원의 결정에 따라 인종통합을 하려 하면 주지사가 그 학교를 폐쇄하거나 그 학교에 자금 지원을 축소할 수 있게 만든 것이다. 이것은 지방 교육 당국이 연방 법원의 결정을 따르기로 할 경우, 그 지역의 백인 학생들이 교육을 받을 수 없게 된다는 말이었다. 흑인 학생을 받지 않아 소송에 직면하게 되는 것은 백인 학교들이었기 때문이다〔흑인 학교에 가겠다고 소송을 거는 백인은 없었다〕. 주 정부의 세금으로 지원되는 사립학교 바우처 제도도 통과되었다. 이제 백인 학부모는 대법원의 결정대로 학교에서 흑백이 통합되어야 하는 상황을 피하기 위해 자기 아이를 백인 사립학교에 보낼 수 있었다. 의도대로, 이 조치는 백인 학교들이 새로 세워질 수 있게 만드는 결과도 낳았다. 이에 더해, 시스템의 불의에 저항해온 NAACP를 무력화하기 위해 일곱 개의 법이 통과되었다. 이 조치로, 한때 버지니아 주에서 매우 번성했던 NAACP는 1년 만에 회원 수가 3분의 1이나 줄게 된다. NAACP를 공격하는 전략은 '미국 유대인 위원회American Jewish Committee'의 연구 덕분에 드러날 수 있었는데, 이 연구가 지적한 대로 이것은 남부에서 NAACP의 활동을 꺾기 위해 벌어진 시도 중 가장 "정교하고 조직적이고 체계적인 시도였다".[46]

콜게이트 화이트헤드 다든 주니어는 이 조치들의 무모함이 매우 우려스러웠다.[47] 다든 역시 매우 조밀한 버지니아 주 백인 엘리트의 일원이었다(주로 대토지를 소유한 부자들이었지만 기업계 인사들도 있었다). 다든은 연방 하원의원과 주지사도 지냈는데, 고용주의 권력, 주의 권리, 인종분리 등 모든 사안에서 늘 "제대로 된 입장"에 섰기 때문에 가능한 일이었다. 그는 자신이 버지니아 대학 총장이 된 것도 대학 이사회를 장악하고 있는 해리 버드 및 기타 비슷한 성향의 사람들이 밀어주었기 때문임을 잘 알고 있었다. 또한 다든은 자신이 총장으로서 내리게 될 모든 결정이 그들의 의중을 반영할 것으로 기대되고 있다는 것도 잘 알고 있었다. 하지만 컬럼비아 법학대학원과 옥스퍼드 대학에서 공부한 변호사이기도 한 다든은 '대대적인 저항' 조치들이 결국에는 실패할 수밖에 없다는 것도 잘 알고 있었다. 완전히 실패하기 전에도, 인종통합을 하려는 학교를 폐쇄한다는 정책은 가뜩이나 취약한 공립학교 시스템을 난타할 것이고 버지니아 주의 경제발전에 해를 입힐 것이었다.[48]

다든은 칼훈의 이론이 갖는 즉각적인 호소력에 기대 감정적인 선동을 벌이는 것은 이제 때가 지났다고 생각했다. 그것이 미국을 움직일 수는 없었다. 그는 버지니아 주가 다시 일어설 수 있는 가장 좋은 기회를 어쩌면 제임스 뷰캐넌이라는 이 새로운 인물에게서 찾을 수 있을지도 모른다고 기대했다.

1부
사상의 구성

2장　테네시 촌놈, 바람의 도시에 가다

　제임스 뷰캐넌은 1919년에 테네시 주의 검^{Gum}이라는 마을에서 태어났다. 딕시 고속도로가 옆을 지나가며 내시빌에서 한 시간 정도 남동쪽으로 떨어진 곳이다. 테네시 주의 다른 곳들처럼 그리 고상한 분위기는 아니었고, 그런 면에서 버지니아 주와는 매우 달랐다. 뷰캐넌은 포드의 모델T 자동차와 말이 끄는 마차가 길에 함께 다니던 시절에 자랐다. 당시에 시골 사람 중 실내 배관, 난방, 전기가 있는 집에 사는 사람은 없었다. "변소"는 밖에 있는 것이 당연했다. 저녁에 책을 읽고 싶으면 호롱불을 켜고 읽어야 했다. 뷰캐넌이 자란 '미들 테네시'는 멤피스가 있는 서부 테네시의 플랜테이션 문화와 녹스빌이 있는 동부 테네시의 산간 지역 문화 사이에 위치해 있었고 테네시 주의 중산층이 많이 거주했다. 비옥한 토지와 중간 규모의 농장이 있었고 상록수 숲 옆에 블루그래스 초원이 펼쳐져 있었다.[1]

　나중에 뷰캐넌은 들어주는 사람 모두에게 "우리 가족은 가난했다"고 말했고 실제로 1920년대에 농업은 대공황의 전조가 짙게 드리운, 쇠락하는 산업 중 하나였다. 하지만 훗날 뷰캐넌 자신도 그렇게 가르치게 되듯이, 빈곤은 상대적인 것이다. 뷰캐넌 가족은 대부분의 테네시 사람들에

비해, 또 같은 동네 사람들에 비해서도 상당히 풍족한 편이었다. 러더포드 카운티에 있는 뷰캐넌 가족의 집은 몇백 에이커의 땅을 굽어보는 언덕에 있었다. 러더포드 카운티는 버지니아 주에서 가장 생산적인 낙농 농가들이 있는 곳이었다. 그들은 등록된 저지 젖소가 많이 있었고 저지 젖소가 내놓는 유지방이 풍부한 우유는 근처에 새로 들어선 '카네이션 밀크' 공장에 판매할 수 있었다. 그리고 대부분의 동네 사람들과 달리 뷰캐넌 가족은 임대, 소작, 혹은 임노동으로 일하는 게 아니라 자신의 땅을 소유하고 있었다. "손볼 곳이 많은" 상태였고 페인트를 새로 칠해야 할 곳도 많았지만, 방이 14개에 난로도 10개나 되는 뷰캐넌 가족의 집은 다른 이들에게는 대저택으로 보였을 것이다.[2]

뷰캐넌 집안의 상대적인 풍족함과 "순수한 스코틀랜드-아일랜드" 혈통은 어린 제임스의 세계관이 형성되는 데 큰 영향을 끼쳤을 것이다. 그가 직접 말한 적은 없지만, 뷰캐넌이 아기였을 때인 1920년의 인구총조사를 보면 뷰캐넌의 부모는 집에 같이 사는 하인이자 농장 노동자 한 명을 두고 있었다. 21세의 흑인이었고 이름은 포스터 가너Foster Garner였다. 또 1940년에는 흑인 소작농 가족이 뷰캐넌 집안의 땅을 부쳤다. 그때 뷰캐넌 가족의 집은 2,000달러, 그들이 소유한 255에이커의 땅은 6,300달러였다. 반면 흑인 일꾼은 실로 가난했다. 이들의 한 달 집세는 4달러였고 수확철에 지불했다.[3]

인물로 봐도 뷰캐넌 집안은 자랑스러운 가문이었다. 제임스와 두 명의 누이가 다닌 공립학교는 할아버지 존 P. 뷰캐넌John P. Buchanan의 이름을 딴 학교였다. 할아버지 뷰캐넌은 민중주의 성향이었고 1890년에 '테네시 농민연맹 및 노동자노조Tennessee Farmers' Alliance and Laborers' Union'가 미는 주지사 후보가 되었다. 당시 남부에 제조업 노동자는 별로 없었지만 탄광에서 일하는 사람은 많았고 테네시에서 탄광 노동자와 농민은 공동의 적을 가지고 있었다. 그중에서도, 농민에게 요금 바가지를 씌우고 헐값으로 죄수 노동력을 사용하던 거대 철도 기업이 가장 큰 공공의 적이었다. 이들의 투쟁을 연구한 한 역사학자의 말을 빌리면, '농민연맹-노동자노조' 회원들은 "국민의, 국민에 의한, 국민을 위한 정부"가 "산업경제의 공정성을 수호할 엄숙한 의무를 가지고 있다"고 열렬히 믿고 있었다. "독점자본가"들이 "특권"을 갖게 두어서는 안 되었다. 누구라도 막대한 경제권력을 이용해 다른 사람에게 "모멸적인" 노동을 강요하는 것이 허용되어서는 안 되었다. 어떤 대부자도 정직한 농민이 빚더미에 깔려 망가지게 할 수 있어서는 안 되었다. 정부는 모든 시민에게 복무해야 하고, 그대로 두면 "귀족"이 될 "거만한" 자들을 위해 움직여서는 안 되었다.[4] 이들의 선거운동은 수천 명에게 새로운 희망을 주었다.

나중에 자신의 인생사를 이야기할 때 제임스 뷰캐넌은 할아버지의 영향을 자주 언급했다. 그는 자기가 열심히 일하지만 "특별한 이해관계"를 얻으려고 뭉친 자들에게 기습적으로 당하기 일쑤인 수많은 사람들의 동지라고 말했다. 또한 그는 어렸을 때 할아버지의 방대한 서적과 소책자들을 읽으며 많은 시간을 보냈다고도 했다.[5] 하지만 손자 뷰캐넌은 할아버지 뷰캐넌이 주지사를 한 번의 임기밖에 못 하고 정치 경력이 끝나버리게 만든 사건에 대해서는 결코 이야기하지 않았다. 이 점은 흥미롭다. 할아버지 뷰캐넌이 재선에 성공하지 못하고 몰락한 이유가 '도금시대Gilded Age'에 남부에서 주 정부와 기업의 결탁에 맞서 벌어졌던 가장 대대적인 대중 저항운동과 관련이 있기 때문이다. 또한 이 사건은 손자 뷰캐넌이 훗날 노조에 적대감을 갖게 되는 데도 일조했을지 모른다.

그곳 사람들은 동부 테네시부터 미들 테네시에 걸쳐 다섯 개 카운티를 휩쓴 1년간의 투쟁을 "죄수 전쟁"이라고 부른다. 뷰캐넌을 주지사로 밀었던 농민과 탄광 노동자 연합이 무엇보다도 원했던 한 가지는 테네시 주 정부가 죄수 노동력 임대제도를 폐지하는 것이었다. 이 제도는 탄광 기업이 극히 값싼 노동력을 확보해 막대한 수익을 올릴 수 있게 했다. 널리 비난을 산 이 제도는 노예제를 매우 강하게 연상시키기도 했거니와, 작은 잘못만 저질러도 사람들을 잡아 가두고자 하는 왜곡된 인센티브를 만들었다. 그러면 주 정부는 이 죄수들을 탄광 회사에 매우 싼값에 임대할 수 있었고, 그 때문에 죄수가 아닌 탄광 노동자들은 일자리를 잡기가 어려웠다.

탄광 노동자들은 '미국 탄광 노조United Mine Workers of America'를 결성해 인간적인 대우와 생계임금 보장을 계속 요구해왔지만, 설득, 언론 홍보, 로비, 소송 등 모든 노력을 다해보아도 주지사마다 매번 무시했다. 어느 주 의회 의원의 말을 빌리면, "기업의 솜"으로 귀를 틀어막고서 탄광 노동자들의 목소리를 듣지 않았기 때문이었다. 그리고 존 뷰캐넌이 주지사가 되었는데도 이 제도를 폐지하지 못하자, 그를 주지사로 밀었던 사람들은 직접적인 실력 행사로 노선을 바꾸었다. 1,000명 넘는 광부들이 증오의 대상인 '테네시 석탄·철·철도 회사TCIR'로 몰려갔다. 농민, 지역 상인, 전문직 종사자, 그리고 이들의 목소리에 동의하는 여성들도 합류했다. 시민들은 TCIR의 방책을 부수고, 갇혀 있던 흑인과 백인 죄수들을 풀어주었다. 죄수들이 다시 붙잡히지 않도록 그들이 갈아입을 평상복까지 준비했다. 하지만 뷰캐넌 주지사는 죄수 노동력 임대제도를 없애기는 커녕, 철도 회사를 위해, 그리고 그가 배신한 사람들을 억누르기 위해, 주 병력을 동원했다. 싸움이 고조되어 몇 명이 목숨을 잃었고, 광부들은 결국 패배했으며, 죄수 노동은 여전히 존속했고, 유권자들은 다음 선거에서 뷰캐넌을 완패시켜 전도유망했던 그의 정치 경력을 끝장냈다.[6]

할아버지 뷰캐넌은 패배의 충격을 끝내 극복하지 못했다. 손자 뷰캐넌은 할아버지가 이 패배로 "심리적 손상을 입었다"고 표현했다.[7] 그리고 그는 전에 그가 맹렬히 비난했던 억압적인 민주당으로 되돌아갔다. 할아버지 뷰캐넌을 몹시 속 쓰리게 만든 일이 또 하나 있었는데, 아마 이것 역시 손자가 민주주의의 작동에 대해 믿음을 잃게 만든 요인이 되었을 것이다. 보안관들이 광부들의 저항을 진압하라는 뷰캐넌의 명령에 따르기를 거부한 것이었다. 보안관들은 다음 선거 때도 보안관으로 선출되고 싶었고(보안관은 일반적으로 선출직이다 – 옮긴이) 광부들의 저항이 널리 호응을 얻고 있다는 것을 잘 알고 있었다. 이를 통해 할아버지 뷰캐넌은 유권자층이 너무 확대되면 그를 포함한 백인 자산가 계급에 큰 문제가 될 수 있다는 믿음이 한층 강화되었다. 전에 그는 연방 정부가 개입해 남부 주들에서 투표권을 보장할 수 있게 하려는 공화당의 법안에 맹렬히 반대한 바 있었다. 그때 그는 이 법안이 "백인의 목에 유색의 굽을 박게 될 것"이며 "니그로가 우위에 서는 결과를 가져올 것"이라고 경계했다. 그리고 그는 그가 생각하기에 하찮은 하층민이 투표를 하지 못하도록 투표세를 더 높이는 것을 지지했다.[8]

제임스 뷰캐넌의 어머니 릴라 스콧 뷰캐넌Lila Scott Buchanan도 농촌의 "부보안관과 장로교 목사들의" 긴 계보를 가진, 상대적으로 고상한 집안 출신이었다. 교사였던 뷰캐넌 부인은(그 지역 학교들이 라틴어를 가르치지 않는다고 한탄했다) 아들 제임스를 잘 교육시켰고, 덕분에 제임스는 두 학년이나 빠르게 월반했다. 릴라는 외아들이 남편의 길을 따르지 않게 하겠다고 결심했다. 남편은 미남이고 매력 있는 사람이었지만 가장으로서의 끈기와 야망은 외모에 영 미치지 못했다. 아들 뷰캐넌이 나중에 배우게 된 경제학은 아버지의 상황을 자신이 추구하는 운동에 부합하는 방식으로 해석하는 데 도움이 되었을 것이다. 제임스의 설명에 따르면, 할아버지가 방대한 "뷰캐넌 가문의 영지"를 여러 명의 자식에게 물려주면서 수익과 책임이 분산되었기 때문에 "아버지는 영지를 딱히 효과적으로 경영하고 관리할 인센티브가 없었다". 자신이 온전히 소유한 것이 아닌데 페인트가 벗겨지거나 헛간이 낡은 것을 왜 그가 신경 써야 하는가? 어쨌건, 제임스 시니어 뷰캐넌은 아들에게 그리 존경받지는 못한 것으로 보인다. 자신의 경력을 쌓아나가면서, 아들 뷰캐넌은 자신의 이름에서 '주니어'를 떼어냈다.[9]

가족 모두, 영리한 제임스가 할아버지처럼 정치를 하리라고, 어쩌면 이 집안에서 주지사가 다시 배출될 수도 있을 거라고 크게 기대했다. 하지만 제임스는 아버지가 가지고 있던 인간적인 매력이 없었다. 간단히 말하면, 제임스는 성공적인 정치인이 잘하는 방식으로 다른 사람들과 어울리는 것을 좋아하지 않았다(아니면 다른 사람들이 그와 어울리는 것을 좋아하지 않았거나). 나중에 한 동료는 그가 "엄격한" 분위기를 풍겼다고 회상했다. 고결하고 "좋은 사람"이기는 했지만 "내가 만나본 중 가장 차가운 사람"이기도 했다는 것이다. 어린 시절에 외롭게 자란 제임스는 훗날 자신이 "늘 아웃사이더였다"고 묘사했다. 2013년에 뷰캐넌의 장례식에 참석한 한 30년 지기 친구는, 뷰캐넌을 어떻게 알게 되었냐고 묻자 이렇게 대답했다. "내가 그를 안다고요?"[10]

뷰캐넌 본인을 포함해 아무도 의심하지 않은 것은, 범상치 않게 똑똑한 그가 농사짓는 삶을 넘어선 미래를 일구겠다는 강한 열망을 가지고 있다는 것이었다. 그렇게 하는 데 내시빌에 있는 밴더빌트 대학은 매우 전망 있는 곳으로 보였다. 테네시 주에서 가장 좋은 사립대학이라는 명성도 명성이지만, 이곳은 제임스 뷰캐넌의 마음을 끌었던, 그리고 '좋은 사회'와 '공정한 국가'에 대한 개념을 그에게 각인시킨 문화 프로젝트가 벌어진 장소이기도 했다. 밴더빌트 대학은 '남부 농업인들Southern Agrarians'이 생겨난 곳이었다. '남부 농업인들'은 1930년에 남부 농촌의 전통을 지키겠다는 선언문을 작성한 식자층 인사들을 말한다. 선언문의 제목은 '나는 내 길을 지키겠노라I'll Take My Stand'였다. 이 글을 작성한 '12명의 남부인Twelve Southerners'은 주로 시인이나 소설가 같은 문인이었고, 오늘날 이들은 스며들어오는 산업주의와 물질주의로 훼손되고 있는 인간적인 농촌의 가치를 지켜야 한다고 주장한 사람들로 알려져 있다. 하지만 그들이 생각한 인간적인 농촌의 가치는 인종적으로 배타적인 것이기도 했다. 또한 그들의 임무는 본질적으로 정치적인 것이었다. 선언문의 제목을 〈딕시 랜드〉의 가사에서 따오면서("I will take my stand"라는 구절이 노래 〈딕시 랜드〉 가사에 나온다 - 옮긴이), 그들은 남부의 "농촌 전통"을 그것이 현재 빠져 있는 불명예에서 구해내고자 했다.[11]

내시빌의 '농업인들'은 남부 농촌의 삶의 전통을 방어하는 가장 좋은 방법은 강력한 이데올로기적 공격이라고 생각했다. 그들은 백인 지배층에게 안 좋은 이미지를 입힌 내전, 즉 '주들 사이의 전쟁'을 재해석해 남부의 평판에 광을 내는 일에 착수했다. 뷰캐넌이 나중에 설명한 바에 따르면, 그들은 "자영농들의 정치체라는 제퍼슨의 이상"을 되살림으로써 남부를 북동부 엘리트들에게 피해를 입은 희생자로 자리매김했다. 또한 그들은 흑인 투표권을 무산시키기 위해 폭력을 사용했던 호전적인 백인 연맹주의자들이 단지 합리적인 자기방어를 했을 뿐이라고 포장했다. 내시빌의 '농업인들'은 현재 경멸을 사고 있는 남부연맹의 대의가 다시 고상하게 여겨지도록 만들려 했다. 그들의 서한에 드러나듯이, 의도적으로 어떤 면에는 눈을 감고, 명백하게 거짓을 말하며, 전략적으로 흑인들을 비하하는 발언을 해서라도 말이다.[12]

내시빌 선언문의 저자 중 제임스 뷰캐넌에게서 형성되고 있던 지적 체계에 가장 결정적인 영향을 끼친 것으로 보이는 사람은 '남부 농업인들'의 대표 격이던 도널드 데이비드슨Donald Davidson이다. 그는 진보시대Progressive Era 이래로 연방 정부의 규모와 권한이 커진 것이 지역의 민속적인 삶의 방식을 파괴하는, "전체주의 국가"로의 움직임이라고 보았다. 적에게 이름을 붙여준 사람도 데이비드슨이었다. "리바이어던". 리바이어던은 원래 구약에서 세상의 종말에 신이 파괴할 바다의 괴물을 의미하는데, 17세기 정치철학자 토머스 홉스Thomas Hobbes가 정치체의 기원을 설명한 논고에서 [사람들 사이의 사회계약으로 구성되나 그 이후에는 자체로 최고 통치권력을 갖는] 정치체를 뜻하는 은유이자 책의 제목으로 삼은 바 있었다. 하지만 데이비드슨은 리바이어던이라는 말을 전혀 새로운 의미로 사용했다. 그에게 리바이어던은, 자신의 이익을 위해, 그리고 부정직하게 행동하면서 노예제 폐지 바람을 일으키고, 나중에는 노동자의 권리 보장과 연방 정부의 규제를 밀어붙인 북동부 사람들 때문에 규모가 커진 사악한 전국 정부를 의미했다. 데이비드슨은 이러한 정부 개념은 미국에서 나올 수 있는 개념이 아니라고 보았다. 그는 이런 정부가 유럽에서 수입된 "외국산"이고, 그것도 해로운 인물들이 들여온 것이라고 주장했다. 데이비드슨에게 리바이어던은 "인류의 가장 정교하면서도 위험한 적이고 인도주의와 너그러움의 가면을 쓰고 온 압제자"였다.[13] 나중에 뷰캐넌은 경력의 첫 절반을 그가 "낭만적인" 가면이라고 부른 것을 찢는 데 사용하고, 뒤의 절반을 그 가면 뒤에 있던 야수에 족쇄를 채우는 데 사용하게 된다.

하지만 대공황이 닥치면서 뷰캐넌은 밴더빌트에 가지 못했고, 미들 테네시 주립 교육대학에 다니게 되었다. 머프리즈버로에 위치한 이 학교는 집에서 더 가깝고 학비도 쌌다. 그는 아침과 저녁에는 소젖을 짜서 학비와 기타 비용을 댈 수 있었고, 여러 교회들을 다니며 설교하는 감리교 목사의 차를 얻어 타고 학교에 갈 수 있었다. 뷰캐넌은 영문학, 수학, 경제학 세 과목을 전공했고, 테네시 대학의 대학원에 갈 수 있는 장학금을 땄으며, 테네시 대학에서 경제학으로 석사학위를 받았다. 하지만 그는 명문학교를 출신들이 그가 나온 대학을 깔본다는 생각을 평생 떨쳐버리지 못했다.[14]

1941년에 군 복무를 위해 테네시를 떠나 뉴욕으로 가게 되었을 무렵이면, 갓 석사학위를 받은 젊은 학자 뷰캐넌은 완전히 도널드 데이비드슨의 렌즈를 눈에 걸고 있는 것으로 보였다. 데이비드슨에게 "뉴욕"은 그 자체로 저주의 말이나 마찬가지였고 도처에서 개혁을 부르짖는 현대 미국에서 잘못 돌아가고 있는 모든 것의 상징이었다.[15] 뷰캐넌은 미국의 선도적인 대도시 뉴욕의 첫인상에 대해 "적군의 영토"에서 "낯선 존재들에게" 둘러싸여 있는 느낌이었다고 말했다.[16]

그래도 뉴욕에 가본 것은 그에게 매우 귀중한 경험이었다. 그가 이미 싫어하는 경향이 있었던 특정한 엘리트 집단에 대해, 그의 적대감을 정당화해줄 수 있는 개인적인 이유를 발견하게 되었기 때문이다. 그 집단은 "동부 기득권"이었다. 생애 내내 뷰캐넌은 뉴욕의 '해군 예비역 장교 훈련소'에서의 모멸적인 경험이 어떻게 그에게 지워지지 않는 경험으로 남았는지를 반복해서 이야기했다. 그에 따르면, 그는 "동부 기득권 대학 출신을 명시적으로 우대하는 차별적 조치의 피해자였다". 처음 사관 후보생들을 지명할 때 그들은 뷰캐넌을 제꼈는데, 아이비리그 출신들에게만 밀린 게 아니라 록펠러 집안 사람 한 명에게도 밀린 것이었다. 뷰캐넌은 이것이 "뻔뻔한 차별"이었다고 말했다. 이 사건으로 뷰캐넌은 북동부 엘리트들이 '남부, 중서부, 서부' 사람들을 희생해서 이득을 얻는다는 "민중주의적 선입견"이 한층 더 강해졌다. 물론 당시에 철저하게 능력 본위 원칙이 통용되고 있었다고는 말할 수 없을 것이다. 하지만 뷰캐넌은 (데이비드슨과 마찬가지로) 지역 차별의 프레임으로 이야기를 하면서 당대에 가장 심각하던 차별, 즉 가톨릭, 유대인, 멕시코계 미국인, 노동자 계급 백인, 그리고 무엇보다 흑인에 대한 차별을 간과했다.[17]

실제로, 나중에 뷰캐넌은 차별받는 흑인들의 고통에 공감하기보다 흑인들이 노예해방 이후에도 잘살게 되지 못한 것은 그들 앞에 가로막힌 장벽 때문이 아니라고 주장했다. 그가 보기에, 흑인들의 비참한 처지는 "자유를 향한 갈망과 개인적인 책임감이 아마도 계몽주의 이후 철학자들이 가정했던 것만큼 인류 보편적인 것은 아님을 입증해주는" 증거였다.[18] 이것은 실제의 상황에 획기적으로 눈을 감는 주장이다. 그의 세계관이 보지 말라고 하는 것을 정말로 보지 말아야만 할 수 있는 주장인 것이다. 훗날, 찰스 코크와 제임스 뷰캐넌은 비슷한 방식으로 눈을 가리고서 (그들이 보기에) '자유롭고 공정한' 노동시장에서 성공하지 못하는 사람들에 대해 모욕적인 주장을 펴게 된다.

　개인의 역량, 대중 집단의 집합적 권력, 정부의 과도한 개입 등에 대해
젊은 제임스 뷰캐넌이 가지고 있던 개념이 시카고 대학 경제학과에서 가
르치고 있던 개념들과 얼마나 잘 맞아떨어졌는지는 신기할 정도다. 시카
고 대학은 19세기 말에 석유 재벌 존 D. 록펠러^{John D. Rockefeller}가 세웠으
며, 초기에는 진보적인 개혁을 위한 사회과학의 실험실로 명성을 얻었다.
하지만 27세의 뷰캐넌이 경제학과 박사과정에 등록한 1946년 무렵이면,
시카고 대학 총장은 후원자들에게 "세계에서 가장 보수적인 경제학과"가
있는 곳이라고 자랑하고 있었다.[19]
　뷰캐넌이 시카고를 선택한 것이 이데올로기적인 이유 때문은 아니었다.
사실 그는 남부 이외의 대학에 대해서는 잘 몰랐고, 단지 시카고 대학에
서 정치학 학위를 받은 테네시의 한 교수가 이곳을 추천해서 지원했을 뿐
이었다. 그 교수는 시카고 대학 특유의 "활발한 학문 육성 풍토"에 대해
"거의 목가적인 그림"을 그리며 시카고 대학을 권했다. 해군 복무를 마치
고서 뷰캐넌은 아내 앤 바크^{Ann Bakke}와 함께 시카고로 가서 박사과정을
시작했다. 아내는 노스다코타 출신 간호사로, 그보다 열 살이 많았다. 둘
은 오아후 섬에 있는 기지에서 처음 만났다. 앤은 매력적인 젊은 부사관
에게 반했고, 전쟁이 끝난 후 샌프란시스코에서 다시 만나게 된 이들은
한 달 뒤에 결혼했다. 뷰캐넌이 시카고 대학에서 경제학자의 길을 가기
시작한 동안 생활비는 앤이 벌었다. 훗날 뷰캐넌은 제대군인원호법^{GI Bill}에
서 나오는 학비 보조금과 "아내의 부분적인 지원"으로 대학원 시절에 생
활을 꾸려갔다고 말했다.[20]

오늘날 '시카고학파 경제학'이라고 하면 대부분은 밀턴 프리드먼을 떠올릴 것이다. 하지만 뷰캐넌이 도착했을 때 시카고 대학의 스타 학자는 프랭크 하이네만 나이트Frank Hyneman Knight였다. 학생들 사이에서 "신은 없지만 프랭크 나이트는 신의 예언자다"라는 말이 있을 정도였다. 뷰캐넌도 자신이 "경제학자로 다시 태어난" 것을 나이트 덕분으로 돌렸다.21

나이트는 경제학자인 만큼이나 사회철학자이기도 했다. 그는 제자들이 "좋은 사회의 윤리적 속성"에 대해 진지하게 생각하기를 원했다. 젊은 시절 "대평원의 복음주의"에 저항했던 사람으로서, 나이트는 어떤 종류든 "도그마"에 강한 "거부감"을 느꼈다. 그는 모든 통념에 질문을 제기했다. 특히 가장 당연하게 여겨지고 있던 사상에 문제를 제기하곤 했는데, 당시에는 그것이 루스벨트의 진보주의와 케인스 경제학이었다. 뷰캐넌은 나이트가 가진 중서부 특유의 겸손함에도 깊이 끌렸다. 나이트는 "더 세련되고 번드르르한 동부 연안 출신" 교수들과는 달랐다. 역시 시골 출신인 나이트도(일리노이 주 농촌 출신이다) 테네시에서 대학을 다닌 적이 있었다. 야단스럽고 자신만만한 다른 학생들 틈에서 뷰캐넌은 눈에 잘 띄지 않았겠지만, 나이트는 시골 출신에 막 제대한 참전군인 뷰캐넌을 잘 챙겨주었다. 한 느긋한 대화에서, 나이트는 학계의 경력을 잡는 것이 "쟁기질보다 낫다"고 뷰캐넌에게 말했다. '로다'라는 이름의 노새를 몰면서 이랑을 수도 없이 파본 뷰캐넌에게 더 이상의 설득은 필요 없었다.22

뷰캐넌은 나이트의 수업을 6주 정도 들은 뒤에 "시장질서에 대한 열정적인 옹호자로 개종"하게 되었다고 말했다. 나이트의 수업이 훌륭해서였는지, 미국 역사상 가장 대대적인 파업의 파도 속에서 시카고 남부의 철강과 육가공 노동자들이 파업에 나서면서 시카고 남부가 혼란에 빠져서였는지는 확실하지 않다. 어쨌든 시카고학파의 가격이론은 그가 이미 가지고 있었던 "반정부적인" 감정을 과학적 용어로 뒷받침할 수 있는 수단을 제공했다. 시카고학파 경제학을 통해서 뷰캐넌은 어떤 형태이든 사회주의는 감상적이고 위험한 오류라고 확신하게 되었다. 여기에서 '사회주의'는 어떤 집단이나 정부가 시장에 간섭하는 것을 의미한다. 새로이 자유지상주의자가 된 뷰캐넌이 보기에, 시장에서 행사되는 개인의 자유가 널리 퍼지게 하는 것이야말로 번영으로 가는 가장 공정하고 확실한 방법이었다. 개개인이 자신의 이기적인 목적을 여타의 가치관이나 목적의 방해를 받지 않고, 또 다른 이의 최선의 이익을 자신이 안다는 듯이 굴며 이러쿵저러쿵 지침을 주는 통치 엘리트에게 영향을 받지 않고, 추구할 수 있어야 한다는 것이었다.[23]

그해 가을, 보수주의자들이 이른바 '비프 스테이크 선거'에서 압승을 거뒀다. 육류 생산업자와 푸주한들이 전후의 복귀 시기에도 가격통제가 지속되는 것에 맞서 저항한 것이 선거 판세에 주효한 역할을 해서 붙은 이름이었다. 이 선거로 연방 의회의 다수당이 된 공화당은 가격통제를 없앴고, 1947년에는 태프트-하틀리법을 통과시켜 '산업별 노조[CIO]'의 야심 찬 목표(남부에서 노조를 조직하고 남부의 정치제도를 민주화하는 것도 CIO의 목표였다)를 누르는 일에 나섰다.[24]

긴 전쟁의 윤곽이 잡히고 있었다. 이것은 '집합적 안전성' 대 '개인의 자유' 사이의 싸움이 될 것이었다.

그해 봄, 프랭크 나이트 등 몇몇 시카고 대학 교수가 이 싸움의 전략을 논의하기 위해 스위스에 가서 '몽 펠레린 소사이어티Mont Pèlerin Society'라고 불리는 모임을 결성하고 돌아왔다. 오스트리아 출신의 박식한 학자 프리드리히 A. 하이에크(하이에크는 대학원에서 법학, 정치학, 경제학을 공부했다)의 촉구로 30~40명의 남성과 소수의 여성이 유럽 대륙에서 전쟁으로 찢기지 않은 유일한 나라인 중립국 스위스에 모였다. 저가 항공이 존재하지 않던 시절이라 미국인 참가자들은 배편으로, 전쟁으로 찢긴 영국, 프랑스, 독일 등지의 동료들은 기차로, 파노라마적인 경관이 펼쳐지는 알프스산에 도착했다. 이들은 브베 근처에 있는 벨 에포크 스타일의 우아한 대저택 '듀 파르크 호텔'에서 모임을 가졌다.

모인 사람들은 '서구 문명'(그들이 생각하는 서구 문명)이 생존할 수 있을 것인가를 우려하고 있었다. 자유롭게 연합한 개인들의 자치체로서의 국가가 지속될 수 있을 것인가? 19세기 말~20세기 초에 유럽과 미국을 생산과 문화의 주역으로 만들었던 시장자본주의가 지속될 수 있을 것인가? 1917년 이후 공산주의가, 그다음에는 파시즘이 부상하는 것을 보면서 이들은 경악했다. 무수한 사망자를 낳은 세계대전은 현대사회가 자기파괴로 치달아가기가 얼마나 쉬운지를 잘 보여주었다. 게다가, 그랬는데도 아직 평화가 오지 않았다. 대부분의 유럽 지역은 폭격으로 만신창이가 되었고, 식품은 배급제로 분배되고 있었으며, 암시장이 성행했다. 정치적인 미래도 불투명했다. 그리스와 이탈리아는 좌파로 기울고 있었고, 그 이전 달에 좌파의 확산 추세가 심상치 않은 것을 우려해 미국 대통령 해리 트루먼은 엄청나게 비용이 들 '트루먼 독트린'(공산주의 세력 확산을 막기 위해 공산주의로 기울 우려가 있는 나라들에 경제원조를 한다는 계획 – 옮긴이)을 내놓았다. 알프스에 모인 38명의 학자, 기자, 재단 운영자, 기업인 등은 "아침부터 밤까지" 강도 높은 토론을 이어갔다. 그들의 관심사는 어떻게 하면 역사의 조류를 (그들 용어로) "국가주의"로부터, 혹은 (우리 용어로) 더 강력한 역할을 하는 정부로부터 돌려놓을 수 있을 것인가였다.[25]

이 모임을 소집한 하이에크는 오스트리아 출신 망명자였으며 혁명의 기운이 한창이던 1919년에, 이름에서 귀족을 나타내는 '폰Von'을 떼어낸 바 있었다.[26] 키가 크고, 마르고, 깔끔하게 깎은 턱수염을 하고, 둥근 무테 안경을 쓴 하이에크는 우아한 구세계의 매너를 가지고 있었다. 그는 1930년대 초부터 사회민주주의가 호소력을 높여가는 것에 깊이 두려움을 느끼고 있었다. 특히 유럽과 미국에서 너무나 많은 시민들이 '이상적인 정부 모델'이라고 여기면서 집합행동을 통해 추구하고 있는 정부 형태가 우려스러웠다. 그 정부 형태는 노조, 복지국가제도, 경제 안정성을 위한 정부의 개입 등을 핵심요소로 하고 있었다. 하이에크는 이러한 우려를 공유하는 학자들을 모아 "학문적인 반혁명"에 기여할 수 있는 모임을 만들고자 했다. 하지만 뭐니뭐니 해도 그에게 세계적인 명성을 안겨준 것은 1944년에 출간된 책 《예속의 길The Road to Serfdom》이었다. 이 책은 뷰캐넌이 박사과정을 밟으면서 공부한 시카고학파 경제학과 비슷한 방식으로, 정치이론에 대한 접근방법을 획기적으로 바꾸어놓게 된다.[27]

처음에는 세 개의 미국 출판사에서 거절을 당했다. 하이에크가 개진한 전제에 동의하지 못했기 때문이었다. 이 책은 시카고의 법학자 에런 디렉터Aaron Director가 시카고 대학 출판부에 줄을 대준 덕분에 겨우 출간될 수 있었다. 그런데 〈리더스 다이제스트〉의 누군가가 이 책 내용이 수백만 명의 구독자에게 반향을 일으킬 수 있으리라고 판단해 축약본을 냈다. 실제로 이것은 대인기를 끌었다. 내성적인 교수인 하이에크는, 뉴욕의 거대한 홀에 3,000명도 넘는 청중이 있고 "마이크 여러 대가 놓여 있는 가운

데 기대에 찬 얼굴들이 바다와 같이 모여 있는 것을 보았을 때 내가 얼마나 놀랐을지 생각해보라"고 말했다. 1945년 5월에 〈새터데이 리뷰〉가 언급했듯이, "경제학자와 비소설 도서가 이렇게 짧은 기간 안에 이렇게 인기를 끈 적은 거의 없었다".[28]

《예속의 길》은 경종을 울리기 위한 책이었다. 하이에크는 "파시즘과 나치즘의 부상은 그보다 앞선 사회주의적 경향에 대한 반작용으로 나온 것이 아니라, 오히려 사회주의적 경향의 필연적인 결과로 나온 것"이라고 주장했다. 파시즘과 사회주의가 공유하고 있는 특징은 중앙 정부에 의존한다는 점이었다. 하이에크는 파시즘과 사회주의를 추종한 사람들이 개인의 자립과 자기 의존이라는 개념에서 결별한 것이 이 막대한 질병을 일으킨 병균이었다고 설명했다.[29] 그는 나치즘을 혐오한 수백만 명의 사람들이 "그것이 실현되면 곧바로 그들이 혐오해 마지않던 압제로 이어질 또 다른 이상을 위해 맹렬히 나서고 있다"고 지적했다".[30]

그런데 문제가 있었다. "우리 사회가 이 방향으로 가고 있는 이유는 거의 모든 사람이 그것을 원하기 때문"이라는 사실이었다. 모두가 스스로에게 기망되어, 실상은 완전히 대척적인 두 개념인 "사회주의와 자유가 결합될 수 있을 것이라고" 믿고 있었다. 하이에크는 정부가 커지면 곧 모든 자유를 갉아먹고 전체주의적인 사회를 낳게 될 것이라고 경고했다.[31]

정부에 의존하는 것이 예속의 길이라면, 구원의 길은 고전적인 자유주의를 되살리는 것이었다. 하이에크는 이 길을 "버려진 길"이라고 불렀다. 멸망의 운명에서 스스로를 구하려면 서구 세계는 개인의 자유, 특히 경제적 자유를 사람들이 다시 존중하게 해야 했다. 하이에크는 자유시장이 단지 경제 발전에 효과적인 한 가지 방법에 불과한 것이 아니라고 보았다. 자유시장에서 수요와 공급으로 결정되는 가격이라는 신호는 "자생적인 질서"를 통해서 수백만 수천만 개인들이 정부의 강압 없이 자신의 열망과 행동을 조절하게 하는, 현재까지 인류가 알아온 유일한 방법이었다. "경제적 자유"가 없다면 "개인의 자유"와 "정치적 자유"도 유지될 수 없었다. 그렇다면 다른 선택지는 없었다. "사회주의는 노예제를 의미할 뿐"이었다".[32]

당연하게도 《예속의 길》은 [학계의 보수주의자뿐 아니라] 우파 기업인들에게 강한 울림을 주었다. 이들은 오래 유지되어온 자산가 계급의 특권이 상실된 것에 여전히 분노하고 있었다. 이제 그들은 노조와 협상을 하고 새로운 규제 당국의 기준에 맞추라는 압력을 받고 있었다. 그들이 보기에 대공황과 2차 세계대전 이후에 도입된 일련의 개혁은 부당하고 비합법적인 "혁명"을 의미했다. 뉴딜에 맞서기 위해 설립된 미국자유연맹American Liberty League의 설립자 중 한 명은 뉴딜을 "사회주의 원칙을 일컫는 또 다른 이름에 불과하다"고 비난했다.[33]

잃어버린 특권에 분노하면서, 이에 굴복하지 않으려는 기업인들은 새로운 질서에 맞서 싸우기 위해 단체와 기관들을 설립했다. 장기적으로 가장 큰 영향을 미친 것으로는 '윌리엄 볼커 펀드William Volker Fund'를 꼽을 수 있다. 이곳 회장 해럴드 루노Harold Luhnow는 하이에크의 미국 쪽 후원자가 되었다. 볼커 펀드는 하이에크가 미국 전역에 북 투어를 다닐 수 있게 돈을 댔고 그가 시카고 대학에 재직한 10년 동안 보수도 지원했다. 에런 디렉터(시카고 대학), 오스트리아학파의 거두인 루트비히 폰 미제스로Ludwig von Mises(뉴욕 대학) 등에게도 마찬가지였다. 1947년 여름에 프랭크 나이트 등이 스위스에 갈 수 있었던 것도 볼커 펀드의 지원 덕분이었다.[34]

책에서 하이에크는 "분명하게 선을 그어야 한다"고 언급했지만 그 선을 어디에, 어떻게 그어야 하는지는 명확하게 밝히지 않았다. 이것은 동료 경제학자이자 학문적인 호적수 존 메이너드 케인스^{John Maynard Keynes}가 이 책에 대해 지적한 핵심적인 취약점이기도 했다. 하지만 이 무렵이면 하이에크는 도금시대의 자유방임주의로 돌아가는 것은 바람직하지 않다고 분명히 말했다. 또 하이에크를 비롯해 스위스의 모임에 참석한 사람들은 자신들이 '보수주의자'라고 불리는 것에 발끈했다. 《예속의 길》에서 하이에크는 "더 나은 세상"을 위해 〔단지 기존의 것을 보존하는 게 아니라〕 "새로운 시작을 할 용기가 필요하다"고 촉구했다.[35]

스위스에서 열린 열흘간의 모임에서 앞으로 오래 지속될 국제 네트워크가 생겨났다. 초청받은 사람만 회원이 될 수 있는 이 네트워크는 비슷한 관점을 공유하는 학자들을 저널리스트, 기업인, 재단 관리자 등과 연결시키는 역할을 하게 된다. 학자들의 주도로, 이 모임은 역사의 물결을 돌리는 일에 착수했다. 전 세계에서 이들은 너무나 위험한 집합행동과 정부 계획으로부터 시장을 자유롭게 함으로써 영구적으로 평화와 번영이 보장되게 할 것이었다.[36]

제임스 뷰캐넌의 지도 교수 프랭크 나이트는 세 명의 공동 창립자 중 유일하게 미국 출생이었고 그것을 자랑스러워했다. 뷰캐넌과 마찬가지로, 그리고 나머지 두 창립자인 F. A. 하이에크와 루트비히 폰 미제스로와 달리, 나이트는 민중주의적인 성향을 가지고 있었다. 유럽 출신 학자들이 모임 이름을 '액턴 경'이나 '알렉시스 드 토크빌'의 이름을 따서 짓자고 했지만 나이트가 절대로 안 된다며 막았다. "자유사회"와 개인의 자유를 진전시키려는 조직이 "로마 가톨릭 귀족"의 이름을 따는 일은 있을 수 없다는 것이었다. 나이트가 두 오스트리아 학자의 제안을 반대하는 바람에, 모임의 이름은 모임 장소인 산 이름을 따서 '몽 펠레린 소사이어티'로 지어졌다. 훗날 밀턴 프리드먼은, "제안된 다른 모든 이름과 달리 아무도 거슬리게 만들지 않는 이름이어서" 이렇게 정해졌다고 설명했다.[37]

제임스 뷰캐넌은 나이트에게 큰 영감을 받았고 나이트가 시작부터 관여한 국제적인 사상 전투에 깊이 헌신했지만, 자신의 독자적인 목소리 또한 발견해가고 있었다. 이는 시카고학파의 젊은 세대 학자들, 특히 밀턴 프리드먼에게 진력이 났기 때문이기도 했다. 뷰캐넌에게 프리드먼은 영감을 주는 사람이라기보다는 짜증스러운 사람이었다. 사람 좋은 나이트는 학생들의 성장을 북돋워주었지만 프리드먼은 "압도적인 학문적 탁월함"으로 학생들에게 면박을 주기 일쑤였다. 성격의 차이, 그리고 브루클린 출신에 모든 것을 다 안다는 듯이 자신만만한 태도에 대한 불신 외에도, 뷰캐넌과 프리드먼 사이에는 '경제학이 무엇을 해야 하는가'에 대한 견해 차이도 불거지고 있었다. 프리드먼이 추구한 접근법은 (지켜질 때보다는 깨질 때 더 잘 드러나는 원칙이긴 했지만) "실증과학"으로서의 경제학이었다. 프리드먼은 경제학자들이 자신의 연구에 규범적인 가치 판단을 개입시키면 안 되며, 검증과 반증이 가능한 가설을 세우고 수학적으로 검증함으로써 "과학"을 발달시켜야 한다고 가르쳤다. 연로해진 나이트의 저술 활동이 뜸해지고 프리드먼이 뜨면서, 새로운 시카고학파는 현란한 수학적 기법으로 유명해지게 되었다.[38]

이와 대조적으로, 뷰캐넌은 수학적인 기법보다는 사회계약과 경제의 거버넌스에 더 관심을 갖는 옛 스타일의 정치경제학에 매력을 느꼈다. 박사과정 마지막 해가 되었을 무렵이면 그는 경제학과가 수학적 "기법"에 너무 집착하는 것에 완전히 짜증이 나 있었다. 그는 경제학이 애덤 스미스 시절의 "종합적인 도덕철학"이라는 기원에서 멀어진 것을 애석해했다. 그는 언젠가 집합주의와 더 대담하게 싸울 수 있는 경제학 프로그램을 만들 수 있기를 꿈꿨다.

1948년(그의 박사과정 마지막 해였다)에 뷰캐넌은 동료 박사과정생 G. 워런 너터G. Warren Nutter와 이야기를 나누다가 자신이 혼자가 아님을 알게 되었다. 뷰캐넌처럼 2차 세계대전에 참전했고 정치에 대해서도 비슷한 생각을 가지고 있던 너터는 시카고에서마저 경제학이 실증연구와 수학적 기법에 지나치게 몰두하고 있는 게 불만이었다. 이들은 자신과 같은 성향을 가진 경제학자들이 더 큰 정치경제적 질문 쪽으로 초점을 돌린다면 얼마나 기여를 할 수 있을지에 대해 이야기했다.[39] 언젠가는 그럴 기회가 오지 않을까?

하이에크와 미제스처럼 뷰캐넌도 수백만 수천만 명의 개인들을 조율하는 일을 정부보다 시장이 훨씬 잘 할 수 있다는 것을 널리 알리고 싶었다. 시장은 단지 재화와 서비스를 분배하는 데서만 가장 효율적인 방법인 게 아니라, 사회적인 의사결정을 내리는 데도 가장 훌륭한 기제였다. 시장은 사회적인 의사결정이 갈등으로 가득한 정치 영역을 피하면서 내려질 수 있게 해줄 터였다. 뷰캐넌은 사람들이 저마다의 '공정성' 개념을 촉진하기 위해 정치 영역에 기댄다면 경제를 기득권이 통제하게 만들고 다른 이들을 억압하는 결과를 가져온다고 생각했다.[40] 하지만 미국 사람들이, 아니 전 세계 사람들이 대공황과 그 이후의 세계적인 대재앙 이후 시장을 불신하게 되었고 정부가 제공하는 보호가 많은 이들에게 이득이 될 것이라고 믿게 된 상황에서, 어떻게 뷰캐넌이 자신의 견해를 널리 퍼뜨릴 수 있을 것인가?

뷰캐넌은 '공공재정'을 세부 전공으로 택했다. 남부의 공립대학에서 일자리를 찾고자 하는 자유지상주의자로서는 놀랍지 않은 선택이었다. 공공재정 분야는 경제에서 정부의 적절한 역할이 무엇인가를 연구하는 분야로, 조세, 정부 지출, 공공과 민간의 관계 등 남부 당국자들이 강한 입장과 신념을 가지고 있는 주제들을 다루고 있었다.[41] 뷰캐넌이 공공재정 분야 연구에 착수했을 때 이 분야의 주된 관심사는 "시장실패"였다. 시장실패란, 영리 기업들이 시장에서 재화와 서비스를 효율적으로, 혹은 공정하게 배분하는 데 실패해서 그 문제를 고치기 위해 정부의 행동이 필요한 경우를 일컫는다.

하지만 뷰캐넌은 비판의 방향을 반대로 돌려 "정부실패"를 분석할 작정이었다. 그는 정부 개입이 일으킬 수 있는 문제점을 정교하게 평가하지 않은 채 무작정 정부에 의존해서는 안 된다고 주장하고자 했다. 당시에는 매우 혁신적인 접근방식이었고 액면 그대로 보면 합리적인 접근방식이기도 했다. 왜 덮어놓고 정부가 더 낫다고 가정해버리는가? 하지만 실증 연구로 비교 분석을 하는 데는 뷰캐넌도, 그가 만든 학파도 관심이 없었다. 그가 관심이 있었던 부분, 그리고 그의 천재성이 발휘된 부분은 (사악한 천재성이라고 말할 수도 있겠지만) 정치에서 '신뢰'가 무엇보다 중요하다는 사실을 직관적으로 파악한 것이었다. 정부와 국민 사이에 존재하는 신뢰를 일단 깨기만 하면, 진보적인 목표들을 지지하는 사람들도 정부 개입이 해법이라는 데는 확신을 덜 갖게 될 터였다.[42]

독일어, 프랑스어, 이탈리아어를 읽을 수 있었던 뷰캐넌은 중요한 정치적 투쟁이 될 것이 틀림없는 싸움에서 사용할 개념과 도구를 찾기 위해 해외 저술로 눈을 돌렸다. 1948년의 어느 날, 그는 풍부한 장서가 있는 시카고 대학의 도서관에서 반 세기나 지난 독일어 논문 하나를 찾아냈다. 저자는 19세기 스웨덴 정치경제학자 욘 구스타브 크누트 빅셀Johan Gustaf Knut Wicksell이었다. 빅셀은 경제학자들이 정부가 공공선을 위해 일하는 "선한 독재자"라는 전제하에 정책 조언을 하는 것을 멈춰야 한다고 주장했다. 그보다, 빅셀은 공공관료도 여타 경제 행위자와 마찬가지로 이기심으로 동기가 부여되는 존재임을 인지하고서, 정부와 관료의 의사결정에 실제로 영향을 끼치는 작동 규칙, 실행 방식, 인센티브 등을 조사해야 한다고 촉구했다. 뷰캐넌은 빅셀의 영향을 받은 자신의 접근법을 "낭만을 제거한 정치"라고 불렀다. 훗날 그는 빅셀의 논문이 자신의 경력에 일대 도약을 가져온 발견이었다며, 자신이 학계에 기여한 것의 대부분은 빅셀이 처음 짚어낸 것의 "반복, 정교화, 확장"일 뿐이었다고 말했다.[43]

아마 맞는 말일 것이다. 예를 들면 빅셀은 조세정책이 만장일치를 통해 결정되어야 한다는 개념을 정교하게 주장했다. 그는 "누군가가 그 자신에게는 이익을 더해주지 않거나 오히려 해가 되는 활동에 비용을 대기 위해 세금을 내도록 강요당한다면 그것은 뻔뻔한 불의"라고 언급했다.[44] 뷰캐넌의 시기에 해리 트루먼은 '페어 딜Fair Deal' 정책을 통해 고소득자에 대한 한계 세율을 계속 올리고 있었다. 또한 냉전으로 지출이 대폭 증가한 것이야 그렇다 치더라도, [세금을 점점 더 많이 부과받고 있는] 부유층이 지지할 가능성이 작은 프로젝트들, 가령 농촌에 전기를 공급하기 위한 '테네시 강 유역 개발 공사'라든가 공정한 노동기준을 강제하기 위한 공장감독 관제도 같은 것을 위해 정부 지출이 막대하게 들어가고 있었다. 뷰캐넌은 〔19세기 학자〕 빅셀에게서 20세기 중반의 우파 사상가가 공정성 개념을 개진하는 데 유용하게 쓸 수 있을 만한 접근법을 발견했다. 아이러니하게도, 빅셀 자신은 좌파였고 그가 조세정책을 비판할 때 염두에 둔 것은 투표권을 박탈당한 임노동자들이 자신이 뽑지 않은 군주제 정부가 추진하는 일들에 비용을 대기 위해 세금을 내야 하는 상황이었다. 어쨌든 뷰캐넌이 나중에 말했듯이, 빅셀의 아이디어는 뷰캐넌이 "이미 머릿속에는 가지고 있었지만" "당대의 공공재정 분야 분위기에서는 표현할 엄두를 내지 못했던" 아이디어와 정확히 일치하는 것으로 보였다.[45]

뷰캐넌은 이미 가지고 있던 또 다른 개념들을 강화하는 데도 유럽 학자들의 저술에서 결정적인 도움을 얻었다. 1955~56학년도에 그는 이탈리아에서 공부할 수 있는 풀브라이트 장학금을 받았다. 그곳에서 뷰캐넌은 중앙 정부의 역할과 조세를 의심스럽게 (사실은 적대적으로) 보는 공공재정 분야 연구들을 접할 수 있었다. 부정부패의 오랜 역사 때문에 이탈리아에는 그런 관점의 연구가 많았다. 로마와 페루자에 머물면서 뷰캐넌은 이탈리아의 국가 이론, 그리고 조세와 관련된 정치적 의사결정 이론을 맹렬히 파고들었다. 그해가 끝날 무렵 그는 "갑자기 '빛을 보았다'". 이 새로운 빛은 '재건시대'의 개혁을 끝장낸 남부 '리디머Redeemers'(남북전쟁에서 패한 후 북부 공화당 개혁세력의 남부 지배에 반발한 남부의 인종주의적 보수세력 – 옮긴이)" 정부들의 옛 도그마와 비슷했다(알고도 그랬는지 인식하지 못해서 그랬는지는 모르지만, 뷰캐넌 본인은 이 둘의 유사성에 대해 언급하지 않았다). 어쨌든 이렇게 해서 뷰캐넌은 조세를 줄여야 한다는 것과 정부 지출을 줄여야 한다는 것 두 가지 모두에 대해 그의 이론에 토대가 될 접근방법들을 발견했다. 첫 저서에서 뷰캐넌은 "쓰는 만큼 내라"는 원칙이 경제적으로도 현명하고 도덕적으로도 정당한 것이라고 주장하면서, 자신의 입장이 가계부처럼 국가재정에도 붉은 잉크가 없어야 한다고 주장했던 사람들, 하지만 이제까지 세간에서 "부당하게 비판을 받아온" 사람들과 동일한 입장이라고 언급했다. 매년 반드시 균형재정을 달성하도록 정부를 강제할 수 있다면, 연방 정부는 19세기의 연방 정부와, 혹은 여전히 공공지출을 죄고 있는 남부의 주들과 더 비슷하게 작동할 수 있을 것이었다. 뷰캐넌은 이것이 (개인의) 경제적 자유를 보장하는 길이라고 보았다.[46]

여기에서 이야기되지 않은 것은, 그의 프레임이 우파 성향의 자산가 계층에게 매우 호소력 있는 프레임이었다는 사실이다. 자산가들의 세금을 낮게 유지하고, 정부가 학교·도로·위생 같은 기본적인 서비스를 그것에 돈을 지불할 능력이 없는 사람들에게 제공하지 못하게 하자는 입장이었기 때문이다. 박사학위를 마친 후 테네시 대학과 플로리다 주립대학에서 교수로 일하던 뷰캐넌은, 1956년에 드디어 경력상의 도약을 맞게 되었다. 버지니아 대학 경제학과장으로 가게 된 것이다. 기쁘게도 버지니아 대학 경제학과는 워런 너터(10년 전 시카고 대학 시절 동료 대학원생으로, 철학에 토대를 둔 경제학 프로그램을 만들자며 뷰캐넌과 의기투합했던 사람)도 교수로 채용했다. 너터의 도움, 그리고 앞으로 버지니아 대학에 서서히 모이게 될 동료들의 도움을 받아, 뷰캐넌은 버지니아 주의 자유지상주의 신조를 전국적인 반혁명 운동의 핵심사상으로 바꿔내게 된다.

3장 이 프로그램의 진짜 목적

이것은 일생일대의 기회였다. 토머스 제퍼슨이 설립한 버지니아 대학은 새로 임용된 경제학과장에게 어디에도 없던 프로그램을 만들도록 전권을 주려 하고 있었다. 제임스 뷰캐넌의 표현을 빌리면 경제학이 "지극히 지루해질 위험에 처해 있던" 때에, 버지니아 대학은 그와 워런 너터가 경제학의 새로운 경로를 만들어나가도록 전적으로 믿고 맡기려 했다.[1]

1956년 12월에 뷰캐넌은 총장 콜게이트 다든에게 개인적으로 제출한 제안서에서 '토머스 제퍼슨 정치경제 및 사회철학 센터Thomas Jefferson Center for Political Economy and Social Philosophy'가 수행할 임무에 대해 여러 가지 약속을 했다. 우선 이 센터는 두 개의 학문적 전통을 따를 것이었다. 하나는 19세기 영국 및 미국에서 자유방임 경제정책의 기반이 되었던 "옛 방식의 자유지상주의"였고, 다른 하나는 "대중의 봉기revolt of the masses"('대중의 봉기'는 군중의 폭력성과 불합리성을 이야기한 스페인 철학자 호세 오르테가 이 가세트José Ortega y Gasset가 쓴 책 제목이기도 하다)를 우려하면서 "사회질서"를 수호할 방법을 찾고자 했던 "서구 보수주의"였다.

뷰캐넌의 출사표는 이 센터에 "참여가 허용되어서는 안 될" 사람들이 누구인지도 분명하게 밝혔다. 의도했든 아니든 "안정성security"(뉴딜의 핵심

단어였다)을 자유보다 우위에 두는 사람, 그리고 "개인 및 자발적인 모임의 역할을 집합적 질서의 강압적인 권력으로 대체하려는" 사람은 누구도 센터에 허용되어서는 안 되었다. 후자는 노조, 정부의 경제 개입 등을 지지하는 사람들을 의미했다. 뷰캐넌은 자유에 기반한 사회를 실현하는 데 사상과 이론을 적용할 준비가 되어 있는 "사회철학자"들을 발굴하고 육성할 참이었다. 대학의 연구센터가 이런 식으로 구성원을 배제하는 것은 일반적인 일이 아니었기 때문에 뷰캐넌은 다소 변명조로 다음과 같이 덧붙였다. "이러한 기조에 맞는 새로운 학자 대오를 생성하기 위해, 일단 작은 규모로 시작하는 것은 위대한 대학이 취하기에 합당한 노력일 것입니다." 뷰캐넌은 이 센터가 노조 권력의 확대, 연방 정부와 주 정부의 관계(브라운 판결 이후 이는 매우 긴요한 문제가 되어 있었다), "평등주의의 문제"(뷰캐넌의 제안서에서 "소득 재분배", "복지국가", "조세구조" 등의 문제를 지칭하며, "평등주의egalitarianism"라는 고어투의 말을 쓴 것은 그의 프로그램이 이런 문제에 어떤 접근방식을 취할지 암시한다), "사회보장제도와 (그것이 위협하는) 개인의 자립심과 주체성" 등 버지니아 주의 지배층이 우려하는 사안들을 진지하게 다룰 것이라고 공언했다.[2]

더 구체적으로, 이 센터는 사람들의 사고방식을 바꿈으로써 "사회공학"에 맞서 싸울 것이었다. 뷰캐넌은 "지식인들의 생각을 움켜쥐고 있는 집합주의 이데올로기의 강력한 손아귀"를 깨뜨리고자 했다.[3] 당시에는 거의 모든 경제학자가 케인스의 경기부양 원칙, 즉 마중물을 부어 수요를 진작함으로써 경제성장을 이끌 수 있다는 원칙을 받아들이고 있었다. 또한 세부사항에서는 의견이 갈리더라도 거의 모든 사람이 거대 기업의 시대에는 "길항권력countervailing power"이 필요하다고 믿고 있었다. 길항권력이라는 말은 진보적 경제학자 존 케네스 갤브레이스^{John Kenneth Galbraith}가 그 무렵 막 만든 말로, 거대 기업권력에 맞설 수 있는 조직된 노동자들과 소비자들을 의미했다. 또한 연방 정부도 경제 안정성과 공정한 게임을 위해 기업의 반대편에 무게를 싣는 균형추 역할을 해야 한다고 여겨졌다. 한마디로, 당시에는 대부분의 미국인이 정부를 신뢰하고 있었다. 이런 시대인 만큼, 뷰캐넌은 "우리의 목적은 실로 **전복적**"이라고 말했다.[4]

다든은 뷰캐넌이 사회 문제에 대한 "집합주의적" 해법이라고 말한 것이 무엇을 의미하는지 단박에 알아들었다. 듀폰의 전 회장이자 그의 장인인 이레네 듀폰^{Irénée du Pont}은 미국에서 가장 부유한 사람 중 한 명이었고 부유한 사람 중에서도 가장 우파인 사람이었다. 듀폰은 프랭클린 루스벨트를 너무나 혐오한 나머지, 뉴딜을 싹부터 제거하고 미국을 "고용주들의 낙원"으로 복원시키기 위해 미국자유연맹 창설에 가담했다. 하지만 이 단체는 얼간이 같은 실수로 일을 그르치고 말았다. 너무나 조악하고 이기적인 주장을 펴는 바람에 그들의 입장을 대중에게 호소하려던 노력이 오히려 루스벨트 대통령에게 힘을 실어주는 결과를 낳은 것이다. 그들의 대놓고 자기중심적인 주장 덕분에, 루스벨트는 거부들을 향해 다른 이들을 억누르려 하는 "경제왕족"이라고 비난할 수 있었다.[5]

콜게이트 다든은 장인만큼 목청을 높이는 우파는 아니었지만, 노조나 민권단체가 이른바 '사회정의'를 달성하기 위해 연방 정부에 의존하는 것은 뷰캐넌 못지않게 경멸했다. 의원 시절에 다든 자신도 "집합주의적" 정책의 핵심인 사회보장법에 반대표를 던진 바 있었다.[6] 또한 다든은 우파 성향의 기업인들이 연방 정부가 민간 기업의 일에 간섭하는 것에 대해 불만이 많다는 것을 거의 줄줄이 읊을 수도 있을 정도로 잘 알고 있었다.

이 기업인들은 미국을 세계에서 가장 강력한 경제대국으로 만든 것은 연방 정부도, 노동자도 아니고 바로 자신들이라고 생각했다. 그래서 자신에게 세금이 부과되어야 한다는 주장에, 심지어 남들보다 (낮은 세율이 아니라) 높은 세율이 적용되어야 한다는 주장에 분노했다. 그것도 경제에 해로울 뿐 아니라, 그들의 개인적 자유를 침해하기까지 하는 종류의 프로그램에 돈을 대기 위해서 말이다! 어떻게 감히 연방 정부가 민간 기업인 나에게 내 노동자들을 어떤 방식으로 관리하라고 지시할 수 있는가? 왜 내가 미리미리 알아서 저축하지 않은 사람들을 위해 실업수당과 은퇴수당 기금을 확보하는 데 돈을 내야 하는가? 이런 일들은 재산을 가진 사람이 각자 적합하다고 생각하는 방식으로 결정할 일이지 연방 정부가 나설 일이 아니었다.[7]

하지만 노년인 듀폰과 달리 다든은 1920년대 초에 뉴욕의 컬럼비아 대학 법학대학원에서 법학 전문 석사과정을 밟으면서 반대편의 (종종 매우 뛰어난) 주장들을 접해본 사람이었다. 북부의 법학자들은 재건시대의 개혁이 실패한 이후 부유층이 지배하게 된 각급 법원이 대대적으로 받아들였던 자유시장 논리를 체계적이고 합리적으로 논파했다. 또한 대공황에 대응하는 과정에서 연방 정부가 갖게 된 새로운 권한을 법적으로 뒷받침할 수 있는 논리도 탄탄하게 개발하고 있었다. 이들의 작업을 설명한 한 역사학자는, "모든 현실주의자들은 한 가지 기본적인 전제를 공유하고 있었다"며 그 전제는 "법이 현실에서 동떨어져버렸다는 것"이라고 설명했다. 거대 기업의 시대에, 경제가 자유의 영역이고 정부 행동은 용인될 수 없는 강압이라는 개념은 미국인들이 실제로 경험하는 현실과 부합하지 않았다. 노동자와 농민의 대대적인 투쟁은 이 극명한 대조를 반복적으로 드러냈고, 새로운 세기[20세기]의 사회과학자와 역사학자들은 제약 없는 재산권과 계약의 자유가 모두의 자유와 정의를 보장한다는 도금시대의 이데올로기를 속속 논파하고 있었다.[8]

뷰캐넌이 버지니아에 온 1950년대 중반이면, 새로운 현실에 부합하기 위한 과거 이론과의 단절, 사유재산의 신성불가침성을 말하던 19세기 이데올로기의 논파, 그리고 (그와 함께 오기 마련인) 정부 및 조직화된 시민이 기업권력을 견제할 길항권력 역할을 할 수 있다는 개념이 거의 모든 서구 민주주의 사회에서 널리 받아들여지고 있었다. 컬럼비아 대학, 위스콘신 대학, 하버드 대학 등의 교수들은 모든 형태의 현대 자유주의가 의존해야 할 지적인 토대를 구성하기 위해 실증적이고 정교한 연구들을 계속해서 내놓고 있었다. 대학에 적을 둔 이러한 학자들은 뉴딜 시기에 고용주가 신의성실을 가지고 노조와 협상을 해야 한다고 요구한 것부터, 사회보장제도와 실업수당의 도입, 더 최근에는 공립학교의 인종분리가 "내재적으로 불평등"하므로 수정헌법 14조의 평등권 보호 조항에 위배된다는 결정까지, 다양한 영역에서 새로운 정책을 촉구했고 때로는 고안하기도 했다.[9]

뷰캐넌은 자신이 맞서야 하는 상대편 학자들이 얼마나 뛰어난지, 또 얼마나 헌신적인지를 잘 알고 있었다. 하지만 해군에서 아이비리그 출신 북부 엘리트들을 많이 본 덕분에 그들을 두려워하지는 않았다. 뷰캐넌은 "개인의 자유에 기초한 사회질서를 지키고" 연방 정부의 권력을 밀어내는 일을 학문적으로 뒷받침할 정치경제 사상을 발달시킬 팀을 꾸릴 절호의 기회를 기꺼이 누렸다. 뷰캐넌의 비전은 버지니아 주 지배층이 추구하는 바와 거의 완벽하게 부합하면서도 버지니아 주 지배층의 주장이 전에 가지고 있던 단점이나 난처한 점은 가지고 있지 않았다. 이를테면, 뷰캐넌은 그의 프로그램을 말할 때 인종을 언급하지 않았다. 센터 이름은 버지니아 대학 설립자 이름을 따서 '토머스 제퍼슨 정치경제 및 사회철학 센터'라고 지어졌다. 사석에서 뷰캐넌은 총장에게 이 모험적인 프로그램에는 무해하게 들리는 이름이 붙어야 한다고 말했다. 그래야만 "이 프로그램의 진짜 목적"이 실제로는 "얼마나 깊이 관련이 있든지 간에", 세간의 주목이 이곳의 "극단적인 견해"에 쏠리지 않을 수 있다는 것이었다.[10]

버지니아 대학 경제학과의 위상을 높이기 위해 뷰캐넌은 국제적으로 명성이 있는 자유시장 옹호자들을 샬로츠빌에 방문학자로 초청한다는 계획도 세웠다. F. A. 하이에크, 피터 T. 바우어Peter T. Bauer(케임브리지 대학), 브루노 레오니Bruno Leoni(파비아 대학), W. H. 허트W. H. Hutt(케이프타운 대학), 그리고 물론 뷰캐넌의 모교인 시카고 대학의 저명한 경제학자들을 초청할 계획이었다.[11]

'윌리엄 볼커 펀드'는 뷰캐넌이 제안한 것 같은 프로그램에 자금을 대줄 만한 곳으로 이미 다든의 레이더망에 들어와 있었다. 볼커 펀드의 회장은 맹렬하게 뉴딜에 반대하고 있었고 뉴딜에 맞서 싸우려면 학자들을 양성할 필요가 있다는 것도 잘 알고 있었다. 그러면 이 운동의 남부 전초기지를 만드는 데 관심이 있을 터였다. 정말로 볼커 펀드는 관심이 아주 많았고, 첫 5년간의 시작 자금으로 뷰캐넌 센터에 14만 5,000달러를 기부했다. 2016년 화폐 가치로는 120만 달러에 달한다.[12]

'토머스 제퍼슨 센터' 설립 같은 굵직한 일에는 대학 이사회의 승인이 필요했지만 승인을 얻는 데는 문제가 없었다. 이사회가 해리 버드의 오랜 동지들로 구성되어 있었고, 그중 한 명인 하원의원 하워드 W. 스미스

Howard W. Smith는 의회에서 인종분리를 주장하는 남부 출신 민주당원들과 북부 기업계 쪽의 공화당원들을 결합해 '보수 연합'을 꾸리자는 기획을 구상하기도 한 사람이었다.[13] 이들은 뷰캐넌이 제안한 프로그램을 열렬히 반길 것이 틀림없었다. 같은 해에 이 학교 이사회는 '주의 권리 우위설'을 주창한 칼럼들에 대해 제임스 잭슨 킬패트릭에게 저널리즘상을 수여했다.[14] 또한 이사회는 교육대학원이 헨리 가레트 박사를 채용하는 것도 승인했다. 가레트는 브라운 사건에서 버지니아 주 측 "핵심증인"으로 나섰던 사람이다.[15] 나중에 후임 총장이 경제학과의 주요 교수들 사이에 노골적으로 이데올로기적 임무를 추구하는 분위기가 있는 것을 우려하자, 뷰캐넌을 고용했던 문리대 학장은 이렇게 그를 안심시켰다. "나는 그들의 입장이 버지니아에서 당신에게 도움이 되면 되었지 해가 되지는 않을 것이라고 확신합니다."[16] 정말 그랬다.

뷰캐넌과 해리 버드가 만난 적이 있다는 증거는 없지만 이 두 사람은 재정정책과 사회개혁에 대한 입장에서 영혼의 짝이나 마찬가지였다. 상원 재정위원회 의장으로서 버드는 연방 정부의 공공부채를 맹렬히 공격하는 대표 주자였다. 그는 부채가 본질적으로 비도덕적이라는 믿음에 훗날 '공급 측 경제학'이라고 불리게 되는 이론의 접근방법을 결합했다. 버드는 정부가 경제운영을 전적으로 기업에 맡겨야 하며, 신중한 가계가 그렇게 하듯이 정부도 예산에 균형을 맞춰야 한다고 주장했다. "쓰는 만큼 내라"가 그가 늘 입에 달고 사는 후렴구였다. 기대되는 수익이 얼마나 크든 간에, 어떤 공공투자도 빚을 내서 진행해서는 안 되었다. 뷰캐넌이 버지니아 대학에 임용되던 당시에 집필 중이던 공공부채에 대한 책을 버드가 읽었다면 열렬히 찬사를 보냈을 것이다. 또한 몽 펠레린 소사이어티에 뷰캐넌이 들어가게 된 것에 대해서도 버드는 몹시 기뻐했을 것이다. 버드가 이 시기에 가장 좋아한 책 중 하나가 몽 펠레린 소사이어티의 결성을 처음 제안한 오스트리아 경제학자 F. A. 하이에크의 《예속의 길》이었으니 말이다(하이에크는 이 책에서 확산 일로를 걷던 집합주의에 반대하는 주장을 명쾌하게 개진했다).**17**

그때까지 버지니아 주는 공립학교의 인종통합을 위한 조치를 아무것도 취하지 않고 있었다. 오히려 '대대적인 저항' 조치로 연방 대법원의 판결에 거세게 맞서는 것이 공식 대응이었다. 이렇게 전투적으로 '버티기'를 하는 동안 사립학교 인프라를 새로 만들 시간도 벌 수 있었다(브라운 판결 하에서 사립학교는 인종통합을 해야 할 의무가 없었다). 남부, 북부, 동부, 서부 할 것 없이 전국의 모든 진보주의자들은 이 문제를 여전히 인종 문제로만 보면서 법 앞에서의 평등이라든가, 흑인도 아메리칸 드림의 기회를 가질 수 있어야 한다는 개념으로 접근하고 있었지만, 북부에서도 개척자적인 자유지상주의자(막 사용되기 시작하던 용어였다)들은 버지니아 주의 지배층과 같은 입장을 취하고 있었다. 즉, 인종적 감수성에 호소하지 않으면서 (그러나 흑인에 대한 차별과 악영향은 싹 무시하고서), 남부의 싸움을 '주의 권리'와 '경제적 자유'를 지키기 위해 연방 정부의 강압에 저항하는 고결한 싸움으로 이야기하는 것이다. 이 운동을 활성화시키는 데 무엇보다 크게 기여한 촉매는 브라운 판결이었다.

이들 〔남부 이외 지역의〕 자유지상주의자들은 정확히 누구이며 무엇이 그들을 이렇게 자극했을까? 뉴욕의 프랭크 초도로브는 브라운 판결에 대한 자유지상주의자들의 저항이 드디어 "공립학교 시스템"을 없애고 학교 건물들을 "민간 시민 집단에 임대해 민간 베이스로 운영할 수 있는" 기회가 왔음을 의미한다고 보았다.[18] 초도로브는 이 운동의 첫 출판물이자 많은 이들에게 영감을 준 《프리맨The Freeman》의 저자이기도 하다. 또한 서던 캘리포니아에 거주하던 로버트 르페브르Robert Lefevre는 "인종분리와 관련된 [대법원의] 결정"이 "정치적 재배열"을 촉발할 수 있을 정도로 너무 나간 조치라고 생각했다. 르페브르는 "원통함과 분노를 느낀 남부"가 연방 정부의 과도한 개입에 맞서고자 하는 북부의 동지들을 찾을 수 있게 될 것이라고 전망했다.[19] 한편, 르페브르가 곧 세우게 되는 '자유 학교'는 이 운동에 돈을 대는 부유한 기업가들뿐 아니라 이 운동과 관련된 주요 사상가들 거의 모두에게 큰 관심을 얻게 된다.

이렇듯 브라운 판결은 다양한 배경의 급진우파들을 강하게 자극했다. 그래서 이들 중 일부는 스스로를 자유지상주의자라고 부르는 것에 만족하지 않았다. 이 이름에는 아무 열정이나 불꽃이 담겨 있지 않았다. 라틴어 계열의 기다란 단어libertarian는 사람들이 일상에서 쓰는 익숙한 말이 될 수 없었다. 그래서 이들은 스스로를 실제 그대로 우파 "급진주의자"라고 부르고자 했다. 하지만 당연하게도 어떤 사람들은 '급진'이라는 말이 들어가면 자금을 대주어야 할 부자들이 등을 돌리게 만들지 모른다고 우려했다. 그래서 이들은 "보수주의자"를 "자유지상주의자"와 같은 의미로 사용했다. 하지만 이 이름은 힘 있고 부유한 사람들을 끌어오는 데는 유리할지 몰라도 이들의 비전이 가진 파괴 지향적인 속성은 잘 드러내지 못했다.[20]

몽 펠레린 소사이어티 회원들은 처음에 자신을 "신자유주의자"라고 불렀다. 19세기의 친시장 개념을 새로이 불러왔다는 의미였다. 오늘날에는 이들이 주창한 정책을 비판하는 사람들이 이들을 가리켜 사용하는 용어로 더 많이 쓰인다. 하지만 신자유주의라는 용어에도 헷갈리게 만드는 점이 있었다. "리버럴liberal"('자유주의적인'이라는 의미이지만 미국에서 '리버럴'은 '진보주의자'라는 의미로도 쓴다 - 옮긴이)이라는 말이 루스벨트 류의 민주당 지지자를 연상시키는 용어로 굳어져버렸기 때문이다. 그래서 우파 중 일부는 스스로를 "고전적 자유주의자"라고 부르거나 "18, 19세기 자유주의자"라고 불렀다. 하지만 여기에도 문제가 있었다. 실제로는 이들이 애덤 스미스나 존 스튜어트 밀John Stuart Mill과 같은 진짜 고전 자유주의자들과 매우 달랐기 때문이다. 다른 건 차치하더라도, 진짜 고전 자유주의자들은 공공교육을 열렬히 옹호했다. 어쨌든 경제적 자유를 지지하는 사람들 모두가 동의한 것이 하나 있다면 그들이 좌파와 좌익에 맞서는 우파, 우익이라는 점이었다. 프랑스 혁명 시기로부터 내려오는 이 구분에서, 좌파는 대중의 참여와 평등을, 우파는 사유재산권과 질서를 추구했다. 1950년대에 경제적 자유를 위해 모인 사람들은 오른쪽에 섰고, 자랑스럽게 그렇게 했다.

세상을 바꾸려는 운동이 선전선동 도구 없이 진전을 이룰 수는 없는 법이다. 여기에 시카고의 헨리 레그너리Henry Regnery가 등장한다. 초창기 몽 펠레린 소사이어티 회원인 그는 우파의 개념을 전파하기 위해 출판사를 차렸고,[21] 이제는 출간물 목록을 채워야 할 시간이었다. 앞에서 보았듯이, 리치몬드의 기자 제임스 킬패트릭은 공립학교의 흑백통합을 따르려는 지역에 대해서는 주 정부가 공립학교를 아예 폐쇄시킬 수 있도록 한 버지니아 주의 과격한 조치에 촉매가 된 칼럼들을 쓴 바 있었다. 이것을 읽은 레그너리는 칼럼을 책으로도 내자고 독려했다.[22]

그렇게 해서 1957년 초에 《주권을 가진 주The Sovereign States》가 출간되었다. 메이슨-딕슨 선 위와 아래 모두에서 경제적 자유를 주창한 학자들을 고루 인용하면서, 킬패트릭은 "주의 권리"(연방 정부의 조치에 대한 주의 "거부권")를 설파한 칼훈적 주장과 1937년 이래로 연방 정부의 모든 규제를 가능하게 한 헌법의 통상조항commerce clause에 대한 대법원의 해석이 "건국의 아버지"들의 의도에서 벗어난 것이라는 주장을 결합했다(통상조항은 미국의 각 주가 주 간 거래에서 보호무역적인 제약을 자체적으로 설정할 수 없게 한 연방 규정으로, 연방 정부가 주 정부의 결정을 규제하는 데 사용해온 주요 수단이었다 – 옮긴이). 그가 보기에는 와그너법, 사회보장법, 공정노동기준법 등도 브라운 판결만큼이나 위헌적이었다.[23]

《주권을 가진 주》는 인종분리주의를 주창한 책으로 흔히 알려져 있지만, 19세기와 20세기 초 스타일의 경제적 자유를 열망하는 사람들에게 매우 큰 반향을 일으킨 책이기도 하다. 1930년대에 '남부 농업인들'을 이끌었던 밴더빌트 대학 교수 도널드 데이비드슨은 킬패트릭이 "유럽 스타일의 중앙집중적이고 사회주의적인 전국 단일 정부" 쪽으로 "흘러가는" 추세를 막을, 남부가 이끄는 "전국적인 싸움"의 포문을 열었다고 극찬했다.[24]

자유시장주의 운동 초창기에 많은 자금을 지원한 바 있는 '윌리엄 볼커 펀드'는 1,200개의 대학 도서관과 260개의 사립학교에 무료로 배포하기 위해 이 책을 대량 구매했고 "몇몇 언론 종사자들을 대상으로 하는 교육 프로그램"도 기획했다. 얼마 전에 남부에서 대대적으로 벌어졌던 민권운동이 전국적으로 기사화되면서 많은 우파들이 진보 매체에 불만을 갖고 있었다. 남부의 주 당국자들과 자유를 지향하는 고용주들을 나쁜 사람처럼 보이게 만드는 기자들에게 맞서려면 무언가 조치가 필요했다.[25]

20년 만에 처음으로 공화당 대통령이 된 전쟁 영웅 드와이트 아이젠하워Dwight Eisenhower(1953~1961년 재임)가 생각보다 우파 쪽으로 크게 움직이지 않는 것에 매우 실망하고 있던 사람들에게 킬패트릭의 책은 횃불이나 마찬가지였다. 공화당 주류이던 중도파 유권자들과 달리, 급진우파들은 이 운동과 직접적인 연결고리도 없었고 이 운동의 목적에 딱히 공감할 이유도 없었던 아이젠하워가 좌우간 매우 우파적인 정책을 취해줄 것이라는 근거 없는 기대를 갖고 있었다. 하지만 이들의 기대와 달리 아이젠하워는 자본과 노동이 협력해야만 안정과 번영이 올 수 있다고 믿었고, 뉴딜식 복지국가와 노조의 정치적 영향력 확대를 받아들였으며, 동유럽이 소련의 영향권에 들어가는 것을 기정사실로 인정했다. 아이젠하워는 말 그대로 '보수주의적'으로 기존의 것들을 '보존'하려 했다. 심지어 사회보장을 '확대'해 더 많은 사람을 포괄하고자 했고 "현재 최저임금 적용 대상에서 제외되어 있는 수백만 명의 저소득 노동자"도 포함할 것을 의회에 요구하기까지 했다. 그것도 모자라, 브라운 판결을 내린 대법원장 얼 워런Earl Warren을 임명한 사람도 아이젠하워였다. 게다가 아이젠하워는 자신의 행정부가 취하는 정책과 접근방식을 "현대적 공화주의Modern Republicanism"라고 명명했는데(아마도 급진우파들에게 이것이 가장 경악스러웠을 것이다), 이는 대공황 이전 시기의 경제적 자유 개념, 즉 어떤 비용을 치르더라도 경제적 자유가 중요하다는 개념을 주장하는 사람은 구시대의 유물이라고 대놓고 말한 것이나 다름없었다.[26]

희망이 높아졌다가 깨지는 것만큼 사회운동을 잘 촉발하는 것은 없다고들 한다. 정말 그랬다. 연방권력에 맞서는 버지니아 주의 싸움은, 1950년대에 민주당도 공화당도 못 믿겠다고 생각하게 된 급진우파들을 크게 자극했다. 뉴저지의 한 기업가는 킬패트릭에게 "이제 미국에 정말로 존재하는 정당은 '뉴딜당' 하나뿐인 것 같다"고 한탄했다. 그는 "보수적인 남부 민주당원이 이끌지만 보수적인 공화당원도 환영하는 새로운 정당"이 필요하다며 "그렇게 된다면 1956년 선거에서 상당히 승산이 있을 것"이라고 말했다.[27]

해리 버드의 친구인 T. 콜먼 앤드류스T. Coleman Andrews도 동일한 결론에 도달했다. 그는 '주권州權당' 후보로 1956년 대선에 나섰고 자유지상주의 명분을 지지하는 핵심인사들의 지지를 얻었다. 앤드류스는 "우리 시대의 근본적인 사안에 대한 명백한 싸움"에 기초해 "정치적인 재배열"이 필요하다고 말했다. 그 근본적인 사안은 "집합주의와 예속이냐, 아니면 자본주의와 자유냐"였다.[28] 남부의 흑인들이 세금은 동등하게 내지 않으면서 동등한 교육을 주장하는 것, 그리고 자신들을 도와달라고 연방 정부를 끌어들이는 것은 집합주의가 자유에 미치는 해악의 전형적인 사례이자 앤드류스가 대선후보로서 맞서 싸우겠다고 맹세한 "사회주의로의 위험한 경향"의 일부였다.[29]

리치몬드에 거주하는 공인회계사이며 자랑스러운 "조세저항의 지도자"인 앤드류스는 아이젠하워가 임명한 국세청장이었지만 1955년에 자신의 신념에 충실하기 위해 국세청장직을 그만두었다. 앤드류스는 누진세가 "노예제"에 맞먹는 "게걸스러운 악마"라고 생각했기 때문에 국세청 일을 더 이상 할 수 없었다고 말했다. 앤드류스에 따르면 누진세의 문제는 많고도 많지만, 특히 그가 반대하는 이유는 자유지상주의자로서의 "이데올로기적인 반대"였다. 그는 "부자들을 등쳐먹기 위한 목적"을 가진 누진세가 "차별적"이라고 주장했다. 〈US뉴스 앤 월드리포트〉와의 인터뷰에서 앤드류스는 정부가 "지불 능력의 원칙"에 기초해 시민의 "자산을 징발"한 다면 "그것이 바로 사회주의"라고 말했다.[30]

앤드류스의 출마는 딥 사우스 지역 백인시민위원회White Citizens' Councils 의 인종분리주의자들뿐 아니라, (그들 용어로) '집합주의'를 비판하던 다른 사람들에게도 호응을 얻었다. 사실 인종분리 유지와 집합주의 반대라는 두 가지 명분은 메이슨-딕슨 선 아래에서는 구분이 되지 않았다. 앤드류 스의 출마에 크게 관심을 보인 사람들은 대체로 스스로를, 버지니아 주 의 J. 애디슨 헤이건J. Addison Hagan의 표현을 빌리면, "사회주의 경향"에 맞 서서 "자신의 생명과 자유를 위해 싸우는 (…) '잊힌 백인 다수자'"라고 생각하는 기업인과 전문직 종사자들이었다. 헤이건은 양당 공히 "농민, 노조, 니그로, 유대인 등의 소수자"에만 관심을 쏟느라 "백인 다수자"를 희생시키고 있다고 개탄했다. "그들(백인 다수자)의 조상이 이 나라를 만 든 사람들"인데도 말이다.[31] 딕슨 선 위쪽에서도 경제적 자유의 옹호자 들은 비슷한 방식으로 상황을 보고 있었고 버지니아 주에서 나온 이 저 항적인 후보를 지지하기 위해 나섰다. 이들 중 한 명이 로버트 웰치Robert Welch인데, 그는 2년 뒤에 앤드류스 등 자유시장 옹호자들을 모아 '존 버 치 소사이어티'를 만든다. 또 노트르담 대학의 법학자이자 우파 라디오 진행자인 클래런스 매니언Clarence Manion도 앤드류스를 지지했다.[32]

하지만 대통령직은 언감생심, 앤드류스가 평생 당선된 직책이라고는 리 치몬드 상공회의소 의장직뿐이었다. 대선에서 그가 다수표를 얻은 곳은 버지니아 주의 프린스 에드워드 카운티가 유일했다. 바버라 존스와 동료 학생들이 흑인의 동등한 교육을 주장하며 동맹휴학 농성을 벌여 궁극적 으로 대법원의 브라운 판결을 이끌어낸 곳 말이다.[33]

T. 콜먼 앤드류스가 선거에 나서고 난 이듬해 가을, 또 다른 인물이 연방 정부에 반대하며 분연히 나섰다. 아칸소 주 주지사 유진 오르발 포버스Eugene Orval Faubus였다. 1957년 9월에 리틀록에 있는 센트럴 고등학교가 연방 법원의 명령을 따르기 위해 아홉 명의 흑인 학생을 받아들이려 하자, 포버스는 이를 저지하기 위해 주 방위군을 투입했다. 15세의 흑인 학생 엘리자베스 에크포드Elizabeth Eckford가 학교 밖 방위군이 도열해 있는 곳에 다가가자 방위군은 엘리자베스를 남부연맹 깃발과 "니그로는 집으로"라는 팻말을 들고 소리를 지르는 군중 속으로 떠밀었다. 엘리자베스는 신변의 안전을 위해 주 방위군에 다시 도움을 구하고자 했지만 방위군은 또 무시했다. 그도 그럴 것이, 이들은 주지사의 명령에 따라 엘리자베스와 같은 흑인 학생이 학교에 들어가는 것을 막기 위해 출동한 터였기 때문이다.

　'주의 권리'가 실제 상황에서 적용된 것을 보고 무척 고무된 잭 킬패트릭은 사설에서 "포버스 주지사는 좋은 패를 가지고 있다"며 "지금은 타협할 때가 아니다"라고 촉구했다.[34] 과연 포버스는 타협하지 않았다. 만약 이 아홉 명의 흑인 학생이 학교의 흑백통합을 더 부드럽게 진전시키기 위해 선발된 아주 뛰어난 학생들이어서 이후 2만 명의 흑인이 백인 학교에 더 들어오도록 물꼬를 열게 되면 어떡하는가? 온건하게 소수의 흑인 학생만 먼저 들여보낸 뒤 시간을 두고 차차로 진전시키려는 3개년 계획 같은 전략의 일부이면 어떡하는가?[35] 지금 중요한 것은 워싱턴과 싸우는 것이었다.

　아이젠하워 대통령은, 본인도 몇 차례 밝혔듯이, 학교통합을 지원하는 것에 딱히 관심이 있지는 않았다. 하지만 국가 사법체계를 모욕한 이 사건을 그냥 덮고 간다면 자유세계 지도자로서 체면이 서지 않을 터였다. 특히 소련이 연일 이 사건을 전 세계에 방송하고 있는 마당이었으니 말이다. 최고 군 통수권자인 아이젠하워가 거의 2주를 머뭇거리는 동안, 어느 금요일에 연방 판사가 포버스의 주 방위군에 대해 철수 명령을 내렸다. 이렇게 해서 공식적으로는 그 다음주 월요일에 흑인 학생들이 학교에 들어갈 수 있게 되었지만, 월요일이 되자 이들의 등교를 막기 위해 수백 명의 백인 시위대가 몰려왔고, 이는 폭력 사태로 번졌다. 이 과정에서 흑인 기자 네 명이 구타를 당했다. 시위대는 넘어진 사람 한 명을 발로 찼고 린치를 하겠다고 협박했다. 이 소동을 멈추기 위해 어떤 당국도 개입하지 않았다. 〈워싱턴 포스트〉 발행인은 "이곳에서 우리는 테러와 비슷한 것을 목격하고 있다"며 법무부의 입장 발표를 촉구했다. 그는 "경찰은 옆으로 빠져 있고 폭도가 길거리에 활개치고 있다"고 상황을 전했다. 전 세계가 리틀 록의 소식을 계속 듣고 있는 상황인데 대통령은 대체 무엇을 기다리고 있는 것인가?

드디어 그날 밤 아이젠하워 대통령은, 세 집 중 두 집은 텔레비전을 보고 있는 상황에서, 육군 제101공수사단을 아칸소 주에 보내 법을 집행하겠다고 발표했다. 이에 더해, 그는 주 방위군을 연방에 편입하고 센트럴 고등학교에 다시 파견했다. 이번에는 흑인 학생들을 보호하기 위해서였다.[36]

이렇게 되자, 이제 "웅덩이에 발목까지 피가 차오를 것"이라며 씩씩대는 사람은 킬패트릭 같은 남부의 호전적인 전사만이 아니었다.[37] 〈내셔널 리뷰〉 편집자인 윌리엄 F. 버클리 주니어William F. Buckley Jr.도 포버스 주지사의 행동을 옹호했다. 그는 포버스가 주지사의 권한으로 연방 법원의 "압제"에 맞서 '주의 권리'를 행사했을 뿐이라고 주장했다. 그는 "한때는 조용한 도시였던 곳을 (…) 중무장한 군대가 활개치고 다니는 부끄러운 장관이 연출"되었다며 대통령을 비난했고, 아홉 명의 대법관이 "폭력과 무력의 위협으로만 해결이 가능한 상황"을 초래했다고 비난했다. 또한 버클리는 NAACP가 흑인 학생들이 받아온 불리한 처우를 과장해서 말하고 있다고 주장했다. "막강한 노조가 피켓 라인에서 하는 행위들에 비하면", 침을 뱉고, "밀치고", 약간의 "추접한 욕설"을 하는 것이 무슨 대수란 말인가?[38] 버클리는 리틀 록에 총을 든 군인들이 오게 된 것은 "복지국가 엄마"의 "치마폭" 아래 늘 숨겨져 있던 것이 드러난 것이라며, 민권·노조·사회보험 등은 결국 "무조건적인 항복을 요구하는 (…) 점령군"으로 귀결되기 마련이라고 경고했다.[39]

그해 9월에 스위스에서 열린 몽 펠레린 소사이어티 모임에 갔다가 버지니아로 돌아온 제임스 뷰캐넌은 사석에서 아이젠하워가 리틀 록에 "군대를 파견한" 결정이 끔찍한 실수라고 말했다. 인종분리냐 통합이냐를 둘러싼 "전체적인 혼란"은 "점진적으로, 그리고 지역의 정서에 맞게" 해결되었어야 했다는 것이었다.[40] 하지만 그는 리틀 록 학교위원회 등 흑인들을 백인 학교에 받아들이려 했던 세 개의 학교위원회가 하려 했던 일이 바로 그 점진적이고 지역 정서에 맞게 이 문제를 해결하려는 것이었으며, 그러한 해결 과정을 뒤엎은 것은 주 당국의 권력자들이었다는 사실은 인정하지 않았다.

어쨌든 뷰캐넌은 당면한 과제에 집중했다. 그가 이끄는 센터를 그가 약속한 변화를 일구는 동력이 되게 하는 일 말이다. 뷰캐넌은 지치지도 않고 모든 노력을 기울여 이 센터를 이상주의적인 우파 젊은이들을 끌어들이는 자석이 되게 만들었다. 이곳의 학생 참여자들(사석에서 뷰캐넌은 이들을 "우리 소년들"이라고 불렀다)은, 그중 한 명의 말을 빌리면, "가장 좋은 의미에서 '사도'가 되었다". 그들은 자신이 세상을 바꾸는 프로젝트의 일부가 되었다고 느꼈다. 또 다른 학생은 "뷰캐넌이 내 삶을 바꾸었다"고 말했다. 그는 "뷰캐넌은 우리에게 그가 가는 지적인 탐험과 정복의 여정에, 우리를 절대로 버려두고 가지 않을 탐험과 정복의 여정에 동참하라고 말했다"고 회상했다. 그 정복에는 시간이 걸릴 것이었다. 하지만 이 임무는 처음부터 목표가 뚜렷했다.

1930년대 케임브리지 대학의 분위기가 케인스주의적 세계를 만든다는 사명감으로 충만해 있었듯이, 1950년대 말의 샬로츠빌은 시민들의 집합적인 요구에 떠밀려 정부가 과도하게 개입하는 것에 맞서기 위해 이제 막 시작된 '반혁명'의 기지가 되었다. 당시 버지니아 대학 경제학과는 전국순위 15위에 드는 대학원 프로그램을 가진 몇 안 되는 버지니아 대학 소속 학과 중 하나였다. 뷰캐넌의 지휘하에 새로운 학파를 만들면서 경제학과의 대학원 과정은 급격히 부상했다. 이 학파는 "버지니아 정치경제학파"라고 불리게 된다.[41] 버지니아학파는 자신의 기원이 버지니아임을 결코 잊지 않을 터였다.

훗날 뷰캐넌은, 블루리지 산맥 기슭에 터를 잡음으로써 "비주류적 입장에 확신을 가질 수 있기에 충분할 정도로 주류의 압력에서 떨어져 있을 수 있었다"고 회상했다(이 센터는 제퍼슨이 디자인한 정원 옆의 매우 좋은 건물에 있었다. 뷰캐넌은 그 정원을 일컬어 세상에서 가장 아름다운 담이 둘러쳐진 공간이라고 말했다).[42] 날마다 협업을 이어가면서, 이 센터는 공동의 목적을 향해 발휘되는 창조성의 산실이 되었다. 교수와 학생들은 서로를 공식적인 직함이 아닌 "미스터"라고 불렀고(당시에 미스터 제퍼슨의 대학에서는 다들 그랬다) "개인의 자유"와 학문적인 혁신에 대한 "도덕적인 사명감"을 공유했다.[43]

열정적이고 밀도 있는 시간이었다. 윌리엄 브레이트$^{William Breit}$는 "우리는 정치경제를 재발견하는 과정에 있는 협업자들이었다"고 회상했다. 공통의 프로젝트에 대한 깊은 사명감이 다른 데서는 보기 드문 상호 간의 헌신을 만들었다. 거의 모두가 날마다 사무실에 나왔고 정확히 12시 30분에 모두 구내식당으로 가서 점심을 먹었다. 서로의 연구에 대해 의견과 비판을 나누고 저널의 논문을 분석하면서 밥을 먹는 점심식사 자리는 누가 보면 세미나처럼 보였을 것이다. 제임스 뷰캐넌이 기준이었다. 그의 문은 "언제나 열려 있었고", 누군가가 그에게 논문을 읽어달라고 하면 매우 빠르게 읽고 도움 되는 조언을 해주어서, 그가 언제쯤 피드백을 줄 것인가를 두고 내기를 했다면 무조건 더 빠른 쪽에 거는 편이 이겼을 것이다. 뷰캐넌에게 고마운 마음을 가지고 있던 당시의 한 학생은, 프리드먼과 달리 뷰캐넌은 역량이 떨어지는 학생도 "경멸하거나 멸시하지 않고" 잘 챙겨주었다고 회상했다. 상호 헌신에 기반한 '운동의 문화'가 만들어지고 있었다.[44]

여성은 1970년까지 버지니아 대학에 입학할 수 없었지만(연방 법원에 소송을 하고 나서야 가능해졌다), 이 운동은 한 명의 여성에게 크게 의존하고 있었다. 뷰캐넌의 비서이자 평생에 걸쳐 충성스러운 동지가 되는 베티 홀 틸먼$^{Betty Hall Tillman}$이다. 거의 50년을 뷰캐넌 곁에 머물면서 "여자 프라이데이"이자 버지니아학파의 "퍼스트 레이디"가 된 틸먼은 이 센터의 영혼이었고 유일한 여성 직원이었다. 틸먼은 12년을 가정주부로 살다가 얼마 전에 막 이혼을 해서, 이곳에서 전일제 일자리를 얻은 것에 몹시 다행스러워하고 있었다(월급이 고작 200달러여서 세 아이를 키우려면 어머니와 언니가 사는 집에 들어가 아이 돌보는 것을 부탁해야 하긴 했다). 틸먼이 센터 사람들을

"달링"이라든지 "스윗 하트"라고 부르면서 늘 친절하게 일을 처리해주어서 사람들은 한층 더 친밀해졌다. 이곳 경제학자들이 틸먼에게 의지할 수 없는 일은 하나도 없는 것 같았다. 휴가나 안식년을 갔다 오면 가구를 이 아파트에서 저 아파트로 옮기고, 부엌 짐과 책을 풀고, 전화선을 연결하고, 마루를 청소하고, 낡은 "샤워 커튼을 잘 씻는" 일까지 틸먼의 도움을 받을 수 있었다.[45]

점차 이 센터의 교수와 학생들은 자신이 선의의 싸움에 나선 영웅적인 인물이라고 생각하기 시작했다. 이런 식으로 미화된 자기인식을 형성하고 유지할 수 있었던 것은 누구의 자유가 지켜져야 하는지, 그리고 누구의 희생이 따라야 하는지에 대한 어려운 질문을 제기할 만한 사람이 캠퍼스 내에 거의 없었기 때문이었다. 노동자 계급 출신은 버지니아 대학에 거의 들어오지 못했다. 어려운 형편에서 어떻게든 학비를 모아 들어온다 해도(버지니아 대학은 미국에서 인구 대비로나 경제 규모 대비로나 자금 지원이 가장 부족한 공립대학이었기 때문에 장학금은 거의 기대할 수 없었다), 폐쇄적인 컨트리 클럽 같은 문화는 그들에게 냉랭한 분위기를 만들었다. 1953년까지 20년 동안 이 대학의 학장을 지낸 사람은 1920년대에 버지니아 주의 "인종 순수성법"에 "과학적 근거"를 제공한 생물학자[우생학자] 아이비 루이스Ivey Lewis였다. 학장으로 재직하던 동안 그는 교수 채용과 교과목 선정에 막강한 영향력을 행사했고, "남부의 전통을 비판적으로 파고들 것 같은 사람, 사회 문제들에 대해 환경적 개입을 지지하는 사람, 기타 그가 이 대학에서 구축해낸 우생학자들의 공동체와 조화되지 않는 사람"은 예외 없이 떨어뜨렸다. 그의 관점을 보여주는 한 가지 사례만 들자면, 어느 학생이 "모든 인간이 형제라는 (…) 얼간이 같은 생각"을 갖고 있었는데 그

가 그 생각을 고쳐주었다고 한다.[46]

오래도록 흑인들은 이런 취급을 묵묵히 참아왔지만, 드디어 1950년 가을에 첫 흑인 학생이 입학 허가를 받았다. NAACP가 대리한 '스웨트 대 페인터Sweatt v. Painter' 사건에서 대법원이 대학원과 전문대학원 프로그램은 입학 기준을 충족하는 사람이면 누구에게나 입학을 허용해야 한다고 판결을 내려서 가능해진 일이었다. 이렇게 해서 그레고리 스완슨Gregory Swanson이 법학대학원에 들어왔다. 버지니아 대학 125년 역사에서 단순 노동을 하는 일꾼을 제외하고 공식적으로 대학 안에 들어오는 것이 허용된 첫 흑인이었다. 스완슨은 강의실 안에서는 적대적인 행동을 별로 경험하지 않았지만 강의실 밖에서는 무수하게 험한 일들을 당해야 했다. 불붙은 담배 꽁초를 그에게 던지는 사람도 있었다. 스완슨이 캠퍼스 댄스 파티에 참석하려 하자 대학 당국은 〔댄스 파티를 주최한〕 프러터너티는 "사적인 조직"이므로 〔입장할 수 있는 사람을〕 차별할 권리가 있다고 그에게 알렸다. 이런 식의 '배제할 권리'에 대해 학교 신문과 샬로츠빌의 신문 〈데일리 프로그레스〉 모두 견고한 지지를 밝혔다. 학교 당국으로서는 몹시 다행스럽게도, 결국 스완슨은 그해 말에 학교를 그만두었다.[47]

뷰캐넌과 너터는 단지 대학 내의 거물이기만 한 것이 아니었다. 그들은 자유 기업을 위해 싸우는 운동에서 가장 전도유망한 인물들이었다. 그들이 하이에크를 "새 제퍼슨 센터"에 초대하자 하이에크는 기꺼이 수락했을 뿐 아니라, 여기에서 매우 깊이 인상을 받아서 곧바로 뷰캐넌과 너터를 몽 펠레린 소사이어티 회원이 되도록 초대했고, 매년 유럽에서 열리는 모임에 참석할 수 있도록 출장비를 보조해주는 지원금을 연결해주었다. 하이에크 외에도 일련의 방문객들이 찾아와 혁신의 흥분을 더해주었다. 이 운동과 관련된 저명인사들이 이곳을 자주 방문해 (우파 후원자들의 너그러운 후원 덕분에) 대체로 장기간 머물렀고, 그렇게 해서 이 위대한 운동에 참여하는 사람들의 유대가 더 긴밀해졌다.[48] 뷰캐넌이 경제학과와 제퍼슨 센터의 기틀을 잡는 데 집중하는 동안, 너터는 윌리엄 바루디 시니어 William Baroody Sr.를 도와 '미국기업연구소'를 변방의 불평꾼에서 비중 있는 공공정책 연구소로 탈바꿈시켰다.[49]

유명인사들이 샬로츠빌을 방문하면서, 버지니아 주의 권력자들이 가장 좋아한 프로젝트 중 하나의 이미지를 좋게 만드는 데도 도움이 되었다. 그 프로젝트는 노조를 약화시키기 위해 이른바 '일할 권리' 법안들을 사용하는 것이었다. 일터에 민주주의를 불러오고자 노력하면서 '대대적인 저항'과 투표세에 맞서 싸우던 미국노동총연맹AFL-CIO은 버드 오가니제이션 쪽에서 보기에 눈엣가시였다. 선진 자본주의 국가 중에서 유독 완고하게 노조에 반대해온 미국에서조차 뉴딜 시기에 노동자의 권리를 보장하기 위한 와그너법이 통과되면서, 그때까지 '일할 권리'라는 명분은 수세적인 위치에 있었다. 1950년대 초 무렵에는 군림하고자 하는 기업인과 딕시크랫(인종차별주의와 각 주의 권리를 지지하는 사람들. 1948년 대선 당시 창당된 '딕시크랫당'의 당원들을 일컫는 말이었으나 딕시크랫당이 해체된 이후에도 극히 보수적인 인종주의적 견해를 가진 남부인들을 지칭하는 말로 쓰였다 – 옮긴이) 정치인만 빼고 모두가 노동자들이 기업에 맞서 목소리를 낼 수 있어야 한다는 데 동의하는 것 같았다.[50]

그런데 이제 제퍼슨 센터를 통해 저명한 유럽 경제학자들이 샬로츠빌을 방문해서 남부의 주 정부들이 노동운동에 대해 취하는 반응이 옳다고 말해주고 있었다. 이미 해리 버드가 가장 좋아하는 학자였던 하이에크는 1958년 봄에 '노조권력은 공익을 어떻게 위협하는가'라는 주제의 컨퍼런스에 참석해 강연을 했다. 하이에크는 노조 일반에 대해, 그리고 특히 진보적인 '자동차 노조 연합UWA' 위원장 월터 루서Walter Reuther에 대해 맹비난을 했다. 그는 루서가 "지속되게 놔두어서는 안 될 강압"의 대리인이라고 말했다. 하이에크의 방문 이후, 역시 몽 펠레린 소사이어티의 외국인 경제학자인 W. H. 허트(영국인이다)가 장기 방문학자로 샬로츠빌을 방문했다. 경제적 자유를 지지하는 '렐름 재단Realm Foundation'이 비용을 거의 모두 대주었는데, 허트의 1954년 저서 《단체협상이론Theory of Collective Bargaining》이 이 운동의 할아버지 격인 루트비히 폰 미제스로의 찬사를 받은 걸 생각하면 충분히 이해가 된다.[51]

뷰캐넌은 수업 시간에 학생들에게도 반노조 입장을 설파했다. 그는 와그너법이 임금 구조를 왜곡하는 "노조의 독점"을 가져왔다고 비판했고, 버지니아 주의 노동시장과 관련된 사례를 들면서 미국 탄광 노조가 탄광 지역의 실업을 높였고 그 때문에 애팔래치아의 빈곤이 악화됐다고 주장했다. 뷰캐넌의 강의 노트를 보면, 그는 해법에 대해서도 단호했다. "여기에 정부가 개입해야 하는가? 그렇지 않다."[52]

뷰캐넌은 자신의 '학문적 기업가 정신'을 자랑스러워했다. 제너럴 일렉트릭과 몇몇 석유 기업 등 기업계와 우파의 부유한 개인들에게서 후원금이 풍부하게 들어왔고, 뉴딜에 반대하는 재단들도 전도유망한 대학원생들을 끌어오기 위해 자금을 제공했다.[53] 오래지 않아 이 센터의 설립자들은 이 시기에 가장 중요했던 사안 하나에 대해 이곳의 프로그램이 갖는 가치를 버드 오가니제이션에 보여줄 기회를 갖게 되었다. 그 사안은 공립학교의 미래였다.

4장   결과가 어떻든 소신대로

1959년 초까지 제임스 뷰캐넌과 워런 너터는 학교 위기에 대해 그들이 생각한 해법을 두드러지게 내세우지 않았다. 그러다가 드디어 그 해법을 들고 나왔을 때, 이들은 마치 지난 몇 년간 모든 창에 커튼을 내리고, 신문도 하나도 보지 않고, 해리 버드의 통치를 비집고 버지니아에 새로이 생겨난 목소리에도 완전히 귀를 틀어막고 있던 것처럼 보였다. 뷰캐넌과 동료들은 버지니아 주의 싸움이 연방 정부와 외부인들의 강압에 맞서 '자유'를 지키기 위한 것이라고 내내 주장해왔고, 명시적인 인종차별주의 및 흑인의 자유와 헌법적 권리에 대한 만성적인 침해는 존재하지 않는 양 눈을 감았다(바로 이것 때문에 연방 정부가 개입하는 것인데도 말이다). 그런데 1958년과 1959년 초에 버지니아에서 새로이 터져 나오기 시작한 목소리는 이들이 가지고 있던 협소하고 배타적인 문제인식과 충돌했다. 그 목소리가 버지니아 주의 백인 중산층, 특히 주 당국의 행동에 경악해 저항하기로 한 백인 학부모들에게서 나왔기 때문이다. 성향으로 보면 이들 대부분은 양당의 온건파였고, 지역적으로는 농촌보다는 도시 및 교외 지역에 거주하는 사람들이었다. 이들이 약 6개월에 걸쳐 맹렬하게 목소리를 낸 덕분에, 뷰캐넌과 너터는 자신들이 말하는 '자유'가 당시에 가장 긴요

했던 문제[학교 문제]에 대해 실제로 의미하는 바가 무엇인지를 공개적으로 밝혀야만 하게 되었다.[1]

1958년 여름에 매우 성격이 다른 세 동네(미 해군 기지가 있는 항구도시 뉴포크, 버지니아 대학이 있는 샬로츠빌, 섀넌도어 밸리의 직물 공장 마을인 프론트 로열)가 9월 학기부터 소수의 흑인 학생이 몇몇 백인 학교에 들어오도록 허용하겠다고 발표했다. 백인 주민들과 학교위원회가 갑자기 '법 앞에서의 평등한 권리'를 지지하게 되어서는 아니었다. 물론 그런 사람도 없지는 않았을 테지만, 대부분은 짐 크로 문화에서 나고 자란 터라 '인종평등'을 진심으로 받아들이지는 못하고 있었다.[2] 그렇긴 해도, 이들은 자신이 애국자이며 법을 준수하는 시민이라고 생각했기 때문에 법원의 결정을 거부하는 것이 내키지 않았다. 그 결정이 인종에 대한 것이라고 해도 말이다. 연방 법원은 학교의 인종분리를 지체 없이 철폐하라고 했고, 특히 NAACP의 소송에서 초점이 되었던 학교들은 더욱 그랬다. 그래서 세 동네의 교육위원회와 주민들은 법원의 명령에 따를 생각이었다. 그런데 이들 동네가 그렇게 결정하자, 버지니아 주 당국은 1956년에 주 의회에서 통과되었던 '대대적인 저항' 법을 들고 나와 이를 막으려 했다. '대대적인 저항' 조치에 따르면, 백인 학교가 흑인을 받아들이기로 할 경우 주지사가 직권으로 그 학교를 폐쇄할 수 있었다. 그러면 총 1만 3,000명의 백인 학생들(초등학교 1학년부터 고등학교 졸업반까지 모두 합해서)이 공립학교에서 교육을 받지 못하게 되는 결과가 초래될 수도 있었다(백인 학생이 흑인 학교에 가겠다고 소송을 거는 경우는 없었으므로 흑인 학교는 폐쇄될 우려가 없었다).[3]

1958년 7월, J. 린지 아몬드 주니어J. Lindsay Almond Jr. 주지사가 9월부터

이 학교들을 폐쇄하겠다고 발표한 지 1주일 뒤에 버지니아 주 시골의 의사로 정치에는 별로 관심이 없던 루이스 웬젤Louise Wensel이 연방 상원의원 선거에서 현역 해리 버드 의원에게 도전장을 냈다. 웬젤은 선거에 나선 이유를 미사여구 없이 직설적으로 말했다. "상원의원 버드의 '대대적인 저항' 프로그램이 우리 학교들을 폐쇄하려 하므로 다른 누구보다 우리 버지니아 아이들이 큰 피해를 입을 것이기 때문"이라는 것이었다.[4] 이 두려움이 다섯 아이의 엄마이기도 한 웬젤이 출마를 결심하게 된 계기였다.

하지만 웬젤은 거기에서 멈추지 않았다. 쟁점은 백인 학교에 흑인 학생들을 받아들일지 말지를 각 지역 공동체가 알아서 결정할 수 있게 해야 한다는 것만이 아니었다. 웬젤은 백인이건 흑인이건 버지니아의 미래 세대는 더 나은 교육을 더 많이 받아야 하며, 이는 가타부타 할 일이 아니라고 주장했다. 그리고 교육 문제는 웬젤이 촉구하고자 하는 변화의 시작일 뿐이었다. 웬젤은 농업 노동력에 대한 수요가 줄고 있으므로 주 당국이 지금처럼 엄격하게 지출을 죄기보다 공공사업에 돈을 써서 실업에 대처해야 한다고 주장했다. 또한 웬젤은 주 당국이 주민들의 건강과 보건에도 더 신경 써야 한다고 촉구했다. 의사인 웬젤은 신문 기자들에게 자신이 사는 시골 카운티의 많은 노인 환자들이 "난방도 안 되고 겨울에도 문과 창문이 잘 닫히지 않는 판잣집에 살고 있다"며, 남부에서 가장 부유한 주 중 하나인 버지니아가 "미시시피 정도를 빼면 전국에서 가장 낮은 수준의 노인복지수당을 지급하고 있다는 것이 말이 되는가?"라고 반문했다. "나는 사람의 생명을 구하고 고통을 덜어주는 것보다 돈을 절약하는 것이 더 중요하다고 생각하지 않습니다."[5] 프랭클린 델라노 루스벨트도 이 문제를 이보다 더 와닿게 표현하진 못했을 것이다.

웬젤은 대부분의 시민들이 투표를 하지 못하게끔 선거제도를 조작한 데 대해서도 거침없이 해리 버드를 비난했다. "나는 버지니아든 러시아든 모든 곳의 사람들이 자신을 억압하는 정치 머신에 반대하는 후보에게 투표할 기회가 주어져야 한다고 생각합니다." 버드 오가니제이션은 누구의 자유를 보호하고 있는가? 웬젤은 버드가 연방 상원의원 중에서 "중앙집중적인 정부에 대해 가장 맹렬히 반대하는 사람"이면서도 정작 자신의 주에서 "버드의 정치 머신은 카운티와 도시 당국의 자치권을 점점 더 많이 박탈하고 있다"고 지적했다. 심지어 이제는 학교위원회가 무엇을 할 수 있고 무엇을 할 수 없는지마저 명령하려 들고 있었다. 웬젤은 버지니아 주의 모토를 자신의 선거운동 모토로 삼았다. "폭군에게는 언제나 이와 같이 하라sic semper tyrannis." 그리고 바로 지금이 버지니아 주민들이 "폭군에 맞서 저항해야" 할 때였다.[6]

웬젤은 버지니아 주 노동계의 지지를 받았다. 웬젤이 일간지에 학교 폐쇄 위협을 비난하는 편지를 보낸 것을 보고 선거에 나가보라고 권한 사람이 AFL-CIO의 버지니아 주 위원장 해럴드 M. 보이드Harold M. Boyd였다. 노조는 수만 장의 팸플릿을 돌리며 버지니아 주의 "온건한" 다수 시민이 "조직적으로" 일어나 "목소리를 높임으로써" "학교 없는 미래"를 막아야 한다고 촉구했다.[7] 주류 개신교 종파의 지도자들과 황금률(내가 당하기 싫은 일은 남에게 하지 말라)을 믿는 평신도들도 웬젤을 위해 나섰다. 이들은 버지니아 주에서 평화로운 방식으로 학교의 인종통합을 달성하기 위해 조직적인 운동에 나선 첫 번째 백인들이었다.[8] 하지만 뭐니뭐니 해도 버드의 정치 머신에 가장 위협적이었던 것은 학교 폐쇄에 반대하는 백인 학부모들이었다. 9월에 폐쇄일을 하루 앞두고 온건 성향의 백인 버지니아 저널리스트 벤저민 뮤즈Benjamin Muse는 이렇게 한탄했다. "현대 세계에서 교육 과정을 정지시키기 위해 공립학교를 닫고 아이들과 교사들을 돌려보내는 것은 말도 안 되게 미개하고 비문명적인 일이다."[9]

폐쇄 조치로 영향을 받게 된 수많은 아이들과 학부모들도 그렇게 생각했다. 이들은 모여서 대책을 강구했다. 버지니아 대학이 있는 샬로츠빌에서는 학생들이 대거 사립학교로 옮겨가는 사태를 막기 위해 10개 초등학교의 학부모회가 '긴급 교육을 위한 학부모위원회'Parents' Committee for Emergency Schooling'를 꾸려 교회 지하, 가정집 방, 클럽하우스 등에서 임시로 수업을 열었다. 한 참가자는 일부 문제에 대해서는 학부모들의 의견이 달랐지만 "공립학교제도를 없앤다는 개념을 막아야 한다는 데는 모두의 생각이 일치했다"고 말했다. 버지니아 대학의 학생 신문은 그곳의 "긴장된 분위기"가 "보통은 조용하던 앨버말 카운티"가 달라졌음을 보여주는 신호라고 전했다.[10]

샬로츠빌에서 약 120킬로미터 떨어진 프런트 로얄에서는 청소년 몇 명이 한 기자에게 학교 폐쇄로 "우리는 교육을 잃었다"며 불만을 토로했다. 그 기자는 이렇게 보도했다. "이 학생들은 학교에 가고 싶어 한다. (…) 이들은 니그로 학생 몇 명이 교실에 들어와도 되느냐 아니냐를 가지고 자신의 미래가 위험에 처하는 것을 원하지 않는다." 9월 27일에 거의 1만 명의 백인 고등학생들이 학교 문이 닫힌 상황에 처한 노포크는 학부모·학생·교사들의 조직적인 운동이 가장 열렬히 벌어지는 곳이 되었다. 그곳에서 열린 집회에 참석한 한 고등학생은 "2-4-6-8, 우리는 언제 졸업을 하는가"(스포츠 경기에서 응원할 때, 혹은 파이팅을 외칠 때 쓰이는 '2, 4, 6, 8 Who Do We Appreciate'의 패러디-옮긴이)라고 쓰인 팻말을 들었다.[11] 이 당시를 다룬 한 저술에 따르면 "버지니아 주에서 가장 코스모폴리탄적이고 인종적으로 온건한 이 도시"에서(대규모 미 해군 기지가 있다는 점이 그런 분위기를 갖게 하는 데 일조했을 것이다), 공립학교 교육자들이 학교 민영화에 협조하기를 거부했다. 대신 이들은 4,000명의 학생에게 별도로 수업을 열었는데, 폐쇄된 학교 학생들 중 절반 정도이지만 분리된 〔백인〕 학교에 등록한 학생의 16배가 넘는 것이었다.[12]

폐쇄된 학교를 다시 열고 공공교육을 '대대적인 저항'에서 구해내고자 하는 풀뿌리 운동은 가을 내내 이어졌고, 웬젤은 이것이 뉴스로 보도되게 하는 데 크게 기여했다. 의사로서의 바쁜 일과에서 시간을 쪼개 큰아들 버트가 운전하는 낡은 초록색 스테이션 웨건을 타고 유세를 다니면서, 웬젤은 한 지역신문이 언급한 대로 진정 "다윗과 골리앗의 싸움"이라 할 만한 싸움에 나섰다. 이 신문은 "현직 의원에게 도전자가 나타나지 않았더라면 존재하지 못했을" 중요한 논쟁을 불러일으켜준 것에 대해 모든 버지니아 사람이 웬젤에게 고마워해야 한다고 언급했다.[13]

선거에서는 버드가 이겼고 그것도 쉽게 이겼다.[14] 하지만 웬젤은 어떤 정당의 지원도 없이 "버드의 다섯 번에 걸친 연방 상원의원 선거에서 이제껏 어느 도전자가 얻었던 것보다 많은" 표를 얻었다. 또한 대부분의 흑인과 상당한 백인의 투표권이 제한된 상황에서도 12만 명 이상의 투표자가(투표에 참여한 사람의 3분의 1 정도다) 공립학교를 보존하는 것을 포함하는 '공공선'의 비전을 선택했다. 또 한 가지 중요한 점으로, 이들은 부유한 자산가 계급이 미미한 정도보다 많은 세금을 내서 주 당국이 더 나은 학교, 더 나은 건강, 더 나은 도로, 그리고 더 나은 삶을 위한 더 많은 기회를 시민들에게 제공하는 사회를 미래의 버지니아 주에 대한 비전으로

선택했다.[15]

웬젤에 의해 고무된 사람들은 선거에 진 이후에도 조용히 수그러들지 않았다(투표권이 상당히 제약된 상황이었으므로 선거에 진 것 자체는 충분히 예상된 바였다). 그들은 아직 해결되지 않은 학교 위기와 관련해 계속해서 활동을 전개했다. 12월에 버지니아 주의 교사 노조와 학부모회 등의 지지를 받아 15개의 '학교를 열자' 위원회가 모여 주 전체를 아우르는 '버지니아 공립학교위원회Virginia Committee for Public Schools, VCPS'를 결성했다. 2만 5,000명가량의 버지니아 주민이 여기에 참여했다. '대대적인 저항'을 지지하는 단체인 '주의 권리와 개인의 자유를 수호하는 사람들Defenders of State Sovereignty and Individual Liberties'이 〔그들이 주장하기로〕 가장 많은 회원을 가지고 있었을 때보다 두 배나 많은 것이었다.[16]

그리고 시민들의 운동은 그때까지 별달리 입장을 표명하지 않고 있던 버지니아 주 기업인들이 움직이도록 압박하는 결과도 낳았다. 버지니아 주 중에서 경제발전에 가장 전망이 있는 지역들에서 여론의 분위기를 따라잡고자 하면서, 몇몇 기업인들이 주지사 및 주 의회와 '대대적인 저항'의 위험성을 논의할 뒤채널을 열었다.[17] 리치몬드에 기반을 둔 '버지니아 산업화 그룹Virginia Industrialization Group, VIG'(버지니아 주의 가장 큰 은행, 유통업체, 신산업 기업 등이 속해 있었다)은 주지사에게 공립학교 폐쇄는 산업계가 좋은 노동력을 구하는 데 "장애"가 될 것이며 노포크처럼 많은 일자리가 연방 정부에 달려 있는 곳에서는 머리 위에 칼을 매달아두는 것만큼 위험한 일이라고 말했다. 또한 그들은 주 당국이 농촌에 새로운 사립학교를 세워서 흑인이 다수인 남쪽 지역에서 소수인 백인에게 선택지를 제공하는 것과 주내 "공립학교 시스템 전체를 무력화하거나 버리는 것"은 전혀

다른 이야기이고, 후자는 "재앙"이 될 것이라고 주장했다.[18]

1959년 1월에 법원이 불확실성에 종지부를 찍었다. 두 개의 판결(하나는 연방 법원, 다른 하나는 주 법원에서 나온 판결이다)이, 학교 폐쇄를 규정한 주 법이 위헌이라고 밝힌 것이다. 주 내의 어느 곳에서라도 공립학교가 운영되는 한, 같은 주의 다른 지역에서 공립학교를 폐쇄하는 것은 헌법이 규정한 평등권 보호에 위배된다는 논리였다. 주지사는 법원의 결정에 따라야 한다는 것을 결국 인정하고서, 학교 폐쇄법을 폐지하기 위해 주 의회에 긴급회기를 소집하고 앞으로의 계획을 마련할 위원회를 구성했다.[19]

주 의회가 새로운 계획을 마련하는 일에 착수했을 때, 뷰캐넌과 너터는 그들의 계획을 마지막으로 다듬고 있었다. 노포크가 학교를 다시 연 지 8일 뒤인 2월 10일, 뷰캐넌과 너터는 새로 구성된 위원회의 모든 위원에게 "사적으로" 보고서를 발송했다. 이 두 명의 경제학자는 경제학에서 쓰는 인종 중립적이고 가치 중립적인 언어로, "가치의 문제가 아니라 사실관계의 문제"인 이 사안에 대해 엄정하게 경제학적인 주장으로서 입장을 제시했다고 밝혔다. 하지만 사실 이들의 주장은, 주 당국이 학교 상황을 우려하는 백인 학부모들을 무시하고 흑인들의 동등한 교육을 계속해서 막아야 한다고 촉구하는 것과 다르지 않았다. 그들도 자신이 실제로 주장하는 바가 무엇인지 잘 알고 있었기 때문에, 다음과 같은 말을 끼워 넣었다. 이 보고서를 위원들에게 발송하는 것은 "결과가 어떻든 소신대로 의견을 개진해보는 것"이라고 말이다.[20]

이제 버지니아 사람 대부분은 (속도와 범위를 최대한 줄이기 위한 방법들이 동원되기는 하겠지만) 학교통합이 대부분의 지역에 확산되리라는 것을 기정

사실로 여기고 있었다. 그런데 뷰캐넌과 너터는 그와 정반대되는 주장을 들고 나왔다. 교육을 제한 없이 민영화해야 한다는 것이었다. 뷰캐넌과 너터는, '개인의 자유'를 믿는 사람으로서 자신들이 "비자발적인(즉, 강압적인) 분리"도, "비자발적인 통합"도 모두 반대한다고 밝혔다.[21] 그들이 제시한 제3의 해법은 세금으로 지원되는 사립학교였다.

뷰캐넌과 너터는 소송에서도 살아남으면서 '대대적인 저항' 조치 중 남아 있는 것들도 계속 유지할 수 있는 계획이 있다며, 그것은 바로 교육을 민영화하는 것이라고 밝혔다. 또한 뷰캐넌과 너터는 학교 민영화는 엄격하게 경제학적인 논리를 기초로 이뤄져야 한다고 설명했다. 우선, 공립학교(그들은 "당국이 운영하는state-run 학교"라고 불렀다)는 교육 시장에서 사실상 "독점"을 형성할 수밖에 없었다. 어느 학부모도 혼자 힘만으로는 대안적인 학교 시스템을 만들 수 없을 것이기 때문에 적절한 경쟁시장이 형성되지 않는다는 것이었다. 그 결과, 모든 독점이 그렇듯이 "당국이 운영하는 학교"들은 학교 운영을 향상시킬 인센티브가 없었다.

이와 달리, "사적으로 운영되는 학교"들은 학생을 끌기 위해 경쟁해야 하므로, 교사들에게 실험적인 교수법을 독려할 뿐 아니라 교육 수요자의 다양한 취향도 충족시키려 하는 등 교과의 "다양성"을 시도하려는 인센티브를 갖게 될 터였다. 본질적으로, "모든 학부모가 [교육] 시장에서 표를 던지고 각각의 표가 중요하게 고려될 수 있는" 시스템이 되어야 한다는 것이었다. 뷰캐넌과 너터는, 이 시스템을 촉진하기 위해 버지니아 주 당국이 어떤 이유에서든 자녀를 사립학교에 보내고 싶어 하는 모든 학부모에게 세금으로 지원되는 바우처를 제공해야 한다고 제안했다. 사립학교는 자율성을 누릴 수 있으므로 어떤 학생을 받고 어떤 학생을 안 받을지

를 정부의 간섭 없이 자율적으로 결정할 수 있을 터였다.[22]

뷰캐넌과 너터가 제안한 해법 자체보다 더 주목할 만한 점은 인종분리를 유지하기 위해 사립학교를 지원하는 비용을 주 재정이 감당할 수 없으리라고 보는 주장에 대해 그들이 제시한 반박 논거다.[23] 시카고 대학 박사 출신인 이 두 명의 경제학자는 주 재정이 사립학교 보조금 비용을 충분히 감당할 수 있다며, 감당할 수 없으리라고 말하는 사람들은 학교 시설과 기자재의 달러 가치를 고려하지 않는 회계상의 실수를 저질렀기 때문이라고 설명했다. 그들은 당국이 "모든 학교 건물과 기자재를 민간에 매각한다면" 두 시스템의 운영 비용이 동등하게 조정될 것이고, 그러면 사립학교가 내재적인 우월성을 입증하게 될 것이라고 주장했다. 또한 그들은 "전통적인 공립학교 시스템을 유지하지 않으면 기업이 버지니아 주를 떠날 것이라는 우려"에도 근거가 없다고 위원들을 안심시켰다(위원들은 법적으로 문제가 되지 않을 제안을 내놓아야 했다). 좋은 교육이 제공되기만 한다면 기업은 누가 학교를 운영하는지에는 관심이 없을 것이기 때문이었다. 경제에서 중요한 것은 주 정부가 "싸고 효율적으로" 학교 시스템을 지원하는 것이지 그 학교 시스템이 **어떤 시스템인지는** 중요한 문제가 아니었다.[24]

이견의 여지 없이 급진적인 제안이었다. 자신이 선택한 전제들에 너무나 헌신한 나머지 그에 반대되는 증거들을 모두 일축해버린, 이데올로기 경도자들만이 할 수 있는 제안이었다. 심지어 이것은 [경제학과 이외의] 학계 동료들의 목소리까지 없는 셈 친 제안이었다. 뷰캐넌과 너터가 주 의원들을 찾아가기 열흘쯤 전에 150명이 넘는 버지니아의 온건 성향 교수들이 "법과 질서를 존중하라"고 촉구하는 청원을 냈다. 여기에서 "법과 질서 존중"은 연방 법원의 명령에 따르라는 의미였다. 청원에 참여한 학자들은 "효율적인 공공교육 시스템을 유지하는 것"이 "시민의 자치에 기반한 우리 민주주의 시스템"의 토대라고 주장했다. 버지니아 주가 흑인 시민들이 대의제 정치에서 대표될 수 있는 권리를 줄곧 부인해왔음을 고려하면 의미심장하게도, 이들은 이 위기에 대해 "만족스러운 해법을 찾으려면" "모든 인종의 (…) 의견을 들어야 하고 모든 인종이 해법을 찾는 과정에 참여해야 한다"고 주장했다. 청원문은 "기본적인 민주적 원칙에 의거해 다음과 같이 굳게 믿는다"며 해당 지역 사람들이 "자신의 학교 문제를 스스로 해결할" 권리가 있다고 결론을 맺었다. 지역 당국(가령 샬로츠빌)이 연방 법원의 결정을 따르고자 하는데도 주 정부가 이를 막기 위해 학교를 폐쇄하려 하는 것에 대한 암묵적인 비난이었다.[25]

뷰캐넌과 너터는 이들의 의견에 동의하지 않았다. 뷰캐넌과 너터에게는 (그리고 킬패트릭에게도) 인종통합 명령을 따르는 것이 연방의 억압에 고개를 숙이는 것을 의미했다. 위원회에 돌린 보고서는 뷰캐넌의 팀이 제2의 고향인 버지니아 주에서 공공정책 사안에 대해 의견을 개진한 첫 번째 사례였고 그들은 이 일을 잘하고 싶었다. 그래서 너터는 시카고 대학 시절 지도교수에게 이 "곤란한 상황"에 대한 그들의 주장을 검토해달라고 부탁했다. 사실 그들의 주장은 밀턴 프리드먼이 1955년에 쓴 논문에서 촉구한 조치와 일맥상통했다. 프리드먼이 그 논문을 썼던 1955년은 인종분리주의를 지향하는 관료들이 공교육을 폐쇄하겠다고 으름장을 놓은 것이 전국적으로 언론을 타던 시기였다.[26]

1959년에 뷰캐넌-너터 보고서를 읽은 프리드먼은 보고서 내용이 "감탄할 만하다"고 평가했다. 그는 "이 보고서를 사적으로도 널리 유통시키고 그에 더해 공식적으로 게재하거나 출판하는 것도 고려해보라"고 독려했다. 그는 심지어 "나라면 이것보다 훨씬 더 나갔을 것"이라고 했다. "원칙적으로 교육의 부담은 (주 정부가 전혀 보조를 하지 않고) 전적으로 아이의 부모가 져야 한다"는 것이 자신의 생각이라는 것이었다. 왜 프리드먼은 정부가 교육에서 손을 떼야 한다고 생각했을까? 그래야 부모들이 산아제한을 통해 개인적인 책임감을 발휘하도록 독려할 수 있을 것이기 때문이었다. 부모가 아이의 교육비용 전체를 부담하게 되면 "적절한 수의 자녀만 낳고자 할" 인센티브가 생기리라는 논리였다.[27]

정부 개입에 반대하는 경제학자들은 진작부터도 공공교육을 대중의 요구대로 확대하다가는(공공교육에 대한 요구는 거의 이견이 허용되지 않는다고 할 정도로 지배적인 지지를 받고 있었다) 이것이 증세를 가져올지 모른다고 우려하고 있었다. 뷰캐넌은 비슷한 생각을 가진 경제학자 로저 A. 프리먼 Roger A. Freeman과 함께 전국세무학회National Tax Association의 '공공교육 재정위원회'에 참여했다. 뷰캐넌과 프리먼은 베이비붐 시대에 공공교육 지출을 늘리는 것은 "선심성 정책의 남발"이라고 규정했고, 이것이 '주의 권리'를 침해한다고 주장했다. 연방 정부가 교육에 자금을 대면 그 자금이 어떤 방식으로 지출되어야 하는지에 대한 연방 정부의 규제도 따라올 것이기 때문이었다. 또한 "야심 찬 교육 프로그램에 돈을 대기 위한 세금은 누가 낼 것인가"의 문제도 있었다. 프리먼은 미국기업연구소 간행물에 기고한 글에서 바로 이 질문을 제기했다.[28] 고등학교 의무교육에 대해 프리먼은 "이렇게 많은 아이들을 이렇게 장기간 교육시키려는 시도를 한 나라는 어디에도 없다"고 말했다. 모든 이에게 교육을 제공한다는 것은 과도한 민주주의였고 납세자들에게 너무 많은 돈을 물리는 일이었다.[29]

또한 프리먼은 뷰캐넌 센터 후원자이자 자유지상주의 활동 대부분에 돈을 대고 있던 볼커 펀드를 찾아가, 교육 지출 확대를 주장하는 사람들이 단지 "전국적으로 잘 조직된" 것만이 문제가 아니라고 경종을 울렸다. 그들은 매우 수준 높은 연구 활동을 하고 있으며 연구 결과를 "지극히 효과적으로 대중에게 전파"하고 있기까지 했다. 프리먼은, 대조적으로 "그들의 프로파간다에 맞불을 놓으려는 노력은 이제까지 미미했다"며, 정부 지출에 반대하는 사람들이 "대체로 조직화되어 있지 못하기" 때문이라고 지적했다.[30] 하지만 남부의 학교 위기가 볼커 펀드 및 기타 재산권 지상주의자들에게 새로운 희망을 열어주면서, 드디어 이 상황이 달라지고 있었다.

물론 이 '희망'은 흑인에게 가해지고 있는 악영향에 무관심해야만 가능한 희망이었다. 주 정부가 사립학교에 보조금을 주어야 한다고 말하는 남부인들은 인종분리를 원하는 백인들이었다. 이들과 달리, 버지니아의 흑인들은 바우처를 보이콧했고 바우처가 모욕적이라고 생각했다. NAACP의 변호사로 프린스 에드워드 카운티의 학생을 대리해 소송을 진행했던 올리버 힐은 바우처 제도에 반대하는 이유를 다음과 같이 명료하게 설명했다. "민주사회에서는 누구도 자신의 사적인 편견에 대해 공공지출을 통해 보조를 받을 권리를 주장할 수 없다."[31]

뷰캐넌의 시카고 대학 지도교수였던 프랭크 나이트마저 샬로츠빌 방문을 앞두고 "인종주의자"들에 대한 우려를 밝혔다. 이에 대해 뷰캐넌은 자신이 거주해본 남부의 어느 지역보다도 시카고에 오히려 "인종혐오"가 더 만연해 있다고 말했다. 그리고 브라운 판결 이후 발생한 "이 모든 혼란에 대한 버지니아의 태도"는 인종주의에 기반한 것이 아니라고 나이트를 안심시켰다. 그는 "지배적인 사안"은 〔인종 문제가 아니라〕 "연방 정부가 〔주 당

국에) 해결책을 명령할 권한이 있느냐 아니냐"라고 설명했다.[32]

당대에도 또 그 이후에도, 많은 논평가와 학자들이 이때의 학교 갈등을 인종 문제로만 환원하는 경향이 있던 것은 사실이다. 그런 설명은 백인들의 투쟁 의지를 강화한 이념적·철학적 요인과 경제적인 두려움을 너무 간과한 설명이 될 것이다. 그러므로 (인종과 계급) 두 가지 측면을 다 고려하는 접근방법이 더 합리적이다. 실제로, 과거 노예제 폐지 운동가들이 주들 사이에 수익을 위해 인간(노예)을 거래하는 것을 막기 위해 헌법의 통상조항을 사용했을 때도, 또 더 이후인 뉴딜 시기에 헌법의 통상조항을 지렛대 삼아 연방 정부의 경제 규제를 강화했을 때도, 인종과 계급은 어느 한 요인만으로는 전체를 파악할 수 없는 방식으로 재산권 및 공공권력의 문제와 연결되어 있었다.[33] (인종 문제만으로 환원하는 것도 문제이긴 하지만) 뷰캐넌의 방식으로 환원하는 것도 의도적으로 사안을 잘못 규정하는 것이다. 인종통합에 반대하는 사람들이 자신의 입장을 뒷받침하는 근거로 백인 우월주의를 들고 나오기보다 헌법을 들고 나오게 된 것은 누군가가 그렇게 지침을 주지 않았으면 불가능했을 일이다. 그리고 이제 뷰캐넌은 그들에게 몽 펠레린 소사이어티의 경제학을 사용하는 방법도 가르치고 있었다.

그렇더라도 왜 뷰캐넌이 공공교육을 완전히 민영화하자는 제안이 주 의원들에게서 지지를 얻을 것이라 자신했는지는 여전히 의문이다. 웬젤의 선거가, 그리고 공립학교 교육을 요구하는 시민들의 운동이 불러일으킨 열정을 못 보았단 말인가? 공립학교 교육을 요구하며 집회에 나선 대중은 (우파 사람들이 종종 그렇게 프레임을 씌우던 것과 달리) 북부에서 잠입해 온 선동가들이 아니었다. 그들은 아이젠하워 대통령이 "현대적 공화주의자"라고 불렀을 법한 사람들, 아이젠하워가 지지를 얻고 싶어 했을 유권

자들이었다.[34]

　뷰캐넌은 연방 정부의 과도한 간섭을 몰아내고 '자유'를 지키기 위한 방법으로서 구상한 프로그램을 가장 먼저 콜게이트 다든에게 설득해본 바 있었다. 하지만 공공교육을 지키기 위해 행동에 나선 학부모들이 더 분명한 진실을 보여주었다. 북동부 엘리트만 뷰캐넌식의 자유사회를 거부하는 게 아니라는 사실 말이다. 연방 의회에서 해리 버드는 '버지니아 주'의 이름으로 연방 정부의 권한을 부인하고 있었지만, 바로 그 버지니아 주에 사는 수만 명의 온건한 백인 주민들이 버드가 주장하는 바에 반대하고 있었다. 사실 버지니아 주 의회에서 학교 폐쇄법이 통과되었을 당시에도 반대표를 던진 의원들의 지역구 주민 수가 찬성표를 던진 의원들의 지역구 주민 수보다 많았다. 학교 폐쇄법이 주 의회를 통과할 수 있었던 것은 농촌 지역 유권자들이 도시와 교외 지역 유권자보다 과다 대표되도록 선거구가 획정되어 있었기 때문이다(오늘날 미국의 상원제도와 [대선에서] 선거인단 투표 제도가 인구가 더 적은 농촌 주들을 과다 대표하고 있는 것과 비슷하다.)[35]

　그렇다면 경제적 자유를 촉진하려던 사람들에게 문제는 다수의 통치 자체가 아니었을까? 이 사안에 대해 두 번째로 공공 논쟁에 뛰어들었을 때 뷰캐넌과 너터는 바로 이 가능성에 봉착하게 된다.

　1959년 4월 초, 뷰캐넌과 너터가 위원회에 "사적으로" 보고서를 회람시킨 지 두 달이 채 안 되어서, 위원회는 22대16으로 공공교육의 민영화가 가능하도록 주 헌법을 개정하자는 안을 추천하지 않기로 결정했다. '민영화하다privatize'라는 단어가 아직 쓰이지 않고 있었을 시절이었으니, 실로 새로운 안이었다. 어쨌든 '선택의 자유'를 위해 바우처를 일부 도입하는 것은 괜찮지만 전면적인 민영화를 위해 주 헌법을 개정하는 것은 안 된다는 것이 위원회의 결정이었다. 이 결정에 분노한 '대대적인 저항' 세력은 헌법을 개정하도록 주 의회에 압력을 넣을 대중동원 활동에 들어갔다. 하지만 전에 학교 폐쇄법을 통과할 때만 해도 분명히 그들에게 유리했던 담론의 장이 온건한 시민들의 공립학교 수호운동이 있고 난 지금은 두 세력이 팽팽한 상태가 되어 있었다. '대대적인 저항' 세력은 의회에서 승리하는 데 도움이 되기만 한다면 어떤 기회라도 잡아야 했다.

여기에서 뷰캐넌과 너터가 다시 논의의 판에 들어온다. 타이밍을 보건대, 주 의회를 더 밀어붙이기 위한 막판 스퍼트를 위해 킬패트릭과 조율했을 가능성이 커 보인다. 이 무렵 킬패트릭은 헌법 개정을 찬성하는 사설을 게재했다. 개정된 헌법은 "해당 카운티 주민들(투표권이 있는 주민들)의 투표에 의해 의견이 모일 경우, 그 카운티가 공립학교를 완전히 없애고 사립학교 바우처 쪽으로 시스템을 전환"하는 것을 가능하게 할 터였다. 그리고 돌아오는 학기부터 인종분리를 없애라는 법원 판결을 받은 프린스 에드워드 카운티가 바로 이 계획을 실행하려 하고 있었다. 이 카운티의 백인 지도자들은 [완전한 민영화가 되면] "아무도 공립학교를 다닐 수 없으므로 어느 집단도 차별받지 않는다"는 논리를 폈다. 또한 뷰캐넌-너터 보고서가 밝혔듯이 주 헌법 개정안이 통과되면 지역 당국이 공립학교 건물과 시설을 민간 사업자에게 매각할 수 있게 될 터였다. 킬패트릭의 사설이 나가고 사흘 뒤, 뷰캐넌과 너터는 학교 민영화를 옹호하는 긴 보고서를 〈리치몬드 타임스 디스패치Richmond Times-Dispatch〉 신문에 2개면 전면을 털어 발표했다(사적으로만 보고서를 유통하지 말고 출판이나 게재를 고려해보라고 했던 밀턴 프리드먼의 권고대로 된 셈이다).[36]

하지만 정치적인 시험대에서 뷰캐넌의 팀은 또다시 실패했다. 버지니아 주 전체에서 무상 공립교육에 대한 헌법상의 보장을 없애자는 안은 버지니아 주 하원에서 53대45로 부결되었다. 주 의원들이 그렇게까지 멀리 가지는 않으려 한 것은 놀랄 일이 아니었다. 애퍼매톡스(다른 곳도 아니고 남북전쟁 때 남부가 최종 항복한 애퍼매톡스) 출신 의원이 "중요한 것은 우리 아이들의 교육이 아니라 주의 권리"라며 개정안 통과를 주장했지만, 많은 의원들이 이 주장에 동의하지 않았다. 이 개정안은 연방 대법원에 저항하는 것을 자랑스럽게 여기던 의원들에게조차 너무 급진적으로 보였다. 이들은 세금으로 지원되던 공립학교를 민간 운영자에게 땡처리로 매각하는 것이 정치적 자살이나 다름없다는 것을 잘 알고 있었다. 그들은 학교의 인종통합을 멈추고 싶긴 했지만 의원직을 버리고 싶지는 않았다.[37]

이 투표는 브라운 판결에 대한 버지니아 주의 공식적인 반발이었던 '대대적인 저항'의 종료를 의미했다. 한 기사는 이렇게 논평했다. "버드 머신은 버지니아 주민 대다수의 마음을 잘못 읽었다."[38] 그리고 버드 오가니제이션은 이전의 권력을 다시는 회복하지 못했다.

뷰캐넌도 이 경험에서 나름의 교훈을 얻었고, 이 교훈은 이후 생애 내내 그의 사상에 영향을 주게 된다. 투표로 표현되는 대중의 여론에 직면하면 어떤 정치인도 자신이 표명했던 입장을 꼭 고수하리라고 믿을 수 없다는 교훈이었다. 주의 권리, 개인의 자유, 자유로운 기업이라는 가치에 아무리 충성을 서약했더라도 재선이라는 이해관계에 직면하면 정치인들은 언제든 꽁무니를 뺄 수 있었다. 또한 뷰캐넌은 그의 제2의 고향인 버지니아 주가 해리 버드나 잭 킬패트릭을 보면서 그가 생각했던 것보다 공공교육에 훨씬 더 깊이 헌신하고 있다는 것도 알게 되었다(물론 그는 이 패배에 대해 '에듀크랫'(인종분리주의자들은 교사 노조, 학교장, 학부모회, 교육학과 교수 등을 이렇게 불렀다)을 탓했고 자신이 그들의 영향력을 과소평가했다고 말했다). 그가 배운 또 하나의 교훈은 헌법이 매우 중요하다는 것이었다. 헌법이 "사회주의"(라고 그가 생각한 것. 가령 이번 버지니아 주의 경우, 공립학교 시스템을 강요하는 것)를 가능하게 만들고 있다면, 헌법을 바꾸지 않고는 급진적인 변혁에 대한 그의 비전을 달성할 수 없을 터였다.

이후 몇 년 동안 남부에서 유권자가 확대되고 해리 버드의 통치철학이 쇠락하는 와중에, 제임스 뷰캐넌은 정치경제에 대한 혁신적인 접근법을 발전시켜나갔다(나중에 그는 이것으로 노벨상을 받는다). 그렇다면 '대대적인 저항'의 막바지 시기는 오늘날 공공 영역과 민주주의에 대한 공격에 지침을 주고 있는 사상의 씨앗이 뿌려진 시기라고 볼 수 있을 것이다.

한편 프린스 에드워드 카운티, 그러니까 바버라 로스 존스가 처음으로 '공정한 대우'를 위한 투쟁을 조직했던 곳이자 당국자들이 연방법원의 "지시"에 따르느니 공립학교 교육을 아예 버리겠다고 주장하고 있는 곳에서, 교육위원회가 정말로 학교를 폐쇄하기로 결정했다.[39] 그해 9월, 이 카운티는 모든 공립학교를 자물쇠로 걸어 닫고 백인 아이들을 위한 새로운 사립학교들을 열었다. 1,800명의 흑인 학생들은 어떤 종류의 공식적인 교육도 받지 못하는 상태로 방치되었다. 〈월 스트리트 저널〉은 이곳이 "미국에서 공립학교가 아예 존재하지 않게 된 첫 번째 카운티"라고 보도했다. 이곳의 흑인 청소년들은 1959년부터 연방법원이 개입해 학교 폐쇄를 중단하라고 명령한 1964년까지 학교 없는 상태로 보내야 했다.[40]

그 5년 동안 뷰캐넌은 널리 보도된 이 비극에 대해서 언급하지 않았다. 이때 그는 버지니아 정치경제학파를 발달시키고 있었다. 뷰캐넌은 카운티의 백인 지도자들이 감히 연방 법원에 소송을 걸어 그들에게 도전한 사람들에게 교육 자체를 없애버리는 식으로 대응한 것을 정당화하면서 내세운 '자유'와, 그가 새로운 정치경제학파의 사상을 통해 진전시키고자 한 '자유'를 구별할 필요를 느끼지 못했다. 오히려 그는 버지니아 주의 입장을 적극적으로 옹호했다. 프린스 에드워드 카운티의 학교들이 문을 닫고 버지니아 주가 세금을 써서 백인 사립학교 인프라를 짓는 동안(공식적으로는 인종 중립적인 바우처였기 때문에 1968년에 법원이 최종적으로 금지할 때까지 지속되었다), 또 버지니아 주가 흑인들이 유권자 등록을 하지 못하게 막는 동안, 또 다른 남부 출신 경제학자 브로더스 미첼Broadus Mitchell이 뷰캐넌에게 연락을 취해왔다. 미첼은 20년 전에 존스홉킨스 대학이 흑인 학생을 받아들이지 않기로 한 것에 반발해 존스홉킨스 대학을 그만둔 바 있었다. 그는 토머스 제퍼슨 센터가 추상적인 철학의 영역을 벗어나서 "교육 민주주의"를 위한 프로그램을 열어야 한다고 촉구했다. 또한 "사회적 품위"를 위해 이 센터가 버지니아 대학의 인종통합을 위해 나서야 한다고도 촉구했다. 이에 뷰캐넌은 "나는 버지니아가 주 단위에서 대체로 자신의 교육 문제를 잘 해결하고 있다고 본다"고 퉁명스럽게 답했다. 그리고 새로 온 총장에게 [미첼의] "짜증스러운" 편지에 대한 반박의 글을 작성해서 보냈다. 여기에서 그는 미첼이 "'물러 터진' 그 모든 '리버럴'들의 명분에 오래도록 동참해온 사람"이며 학자로서 "주목할 만한 어떤 기여도" 하지 않았다고 거짓말을 했다.[41]

5장   자본주의를 정부로부터 보호하자

브라운 판결을 필두로 학교에 인종통합을 요구하는 일련의 판결들이 나온 것으로 '주의 권리' 대 '개인의 권리' 사이의 싸움이 수그러들었더라면, 제임스 뷰캐넌과 그의 센터에 돈을 댄 우파 후원자들은 절박성을 덜 느꼈을 것이다. 하지만 상황은 그렇지 않았다. 예상대로, 인종분리 학교가 헌법이 정한 평등권 보호에 위배된다고 판결한 법원은 뒤이어 남부의 주 정부들이 남부의 생활양식을 지킨다는 명목으로 불평등을 유지하거나 강요해온 여타 영역들에 대해서도 칼날을 대기 시작했다. 그런 영역은 많았지만, 시민들이 정치 과정에 참여하는 것을 제약하고자 각 주가 앞다퉈 시행했던 조치들, 특히 흑인의 투표권을 제약하고 다수 시민의 의사가 의회에서 과소 대표되게 하기 위해 도입했던 조치들이 특히나 지독한 제도로서 도마에 올랐다. 그러므로 부당한 투표권 제한과 관련된 소송이 전국적인 의제의 선두에 서게 된 것은 놀랄 일이 아닐 것이다. 또한 이러한 움직임이 미국 전역에서 매우 커다란 변화를 가져왔다는 것도 놀랄 일이 아니다.

역사학자 알렉산더 케이사르^{Alexander Keyssar}는 "1950년대 말에서 1970년대 초 사이는 '투표할 권리'의 법적 토대가 미국 역사상 가장 극적으로 변혁된 시기"라고 말했다.[1] 흑인의 자유권 쟁취운동이 부상하고 이를 지지하는 정치인들이 워싱턴에서 이 의제를 정치적으로 밀어붙이면서, 또한 그들 이외에도 대의제 의회에 공정하게 대표되지 못하고 있던 사람들이 합류하면서, 하나씩 하나씩 변화가 이뤄졌다. 이런 움직임에 당황한 버지니아 주 출신 상원의원 해리 버드는 전에는 '주의 권리'와 '재산권'을 주장하는 것이 북부 기업인들의 이해관계와 매우 효과적으로 조응했는데, 이제는 인종차별 철폐 바람을 돌리기에 역부족이 되었다고 한탄했다. 저울을 기울인 결정적인 계기로 많은 이들이 몽고메리의 버스 보이콧 운동을 꼽는다. 13개월이 넘도록 몽고메리의 흑인들이 앨라배마 주의 인종차별적인 버스 시스템에 맞서, 모욕을 견디느니 수 킬로미터나 떨어진 일터까지 걸어서 다니기를 택하고 있다는 소식이 전해지면서, 수백만 명의 백인 시민들도 안락한 삶에 안주하던 것을 버리고 일어섰다. 또 보이콧을 이끄는 젊은 지도자 마틴 루터 킹 주니어 목사의 결연함과 우아함, 그리고 1960년에 비폭력 연좌 농성에 나선 용기 있는 대학생들도 이런 움직임에 영향을 주었다.[2]

시민의 압력으로 상황을 다시 보게 된 의회와 법원도 나름의 역할을 했다. 민권단체, 노조, 시민단체 등은 정해진 세금을 내야만 투표를 할 수 있게 한 투표세를 오랫동안 비난해왔다. 그러다 드디어 1964년에 수정 헌법 24조가 통과되면서 일단 **연방** 선거에서는 투표권 행사의 전제조건으로 투표세를 요구하는 것이 영구적으로 금지되었다. 2년 뒤인 1966년에는 연방 대법원이 '하퍼 대 버지니아 선거관리위원회Harper v. Virginia Board of Elections' 사건에 대한 판결에서 누군가가 재산을 얼마나 가지고 있는지나 수수료를 지불했는지 등은 "그 사람이 정치 과정에 지적으로 참여할 수 있는 역량이 있는지와 아무런 관련이 없다"며 "투표의 권리는 그런 식의 조건이나 부담을 지우기에는 너무나 소중하고 근본적인 권리"라고 선언했다.[3] 이 판결문을 쓴 윌리엄 O. 더글러스^{William O. Douglas} 대법관 본인도 가난하게 자란 사람이었다. 이로써 주 선거에서도 투표세가 종말을 고하게 되었다.

1962년에는 연방 대법원이 '베이커 대 카르^{Baker v. Carr}' 사건과 '레이놀즈 대 심즈^{Reynolds v. Sims}' 사건에서 주 당국이 더 온건한 성향인 도시와 교외 지역의 인구가 증가하고 있다는 인구조사 결과를 무시하고 보수적인 농촌 지역에서 더 많은 대표자가 나오도록 선거구를 획정하던 관행에 종지부를 찍었다. 그전까지는 그런 관행 때문에 더 온건하고 실용적인 성향의 시민들이 세금을 들여 공공 서비스(도로, 학교, 공중보건 등)를 향상시키고자 하더라도 의회에서 이를 쉽게 무산시킬 수 있었다. 하지만 이제 상급 법원이 결정을 내렸으므로 주 정부들은 주 의회가 '1인 1표' 원칙에 맞게 유권자를 대표하도록 선거구를 재조정해야 했다.[4] 뒤이어 공공시설에 대한 접근 차별부터 고용 차별까지 여타의 사안들에 대해서도 그간의 관행을 금지하는 판결이 내려졌다.

오늘날 우리 대부분은 이 시기를 그때까지 오래도록 이어졌던 과오를 늦게나마 고친 시기라고 생각한다. 따라서 이것은 기본적인 공정함과 법 앞에서의 평등에 대한 이야기이다. 마찬가지로 중요한 것으로, 그 이전까지 남부에서 벌어졌던 일들은 절대적인 권력은 절대적으로 부패하기 쉽다는 것을 보여주는 증거였다. 부유한 백인이 가진 권리가 다른 어떤 권리에 대해서도 양보되어야 할 필요가 없을 때, 심지어 그들이 다른 이들에게 가하는 피해(가령 흑인 아이들이 헛간 같은 판잣집 교실에서 수업을 들어야 하게 만든 것)가 그들에게 가해질 피해(가령 약간 더 많은 조세)를 훨씬 능가할 때조차 그들이 아무런 양보도 할 필요가 없을 때, 애초에는 단순히 '재산권을 강하게 보호하는' 시스템으로 시작되었던 것이 '오로지 재산권만을 보호하는' 시스템으로, 더 정확하게는 '오로지 백인 자산가들의 재산권만을 보호하는' 시스템으로 변질되었다.

그런데 어떤 이들에게는 이 시기와 그 이후에 벌어진 일이 진보의 이야기가 아니라 상실의 이야기였다. 이들이 보기에 '민권의 시대'에 벌어진 일들, 그리고 그 이전 뉴딜 시기에 벌어진 일들은, 다수 대중이 백인 지배층의 동의를 받지 않고 미국의 약속에서 가장 본질적인 것, 즉 재산권을 그들에게서 박탈해버린 것이었다. 게다가 부유한 백인 지배층은 자신이 미국의 발전에 가장 크게 기여했다고 생각하는 경향이 있었으므로 한층 더 배신감을 느꼈다. 그것도 모자라, 이제 민권운동가들과 그들에게 동조하는 정부 당국자들은 백인 자산가들을 사회의 악당으로 몰아가고 있었다. 요컨대, 백인 자산가들이 보기에는 사회적으로 열등한 사람들이 이제까지의 규칙과 방식에 복종하기를 거부하고 자신들이 생각하는 더 공정한 규칙과 방식을 제시하고 있었다. 이렇게 다른 이들의 자유가 확장되는 것을 자신에 대한 도전이라고 생각한 사람들은 그때까지 자신이 누리던 자유와 권력이 (당연히) 제약당하고 있다고 느꼈다.[5] 그래서 이들 중 일부는 승리한 사회운동의 평판을 깎아 내리고, 개혁조치를 도입한 정부 당국자들의 '실제 동기'에 초점을 맞추고, 이들의 승리가 사회에 과연 좋은 변화를 가져올 것인가에 대해 의구심을 제기함으로써, 승리를 획득한 자들의 명예를 실추시키는 일에 착수했다.

이런 맥락에서, 1958년 가을에 '윌리엄 볼커 펀드'(제임스 뷰캐넌이 버지니아 대학에 만든 센터의 핵심후원자)는 박사후 연구원 한 명을 뷰캐넌에게 보냈다. 약간의 문제가 있긴 했다. 경제학 박사학위가 없는 사람이었기 때문이다. 하지만 이들 사이에서 더 중요하게 여겨질 만한 것을 가지고 있었다. 그는 정부 관료제를 비판적으로 분석하는 연구를 하고 있었는데, 이 운동의 할아버지 격인 루트비히 폰 미제스로가 이것을 지지해준 것이다. 이 연구원의 이름은 고든 털록Gordon Tullock이었다. 각진 턱에 다소 특이한 데가 있는 털록은, 그 자신의 설명에 따르면 "루스벨트를 혐오"하는 "중서부의 확고한 보수주의" 집안에서 자랐다. 털록은 자신의 생각을 말하는 데 거침이 없었다. 이를테면 자신이 "경제학기초 수업을 들은 적도 가르친 적도 없다"고 공공연히 인정했다. 그는 바로 그 덕분에 자신이 "경제학 교육이 잘못 이루어지고 있다"는 판단을 "전혀 편향되지 않은 위치에서" 내릴 수 있다고 믿었다.[6]

언뜻 보면 뷰캐넌과 털록은 잘 어울릴 법해 보이는 사람들은 아니었다. 뷰캐넌은 초자연적이라 할 정도로 생산적인 연구자였다. 새벽에 일어나서 곧바로 책상에 앉아 일을 시작했고 집을 나선 지 12시간이 지나기 전에 퇴근하는 경우가 거의 없었다. 그의 제자였던 한 학자는 뷰캐넌이 "언제나 일을 하고 있었다"고 회상했다. 이와 대조적으로, 말이 많고 쾌활한 성격인 털록은 어떤 일도 일반적인 방식으로는 하지 않는 사람이었다. 사실, 그는 "전혀 일을 하는 것처럼 보이지 않았다". 뷰캐넌의 책상에 논문들이 "산사태가 나기 일보 직전"으로 쌓여 있었지만, 털록의 책상은 '히죽 웃음'이 그의 트레이드 마크이듯이 아무것도 놓여 있지 않아 깨끗한 것이 트레이드 마크였다. 한 학생의 표현대로 "자유로운 영혼"(그는 평생 총각이

기도 했다)이었던 그는 원고를 손으로 쓰는 것도, 타자로 치는 것도 귀찮아서 저술도 구술로 하는 편을 선호했다. 대학원에서 그의 지도를 받고 싶어 하는 학생은 거의 없었다. 한 학생이 뼈 있는 농담으로 말하기를, "그가 하는 행동 중에 다른 사람에게 가르침이 될 만한 것이 하나도 없었기 때문"이다. 하지만 주당 60시간을 일하는 사람과 띄엄띄엄 지적인 도약을 하는 사람은 희한하게도 시너지를 냈다. 점차 뷰캐넌과 털록은 서로에게 가장 소중한 논평가가 되었고,[7] 더 중요하게, 둘이 공히 헌신하고 있는 임무와 관련해서도 서로 뗄 수 없는 관계가 되었다. 그 임무는 시장(과 재산)을 대중의 간섭으로부터 보호하기 위해 정부의 문제점과 오류를 드러내는 것이었다.

전에 털록은 "리바이어던이 되어버린 국가를 안으로부터 공격하고자 한다"고 볼커 펀드에 포부를 밝힌 바 있었다. 그는 공공관료제에서는, 그것 자체가 갖는 속성상, 공직자들이 달성하겠노라 스스로 공언한 바를 달성하는 것이 불가능할 수밖에 없다는 것을 입증하고자 했다. 당시 미국에서는 관료제의 확산이 사회에 끼치는 영향을 부정적으로 보는 사람들이 많아지고 있었다. 1955년 소설 〈회색 양복을 입은 남자The Man in the Gray Flannel Suit〉(영화로도 제작되었다)가 보여준 숨막히는 거대 기업 관료제에 대한 비판부터 1962년 '민주사회를 위한 학생모임Students for a Democratic Society'이 '포트 휴런 선언문Port Huron Statement'에서 참여민주주의를 촉구한 것에 이르기까지, 진영과 영역을 막론하고 관료제에 대한 비판이 일었다. 그런데 버지니아의 팀은 오로지 정부 관료제의 문제만 드러내려 했다는 데서 독특했다. 자기 의심 따위는 전혀 하지 않는 사람인 털록은 "현재의 정부 관료제가 그것이 하기로 되어 있는 일들을 하지 못할 수밖에 없다는 것"을 자신이 "틀림없이 증명할 수 있다"고 공언했다. 이러한 공언에 자유지상주의 진영의 대표적인 재단이 매우 관심을 보인 것은 당연한 일이다. 그가 정말로 그것을 해낼 수 있다면, 시카고학파의 자유시장 이론보다도 정부에 훨씬 더 큰 타격을 입힐 수 있을 터였다.[8]

뷰캐넌과 털록이 이후 몇 년간 함께 작업해 내놓은 《동의의 계산The Calculus of Consent》은 당대의 경제학에서 많이 벗어난 책이었다. 부제 '입헌 민주주의의 논리적 토대Logical Foundations of Constitutional Democracy'가 말해주듯이 이 책은 통상적인 경제학적 문제는 거의 논하지 않은 정치이론서였다. 뷰캐넌과 털록은 정치 과정을 분석하는 데 초점을 맞추면서, 정치 행위자 또한 자신의 이해관계(재선)를 무엇보다 우선적으로 충족시키고자 하는 합리적 행위자로 간주해야 한다고 주장했다. 뷰캐넌과 털록에 따르면, '공공재'라든가 '일반 후생' 같은 개념은 당국자들 및 당국자들에게 영향을 끼치고자 하는 사람들이 정부를 통해 각자 자신의 이익을 얻고자 하면서 겉으로 그것을 드러내지 않기 위해 사용하는 연막에 불과했다. 뷰캐넌과 털록은 어느 나라의 헌법을 보더라도 이른바 공복이라는 사람들의 행위와, 공익을 추구한다는 그들의 정책을 실제로 결정짓는 인센티브와 제약조건을 찾아낼 수 있다고 주장했다.[9]

이 주장을 입증하기 위해, 뷰캐넌과 털록은 핵심질문을 하나 제기하고 그에 대해 그들이 전제한 가정들 안에서 합리적으로 도출할 수 있는 유일한 답을 연역해가는 방법론을 사용했다. 이들이 제기한 핵심질문은 '경기부양책이 더 이상 필요하지 않은 호황기에도 왜 정부 지출은 줄어들지 않는가'였다.

뷰캐넌과 털록에 따르면, 이에 대해 논리적으로 가능한 유일한 설명은 다수결에 의해 자원이 배분되는 시스템에서는 정부가 제공하는 프로그램으로부터 집합적으로 "이득"을 취하기 위해 (나중에 뷰캐넌과 털록은 이러한 이득을 "지대"라고 부른다) 유권자들이 "특별한 이해관계 집단", 즉 "압력집단"들을 구성하기 때문이었다. 공직 후보자들은 자신의 목적인 선거 승리를 위해 이해관계 집단들의 요구에 반응해야 할 의무를 느끼게 되고, 따라서 그들에게 이런저런 공약을 하게 된다.[10] 알아듣기 쉬운 말로 해석해보면 다음과 같다. **돈이 정치인 본인의 주머니에서 나가는 것이 아니므로, 정치인은 자신의 이익에 부합하는 한 계속해서 제3자인 납세자들의 돈을 가져다가 조직된 이해관계 집단들에 배분하게 된다.**

게다가 뷰캐넌과 털록에 따르면, 이 시스템은 그에 못지않게 낭비적인 "정치적 짬짜미"를 촉진한다. 동료 정치인들의 지지를 얻기 위해 선출직 공직자들은 서로서로 교환관계에 들어가게 된다. **"내가 너의 법안을 지지해줄 테니(그리고 거기에 자금도 배분되게 할 테니) 너는 나의 법안을 지지해라."** 이렇게 해서 법안이 통과되고 해당 프로그램이 시행되면 관료들이 여기에 지출되는 정부 자금을 감독해야 한다. 따라서 관료들도 이런 돈이 계속 흘러나오게 만들려는 인센티브를 갖게 된다. 정부 지출이 많아질수록 그들이 하는 일의 중요성이 커지고, 따라서 그들의 왕국〔공공관료제의 왕국〕도 확대될 것이기 때문이다.[11]

오늘날 억만장자들이 민주주의에 족쇄를 채우기 위해 제시하는 주장의 씨앗이 여기에 있다고도 말할 수 있을 것이다. 뷰캐넌과 털록은《동의의 계산》에서 "다수의 지배"란 필연적으로 "공공 영역에 대한 과잉투자를 유발하는 경향"이 있음을 보여주었다고 주장했다. 뷰캐넌과 털록에 따르면, 유권자·정치인·관료의 강력한 연합은 정부 프로그램에 들어가는 비용의 대부분을 "차별적인 조세"를 통해 〔부유한〕 소수자에게 떠넘기거나 막대한 재정적자의 형태로 미래 세대에 떠넘김으로써 비대한 공공 영역을 유지하고 있었다. 그들은 이러한 현상이 소수자〔부유층〕의 이해관계를 침해할 뿐 아니라 민간 자본의 축적과 투자를 위축시켜서 전반적인 경제성장도 가로막는다고 보았다. 뷰캐넌과 털록의 주장은 정신이 번쩍 드는 다음의 결론으로 이어졌다. **현재의 자원 배분 규칙하에서는 공공 영역의 금고로 자원이 들어가는 데에 "사실상 제한이 없다".** 그 돈이 "민간 영역에 간다면 더 생산적으로 쓰일 수 있는데도" 말이다.[12]

흥미롭게도 이들의 결론은 순전히 추상적인 사고실험에서 나온 것이었지 정치 행위에 대한 실증 연구에서 나온 것이 아니었다. 이들에게 우호적인 한 경제학자도 "새 이론을 실증적으로 검증하려 하지 않았다는 점"이 버지니아학파의 "주된 결함"이라고 지적했다.[13] 하지만 실증 근거가 부족하다는 사실은 뷰캐넌과 털록이 (그들 생각에) 유일하게 올바른 해법을 제시하는 데 전혀 걸림돌이 되지 않았다. 그 해법은, 돈이 그런 식으로 흘러가는 것을 막으려면 인센티브를 바꾸어야 한다는 것이었다. 다수의 지배라는 원칙을 신성불가침한 것처럼 취급해서는 안 되었다. 그것은 가능한 여러 가지 의사결정 규칙 중 하나일 뿐이고, 소수가 다수의 목적에 비자발적으로 속박되어 소수의 자유가 침해되므로 이상적인 규칙도 아니었다. 뷰캐넌과 털록은 권력을 가진 집합체가 소속원들의 이득을 위해 국가를 동원하는 것은 그것이 어떤 집합체든 간에 "자유로운 인간들의 사회"에서는 정당성이 없다고 보았다. "인간이 인간을 (정치적으로) 착취하는 것을 어느 정도 범위 안으로 제한할 수 있는" 유일하게 공정한 의사결정 모델은 만장일치였다. 각 개인이 다른 이들이 짠 계획에 거부권을 행사할 수 있게 함으로써 다수의 의사가 소수에게 강요되지 못하게 한다는 것이다. 만약 어떤 조치가 만장일치로 동의를 얻는다면 그것이야말로 진정으로 "공공의 이해관계"에 부합한다고 말할 수 있을 터였다.[14]

이들은 새로운 이론에 더 짧은 이름을 붙였다. "공공선택"이론. 대부분의 경제적 분석과 달리 비非시장 의사결정, 무엇보다 정부의 의사결정에 초점을 맞춘다는 점을 드러내기 위해서였다. 물론 이들의 분석 도구는 다른 목적에도 사용될 수 있고 실제로 다른 학자들에 의해 그렇게 사용되기도 했지만, 뷰캐넌과 털록에게 이 분석틀은 매우 명확한 정치적 목적을 가지고 있었다(물론 처음에는 정치적 목적이 없는, 순수하게 학문적인 것이라고 주장했지만). 이들의 분석틀은 19세기 말에 지배적이었던 정치경제 모델, 즉 [부유한 사람들의] 재산권이 거의 신성불가침의 것으로 여겨지던 정치경제 모델에 도덕적인 정당화의 어휘를 제공했다.

실제로 뷰캐넌과 털록은 자신들이 1960년의 헌법·법률 체제보다 1900년의 체제를 더 선호한다고 명시적으로 밝혔다. 여기에는 아는 사람은 알아들었을 중요한 함의가 있었다. 1900년은 법학자들이 "로크너Lochner와 플레시Plessy 시대"라고 부르는 독특한 시대인데, 이 명칭은 연방 대법원이 극단적으로 기업의 경제적 자유를 옹호하고 노동시간 규제부터 민권 보호까지 여러 사안에 대해 시민의 권리를 박탈하는 판결을 내린 두 개의 기념비적인 사건을 딴 것이다. 뷰캐넌과 털록은 더 많은 사람을 포괄하는 민주주의의 수문이 일단 열리고 나면 "차별적이고 차등적인 법안"들을 추구하는 "집합행동의 규모와 범위가 눈에 띄게 확장된다는 것"이 "역사가 보여주는 분명한 사실"이라고 주장했다. 여기에서 "차별적이고 차등적인 법안"이란, 부유한 사람에게 높은 세율을 적용하는 누진세, 제조업 육성을 위한 투자나 보호관세, 노동자들의 노조 결성권을 보장하는 법 등을 말한다. 일단 이런 집단들이 자신이 필요로 하는 바에 반응해줄 법한 공직자를 투표로 선출할 수 있는 역량을 갖게 되면, 그렇게 하지 않을 후보를 내고 당선시킴으로써 그것을 견제하려는 전략은 유의미한 성과를 절대로 만들어낼 수 없을 터였다. 문제는 사람이 아니라 시스템에 있었고, 이를 변화시킬 수 있는 유일한 방법은 행위자를 〔시스템적인〕 "사슬"로 묶는 것, 즉 헌법적인 제약을 되살리는 것이었다. 그리고 이것이 가능하려면, 다수의 지배라는 원칙을 효과적으로 제약해야 했다.[15]

뷰캐넌과 털록은 당대의 정치적 의사결정들이 한쪽으로 치우쳐 있다고 느꼈지만 자신들이 옹호하는 시스템(노동규제와 시장규제를 없애고 민권과 투표권도 보호하지 않는 시스템) 또한 한쪽으로 치우쳐 있다는 사실은 인정하지 않았다. 가장 부유한 사람들이 법원을 통해 대의제 정부를 제약할 수 있는 권력을 가지고 있었던 시스템은 주 정부가 인종분리적인 법들을 통과시킬 수 있게 허용했고 노동자들이 자신의 이해관계를 진전시키는 것을 막았다. 그런데 가장 부유한 사람들은 자신들의 막강한 권력을 이용해 흑인과 노동자의 이해관계만 억누른 것이 아니었다. 그들은 중산층 개혁가들이 자본가와 노동자 양자 사이에서 균형을 잡고자 내놓는 중도적인 노력마저도 허용하지 않았다(당시에 자본가와 노동자 사이에 끝없이 벌어지는 싸움을 보면서, 그들이 느끼기에 탐욕스러운 쪽과 욕심 많은 쪽의 양극단 사이에서 중도의 길을 찾고자 하는 중산층 개혁가들이 점점 많아지고 있었다).[16]

훗날 뷰캐넌은 "우리는 우리의 연구가 미국 헌법에 체현된 매디슨적 구조를 암묵적으로 옹호하려는 것임을 꽤 명시적으로 인식하고 있었다"고 회상했다.[17] 하지만 그가 정말로 이렇게 믿었다면 매디슨을 잘 몰라서 그랬을 것이다. 매디슨이 열렬히 재산권을 보호하려 했던 것은 사실이지만 그는 다수 대중이 스스로 통치하는 제도(민주주의)를 가능하게 하겠다는 목적 또한 분명하게 가지고 있었다. 매디슨은 소수의 이해관계를 보호하되 그것이 다수 위에 군림하게 해서는 안 된다고 생각했다. 존 C. 칼훈이 뷰캐넌과 털록이 주장한 것과 비슷하게 소수자의 '거부권'을 허용해야 한다고 주장했을 때 매디슨은 분명하게 반대했다. 매디슨은 "소수에게 그런 권력을 주어서 다수 위에 군림하게 하는 것은 자유로운 정부의 제1원칙을 뒤엎는 것이고 사실상 정부 자체를 뒤엎는 것"이라고 말했다. 어쨌거나 뷰캐넌은 자신의 연구 의제를 이야기할 때 매디슨을 (그리고 제퍼슨도) 계승한다고 말하면 그가 실제로 추진하고자 하는 급진적인 주장에 대한 비판을 무마하는 데 매우 도움이 되리라는 것을 잘 알고 있었다.[18]

나중에 카토 연구소가 발간한 한 저널에 실린 글은 이 책이 "자본주의를 정부로부터 보호하는" 것과 관련해 지침을 주고 있다고 더 정확하게 평가하고 있다.[19] 자본주의를 '민주주의로부터' 보호하려 했다는 것이 아마 조금 더 적절한 표현일 것이다.

프랭클린 루스벨트 대통령은 '코먼웰스 클럽'에서 한 유명한 연설에서 '경제적 입헌질서economic constitutional order'라는 새로운 용어를 제시했다. 많은 미국인들이 조직적·집합적 노력을 통해 추구하고 있는 바가 무엇인지를 미국인들에게 다시 설명해주기 위해서였다. 루스벨트는 대공황이 "경제적 과두제"를 향해 가던 구조적인 변화의 정점이었음을 지적하면서, 자본주의의 역사가 보여주었듯이 입헌적인 개혁으로 경제 안정성을 보장해 대공황과 같은 "아나키 상태"를 사전에 막지 못한다면 거대 기업의 시대에는 자본주의가 스스로와 사회 전체를 파괴하게 된다고 말했다.[20] 대조적으로 뷰캐넌은, 대의제의 역사가 보여주었듯이, 다수의 유권자가 원하는 것이 무엇이든 간에 입헌적인 개혁으로 경제적 자유를 완전하게 보장하지 않는다면 대의제는 자산가 계층(의 재산)을 빼앗음으로써 자본주의를 파괴하게 된다고 주장했다.

입헌적인 개혁으로 경제적 자유를 완전하게 보장하는 일을 어떻게 할수 있을지와 관련한 아이디어들이 뷰캐넌과 아주 가까운 곳, 즉 버지니아 주에서 펼쳐지고 있었다(그리고 그는 이 아이디어들을 몽 펠레린 소사이어티의 용어로 번역했다). 학교 위기가 정점으로 치닫던 1958년에 버지니아 주 의회는 자신의 정책을 방어하기 위해 새 위원회를 만들었다. '입헌정부를 위한 버지니아 주 위원회Virginia Commission on Constitutional Government, VCCG'였다. 미시시피 주 등에 있었던 비슷한 위원회와 달리 버지니아 주의 위원회는 단지 백인 우월주의를 지키는 것보다 더 폭넓은 임무를 가지고 있었다. 주된 공격 대상은 뉴딜이었다. 뉴딜이 그 이후의 모든 혼란과 소요를 가능하게 한 주범이라고 보았기 때문이다. 더 구체적으로는 "프랭클린 집권기에" 헌법이 "잘못 해석된" 것에 맞서 싸우고자 했다. 요컨대, 이 위원회는 연방 규제, 노조의 권력, 민권 보호 같은 것들이 모두 의존하고 있는 헌법에 대한 해석 자체를 공격 목표로 삼고 있었다.[21]

VCCG는 1930년대 이래로 연방 정부가 헌법 정신에 위배되는 방식으로 행동하고 있다는 주장을 널리 퍼뜨렸다. 이것은 나중에 "망명헌법"학파라고 불리게 되는 개념으로, 클래런스 토머스 대법관을 비롯한 골수 우익 인사들과 관련이 있다. VCCG의 출판 담당자였던 잭 킬패트릭은 여기에서 내는 발간물이 모든 주의 의회와 주지사, 연방 의회 모든 의원과 모든 연방 판사, 변호사 협회, 기업 지도층, 상공회의소, 각 도시의 도서관과 로스쿨 도서관, 그리고 일간지와 전국 잡지에 빠짐없이 들어가도록 신경을 썼다. 전체적으로, 헌법을 매우 제한적으로 해석하는 이론을 사람들에게 널리 알리기 위해 총 200만 부의 소책자와 책을 뿌렸다.[22]

이와 같은 홍보 활동에 힘입어 VCCG는 뉴스에 자주 등장하는 한편, 버지니아 주를 대표하는 대학(버지니아 대학)으로부터도 지지를 받았다. 이를테면 콜게이트 다든은 VCCG 위원으로 위촉되자 기꺼이 이를 받아들였다. 뷰캐넌과 털록이 헌법 문제에 대해 연구를 시작하는 동안, 다든과 잭 킬패트릭은 '연방주의'를 워싱턴의 권력을 제한할 수 있는 장치로 보는 헌법 세미나를 조직했다. 버지니아 대학의 세미나지만 다른 대학 학자들도 초청해 확대 세미나로 열 예정이었다. 그런데 놀랍게도 버지니아 대학 법학대학원 학장이 어쨌든 이곳은 대학이라며 "양쪽 견해 모두가 완전하게 표현되어야 한다"고 주장하는 바람에 다든과 킬패트릭은 세미나 계획을 접었다.[23] 하지만 버지니아 주의 힘 있는 사람들이 헌법에 대한 '딕시 스타일' 해석을 더 밀어붙일 수 있도록 치밀하고 정교하게 다듬는 데 매우 관심이 많았다는 것은 비슷한 목적과 야망을 가진 사람들 사이에서는 누가 보기에도 명백했다. 뷰캐넌도 관심을 기울였다.

사실 VCCG의 핵심개념은 버지니아 정치경제학파의 일부가 되었다. 특히 위원장(저명한 기업 변호사였다)의 표현을 빌리면, "1787년 이래로 세계에 벌어진 놀라운 변화 때문에 발생했던 연방 정부 권력의 증가와 자기가 하는 일의 중요성을 부풀리려고 하거나 자기가 사람들의 일을 가장 잘 다룰 수 있다고 믿는 관료들로 인해 발생하는 관료제의 불필요한 확대를 신중하게 구별해야 한다"는 개념이 그랬다.[24] 뷰캐넌과 털록은 정부

규모가 부당하게 커지는 이유가 행위자들이 자신의 이익을 추구하기 때문이라는 개념을 더 정교화하고 학술적인 용어로 설명했다. 하지만 그들이 전제로 깔고 있는 기본적인 믿음의 면에서 보자면, 그들의 분석은 훗날 얻게 되는 평판에 걸맞을 만큼의 독창성이 있었다고는 볼 수 없었다. 뷰캐넌이 창시한 학파는 20세기 중반의 버지니아 와인에 몽 펠레린 라벨을 붙인 것이었다.

토머스 제퍼슨 센터의 많은 파트너들이 VCCG를 지지했으므로, 센터 자체도 VCCG를 돕는 일에 나섰다. 리치몬드의 기업가 유진 B. 시드노어 주니어Eugene B. Sydnor Jr.와 다른은 버지니아 대학 경제학과가 시카고 박사 출신인 경제학자를 또 한 명 채용해서 매우 흡족했을 것이다. 그는 영국 경제학자 로널드 코즈Ronald Cause였다. 코즈는 재산권을 더 엄격하게 규정하는 것이 어떻게 정부 규제의 필요성을 없앨 수 있는지에 대해 연구하고 있었는데, 나중에 이것으로 노벨상을 받는다. 또한 뷰캐넌의 센터는 VCCG의 연구 용역을 수행하는 형태로 더 직접적인 도움도 제공했다. 가령, 뷰캐넌의 센터는 버지니아 주의 [사립학교] 학비 바우처에 대한 장기 연구를 수행했다. 연구 책임은 뷰캐넌이 선택의 자유 접근법의 "아버지"라고 부른 레온 듀어Leon Dure가 맡았는데, 듀어는 사립학교 운동에 나서기 전에 남부에서 가장 전도유망했던 범인종적 노조를 파괴한 전력이 있었다. 그가 VCCG의 발주로 진행한 연구는 사립학교 바우처가 매우 성공적이며 정부의 통제를 피할 수 있는 유용한 모델이라고 결론 내렸다. 한편, '버지니아 플랜'의 여러 도구들은 뷰캐넌을 중간 다리 삼아 대서양을 건너 유럽으로도 뻗어나갔고 나중에는 마거릿 대처Margaret Thatcher 총리에게 정책 조언을 하는 싱크탱크로도 들어갔다. 곧 대처는 영국의 정책

을 이와 비슷한 목적들을 위해 혁명적으로 바꾸게 된다.[25]

뷰캐넌의 프로젝트는 새 학파를 만드는 것이었고 이런 의미에서 학술적인 것이었지만, 단지 상아탑에서의 담론만 추구한 것은 아니었다. 그가 추구한 것은 실제 세계에 영향을 끼치는 것이었다. 그는 공공 담론을 바꿀 수 있는 사상가의 양성이 정치경제구조를 영속적으로 변형시키는 데 필수적이라고 보았다. 역사학자 S. M. 애머데이는 이 시기에 뷰캐넌이 한 일을 다룬 획기적인 연구에서, 바로 그 때문에 계속해서 뷰캐넌이 "후보들이 정치 스펙트럼에서 어디에 위치하는지를 명시적으로 드러내고자 했다"고 설명했다(물론 학자가 이렇게 하는 것은 매우 드물고 불편함을 불러일으키는 일이었다).[26] 몽 펠레린 소사이어티는 사상이 아래로 흘러내려가 현실의 사람들에게 영향을 끼칠 수 있다고 가르쳤다. 저절로는 아니더라도 (하이에크의 표현으로) "지식 상인"이라고 부른 사람들에 의해 그렇게 될 수 있을 것이었다. 학계에서 신중하게 만들어진 이론 체계가 어떻게 현실에서 운동을 진전시킬 수 있을지에 대해 뷰캐넌이 처음 생각하게 된 것도 아마 몽 펠레린 소사이어티 모임에서였을 것이다. 그는 사석에서 이것을 "거대한 전략"이라고 불렀다.

볼커 펀드 역시 단순히 학술 연구를 후원하는 게 아니라 현실에서의 변화, 그것도 급진적인 변화를 추구한다는 점을 분명히 밝힌 바 있었다. 볼커 펀드는 급진적인 변화에는 새로운 사상가들이 필요하다는 것도 알고 있었지만, 그 사상이 반드시 현실에서 적용되어야 한다는 것도 알고 있었다. 1961년에 맨해튼에서 활동하던 볼커 펀드의 인재 영입 담당 머리 로스바드는 볼커 펀드에 제출한 보고서에서 "레닌과 레닌주의자들로부터 우리가 배울 만한 것이 많다"고 언급했다. 그는 러시아 혁명 같은 폭력 혁명을 배우자는 게 아니라, 볼셰비키 혁명 지도자들이 필적할 사람이 없을 만큼 전략·전술의 귀재였다는 의미라고 덧붙여 설명했다. 그는 그들이 지금 하려는 운동에서 레닌주의적 접근방식을 취하려면 "'하드코어' 자유지상주의 사상 및 사상가들을 계발시킬 필요가 있다"며, 그러면 거기에서부터 차차 다른 모든 일도 흘러나올 것이라고 제안했다. 이런 점에서, 로스바드는 최근에 볼커 펀드가 학자들에게 투자를 늘린 것을 매우 반겼다. "자유지상주의의 핵심간부단을 형성하는 데 지식인과 학자가 막중하게 중요하다는 사실"을 이곳이 잘 인식하고 있다는 의미였기 때문이다. '제한 없는 자유'를, 가장 믿을 만하고 탄탄한 논리로 옹호하는 경제학자들이야말로 미래를 위한 '하드코어' 사상을 일구는 일의 리더가 되기에 적격일 터였다.[27]

버지니아 주는 사상을 행동으로 연결시키기에 가장 전망 있는 전초기지였다. 로스바드는 고든 털록이 버지니아 대학에 가게 되었을 때 "그곳에서 '주의 권리'라는 정신을 생생하게 흡수할 수 있을 것이라 기대해보자"고 말했다. 이때는 1958년으로, 브라운 판결을 무력화시키기 위한 '대대적인 저항' 조치에 의거해 학교 폐쇄가 벌어지던 때였다.[28] 한편 뷰캐넌은 들어온 돈이 모종의 성과로 꼭 이어지도록 신경을 썼다. 뷰캐넌이 볼커 펀드의 돈으로 자유지상주의의 저명한 학자들을 버지니아에 불러오면, 이들은 다시 뷰캐넌 센터 사람들을 유럽에 초청해 버지니아학파의 사상을 유럽에 퍼뜨릴 수 있게 해주었다. 피터 바우어는 샬로츠빌을 방문하고 난 뒤에 뷰캐넌이 1961~62학년도에 케임브리지 대학에서 1년간 방문 연구자로 있을 수 있도록 "거의 혼자 나서서" 주선했다. 브루노 레오

니도 버지니아를 방문하고 난 후에 이탈리아의 "파비아, 스트레자 등 여러 곳으로" 뷰캐넌을 초청했다.[29] 또한 뷰캐넌, 너터, 코즈는 볼커 펀드의 지원으로 미국 내의 다른 대학들도 방문해 강연을 했다.[30]

또한 볼커 펀드는 '샬로츠빌 지역의 사립학교 운동'에서 무언가를 배울 수 있도록 이곳에 사람들을 보냈다.[31] 이를테면, 1960년에는 밀턴 프리드먼이 샬로츠빌을 방문했다. 뷰캐넌과 너터가 '교육의 경제학'에 대해 공개 강연을 해달라고 초청한 데 따른 것이었다. 이 자리에서 공립학교 교육을 옹호한 사람은 청중석을 장악한 경제학자들에게 "공개적으로 비웃음을 샀다".[32] 프리드먼은 마치 소련을 방문하고 돌아온 링컨 스테펀스Lincoln Staffens처럼 말하며 시카고로 돌아왔다. "나는 미래를 보았다. 그 미래는 잘 작동하고 있었다."[33] 1961년에 볼커 펀드가 돈을 댄 일련의 강연을 하기 위해 제퍼슨 센터를 장기간 다시 방문한 F. A. 하이에크도 버지니아의 사립학교 바우처 제도를 지지했다.[34] 뉴욕의 루트비히 폰 미제스로가 80세여서 집 밖 출입을 거의 하지 않는 상태만 아니었다면 그도 미래를 보러 남부로 왔을 것이다.

그렇더라도 뷰캐넌의 학문적 성공이 없었다면 레닌주의의 긴 행진은 무위로 돌아갔을 것이다. 《동의의 계산》이 받은 호평은 이 운동에 매우 도움이 되었다. 학계의 서평들(모두는 아니어도 대부분이 비슷한 생각을 가진 사람이 쓴 것이었다)은 이 책이 "뛰어나고", "독창적이고", "야심 차고", "우아하고", "중요한" 책이라고 찬사를 보냈다. 또한 서평들은 이 새로운 이론이 정부가 자원 배분의 의사결정을 어떻게 내리는지, 그리고 상이한 헌법적 규칙들이 어떻게 상이한 결과들을 낳게 되는지를 잘 설명했다고 강조했다. '랜드 코퍼레이션'의 앤서니 다운스Anthony Downs는 "공공 영역은 (전 세계적으로) 매우 규모가 크고 빠르게 성장하고 있는 영역인데도 경제학에서 연구가 가장 덜 된 분야였다"며 이 책의 의의를 설명했다.[35] 핵심적인 몇몇 부분에서 논리적 오류를 지적한 사람들, 그리고 "암묵적으로 이데올로기적인 강조를 하고 있다"고 비판한 사람들도 있었지만, 이들도 지적으로 자극적인 책이라는 점은 인정했다.[36]

그해에 버지니아 대학은 뷰캐넌을 석좌교수로 승진시켰고, 남부경제학회Southern Economic Association는 1963년에 그를 회장으로 선출했다. 한편, 몽펠레린 소사이어티는 고든 털록을 회원으로 받아들였다.[37]

새로운 학파의 공식 모임을 발족하기에 완벽한 타이밍으로 보였다. 이 모임은 운동을 진전시킬 간부단을 탄탄히 구성하는 한편, 뜻을 같이하는 학자를 모으고 양성할 자석 역할을 할 것이었다. 1963년에 뷰캐넌과 털록은 샬로츠빌에서 '공공선택학회'의 첫 컨퍼런스를 개최했다. 상당히 광범위한 스펙트럼의 학자들이 참석한 것에 뷰캐넌은 아주 흡족해했다. 그는 일기장에 이 컨퍼런스가 "우리가 우익이라는 낙인의 부담을 어느 정도 벗게 해주었고 우리의 주장이 학계에 잘 자리 잡게 해주었다"고 적었다.[38] 공공선택 경제학이라는 분야는 실제로 공공 영역의 인센티브 구조를 분석하는 데 유용한 도구를 제공하며, 물론 진보주의자들도 공공선택 이론을 얼마든지 유용하게 사용할 수 있다.[39] 그렇긴 해도 내부자들에게 이 학파의 궁극적인 목적은 의심의 여지 없이 분명했다.

뷰캐넌의 "거대한 전략"은 활황을 구가했다. 그와 동료들은 새로운 연구를 촉발하는 종류의 혁신을 매우 높이 평가하는 학과에서 새 학파를 창조했을 뿐 아니라, 그것을 이용해 '대대적인 저항' 시절에는 아무도 상상해보지 못했던 방식으로 경제적 자유라는 대의를 진전시킬 수 있었다. 훗날 뷰캐넌은 "버지니아의 연구 프로그램에는 추상적이고 학술적인 분석의 기저에 늘 도덕적인 열정이 흐르고 있었다"고 인정했다.[40]

실제로 그들이 컨퍼런스를 조직하는 동안 다양한 갈래의 사람들을 아우르는 정치적 동원 또한 이뤄졌다. 딕시 전역의 우파들이 북부의 동지들과 함께 일하고 있었다. 그러한 북부의 동지들 중에는 1956년 대선에서 버지니아의 T. 콜먼 앤드류스를 지지했던 사람들도 있었는데, 이제 이들은 애리조나 주 출신의 연방 상원의원 배리 골드워터가 다음번 공화당 대선후보로 지명되게 하려고 발벗고 뛰고 있었다. 잭 킬패트릭이 1963년에 "남부는 골드워터의 나라"라며 버지니아가 "억압당해온 공화당의 열망으로 꽤 들썩거리고 있다"고 언급한 것이 이런 분위기를 잘 보여준다.[41] 실질적인 연대도 이뤄져서, 워런 너터는 골드워터 후보의 유일한 풀타임 경제자문이 되었고, 너터가 후보를 따라다닐 수 있도록 뷰캐넌은 너터의 수업을 5주간 대신 맡아주었다.[42]

한편 털록은 교수가 되어 사우스캐롤라이나 대학에 부임하면서 일군의 청년 공화당원을 양성해 골드워터 선거운동의 토대를 닦는 일에 착수했다. 털록은 "이 학교의 학생들이 꽤 좋은 타겟"이라고 볼커 펀드에 말했다. 그에 따르면 이 학교 학생 대부분은 매우 보수적이었지만 "〈네이션〉, 〈뉴리퍼블릭〉류의 '리버럴'〔진보〕로 전향한 소수의 학생"이 있었다. 그런데 보수적인 다수의 학생들은 "정교하고 합리적인 사회철학"은 결여하고 있었지만, 진보적인 학생과 사회과학 교수들을 본능적으로 배척했고 그들이 "무용하다"는 것을 알고 있었다. 털록은 이러한 긴장이 "다른 학교에서보다 상당히 큰 효과를 낼 수 있는 기회를 제공한다"고 보았다. 그리고 이 기회

를 자신이 자유지상주의 운동의 진전을 위해 "십분 활용할 수 있다"고 확신했다.[43]

이 목표를 염두에 두고서, 1960년에 털록은 〈내셔널 리뷰〉 편집자 윌리엄 F. 버클리를 만나 저녁을 먹으면서 '자유를 위한 미국 젊은이들Young Americans for Freedom, YAF'의 사우스캐롤라이나 대학 지부를 만드는 것에 대해 이야기했다. 사우스캐롤라이나 지부 청년들은 1962년에 YAF 중앙조직이 사우스캐롤라이나 주 출신 상원의원이자 참전용사이며 딕시크랫인 스트롬 서몬드Strom Thurmond에게 자유상을 수여해서 매우 기뻤을 것이다. YAF 사우스캐롤라이나 대학 지부의 맹활약에 힘입어, 털록은 "사우스캐롤라이나에서 건강한 공화당이 시작되었다"고 알리면서 "최소한 이것이 민주당 남부 조직을 더 오른쪽으로 가게 만드는 효과를 낼 것"이라고 예측했다. 이는 당시에 정세를 잘 아는 사람들 중 누구도 가능하리라고 생각하지 못했을 법한 전략이었다.[44]

머지않아 털록은 버클리에게 새로운 정치경제학파에 대해서도 열심히 홍보를 하게 된다. 털록은 "매우 작지만 성장하고 있는 학자들의 운동이" 흥미로운 새 연구를 하고 있다며, "버지니아가 일종의 센터"라고 말했다. 그는 이것이 "실용적인 시사점이 있는" "정치학" 연구라며 곧 "상아탑을 나와서 득표 전략과 같은 현실적인 문제에 조언을 제공하는 때가 올 것"이라고 말했다.[45]

이것은 장기적인 전략이었지만, 그럼에도 털록은 공공선택이론이 "프로파간다 전략"을 눈에 띄게 향상시킬 수 있을 것이라고 믿었다. 그리고 버지니아의 위치와 인맥은 "우리의 연구 결과를 그것을 사용할 사람들에게 전달"하기에 최적일 터였다.[46] 한편 늘 털록보다 더 학구적이었던 뷰캐넌은 그 나름대로 자유지상주의 학문의 하드코어를 짓는 일에 열중하고 있었다. 그는 비판의 목소리가 일고 있는 것을 털록보다 더 민감하게 감지했다. 비판에 귀를 기울일 생각은 없었지만 말이다. 그는 1963년에 하이에크에게 "물론 앞으로도 우리는 계속해서 '특이한 우익'이라고 불리겠지만 그것이 딱히 우리를 거슬리게 하지는 않는다"고 말했다.[47] 학계에서 비판을 받는 것이 다소 해가 되기는 했겠지만, 그래도 이 운동은 버지니아 주에서 가장 강력한 사람들의 지지를 받아 앞으로 나아가고 있었다. 털록은 뜻을 공유하는 청중들 앞에서 신이 나서 이렇게 말했다. "20년 안에 우리는 작은 혁명을 수행할 수 있을 것입니다." 하지만 한 가지 난관이 있다고 털록은 인정했다. 새로운 정치경제학파의 관점에서 볼 때 "반드시 필요한 변화들에 동참하도록 사람들을 설득하는" 일이었다.[48]

대중적인 호소력이 없다는 문제는 사라지지 않았다. 그리고 혁명이 왔을 때 그것의 결과는 그들이 기대했던 것과 달랐고, 이는 대중을 설득하는 어려운 일을 한층 더 어렵게 만들었다.

6장   반혁명에는 시간이 걸린다

민주주의는 (특히 민주주의가 점점 더 많은 사람들을 포괄하게 되면서) 경제적 자유를 원하는 사람들에게 계속해서 문제를 일으켰다. 이는 이들이 나중에 채택하게 되는 전략을 이해하는 데 도움이 된다. 1964년 10월 말에 고든 털록은 윌리엄 F. 버클리에게 "있을지 모를 응급상황에 대비해 구명보트를 준비하라"고 조언했다. 그때쯤이면 우파 활동가들의 맹렬한 노력으로 공화당 대선후보가 되는 데 성공한 배리 골드워터가 여론조사에서 빠르게 가라앉고 있었고, 그에 따라 자유지상주의 운동의 "도덕적 정당성"도 함께 가라앉을 것 같아 보였다.[1] 명민한 버클리는 이미 한 발 앞서 나가 있었다.

앞서 9월에 〈내셔널 리뷰〉 편집자 버클리는 한 무리의 우파 청년들에게 **"배리 골드워터의 임박한 패배"**에 대비해야 한다고 이미 경고했다. 이 학생들은 자신이 지지하는 사람이 성공적으로 후보로 지명된 것에 여전히 고무되어 있었기 때문에 버클리의 말에 충격을 받았다. 우는 학생도 있었다. 하지만 버클리는 멈추지 않고 그들이 들어야만 하는 엄혹한 진실을 이야기했다. 그들의 헤라클레스 같은 노력으로 역사적인 기회가 왔지만, 때가 무르익지 않았다. 골드워터 같은 후보가 당선이 되려면 먼저 "미국의 여론에 거대한 변화"가 있어야 하는데, 이것이 아직 달성되지 않은 것이다. 아니, 그 변화를 위한 노력이 시작조차 되지 않았다. 버클리는 "막대한 패배에 뒤따르곤 하는 완전한 혼란에 대비해 마음을 잘 추스르고 다잡아야 함을" 명심하라고 촉구했다. 젊은 활동가들은 "반혁명"에는 신중한 준비의 시간이 아주 많이 필요하다는 사실을 받아들여야 했다.[2]

그 준비는 거의 시작되지도 못하고 있었고, 남부 이외의 지역에서는 더욱 그랬다. 골드워터는 1956년에 주권당States' Rights Party 대선후보였던 T. 콜먼 앤드류스와 상당히 비슷해 보이는 경제적 자유의 비전을 내세워 선거운동을 하고 있었다.[3] 그런데 전에 앤드류스는 그렇게 했다가 미국 전체 카운티 중 단 하나의 카운티에서만 다수표를 얻었고 나머지에서는 모두 패배했다. 그 하나의 카운티는 프린스 에드워드 카운티였는데, 대부분의 미국 사람들이 미래를 보여준다고 여길 만한 지역은 아니었다. 게다가 이 카운티의 공립학교는 아직도 폐쇄 상태여서 1964년 골드워터의 선거철이 다가올 때까지도 흑인 학생들이 교육을 받지 못하고 있었다. 이런 상황에서, 어떻게 골드워터가 그가 생각하는 류의 정의로운 사회를 사람들에게 천명하면서 동시에 다수표를 획득할 수 있겠는가?

워런 너터는 골드워터 선거본부에서 후보자의 모든 주요 연설문을 작성하는 팀을 관리했고, 그만큼이나 중요하게, 공화당 사무실에서 나가는 모든 중요한 문서의 작성에도 관여했다.[4] 골드워터의 정치 원칙을 담은 문서도 그의 손을 거쳤다. 훗날 그는 후보자가 공약위원회에서 말한 연설문은 대부분 자신이 썼다고 자랑스럽게 회상했다. 특히 민권에 대한 부분을 그가 작성했는데, 이 부분은 오래도록 공화당을 지지해온 흑인들을 격노하게 했다. 공화당이 전통적으로 주장해온 민권이 아니라 '주의 권리'를 내세우고 있었기 때문이다. 또한 이 연설은 북부의 온건한 백인 공화당 지지자들도 경악하게 만들었다. 공화당의 주요 지지층인 이들은 흑인에게 완전한 시민권을 주는 것은 그리 내키지 않았을지라도, 불건전하고 고집불통으로 보이는 남부 백인들과 보조를 맞추고 싶어 하지는 않았다. 뉴저지 주의 공화당 전국위원회에서 한 여성은 "에이브러햄 링컨의 기억을 소중하게 간직하는 우리에게 이것은 삼키기 어려운 약이었다"고 말했다.[5]

온건한 성향의 사람들에게 호소력을 갖지 못한 데는 후보자 본인 탓도 있었다. 경제적 자유 개념으로 똘똘 무장하고 있었고 자신의 생각을 그대로 내뱉는 것을 자랑으로 여기던 골드워터는, 자신의 출마를 이 운동이 주창하는 개념들에 대해 국민의 의견을 묻는 기회로 삼겠다고 마음먹었다. 그래서 공식적으로 후보가 되기 전부터도 테네시 주를 방문해 "왜 워싱턴DC가 애팔래치아에 수력 발전소를 짓는 것인지"에 대한 문제를 제기하면서 "TVA〔테네시 계곡 개발공사〕를 매각해야 한다고 생각한다"고 말했다. 하지만 테네시에서 이 주장은 좋은 반응을 불러오지 못했다. 채터누가(테네시 주 남부의 도시 – 옮긴이)의 한 주민은 "당신의 선거에 후원금을 냈고 골드워터 클럽을 여기에서 조직하는 데 일조했는데 이제 당신이 TVA 매각을 들고 나오다니 (…) 나는 골드워터 스티커를 떼겠다"고 말했고, 그 외에도 수천 명이 화들짝 놀라서 그를 지지하던 태도에서 한 발 물러섰다. 애틀랜타의 한 지지자는 "대체 그가 왜 TVA에 대해 이야기를 한 건지 모르겠다"며 "남동부 사람들은 TVA를 (…) 독점 사업가에게 넘기자는 사람에게 절대 표를 주지 않을 것"이라고 말했다.[6]

이어서 골드워터는 뉴딜 프로그램 중 사람들의 호응이 가장 좋았던 사회보장제도를 공격 대상으로 삼았다. 그리고 하필이면 유권자 중 은퇴자 비중이 전국에서 가장 높은 축에 속하는 뉴햄프셔 주에서 그 이야기를 꺼냈다. 뉴햄프셔 주 유세 현장에서 골드워터는 사회보장 프로그램이 [국가가 의무적으로 제공하는 것이 아니라] "자발적인" 것이 되어야 한다고 주장했다. 그렇게 되면 사회보장 시스템 자체가 훼손되고 곧 사라지게 되리라는 것을 잘 알고서 한 말이었다(요즘의 오바마 케어처럼, 사회보장 시스템은 위험을 분산하고 적절한 수당 지급을 보장할 수 있으려면 매우 큰 불입자 풀이 있어야 한다). 사람들의 반발을 무마하고자 골드워터의 선거 참모들은 사회보장 제도가 더 "강화"되고 "건전해져야" 한다는 의미에서 한 말이었다고 해명하라고 했다. 하지만 유권자들은 그의 말이 무엇을 의미한 것이었는지 잘 알고 있었다. 그리고 골드워터가 제안한 대안(은퇴 후를 위해 각자 돈을 저축해서 주식시장에 투자해 불리는 것)은 많은 사람들이 평생 동안 저축한 돈을 날린 1929년 주식시장 붕괴의 고통스러운 기억을 떠올리게 했다. 또한 어떤 사람들은 주식시장에 투자하는 것 자체가 선택지가 아니었다. 노년을 대비해 저축을 할 수 있을 만큼의 소득을 올릴 수 없었기 때문이다. 이런 사람들은 사회보장이 없으면 생계를 유지하기가 어려웠다.[7]

골드워터가 미국인들에게 널리 알려야 한다고 생각한 '자유'의 원칙은 여기에서도 끝나지 않았다. 그는 메디케어가 "사회주의화된 의료"와 다르지 않다고 주장했다. 맙소사, "노년을 위한 의료보장"은 "사우스캐롤라이나에서조차 대부분의 사람들이 **좋아하는**" 연방 정부의 정책 목표였는데 말이다.[8]

그렇긴 해도 사람들에게 자신의 생각을 공공연히 주장할 수 있는 기회라는 것에는 너무나 도취적인 면이 있어서, 자유지상주의자들 누구도 그런 기회에 저항하지 못했다. 골드워터의 학계의 대부 역할을 한 시카고학파의 밀턴 프리드먼은 언론에서 이 선거운동의 목적이 "개인의 책임감을 갉아먹고 사람들에게서 도덕적인 측면을 약화시킨" "중앙집중화와 집합주의로의 경향을 멈추는 것"이라고 언급했다.⁹ 하버드를 방문한 자리에서 프리드먼은 강연 대부분을 민권법을 비판하는 데 할애했다. 그는 민권법이 그것에 반대한 백인 소수자의 자유를 침해하는 "강요적인" 수단을 사용해 "다수의 가치"에 모든 사람이 "순응하게 만드는" 것이라고 주장했다. 그리고 민권법보다는 자유시장의 원칙에 의존해 문제를 해결해야 한다고 촉구했다. 이를테면, 인종적인 편견 때문에 흑인 노동자들은 더 낮은 임금을 받게 될 것이고, 그러면 흑인을 고용한 사람들의 생산비용이 낮아질 것이며, 그러면 더 많은 고용주가 흑인을 고용할 것이고, 그러면 짜잔, 결국 선이 승리하게 된다는 것이었다.¹⁰

브라운 판결과 관련해서 골드워터는 한술 더 떴다. 그는 '버지니아 플랜'이 사용했던 논거를 인용하면서 브라운 판결에 대한 반대 입장을 다음과 같이 밀어붙였다. "결사의 자유는 양날의 자유고, 그렇지 않다면 아무것도 아닌 것이다." 다른 말로, 그에게 결사의 자유는 "결사에 참여하지 않을 자유"도 포함하는 것이어야 했다. 이 주장은 골드워터가 제시한 또 하나의 획기적인 (공화당 공약으로서는 너무나 획기적인) 공약을 정당화하는 논리이기도 했는데, 그 공약은 주 정부가 사립학교를 지원하게 만들겠다는 공약이었다.¹¹

오늘날 사람들이 골드워터에 대해 가장 많이 기억하는 것은 후보 수락 연설 중 한 문장이다. 그 연설은 미국의 주요 정당 역사상 가장 비타협적인 언명으로 점철되어 있었다. 그는 "우리의 명분"을 비판하는 사람들은 얼마든지 공화당을 떠나도 좋으며 그와 함께 "흐리멍텅한" 공화주의도 같이 가져가야 한다고 주장했다. 이어 연설의 정점에서 그는 이렇게 말했다. "다시 말씀드리지만, 자유를 수호하는 데서의 극단주의는 악이 아닙니다!" 그의 동시대인들도, 또 오늘날의 역사학자들도, 이 말을 골드워터가 당시에 막 통과되었던 민권법에 반대했던 것, 그리고 핵무기를 쓴다면 베트남 전쟁에서 승리할 수 있을 것이라고 생각했던 것 등에 비추어 해석한다. 인종주의자들과 존 버치 소사이어티 사람들이 그의 주요 지지세력이었고, 존 버치 소사이어티는 호전적인 반공주의를 지지하고 얼 워런 대법원장이 이끄는 대법원과 민권에 맹렬히 반대하는 것으로 잘 알려져 있으니, 그렇게 해석하는 것은 합리적이다.[12]

하지만 골드워터 자신과 그 연설문을 작성한 팀(너터도 포함해서)에게 "자유를 수호하는 데서의 극단주의"라는 표현은 몽 펠레린 소사이어티적 의미의 "자유사회"에 대한 그의 결연한 태도를 나타낸 말이었다. 이 연설은 상대 진영의 "비방"에 대한 자랑스러운 반격이었다. 자유지상주의 학자 아인 랜드는 진보 진영의 "비방"을 개탄했는데, 진보 진영이 골드워터에게 "극단주의자"라는 꼬리표를 붙임으로써 타협 없이 "자본주의를 옹호하는" 골드워터와 정면승부를 벌이기를 회피하고 있다는 것이었다(실제로, 그런 면이 없진 않았다). 또한 아인 랜드는 진보 진영이 극단주의자라는 말을 통해 파시즘을 연상시킴으로써, "우리 시대의 기본적이고 핵심적인 정치적 사안", 즉 **자본주의냐 사회주의냐**, 자유냐 국가주의냐"의 문제를 진지하게 고려하지 않으려 한다고 지적했다.[13] 거의 반 세기 후에도 밀턴 프리드먼은 그날 골드워터의 연설이 "굉장했다"며 이렇게 말했다. "특히 나는 그 이후로 골드워터를 영원히 따라다니게 된 그 구절이 크게 마음에 들었다. '자유를 수호하는 데서의 극단주의는 악이 아니다.'"[14]

선거 날, 이 운동의 기수로 나선 골드워터는 한 세기 반 동안 주요 정당의 대선후보 중 누구도 겪어본 적이 없는 큰 패배를 맛보았다. 골드워터가 이긴 주는 그의 출신 주인 애리조나 주와 딥 사우스의 5개 주, 이렇게 6개 주뿐이었다. 그나마 이것도 이 주들이 매우 강하게 시민들의 투표권을 제한하고 있었기 때문에 가능했던 성과였다. 가령 미시시피 주에서는 거의 전적으로 백인들만 투표한 가운데 87%를 득표했다.[15] 대조적으로, 새로운 경제가 떠오르고 있던 림 사우스(플로리다, 테네시, 텍사스, 버지니아)에서는 패배했다. 골드워터는 점점 더 성장하고 있는 남부의 교외 지역에서 유권자들을 경악하게 만들었고 이곳에서 이전에 공화당의 아이젠하워와 닉슨이 얻었던 것보다 적은 표를 얻었다.[16]

그의 득표가 지역적으로 편중된 것은 몽 펠레린 소사이어티의 세계관에 대해 더 큰 진실을 말해준다. 전에 그들의 개념이 남부에서 진전될 수 있었던 것은, 자유지상주의 경제학자들 중에 뛰어난 사람들이 있어서였기도 했겠지만, 본질적으로는 남부 사람들에게 그들의 입장이 너무나 익숙한 것이기 때문이었다. 골드워터는 버지니아 주에서 (그리고 전국적으로도) 민권 개혁에 가장 크게 반발하는 지역에서 득표를 많이 했다. 프린스 에드워드 카운티 당국자의 말을 빌리면, "공공교육에서 손을 떼고 싶어 하던" 옛 플랜테이션 카운티들이 그런 곳들이었다.[17] 인종평등과 경제정의를 반대하는 남부 백인들은, 다수 대중 위주의 민주주의가 자신의 지역에 닿지 못하도록 연방 정부의 권력을 멀찍이 두는 것이 자신의 지역에서 자신이 원하는 삶의 방식을 지키는 유일한 방법이라는 것을 잘 알고 있었다. 이것이 해리 버드와 배리 골드워터가 (버드의 전기 작가가 쓴 표현을 빌리면) "철학적으로 영혼의 짝"인 이유였다.[18]

공화당 주류가 난파 직전에 이른 당을 수습하려 애쓰는 동안, 이 선거는 시카고 경제학파와 버지니아 정치경제학파에 매우 다른 방향으로 영향을 끼쳤다. 밀턴 프리드먼은 골드워터의 대변인으로 대중에게 알려지면서 경력이 도약했다. 〈뉴스위크〉는 그에게 정기적으로 칼럼을 요청했다. 그의 칼럼은 거의 20년이나 계속되었고, 그는 최저임금부터 금융규제 완화까지 다양한 주제에 대해 수백 편의 칼럼을 썼다. 그의 전기 작가는 "1960년대 말이 되면 프리드먼은 적어도 미국에서, 그리고 아마 전 세계에서도 가장 잘 알려진 보수주의 지식인이 되었다"고 언급했다.[19] 자유지상주의 경제학을 논리적으로 주장해나가면서, 프리드먼은 시간이 오래 걸리더라도 이들의 명분이 유권자들을 하나씩 전향시켜 결국에는 승리할 것이라고 생각했다.

뷰캐넌은 매우 그답게도 프리드먼보다 비관적인 결론을 내렸다. 그가 있는 버지니아 대학의 운명은 (처음부터도 그랬지만) 버드 머신에 달려 있었다. 그런데 시민들이 조직화되고 연방 대법원과 의회가 버드 머신을 약화시키면서 뷰캐넌의 센터도 토대가 약화되었다. 게다가 골드워터가 물귀신처럼 공화당의 다른 사람들의 이미지까지 너무 많이 떨어뜨린 바람에, 뛰어난 정치전술가인 린든 존슨(민주당) 대통령이 다음번 의회는 "더 나아질 것인데, 우리 쪽 덕분이 아니라 저쪽 덕분일 것"이라고 고소해할 수 있게 된 것도 뷰캐넌을 낙담시켰다.[20] 실제로 다음번 선거로 구성된 의회는 학생들이 대학에 다니면서 일을 할 수 있게 한 노동-학업 프로그램부터 메디케어, 메디케이드까지, 또 '빈곤과의 전쟁', 청정수질법, 청정대기법까지, 다양한 개혁 법안을 통과시키게 된다. 그중에서도 이 의회가 통과시킨 대표적인 성취는 드디어 모든 미국 시민이 정치 과정에 참여할 수 있게 한 1965년의 투표권법이었다.[21]

한때는 무소불위의 권력을 가졌던 해리 버드는 (그는 민주당이었지만 대선 때 존슨 지지선언을 하지 않았다) 1965년에 은퇴를 하기로 했다. 하지만 버드의 오랜 동지이자 비슷하게 골수 보수주의자였던 하원의원 하워드 스미스는 그렇게 현명하지 못했다. 스미스는 하원의원 선거에 또 나갔는데, 1966년 민주당 경선에서 흑인 유권자와 도시 및 교외 지역의 백인 유권자 표가 합쳐지면서 대패했다. 그의 전기 작가는 이렇게 요약했다. "새로운 선거구의 많은 흑인과 백인이 스미스가 오래도록 맹렬히 반대해왔던 연방 정부 프로그램과 민권 보장을 원했다." 드디어 숫자에 비례하는 힘을 갖게 된 시민들은 스미스에게 "버드 오가니제이션이 지원한 후보 중 가장 큰 패배를 안겼다".[22]

경제적 자유의 충직한 신도들이 권력에서 밀려나고 거대한 기대의 새 시대가 열리자, 버지니아 주 의회는 성장 지향적인 새로운 기업가 계층과 점점 커지는 도시 및 교외 지역 거주자들에게 화답해, 주 헌법에서 "쓰는 만큼 내라"는 요구사항을 폐지했다. "쓰는 만큼 내라"는 원칙 때문에 버지니아 주는 건강과 복지에 쓰는 돈이 전체 주 중 50위가 되어 있었다. 공립학교와 인프라에 투자하기 위해 정부가 빚을 내는 것은 버드가 여전히 권력을 가지고 있었다면 상상할 수 없는 일이었을 것이다. 하지만 이제 버지니아 주 정부는 돈을 빌려 공립학교와 인프라에 투자하면서 북부 버지니아가 눈부신 경제성장을 이룰 수 있게 만들었다.[23]

주 정부와 연방 정부가 달라지면서 버지니아 대학도 달라졌다. 1960년대 초에 다든 총장은 버지니아 대학이 학문적인 탁월함을 달성하려면 연방 정부의 연구 지원금을 더 많이 받아야 하고 더 저명한 교수진이 있어야 하며 남부 백인 컨트리 클럽 같은 협소한 범위보다 더 폭넓은 배경에서 뛰어난 학생들이 더 많이 들어올 수 있어야 한다는 사실을 깨달았다.[24] 하지만 다든은 그러한 향상을 위해 학교를 개방하고자 할 때 감수해야 할 것이 무엇일지에 대해서는 제대로 예상하지 못했다.

버지니아 대학에 새로운 세계를 들여오는 데 가장 큰 역할을 한 것은 1961년 봄에 시작된 연좌 농성이었다. 한 학생의 묘사에 따르면, 대학 캠퍼스 안에 "인종분리적인 식당·이발소·영화관"이 있다는 것은 "공정함에 신경을 쓰는 백인 학생들과 교수진들에게 부끄러운 것이 되었고 (소수이긴 했지만) 흑인 학생들에게는 절망과 좌절의 원천이 되었다". 흑인 고객을 돌려보내지 말아달라고 기업들을 계속 설득하는 전략은 그리 소용이 없는 것으로 판명 났다. 그래서 강경파 흑인 학생 네 명과 백인 학생 및 교수 20여 명이 남부 전역을 휩쓸고 있던 더 대규모 연좌 농성에 고무되어서 지역의 편의시설을 인종 불문하고 모든 사람에게 개방하라고 요구하는 청원과 피켓 시위를 시작했다. 이에 대해, 보수적 성향의 학생과 교수들은 매장을 소유한 기업들이 재산권을 보유한 주체로서 자신의 매장에서 자신이 원하는 대로 고객을 차별할 권리가 있다고 반박했다.[25]

이 사안을 둘러싸고 캠퍼스가 둘로 쪼개졌다. 황금률을 지지하는 사람들은 인종을 초월하는 모임을 만들었고, 차별할 권리를 옹호하는 사람들은 고든 털록의 독려로 '자유를 위한 미국 젊은이들'의 버지니아 대학 지부를 만들었다.[26] 인종주의에 반대하는 사람들의 설득으로 학생회가 "대학 내 인종분리적인 기업체는 출입금지이며 어기는 사람은 견책하겠다"고 선언하자 긴장은 더욱 고조되었다. 대상 시설에는 '파밍턴 컨트리 클럽'도 있었는데, 이곳은 제퍼슨 센터도 포함해서 대학의 많은 기관이 방문객을 초청할 때 사용하는 곳이었다. 한편, 레온 듀어를 필두로 이런 움직임에 반대하는 수백 명의 학생과 교수들은 "인종적 평등보다 개인의 자유가 더 큰 선"이라고 주장하면서, 사람들에게 "어디는 가도 좋고 어디는 가면 안 된다고 말하려는 모든 시도"에 반대한다는 입장문에 서명했다.**27**

버지니아 대학의 새 총장 에드거 F. 섀넌 주니어Edgar F. Shannon Jr.는 인종 분리를 둘러싼 갈등을 전임 총장[다든]만큼이나 원하지 않았지만, 입학에 차별을 두지 않는 새 정책이 (되도록 조용하게 도입될 수만 있다면) 옳기도 하 거니와 학교가 학문적으로 탁월한 곳이 되려면 필요한 일이기도 하다는 것을 알고 있었다. 1965년에 유권자 구성이 달라진 것을 염두에 두면서, 또 차별을 금지하는 연방 정부의 명령을 어기는 것이 꺼려져서, 섀넌 총 장은 대학 당국자들에게 더 이상 인종통합 정책을 회피하는 것은 허용되 지 않을 것이라고 알렸다.**28**

같은 해에 샬로츠빌 시 당국이 인종분리를 가능케 하는 '선택의 자유' 정책을 포기하고 인종통합을 허용하는 공립학교 정책으로 가기로 하자, 뷰캐넌은 털록에게 이제 "버지니아 대학에 좌파들이 들어오게 될 것"이라 며 불만을 토로했다.**29** 그의 불평은 두려움을 감추고 있었는데, 그가 두려 워한 데도 이유가 있었다. 그해에 털록은 대학 당국의 반대로 정교수로 승 진하지 못했는데, 예전 체제에서라면 있을 수 없는 일이었다. 털록은 밀턴 프리드먼에게 "대학 당국이 너터와 뷰캐넌에 대해서도 (…) 비슷한 생각을 가지고 있는 것 같다"고 우려했다. 뷰캐넌도 냉랭한 기운을 느꼈다. 뷰캐넌 은 "우리가 이 대학에서 나가도록 압력을 받는다면, 대학의 멍청이들은 우 리가 몇몇 사람들을 흥분하게 만들지 않고 조용히 나가지는 않으리라는 것을 알아야 할 것"이라고 너터에게 전했다.**30** "몇몇 사람들"은 지배층 지지자들을 말하는 것이었을 테지만, 이런 협박은 소용이 없었다. 그의 지지자들은 더 이상 전처럼 강력하게 대학을 지배하고 있지 못했다.

오히려 대학 당국은 익명의 버지니아 기업인들로부터 너그러운 자금을 지원받아서 "앞으로 1980년대가 왔을 때 되어 있고 싶은 버지니아 주"로 가기 위해 버지니아 주의 경제를 연구하는 새 연구소를 막 차린 터였다. 새로운 경제 연구소의 설립도, 공공정책과 세금으로 경제발전을 꾀한다는 개념도 뷰캐넌의 센터와는 직접적으로 반대되는 것이었다. 즉, 이 연구소의 설립은 뷰캐넌의 접근방식을 대학 이사회를 구성하고 있는 버지니아 주 지배층이 반대한다는 의미였다.[31] 처음으로, 버드 오가니제이션을 따르지 않는 실용주의적 기업인들이 이사회를 지배하게 된 것이었다. 이들 중에는 기업 변호사이자 시민 지도자인 루이스 F. 파월 주니어Lewis F. Powell Jr.(나중에 대법관이 된다)와 은행가인 J. 하비 윌킨슨 주니어J. Harvie Wilkinson Jr.도 있었는데, 둘 다 1958년에 학교 폐쇄에 반대했고 버드 쪽 사람들이 연방 법원의 결정을 거부하는 것이 법적으로도 도덕적으로도 잘못이라고 주장한 바 있었다. 윌킨슨은 스스로를 "건설적 보수주의자"라고 불렀다. 그는 외부의 투자를 유치해 버지니아 주의 경제를 활성화하고자 했고 그러한 외부 투자자들은 버지니아 주에 초등학교부터 대학교까지 좋은 공립학교들이 있는 것, 그리고 그 밖에도 여러 공공투자가 이뤄지고 있는 것을 더 선호하리라고 보았다. 섀넌 총장은 이렇게 말했다. "좋은 사업이 있다면 투자를 해야 한다. 수익이 생기리라는 것을 안다면 돈을 좀 빌리는 것도 필요하다."[32]

토머스 제퍼슨 센터를 세운 사람들은 처음부터 그들의 비밀스러운 정치적 임무가 학문적인 위험을 수반한다는 것을 잘 알고 있었다. 너터는 밀턴 프리드먼에게, 뜻이 맞는 사람들이 모일 정치적 "선동 거점"을 만드는 것이 "학문을 프로파간다로 미끄러지게" 할 수 있는 "명백한 위험"을 가진다고 털어놓은 적이 있다.[33] 또 너터와 뷰캐넌은 지금까지처럼 우익 기업의 자금만 받을 것이 아니라 "존경받을 만한" 곳에서도 후원금을 받을 필요가 있다는 것 역시 잘 알고 있었다. 너터의 표현을 빌리면, "'깨끗하고' 존경받을 만한" 원천에서 연구자금을 받을 수 있어야 했다.[34]

하지만 그들이 너무 늦게까지 깨닫지 못한 것이 하나 있었다. 그들 주변 사람들도 매우 불편한 모순을 알아차리기 시작했다는 사실이었다. 뷰캐넌은 "자유사회"를 주창했지만 자신이 전제하는 바에 대해서는 어떤 반박도 용납하지 않았다. 대학 당국은 1960년대에 뷰캐넌 센터가 포드 재단에 연구자금 지원 신청서를 냈다가 빈손으로 오자 이들의 과도한 이데올로기적 열정을 우려했다. 그다음에 한 번 더 시도했지만 이번에도 포드 재단이 이들의 경직적인 도그마를 우려하게만 만들었을 뿐이었다.[35] 그리고 이후에 벌어진 일련의 사건들은 홈그라운드인 샬로츠빌에서조차 이러한 우려를 심화시켰다.[36]

1963년 6월에 버지니아 대학 문리대 학장은 섀넌 총장에게 "경제학과의 상황이 꽤 오랫동안 우려스러운 상태"라고 알렸다. 그는 "도그마는 권위주의를 낳으며 절대적인 도그마는 절대적으로 절대적인 권위주의를 낳는다"고 경고했다.[37] 토머스 제퍼슨 센터 교수들의 막무가내식 열정에 다른 이들은 두려움을 느꼈다. 이들의 일원이 아닌 교수들은 "경제학과가 너무 극단적으로 우파 쪽에 치우쳐 있다"고 불평했다. 결국 버지니아 대학은 매우 이례적으로 비밀리에 조사에 착수했고, 실제로 제퍼슨 센터와 경제학과가 "한 가지 종류의 견해에만 몹시 경직적으로 헌신하고 있다"

는 것이 드러났다. 보고서는 "버지니아학파는 옹호자들 사이에서는 '신자유주의자'라고 불리지만, 비판하는 사람들 사이에서는 '19세기의 울트라 보수주의자'라고 불린다"고 언급했다. 정년보장을 받지 못한 교수들은 조사팀에게 "불안하고 불편한" 분위기가 있다고 전했다. "연구에서건 강의에서건 제퍼슨 센터 사람들과 다른 견해는 표현하기 어렵거나 불가능하다"는 것이었다. 견디다 못 해 두 명의 주류 보수주의자가 다른 학교로 옮겨 가기까지 했다.[38]

그뿐 아니라, 보고서는 전적으로 민간의 자금 지원을 받아서 센터를 운영한다는 것은 외부의 영향이 학자로서의 임무에 영향을 끼칠 수 있다는 의미라고 언급했다. 우익 기업들이 자신들의 정치적 의제를 밀기 위해 학술 프로그램에 돈을 대는 것을 지적한 것이었다. 보고서는, 이들과 성향이 다른 교수를 채용해서 "폐쇄적 사회인 이곳에 다원성의 요소를 도입하는 것"이 시급하다고 결론 내렸다.[39]

"자유를 수호하기 위해" 생긴 프로그램이 "폐쇄적 사회"라는 불명예를 갖게 되다니 슬픈 상황이 아닐 수 없었다. 당시 "폐쇄적 사회"라는 말은 전체주의 국가들을 지칭할 때 쓰이곤 했다. 그리고 이런 일이 벌어진 것은 이번이 마지막이 아니었다.

더 포용적인 성향의 유권자들에게 책무성을 갖게 된 학교 당국이 점점 더 자신을 불편하게 여기고 있다는 사실에도 아랑곳없이, 뷰캐넌은 여전히 기회가 있을 때마다 자신의 접근방식을 공격적으로 밀어붙였다. 외가 쪽 친척들처럼 그도 설교자가 되었다. 1964년에 남부경제학회 회장으로 선출된 뷰캐넌은 자신의 견해를 널리 알릴 수 있는 취임연설 기회를

'경제학자가 무엇을 해야 하는가에 대한 자신의 처방을 설파하는 데 사용했다. 경제학자들은 자원을 어떻게 분배할 것인가의 문제(이른바 '배분 allocation의 문제')에 집중하는 것을 그만두어야 했다. 불평등이 나쁜 것이라는 개념 자체가 불평등을 고치고자 하는 방향으로 연구를 이끌게 되고, 이는 경제학이 "사회공학이라는 (응용) 수학"이 되게 만든다는 것이었다. 뷰캐넌은 경제학자들이 모든 연구에 방법론적 개인주의를 급진적으로 적용해 경제에서나 정치에서나 개인은 언제나 자신의 사적인 이익을 추구한다는 가정에서 분석을 수행해야 한다고 촉구했다. 그와 동시에, 뷰캐넌은 시장은 선하고 정치는 악하다고 보았다. 경제 영역에서는 개인이 자발적으로 교환에 참여하지만 정치 영역은 정부의 권력에 의지하기 때문에 시스템 전체가 "강압적인, 혹은 잠재적으로 강압적인 관계"라는 것이었다. 뷰캐넌은 그의 극도로 개인주의적인 방법론이 이데올로기적으로 "중립적"이라고 주장했다(일반적으로 경제학에서 배분allocation과 분배distribution는 다른 의미로 사용된다. 자원 "배분"의 문제는 한정된 자원을 어떻게 생산에서 "효율적"으로 배분할 것인가의 문제로, "분배"의 문제는 생산된 것을 어떻게 "형평성" 있게 나눌 것인가의 문제로 볼 수 있다. 이 연설문에서 뷰캐넌이 말한 것은 "자원 배분의 문제"이며, 뷰캐넌은 이렇게 배분의 "문제"로 경제학을 접근하면 "최적화" 혹은 "극대화"의 해법을 고르는 "기술적인" 차원으로만 범위가 협소해질 수 있음을 지적하고 있다. 뷰캐넌은 이렇게 최적의 것을 "선택"하는 데 집중하는 접근법보다 인간들 사이의 자발적인 "교환관계"에 천착하는 접근법을 취하자고 제안하고 있으며, 이는 사회계약을 통한 집합적 규칙의 구성도 포함한다. 이 논의는 "재분배"나 "불평등" 문제에 대한 것이라기보다는 "입헌경제학"의 개념과 연결시켜 해석하는 것이 더 적절해 보인다 - 옮긴이).**40**

하지만 그렇지 않았다. "시장"이 실제로 존재하는 실체가 아니라 지적인 추상이라는 것을 부인하는 데는 [결코 중립적이지 않은] 많은 노력이 필요했다[실제 시장은 '자연발생적'이지 않기 때문이다]. 역사 내내 사람들은 시장을 만들어왔고, 정부는 그 시장들을 다양한 방식으로 구성해왔으며, 거기에서 늘 어떤 집단이 다른 집단보다 이득을 얻었다. 역사에서, 또 일상에서 날마다 보게 되는 것들 모두가, 막대하게 부가 불평등하면 사람들이 시장에서 상호 만족스러운 해법에 도달하기가 지극히 어렵다는 것을 말해주고 있었다. '규제 없는 자본주의'의 실상을 알려면 찰스 디킨스Charles Dickens의 소설만 읽어봐도 충분했다. 제약 없는 경제권력은 일부 사람들이 다른 이들 위에 군림할 수 있게 만들고 있었다.

결국 뷰캐넌이 하고 있었던 일은 경제학의 "과학"적 권위를 지렛대 삼아 사회과학, 인문학, 법학 분야에서 수세대의 학자들이 드러내온 사실, 즉 '19세기의 순수한 시장'이라는 개념은 허구라는 사실을 부인하는 일이었다. 과거에 이 허구는 떠오르는 기업 지배층이 법과 규칙을 자기에게 유리하게 기울이고 막대한 부와 그 덕분에 갖게 된 권력을 통해 다른 이들 위에 군림하면서 사회를 황폐하게 만드는 데 일조했다. 그러나 19세기 말부터 현대경제학의 창시자들은 사회적 권력이 시장을 구성한다는 것을 보여주면서, 이와 다르게 [시장의 자생성을] 주장하던 학자들(가령 허버트 스펜서Herbert Spencer)을 논박했다. 그런 현대 경제학자의 대표적인 인물로 리처드 T. 일리Richard T. Ely와 존 R. 커먼스John R. Commons를 꼽을 수 있는데, 일리는 1885년에 미국경제학회American Economic Association 창립을 주도한 인물로, 그의 세대가 이전의 자유방임주의 경제학을 전복하려 했던 것에 대해 이렇게 말했다. "더 젊은 우리의 정치경제는 더 이상 탐욕스러운 사람들의 손에서 과학이 노동자 계급을 억압하기 위한 도구로 사용되는 것을 허용할 수 없다." 과학의 이름을 걸고 무언가를 주장하는 사람이라면 "대중이 굶주리는 동안 아무것도 하지 않는 것"을 옹호해서는 안 된다는 것이었다.[41]

그런데 뷰캐넌은 새로운 버지니아 정치경제학파를 만들어, 바로 이 견해를 깨뜨리려 했다. 일례로, 공공선택 분석에서 매우 중요한 개념인 '지대 추구'라는 개념을 보자. 주류 경제학자들은 '지대'라는 개념을 기업이 생산적인 활동을 통해 경제에 가치를 부가하지 않은 채로, 가령 기존 제품에 대한 특허를 연장하기 위해 로비를 하는 등의 방식으로, 추가적으로 얻는 수익을 지칭할 때 사용해왔다. 그런데 뷰캐넌의 팀은 '지대'에 명백히 전과 다른 의미를 부여했다. 그들은 시민이나 공직자의 집합적인 노력으로 조세 지출을 수반하는 정부 행동을 일으키는 것을 모두 지대 추구라고 보았다. 오늘날에도 우파 성향 사람들 사이에서 '지대'는 이런 의미로 널리 사용된다.

또한 뷰캐넌학파 경제학자들은 개인이 언제나 집합적인 목적이나 공공선보다는 이기적인 경제적 이해관계를 추구한다는 가정에 따라, 그들이 알지 못하는 사람들에게 부당한 동기를 투사했다. 마찬가지로, 이들은 "특별한 이해관계"라는 기존의 개념을 가져다가 주로 정부에게 무언가를 요구하기 위해 압력을 넣는 조직화된 시민을 (그리고 때로는 유리한 법제를 추구하는 기업을) 의미하는 용도로 사용했다. 그럼으로써, 이런 사람들이 자신의 노동을 통해서 무언가를 얻는 게 아니라 표를 모으고 로비를 하는 등의 책략을 써서, 정작 열심히 경제적 가치를 생산하는 사람들로부터 돈을 탈취해간다는 암시를 풍겼다. 뷰캐넌학파는 실증 연구로 뒷받침을 하지 않은 채, 그러니까 '사실'로 뒷받침하지 않은 채, 단지 사고실험을 통해 가설적인 시나리오를 만들었다. 그리고 그들이 분석에 사용하는 용어들은 공감, 공정함, 연대, 너그러움, 정의, 지속가능성 같은 동기들을 부인했다.[42]

이를 잘 보여주는 사례를 한 가지만 들자면, 털록은 린든 존슨 대통령이 '빈곤과의 전쟁'을 선포한 이유가 "그것을 유권자들의 정치적 호의와 꽤 직접적으로 교환할 수 있기 때문"이었을 것이라고 주장했다.[43] 하지만 존슨 대통령은 민권법에 서명을 한 그 순간부터 그의 정당이 이전에 우세를 점했던 남부에서 백인의 지지를 잃는 손해를 감수해야 하리라는 것을 잘 알고 있었고, 따라서 털록의 주장은 타당하지 않은 것이었다. 털록은 세상이 어떻게 돌아가는지에 대한 그의 편견을 그대로 투사해 상대방을 비난했다. 이런 경향은 미국 우파들 사이에서 흔하게 볼 수 있는데, 가령 이들은 사람들이란 대개 너무 멍청하고 활력이 없어서 정부에게 무언가를 요구하며 집합행동을 하는 것은 제3자, 즉 외부 선동가(노예제 폐지론자든 "노동계 보스"든 공산주의자이든 정치인이든)가 들어와 부추겼을 때만 가능하다고 본다. 그리고 물론 외부 선동가들은 사람들을 위해서가 아니라 자신의 이익을 위해 그러는 것이라고 상정된다.[44]

이런 사상은 분명히 기업 후원자들을 만족시켰지만 이 시기에 버지니아학파가 경쟁하고 있던 다른 사상들과는 극명하게 부합하지 않았다. 민권운동이 제기한 질문들을 진지하게 고찰한 수많은 학자들이 거의 반대의 결론에, 사실상 마틴 루터 킹 목사 및 여타 민권운동가들이 주장한 바와 비슷한 결론에 도달해 있는 상황이었던 것이다. 이를테면 역사학과, 사회학과 등의 연구자들은 (남부 역사학자인 폴 M. 개스톤Paul M. Gaston 같은 버지니아 대학 역사학자들도 포함해서) 모든 미국인이 '기회의 약속'에 포함될 수 있으려면 사회의 급진적인 구조조정이 필요하며 이를 위해서는 연방 정부가 필수적이라고 보았다. 이들의 연구에 따르면, 연방 정부는 간단한 한 가지 이유에서 꼭 필요했다. 민주적이지 않은 주 정부의 비호를 받으며 불의가 억압과 고통의 긴 연쇄를 일으키는 것을 끝낼 수 있는 힘을 가진 것은 연방 정부뿐이기 때문이었다.[45]

그렇다면 상대적으로 보수적인 문화를 가진 버지니아 대학에서조차 점점 더 많은 사람들이 토머스 제퍼슨 센터를 미심쩍게 보았다는 것은 놀랄 일이 아닐 것이다. 학교 고위 당국자 중 한 명은 "경제학과에는 존 버치 소사이어티보다 왼쪽인 사람이 아무도 없다"고 말했다.[46]

평판이 떨어지고 있는 것에 불안해지고 센터가 "해체되고 있다"고 느끼게 된 센터 설립자들은 자금원을 대학의 통제 밖에 있는 재단으로 옮겼다. 그리고 뷰캐넌이 이끄는 경제학과의 중견 교수진은 세 번째로 고든 털록의 정교수 승진을 학교 당국에 제안했다. 이 또한 벼랑 끝 전술이라고 볼 수 있었다. 법학대학원 출신인 털록은 경제학 박사학위가 없었고 그 자신도 인정했듯이 경제학 과정을 완료한 적이 없었다. 뷰캐넌과 동료들은 털록이 뛰어나다고 생각했겠지만, 어쨌든 털록은 자신이 가르쳐야 하는 학과에서 제대로 교육받은 적이 없었고, 출판 이력도 뷰캐넌과 공저한 책을 제외하면 아직 두드러진 것이 없었다. 게다가 가르치는 능력도 별로였다. 센터 밖 사람들이 보기에 털록이 자만심이 과하다는 인상을 준 것도 도움이 되지 않았다(아니면 그냥 조금 멍청하거나. 한번은 새로 온 동료가 연구실에 짐을 풀고 있을 때 털록이 문에 나타나 이렇게 말했다고 한다. "오, 미스터 존슨, 오셔서 기쁩니다. 나는 나보다 명백히 열등한 누군가의 견해가 필요해요").[47] 털록은 정교수가 되지 못했고 뷰캐넌은 격노했다.

자신의 명예와 동료의 체면이 실추된 것에 대해 반격을 하는 데 자신의 입지를 활용하고자 하면서, 뷰캐넌은 총장에게 결정을 번복해 털록을 정교수로 임명하지 않으면 학교를 떠나겠다고 했다. 하지만 총장은 단호했다. 뷰캐넌은 자신이 "남부와 버지니아 주와 이 대학에 깊이 충성하고 있지만" 고든 털록에게 행해진 "추접한 불의"와 그의 프로그램 및 운영 방식에 대해 "내부에서 오랫동안 비방, 사악한 가십, 욕설 등이 벌어져온 것"은 용납할 수 없다며 사임했다.[48]

이렇게 해서 뷰캐넌은 떠났다. 그는 UCLA의 일반 교수직 제안을 받아들였다. "괜찮은" 경제학과가 있는 학교였고 버지니아 대학, 시카고 대학의 자유시장에 대한 입장과 가장 가까운 곳이기도 했다. 실제로, 사람들에게 자유시장적 사고를 교육하고자 하는 자유지상주의 재단 '이어하트 Earhart Foundation'는 시카고, 버지니아, UCLA 세 곳의 경제학과를 비슷비슷한 곳으로 취급했다.[49] 하지만 뷰캐넌에게는 그렇게 보이지 않았다. LA에 도착해보니 이 도시가 영 마음에 들지 않았고 학교가 "비인간적"이라고 느껴졌다. 뷰캐넌은 낙담했다. 자신이 더 이상 작은 연못에서 과도하게 큰 물장구를 칠 수 있는 큰 물고기가 아니라는 것을 알게 되었기 때문일 것이다. 또한 그는 이 대학과 이 도시에 흑인이 많은 것도 영 불편했다. 샌디에이고 주립대학을 방문하고 나서 그는 털록에게 "샌디에이고가 흑인이 훨씬 적고 학생들이 더 질서 있어 보였다"고 말했다.[50] 뷰캐넌 못지않게 낙담한 워런 너터도 버지니아 대학을 떠나 닉슨 대통령의 국방부 국제안보 담당 차관으로 갔다.[51] 그들의 프로그램은, 충성스러운 동문인 제임스 C. 밀러 3세James C. Miller III에 따르면, "거세"를 당했다.[52]

이후 몇십 년 동안 뷰캐넌과 동료들은 그들의 센터가 내파한 것이 진보주의자들의 배신 때문이라고 말했다. 정치적 동기 때문에 자신들의 등 뒤에서 칼을 꽂았다는 것이었다. 제임스 뷰캐넌은 예전 지도교수〔나이트〕에게 "버지니아에서의 일은 갈기갈기 찢어졌으며", 이는 "부패하고 전적으로 부정직한 학교 당국 탓"이었다고 말했다.[53]

하지만 그의 이야기는 적어도 두 가지 면에서 사실을 왜곡했다. 첫째, 버지니아 대학 당국은 진보 성향이 아니었고 우파 사상에 적대적인 것은 더더욱 아니었다. 학교 당국은 실용적인 보수주의 성향이었고, 뷰캐넌 쪽 사람들은 골수 자유지상주의자였다. 그저 학교 당국이 이 둘의 차이가 크고 중대하다는 것을 깨달았을 뿐이었다. 학교 당국은 버지니아 주 정부가 버지니아의 미래에 더 많은 투자를 하기를 원하는 실용주의자들이었다. 새넌과 그가 이끄는 이사회는 "버지니아 주가 필요로 하는 바", 그것도 점점 더 민주화되고 있는 버지니아 주가 필요로 하는 바를 "진정으로 충족시키려면", 버지니아 대학이 더 이상 버드 시대처럼 운영되어서는 안 된다는 것을 잘 알고 있었다. 그리고 전국적으로 명망 있는 연구기관이 되고 싶다면 절대로 그래서는 안 되었다. 무엇보다, 흑인은 물론이고 모든 집단의 여성도 받아들여야 했다. 새넌 총장은 1967년에 이러한 변화가 필요하다고 적극적으로 주장했고 이는 1970년에 결실을 맺는다.[54]

둘째, 뷰캐넌의 프로그램이 처한 운명에는 그 자신의 책임도 적지 않았다. 1959년에 버지니아 주가 공립학교를 전적으로 민영화해야 한다고 주장하며 너터와 함께 공공 담론에 뛰어들었을 때부터도 뷰캐넌은 자신의 시장을 잘못 가늠했다. 물론 콜게이트 다든이 뉴딜을 막아내기 위해 뷰캐넌의 센터를 승인한 것은 사실이다. 하지만 다든은 인종분리를 유지하기 위해 공교육을 파괴하겠다고 위협하는 반동주의자들과 한편에 설

생각까지는 없었다. 그는 문명화된 시민사회에는 공립학교가 꼭 필요하다고 생각했다. 버지니아 주의 기업인들도 그렇게 생각했다. 뷰캐넌과의 입장 차이는 섀넌이 총장이 되고서 더 벌어졌고, 동료 교수로서 적절하다고 보기 어려운 [독단적인] 행동이 뷰캐넌의 대의명분을 손상시켰다. 그는 시장에서 아무런 착취도 벌어지지 않는다고 여겼듯이, 그가 원하는 것을 얻기 위해 그의 지위를 활용하는 것이 특권이라고 여기지도 않았다. 의사결정이 민주적으로 이뤄져야 한다고 (옳게) 보는 다른 동료들의 생각이 어떻든 상관없이 말이다. 그 자신이 작성한 보고서에 따르면, 뷰캐넌은 자기가 민간기업의 CEO이고 누구에게도 책무를 지지 않는 양 경제학과를 운영했다. 다른 학과들은 모두 집단적인 숙의의 과정을 거쳐 교수를 채용했지만, 그는 "내 요구사항에 맞는" 사람들을 선택했고 동료들이 그가 채용한 사람을 불편해하든 말든 상관하지 않았다.[55]

그는 명예가 실추된 것에 대해 자신의 잘못은 전혀 인정하지 않았다. 그의 생애 이야기에서 이 캠퍼스 난투극은 그의 해군 복무 경험과 마찬가지로 자신이 핍박받은 이야기로 둔갑했다. 해군에서 그는 북동부 아이비리그 출신의 고상한 척하는 작자들이 미들 테네시 교육대학을 나온 자신을 깔본다고 생각했다. 그는 차별의 피해자였다. 적어도 그는 그렇게 확신했다. 마찬가지로, 뷰캐넌은 자신의 프로그램이 몰락한 것을 "기득권 지식인"들이 "사고를 통제하려는 조악한 시도"를 했기 때문이라고 보았다. "시기심에서 비롯한 증오"를 보이면서 그들이 가진 "국가에 대한 낭만"을 거부하는 뷰캐넌 같은 사람들에게 적대를 드러냈다는 것이었다.[56]

그리고 샬로츠빌을 떠나 LA로 간 뷰캐넌은 분노할 이유를, 그리고 민주주의를 제약해야 할 이유를 심지어 더 많이 발견하게 된다.

7장　미친 세상

　제임스 뷰캐넌은 UCLA에 머물렀던 시기에 대해 "정신병원에 뚝 떨어져" "미친 세상에" 갇힌 느낌이었다고 말하곤 했다. 당시는 1968~69학년도로, 학생들의 저항이 전 세계적으로 펼쳐지면서 대학들이 현대사에서 가장 큰 격동을 겪은 해였다. 그 학년도의 두 번째 학기가 막 시작된 1969년 1월, 블랙팬서당 소속 청년 두 명이 경제학과 건물에서 채 몇 미터도 떨어지지 않은 곳에서 역시 급진주의적 성향의 경쟁 단체 일원에게 살해당하는 사건이 일어났다(경제학과 건물 자체도 한두 달 전에 익명의 폭탄 테러범의 목표물이 된 적이 있었다. 경제학과에서 흑인 교수를 한 명도 고용하지 않은 것이 이유였다. 다행히 폭탄은 터지지 않았다). 범인은 자신의 단체가 UCLA에 새로 생긴 흑인학 센터의 '지역사회 자문위원회'에서 주도권을 잃은 것에 분노해 총을 쏘았다. 이 사건으로 미국 전역의 학생 활동가들이 충격에 빠졌고 UCLA 캠퍼스는 마비 상태에 빠졌다.[1]

　하지만 뷰캐넌에게는 이 사건이 납세자의 돈으로 공공자원을 확충하는 것이 왜 사회를 더 파괴적인 방향으로 몰고 가는지에 대한 그의 견해를 한층 더 확고히 해준 계기였을 뿐이었다. 앤젤라 데이비스^{Angela Davis} 교수의 해고에 대해 UCLA 학생과 교수들이 보인 반응에서도 뷰캐넌은 동일한 결론을 내렸다. 앨라배마 출신의 앤젤라 데이비스는 소르본 대학에서 공부한 철학 조교수였다. 지지자들에게 데이비스는 UCLA에 새로운 사고를 가져온 뛰어나고 명민한 지식인이었다. 데이비스의 강의는 "UCLA 역사상 가장 많은 학생이 듣는" 수업이었다. 하지만 뷰캐넌과 우파에게 데이비스는 블랙팬서당 지지자이자 스스로 공언한 공산주의자였다. 로널드 레이건 당시 캘리포니아 주지사가 공산당원의 교수 임용을 금지하고 있는 UCLA 정책에 위배된다는 이유로 데이비스를 해고하라고 압력을 가하자 학교 당국은 그에 따랐고, 이에 대해 경제학과를 제외한 모든 학과에서 교수들이 데이비스에게 수정헌법 1조상의 권리[언론, 출판, 표현의 자유]를 부인하고 학문의 자유라는 원칙을 침해한 조치라며 반발하고 나섰다. 데이비스의 복직을 요구하는 대규모 집회가 열렸고, 나중에 법원도 그렇게 판결했다.[2]

하지만 뷰캐넌은 동의하지 않았다. 그는 일단 단기적인 면에서 학생들의 소요가 퍼지는 것을 해결하기 위해 곧바로 취해야 할 적절한 대응은 '진압'뿐이라고 생각했다. 훗날 그는 "나는 오래도록 자유지상주의적 원칙들을 지켜왔지만" 이 점에 대해서만큼은 "분명하게 '법과 질서'의 입장에 서 있었다"고 회상했다. 그는 그나마 한 학교 당국[샌프란시스코 주립대학]이 학내에서 시위하던 학생들을 경찰을 불러 진압하기로 "용기를 낸" 데 대해 커다란 찬사를 보냈다.[3]

하지만 뷰캐넌의 UCLA 경험은 그에게 이보다 훨씬 깊은 흔적을 남기게 되며, 이 흔적은 오늘날 자본주의적 급진우파의 통제력하에 있는 주지사와 주 의원들이 전례 없이 빠르고 공격적으로 주립대학들을 변형시키는 일에 나서고 있는 이유를 설명해준다. 2010년 이후로 코크가 자금을 댄 프로젝트들의 영향을 받아 주 의원들은 주립대학 지원 예산을 대폭 줄이는 한편, 학비를 올리고, '필요 기반의 장학금'을 없애고, 교수의 정년보장을 제한하거나 줄이고, 교수진의 자치권을 축소하고, 자유교양 과목들(특히 저항적인 것으로 알려진 영역의 과목들)에 대한 지원을 줄이는 일에 착수했다. 공화당이 지명한 대학 이사진은 전례 없는 속도로 행동했고 의사결정에서 숙의 과정은 크게 축소되었다. 버지니아 대학에서는 호평을 받던 총장이 "점진주의적"이라는 이유로 해임되었다. 텍사스에서는 우파 성향의 대학 이사진이 자칭 "처벌하는 섭정가"로 행세했다. 노스캐롤라이나, 루이지애나, 미시시피, 아이오와, 위스콘신 등에서는 방침을 따르지 않는 총장이 물러났다.[4]

공립대학을 기업 스타일로 변형시키려는 위와 같은 조치들의 이론적 토대를 만든 사람이 바로 뷰캐넌이며, 그가 그 이론과 정책 제안을 만들기 시작한 것이 바로 1960년대에 UCLA에서 대학의 격동을 경험했을 때였다. UCLA에 방문학자로 와 있던 런던정경대학의 니코스 데블리토글로[Nicos Devletoglou]와 공저를 준비하면서(데블리토글로도 런던정경대학에서 이 시대의 격동을 목격한 바 있었다), 뷰캐넌은 대학 지도자들이 "소수의 혁명 지향적 테러리스트가 수백 년간 이어져온 대학의 전통을 없애도록" 허용하고 있다고 비난했다.[5]

뷰캐넌과 데블리토글로의 주장에서 눈에 띄는 점은 그들의 분노가 아니라(그들 말고도 옛날식 자유주의 성향을 가진 교수들과 많은 우파 인사들이 분노했다) 그들이 제시한 해법이었다. 뷰캐넌과 데블리토글로는 젊은 급진주의자들의 행동을 그때그때 다룰 것이 아니라 대학의 인센티브 구조 자체를 재사고해야 한다고 주장했고, 공공선택이론의 분석을 매우 독창적으로 적용해 그러한 재사고의 틀을 제시했다. 그들은 정부와 대중이 대학을 공공자원으로 볼 게 아니라 산업으로("독특한 산업"이기는 하지만) 간주해야 한다고 주장했다. 대학에서도 행위자 개개인은 자신의 비용을 최소화하고 이득을 극대화하기를 바란다는 것이었다.[6]

이 전제로부터 주 정부가 공립대학에 지원금을 줘서 학생들이 내는 학비를 낮추는 것이 합당하지 않다는 주장을 도출하는 것은 어렵지 않았다. 주 정부 돈으로 대학을 지원하는 것은, 더 유용하게 쓰일 수 있었을 돈을 납세자의 주머니에서 과도하게 가져다가 "공익"이라는 명목의 의심스러운, 그리고 왜곡된 결과를 불러올 활동에 지출하는 또 하나의 사례였다. 뷰캐넌과 데블리토글로는 대학의 인센티브 구조가 잘못 고안되어 있고, 옳지 않은 행위에 대해 적절한 처벌이 이뤄지지 않다 보니 학생들이 걸핏하면 저항에 나서는 것을 허용하고 부추기는 환경이 되었다고 보았다. 뷰캐넌과 데블리토글로에 따르면 대학의 문제는 다음과 같은 독특한 구조적 특징에서 비롯했다. "1)제품을 소비하는 사람(학생)이 그것의 비용을 온전히 물지 않는다 2)제품을 생산하는 사람(교수)이 그것을 판매하지 않는다 3)제품 생산에 자금을 대는 사람(납세자)이 그것을 통제하지 않는다."

대학 서비스를 "공짜로", 혹은 거의 공짜로 얻을 수 있으므로, 고객[학생]은 대학에, 즉 대학의 교수진, 학교 행정 당국, 학교 시설 등에 가치를 부여할 이유를 별로 갖지 못하게 된다. 이런 상황에서 학생들이 "대학의 환경 전체를 별로 존중하지 않고 때로는 경멸하게 되는 게 이상한 일이겠는가?" 자기 돈이 걸려 있지 않으므로 학생들은 마음만 먹으면 언제든지, 그리고 개인적으로는 아무런 비용도 치르지 않고, 학교를 교란하고 변화를 요구하기에 가장 이상적인 조건을 갖게 된다. 마찬가지로, "생산자"인 교수들도 학교가 교란되고 훼손되어도 개인적으로 아무런 비용을 치르지 않는다. 정년보장제도 때문이다. 뷰캐넌은 정년보장이 "혼돈의 근원 중 하나"라고 보았다. 직업 안정성이 보장되므로 교수들이 굳이 급진적인 학생들에 맞서 학내의 질서를 유지하려 할 동기를 갖지 못한다는 것이다. 오히려 이런 상황에서는 교수가 학생들과 공모자가 될, 아니면 적어도 방관자가 될 유인이 컸다.[7]

마지막으로, 투자 및 소유를 통제권과 분리해놓은 경영구조 때문에 대학 행정 당국은 누가 진정한 상사인지를 착각한다. 대학 당국은 "교수들의 죄수"가 되는 경향이 있어서 주주(대학에 돈을 댄 사람들)보다 교수들이 정책을 좌우하게 만든다(뷰캐넌과 데블리토글로는 이것이 노동자가 기업의 통제력을 갖는 것만큼이나 왜곡된 상황이라고 보았다). 또한 뷰캐넌과 데블리토글로가 보기에 이와 마찬가지로 이상한 것은, 자신의 돈으로 대학이 유지되고 있는데도 "납세자와 동문들"(아마도 기부금을 내는 동문을 의미했을 것이다)이 "투자를 한 주주들과 달리" "경영 성과"에 거의 관심을 기울이지 않는다는 것이었다.[8]

치료법은 위와 같은 진단에서 자연스럽게 도출되는데, 요약하면 다음과 같다. 학생은 교육의 비용 전체를 온전히 부담해야 하고, 대학은 학생을 고객으로 여겨서 고객을 끌기 위해 경쟁해야 한다. 또한 납세자와 후원자들은 "다른 주주들이 그렇게 하듯이" 자신이 투자한 돈이 어떻게 사용되는지 감시해야 한다. 더 이상 이사회의 "통제력이 이렇게 미미해서는" 안 된다. 납세자의 대리인으로서, 이사회(캘리포니아의 경우에 대학 이사회는 주로 레이건을 주지사로 뽑은 사람들로 구성되어 있었다)는 이 사업체(대학)

에 필요하다면 강제적으로라도 질서를 부여해야 한다. 가령, "학내에서 데모를 하다 체포된 학생은 즉각 퇴학시키는 정책"을 도입해야 한다.[9]

뷰캐넌과 데블리토글로는 기업들이 이해하는 의미에서의 '책임'과 '질서'를 모델로 한 조치만이 효과가 있을 것이라고 보았다. 궁극적으로, 문제는 공공소유 자체였다. 공공소유는 아무에게도 분명한 책임을 지우지 않으므로 아무도 질서를 유지하려는 인센티브를 갖지 않게 된다. 그러한 인센티브는 엄격하게 규정된 재산권에서 나오는 것이기 때문이다. 교수의 연구실과 학교 당국자의 사무실이 더 주택 같았다면, "즉 그들이 자기 연구실, 사무실, 장비 등을 대학으로부터 임대하거나 구매해야 했다면", 학생들이 연구실과 사무실을 점거했을 때 교수와 학교 당국자가 "얼마나 다르게" 반응했겠는가? 그렇게 물러 터진 반응을 보이면서 "인질범에게 돈을 바치는" 것 같은 일은 하지 않았을 것이다.[10]

뷰캐넌과 데블리토글로의 처방은 마치 오늘날 우파가 대학을 급진적으로 변형시키기 위해 추진하는 조치들의 청사진처럼 보인다. 주립대학을 경영진의 엄격한 관리하에 놓고, 교수진의 의견은 거의 반영하지 않으며, 납세자에게 비용을 부담시키지 않는 방식으로 운영해서, 저항적인 학생들이 존재하지 않는 '노동자 훈련소'로 만드는 것이다. 뷰캐넌과 데블리토글로의 주장은, 주립대학을 학생들이 거의 공짜로 다닐 수 있게 해주는 지원을 멈추고 전체 비용을 충분히 커버할 수 있을 만큼의 학비를 책정하면, 학생들이 대학 개혁이니 사회 개혁이니 하는 것에 신경 쓰지 않고 공부에만 관심을 쏟을 경제적 인센티브가 생기리라는 것이었다. 그런데 이들의 논의가 담고 있는 주장이 하나 더 있었다. 사실상 대학 교육을 훨씬 더 적은 수의 학생만 받게 하자는 것이다. 특히 학비를 모두 낼 여력이 없는 저소득층은 대학 교육을 받지 말아야 했다. 또한 이 책에서 뷰캐넌과 데블리토글로는 대학 이사회를 지배하고 있는 기업인들에게 학생과 교수 모두에 대해 더 세게 나가야 한다고 촉구하고 있었다.

몇 달 뒤, 뷰캐넌과 데블리토글로는 원고를 완성했다. 그리고 이 책의 내용이 (뷰캐넌의 표현을 빌리면) "어떤 유형의 진보적 학자들에게는 치명적인 독약"을 담고 있다는 것이 드러났다. 무슨 이유였든, 출판사마다 출간을 계속 거절했다. 그러다가 어빙 크리스톨Irving Kristol을 만나고서 드디어 출간에 희망이 생겼다. '베이직 북스' 출판사의 편집자이던 크리스톨은 신보수주의의 대변자를 자처하고 있었다. '신보수주의'는 당시에 떠오르고 있던 새로운 조류로, 뉴딜의 핵심정책은 지지하지만 대학의 급진주의 세력은 가차없이 진압해야 한다고 보았고, 인종차별을 철폐하기 위한 '적극적 우대 조치affirmative action'를 하지 말아야 한다고 주장했으며, 대외정책은 더 강경한 반공 기조에 기반해야 한다고 주장했다. 베이직 북스는 그해가 가기 전에 뷰캐넌과 데블리토글로의 원고를 출판하겠다고 약속했다.[11]

뷰캐넌과 데블리토글로는 《무정부 상태의 대학Academia in Anarchy》을 "납세자들에게" 헌정했다. 인종 중립적인 경제학적 주장을 담은 책이라고 표방되었지만, 버지니아 주의 사립학교 바우처 싸움을 잘 알고 있는 사람들은 이 책의 기저에 흐르는 인종주의적 측면을 분명히 볼 수 있었다. 뷰캐넌과 데블리토글로는 흑인 학생들이 주도한 학내 소요를 "대혼란"의 핵심으로 꼽았는데, 이것이 "흑인 학생들을 (자신의 목적에) 이용하려는" 외부 혁명가들(아마도 백인 공산주의자들)의 지휘로 일어난 일이라는 뉘앙스를 풍겼다. 흑인 학생 본인들은 저항할 이유도, 추구하는 대의도 없고, 스스로 저항을 이끌 역량도 없다는 듯이 말이다. 뷰캐넌과 데블리토글로는 "혁명 활동가들은 흑인 학생들을 가장 좋은 동지로 여긴다"며 그런 혁명가들이 자신의 급진주의적인 목적을 위해 흑인 학생들을 선동하고 백인들의 "죄책감"을 이용한다고 말했다. 또한 뷰캐넌과 데블리토글로는 만약 시위에 나선 학생들이 "흑인학생연대"나 "민주사회를 위한 학생들"이 아니라 [극우 정치인] 조지 월리스의 지지자들이었다면 당국은 훨씬 "전면적이고 신속하고 엄격한" 대응을 했을 것이라고 언급했다(경찰이 흑인 학생들을 살살 다뤘다는 이 주장을 시위에 참여했던 흑인 학생들이 들었다면 몹시 어이없었을 것이다).[12]

뷰캐넌의 예전 동료 윌리엄 브레이트는 〈내셔널 리뷰〉에 쓴 서평에서 "전체 비용을 수업료로 부과하고 돈이 모자라는 학생들은 학자금 대출을 받아서 수업료를 낸 뒤 나중에 갚게 하는 시스템"에 지지를 표명했다.[13] 핵심은 납세자의 돈을 절약한다는 것만이 아니었다. 사석에서 고든 털록과 제임스 뷰캐넌은 수업료를 낼 만큼의 돈을 저축하지 못한 저소득층 집안의 청년들이 대학에 들어와 자유교양 교육을 받지 못하게 하는 것이, 유용한 사회통제 기능을 수행할 수 있다고 이야기했다. 털록은 "너무 많은 노동자 계급 젊은이들에게 대학 교육을 제공함으로써 매우 위험한 계급적 상황을 만들고 있는지 모른다"고 말했다. 어차피 경영진이 되지 못할 학생들이 대학 교육으로 눈이 높아지면 골칫덩이가 될지 모른다는 것이었다.[14]

《무정부 상태의 대학》에서 처음으로 제안되었던 조치 중 많은 것이 오늘날 실제로 도입되고 있다. 그런데 문제는 이 책이 제시한 분석과 처방이 틀렸다는 사실이다. 대학 소요는 왜곡된 인센티브에서 나온 것도, 외부의 선동가가 학생들을 이용해서 생긴 것도 아니었다. 극심한 인종 불평등, 너무나 잘못되어서 군인들의 저항으로 군이 거의 붕괴한 베트남 전쟁, 대학 행정과 국가 정치 모두에서 학생들의 목소리가 반영될 통로가 막혀 있는 것 등등, 당시에 쟁점이 되었던 사안들은 수백만 명의 학생들이 뼛속까지 깊이 느끼고 있던 '진짜 문제'들이었다. 수십만 명의 청년이 자신이 반대하는 전쟁에 징병되어 죽고 죽여야 하는 상황에 처했는데도 그들은 투표조차 할 수 없었다(이러한 혼란과 투쟁의 결과로 수정헌법 26조가 발의되고 통과되어 18~21세도 전국 선거에서 투표를 할 수 있게 된 것은 1971년이 되어서였다).[15] 그리고 대학 소요가 진정된 것은 《무정부 상태의 대학》이 제시한 처방인 폭력적인 진압과 위로부터의 개혁 덕분이 아니라, 징병제가 폐지되고 학생들을 학교를 위해 목소리를 낼 수 있는 이해당사자로 인정하는 방향으로 대학이 개혁되었기 때문이었다.

또 한 가지 주목할 점은, 자유에 헌신한다고 공언했으면서도 뷰캐넌이 국내외를 막론하고 저항하는 사람들에 대해 폭력적인 무력진압을 열렬히 옹호했다는 점이다. 그는 미국이 베트남에 군사적으로 개입한 것에 대해 문제제기한 적이 없다. 오히려 더 공격적으로 개입해야 한다고 말했다.[16] 또한 그는 '미국이 표방하는 이상'에 부합하는 삶을 살고자 하는 열정적인 젊은이들을 개인의 이익을 위해 진짜 목적을 숨긴 채 교란과 소요를 일으키고 그것을 즐기는 문제적인 존재로 단순화했다. 뷰캐넌은 저항하는 학생들(흑인, 백인 모두)을 버릇이 잘못 들어 자기가 할 일은 게을리하면서 부당하게 납세자의 돈을 뜯어먹는 존재라고 묘사했기 때문에, 이들을 진압하기 위해 무력을 사용해야 한다는 논리를 펴기가 어렵지 않았을 것이다.

대학에서 벌어지던 저항이 전 세계적인 주목을 끌던 시기였으니만큼,

이 책은 뷰캐넌의 전작들보다 더 많은 관심을 받았다. 보수적인 언론뿐 아니라 〈뉴욕 타임스〉, 〈LA 타임스〉, 영국의 〈가디언〉 등 몇몇 전국 매체에도 서평이 실렸다. 영국, 프랑스, 독일, 호주 등에서도 여러 학문 분야의 여러 학술지에 서평이 게재됐고, 실증 연구의 뒷받침이 부족하고 정치적인 의제를 두드러지게 드러냈다는 지적도 있었지만, 경제학적 분석을 창조적으로 적용했다는 평을 받았다.[17]

비판자들이 무엇이라 말해도 상관없었다. 뷰캐넌에게 이 모든 서평이 의미하는 바는 그의 독자층이 확대되고 있다는 점이었다. 그는 담론을 바꾸어내고 있었다. 일반 독자나 반대 진영 사람들과 함께는 아니더라도, 그와 비슷한 생각을 가진, 언제나 그에게 정말로 중요했던 독자들과 함께 말이다.

천상 남부 사람인 뷰캐넌이 UCLA를 떠나 고향으로 돌아가는 것은 시간문제였을 것이다. 예전 제자인 찰스 고츠$^{Charles\ Goetz}$가 버지니아 폴리테크닉 대학에 그를 초빙했다. 뷰캐넌이 버지니아 대학에서 잘나가고 있었을 때는 "버지니아 주의 젖소 대학"이라고 낮게 보던 대학이었다. 블랙스버그라는 작은 마을에 있었고 가장 가까운 도시 로아노크와도 한 시간이나 떨어진 이곳은 명문 대학이 전혀 아닌, 2급 주립대학이었다. 하지만 바로 그 때문에 대학 당국은 뷰캐넌 같은 명사가 오는 것을 매우 환영했고 기꺼이 뷰캐넌이 '공공선택이론 연구센터'를 마음대로 꾸릴 수 있도록 재량을 부여했다. 이 학교는 아주 최근에야 연구 중심 대학으로 바뀐 참이었다. 뷰캐넌이 오는 게 그저 감지덕지인 학교 당국은 뷰캐넌 센터가 들어갈 자리로 "캠퍼스 전체를 굽어보는 언덕에" 위치한, "전에는 총장의 사택이었던 커다란 저택"을 제공했다. 여기에서 뷰캐넌은 그토록 원했던 제약 없는 자유와 후한 배려를 누릴 수 있었다. 뷰캐넌과 동료들은, 비슷한 생각을 가진 사람들로 팀을 다시 모으고 뷰캐넌의 비서 '마마 베티'의 보살핌과 우파 재단의 너그러운 자금 지원을 받으며, 그리고 애덤 스미스식 스카프형 넥타이를 매고서 각자의 일에 착수했다.[18] 이들은 이들 버전의 정치경제를 발달시키기 위해 "어떤 제약도 없이 모든 것을 다 해보는 전투"를 실천했고, 여기에서도 자신들이 공유하고 있는 전제에 문제제기하는 사람은 배제했다.

이들의 질서 정연하고 "은둔적인" 공동체는, 여기 일원이었던 한 호주 학자에 따르면, "전 세계에서 공공선택이론 및 공공경제학 분야의 야망 있는 젊은 학자들에게 메카나 다름없었다".[19] 자유지상주의적 우파 급진주의자들인 뷰캐넌의 팀은 버지니아 공대(지금은 이름이 이렇게 바뀌었다)에 10년 넘게 있으면서 우익 기업인 및 우익 재단과의 관계를 돈독히 했다. 우익 기업인과 재단들은 뉴딜과 '위대한 사회Great Society' 프로그램을 통해 정부가 계속해서 확대되고 있는 것에 맞서 싸울 수 있는 사상을 찾고 있었고, 이들 자체도 수가 많아지고 있었다. 또한 뷰캐넌은 블랙스버그에 있는 동안 처음으로 찰스 코크를 알게 된다. 이 둘은 '상호 이익이 되는 교환관계'(라고 뷰캐넌이 불렀을 법한 관계)를 시작하게 되며, 이는 사반세기 후에 결실을 맺는다.

버지니아 공대 총장 T. 마셜 한 주니어T. Marshall Hahn Jr.가 뷰캐넌과 비슷한 생각을 가지고 있었고 그 자신이 기업인이기도 했던 것 또한 뷰캐넌에게 큰 도움이 되었다(그는 곧 세계에서 가장 큰 제지 회사인 '조지아 퍼시픽'의 임원이 된다. 아이러니하게도, 그리고 명백히 우연으로, 이 회사는 나중에 코크 인더스트리즈에 매각된다). 또한 잠시 동안 진보적 공화주의로 기울었던 버지니아 주가 원래의 성향으로 돌아온 것도 뷰캐넌에게 호재였다. 버지니아 주의 기업인들은 다시 결집했고 이제는 양당 모두와 주 의회에서 굉장한 지배력을 가지고 있었다.[20]

'버지니아 은행인 연합회' 등 파트너 단체들의 지원으로 뷰캐넌의 팀은 "기업인, 학자, 정책 결정자"들을 모아 "버지니아 사람들이 직면하고 있는 중요한 경제 문제들"을 논의하기 위한 정기 브리핑을 열었다. 이렇게 해서, 새로운 센터는 (예전에 버지니아 대학의 센터에서 그랬던 것처럼) 버지니아 기업계와 협업하는 틀을 다시 다지는 일에 착수했다. 이 센터에는 '경제 교육센터'라는 분과도 있었는데, 장래에 찰스 코크가 자금을 지원해 워싱턴의 정책 결정자들에게 영향을 끼치려 한 것의 원형이라 할 만하다. 이 센터는 공립대학에 소속되어 있다는 '학술 조직'으로서의 이미지는 누렸지만, 운영에 대해 대학 당국에 책무를 지지 않았고 대학의 통제도 받지 않았다.[21] 그러한 자율성을 가지고, 이곳의 공작원들은 자유롭게 기업계와 관련을 맺고 정책 결정자들에게 접촉했다.

뷰캐넌이 버지니아 공대에서 보낸 첫해 5월에, 오랜 친구이자 이제는 국방부에서 일하고 있는 G. 워런 너터가 강연을 하러 왔다. 미국이 캄보디아와 라오스에서 무자비한 폭격을 한 것에 대해 항의하던 학생 중 네 명이 켄트 주립대학에서 주 방위군의 무력진압으로 사망한 사건이 있은 직후였다. 너터가 전쟁에 대한 닉슨 행정부의 입장을 이야기하자 각각 알파벳 한 글자씩 쓰여진 셔츠를 입은 학생 여덟 명이 한꺼번에 일어나서 'bull'로 시작하는 "그 천박한 단어[bullshit]를 내뱉었다"고 대학 총장이 얼굴이 벌게져서 말했다. 뷰캐넌은 이 행동에 충격을 받았고 분개했다.[22]

다음 해에 학생들이 대학 건물의 유리를 깨고 불을 지른 일이 있고 나서, 뷰캐넌은 총장인 한에게 대학의 변호사들이 하는 말에는 신경쓰지 말고 "전략적인 반격"을 해야 한다고 촉구했다. 저항하는 학생 지도부와 지지자를 처벌하라는 것이었다. 이들이 개인적으로는 어떤 규칙도 어기지 않았는지 몰라도 학내에서 "선동"을 해 혼란을 일으켰으니 그에 대해 대가를 치러야 했다. 뷰캐넌은 분노한 납세자들(이 대학의 돈은 상당 부분 이들에게서 나온다)과 주 의회에서 그 납세자들을 대표하는 의원들이 그러한 단호한 조치를 지지할 것이라고 말했다. 특히 "연방 법원"이 퇴학당한 학생들의 편을 든다면 더욱더 그럴 것이었다. 연방 법원을 오래도록 경멸해온 뷰캐넌은, 총장이 지지를 얻어내야 하는 후원자들 또한 그럴 것이라고 생각했다.[23]

자칭 '자유'지상주의자 뷰캐넌은 "반격 전략"의 개요도 상세하게 제시했다. 이후 몇십 년 동안 뷰캐넌은 강력한 후원자, 싱크탱크, 뜻을 같이하는 정치인 등과 함께 이 반격 전략을 더 정교하게 갈고 닦게 된다. 알고 봤더니 대학 캠퍼스를 훨씬 넘어서는 광범위한 영역에 적용될 수 있었기 때문이다. 뷰캐넌은 총장이 "바람직하지 못한 사람들"에 대해서는 "단순하게 팃-포-탯Tit for Tat 게임"(상대로부터 받은 대로 그대로 되돌려주는, "눈에는 눈, 이에는 이" 방식의 전략 – 옮긴이)으로 대응해야 한다고 주장했다. 즉, 문제를 일으키는 학생들을 "대학 당국이 명시적으로 처벌해야 한다"는 것이었다. 규칙을 벗어나지는 않되 그들을 바쁘고 정신없이 만들기에는 충분할 만큼 괴롭힘을 줄 수 있는 것이어야 했다. 또한 뷰캐넌은 교수들에 대해서도 새로운 "보상-처벌 구조"를 도입해야 한다고 촉구했다. 그가 보기에 사회학, 문학, 역사학 같은 학과의 교수들은 학생들에게 비판적인 사고를 독려하고 있었다. 뷰캐넌은 그들이 자신이 뿌린 씨를 거두게 해야 한다고 주장했다. 그들이 일으킨 문제에 대해 그들도 피해를 보게 만들자는 것이었다. 인센티브 구조를 바꿔야 할 때였다. 뷰캐넌은 이것이 "험한 일이고 '학문의 자유'라는 신성하게 여겨지는 전제를 깨는 일"이지만, "지금은 험한 세상"이라고 말했다.[24]

현명하게도 한은 뷰캐넌의 조언을 받아들이지 않았다. 하지만 대학의 소요에 대해 반대하는 목소리를 명시적으로 내면서 뷰캐넌은 그의 분노를 공유하고 그의 제안에 동의하는 사람들과 접촉할 수 있게 되었다. 저항하는 학생과 교수에게 엄격하게 대처하고 문제적인 기관에는 세금 지원을 중단해야 한다는 그의 주장에 갈채를 보낸 사람들에는 리치먼드 연준 부의장(1950년대에 뷰캐넌의 학생이었다), 'T. 멜론 앤 선스'의 기업 자선 담당 부서 책임자, '스카이프 가족 자선 트러스트' 회장 등 돈이 많은 잠재적 후원자들도 있었다. 이들은 학생들의 행위에 대해, 그리고 시위를 충분히 진압하지 않아서 저항을 더 키우고 있는 것으로 보이는 대학 당국과 법원에 대해 맹렬히 분노한 뷰캐넌과 같은 마음이었다.[25]

특히 '스카이프 가족 자선 재단'의 경제학 스페셜리스트 리처드 래리 Richard Larry가 뷰캐넌에게 매우 깊은 인상을 받은 것 같았다. 스카이프 재단은 석유 산업과 은행업으로 큰 부를 얻은 리처드 멜론 스카이프Richard Mellon Scaife의 집안이 설립한 재단으로, 우파의 주요 자금원으로 떠오르고 있었다. 래리는 버지니아 공대에 뷰캐넌이 세운 센터에 공공선택이론 연구와 '외부연결outreach' 활동을 위해 다개년 지원금 24만 달러(2016년 화폐 가치로는 150만 달러에 달한다)를 제공하기로 했다. 뷰캐넌은 자금 지원 신청

서에서 "우리의 연구는 정부가 어떻게 작동하는지에 대한 사람들의 생각을 바꿀 것"이라고 설명했다.[26]

1971년에 두 명의 공공선택이론가 맨커 올슨Mancur Olson과 크리스토퍼 K. 클래그Christopher K. Clague가 버지니아학파를 우호적으로 언급한 논문을 학술지에 게재한 것도 자금을 모으는 데 도움이 되었다(뷰캐넌은 이 논문을 잠재적 후원자들에게 회람시켰다). 올슨과 클래그는 이 논문에서 이제는 극우와 극좌 공히 "다수의 지배, 정부, 관료제에 대한 회의주의"를 공유하고 있는 것으로 보인다는 아이러니를 짚어내면서 이것이 변혁의 가능성으로 이어질 수 있다고 언급했는데, 뷰캐넌도, 또 자금을 제공하는 기업인들도 그렇게 생각하고 있었다.[27]

돈이 많은 동지들을 찾아내 흡족해진 뷰캐넌은 '자유지상주의적 보수주의' 성향인 '균형 교육을 위한 코넬 동문 위원회Cornell Alumni Committee for Balanced Education'에도 연락을 취했다. 이곳은 대학의 자유교양 분야를 진보적 교수진이 지배하고 있는 것에 맞서기 위해 몽 펠레린 소사이어티 성향의 교수들을 채용하라고 대학에 압력을 넣고 있었다. 그는 이타카(코넬이 소재한 도시 - 옮긴이)의 분노한 동문 중에서 특히 중요한 사람을 한 명 알게 되었는데, 바로 존 M. 올린John M. Olin이었다. 막대한 자산가인 올린은 (그가 보기에) 코넬 행정 당국이 호전적인 흑인 활동가들 앞에서 주눅이 드는 것을 보고 미국 대학들이 친자본주의 성향의 교수진을 고용할 수 있도록 상당한 돈을 내놓기로 했다.[28]

한편, 뷰캐넌은 뮌헨에서 열리는 몽 펠레린 소사이어티 모임에서 교육 문제에 대해 강연을 하게 되었다. 그는 에두르지 않고 직설적으로 말했다. 학자, 기업인, 후원자들이 모인 자리에서 뷰캐넌은, 부가 널리 퍼진 현대사회는 이제 그 부를 쌓는 데 기여는 하지 않았으면서 그것을 뽑아 먹으려고만 하는 "기생하는 사람들"의 존재를 "기꺼이 허용하는" 지경이 되었다고 말했다. 그에 따르면 "본질적으로 학생 계층이 이미 그렇게 되어 있었다". 그는 "지금 우리가 보고 있는 것을 보고 싶지 않다면" "간단한 해법"이 있다고 말했다. "기생할 수 있는 선택지를 닫는 것"이었다.[29] 1970년대가 지나기 전에, 뷰캐넌은 어떤 식으로든 정부의 보조를 받는 거의 모든 사람들에 대해 이와 동일한 주장을 펴게 된다.

2부
사상의 실행

8장 미약한 시작에서 창대한 일이 이뤄질 수 있다

1973년 9월 말의 어느 온화한 금요일, 제임스 뷰캐넌은 버지니아 주 리치몬드에서 열린 어느 연회의 오프닝 연설을 하러 연단에 올라갔다. '국제 대서양경제학회International Atlantic Economic Society' 창립 모임이었다. 이 학회는 학술 모임이지만 기업과 정부 소속 경제학자들도 참여할 수 있었고, 경제학적 사고가 도심 빈민촌 문제부터 조세개혁, 또 에너지와 생태 문제까지 다양한 공공정책 사안에 어떻게 적용될 수 있을지를 연구할 예정이었다. 스스로를 단지 경제학자가 아니라 "사회철학자"라고 즐겨 말하던 뷰캐넌은 이 자리를 그가 오래전부터 구상했던, 그리고 뜻을 같이하는 소수의 동지들과 함께 스카이프 재단의 자금으로 실천에 막 착수하려고 하는 계획의 개요를 밝히는 자리로 삼았다. 이것은 그가 이 계획을 공개적으로 선보이는 첫 번째 자리였다.[1]

그해 초, 뷰캐넌은 매우 중요한 결론에 도달한 바 있었다. "워터게이트 사태의 혼란" 탓에 정치적 우파는 매우 수세에 몰릴 것으로 예상되었다. 닉슨 대통령은 "예산 제한"을 약속했지만 그 약속을 지키기에는 정치적으로 너무 큰 타격을 입었다. 게다가 진정한 경제적 자유를 믿는 사람들은 학계 안에서도 고전하는 소수였고 학계 밖에서는 목소리를 거의 내지 못하고 있었다. 요컨대, 이들의 운동은 큰 어려움에 처해 있었다. 조세에 대한 대중의 불만도 오히려 이 운동에 해를 끼치고 있었다. 중저위 소득층 사람들이 자신의 주머니에서 세금이 너무 많이 "쥐여 짜이는" 것에 불평하기 시작한 것은 맞지만, 이들은 지출을 줄일 생각을 안 하는 연방정부를 공격하는 게 아니라, 부유층과 기업더러 세금을 더 내서 저소득층의 세금 부담을 줄이라고 요구하고 있었다. 이러한 "조세정의" 운동은 사람들에게 상당히 호응을 얻었고 지역 정부와 주 정부를 상대로 꽤 성공을 거둬서 우파 진영을 화들짝 놀라게 했다.[2]

　뷰캐넌은 더 야심찬 접근을 해야 할 때가 왔다고 생각했다. 뜻을 같이하는 학자들이 이렇게 흩어져 있어서는 반혁명을 추동할 수 없었다(비슷한 생각을 가진 학자들이 버지니아 공대, 시카고 대학, UCLA 등 몇몇 우호적인 대학들에 드문드문 모여 있긴 했지만 전체적으로 긴밀하게 뭉쳐 있지는 않았다). 그런데 더 야심찬 새 접근방식은 어떤 것이어야 하는가? 생각을 할수록, 답은 '조직'에 있다는 생각이 들었다. 뜻을 같이하는 사상가들을 서로 연결하고, 다시 이들을 후원자들과 연결할 수 있는 조직이 필요했다. 그러면 이 조직을 통해 다양한 영역에서, 그러나 하나의 목소리로 전국에 메시지를 퍼트릴 군단을 양성할 수 있을 것이었다. 현실을 직시해야 했다. 그리고 현실이 꼭 암울하기만 한 것은 아니었다. 대부분의 사람들은 정부에 대해 아는 것이 별로 없었다. 고든 털록은 이것을 "합리적 무지"라고 불렀다. 유권자 개개인은 정책에 대한 의사결정에 아주 미미한 영향밖에 끼치지 못한다. 그러니 다른 일로도 바쁜 마당에 정책 현안을 세세하게 파악하고 따라잡는 수고를 굳이 왜 하겠는가? 그래서 대부분의 사람들은 "여러 가지 정책 대안들에 대해 정보를 얻는 데는 상대적으로 시간과 노력을 덜 들이고" 각자 믿을 만하다고 생각하는 뉴스를 "그냥 듣고 받아들이는" 편을 택했다. 이는, 사람들이 누구로부터 무엇을 듣는지에 영향을 끼치는 일이 꼭 필요하다는 의미였다. 이렇게 해서 뷰캐넌의 계획이 탄생하게 되는데, 그 계획은 정치계, 기업계, 언론계, 법조계 등 담론을 생산하는 핵심영역에서 영향력 있는 사람들을 자유지상주의로 끌어들이는 일부터 시작한다는 것이었다.[3]

3월에 뷰캐넌은 새로운 계획이 설득력이 있는지 확인해보기 위해 시골에 있는 그의 작은 오두막에 지인들을 초대했다. 뷰캐넌은 "누군가가 '세 번째 세기의 운동'에 대한 역사책을 쓴다면 버지니아 주 깊은 산속의 통나무집에서 시작되었노라고 기원 설화를 적어야 할 것"이라고 쾌활하게 말했다. 또 "활활 타오르는 난로가 있다면" 커다란 계획을 가진 조그만 모임에 "음모론적인 양념"을 더할 수 있을 것이라고도 했다. 이날 모인 사람은 그의 오랜 친구 털록, 《무정부 상태의 대학》 공저자 니코스 데블리토글로, 몽 펠레린 소사이어티의 경제학자이자 UCLA의 전 경제학과장인 J. 클레이번 라 포스 주니어J. Clayburn La Force Jr., 뷰캐넌의 팀을 버지니아 공대로 불러온 버지니아 공대 전 경제학과장이자 현재 닉슨 행정부의 재무부 차관보 윌슨 E. 슈미트Wilson E. Schmidt 등이었다. 슈미트는 불거지고 있는 "재정위기"에 대해 증세가 해법으로 제시되는 것을 막기 위해 자신과 생각이 비슷한 경제학자들의 도움을 구하고 있었다.[4]

뷰캐넌은, 우리의 운동에 필요한 것은 "사람들이 정부에 대해 생각하는 방식"을 변화시키는 일에 나설 "효과적인 카운터 인텔리겐차 군단을 만들고, 지원하고, 활성화하는 것"이라고 말했다. 현재는 진보 지식인들이 언론의 요소요소를 장악하는 바람에 일종의 '병목'이 존재했다. 즉, 진보 진영은 언론에, 그리고 다시 언론을 통해 "선출직 정치 지도자들"에게 영향을 끼칠 수 있는 반면, 이쪽의 운동은 병목에서 막혀 논의를 밀고 나갈 수가 없었다. 대학도 중도좌파가 소유하다시피 하고 있었고 정당에도 양당 공히 "지식 기득권"이 포진해 정당 사람들을 지휘하고 있었다. 이래서야 근본적인 변화를 위한 어떤 시도도 "꺾이고 좌절할 수밖에" 없었다. 따라서 비슷한 생각을 가진 사람들을 한데 모으고 새로운 요원들을 양성할 기반을 만드는 일이 무엇보다 시급히 필요했다. 학문적으로 설득력 있는 주장을 "주입받은" 뒤 그 주장을 전략적인 방식으로 퍼트리기 위해 "조직적이고, 체계적이고, 일사불란하게" 활동할 사람들을 키워야 했다. 잘만 된다면, 언젠가는 우리가 만든 "정치권력의 방대한 새 네트워크"가 "기득권의 자리를 차지할 수 있을" 것이었다.[5]

이날 뷰캐넌이 제시한 비전은 오래전에 버지니아 대학 총장 콜게이트 다든에게 제안했던 것과 비슷했지만 스케일이 훨씬 더 커져 있었다. 이제 그의 비전은 학계에서 새로운 학파를 일구는 데만 초점을 두고 있지 않았다(그리고 새로운 학파는 이미 만들었다). 더 다층적인 새 비전에는 "실행 전략"의 단계가 추가되어 있었다. 여기에 더해 뷰캐넌은 매우 중요한 점을 한 가지 더 언급했다. 이 일을 진전시키려면 "음모를 꾸미듯이 비밀을 유지하는 것이 필수적"이라는 것이었다.[6]

그리고 6개월이 지난 오늘 밤, 리치몬드에서 열린 '국제 대서양경제학회' 연회에서 뷰캐넌은 처음으로 그 비전을 밝힐 참이었다(물론 그것을 실현하기 위해 비밀리에 조직을 꾸려야 한다는 이야기는 빼고). 그는 "세 번째 세기에 우리가 직면한 이슈"는 "리바이어던의 해악을 어떻게 누를 것인가"라고 선언했다. 그는 현상황을 정부 규모가 세계사적인 수준으로 커진 매우 위험한 상황이라고 진단했다. 남북전쟁은 각 주가 연방의 행동을 견제하기 위해 '이탈의 위협'을 사용할 수 있는 가능성을 없애버렸다. '주의 권리'라는 개념도 힘을 잃었다. 그 결과, "대공황 이래 우리는 미국에서 리바이어던의 지속적이고 가속적인 성장을 보고 있으며" 이는 공공 영역의 확장에서 명백히 드러나고 있었다. 뷰캐넌은 "이 괴물"이 "막무가내로 약탈을 하고 있다"고 말했다.[7]

희망적인 이야기도 전하기 위해 뷰캐넌은 뉴스를 샅샅이 뒤져 "비생산적이고, 본질적으로 기생적인 사회 일원들을 지원하기 위해" 정부가 강요하는 과세에 맞서 "억압에 저항하고자 하는" 납세자들 사이에 대중적인 불만이 일고 있음을 보여주는 징후들을 찾아냈다.[8] 또한 이날 연설에서 그는 '무임승차하는 흑인 복지수급자'를 비난하기 위해 당시에 흔히 사용되던 인종주의적 고정관념을 가져다가, 실업수당을 받는 해고 노동자, 낮은 학비로 주립대학에 다니는 학생, 사회보장제도와 메디케어에서 자신이 불입한 것보다 많은 돈을 타가는 은퇴자 등 훨씬 더 광범위한 사회 계층에 부정적인 낙인을 찍는 데 사용했다.[9]

뷰캐넌은 여전히 자신이 동부 기득권과 싸우는 민중주의자라고 생각했다. 하지만 그가 세상을 보는 방식은 1890년에 그의 할아버지를 주지사에 당선시켰던 민중주의자들의 운동을 거꾸로 뒤집고 있었다. 1890년의 원조 민중주의자들은 땀 흘려 재화를 생산하는 평범한 사람들을 칭송했고, 담보를 잡고 돈놀이를 하는 은행가, 소비를 조장하는 상인, 악덕 자본가 등 그들을 착취해 호화롭게 사는 "기생적인" 사람들을 비난했다. 민중당은 사회를 대대적으로 변형시키고 있는 막대한 기업권력에 맞서 길항권력 역할을 할 수 있는 유일한 방법으로서 연방 정부의 개입을 촉구했다. 당시의 민중주의자들은 정부란 국민의 대변자이므로(혹은 조직화된 시민들의 압력으로 정부를 그렇게 되게 만들 수 있을 것이므로), 고도로 집중화된 기업권력 때문에 완전히 달라져버린 정치경제 풍경에서 정의를 지키는 데 필요한 권력을 연방 의회에 부여하는 것이 전적으로 정당하고 합법적이라고 생각했다.[10]

대조적으로, 20세기의 자유지상주의자들은 적대의 칼날을 대학생, 공공 부문 노동자, 정부가 제공하는 복지 지원을 받는 사람, 진보 지식인에게 돌렸다. 뷰캐넌의 사상적 계보를 거슬러 올라갈 때 닿게 되는 것은 민중주의자들이 아니라, 민중주의에 맹렬히 반대했던 사회 다윈주의자 허버트 스펜서나 윌리엄 그레이엄 섬너William Graham Sumner 같은 기득권 인사들이었다. 민중당이 1892년에 한 발간물에서 언급한 "억압받는 자들과 억압하는 자들" 간의 싸움은 뷰캐넌 일파에게서 완전히 새로운 의미로 재규정되었다. 이제 "생산하는 노동 대중"은 기업인을 의미하게 되었고 "다른 이의 고된 노동을 제물 삼아 자신을 살찌우는 특권적인 기생충"은 자신은 그만큼의 세금을 내지 않은 채 정부가 다른 이들로부터 거둬들이는 소득세에서 무언가를 얻는 모든 이를 의미하게 되었다. 또한 "강력한 투쟁"은 계속해서 정부에 무언가를 달라고 요구하는 사람들을 꺾기 위한 노력을 의미하게 되었다.[11]

리치몬드의 청중에게 뷰캐넌은 극우 성향의 조지 월리스 지지자부터 좌파의 "반문화" 활동가까지 실로 광범위한 스펙트럼의 미국인들이 "관료적이고 정부적인 해법"에 등을 돌리기 시작했음을 보여주는 희망적인 징후가 있다고 말했다. 하지만 그는 정치적 불만을 해결하는 데 옛 방식은 더 이상 작동하지 않을 것이라고 경종을 울렸다. 공공선택이론의 분석이 명확히 보여주듯이, "우리의 기본적인 헌정 구조가 가진 오류" 때문에 공공지출을 통제하는 것이 구조적으로 거의 불가능한 지경이 되었다는 것이다. 선출직 공직자는 유권자의 눈치를 볼 수밖에 없는데, 이제는 대부분의 유권자가 연방 정부가 "뿌려대는" 쉬운 돈에 이런저런 방식으로 의존하고 있었다.

하지만 뷰캐넌은 "서로 뚜렷이 구분되는 두 개의 커다란 연합"으로 이합집산이 이뤄지고 있는 것 같다며 이것은 좋은 징조라고 말했다. 한쪽은 남부·중서부·서부가 중심이되 "북동부의 인종적인(즉, 백인인) 블루칼라 노동자들"도 포함하는 연합이고, 다른 쪽은 연방 정부의 지출 프로그램에서 직접적으로 이득을 보는 사람들, 즉 프로그램의 직접 수혜자 및 "납세자들을 계속해서 착취하는 것에" 자신의 이해관계가 달려 있는 공무원들과 "동부 기득권, 언론, 지식인"의 연합이었다. 경제학자를 제외한 학계의 모든 사람이 뷰캐넌이 설정한 집합적인 '적'에 포함되는 것 같았다.[12]

뷰캐넌은 오늘 이 자리에 모인 사람들이 해법의 일부가 될 수 있다며, "조심스럽게, 그러나 건설적으로 카운터 인텔리겐차를 만들 수 있을 것"이라고 격려했다. "미약한 시작에서 창대한 일이 이뤄질 수 있습니다."[13]

맞는 말이다. 그리고 이 경우에는 실제로 그렇게 되었다. 10년이 채 지나기 전에, 뷰캐넌의 새 계획은 미국의 법정을 근본적으로 바꾸어내려는 기업계의 대대적인 움직임으로 이어지게 된다.

뜻을 같이하는 경제학자들의 긴밀한 조직을 만들자는 아이디어는 1972년 초에 뷰캐넌이 '스카이프 가족 자선 트러스트'의 리처드 래리와 대화를 나누면서 처음 나왔다. 두 사람은 "신중하게만 계획된다면 그러한 노력이 굉장한 이득을 가져다줄 것"이라는 데 의견의 일치를 보았다.

래리는 이미 버지니아 공대 내 뷰캐넌이 새로 연 센터에 스카이프가 막대한 자금을 지원하도록 주선한 바 있었고, 여기에는 "외부연결 활동"을 위한 자금도 포함되어 있었다. 뷰캐넌이 정치가 경제에 개입하는 것을 뒷받침하는 진보 싱크탱크의 이른바 "경제학자라는 자들"의 학문적 권위를 제거하기 위해 "브루킹스[연구소]에 맞불을 놓을" 연구소가 필요하다고 설득해서 이뤄진 일이었다. 뷰캐넌은 이 필요성에 "많은 [우파] 사람들의" 공감대가 형성되어 있다고 강조했다.[14]

래리에게 보낸 일련의 대외비 서신에서 뷰캐넌은 스카이프가 자금을 지원해준다면 자신의 센터가 "사람들이 정부에 대해 생각하는 방식"을 "'건전한' 관점"에서 재구성하기 위해 어떤 일들을 할 수 있을지를 상세히 설명했다. 자금의 일부는 남부 전역에서 "커뮤니티 칼리지의 교수들을 훈련하는 데" 쓰일 것이었다. 이것은 대학에 다니는 사람들보다 더 폭넓은 계층의 사람들에게 접근하기에 좋은 방법이었고, 소득이 많지 않은 집안의 야심 있는 학생들에게 영향을 끼쳐서 그들이 그 증오스러운 동부 기득권에 오염되지 않게 할 수 있는 방법이기도 했다. 이들이야말로 지역의 기업에 취직을 할 사람들이고 그들 자신이 지역의 기업인이 될 수도 있는 사람들이었다.[15]

전국적인 프로젝트에 대해서는 한층 더 치밀한 계획을 제시했다. 이들이 일굴 반혁명 세력은 "매우 뛰어난 인텔리로만" 구성되어야 효과가 있을 터였다. 현재로서는, 그런 뛰어난 인물들이 많이 있긴 하지만 본인이 속한 대학에서 그다지 권위가 없는 경우가 많았다. 뷰캐넌의 프로그램은 그런 사람들을 발굴해내고 그들이 반대 진영의 사상을 탄탄한 논리로 밀어내는 데 필요로 하는 자원을 제공할 것이었다.[16]

그의 계획에서 또 한 가지 핵심적인 부분은 10명 정도의 '설립자 그룹Founders Group'을 만들고 다시 이들의 개인적인 인맥을 통해 200명에게 접근할 수 있는 '블루 북Blue Book'을 만든다는 계획이었다. 궁극적으로 이 작업의 핵심은 학자들뿐 아니라 정치인과 잠재적 후원자들도 참석하는 '펠로우 소사이어티Society of Fellows'라는 모임을 꾸리는 것이었다(그가 개인 용도로 적어놓은 메모에는 이렇게 쓰여 있다. "격식 있고 공식적으로 들리는 준학술 용어를 사용하되 모임에 들어올 사람을 뽑는 데 학문적인 기준을 적용하지는 않는다"). 인센티브 구조를 연구하는 학자답게, 뷰캐넌은 "개인의 자유"를 촉진하기 위한 연구에 학자들이 관심을 갖도록 노벨상에 맞먹는 큰 상금을 주는 상도 만들 계획이었다. 당시 노벨 경제학상은 생긴 지 한두 해밖에 안 된 상이었고, 몽 펠레린 소사이어티 사람들 중에는 받은 사람이 없었다(그의 메모에는 다음과 같은 내용도 쓰여 있다. "여기에 닉슨이 후원하게 할 것." 그 외에 "존중받을 만하다는 평판을 어떻게 만들고 유지할 것인가?", "어느 정도의 가식이 필요할 것인가?", "내부 비판을 어느 정도나 허용할 것인가?" 등과 같은 전략적인 문제들도 적혀 있다).[17] 이 일을 진전시키는 데는 비밀 유지가 꼭 필요했다. 외부인들에게는 이 모든 것이 계속해서 알려지지 않은 채로 있어야 했다.[18]

리치몬드 연설을 하고서 얼마 후, 뷰캐넌의 팀은 향후 40년간, 아니 그보다 더 오래 '거대한 전략'을 진전시킬 인맥을 다질 수 있기를 바라면서, 레이건 주지사의 내부 인사들도 초대해 LA에서 더 큰 모임을 조직했다. 뷰캐넌의 학문적 동지들과 스카이프의 리처드 래리 외에, 레이건 주지사의 참모 네 명이 참석했는데, 레이건이 가장 신뢰하는 참모인 에드윈 미즈 3세Edwin Meese III도 있었다. 뷰캐넌은 모인 사람들에게 미국이 "너무 급격하게 변하고" 있어서 "우리에게는 시간이 없다"며 장막 뒤에서 조직화의 노력을 꾸준히 기울이는 것만이 유일한 희망이라고 말했다.[19]

'카운터 인텔리겐차'를 구체적으로 어떻게 구성할 것인가에 대해서는, "돈이 해결해줄 것"이라고 말했다. "후하게 돈이 나오는 곳"을 만들면 "사람들이 모여들게 하고" 그들을 "몇 가지 특정한 가치들에 헌신하게 하는 데" 도움이 될 터였다. 그렇게 해서 그들이 [이 운동에] 필요한 일들을 하게끔 만든다는 것이었다(뷰캐넌이 경제적 이득에 반응하는 이기심이 모든 인간 동기의 핵심이라고 전제하고 있다는 점을 기억하라. 따라서 관건은 자금원을 확보하는 것이었다). 뷰캐넌은 기업인들에게 이 운동에 돈을 대라고 직접적으로 말할 수 있을 거라고는 생각하지 않았다. 기업인 중에는 장기적인 학문적 프로젝트의 가치를 아는 사람이 거의 없었기 때문이다. 그들에게 접근하는 가장 좋은 방법은 이런 프로젝트의 필요성을 잘 알고서 기업인을 설득할 수 있는 "정치 지도자들을 통하는 방법"일 것이었다. 레이건이 가진 기업계 연줄은 이런 면에서 유망한 가능성을 시사했다. 에드윈 미즈가 참석한 것은 좋은 징조였다.[20]

뷰캐넌의 '세 번째 세기 프로젝트'는 성공했는가? 모두 성공하지는 않았다. 하지만 성공한 부분들은 이후에 다른 일들의 모델이 되었다. 가령 초기의 몇몇 성과는 뷰캐넌이 미즈와 함께 세운 조직을 통해 이뤄졌는데, 두 사람은 이후에도 굉장히 많은 협업을 하게 된다. 그리고 매우 중요한 또 하나의 성과는 장기적으로 법원에 막대한 영향을 끼치는 운동으로 이어진다.

캘리포니아에 소재한 현대문제연구소Institute for Contemporary Studies, ICS는

캘리포니아 주의 유력한 우파 정치인들 및 기업인들을 모아 학자들과 연결시키는 일을 했다. '스카이프 가족 자선 트러스트'가 주요 자금원이었고, 이곳 사람들은 주지사 사무실과 일상적으로 연락을 주고받았다. 부회장으로 영입한 새크라멘토의 변호사 앤서니 M. 케네디Anthony M. Kennedy는 훗날 대법관이 되며, 이곳의 이사회에는 "건전한" 경제학자들과 기업의 이해관계를 촉진하는 곳(가령 '캘리포니아 주 농업연맹California Farm Bureau Federation'이나 셸 석유 등)의 유력 인물들이 두루 참여하고 있었다. 현대문제연구소는 "여론을 만드는 기관들, 특히 대중매체들"을 목표로 삼아서 "우리의 자유로운 기업들"이 어떻게 작동되어야 하는지에 대한 세간의 "오해"를 바로잡는 작업에 착수했다. 한 프로젝트는 PBS 방송국과 접촉해 레이건 주지사가 캘리포니아 주 내 1,100개 학군의 젊은이들에게 생방송으로 이야기를 하도록 했다. 또 다른 프로젝트는 대학 예비과정 경제학 교재들의 내용을 검토하고서 새로운 내용을 제안했다.[21]

현대문제연구소는 이곳 버전의 경제학을 공공 담론의 장에 밀어넣기 위한 계획도 다양하게 마련했다. 예를 들면, "제반 사회 문제들에 대해 설득력 있는 자유지상주의적 분석"을 "대중매체"에 제공하기 위해 기업인들을 대상으로 교육을 진행했다. 또 "(경제학자들이 쓴) 기술적이고 딱딱한 연구 논문들을 언론에서 다루기 쉬운 형태로 다시 쓰기 위해" 기자들과 홍보 전문가들을 고용했다. 후원금 모금을 위해 발간된 이곳의 한 브로셔는 "경제학이 모든 사회 문제에서 가장 주된 요소까지는 아니라 해도, 실질적으로 모든 사회 문제는 경제학적인 문제"라고 언급했다. 따라서 여론을 만드는 사람들과 의사결정을 하는 사람들이 현대문제연구소의 경제학자들 못지않게 경제학을 잘 알아야 했다.[22] 기업 후원자들도 그렇게 생각했다. 1980년이 되면 현대문제연구소와 긴밀한 관련을 맺게 되는 기업 목록은 엑손, 모빌, 셸, 텍사코, 포드, IBM, 체이스 맨해튼 은행, US 스틸, 제너럴 모터스 등을 포함하고 있었고, 올린, 스카이프, 스미스 리처드슨 재단 등도 후원을 하고 있었다.[23]

한편, 1970년에 뷰캐넌은 한 후원자에게 "미국의 법학대학원이 정말로 전복되고 있는 것 같다"고 우려를 표명한 적이 있었다. 이와 관련해서 매우 영향력 있는 또 하나의 프로젝트가 생겨나게 된다. 뷰캐넌의 우려는 두 가지 경향을 언급한 것으로 보이는데, 하나는 공익 변호사들이 '빈곤과의 전쟁'에서, 또 가난하고 차별받는 계층에 정부가 더 책무성을 갖게 하기 위해 정부를 상대로 소송을 제기하는 데서 전략적인 역할을 수행하고 있는 것이고, 다른 하나는 사회정의를 위한 소송이 '집단소송' 방식에 크게 의존하게 된 것이었다. 그리고 법학대학원들이 두 가지 경향 모두를 촉진하고 있었다. 변호사 출신인 미즈도 뷰캐넌의 우려에 깊이 동의했다. 그래서 미즈는 반독점법 전문 변호사들 및 "신중히 선택된 저널리스트들"이 뷰캐넌학파의 경제학적 사고를 익힐 수 있게 할 교육 프로그램을 고안했다.[24] 이 일은 현대문제연구소와 마이애미 대학의 '법과 경제 센터Law and Economics Center'의 협업으로 진행되었다.[25]

마이애미 대학의 '법과 경제 센터'는 떠오르는 '법과 경제' 분야의 저명한 학자 헨리 G. 만Henry G. Manne 교수가 이끌고 있었다. '법과 경제' 분야는 법리 해석과 [소송 시] 법리 적용이 기업의 CEO나 CFO가 매우 감사히 여길 법한 방식으로 이뤄지게 하는 일에 헌신하는 분야였다. 좁게는 정부 규제에, 더 일반적으로는 '자유주의[진보주의] 법학'에 기업 지향적인 비용-편익 분석을 도입함으로써 법에 대한 사고의 틀을 획기적으로 변혁하는 것이 이 분야의 목표였다. 공공선택이론이 사회과학에서 정부에 대한 사고의 틀을 획기적으로 변혁하고 있었듯이 말이다. '법과 경제' 분야의 역사를 다룬 한 저술에 따르면, 한마디로 "공익 변호사들의 주장과 논변이 의존하고 있는 이론적 토대를 잠식하는 것"이 이들의 목표였다. 헨리 만 본인이 1960년대에 쓴 논문만 보더라도, 그는 내부자 거래가 경제에 좋은 일이고 적대적 인수합병은 투자자가 경영자를 통제할 수 있는 이상적인 방법을 제공한다고 주장했다.[26]

만은 1973년에 뷰캐넌이 '세 번째 세기 프로젝트'를 구상할 때 가장 먼저 떠올린 법학자 중 하나였다. 그러니 놀랄 일도 아니지만, 만 역시 조직화 전략이 필요하다는 것을 알고 있었고 딱 맞는 선수들을 모으는 능력도 갖고 있었다. 대학이 학생들의 저항으로 격동에 빠졌던 시기에 만은 뷰캐넌을 이렇게 위로한 적이 있었다. "나는 우리가 보수 버전의 '미국 시민적 자유 연합American Civil Liberties Union, ACLU'을 만들 수 있을 날이 그리 멀지 않았다고 봅니다. 재산 소유자들을 위한 '공익' 소송들이 생길 날이 곧 올 거예요."[27] 재산 소유자들을 위한 법정 싸움, 헨리 만은 바로 이 가능성을 염두에 두고서 '법학 교수들을 위한 연례 여름 경제학 연구소'라는 교육 프로그램을 시작했다. 여기에 뷰캐넌의 몇몇 동료 경제학자들이 강연자로 합류해 참가자들을 교육했다.[28]

만도 장기적인 게임을 하고 있었다. 그는 법학과 법조계를 "소매" 쪽에서가 아니라 "도매" 쪽에서 변혁하고 싶었다. '법과 경제' 관점을 가진 법조인 개개인을 배출하는 데 치중하기보다는, 〔'법과 경제' 관점을 가진 교수들을 각 법학대학원에 포진시켜〕 법이 이해되고 교육되는 방식 자체를 바꾼다는 것이었다. 이를 위해, 만은 법학대학원들에 현재 재직 중인 교수들을 2주짜리 '여름 경제학 연구소'에 부르기로 했다(하버드, 컬럼비아 등을 포함해 점차 600개가 넘는 법학대학원이 여기에 참가하게 된다). 그들이 여름 프로그램을 마치고 자신의 학교로 돌아가면 '법과 경제' 분야의 교수를 더 많이 채용하자고 동료 교수들을 설득할 수 있으리라는 것이었다(만은 한 학교에서 적어도 두 명이 함께 참가하도록 했다. 그래야 자신의 학교로 돌아갔을 때 다른 교수들의 반대에 직면하더라도 포기하지 않고 서로를 지원해가며 요구를 관철시킬 수 있을 것이기 때문이었다). 특히 새로운 교수를 채용하는 데 드는 비용을 '올린 재단' 같은 곳이 지원해 학교 돈으로 보수를 지급해야 할 부담을 거의 혹은 전부 줄여준다면 더욱 용이할 터였다. 몇몇 법학대학원은 아예 통째로 '법과 경제' 분야의 기지가 되었다. 버지니아 대학은 올린 재단의 돈과 뷰캐넌이 그 대학에 포진시켜놓은 경제학과 교수들의 독려로 만의 계획을 법학대학원 전체 차원에서 받아들인 초기 사례 중 하나다. '토머스 제퍼슨 센터'처럼, 만의 '법과 경제 센터'도 '카운터 인텔리겐차' 군단을 모으기 위해 여러 금전적 유인들을 만들었다. 이 유인에 이끌려온 한 젊은 학자(그는 이후 올린 재단의 자금으로 예일 법학대학원에 채용되었다)는 '헨리 만 캠프'로 불리게 되는 이 프로그램에 대해 이렇게 회상했다. "논문 한 편 쓰는 데 격려비 1,000달러를 받는 것은 당시로서는 대단한 것이었다. 나는 군침을 삼켰다."[29]

뷰캐넌처럼 그리고 실제로 뷰캐넌의 조언을 받아, 만도 약점을 전략적 자산으로 바꾸어냈다. 처음에는 명문 법학대학원에 비집고 들어가기가 어려웠기 때문에, 순위가 낮은 대학의 야심 있는 총장들에게 접근해서 그 대학의 법학대학원 프로그램을 재구성하게 해달라고 설득했다. 새로 생겼거나 순위가 낮은 법학대학원을 재구성하는 것은 어렵지 않았다. 역사가 깊지 않아서 전통이 강하거나 방해하는 동문이 많지 않았고, 순위가 조금만 올라가도 순위를 올리고 싶어 안달이 난 대학 당국이 보기에는 엄청난 성과로 보일 것이기 때문이었다. 또한 법학대학원은 전적으로 등록금에 의존하므로 완충 역할을 할 별도의 기금을 대학이 가지고 있지 않다면 외부의 기부자가 영향을 끼치기가 매우 쉬웠다. 게다가 만의 프로그램으로 훈련을 받고 난 졸업생들은 기업 인사팀과 후원자들이 보기에 다른 법학대학원 졸업자들은 가질 수 없는 장점을 가질 수 있었다.[30]

경제학자 뷰캐넌도 그랬듯이, 법학자 만도 후원금을 따내는 데 귀재였다. 기업에 후원을 요청하고자 할 때 일반적으로 접촉하는 통로는 홍보 부서지만, 만은 홍보 부서가 아니라 법무 자문을 찾아갔다. 대개 홍보 부서에는 '사회적 책임'에 관심이 많은 사람들이 포진해 있지만, 사내 법무 자문들, 즉 기업의 핵심을 수호하는 역할을 하는 이들은 눈에 잘 띄지 않는 임원실에서 (사회적 책임'의 관점이 아니라) 만과 비슷한 관점으로 세상을 볼 가능성이 많았다. 기업의 법무 자문들은 공익 소송을 걸어온 원고와 법정에서 붙었을 때 기업이 법원에서 어떻게 다뤄지는지 잘 알고 있었다. 훗날 만은 "이 사람들이 절실히 느끼는 필요에 딱 부합하도록 고안된 법학대학원은 다른 법학대학원들은 할 수 없는 방식으로 그들의 정곡을 찌를 수 있었다"고 회상했다. 만은 그때 자신의 일이 "정말로 세일즈맨의 일 같았다"고 말했다. "잠재 고객을 직접 대면해 제품을 보여주고 설명하면서 그가 내 제품에 관심이 동하고 있는지 살펴보는 일"이었다는 것이다.[31]

만의 프로그램에는 돈이 필요했고 그는 이 돈을 거대 기업에서 얻었다. 일례로, 1980년대 초에 그는 10만 달러 모금 목표를 세우고서 11개의 큰 기업을 찾아갔다. 만은 자신의 프로그램이 반독점법에 맞서 싸울 것이라는 점을 강조하면서 각각 1만 달러씩을 요청했다. 그는 "이것이 변호사와 정부 관리들을 배출할 법대 교수들 사이에 우리의 개념을 널리 알릴 수 있는 방법"이라고 말했다. 그의 회상에 따르면, "불과 몇 주 만에 11개 기업 중 10개로부터 1만 달러씩을 받았다". 나머지 하나인 'US스틸'은 조금 늦게 연락을 해와서는 자기네 돈도 포함시켜달라고 애원했다. 만이 목표 자금을 이미 다 모았다고 했는데도 말이다. 훗날 만은 "그때 우리가 원했던 것은 자선이 아니었다"며 "기업들은 대학에서 벌어지는 일들에 장기적인 이해관계를 가지고 있었고, 그들이 신경을 쓰지 않는다면 그런 일들이 펄쩍 뛰어올라 그들을 물어뜯게 될지 모르는 상황이었다"고 설명했다.[32]

만은 기업이 금고를 열게 하기 위해 과장된 언명으로 위기감을 불러일으키는 방식도 주저 없이 사용했다. 그는 저서 《미국 기업계에 대한 공격 The Attack on Corporate America》에서 1960년대 이후로 "과거 나치 '학자들'이 독일의 온갖 문제에 대해 유대인들을 탓하며 사악하게 비난했을 때 이래로 본 적이 없는 맹렬한 비판"이 "기업과 기업인들에게 쏟아지고 있다"고 말했다. 만은 이것이 계속되게 둔다면 "자유 기업" 시스템은 "파괴로 이어질지 모를, 전례 없이 막대한 위험에 처할 것"이라고 언급했다. 그리고 기업 인사들을 만나서, 그렇지만 '법과 경제' 분야가 "그들의 편"이 되어줄 것이라고 호언했다. 만은 훗날 이렇게 회상했다. "우리는 그들이 기꺼이 돈을 내서 살 수밖에 없는 것을 제공하고 있었다." 크게 놀란 기업들은 쉽게 설득되었고 돈을 냈다. 또 다른 '법과 경제' 인사의 비유를 빌리자면, '법과 경제' 분야가 기업의 돈을 모으는 것은 "콜라병을 야구 방망이로 치는 것이나 마찬가지였다".[33] 숙달만 되면 무척 쉬운 일이었다.

1972년 말에 뷰캐넌이 '세 번째 세기'를 조직할 팀을 꾸리는 동안, 헨리 만은 법학계의 변혁에 대한 그의 비전을 인디애나 주의 기업가 피에르 굿리치Pierre Goodrich에게 설명하고 있었다. 굿리치는 1960년에 막대한 기금을 내어 리버티 재단을 세운 바 있었다. 루트비히 폰 미제스로를 존경하고 몽 펠레린 소사이어티 회원이기도 한 굿리치는 자신의 돈을 자신이 신뢰하는 학자들에게 투자해 자유지상주의 운동을 촉진하는 데 쓰겠다고 결심한 터였다. 만은 굿리치에게 보낸 서신에서 "(자유지상주의적 접근에) 헌신하는 법학대학원이 하나만 있어도 다른 모든 법학대학원에 (그리고 아마 대학의 다른 학과들에도) 지침을 주는 일에 내가 생각할 수 있는 다른 어떤 방법보다 크게 기여할 수 있을 것"이라고 말했다. 그는 자신의 계획이 한 세대 안에 미국의 사법 시스템을 대공황 이전의 사법 시스템이 그랬던 것 같은 "생산적이고 바람직한 채널로 되돌려놓을 수 있을 것"이라고 장담했다.**34** 이 마케팅 역시 효과가 있었다. "대담하게, 더욱 대담하게, 언제나 대담하게De l'audace, encore de l'audace, toujours de l'audace!"라는 모토로 유명한 프랑스 혁명가 조르주 당통Georges Danton처럼, 헨리 만은 후원자들에게 약속한 변혁을 일으키는 대담한 일에 착수했다.

그보다 1년 전, 일찍이 1950년대 말에 '입헌정부를 위한 버지니아 주 위원회'에서 "전례 없이 빠르게 확대되는 연방 정부의 간섭"에 맞서 싸우겠다는 비전을 제시했던 리치몬드의 기업가 유진 B. 시드노어 주니어는 이제 미 상공회의소 교육 담당 디렉터가 되어 루이스 F. 파월 주니어에게 소위 "파월 메모Powell Memorandum"라고 불리는 것을 써달라고 했다. 오늘날 파월 메모는 미국의 법과 정치를 변모시키기 위해 기업계가 조직적인 활동을 전개한 것의 시발점으로서 널리 인용된다. 시드노어의 리치몬드 친구이자 이웃인 파월은 저명한 기업 변호사로, 훗날 '미국 법학 연구 재

단'American Bar Foundation'의 회장을 지낸다. 시드노어에 따르면, '파월 메모'
는 "미국 기업들이 공세를 취해야 한다는 주장을 훌륭하게 개진한" 문서
였다. 파월은 "미국 경제 시스템이 광범위하게 공격을 받고 있다"고 경고
하면서 대학의 저항운동, 환경보호주의, 랠프 네이더 Ralph Nader가 이끄는
소비자 보호 소송 증가 등의 다양한 사례를 언급했다. 그는 "힘은 조직에
서", 그리고 "무한하게 오랜 기간 동안 일관되게 행동할 수 있는 역량에서
나온다"고 말했다. 또한 파월은 이 메모에서 기업들이 "시스템을 믿는" 학
자들에게 투자하고, 전국 방송에 "기업 시스템에 대한 비판"이 어떤 식으
로 나오는지를 "지속적으로 감시하며", 기업의 정치적 권력을 "공격적으
로 사용할 수 있게" 육성하고, "사회·경제·정치 변화의 도구로서 가장 중
요하다고 볼 수 있는" 법원에 주목해야 한다고 촉구했다. 파월의 메모는
큰 반향을 불러일으켰다.[35]

이후 몇십 년 동안, 많은 미국 기업이 법원에 주목해야 한다는 파월의
촉구에 귀를 기울였다(파월의 권위는 닉슨 대통령이 다음 해에 그를 대법관으로
임명하면서 한층 더 높아졌다). 한 학자는 "다른 어느 분야에서도 (우익 후원
자들의) 전략적 투자 과정이 법조 분야에서처럼 길고, 야심차고, 복잡하
고, 성공적이었던 곳은 없었다"고 회상했다.[36]

한 비판적인 단체의 표현을 빌리면, 이들의 "법원을 노리는 운동"은 "우
리 사회에서 사법 정의가 시행되는 방식을" 급진적으로 바꿀 "새로운 법
리를 구성하고자" 했다. 특히 이들은 "기업의 이윤과 개인의 부를 지키고
강화하는 것을 사법 시스템의 기본원칙으로 삼으려 했다". 이 목적을 위
해, 투자자들은 헨리 만이 진행한 것 같은 '법과 경제' 프로그램들에 자
금을 댔고 재산권을 지키기 위한 "공익" 로펌을 세웠다. '퍼시픽 법 재단'

이 대표적인데, 이곳은 상공회의소 및 현대문제연구소 모두 긴밀한 관련을 가지고 있었다.[37] 기업들이 새로이 갖게 된 경각심과 헨리 만의 능력, 두 가지를 모두 염두에 두고서, 현대문제연구소는 기업이 소송에 걸렸을 때 기업에 우호적인 입장에서 접근하도록 기자들을 교육하는 일을 헨리 만에게 맡기기로 했다.[38]

헨리 만의 비전에 투자한 곳들은 규모가 큰 상장기업이나 이어하트 재단처럼 오랫동안 자유지상주의 후원해온 재단이 많았지만, 그 와중에 다소 독특하고 비교적 새로운 인물이 하나 있었다. 바로 찰스 G. 코크였다.[39]

9장

타협은 없다

찰스 코크가 유독 극단적인 친자본주의적 급진우파이긴 하지만, 그것 때문에만 우리의 관심사인 것은 아니다. 자유지상주의 운동이, 나름의 비非민주적인 면을 가지고 있던 제임스 매디슨마저 경악시켰을 방식으로 미국의 '민주주의'에서 '민民'을 제거하는 데 성공할 수 있었다면, 그리고 그 요인을 딱 하나만 꼽으라면, 그것은 단연 찰스 코크다.

코크가 자유지상주의적 사고를 어떻게 접하게 되었는지는 답하기 어렵지 않다. 아버지와의 저녁 밥상에서다. 이보다 답하기가 조금 더 어려운 것은, 본인도 인정했듯이 30~40년이 지나서야 뭐라도 결실을 내기 시작한 일에 그가 왜 그렇게나 많은 돈을 쏟아부었는지다. 코크는 자신이 무언가를 찾고 있다는 것은 알고 있었지만 단순히 "테크놀로지" 수준을 넘어서는 그 무언가가 무언지는 확실히 알지 못하고 있었다.[1] 어쨌든 이제 우리는 그가 그 무언가를 어디에서 찾았는지 알고 있다. 바로 제임스 뷰캐넌에게서다. 이렇게 해서, 코크의 돈과 경영 능력, 그리고 어떻게 해서 다수 대중이 부유한 소수를 능가하는 권력을 가질 수 있게 되었는지를 파악하고자 일로매진해온 뷰캐넌의 연구가 결합해, 이제까지 어디에서도 본 적이 없었던 '제5열' 운동이 생겨나게 된다.

코크처럼 막대한 부를 가진 사람이 (《올리버 트위스트Oliver Twist》에 나온 불멸의 어구를 빌리면) 단지 자신을 위해 "조금 더" 갖기를 원할 뿐인 사람들을 억압해야 한다는 생각에 왜 그리 집착했는지는 언뜻 상상하기 어렵다. 그의 개인적인 특성과 관련해 원인을 찾아보자면, 어린 시절에 그의 집이 늘 싸움에 휘말려 있었고 그 싸움의 적이 늘 정부였다는 데서 실마리를 찾을 수 있을 것이다.

찰스 G. 드 가날 코크Charles G. de Ganahl Koch는 프레드 체이스 코크Fred Chase Koch의 네 아들 중 둘째로 태어났다. 프레드 코크는 석유 정련 사업으로 수백만 달러를 번 기업가였다. 찰스와 형제들은 아버지가 한 라운드가 끝났나 싶으면 또 다른 라운드로 계속해서 법정 싸움에 휘말리는 것을 보며 자랐다. 23년이나 이어진 이 싸움은 부유한 이 집안 사람들이 보기에도 명백하게 다윗과 골리앗의 싸움이었다. 저쪽에는 '유니버설 오일 프로덕츠'라고 알려진 거대 괴물이 있었다. 이곳은 존 D. 록펠러John D. Rockefeller에게 아직 남아 있던 '스탠다드 오일'을 포함해 주요 기업들을 거느린 거대 그룹이 소유하고 있었고 상당한 독점력을 행사하고 있었다. 그리고 이쪽에는 프레드 코크가 있었다.[2]

유니버설 오일은 프레드 코크의 회사가 사용한 기술(이것으로 코크는 부를 일궜다)이 자사의 특허를 침해했다며 소송을 제기했다. 코크가 맞닥뜨린 상대는 무제한의 자금을, 따라서 최고의 변호사들을 쓸 수 있는 능력을 가지고 있었다. 유니버설 오일은 시장에 새 경쟁자가 나타나면 특허권 침해를 빌미로 소송을 걸었고, 지는 법이 없었다. 하지만 코크는 움츠러들지 않았다. 코크 측 변호사는 원고[유니버설 오일]가 "정부가 뒷받침하는 협박"으로 업계를 통제하고 있다고 주장했다. "특허 사용 허가를 받지 않으면 막대한 벌금을 물게 될 것"이라고 소규모 정련 회사들을 협박해 시장을 통제하고 있다는 것이었다. 코크는 이 소송에서 패했고 항소심에서도 패했다. 하지만 나중에 탐사보도기자 대니얼 슐먼Daniel Schulman의 보도로 "코크 회사의 운명을 결정지은 판결"이 유니버설 오일이 "돈으로 판사를 매수해서" 나온 것이었음이 밝혀졌다. 코크는 싸움이 시작된 지 20여 년이 지나서야, 그리고 유니버설 오일 측의 부정부패가 밝혀지고 나서야 결국 승리할 수 있었다.[3]

유니버설 오일은 고든 털록이 훗날 "지대 추구 행위"라고 규정한 (그리고 미래의 찰스 코크도 지대 추구 행위라고 맹비난했을) 행위를 했다. 지대 추구 행위란, 정치적·법적 조작을 통해 자신의 생산적인 역량만으로는 얻을 수 없었을 추가적인 이득을 얻으려는 모든 시도를 말한다.[4] 물론 프레드 코크가 당한 일은 지대 추구 행위가 아니라 범죄 행위였다. 유니버설 오일의 변호사들이 법원에서 그들의 주장이 받아들여질 것이라고 확신했다면 유니버설 오일은 뇌물을 쓰지 않았을 것이다. 만약 판사가 뇌물을 거부하고 사건의 시시비비를 정확히 따졌더라면 프레드와 찰스의 삶이 어떤 경로를 갔을지 새삼 궁금해진다.[5]

물론 프레드는 이 소송이 아니었어도 우파가 되었을 것이다. 아버지가 어떤 사람이었는지 말해달라고 하자 찰스 코크는 "존 웨인 스타일의 카리스마가 있고 힘 있는 분이었다"며 아들들에게 자유를 사랑하고, 근면을 높이 평가하고, 집합주의를 맹렬히 증오하라고 가르쳤다고 묘사했다. 찰스의 두 동생 중 하나인 데이비드 코크는 "아버지는 어린 우리들에게 정부의 무엇이 잘못되었는지를 계속해서 말씀하셨다"고 회상했다. 하지만 프레드 코크는 정부보다도 정부에 의지해 도움을 얻으려는 사람을 더 멸시했다. 프레드는 "정부에 의존하는" 사람들을 (지속적으로가 아니라 일시적으로만 "정부의 곳간에서 먹을 것을 빼먹는" 사람들까지도) 전적으로 경멸했다.[6]

프레드는 돈을 많이 벌고 쓰는 것만으로는 만족하지 못했다. 나중에 그의 아들도 그랬듯이, 그는 일이 '자신의 방식대로' 돌아가길 원했다. 1958년에 유니버설 오일과의 싸움에서 이긴 뒤, 프레드는 캔자스 주에 노조가 뿌리내리기 어렵도록 주 헌법을 개정하기 위한 국민투표 운동을 공동으로 이끌었다. 프레드는 이른바 '일할 권리' 법안을 열렬히 지지했다. 하지만 오늘날 그와 관련해 가장 잘 알려져 있는 것은 그가 존 버치 소사이어티의 공동 창립자라는 사실이다. 그해 초에 프레드는 "공화당의 아이젠하워 류 분파에 대한 완전한 혐오"를 드러내면서 존 버치 소사이어티를 창립했다.[7]

아버지가 한창 존 버치 소사이어티를 만들던 때 아들 찰스는 MIT 대학원에 다니고 있었다. 그는 가부장적인 아버지의 영향력에서 거리를 두려고 했다. 모든 면에서 찰스는 철학보다는 실질적인 것들에, 즉 무언가가 어떻게 작동하는지, 그리고 어떻게 하면 더 효율적으로 작동할 수 있을지에 관심이 있었다. 그는 MIT에서 공학학위를 세 개나 땄다. 찰스는 케임브리지(미국 매사추세츠 주 케임브리지. 보스턴과 바로 붙어 있으며 MIT가 여기에 있다 – 옮긴이)에 사는 것을 좋아했고 졸업 후에도 컨설팅 일자리를 얻어서 보스턴 근처에 머물 작정이었다. 그는 아버지로부터 되도록 멀리 있고 싶었다. 어린 시절에 찰스는 아들을 군세게 단련시키고자 하는 아버지의 강요로 본인은 원하지 않는데도 기숙학교에 가야 했고 고등학교는 집에서 멀리 떨어진 인디애나 군사 아카데미를 다녀야 했다.[8] 그렇더라도 찰스는 부모를 깊이 공경하는 사람이었다. 그래서 연로하고 쇠약해진 아버지가 집으로 돌아와 가업을 도와달라고 했을 때(안 그러면 회사를 팔아버리겠다고 했다) 아들은 위치타로 돌아왔다.

당시에 프레드의 회사는 연 매출이 7,000만 달러 정도였다. 1967년에 심장마비가 두 번 와 프레드가 쓰러지면서 찰스는 32세의 젊은 나이에 회사의 경영을 맡게 되었다. 전망 있는 기술 혁신은 놓치지 않고 공격적으로 확보하고, 시간이 얼마나 오래 걸리든 결과가 나올 때까지 그것들을 적용시켜가면서, 또한 명민한 시장 전략과 경영 전략을 결합해서, 찰스는 '코크 인더스트리즈'를 미국 비상장 기업 중 두 번째로 큰 회사로 성장시켰다. 연매출은 처음 회사를 맡았을 때의 1,000배도 넘는 1,150억 달러로 증가했고 거의 60개 국가에서 6만 7,000명의 직원을 고용하게 되었다.[9] 원래의 사업 분야인 석유 업계에서 성공적으로 사업을 꾸려가는 것과 함께, 영리한 확장 전략을 통해 다른 영역으로도 사업을 넓혀갔다. 그가 회사를 이끈 지 10년 만에, 그리고 미국에 수십억 달러대 자산을 가진 부자 집안이 다섯 개밖에 없던 시절에(그중 네 개는 도금시대까지 거슬러 올라가는 거부 가문들이었다), 코크 집안은 미국의 20대 갑부 집안에 이름을 올렸다.[10] 그는 회사를 상장하지 않고 계속 사기업으로 두었고, 경영 전권도 계속해서 자신이 행사했다.

코크의 경쟁자들은 그의 투지, 여러 수를 내다보는 능력, 그리고 무한한 끈기를 결코 과소평가하지 말아야 한다는 것을 배웠다. 코크는 다른 이들은 이제서야 중요성을 알기 시작한 장기적인 게임을 하는 데 강점이 있었다.

찰스 코크는 엔지니어와 기업인으로서는 똑똑했지만 사회성 면에서는 그런 편이 못 되었다. 결혼도 마흔 하나가 되어서야 했다. 사업도 순조롭게 번창하고 세상이 돌아가는 방식을 알고자 하는 "강박"(코크 본인의 표현이다) 외에는 달리 시간을 쓸 데도 없어서, 그는 "번영과 사회 진보로 이끌 원칙들에 대한 이해"를 높여줄 책과 논문을 읽는 데 점점 더 시간을 쏟았다. 하지만 그의 공부는 한 가지 방향으로만 치우쳐 있었다. 번영과 사회 진보의 토대는 제약 없는 자본주의여야 한다고 믿은 사상가들이 그의 공부 대상이었고, 그 역시 그렇게 믿었다. 그중에서도 특히 그에게 영향을 많이 끼친 책은 1957년에 F. A. 하퍼F. A. Harper가 출간한 자유시장 찬가 《임금은 왜 오르는가Why Wages Rise》였다.[11]

'발디Baldy'라는 별명으로 불리던 하퍼는 급진우파 사상가 중 그리 잘 알려진 편은 아니다. 하지만 더없이 중요한 몽 펠레린 소사이어티의 창립 멤버였고 찰스가 매우 소중히 여기던 스승이었다. 전공은 농업경제학이었지만, 노동자들의 조직화가 어떻게 임금에, 그리고 "통치받는 것의 비용"에 영향을 끼치는지에 특히 관심이 있었다. 물론 그의 결론은 안 좋은 영향을 끼친다는 것이었다. 하퍼는 노조를 "은행 강도"에 비유했다. 노조 때문에 "일부 사람들이 특권을 누리며 단기적인 이익을 얻는 반면, 나머지 노동 대중은 피해를 보는 상황"이 초래된다는 것이었다. 그는 왜곡이 없는 진정한 시장이라면 임금은 오로지 생산성이 증가할 때만 올라야 한다고 주장했다.

하퍼는 노조의 요구로 노동계약에 의료보험이나 연금 같은 부가급부가 포함되면서 생겨난 "작은 기업 복지국가"에도 반대했다. "작은 복지국가가 큰 복지국가보다는 낫겠지만 그래도 여전히 해악적"이라는 것이었다. 이유는 그것이 "공산주의-사회주의의 핵심"이기 때문이었다. 또한 그는 그런 부가급부가 "노동자들을 현재의 일자리에 고착되게 만들어서" 일자리 사이에 노동력의 자유로운 흐름을 막음으로써 "우리의 진보에 심각한 위협이 될 수 있다"고 보았다. 일이 제대로 돌아가려면, 개개인 각자가 자신의 보수에 대한 협상과 자신의 지출에 대해 책임을 지고, 필요한 서비스는 정치 시스템이 공급해주기를 기대할 게 아니라 시장 참여자로서 각자가 시장에서 구매해야 했다.[12]

또한 발디 하퍼는 "정부 학교government school"라는 개념을 혐오했고, 대학 장학금의 기준이 해당 학생의 "재정적인 필요"여야 한다는 개념에 맹렬히 분노했다. 그는 그것이 "마르크스적인 개념"이라며, "필요란, 자신의 노력을 들여 충족해야 하는 것이라는 개념과 분리되고 나면 무제한으로 증가하기 마련"이라고 경고했다.[13] 하퍼는 현대사회의 도덕적 타락에 대해서도 개탄했다. 그는 "노동시간 단축은 범죄를 일으키는 중요한 원인"임을 자신이 입증할 수 있다고 주장했다. 그리고 "아동노동 금지법처럼 강제로 실업을 일으키는 조치"와 "10대 청소년에 대한" 의무교육이 "청소년 비행의 큰 원인"이라고 주장했다. 마찬가지 의미에서, 1930년대와 같은 불황기에 정부가 "보조"를 제공하는 것은 "위험한 일"이라고 보았다. 그는 계속해서 개개인이 "자유로운 시장이 제공하는 것 중 가장 높은 임금에서 일할 수 있는 자유"를 가진다면 경제는 빠르게 회복될 수 있다고 주장했다. 그 임금이 아무리 낮더라도 시장이 스스로를 고치게 해야 번영이 회복될 수 있을 터였다. 핵심은, 최저임금제도를 도입하거나 노조와 협상을 하거나 해서 임금이 너무 높은 곳에 고착되게 하는 일이 절대로 일어나지 않게 하는 것이었다. 그는 진정한 시장의 자유가 보장된다면 개별 노동자와 고용주의 관계가 집단의 권력이나 정부의 행동에 의해 왜곡되지 않을 것이고, 그것이야말로 "경제적 문제에 대해 지상에서 달성할 수 있는 유토피아에 가장 근접한 사회를 가져다줄 것"이라고 열변을 토했다.[14]

찰스 코크는 하퍼의 사상에 깊은 감명을 받았다. 아버지가 준 가르침과 일치하면서도 존 버치 소사이어티의 당황스러운 면(가령 존 버치 소사이어티의 창립자들은 드와이트 아이젠하워가 공산주의 음모론의 일부라고 주장한 적이 있다)은 갖고 있지 않았다. 또한 하퍼는 자유지상주의적 가치에 따라 행동하는 것이 윤리적으로도 긴요한 일이라고 이야기하고 있었다. 특히 조세의 강압을 벗기 위한 행동이 그랬다. 하퍼는 (다른 책에서) "이제 미국 정부는 4,200만 명을 완전하게 노예화한 것과 다름없는 정도로 개인의 소득을 가져가고 있다"고 비난하면서, "이를 '주들 사이의 전쟁'이 시작되었을 때 민간이 소유했던 노예가 400만 명이었는데, 그에 대해 그토록 맹렬한 관심과 비판이 쏟아졌던 것과 비교해보라!"고 일갈했다.

왜 소득세에 대해 분노하는 사람은 이렇게 적은 것인가? 그는 대니얼 웹스터Daniel Webster와 존 마셜John Marshall 대법관이 '매컬로우 대 매디슨 McCullough v. Madison' 사건(1819년)에서 쓴 표현을 빌려서, 그리고 이들 초창기의 미국 법관들이 상상도 하지 못했을 목적에 이 표현을 사용하면서, "과세의 권력은 파괴의 권력"이라고 언급했다. 그는 민주정부가 "일부 사람들의 권력을 증가시켜 다른 사람들을 파괴하고 있다"며 이제 그러한 "특권"에 맞서 싸우고, "노예화"를 종식시키며, "자유를 되살려야" 할 때라고 주장했다.[15]

하퍼가 묘사한 세상은 정확히 코크가 파악하고 있는 세상과 일치했다. 기업인들이 과도하게 가치를 인정받지 못하고 과도하게 통제받는 세상 말이다. 그에 더해 하퍼는 기업인들이 정부의 간섭도, 특혜도 받지 않게 될 때 어떤 사회가 될지에 대한 비전도 제시했다. 그것은 개인의 자유, 세계 평화, 사회 진보의 낙원일 것이었다. "인간의 선함은 자유로운 환경에서만 자랄 수 있다"는 것이 찰스 코크가 "소중한" 스승에게서 얻은 교훈이었다. 강압으로부터 완전히 자유로워야만, 그리고 완전히 자기책임의 원칙 하에 있어야만, 사람은 진정으로 윤리적인 선택을 할 수 있었다. 코크는 하퍼가 자신에게 경제적 자유 추구를 평생의 사명으로 삼게 해준, "인생을 바꾼 가르침"을 준 스승이라고 말했는데, 실로 그렇다.[16]

코크는 하퍼에 이어 로버트 르페브르에 대해 알게 되었다. 기업가 출신인 르페브르는 맹렬한 자유지상주의자로, 1950년대 말에 반정부적이고 재산권 지상주의적인 자유의 개념을 가르치기 위해 콜로라도 시골에 '자유 학교'를 세웠다. 르페브르는 버지니아 주의 사립학교 운동에 매우 관심을 가지고 있던 북부 사람 중 한 명이었다. 그는 이를 계기로 남부의 분노한 백인들이 자유지상주의의 대의에 동의하게 될 것이라고 생각했다. 르페브르는 잭 킬패트릭에게 "미국의 '정부 학교'가 미국을 망치고 있다"는 사실을 널리 알림으로써 〔남부의 사립학교 운동을〕 돕겠다고 했다. 그가 보기에 미국에는 "정부의 지배로부터 완전히 벗어난, 민간 기반의 독립적인 학교"가 절실히 필요했다. 더 포괄적으로, "자유로운 아메리카를 위한 약속"에서 그는 와그너법이 "수백만 명을" "노동계 보스"들의 "노예"가 되게 만든다고 비난했고, 사회보장이 "건전하지 못하고" "부도덕"하다고 비난했으며, "조세와 정부 지출 모두 (…) 헌법적으로 제한되어야 한다"고 주장했다.[17] 자유지상주의 운동 내부자가 쓴 한 역사 기록에 따르면, 르페브르의 비전은 "어떤 종류의 기업인들에게는 마약처럼 매혹적이었다". 찰스 코크도 그런 기업인 중 하나였다. 그는 '자유 학교'에 매우 관심을 갖게 되어서, 상대적으로 덜 정치적이었던 동생 데이비드와 함께 2주 동안 이 학교의 세션에 참여했고 이어서 이사회에도 참여했다.[18]

그렇다면 코크가 대규모 자금을 후원한 첫 사례가 위치타의 독립교육센터Center for Independent Education였다는 것은 이상한 일이 아닐 것이다. 이곳은 사립학교와 바우처 프로그램을 전국적으로 촉진하는 일을 하고 있었다. 이곳의 기원은 '위치타 자율 고등학교Wichita Collegiate School'로, 코크의 아버지와 존 버치 소사이어티의 이 지역 파트너인 로버트 러브Robert Love가 브라운 판결 이후에 공립학교에 대한 자유 지향적 대안을 제공할 목적으로 기획한 학교였다. 이 학교의 모토는 "너 자신의 가치를 증명하라 Prova de Dignum"였는데, 이것은 킬패트릭이 연방 정부가 흑인을 돕는 일에 나서지 말아야 한다고 주장하면서 썼던 글의 핵심주제이기도 하다. 흑인들이 무엇이라도 향상된 것을 얻길 원하다면 그것을 "자신의 노력으로 획득해야" 한다는 것이었다.[19]

경제적 자유를 위한 싸움을 이끌 지도자와 사상가를 찾는 일이 무엇보다 시급히 필요하다고 확신하게 된 코크는, 1965년에 그런 지도자와 사상가를 발굴하고 육성하기 위해 발디 하퍼의 인간문제연구소에 상당한 돈을 기부하기 시작했다. 인간문제연구소는 '윌리엄 볼커 펀드'를 직접적으로 계승하는 조직이었다. 언급했다시피, 볼커 펀드는 뷰캐넌을 포함해 여러 미국 학자를 몽 펠레린 소사이어티의 궤도에 들어오게 했던 곳이다 (자유지상주의자들은 거창하게 허세를 부리는 경향이 있는데, 이곳의 한 오랜 직원도 볼커의 회장이 "엉망인 모든 것을 싹 다 날려버렸다"고 말했다. 인간문제연구소는 볼커가 사명으로 삼은 바를 이어받았고 후원자들도 그대로 이어받았다).[20]

다음 해에 이사회에 합류한 코크는 이사직을 계속 유지했다. 그는 인간문제연구소에 수백만 달러를 투자했을 뿐 아니라 CEO로서 가장 귀한 것, 즉 시간과 관심도 막대하게 투자했고 하퍼가 사망한 후에는 잠시 동안 회장을 맡기도 했다. 인간문제연구소는 평생 동안 그가 가장 애착을 가진 조직이었고 그의 주요 기부 대상이었다. 코크는 "사상"이 "가장 큰 권력"이라고 믿었는데, 이것은 인간문제연구소가 스스로를 소개하며 밝힌 바이기도 하다. 인간문제연구소의 사명은 "기초 연구"를 통해 자유의 추구에 지침을 줄 "중요한 진리들을 찾아내는 것"이었으며, "리더가 될 최고의 역량을 갖춘" "뛰어난 사람들을 깊이 있게 교육함으로써" 이 임무를 달성할 것이었다. 코크와 하퍼는 이것이 단시일에 이루어질 수 있는 일이 아니라는 것을 잘 알고 있었다. "사상은 즉각적으로 결실을 내지는 않기" 때문이었다. 마르스크주의 사상도 그 "쓴 열매"를 맺기까지는 수십 년이나 걸리지 않았는가.[21]

이 무렵에 (정확하게는 1970년에) 코크는 몽 펠레린 소사이어티 회원이 되었다. 몽 펠레린 소사이어티는 들어가기 쉬운 곳이 아니었다. 코크처럼 부유하고 확실한 사상을 가지고 있는 경우에도 그랬다. 이곳 정관에 따르면, 후보자는 두 명의 회원에게 지명을 받아야 하고 이사회에서 5분의 4 이상의 찬성을 얻어야 했다. 그다음에 1년을 기다리면서 "가능하면 그의 본국 사람들도 포함해 많은 이들로부터 충분히 심사를 받아서" "적합성"이 인정되어야 들어갈 수 있었다. 회비는 친親기업 단체 치고는 비싸지 않았다. 1976년에 연 20달러였고 오늘날의 화폐가치로는 125달러 정도 된다. 찰스 코크가 회원이 된 이후로 그가 후원하는 단체들은 행사, 출판물 발간, 구인 등의 소식을 알리는 데 몽 펠레린 소사이어티의 뉴스레터를 자주 활용했다.[22]

코크를 그 스스로 선택한 평생의 사명에 나서게 만든 요인이 또 하나 있었다. 그는 자신이 세계에서 가장 부유한 사람 중 한 명이 될 정도로 사업에서 성공했다는 사실 자체가 자신이 자유지상주의 운동의 지도자가 되고 이 운동을 자신의 뜻대로 이끌어갈 자격이 있음을 입증하는 증거라고 생각했다. 그에게는 자신의 성공이 곧 자신의 지적 능력과 지도자로서의 적합성을 말해주는 증거였다. 일찍이 루트비히 폰 미제스로의 저술을 읽으면서, 코크는 기업인들이 인류 역사에서 마땅히 받아야 할 칭송을 받지 못한 천재들이라는 것을 알게 되었다. 과거에 청교도인들이 현세에서의 성공을 신에게 선택받았음을 보여주는 증거로 여겼듯이, 성공한 기업인들도 그와 비슷한 의미에서 존중을 받아야 마땅했다.[23]

본인의 성취에 대해 이렇게 생각했다는 것은 그가 다른 모든 사람에게 자선의 행동이나 동정심을 거의 보이지 않았던 이유도 어느 정도 설명해준다. 노동자는 물론이고 그와 생각이 다른 기업인도 마찬가지였다. 그는 상장기업 경영자들, 특히 현재 공화당 주류를 차지하고 있는 온건 성향의 경영자들을 경멸했다. 그들은 커다란 고층건물에 화려한 사무실을 갖고 있다고 마치 자기가 코크와 동급인 줄 알지만, 잘못 생각하는 것이었다. 코크가 보기에 이들은 주주들에게 기대고 진정한 자유의 가치를 알지 못하는 '고용된 경영인'일 뿐이었다. 코크는 자신 같은 사람들이 진짜 영웅이라고 생각했다. 중서부, 서부, 남부 출신에 자신의 사업을 스스로 일군 사람들, 그리고 회사를 상장하지 않고 사기업으로 유지하면서 무엇에도 전혀 타협할 생각이 없는 사람들 말이다.[24]

코크는 실패한 기업인은 더 경멸했다. 그는 기업의 실패는 시장이 효율적으로 작동한다는 증거이며, 구매자를 잘못 가늠했거나 경쟁자 대비 자신의 역량을 잘못 가늠한 기업을 시장이 잘 솎아냈다는 증거라고 보았다. 코크는 저명한 경제학자 조지프 슘페터Joseph Schumpeter가 "창조적 파괴"라고 부른 것이 자본주의 시스템의 건강에 필수적이라고 생각했고, 공감이나 동정은 우리가 반드시 가야 할 미래로 가는 데 방해가 되는 것이라고 생각했다. 그는 "무엇이 되어야 하는지, 또 무엇이 될 수 있는지를 상상하라"며, "창조적 파괴를 추동하기 위해" "원칙"과 "절박성"을 가지고 나서라고 촉구했다.[25] 고객에게 서비스를 잘 제공할 능력이 없는 기업인은 "수위나 노동자가 되어야 한다"는 것이 그의 생각이었다. 코크의 세계관에서, 노동자는 능력이 부족한 사람이거나 본인의 실패 탓에 [임노동이라는] 예속의 형태를 선고받은 사람을 의미했다.[26]

우월함과 열등함에 대한 코크식 개념은 그의 성격과 세계관에 매우 깊이 뿌리를 내렸고 결혼 상대를 정할 때도 영향을 끼쳤다. 그는 자신의 아내 또한 비슷한 사고방식을 가지고 있어야 그들의 결혼 생활에서 삶의 목적에 대한 조화가 이뤄질 수 있을 것이라고 생각했다. 그래서 그는 "강도 높은 훈련"이 만족스럽게 이뤄졌다고 본 여성과 결혼했다(실제로 그랬다. 엘리자베스 코크는 미국이 "위험을 감수하려고는 하지 않고" 누군가가 "어르고 달래주고 돌봐주기를" 원하는 사람들의 나라가 되었다고 불평했다. 또 대부분의 사람들이 "무언가를 자신이 스스로 할 수 있는지, 지금보다 더 잘할 수 있는지"는 생각해보지 않는다고도 말했다. 그리고 "욕심은 투자와 위험 감수에 따르는 보상이므로" [민간이] 이윤을 만드는 일에 정부가 개입해서는 안 된다고 보았다).[27]

자신이 다른 이들보다 지적으로, 또 윤리적으로도 우월하다는 생각은 찰스 코크가 협업자를 찾을 때 밀턴 프리드먼이 아니라 더 비타협적인 뷰캐넌에게로 온 이유를 설명해준다. 코크는 앨런 그린스펀뿐 아니라 프리드먼 및 그가 이끄는 포스트 하이에크 시카고학파 경제학자들까지도 "시스템을 팔아넘기는 배반자"라고 생각했다. "진정한 자유지상주의자라면 정부를 뿌리부터 해체하려 해야 마땅한데, 그들은 정부를 더 효율적으로 일하게 만들려 한다"는 것이었다. 그들은 실제로 정부가 더 나은 결과를 내놓을 수 있게 도우려고 했는데, 코크가 보기에 그것은 병을 연장할 뿐이었다. 코크는 타협하지 않는, "급진적이고 순수한 형태"의 사상만이 "가장 똑똑하고 가장 열정적이고 가장 능력 있는 사람들"의 관심을 끌 수 있을 것이라고 믿었다(오늘날 그의 동지들이 정부를 향상시키기보다는 부수고 있다는 것은 놀랄 일이 아니다).[28]

하지만 처음에는 똑똑하고 능력 있는 사람들을 찾는 게 쉽지 않았다. 코크는 "(이 운동에 돈을 대는 일을) 처음 시작했을 때, 우리는 교수나 학자가 대여섯 명만 있어도 좋겠다고 생각했다"며 당시의 놀라움을 회상했다.[29] 그래도 그는 계속해서 투자했다. 당장 확보할 수 있는 인적 자원의 질이 불균등한 것은 개의치 않았다. 1975년에, 한번은 하트포트에서 오스트리아학파 경제학을 촉진하기 위한 인간문제연구소 모임에서 오후 "친목 시간"에 모두 함께 버스 투어를 갔다. 한 참가자의 회상에 따르면, 젊은 여성 투어 가이드가 아름다운 건축물들에 대해 설명해주는 동안 이들은 "정부 건물을 지나갈 때면 야유를 보냈고 민간 건물을 지나갈 때면 환호를 했다". 이 연결고리를 전혀 이해하지 못한 여성 가이드가 남자들이 소리를 지르는 것에 "당황해하는" 것을 재미있어하면서 말이다. 수십 명 중 단 한 명만이 이런 행위에 "충격을 받고 혐오를 느꼈던" 것 같아 보였는데, 그는 미국인이 아니었다.[30]

인간문제연구소의 다음 모임은 윈저 캐슬에서 열렸다. 주말에는 엘리자베스 여왕이 사용하는 왕궁 내부의 회의장에 약 20명이 모였다. 능력 있는 신참자들이 "영웅"들과 만날 수 있는 "북돋우기" 모임이었다. 찰스 코크와 아내 리즈 코크가 짐을 너무 많이 가지고 와서, 진행 담당자는 공항에서 커다란 자동차를 한 대 더 불러야 했다. 담당자는 마치 "부족 모임" 같았다고 회상했다.[31]

이런 "부족"이 10~20년 안에 우리가 알고 있는 세계를 뒤집을 수 있게 되리라고 상상하기는 어려울 것이다. 하지만 더 넓은 대중에게 접할 기회가 열리고 있었다. 1970년대 중반에 경제가 어려워지면서 정치경제에 대한 당대의 주류적인 접근방식에 신뢰가 깨진 것이다. 대공황 이래로 최악의, 그리고 가장 긴 불황이 온 데다 스태그플레이션이라는 희한한 시기가 닥치고 해외에서의 경쟁까지 치열해지자, 우파 진영은 점점 더 많은 기업을 행동에 나서도록 설득할 수 있게 되었다. 그들은 단지 규제와 조세를 줄이는 것뿐 아니라 20세기 중반 사회계약의 핵심이자 당대 지배적인 패러다임이던 케인스주의 경제학을 왕좌에서 끌어내리고 싶어 했다.[32]

코크도 이 목표에는 전적으로 동의했지만, 당시에 진행되던 기업계의 운동에서는 옆으로 빠져 있었다. 그는 블루칩 회사들, 상장기업들, 그리고 기성의 업계 협회들이 원칙을 철저히 고수하면서 이 일에서 지도력을 발휘할 수 있으리라고 믿지 않았다(실제로 그들은 원칙을 고수하지 않았다. 그들은 자기 자신을 위해서는 늘 예외를 만들었다). 그래서 코크는 자신의 돈을 별도로 기부했다. 긴 게임에서 미처 승리하기 전에 이면협상을 하거나 이탈할지도 모를, 이데올로기적으로 순수하지 못한 돈과 자신의 돈을 섞고 싶지 않았다. 실제로 그들은 자주 이면협상을 하거나 이탈했다.[33]

그만큼이나 중요한 것으로, 코크는 자신의 행동이 전적으로 '원칙'에서, 그리고 더 나은 사회를 만들 수 있는 '사상'에 대한 충성심에서 나왔다고 믿고 있었기 때문에, 사회운동 세력이나 복지수급자뿐 아니라 정부에서 무언가를 얻어내려 하는 CEO들에게도 원칙을 가르쳐야 한다는 종교적인 사명감을 갖고 있었다. 1978년에 그는 "가난한 사람들이 받는 복지를 공격하면서 우리 자신을 위해 복지를 요구한다면 얼마나 우리의 신뢰를 훼손하는 일이 되겠는가"라고 동료 기업인들을 질타했다. 자유 기업에 적대적인 쪽에서 기업들이 '큰 정부'를 비판하는 것을 두고 위선적이라고 비난하는 것은 전혀 이상한 일이 아니었다. 그는 "우리는 우리가 설교하는 바를 스스로 실천해야 한다"고 촉구했다. 기업들이 정부에 보조금이나 그 밖의 특전을 요구하는 것을 그만두어야 한다는 것이었다.[34]

제임스 뷰캐넌이 지대 추구를 주요 분석 대상으로 삼았고 지대 추구를 막을 수 있는 법적 시스템을 만드는 것에 매우 관심이 있었음을 생각하면, 그가 코크 쪽 사람들의 레이더에 점점 더 자주 들게 되었다는 것은 이상한 일이 아니다(또한 뷰캐넌은 농담 삼아 자신을 "입양된 오스트리아인"이라고 불렀고, 자신이 "미국판 하이에크" 역할을 함으로써 버지니아학파에 기여했다고 생각했다). 그리고 1974년에 찰스 코크가 자신의 이름을 딴 재단을 설립했을 때, 뷰캐넌은 "이곳의 첫 번째 공식 활동"의 만찬 모임에서 강연을 해달라는 요청을 받았다. 이 모임은 단지 생각이 비슷한 사람들이 안면을 트고 친목을 다지는 용도를 훨씬 벗어난, 앞으로도 계속해서 이뤄지게 될 수많은 모임의 시작이었다. 참석한 사람들은 '새로운 통화이론'부터 '사회적 비용에 대한 오스트리아학파의 견해'까지 다양한 주제에 대해 맹렬한 토론을 벌였다(모임이 열린 샬로츠빌은 버지니아 대학이 소재한 곳인데, 앞에서 보았듯이 버지니아 대학은 버지니아학파 경제학자들과 '법과 경제' 법학자들이 매우 잘 협업을 하고 있는 곳이었다는 점에서도 의미심장하다).[35]

코크 쪽이 뷰캐넌을 알게 된 것은 아직까지 자유지상주의자들의 수가 적어서만은 아니었다. 이전에 코크 쪽 사람들은 뷰캐넌이 《무정부 상태의 대학》에서 대학의 소요를 "달래서" 해결하려는 입장에 단호하게 반대한 것을 몹시 환영하면서, 이것을 더 널리 알리기 위해 소책자 버전으로 출간한 바 있었다. 또한 각급 학교를 모두 민영화하자는 것은 뷰캐넌과 코크 둘 다 사명으로 삼고 있는 바였고, 사실 무엇보다도 이것이 이후 20년간 깊어지게 될 코크와 뷰캐넌의 협업을 추동한 계기였다.[36]

맹렬한 독서가이자 치밀한 사상가였던 코크는 뷰캐넌 같은 사람과 파트너가 될 수밖에 없었을 것이다. 찰스 코크 재단의 초창기 세미나들에서 그가 한 질문들은 초청받은 학자 누구보다도 날카롭고 까다로웠다. 지금 돌이켜보건대, 그는 해당 사안에 걸려 있는 궁극적인 핵심이 무엇인지를 다른 이들보다 더 날카롭게 인식하고 있었는데, 오스트리아학파 경제학 사상을 현실에서 (노동관계부터 통화정책까지 다양한 사안에서) 실제로 적용하는 일에 그가 진지하게 관심을 가지고 있었기 때문일 것이다. 오래지 않아 코크는 뷰캐넌에게 "경제학 분야에서 이뤄지고 있는 학문적 발달"이 기쁘다며 "그러한 발달을 가져온" 뷰캐넌의 리더십에 찬사를 보내게 된다. 또한 코크와 뷰캐넌은 인간문제연구소에서 "자유 친화적인 교수들을 일정 수 이상 확보함으로써" 대학에서 "사상 전투"를 진전시키기 위한 협업을 하면서도 가까워졌다.[37]

1978년에 올린 재단 회장 윌리엄 E. 사이먼^{William E. Simon}이 "자유를 지

원하기 위해 수백만 달러를 기부해야 한다"고 기업계를 촉구했을 때, 찰스 코크는 굳이 다른 사람의 촉구가 필요 없었다. 그는 이미 기부금 수표에 서명하고 있었다.[38] 그리고 그는 단지 공공 논쟁을 폭넓게 촉진하기 위해서만 기부를 하고 있는 것이 아니었다. 코크는 아직 후미진 곳에 있던 자유지상주의 운동을 20세기의 〔케인스주의적〕 국가라는 댐을 무너뜨릴 강력한 물줄기로 바꿀 수 있는 연금술을 찾고자 하고 있었다.

아마도 이 때문에 머리 로스바드가 코크의 눈에 들게 되었을 것이다. 코크의 지원을 받은 초창기 학자 중 한 명으로, 소수의 사람들이 어떻게 큰 변화를 이끌 수 있는지를 설명하면서 레닌의 전략을 참고할 필요가 있다고 코크에게 조언한 사람이 바로 로스바드다.[39]

로스바드는 뉴욕의 "가족, 친구, 친척, 이웃들"에 대해 이야기하면서 자신이 어린 시절에 "공산주의 문화"에서 자랐다고 말하곤 했다. 로스바드는 그들이 추구하는 목표를 경멸해서 그 문화에 저항했지만, 1930년대와 1940년대에 그들의 열띤 토론을 들으면서, 그리고 공산주의 저술, 특히 레닌의 원전을 직접 읽으면서, 레닌이 전략·전술 면에서 보여준 천재성에 깊은 인상을 받았다. 레닌은 모두가 불가능하다고 생각한 곳에서 혁명을 해냈다. "타협 없는 자유지상주의의 옹호자" 로스바드도 레닌처럼 정부가 "우리의 적"이라고 생각했고, 레닌의 대담한 리더십을 존경했다. 하지만 뭐니뭐니 해도 그가 레닌에게서 가장 크게 깨달은 것은, 레닌의 몇몇 기법이 정반대의 목적에도 아주 잘 사용될 수 있으리라는 점이었다. 이제까지 어디에 존재했던 것보다도 훨씬 더 순수하고 제약 없는 자본주의를 만든다는 목적 말이다.[40]

1976년에 콜로라도 주 베일에서 열린 주말 토론 모임에 코크의 초청으로 참석한 로스바드는 레닌의 전략이 자유지상주의 운동에서도 매우 효과 있는 전략이 될 수 있다고 코크에게 말했다. 레닌은 혁명 정당에 대해 논하면서 "더 소수이더라도 더 나은 것이 더 낫다"고 말한 바 있었다. 마찬가지로, 로스바드는 건전하고 규율 잡힌 운동을 만들기 위해서는 소수 정예의 "간부단"을 만드는 것을 최우선순위의 일로 삼아야 한다고 말했다. 로스바드는 당대[1970년대]의 자유지상주의자들이 "일반적으로 사상의 깊이가 얕고 반문화적 분위기를 가지고 있다"(로스바드의 전기 작가이자 그 역시 이 운동의 일원이었던 저스틴 레이몬도Justin Raimondo의 표현이다)고 지적했다. 누가 잡으러 오면 언제라도 도망갈 수 있도록 가방을 꾸려두고 오랜 망명생활을 버틸 수 있게 콩 통조림과 과학소설을 쟁여두는 이야기라든지, 먼 곳의 섬이나 다른 행성에 이상사회를 건설한다든지 하는 이야기들은 모두 사라져야 했다. 실천적인 진지함으로 새로이 무장할 필요가 있었다. 이제 혁명운동이 '미들 아메리카'로 진격해야 할 때였다.[41]

요컨대, 긴 싸움에서 승리하려면 무엇보다 "자유지상주의 간부단 자체를 육성하고 유지하고 확장하는 것"이 필요했다. 그리고 코크의 무한한 돈은 이를 가능하게 할 수 있을 터였다.[42] 어중이떠중이를 아무리 많이 모아봐야 혁명의 성공에 가까워지지는 않는다는 점을 코크에게 설득하기는 어렵지 않았다. 로스바드의 말이 무척 마음에 든 코크는 전에 고용했던 조언자들을 다 입 다물게 하고서 이 자신만만하고 야단스러운 방문자에게 베팅을 걸어보기로 했다. 로스바드는 무엇을 해야 할지에 대해 매우 확신을 갖고 있는 것으로 보였다.[43] 로스바드는 조직화 수단으로 내부자용 소책자 발간도 제안했는데, 그러한 책자 중 하나에서 코크는 지난 15년 동안의 자신의 노력에 대해 이야기하면서 "우리의 가장 큰 문제는 재능 있는 사람들이 부족하다는 것이었다"고 언급했다. 그는 "효과적인 사회변혁 세력"이 되려면 "우리에게는 운동이 필요하다"고 말했다. 그리고 건전하고 규율 잡힌 운동을 만들기 위해서는 '간부단'을 만드는 것이 급선무였다.[44]

이러한 긴급성에 새로이 주의가 환기되면서, 간부단을 교육하고 훈련하기 위한 싱크탱크를 만들 필요가 생겼다. 싱크탱크를 이끌 사람으로 코크와 로스바드가 모두 주목한 사람은 에드워드 크레인 3세였다.[45] 크레인은 이미 이 운동에 맹렬하게 헌신하고 있는 사람이었고, 1964년 배리 골드워터 선거 때 선거운동본부장으로 활약한 바 있었다. 그리고 그 역시 타협 없는 자유지상주의자여서, 당시에 "골드워터가 사회보장제도 민영화 사안에서 서둘러 꽁무니를 뺀 것"을 몹시 혐오스러워했다. 골드워터가 득표를 위해 후퇴한 것을 비난하면서 (그리고 골드워터의 군사적 모험주의에도 우려를 느껴서) 크레인은 자유지상당에 합류했다. 자유지상당은 1971년 12월에 덴버의 한 거실에서 창당 모임을 가졌다. 창당 인사들은 어느 형태로든 정부의 강요가 존재하지 않는 상태로 자유가 지켜지는 사회를 추구했다. 이들이 말하는 '정부의 강요'에는 공립학교, 사회보장제도, 메디케이드, 우편 서비스, 최저임금법, 아동노동 금지, 해외 원조, 환경보호청, 마약과 매매춘 단속 등이 포함되었고, 되도록 빠르게 모든 종류의 세금과 정부 규제를 없애는 것도 이들의 목표였다.[46] 그나마 가장 두드러진 공격 대상들만 언급한 것이 이 정도다.

크레인은 국가주의적인 20세기의 세계 체제에 맞서 자유지상주의 혁명을 달성해야 한다는 믿음이 로스바드와 코크 못지않았다. 좌파뿐 아니라 우파 진영에서도 기득권이 전복되어야 했다. 그가 보기에는 좌우파 기득권 모두 "지적인 파산 상태"에 있었다. 보수주의자들은 "군사주의"에서 잘못을 저지르고 있었고 진보주의자들은 "평등이라는 거짓 목표" 때문에 잘못을 저지르고 있었다. 미래는 "국가권력"을 완전히 "폐지하는" 것에, 이 "진정으로 급진적인 유일한 비전"에 놓여 있었다.[47]

교육 및 훈련을 담당할 기관을 크레인이 이끌기로 결정되자, 이제 필요한 것은 이름이었다. 이름은 곧 로스바드가 제안한 것으로 정해지는데, 그것은 '카토 연구소'였다. 이 이름은 내부자들에게는 일종의 암호였다. 얼핏 생각하면 미국 독립혁명에 일조했던 '카토의 편지Cato's Letters'(1700년대 초에 영국의 사상가 두 명이 미국의 독립을 고취하기 위해 '카토'라는 가명으로 발간한 편지 – 옮긴이)를 연상시켜서 애국심에 호소하는 것 같지만, 기원전 2세기 로마에서 "카르타고는 파괴되어야 한다"고 외친 '연장자 카토Cato the Elder'(본명은 마르쿠스 포르시우스 카토Marcus Porcius Cato. 역시 로마의 정치인인 증손자 카토와 구분하기 위해 "연장자 카토"로 불린다 – 옮긴이)를 의미하는 것이기도 하기 때문이다. 새로운 카토의 임무 또한 파괴였다. 카토 연구소가 추구하는 것은 미국의 국가주의를 완전하게 무력화하는 것과 다를 바 없었기 때문이다.[48]

카토 연구소가 설립된 1977년에는 '자유지상주의'와 '보수주의'가 헷갈릴 일이 없었다. 로스바드는 첫 발간물에서 '보수주의'라는 이름표가 붙는 것을 "경멸해야 한다"고 언급했다. "현대 미국에서 볼 수 있는 형태"의 보수주의를 체현하고 있는 것은 "피할 수 없는 빈사 상태이고 근본주의적이며, 농촌과 소도시 위주인 백인 앵글로색슨 미국의 죽음의 고통"이었다. 여기에 미래가 있을 수는 없었다. 미래는 세속의 자유지상주의 운동에, "혁명을 위한 정당"에 있었다.[49]

로스바드는 카토 연구소의 목표와 행동계획을 담은 '자유지상주의적 사회 변화를 위한 전략Toward a Strategy for Libertarian Social Change'이라는 글을 썼는데(책 한 권 분량이나 되는 긴 글이었다) 레닌의 저술을 아주 많이 인용하고 있었고 이전의 혁명들과 권위주의 정권들에 대한 내용도 너무 많이 담고 있어서, 내부자들을 넘어서서 회람시키기에는 지나치게 "과격해" 보일 정도였다. 어쨌든 로스바드가 이 글에서 제시한 방법론에 따르면, 레닌이 볼셰비키를 이끌면서 보여주었듯이 '간부단'이 핵심역할을 해야 했다. 이들은 이 일에만 전념하면서 운동의 보병들에게 이데올로기를 주입할 소수정예의 전위팀이 될 것이었다. 그러면 외부로 영향력을 확대하고 저변을 넓히면서도 운동의 순수성과 지속성을 담보할 수 있을 터였다.[50]

오늘날 미국을 대대적으로 변모시키는 데 이들의 은밀한 운동이 끼친 영향을 파악하려면, 이 결정적인 터닝 포인트의 중요성을 이해해야 한다. 로스바드는 나중에 이렇게 회상했다. "과거에 마르크스주의자들이 깨달았듯이, 우리는 조직과 지속적인 '내부자 교육' 및 강화 프로그램이 없는 군단은 더 강한 연합세력에 흡수되거나 원칙을 저버리게 될 수밖에 없다는 것을 깨달았다." 흡수되거나 넘어가버릴 우려 없이 현재의 더 강한 세력하고도 "단단하고 유익한 연대"를 할 수 있으려면 교육과 훈련이 결정적으로 중요했다.[51]

2008년 이후에 공화당 주류가 어떻게 바뀌었는지는 이 모델이 성공했음을 보여주는 확실한 증거다. 전통 있는 주요 정당인 공화당의 주류 지도자들은 명백하게 코크의 군단보다 더 강한 권위와 권력을 가지고 있었지만, 영향력 면에서 결국 당을 접수한 쪽은 그들이 아니라 원칙과 규율로 무장한 코크의 군단이었다.

코크의 간부단이 수행하려는 임무는 말 그대로 '혁명'이었다(돈이 아주 많았으니 폭력은 필요하지 않았지만 말이다). 이들이 무너뜨려야 할 "지배계급"에는 노조 지도자, 로비를 통해 특별한 이익을 얻으려 하는 기업가 및 업계 협회, 그리고 정부의 행동〔규제나 개입〕을 이론적으로 뒷받침하는 지식인들이 있었다. 카토 연구소의 자유지상주의 간부단이 해야 할 임무는 위의 세 집단이 가진 기생적인 속성을 모든 사례를 최대한 모아 널리 알림으로써, 국가주의가 유발하는 부패의 해악에 대해, 그리고 그 부패와 해악을 분쇄하기 위해 무엇을 해야 하는지에 대해 많은 사람들이 알게 하는 일이었다.[52]

직원으로 소속된 학자들과 안정적으로 오가는 방문학자들을 확보하고서, 카토 연구소는 "지배계급"에 맞서기 위한 연중 논스톱 프로파간다를 진행했다. 여기에 뷰캐넌이 매우 중요한 역할을 했다. 카토 연구소가 설파한 주장들이 대체로 뷰캐넌의 팀이 제공한 분석을 따르고 있었기 때문이다. 그러는 동안, 간부단은 운동을 진전시킬 새로운 아이디어를 가진 사람들을 계속 불러왔고 코크는 이들을 위해 자금을 계속 공급했다. 그리고 간부단은 새로 온 사람들에게 핵심사상을 주입해서 급진적인 엄정성이 유지되도록 했다. 이들이 각자의 영역에서 자유지상주의의 의제를 언론과 정치계에 밀어넣는 동안, 이 모든 활동이 코크의 돈 덕분에 하나로 결집되었다. 로스바드의 가르침에 따르면, 자유지상주의 전위조직이 "사람들에게 옳은 경로가 무엇인지에 대해 지침을 줄 수 있을 것"이었다.[53]

'건국의 아버지'를 충분히 많이 연상시킨 덕분에 이들의 '레닌주의적' 자유지상주의는 매우 미국적인 호소력을 가질 수 있었다. 겉으로 이들의 운동은 혁명이라기보다 미국의 재건처럼 보이기도 했다. 하지만 카토 연구소는 자신이 주장하는 바를 타협하거나 굽히지 않을 것이었다. 부자들에게 세금을 대폭 줄여주는 것이든, 정부 규제를 없애는 것이든, 사회보험을 폐지하는 것이든, 제약 없는 개인의 자유를 모든 문제의 해법으로 제시하는 것이든, 그 무엇이든 간에 말이다. 초창기에 카토 연구소가 보인 이념적 '순수성'은 종종 보수주의자들을 경악하게 했다. 가령 미국의 해외 군사 개입을 비판하거나 마약과 매매춘의 합법화를 주장한 것 등이 그랬다. 이런 독특한 입장은, 카토 연구소의 초대 소장이 말했듯이, 카토 연구소를 "여피들의 싱크탱크"가 되게 만들었다. 자신의 경제적 자유를 사회적 자유와 동일시하고 이 모든 것이 궁극적으로 어디를 향하는 것인지는 전혀 파악하지 못하는 사람들 말이다.[54]

세상에서 제일 돈 많은 사람을 돈줄로 갖고 있는 곳이니만큼, 카토 연구소는 타협을 할 필요가 없었다. 그리고 코크는 타협은 죽음과의 키스라고 분명히 밝힌 바 있었다. 돈줄을 쥔 사람의 말에 돈을 받는 사람들은 모두 귀를 기울였다. 한 참여자는 이렇게 회상했다. "거의 코믹하게 보이지만, 작은 규모의 운동에 갑작스럽게 대량의 자금이 유입되면서, '코크 행성'을 중심으로 다른 모든 천체의 궤도가 조정되는 중력적인 전환이 벌어졌다."[55] '돈'이라는 인센티브가 연구자들에게 [학문의 객관성을 훼손하도록 부당하게] 영향을 끼칠 것이라며 반대하는 사람은 아무도 없었다. 자유지상주의자들은 '부'가 '권력'의 한 형태라는 것을 결코 인정하지 않았기 때문이다. 하지만 찰스 코크가 들이붓는 막대한 돈은 곧 모든 행위자에게 막대한 영향을 끼치게 된다. 이 운동에 실망하게 된 한 참여자는 훗날 이렇게 말했다. "단 한 명의 후원자를 가진 비영리기관에 고용된 사람들은 들판의 해바라기가 햇빛을 따라가듯 후원자의 기분과 움직임을 따라간다."[56]

제임스 뷰캐넌은 카토 연구소의 전신이 된 세미나에 참석했던 해에 '사마리아인의 딜레마The Samarian's Dilemma'라는 제목의 논문을 출판했다. 지금도 우파에서 즐겨 인용되는 논문으로, 누가복음에서 예수가 보여준 자선의 윤리가 현대 세계에서는 뒤틀린 결과를 낳게 된다는 "진단이자 처방"을 담고 있다. 뷰캐넌은 "어쩌면 우리는 우리 자신의 후생에 대해, 혹은 질서 있고 생산적인 자유사회의 후생에 대해 너무 연민을 가지고 있는 것인지도 모른다"며 게임이론류의 사고실험을 적용해 논지를 전개했다(물론 실증 연구는 하지 않았다). 그가 이 논문에서 입증하고자 한 "가설"은 "현대의 인간은 자신의 종species을 포식하는 약탈자로부터 자신이 착취당하지 않게 하는 데 필요한 선택들을 할 역량이 없어졌다"는 것이었다. **자신의 종을 포식하는 약탈자라고?** 이 주장은 성경에 나오는 '착한 사마리아인' 이야기를 왜곡된 방식으로 차용하고 있다. 성경의 이야기를 보면, 사마리아의 한 친절한 주민이 강도와 구타를 당해 다 죽게 된 유대인 방랑자에게 도움을 베푼다. 즉, 여기에서 약탈의 '희생자'는 〔도움을 준 사마리아인이 아니라〕 그 유대인이다. 예수가 제자들에게 이 이야기를 한 것은 이웃을 자신처럼 사랑하라고 가르치기 위해, 설령 그 이웃이 경멸받는 타자(사마리아 사람들에게 유대인이 그런 타자였다)여도 그렇게 해야 한다고 가르치기 위해서였다.**57**

그런데 자유지상주의 경제학자 뷰캐넌은 예수가 틀렸다고 보았다. 뷰캐넌은 착한 사마리아인 이야기를 가져다가 "현대인은 너무 무른 상태가 되었다"는 주장을 펴는 데 사용했다. 현대인은 시장을 적절한 질서로 복원하는 데 필요한 "전략적인 용기"가 부족하다는 것이었다. 그의 논리에 따르면, 윤리적인 것처럼 보이는 일(가령 도움이 필요한 사람을 돕는 일)은 결국 상황을 고치지 못한다. 도움을 받는 사람들이 자신의 문제를 스스로 해결하려 하기보다 도와주는 사람들을 "착취하려" 들게 만들기 때문이다. 뷰캐넌은 아이의 엉덩이를 때리는 부모에 비유해 이것을 설명했다. 아이가 아프겠지만, "체벌의 두려움은 아이가 미래에 안 좋은 행동을 억제할 수 있게 가르침을 준다".[58]

마찬가지로, "잠재적인 기생분자들"도 사회의 "생산자들"을 "의도적으로 착취하는" 안 좋은 행동을 하지 못하도록 제약되어야 했다. 이 논문은 미국의 '세 번째 세기'가 '두 번째 세기'의 너무 "물러진" 오류를 어떻게 되돌릴 것인가에 대해 자유지상주의적 처방을 제시함으로써, 자유지상주의의 독특한 도덕 개념을 다른 어떤 저술보다도 잘 보여주고 있다. 처방의 핵심은 어리석은 사마리아인, 즉 정부가 왜곡된 인센티브를 주지 못하게 제약할 방법을 알아내는 것이었다. 즉, 사마리아인에게 족쇄를 채울 방법을 알아내야 했다. 뷰캐넌은 이 논문의 결론에서 "복지개혁"은 "이것을 적용해야 할 수많은 지점 중 하나"일 뿐이며 "가장 중요한 것도 아니다"라고 언급했다.[59] 사실이 그랬다. 그의 눈은 훨씬 더 큰 게임을 향하고 있었다.

1970년대 말에 카토 연구소가 광범위한 영역에서 자유지상주의적 정책 어젠다를 미는 동안, 코크가 자금을 댄 또 다른 싱크탱크 '리즌 재단'은 공공자산을 매각하고 민간에 아웃소싱해야 한다는 주장을 펴는 데 집중했다. 재단의 이름은 1968년에 아인 랜드의 한 추종자가 기숙사 방에서 복사기로 만든 반문화풍 자유지상주의 잡지 〈리즌Reason〉에서 나온 것이다.[60] 나중에 〈리즌〉은 로버트 W. 풀 주니어Robert W. Poole Jr.가 넘겨받아 발간하게 되는데, MIT 출신의 공학자인 풀은 코크의 대학 후배였으며 이미 고등학교 때 자유지상주의를 접한 사람이었다. 대학에서 그는 '자유를 위한 미국 젊은이들'에 들어갔고 1964년 배리 골드워터 선거 때 집집마다 다니며 선거운동을 했다. 또한 아인 랜드의 "《아틀라스^{Atlas Shrugged}》를 탐독"했고 급진 자유지상주의자가 되었으며 캘리포니아 주 산 타바바라로 가서 그 지역의 '싱크탱크'에서 일자리를 얻었다(1972년에만 해도 '싱크탱크'라는 용어는 매우 생소해서 따옴표가 필요했다). 몇 년 동안 그는 집에서 취미로 〈리즌〉을 발간했다.[61]

하지만 1970년대 중반에 스태그플레이션이 깊어지자 풀은 정책에 영향을 끼치는 일에 훨씬 더 진지하게 관심을 갖게 되었다. 그는 1976년에 《지방세 줄이기―본질적인 서비스를 줄이지 않고서^{Cut Local Taxes – Without Reducing Essential Services}》라는 실용적인 소책자를 펴냈다. 이 책자에서 풀은 공공 부문 고용의 증가가 조세 증가와 지출 증가의 주원인이라고 보고, 비용 증가를 제약하기 위해 정부 서비스를 민간 기업에 외주로 맡겨야 한다고 주장했다.[62] 자유지상당 의원이었던 론 폴^{Ron Paul}은 풀의 접근이 세금을 무조건 "도둑질"이라고 몰아붙이던 예전의 "이데올로기적 순수성"보다 훨씬 나은 접근이라고 보았다. 이 주장이 초당적으로 호소력을 갖게 하기 위해 풀은 민주당 소속 연방 상원의원 윌리엄 프록스마이어^{William Proxmire}(위스콘신 주)의 추천사를 받았다. 프록스마이어는 이 책자가 공직자들의 "필독서"라고 평가했다. 프록스마이어는 얼마 전부터 어리석은 지출을 한 정부기관에 창피를 주기 위해 매달 '황금 양모상'을 수여하고 있었다.[63]

이어서 풀은 에드워드 시대(20세기 초, 에드워드 7세 통치 시기인 1901~1910년, 혹은 1차 세계대전 발발인 1914년 이전까지의 시기를 일컫는다―옮긴이)영국에서 공공 담론을 완전히 바꿔내었던 영국의 사회주의자 모임 '페이비언 소사이어티^{Fabian Society}'에 대한 자료들을 읽었다. H. G. 웰스^{H. G. Wells}, 조지 버나드 쇼George Bernard Shaw, 버지니아 울프Virginia Woolf 등이 페이비언 소사이어티 멤버였다. 풀은, 차차로 쌓여 궁극적으로 사회주의라는 종착지로 가게 될 작은 변화들을 만든다는 페이비언 소사이어티의 전략에 뷰캐넌 학파의 개념을 결합해 우파의 전략으로 반전시켰다. 훗날 그는 한 인터뷰에서 "나는 만약 당신들이 사회주의를 점진적으로 건설할 수 있었다면 사회주의를 점진적으로 없애는 것도 가능할 것이라고 생각했다"고 밝혔다. 즉, "국가 기능을 하나하나씩 단계적으로 해체해나갈 수 있으리라고" 본 것이다. "자유지상주의 유토피아에 다수 대중이 확신을 갖게 될 때까지 기다리고 있지 말고, 국가의 기능을 하나씩 민영화하고 그 각각의 조치는 그 자체로 정당성이 있음을 홍보selling함으로써" 국가 기능을 차차로 가지치기해 나갈 수 있으리라는 생각이었다.⁶⁴ 여기에서 'selling'(홍보, 설득을 의미하는 말로 쓰였지만, '팔다'라는 의미도 있다 – 옮긴이)이 아마도 가장 핵심적인 단어였을 것이다.

민영화를 활용하면 점진적인 '파괴'도 '개혁'처럼 보이게 할 수 있는데, 대중이 자유지상주의의 이상을 알고 설득될 때까지 굳이 기다릴 필요가 무언가? 1978년, 리즌 재단 10주년 기념 컨퍼런스에서 풀은 '전략'을 논의하는 세션을 맡았다. "전문적인 전업 자유지상주의자"들의 인프라를 구축할 자금을 어떻게 조달할 것인가로 논의가 넘어가자 회의실에 있던 모든 사람이 찰스 코크를 바라보았다. 다른 누구를 바라보겠는가? 코크는 필요한 자원을 제공할 의사가 있지만 조건이 하나 있다고 했다. "그러한 전문 자유지상주의자들이 급진주의적 원칙을 타협하지 않고 계속 견지해야 한다"는 것이었다. 현재 권력을 가지고 있는 사람들과 "타협하려는" 유혹에 빠지지 말아야 했다. 코크는 그런 타협은 그것이 무엇이건 간

에 이 운동을 "파괴하게 될 것"이라고 경종을 울렸다.[65]

코크의 후원을 받아 풀은 이 운동을 위해 전일제로 일하기 시작했고 여기에 "경제학적 논증과 증거"를 활용했다.[66] 풀은 하이에크를 포함해 20명가량의 자유지상주의 학자들로 자문위원을 구성하고 민영화를 진전시키기 위한 일에 돌입했다. 코크가 요구한 대로 이들의 활동은 한계를 두지 않았다. 한 보도자료에는 '규제 당국은 개혁이 아니라 폐지가 답이다'와 같은 제목이 붙었다. 이들의 홍보 활동 중 가장 큰 영향력을 발휘한 것은 1980년에 풀이 펴낸 《시청을 감축하라Cutting Back City Hall》라는 책이었다. 이것은 공원 등 공공재에 대해 사용자가 돈을 내게 하고 다양한 공공 서비스를 민간 기업에 아웃소싱 하는 등의 새로운 접근방법을 담고 있었다. 리즌 재단은 민영화를 옹호하는 전국적인 단체로 떠올랐다. 예전에 버지니아 주에서 사립학교 바우처 프로그램으로 민영화를 시도한 바 있던 공립학교는 물론이고, 이제는 공중보건부터 고속도로 통행료 징수까지, 상상할 수 있는 모든 공공 서비스가 민영화 대상이었다.[67]

카토 연구소와 리즌 재단이 일에 착수하는 한편으로, 뷰캐넌은 코크가 자금을 대는 또 다른 조직인 리버티 재단과도 일을 하게 되었다. 젊고 유능한(연령 제한은 35세 이하였고 나중에 40세 이하로 조정되었다) 사회과학자를 모집해 훈련시키는 연례 여름 컨퍼런스를 조직하기 위해서였다. 다른 말로, 뷰캐넌은 (코크가 운동의 성공에 더없이 중요하다고 믿게 된) '지식 간부단'을 양성하기 위해 유망한 젊은이들을 감별하는 일을 요청받은 셈이었다.[68]

뷰캐넌은 이러한 게이트키퍼 역할을 아주 좋아했다. 그가 될성부른 사람과 아닌 사람을 가르는 기준은 매우 상세했다. 한 참여자에 대해서는

"매우 유려하게 말을 하는 능력이 있으며 당신과 내가 공유하고 있는 기본적인 속성을 가지고 있다"며 다만 "촌에서 온 사람들"이 보기에는 "다소 '번드르르해' 보일 수 있다"고 평했다. 또 다른 참가자에 대해서는 "말하는 스타일은 약간 떨어지고" "좌파적인 뉘앙스"를 풍기기도 하지만 그래도 "흥미로운 점이 있으며" 두고 볼 가치가 있다고 평했다. 뷰캐넌은 참가자들을 "매우 강한, 중간, 약한" 사람으로 가차 없이 순위를 매겼다. 가장 훌륭한 사람들이 모인 세션에서는 그들을 새로운 "동지"라고 부르면서 여기에는 "부적격자"가 아무도 없다고 흐뭇해하기도 했다.[69]

코크처럼 뷰캐넌도 낙오자들을 배 밖으로 버리는 데 거리낌이 없었다. 누구라도 원칙이 건전하지 않거나 능력 면에서 전망이 없으면 다시 초대되지 못했다. 그는 "안 좋은 사과는 하나도 궤짝에 들어가지 못하게 하려고" 애썼다. 그런 사과 하나가 "궤짝 전체를 망칠 수 있기" 때문이었다. 그는 예비 참여자는 "우리가 믿을 수 있는 사람으로부터 명시적인 추천서를 받아야 한다"고 요구했다. 그리고 자신이 뽑은 사람들에게는 (그리고 자기 자신에게도) 매우 고급스럽게 보상했다. 스스로를 여전히 "촌놈"이라고 부르고, 진보 "엘리트주의자"들을 맹비난하면서도 뷰캐넌은 부대적인 요소들에 돈을 아끼지 않았다. 그는 1966년산 샤토 라피트 로쉴드 같은 와인을 직접 골라놓기도 했는데, 이 와인은 오늘날 유통 가격이 병당 300~1,000달러쯤 된다.[70]

동부와 서부 양쪽에서 싱크탱크를 만들어 학자들을 모으는 한편으로, 찰스 코크는 선거 정치에서 가능성을 테스트하는 일에도 나섰다. 그가 보기에는 양당 모두 기존 제도를 부수고 다시 지으려는 의지가 부족했다. 그래도 굳이 고르라면 코크는 공화당을 더 경멸하는 듯했다. 부정직하다고 보았기 때문이었다. 공화당 지도부는 말로는 자유시장을 위한다고 하지만 그 말은 사기였다. 코크는 공화당이 "기업에 편의를 제공하고 정부와 손을 잡는" 정당이라고 비웃었다. "이것이 우리의 유일한 희망이라면 우리에게는 희망이 없는 것이다."[71]

그래서 그는 새로 생긴 자유지상당을 지원했다. 진짜 정당이라기보다는 작은 규모의 저항단체에 가까웠지만, 지난 10년 동안 코크가 인상적이라고 느낄 만큼 어찌어찌 잘 굴러왔고, 그래서 코크는 1978년 캘리포니아 주지사 선거에서 에드 클락Ed Clark을 밀기로 했다. 석유 회사의 법무 담당이던 클락은 "오랫동안 헌신적인 자유지상주의자"였다.[72]

코크는 "캘리포니아가 자유지상주의 활동의 중심지이고 폭발적인 성장을 할 수 있는 잠재력이 있는 곳"이었기 때문에 이 선거에 크게 기대를 했다. 그는 5,000달러를 기부했고 친구들에게도 기부를 독려했다. 코크는 에드 클락이 "우리의 원칙을 타협하지 않으면서도 성숙하고 책임감 있는 이미지를 갖고 있으며", 이제는 너무 중요한 연단이 된 "TV에서 매력적이고 유려하게 보일 것이기 때문에" "이상적인" 후보라고 말했다. 또한 클락은 코크에게 "공립학교들에 대한 불만이 퍼지고 있는 것"을 십분 활용하기 위해 "민영화된 학교의 이득과 필요성"을 강조할 것이라고 말한 바 있었다.[73]

코크는 자유지상당이 "유력한 정치세력"이 될 수는 없으리라는 것을 잘 알고 있었다. 그래도 그는 "우리의 개념이 정치 담론의 장에 들어가게 할 수 있는 〔다른〕 메커니즘을 알지 못한다"고 설명했다. 클락은 주지사 선거에서 5% 이상을 득표했다. 틀림없이 그해에 캘리포니아에서 일었던 '주민발의 13'이 크게 일조했을 것이다. '주민발의 13'은 최초의 대대적인 조세저항이었고 클락은 이것을 공개적으로 지지했다. 전국적으로 자유지상당은 30개 주에 후보를 내서 총 120만 표를 얻었다.[74] 흥분의 분위기를 모든 곳에서 느낄 수 있었다. 캘리포니아의 선거는 미국에서 자유의 새시대를 여는 서막이 아닐까?

1980년 대선에서, 자유지상주의에 충성하는 사람들 모두가 비용을 훨씬 더 많이 들여서 에드 클락에게 올인했다. 상대 후보는 클락처럼 캘리포니아 출신인 로널드 레이건, 그리고 지미 카터였다. 당원이 5,000명도 안 되는 정당이 대선을 어떻게 치를 수 있을지 계산기를 두드려보고서, 전략가들은 선거자금법의 규제를 피해갈 수 있는 길을 맹렬히 찾아보았다. 그리고 방법 하나를 찾아냈다. 후보 본인이 쓸 수 있는 돈에는 제한이 없었던 것이다. 그래서 이들은 데이비드 코크를 클락의 러닝메이트 부통령 후보로 삼았다. 코크는 총 200만~350만 달러를 쏟아부었다. 이들은 90만 표 이상을 얻었고 이는 전체 투표자의 1%에 달했다. 이제까지 어떤 자유지상주의자 후보도 이뤄본 적이 없는 성과였다.[75]

하지만 이 작은 성공에는 골치 아픈 비용이 따랐다. 클락이 득표를 위해 자유지상주의 원칙을 너무 많이 타협하는 바람에 자유지상당이 분열되어버린 것이다. 가장 호전적인 원칙주의자인 머리 로스바드는 클락의 선거운동이 "당밀"이었다고 비난했다. 한편 로스바드가 계속해서 비난하는 것이 찰스 코크에게는 매우 거슬렸다. 코크는 궁극적인 목적에서는 타협하지 않았지만 전술적인 면에서는 훨씬 더 실용적이 되어 있었다. 결국 로스바드는 카토 연구소에서 해고당했다. 그는 자유지상주의를 지향한다는 기관이 "사실은 기업처럼 운영되어서 위에서 지시가 내려오면 저항하는 사람들은 그냥 잘리고 만다"며 맹렬히 분노를 터뜨렸다. 100% 순도의 자본주의를 옹호해온, 그리고 이것 외에 다른 직업은 가져본 적이 없는 로스바드는 자신 역시 언제라도 상사의 변덕에 따라 잘릴 수 있는 한 명의 직원에 불과했다는 사실을 깨달은 경험이 충격적이었던 모양이다. 하지만 로스바드의 불평에 귀를 기울이는 사람은 아무도 없었다. 그리고 코크가 지원을 철회한 뒤 자유지상당은 무너졌다. 대중적 지지 기반도 없고 돈도 없는 정당이 유지될 수는 없는 법이니 말이다.[76]

찰스 코크와 동생 데이비드 코크가 선거 정치를 실험하는 동안, 뷰캐넌은 기이한 제3정당에 시간을 낭비하지 않았다. 버지니아 주 남서부 산자락에 파묻혀서 그는 《자유의 한계Limits of Liberty》라는 책을 썼다. 훗날 그는 자신의 지적인 비전을 가장 잘 드러낸 책으로 이 책을 꼽았다. 자유지상주의 운동의 대의를 잘 묘사한 대표작으로, '미국의 세 번째 세기'에 대해 뷰캐넌이 가지고 있던 독특하게 혁명적인 비전 또한 잘 요약되어 있다.[77] 경제학 책이라기보다 정치철학 책에 더 가까운 이 책은, 부제가 보여주듯이 "무정부 상태와 리바이어던 사이에서" 균형을 찾으려 하고 있었다.

"시장과 정부 둘 다 실패의 가능성이 있으므로", 해결해야 할 문제는 각자가 잘할 수 있는 영역을 어떻게 규정할 것이냐였다. 순수한 자유방임(무정부 상태)과 공포스러운 사회주의 사이에서 이론상의 중간 지점을 찾으려는 것이 이 책의 목적이었다. 현대사회가 규칙과 질서를 유지하고 서로 경합하는 주장과 요구들 사이에서 판단을 내릴 수 있으려면 어떤 형태로든 국가권력은 필요했다. 뷰캐넌은 이 현실을 인정하되, 어떤 국가도 절대적으로 필요한 수준을 넘어서서 "타인으로부터 강요받지 않을 개인의 자유"를 침해하지는 못하게 할 정치질서의 개요를 그리고자 했다.[78]

그는 이 운동이 이미 실패할 운명에 처했는지 모른다고 한탄했다. "정치적·제도적 구조의 실패가" 자유를 너무나 많이 잠식한 나머지 통상적인 방법으로는 회복될 수 없는 상태에 처했는지도 모른다는 것이다. 그는 대공황이, 용납할 수 없는 수준으로 자유가 침해되는 상황을 야기했다고 비난했다. 재건시대 이래 60년간 경제적 자유의 호시절을 가져다 주었던 "행운의 여건"을 대공황이 끝내버렸다는 것이다. 하지만 뷰캐넌은 그 경제적 자유의 시기에 경제 불평등이 그렇게 극단적이지 않고 주식시장이 잘 규제되고 있었다면 대공황 같은 치명적인 불황은 발생하지 않았을 수 있다는 점은 전혀 이야기하지 않았다(이것을 고려하게 되면, 케인스주의라는 위험한 방향으로 가게 될 터였다). 어쨌든 뷰캐넌은 대공황 이후에 벌어진 변화 때문에 이제 선거를 통해 방향을 바꾸는 것이 사실상 불가능하게 되었을지도 모른다는 점을 분명히 인식하고 있었다.[79]

뷰캐넌이 구상한 큰 계획의 마지막 요소가 구체화된 것이 아마 이 시점일 것이다. 그는 그가 원하는 질서로 '되돌리기' 위해 사용할 수 있는 '통상적이지 않은' 방법을 찾고자 했다. 민주주의의 통치 규칙을 완전히 새로 쓰기에 충분할 만큼 오랫동안 현질서의 정상적인 작동을 멈출 방법을 찾을 수 있을 것인가? 그렇게 해서 민주적 통치체제를 '다수의 지배'에 대한 헌신에서 분리할 수 있을 것인가?

정확히 이것이 그가 가지고 있는 방향이었다. 하지만 그는 서두르지 않을 것이었고, 목표 지점에 도달하기 위해 학술적인 논변으로만이 아니라 감정적인 면에도 호소해볼 것이었다. 책의 앞부분을 보면 언뜻 뷰캐넌이 소박하게 작은 변화만 얻고자 하는 것 같아 보인다. 그는 우리 앞에 놓인 도전은 "집합행동을 제한적인 범위 안에 둘 수 있는" 전략을 발달시키는 것이라고 언급했다. 이전의 그의 글과 행보를 보건대, 집합행동을 '없애버리자'는 주장이 나와야 할 것 같은데 말이다. 그는 경제학자로서 볼 때, 공공 영역이 지속가능한 수준을 벗어났다고 생각한다고 언급했다.[80] 하지만 그는 독자들에게 윤리적인 수준에서도 이야기하고 싶었고, 그래서 반쯤 감성적인 주장으로 방향을 돌렸다.

뷰캐넌은 철학자로서 볼 때, 확장적인 공공 영역에 반드시 수반되어야 할 요소 하나가 근본적으로 '부정의'한 것이라고 언급했다. 그것은 부유한 사람에게 높은 세율로 세를 물리는 누진세였다. 물론 뷰캐넌은 예전부터도 공공재정을 연구했고 첫 저서도 공공부채의 증가에 대한 것이었다. 하지만 베이비붐 세대가 나이가 들어가면서 우려가 한층 더 커졌다. 학령 인구가 증가하고 은퇴 인구가 집합적으로 목소리를 내기 시작하면서, 또 1970년대 들어 모든 종류의 정부 지원과 정부 행동에 대해 요구가 높아지면서, 공공재정은 크게 압박을 받게 되었고 이를 해소할 방도는 없어 보였다.

공정하게 말하자면 뷰캐넌만 이런 문제를 우려한 것은 아니었다. 좌파 학자인 제임스 오코너James O'Connor도 1973년 저서 《국가의 재정위기The Fiscal Crisis of the State》에서 자본주의 시스템이 생존하려면 변화하는 시장에서 기업이 경쟁력을 유지할 수 있게 이윤을 내고 재투자를 할 수 있어야 한다는 경제적인 필요성과, 정당성을 잃지 않기 위해 그러한 자본 축적에 제약을 가해야 한다는 정치적인 필요성 사이에서 균형을 잡아야 한다고 주장했다. 즉, 오코너 같은 좌파 학자도 자본주의 시스템의 '정당성 위기'가 커지고 있다는 것을 알고 있었다. 단적인 예로, 1975년에 뉴욕 시의 재정이 균형을 크게 이탈했다. 세입보다 훨씬 많은 지출을 하면서 뉴욕 시는 채무불이행 위기에 처했다. 하지만 사람들에게 제공되던 서비스를 줄였더니 큰 저항이 일어났다. 뉴욕뿐 아니라 전국적으로도 재정적자가 불어나고 있었다. 모든 미국인이 적어도 어느 정도의 정부 프로그램을 원했지만 점점 더 많아지는 프로그램을 적자 없이 유지하기 위해 더 높은 세금을 내고 싶어 하는 사람은 거의 없었다.[81] 이것은 간과하고 넘어갈 수 있는 문제가 아니었다. 1973년에 몇몇 진보 진영의 기득권 인사들이 〔국제경제, 정치, 안보 등의 사안을 논의하는 국제적인 민간 협의체〕'삼각 위원회Trilateral Commission'를 구성한 것도 부분적으로는 전 세계적으로 민주주의가 요구하는 것이 막무가내로 증가하고 있다는 우려에 따른 것이었다.[82]

하지만 뷰캐넌에게 이 문제는 이번에도 개인적인 것이었다. 그는 "왜 부자들이 고통을 받아야 하는가?"라고 질문했다.[83] '단순 다수결 투표'가 정부로 하여금 세금을 올리는 것에 동의하지 않는 소수에게 높은 세금을 부과하게 만든다면, 그 소수는 공공 서비스를 위해 "오로지 처벌이 두려워서" 자발적으로 냈을 것보다 많은 세금을 내야 하는 상황에 처하게 된다. 이것은 "센트럴 파크에서 지갑을 털어가는 노상 강도"와 무엇이 다른가?" 왜 부유한 사람들이 **저들**을 위해 돈을 내도록 강요를 받아야 하는가? "저들"은 널리 쓰이던 완곡어법이었다. "만장일치가 깨어지고 있다면", 아무리 대표자들이 정당하게 선출된다고 해도 정부의 행동이 진정으로 "정당할" 수 있는가? 원치 않는 사람에게 "세금을 부과해 돈을 징발하는 것"은 "범죄적"인 일이 아닌가?[84]

이 책에서 뷰캐넌은 이것이 잘못된 사람이 권력을 차지하고 있어서 생기는 문제가 아니라, 제약을 해줄 가드레일이 내재되어 있지 않은 시스템이 정상적으로 작동될 때 생기는 시스템적 문제라는 점을 분명히 전달하기 위해 애썼다. 또한 이것은 어느 정당이 집권했느냐의 문제도, 또 어떤 이데올로기를 지지하느냐의 문제도 아니었다. 〔급진우파인〕 조지 월리스에게 투표한 유권자도 세율에 대해서는 불평하지만 자신의 "특별한 혜택"(정부 돈으로 짓는 고속도로든 실업수당이든 그 외에 무엇이든 독자들이 쉽게 떠올릴 수 있을 터였다)을 포기하려 하지는 않았다. "아이가 흑인과 통학버스를 같이 타게 하는 정책을 가장 맹렬히 반대하는 교외 거주자들"도 "강제로 모든 가구에 세금을 부과해서 몇몇 가구의 아이들에게 학비를 제공하는 것"이 공정한지에 대해서는 생각해보지 않았다.**85**

뷰캐넌은 현재 서구 사회의 작동 규칙이 문제를 더 악화시키고 있다고 보았다. "다수 연합의 욕구를 제어할" 강철 같은 규칙을 구축해놓는 데 실패했기 때문이다. 《자유의 한계》는 실제 사례를 하나도 제시하지 않았지만 그와 생각이 비슷한 독자들은 그 '다수 연합'의 사례를 날마다 나오는 기사들에서 충분히 유추할 수 있었다. 가령 공립학교 노조가 학부모와 연대해, 또 보건의료 종사자가 보건의료 수급자와 연대해 더 나은 서비스를, 그리고 그것을 위한 더 높은 세금을 요구하고 있는 것이 그런 사례였다. 뷰캐넌은 공공 부문 노동자들이 자신의 이득을 위해 정치 과정을 활용할 가능성이 있다고 종종 지적했고 그런 행위에 대해 매우 비판적이었다. 그는 "이제 미국에서는 민주적 절차를 통해 소수자〔부유층〕를 재정적으로 착취하는 데 사실상 한계가 거의 없다"고 말했다.**86**

"저들"의 착취적인 동기에 대해 묘사하긴 했지만, 사실 뷰캐넌은 인간 종 자체가, 그리고 인간과 사회의 관계가 근본적으로 약탈적이라고 생각했다. 그는 "모든 사람은 자신이 노예 세계의 주인이 되기를 추구한다"고 말했다. 모든 사람은 자신을 위한 행동을 할 수 있는 개인적인 자유를 극대화하기를 원하며 "자신의 욕망을 고수하기 위해 다른 이들의 행동을 통제하려" 하기 마련이라는 것이다. 정치 이론가 S. M. 애머데이가 깊이 있고 명료하게 보여주었듯이, 뷰캐넌은 자신이 존중한다고 말하는 고전 자유주의의 가장 기본적인 윤리 원칙, 즉 시장질서가 상호 존중에 기초해 상호 간의 이익을 추구하는 시스템이라는 원칙과 결별했다. 오히려 뷰캐넌은 "강요적인 협상"이 끊임없이 이어지는 사회계약의 세계를 상정했다. 그러한 협상에서 개개인은 상대방을 내재적인 가치를 지닌 동료가 아니라 자신의 목적을 위한 도구로 간주한다. 다시 말하면, 그는 부유하고 권력 있는 사람들이 다른 모든 사람들을 영구적으로 지배하는 사회를 그리고 있었다. 그가 생각하는 '이상적인 헌법'이 가능하게 할 사회가 바로 이런 사회였다.[87]

해법도 이 섬뜩한 진단에서 도출되었다. 뷰캐넌은 "헌법적 제약이 부과되지 못한다면" "민주주의가 그 자신의 리바이어던이 될지 모른다"고 어둡게 경고했다.[88] 첫 저서인 《동의의 계산》을 쓸 때는 좋은 신념을 가진 시민들이 숙고를 통해 모든 사람이 동의할 수 있는 정치경제 체제의 규칙을 만들 수 있으리라는 희망을 가지고 있었지만, 이제 이 희망은 너무 순진해 보였다.

'개인의 재산권'을 강고하게 지키면서 동시에 '보편 선거권'도 유지할 수 있는 방법은 없어 보였다. 불평등이 빠르게 증가하는 사회에서, 다수 대중이 자신에게 큰 불이익을 입힐 규칙에 동의하는 투표를 하도록 어떻게 설득할 수 있겠는가? 뷰캐넌은 사실을 직시해야 한다고 간곡히 강조했다. "부유한 사람이 (혹은 자유지상주의 학자가) 가난한 사람에게 한 집단에서 다른 집단으로 소득을 이전할 수 있는 범위를 극히 제약할 새로운 헌법에 동의하라고 어떻게 말할 수 있겠는가?" 제정신이라면 가난한 사람이 자신을 계속 가난하게 둘 규칙에 동의할 리가 없었다.[89]

하지만 동의에 의해서가 아니라면 그들이 정부에 의지하는 것을 어떻게 막을 것인가? 뷰캐넌은 "사회계약을 전반적으로 다시 쓰는 것"이 필요하다고 보았다. 그는 건국 헌법에 명시된 정도를 훨씬 넘어서는 "새로운 견제와 균형의 구조가 필요하다"고 주장했다(이미 그 헌법에도 재산권을 보호하는 장치가 상당히 많이 마련되어 있는데도 말이다). 그는 "'혁명적'이라는 수식어가 어울릴 만큼 충분히 극적인 변화"가 필요하다고 언급했다. 정상적인 수준의 조정으로 충분한 시대는 갔다는 것이었다. 뷰캐넌은 본인도 입 밖에 내어 말하기 불편한 "절망적인 결론"으로 책을 맺었다. "구조적인 면에서, 우리가 지금 관찰하고 있는 정치구조에 대해서는 독재가 유일한 대안일지 모른다."[90]

좋게 돌려 말하는 것은 더 이상 의미가 없었다. 한마디로 민주주의는 경제적 자유에 해를 끼치고 있었다.

경제사학자 워런 J. 새뮤얼스Warren J. Samuels는 이 책에 대한 서평에서 뷰캐넌이 가고 있는 길에 대해 이렇게 경고했다. "그의 분석은 자기 통치라는 [민주주의의] 원칙을 핵심에서 공격하고 있다." 그는 뷰캐넌이 독창적인 사상가이고 이 책이 굉장히 눈에 띄는 지점들을 가지고 있다고 인정했다. 하지만 그는 전체적으로 《자유의 한계》가 개진하는 주장이 제임스 매디슨과 알렉산더 해밀턴이 생각한 헌법 개념에서 "극단적이고 반민주주의적으로" 이탈했다고 지적했다. 그리고 건국 헌법에서 매디슨과 해밀턴은 있을지 모를 다수의 압제에 대해 안전망과 가드레일을 **많이 만들어 놓았다.** 이와 달리, 뷰캐넌이 제시한 것은 공공에 대해 책무성을 지지 않는 기업권력이 "사적으로 통치하는 지배층"이 되는 체제를 향하고 있었다. 새뮤얼스는, 아마 자신도 알지 못했을 예지력으로, "뷰캐넌의 아이디어가 실제로 적용되면 어떻게 될지 소름이 끼친다"고 언급했다.[91]

몽 펠레린 소사이어티의 몇몇 회원들은 《자유의 한계》의 음울한 분석에 동의했고, 널리 알려졌다면 사람들을 경악하게 했을 결론에 도달했다. 헨리 만은 이 책의 메시지가 너무나 중요하다고 생각해서 뷰캐넌을 그의 센터에 일곱 번이나 초청해 강연을 하게 했다. 또 만의 센터는 《자유의 한계》에 법경제학상을 수여했다.[92] 몽 펠레린 소사이어티의 당시 회장이자 존경받는 시카고 대학 경제학자 조지 스티글러George Stigler는 1978년에 홍콩에서 열린 몽 펠레린 소사이어티 모임(초청받은 사람만 참석할 수 있는 모임이었다)에서 이 책의 내용을 논의 주제로 삼았다. 스티글러는 여기 모인 동지들 모두가 자신의 사상이 "대중에게 (…) 거부당하는" "영구적인 소수"가 될지 모른다는 현실을 염두에 두고서 "불편한" 질문 하나를 던졌다. "우리가 많은 이들이 원치 않는 것을 추구하고 있다면, 이 현실을 분명히 염두에 두고서 우리의 목적을 달성할 수 있게 해줄 제도와 정책을 마련해야 하지 않을까?" 이어 스티글러는 그것이 "비민주적인" 제도나 정책일 수도 있다고 직설적으로 덧붙였다. 그는 "투표권을 재산이 있는 사람, 교육 수준이 높은 사람, 직업이 있는 사람 등 일부 시민에게만 한정하는 것"을 바람직한 미래를 달성할 수 있는 "하나의 가능한 경로"로 제시했다.[93]

설득으로는 승산이 없으리라는 피할 수 없는 진실을 직시하고서, 이 세계적인 학자들은 점점 더 뷰캐넌의 첫 프로그램을 승인해준 미국 남부의 과두 집단과 비슷하게 되어가고 있었다.

뷰캐넌은 "리바이어던에게 어떻게 사슬을 채울 것인가"라는 질문을 던짐으로써 이러한 논의의 어젠다를 제시했고, 동료들에게 "우리 시대의 중요한 공공정책 사안으로서 '리바이어던에게 족쇄를 채우는 일'에 우리가 계속 관심을 가져야 한다"고 촉구했다. 문제는 단단한 족쇄를 어떻게 만들 것이냐였다.[94]

1970년대 말의 뷰캐넌의 모습을 담은 사진이 하나 있다. 그는 이 사진을 매우 좋아했다고 한다. 산악 지대에 있는 그의 농장 '드라이 런'의 울타리 앞에서 두 마리의 가축이 희한한 포즈를 하고 있다. 약간 무서워하는 듯하면서 개가 당나귀를 타고 있는 것이다. 그리고 버지니아 정치경제학파 창시자 뷰캐넌이 채찍을 들고 개와 당나귀가 이 몹시도 부자연스러운 행동을 하도록 훈련시키면서 그 옆을 걸어가고 있다. 옛말에 이르듯이, 때로는 한 장의 사진이 천 마디 말보다 많은 것을 말해준다. 그는 이렇게 말하고 있는 듯하다. 설득이 실패한 곳에서는 채찍이 효과가 있을 것이다.

10장 자물쇠와 빗장이 채워진 헌법

1973년 9월 11일 칠레에서 아우구스토 피노체트Augusto Pinochet 장군이 쿠데타를 일으켜, 선거로 선출된 살바도르 아옌데Salvador Allende 대통령의 사회주의 정부를 무너뜨렸다. 경제적 자유를 위해서라는 명분하에 피노체트 군부 정권은 근현대 역사에서 가장 악명 높은 권위주의 정권이 되었다. 피노체트 세력은 대량 학살, 무시로 자행되는 고문, 체계적인 위협과 협박을 동원해 노조운동을 짓밟고, 토지개혁을 원하는 농민을 억누르고, 학생운동을 말살하고, 학교·의료·사회보장 등을 대중이 원하지 않는 방향으로 급진적으로 변혁했다. 오를란도 레텔리에르Orland Letelier 주미 대사(곧 암살당한다)는 〈네이션〉과의 인터뷰에서 피노체트의 경제정책과 억압은 불가분의 관계라고 말했다. "소수 특권층의 '경제적 자유'와 다수 대중의 억압"은 함께 갈 수밖에 없다는 것이었다.[1] 남미에서 민주주의와 선거가 무엇을 달성해낼 수 있는지 보여주는 등불과도 같았던 칠레에서, 군부 쿠데타는 그런 성취를 가능하게 했던 '시민 주도의 조직화된 행동'을 모조리 말살했다.[2]

칠레 사례가 우리에게 주는 시사점의 중요성을 알려면, 피노체트가 말살한 민주적 개혁이 사회주의 정권이던 아옌데 시기에 시작된 것이 아니었음을 상기할 필요가 있다. 그것은 아옌데의 전임자로 반공주의자였던 기독민주당의 에두아르도 프레이^{Eduardo Frei}(1964~1970년 집권)가 "자유의 혁명"이라고 부른 정책을 통해 도입한 것이었다. 칠레판 뉴딜이라고 부를 만한 '자유의 혁명'은 미국의 케네디 대통령과 존슨 대통령의 지지를 받았으며 노동자 권리 보장, 투표권 확대, 토지개혁 등을 포함하고 있었다. 프레이가 칠레에 민주주의의 문을 열면서 시민 대중의 조직화가 촉진되었고 이것이 아옌데의 당선으로 이어진 것이었다. 그래서 쿠데타로 아옌데를 무너뜨리고 정권을 잡은 군부는 선거로 선출된 정부하에서 달성되었던 성과들을 되돌리는 것에서 그치지 않고, 향후에 민중들로부터 아무리 강한 개혁의 요구가 일더라도 다시는 사회주의를 선택할 수 없도록 원천봉쇄할 방법까지 찾고자 했다.[3] 그들이 생각한 해법은 헌법을 고쳐서 그들이 대변하는 계층인 부유한 지배층을 다수 대중의 민주적 영향력으로부터 영구히 보호하는 것이었다.

피노체트 정권은 1970년대에 극심한 인권 침해로 인권운동계의 초점이 되었고, 그 이후에도 잘못된 정책으로 국가를 나락에 빠뜨린 대표 사례로 늘 꼽히곤 한다. 이와 관련해, 칠레의 독재정권을 비판하는 많은 사람들이 몽 펠레린 소사이어티의 주요 사상가들이 칠레 군부가 그런 정책들을 펴도록 사주했다고 비난했다. 이를테면, 밀턴 프리드먼은 1975년에 산티아고를 방문해 칠레의 치솟는 인플레에 대해 극약처방을 제시한 것으로 널리 비난을 샀다. 그의 조언이 대중에게 막대한 고통을 안긴 극약처방정책이었던 것은 사실이다. 하지만 프리드먼은 통화주의자였고 그의 관심사도 통화정책이었다. 그가 제안한 고통스러운 "충격요법"에 우리가 동의를 하든 안 하든 간에, 어쨌든 프리드먼이 제안한 것은 철회가 가능한 종류의 정책이었다. 또 몽 펠레린 소사이어티의 창립자이자 이제는 연로해진 F. A. 하이에크도 피노체트를 방문해 "제한 없는 민주주의"가 갖는 문제점에 대해 이야기했다. 이렇게 저명한 학자에게 도덕적인 지지를 받은 것은 분명 독재자 피노체트가 국제적인 비난의 폭풍을 견디는 데 도움이 되었을 것이다. 하지만 피노체트 정권을 변호하는 역할을 하긴 했을지언정, 하이에크가 딱히 칠레에 지속적인 영향을 남겼다는 증거는 없다.[4]

하지만 제임스 뷰캐넌은 다르다. 그의 영향은 오늘날까지도 남아 있다. 설령 칠레가 다시 대의제로 돌아간다 하더라도 자본가 계급이 계속해서 영구적으로 권력을 잡을 수 있도록 시스템 자체를 바꿀 방법을 알려준 사람이 바로 뷰캐넌이기 때문이다. 그 방법의 첫 번째 단계는 뷰캐넌의 아이디어대로 급진적인 구조조정을 하는 것이었고, 두 번째 단계는 이 변화를 영구적으로 고착시키는 것이었다. 바로 이 두 번째 단계가 뷰캐넌이 오래도록 주창해온 '헌법적 혁명'이다.[5] 미국 헌법은 대중이 다수로서의 권력을 소수의 지배층 위에 관철시키는 것의 남용을 막기 위해 '견제와 균형'의 장치를 도입했지만, 칠레는 (훗날 한 비판적 인사가 표현한 바를 빌리면)[6] 아예 민주주의에 "자물쇠와 빗장"을 채워놓았다.

첫 번째 단계는 버지니아학파의 젊은 추종자인 노동장관 호세 피녜라 José Piñera의 계획에 따른 일련의 구조적 "개혁"이었다. 피녜라는 하버드에서 박사과정을 밟다가 쿠데타 소식을 듣고는 신이 나서 칠레로 돌아와 "자유에 헌신하는 새로운 나라를 건설하는 데 힘을 보태는" 데 착수했다. 구체적으로 그가 담당한 부분은 통칭 "일곱 가지 근대화"라고 불리는, 거버넌스 규칙에 대한 일련의 근본적인 변화였는데, 공통점은 민영화

와 규제 완화, 그리고 대중의 집합적인 힘이 분열되도록 유도하는 정책의 도입이었다.[7]

예를 들면, 피녜라가 1979년에 입안한 새 노동법에서는 산별 노조가 금지되었다. 대신, 각 공장 단위에서 노조들이 경쟁을 하게 되었는데, 이는 노조가 서로서로를 약화시키는 결과를 가져왔고 노조의 관심이 연방 정부의 정책으로부터 흩어지게 만들었다(뷰캐넌의 용어를 빌리면, 경제적 문제들을 "탈정치화"하는 조치였다). 노동자들은 각자 개인적으로 고용주와 협상을 하는 "선택의 자유"를 갖게 되었다. 더 정확하게 말하면, 노동자들은 개인으로서만 행동하도록 강요받았다. 훗날 피녜라는 이 노동법을 본받고자 하는 사람들에게 노동자들이 집합적인 권력을 행사할 역량을 유지한다면 "이 일을 완수할 수 없다"고 조언했다.[8]

피녜라가 고안한 새로운 질서의 또 다른 기둥은 사회보장 민영화였다. 이는 기업이 노동자들의 은퇴연금 계정에 불입해야 할 의무를 모두 없애주었고 시민들의 후생을 지켜주는 정부의 역할을 크게 제한했다. 피녜라는 1964년에 배리 골드워터가 주창한 것과 비슷하게 '사회보험'이라는 개념을 아예 종식시키면서, 시장에 기반한 연금 시스템을 도입해 노동자들이 각자 민간 투자 회사에 개인 계정을 열고 알아서 저축하게 만들었다. 한 학자가 지적했듯이, "본질적으로 그것은 자가 보험"이었다. 계획을 입안한 사람으로서는 운이 좋게도, 피노체트 정권은 TV를 완전하게 통제하고 있었다. 가구 넷 중 셋이 TV를 가지고 있을 만큼 TV 보급이 확대된 시기에, 피녜라는 6개월 동안 매주 TV에 나와 새 시스템을 홍보했다. 그는 "바로 이 관료제의 싱크홀 때문에" 노년기의 불안정성이 증가하고 있다며 사람들에게 두려움을 불러일으켰다. 여기에서 "관료제의 싱크

홀"은 국가 사회보장 시스템을 말한다. "그런 것 대신 (매달 내가 납입한 저축액을 기록해둘) 가죽으로 된 근사한 시뮬레이션 패스북을 만들지 않으시겠습니까?" TV에서 그는 그런 패스북 하나를 들어 보이면서 시청자들에게 이렇게 말했다. "밤에 그것을 열어보고 '오늘 현재까지 내가 노후를 위해 모은 돈이 5만 달러구나'라고 생각할 수 있도록 말이지요." 피노체트는 이 사안을 국민투표에 부쳐 칠레 사람들이 결정하게 하자는 제안을 일축하고("이렇게 선례를 만들면 또 무슨 일이 일어날지 누가 아는가?") 피녜라의 연금개혁안을 군부 칙령으로 시행했다. 10년도 안 되어서 정권과 유착되어 있던 두 개의 민간 기업 BHC그룹과 크루자-라레인이 은퇴기금에서 투자된 돈의 3분의 2를 점유하게 되는데, 이것은 칠레 GDP의 5분의 1에 해당했다(호세 피녜라는 나중에 크루자에서 일하게 되며 그다음에는 찰스 코크의 카토 연구소에서 미국 사회보장제도의 민영화를 촉진하는 일을 하게 된다).[9]

그 밖에도 "일곱 가지 근대화"에는 의료 민영화, 농업시장 개방, 사법 시스템 개혁, 중앙정부의 규제 권한 제약, 그리고 시카고학파와 버지니아학파 모두가 주장한 초중고등학교 바우처 제도 등이 포함되어 있었다. 대학 교육에 대해서는, 뷰캐넌이 《무정부 상태의 대학》에서 언급한 조치들이 도입되었다. 칠레의 주요 공립대학들이 "스스로 자금을 조달하도록" 강요받는 한편, 영리 기업들이 정부의 관리감독을 거의 받지 않은 채 경쟁자로 뛰어들면서, 인문학과 자유교양 과목은 줄어들었고 비판적인 문제제기를 거의 하지 않는 실용적인 분야로 점점 더 치우쳤다. 정치적으로 문제 있는 학생들이 있는 대학들은 그나마 남은 자금 지원도 끊겼다.[10] 이러한 조치들로, 교육·의료·사회보험 등 한때는 정부가 제공하던 것들이 더 이상 시민들이 아무런 권리 주장을 할 수 없는 것이 되었다.

"일곱 가지 근대화"가 자리를 잡으면서, 피노체트 세력은 이제 두 번째 단계, 즉 새로운 질서가 다시는 건널 수 없는 해자의 뒤편에 단단히 자리 잡도록 헌법을 새로 쓰는 일에 집중할 수 있게 되었다. 그 준비의 일환으로 BHC 그룹 경영진은 제임스 뷰캐넌의 최근작인 《자유의 한계》를 스페인어로 번역했다.[11] 또 정권 친화적인 싱크탱크인 '칠레 공공정책연구소 Centro de Estudios Publicos, CEP'도 공공선택이론학파의 몇몇 저술을 번역했는데, 뷰캐넌의 주요 저서도 당연히 포함되었다.[12]

이어서 뷰캐넌은 1980년 5월에 칠레 사람들을 직접 만나 조언하기 위해 1주일 동안 칠레를 방문했다. 몇 달 전에 칠레 정권은 주요 공립대학에서 교수들을 대대적으로 숙청했다. 〈뉴욕 타임스〉 보도에 따르면, "정치적으로 믿을 만하지 못하다"고 판단된 교수들이 대거 해고되었다.[13] 이름이 덜 알려진 일반 사람들은 정치활동 금지법을 위반했다는 이유로 유죄 판결을 받고 항소의 기회도 없이 외진 마을로 쫓겨났다.[14]

레텔리에르 워싱턴 주재 칠레 대사와 그의 미국인 부관이 혼잡한 시간대에 워싱턴DC의 대사관 거리에서 암살당한 후, 칠레는 테러 행위에 대한 미국의 경제제재에 직면했다. 그래서 칠레를 방문하려면 민간의 초청이 있어야만 했고, 뷰캐넌은 '아돌포 이바네즈 재단Adolfo Ibanez Foundation' 경영대학원의 초청장을 받았다. 이곳 학장 카를로스 프란시스코 카세레스Carlos Francisco Caceres와 뷰캐넌은 1979년에 마드리드에서 열린 몽 펠레린 소사이어티 모임에서 긴 대화를 나눈 적이 있었다. 그는 1976년에 생긴 자문기구 '국가위원회' 위원 중 가장 열렬한 반민주주의 인사로 꼽히는 사람이었다. 그는 뷰캐넌의 "의견"을 피노체트 정부의 개헌 논의에 가져오려 노력했고, 결실을 맺었다. 뷰캐넌을 부른 진짜 초청자는 칠레의 재무장관 세르지오 데 카스트로Sergio de Castro였다. 카스트로는 피노체트 정권의 핵심사상가이자 경제학자로, 그와 동료들이 "여론이 매우 적대적" 이었을 때 "오류의 반세기"를 끝내는 일을 추진할 수 있었던 것은 오로지 독재자 피노체트가 받쳐준 덕분임을 잘 알고 있었다.[15]

그래서 카스트로는 대중의 불만을 정책 결정에서 고려하지 않아도 되는 방향으로 헌법을 바꾸어야 할 절박한 필요성도 누구보다 잘 알고 있었다. 적어도 그와 독재정권의 동지들이 무력으로 강요한 개혁을 대중이 다시 되돌리는 것이 매우 어렵도록 대중의 역량을 크게 제약할 필요가 있었다. 카세레스는 뷰캐넌과 BHC 그룹의 만남을 주선하면서 뷰캐넌에게 "당신의 방문과 관련해 우리의 주된 관심사"는 "우리 공화국의 미래를 규정할 새 헌법"을 쓰는 데 공공선택 경제학이 어떤 도움을 줄 수 있는가라고 직접적으로 말했다. 그들은 "공직자를 선출하는 방식"부터 "헌법에 반드시 포함되어야 할 경제적 문제들"까지 개헌과 관련해 논의해야 할 다양한 질문들에 대해 정보와 지침을 얻고자 했다.[16]

뷰캐넌은 군부와 기업계가 섞인 최고위층 참석자들에게 다섯 차례 공식 강연을 통해, 민주주의를 어떻게 속박할 수 있는지 세세한 조언을 했다. 그리고 물론 사석에서도 많은 조언을 했다(공식 모임이 아니어서 기록은 남아 있지 않다). 그는 단순 명쾌하고 카리스마 있는 어조로 정부가 "반드시" 이러저러한 일을 "해야만 한다"는 식으로 단언했다. 그는 공공선택이론을 "과학"이라고 표현했고(자신의 주장을 뒷받침할 실증연구는 하지 않았으면서도), 이 이론이 "정부의 재정정책에 대해 헌법이 어떤 권력을 가져야 하는가"라든가 "의회의 최적 의원 수는 몇이어야 하는가"와 같은 다양한 문제들에 "적용되어야 한다"고 말했다. 그는 자신의 학파 사람들이 "경제에 정부가 개입하는 것을 헌법적으로 제한해 정부가 생산적인 기여자들의 주머니에 손을 댈 수 없게 만드는 방법을 고안하고 있다"고 말했다.[17]

뷰캐넌은 자신을 초청한 사람들이 요구하는 게 무엇인지 잘 알고 있었다. 그것은 구체적인 로드맵이었다. 따라서 그는 헌법이 "정부의 권력을 강력하게 제약하게 할" 방법들을 소개했다. "첫 번째"는 "지출을 상쇄할 조세 수입 없이는 정부가 지출을 하지 못하도록" 제한하는 것이었다. 해리 버드의 금과옥조인 "쓰는 만큼 내라"는 원칙이었다. 즉, "균형재정을 헌법으로 의무화할 필요"가 있었다. 어떤 상황에서도 정부는 케인스주의적 재정적자를 자유롭게 시행할 수 있어서는 안 되었다. 그리고 "중앙은행의 독립성을 헌법에 보장"해 정부가 통화정책을 할 권한을 없애야 했다. "정부가 통화정책을 수립하게 되면 인플레를 일으킬 것이기 때문이다". 마지막으로, 내용상의 어떤 변경이라도 "초다수super majority"(압도적 다수)의 득표를 필요로 하게 만들어야 했다. 그는 "절대다수, 가령 의회의 3분의 2나 6분의 5 정도가 찬성해야만 지출이 필요한 새로운 일이 승인될 수 있도록 해야 한다"고 말했다.[18] 이 제안은 너무나 지나친 것이어서 독재자의 측근들까지도 놀라게 했다. 누구도 '6분의 5'를 이야기해볼 엄두는 내지 못했던 것이다(뷰캐넌은 일찍이 1959년에도 버지니아 주 의회에서 공립학교를 민간에 떙처리 매각하자고 제안해 보수적인 의원들까지도 놀라게 만든 적이 있는데, 이번에도 그의 조언은 그만큼이나 대담했다).

칠레의 새 헌법은 경제적 자유지상주의가 뼛속까지 반영되어 있었기 때문에 하이에크의 고전적인 저술 제목과 같은 '자유의 헌법The Constitution of Liberty'이라는 이름이 붙었다.[19] 피노체트 시대를 연구한 미국 역사학자 스티브 스턴Steve Stern은 새 헌법이 "너무 많은 민주주의로부터 보호되는 민주주의"를 약속했다고 표현했다. 새 헌법은, 단기적으로는 현 군부권력이 정부를 장악하는 것을 보장했고, 장기적으로는 지배층이 아닌 시민들이 집단으로 뭉쳐 정부에 영향을 끼치지 못하도록 보장했다. 이 헌법에 따르면, 1988년까지 피노체트가 계속 집권을 한 뒤, 그때 그의 정권을 1997년까지 연장할 것인지 아닌지 국민투표를 통해 결정하도록 되어 있었다. 그때쯤이면 (스턴의 표현을 빌리면) "새로운 세대 사람들이 제한적인 민주주의에서 시민이 할 수 있는 일이 어디까지인지를 아주 잘 배운 다음"일 터였다.[20]

악마는 디테일에 있다고들 하는데, 정말 그렇다. 뷰캐넌의 접근방식이 가진 사악한 천재성은, '민중의 자기 통치'라는 원리가 작동하지 못하게 민주주의를 꽁꽁 속박한다는 목적을 대개의 사람들이 대수롭지 않게 지나쳐버렸을 아주 세부적인 규칙들을 가지고 달성했다는 데 있었다. 지루하기 짝이 없도록 길게 이어지는 세세한 사항들을 통해 사람들이 인식하지 못하는 사이에 점진적으로 변혁을 이룰 수 있다는 것을 뷰캐넌은 잘 알고 있었다. 대부분의 사람들은 세부사항을 꼼꼼히 따져보는 것에 그리 인내심이 없기 때문이다. 반면, 뷰캐넌의 조언을 듣고 있는 사람들은 다른 사람들을 고용해서 얼마든지 원하는 대로 세부사항들을 활용할 수 있었다. 새로운 헌법이 담고 있는 세세하고 복잡한 변화가 종합적으로 일으킨 순영향은, 대통령에게 전에 없이 막강한 권한을 부여하고, 의회를 대폭 약화시키고, 선출직이 아닌 장교들이 선출직인 의원들에게 제동을 걸 수 있게 된 것이었다. 또 교활한 새 선거제도는 "지배층의 이해관계에 응결된 체제"를 만들기 위해 우파 소수정당이 영구적으로 의회에서 과다대표되도록 고안되어 있었다(이 선거제도는 세계 어느 나라에서도 쓰인 적이 없으며, 분명히 뷰캐넌의 조언에 따라 생겨난 제도일 것이다).[21] 또한 지배층의 통제를 확실하게 보장하기 위해 새 헌법은 노조 지도자들이 정당에 가입하는 것을 금지했고 "노조가 구체적인 목적과 상관없는 활동에 개입하는 것"도 금지했다. "구체적인 목적"이란 해당 작업장의 임금과 노동시간만을 의미한다. 또 새 헌법은 "계급 간 분쟁"을 조장하거나 "가족제도를 공격하자"고 주장하는 것도 금지했다. "반가족적"이라고 여겨지는 사람이나 "마르크스주의자"라고 여겨지는 사람은 항소나 기타 이의제기 절차를 밟을 기회 없이 추방당할 수 있었다.[22]

최종안이 나오기 전에 피노체트는 손수 개헌안을 검토하고 100군데도 넘는 수정을 가했다. 개헌안은 대중에게 공개된 지 한 달 이내에 국민투표에 부쳐지게 되어 있었는데, 투표에서 사람들은 개헌안 전체에 대해 '예' 또는 '아니오'로만 답할 수 있었다. 또한 투표는 '국가비상사태'하에서 시행될 것이었다. 모든 정당은 불법화되었고, 부정선거를 막기 위한 선거인명부도 존재하지 않았으며(피노체트가 불태워버렸다), 외국인 참관인이 개표를 참관하거나 득표 숫자를 확인하는 것도 금지되었다. 일부 온건파 법조인들과 시민 지도자들이 별도의 민주 헌법안을 마련했지만 정권은 그것의 공개를 막았다. 그리고 투표와 개표를 진행해야 하는 시장들은 피노체트 덕분에 그 자리에 앉은 사람들이었다.[23]

선거 규정은 '반대' 표를 조직하려는 선거운동을 금지했다. 전 기독민주당 대통령 에두아르도 프레이의 연설에 사람들이 오도록 독려하거나 리플렛을 뿌리는 것도 선거법 위반이었는데, 이런 일로 60명가량이 체포되었다. 훗날(민주화 이후) 대사직을 맡게 되는 한 정치학자는 "사람들이 '반대표를 던집시다'라고 말했다는 이유만으로 버스에서 질질 끌려나와 두들겨 맞는 것을 내 눈으로 보았다"고 당시 상황을 전했다. 피노체트는 새 헌법안에 반대하는 사람들의 모임을 실내에서 딱 한 번 허용했다. 7년 만에 처음으로 합법적으로 열린 이 집회에 1만 명이 넘는 사람들이 모여 집회장인 극장을 가득 메웠고 5만 명 가까운 사람들이 어떻게든 연설을 들으려고 집회장 밖에 운집했다. 프레이는 아옌데의 사회주의 정권도 맹렬히 비판한 반공주의자였지만, 새 헌법안이 개념상 "불법"이며 내용상 "사기"라고 맹비난했다. 이 집회를 보도하도록 허용된 몇 안 되는 매체 중 하나의 기자는 연사를 비방하고 집회 내용을 거짓으로 전달하도록 미리 작성된 원고를 읽지 않았다는 이유로 그날 밤에 해고당했다. 온갖 억압과 방해 공작으로, 결국 "새 헌법안에 저항하는 사람들은 막무가내로 밀고 들어오는 거대한 롤러를 막을 수 없었다". 투표한 칠레 시민 중 투명한 투표 용지에 '반대'를 표기한 사람은 열 명 중 세 명 정도에 불과했고, 새 개헌안은 67%라는 압도적인 찬성표를 얻어 통과되었다.[24]

제임스 뷰캐넌이 독재자의 헌법을 만드는 데 도움을 주는 게 내키지 않았을지도 모르고 또 개헌안이 통과되는 과정에 대해 거리낌을 느꼈을지도 모르지만(투표 과정의 문제점들은 해외에서 널리 언론에 보도되었기 때문에 비교적 잘 알려져 있었다), 그런 거리낌을 겉으로 드러낸 적은 없다. 오히려 세르지오 데 카스트로에게 "멋진 점심식사를 대접해준 것"에 대해 감사를 전하고 "칠레에 방문한 것이 얼마나 기뻤는지" 알리는 편지를 썼다. 뷰캐넌의 아내도 칠레에 함께 방문했는데, "좋은 선물, 아름다운 꽃, 칠레의 보석, [그리고] 와인"에 대해 감사의 뜻을 밝혔다.[25]

'자유로운 사회'를 촉진하는 것이 일생일대의 임무였던 뷰캐넌과 몽 펠레린 소사이어티 학자들이 칠레의 군부 독재정권이 저지른 일을 어떻게 그토록 쉽게 자신의 임무와 융화시킬 수 있었을까? 어쩌면 새로운 칠레는 극소수의 사람들에게는 분명 자유로운 곳이었을 테고 뷰캐넌에게는 그것이면 충분했는지도 모른다. 일찍이 뷰캐넌이 버지니아 대학의 콜게이트 다든 총장에게 자신들이 자유를 지키는 일을 할 수 있다고 선언했을 때, 그 '자유'를 누릴 것으로 상정되었던 사람들과 칠레 군부정권에서 자유를 누린 극소수의 사람들이 동류의 사람들이었으니 말이다. 또 자유 지상주의자들이 중요하게 생각한 자유는 늘 특정한 유형의 자유였다. 한 칠레 인사는 몽 펠레린 소사이어티의 동료들에게 "소비하고, 생산하고, 저축하고, 투자할 개인의 자유"가 복원되었다고 기뻐하며 말했는데, 이것이 바로 그들에게 중요한 자유였다.[26]

하지만 뷰캐넌이 도덕적으로 무심할 수 있었던 것은 무엇보다도 그의 마음속에서 목적이 수단을 정당화했기 때문일 것이다. 칠레는 그가 이상적이라고 생각한 통치 원칙, 즉 변화를 위한 대중의 압력을 선제적으로 흩어버리도록 고안된 통치 원칙에 이제까지 어느 나라에 존재했던 것보다도 근접한 것을 만들고 있었다. 칠레의 새 헌법은 "사실상 수정이 불가능한 헌법"이었다. 어떤 개정도 전국 의회에서 연달아 두 번 압도적 다수가 찬성하지 않으면 이뤄질 수 없게 되어 있는 데다, 의회 자체가 부유층, 군부, 그리고 그들과 관련된 (대중에게는 인기가 별로 없는) 정당들이 과다 대표되도록 크게 기울어져 있었기 때문이다.[27] 뷰캐넌은 오랫동안 경제적 자유를 보호하고 다수의 권력을 제약하기 위한 실효성 있고 강제력 있는 규칙의 필요성을 주장해왔는데, 칠레의 1980년 '자유의 헌법'이 바로 이것을 어디에서도 본 적 없는 정도로 강력하게 구현하고 있었다.[28]

또한 뷰캐넌은 칠레에서의 일로 몽 펠레린 소사이어티의 동료들에게 매우 큰 찬사를 받았다. 몽 펠레린 소사이어티는 9월에 팔로알토 후버 연구소에서 열린 연례 모임에서 논문을 발표하도록 뷰캐넌을 초청했다.[29] 또한 몽 펠레린 소사이어티 운영진은 칠레에서 달성된 성취가 몹시 흡족해서 1981년 11월의 지역 모임을 칠레의 해안 도시 비냐델마르에서 열기로 했다. 이곳은 군부 지도자들이 쿠데타를 모의했던 곳이고 아옌데 대통령의 유해가 비석도 없이 묻혀 있는 곳이다. 뷰캐넌과 두 명의 친피노체트 회원이 이 모임의 구체적인 프로그램을 짰다. 그들이 구성한 세션들의 이름을 보면 독재자가 내린 선택들의 근거 논리, 아니 정당화 논리를 말해주는 듯하다. 가령 '사회보장: 사회주의로의 길?'이라든지 '교육: 정부냐 개인의 책임이냐?'와 같은 제목의 세션들이 있었고, 뷰캐넌 본인의 발표 논문은 〈민주주의: 제한적인 민주주의냐, 무제한의 민주주의냐〉였다.[30] 몽 펠레린 소사이어티 회원들에게 칠레는 찬란한 횃불이었다. 한 학자의 요약에 따르면, 칠레 헌법은 "거시경제정책 등 주요 사회적 질문들을 대중의 민주적 영향권에서" 제거했다.[31]

흥미롭게도, 뷰캐넌은 이후의 저술에서 칠레 헌법을 한 번도 언급하지 않았다. 1980년에 후원자들과 대학 당국에 제출한 '뷰캐넌 센터'의 연간 보고서에 그가 칠레에서 여러 차례 강연을 했다는 언급이 나와 있긴 하다. 아마도 후원자들에게 그의 국제적인 위상을 보여주는 사례로 제시하고 싶었을 것이다.[32] 하지만 저널에 출간된 논문 중에는 자신의 사상이 적용된 사례로 칠레를 언급한 것이 하나도 없다. 그가 학자로서의 경력을 헌법에 대한 분석과 처방에 바친 사람임을 생각하면, 이 생략에는 의미심장한 면이 있다. 양심의 가책을 느꼈거나 비난이 두려워서 그랬을 수도 있다. 제시 헬름스Jesse Helms 노스캐롤라이나 출신 상원의원이 1986년에 피노체트를 방문하고 돌아와서 피노체트를 옹호했을 때 보수적인 신문조차 "칠레의 끔찍한 인권 침해에 눈을 감았다"고 그를 비난하지 않았는가(《롤리 타임스Raleigh Times》는 헬름스가 "귀도 멀고 눈도 멀어서 부패와 고문이 행해지는 것을 알지 못하는 모양"이라며 그가 더 좋은 안경과 보청기를 가질 수 있게 모금운동이라도 해야겠다고 비꼬았다33). 이유가 무엇이었건, 뷰캐넌이 칠레에 대해 침묵한 것은 시사하는 바가 크다.

만약 그때 누군가가 정부의 의사결정에 대한 뷰캐넌의 공공선택이론을 피노체트와 그의 참모들에 대해서도 적용해보라고 뷰캐넌에게 제안했다면 뷰캐넌은 어떻게 했을까? 거리를 두고 객관적으로 군부 장교들과 기업세력들을 이기적인 행위자로 분석했을까? 피노체트와 참모들이 그 밖의 정치 행위자들을 강제적으로 제약하는 법을 마련하고 있었을 때, 뷰캐넌은 이들이 영구적으로 권력을 갖기 위해 입법 과정을 [이기적인 목적에서] 사용하고 있다고 분석했을까? 뷰캐넌은 훗날 펴낸 저서 중 하나의 제목을 '이해관계가 아니라 원칙에 의한 정치Politics by Principle, Not Interest'라고 지었다.34 하지만 그가 칠레에서 저질러진 일이 고전적인 자유주의의 '원칙'을 모조리 저버린 채 벌거벗은 '이해관계'로만 추동된 행위였다고 인식했다는 증거는 없다. 또한 그가 자신의 조언이 그런 상태를 가져오는 데 일조했음을 인정했다는 증거도 없다.

뷰캐넌이 늘 주장했듯이 버지니아학파의 이론을 정말 중립적인 분석 틀로 여겼다면, 그는 피노체트가 언론의 독립성, 표현의 자유, 복수 정당, 각종 규제 등을 없애면서 얼마나 쉽게 공공의 돈을 빼돌려 개인적으로 축재할 수 있을 것인지도 예상할 수 있었어야 마땅하다. 9·11 테러 이후 미국 의회는 해외의 돈세탁을 조사하기 시작했는데, '자유의 헌법'이 승인된 해에 주요 은행들의 협조에 힘입어 7개국 125개 가명 계좌에 적어도 1,500만 달러의 불법자금이 예치되었음을 밝혀냈다. 집권 당시 12만 달러가 전재산이라던 사람의 돈이었다. 칠레 내의 피노체트 충성파들도 경악했다. 이 불명예스러운 장군은 자신의 고국에서 조세 회피와 조세 사기로 기소되었다(횡령은 입증이 어려웠다). 하지만 이러한 폭로가 있었는데도 2년 뒤에 제임스 뷰캐넌은 자신의 회고록을 "문자 그대로 나는 아무런 후회도 없다"는 말로 맺었다.[35]

뷰캐넌은 피노체트가 만든 헌법을 공개적으로 비판한 적도 없다. 오히려 그 이후에 더 맹목적으로 '헌법적 혁명'을 촉진하고자 했고, 이를 실행하는 데 도움을 줄 부유한 후원자들을 계속해서 찾아 나섰다. 우리는 어떤 결론을 내릴 수 있을까? 아마도 뷰캐넌은 칠레에서 판도라의 상자가 열리는 데 자신이 기여했음을 잘 알고 있었고 그로 인해 실제로 발생한 정치적 부패 역시 잘 알고 있었지만, 정치적 자유보다 경제적 자유를 훨씬 더 중요하게 생각한 나머지, 자본과 군부의 연합이 제약 없는 권력을 가질 때 불가피하게 발생할 권력남용에 대해서는 그리 신경을 쓰지 않은 듯하다.

어쨌든 칠레에 대한 침묵은 그의 평판을 지키는 데 도움이 되었다. 밀턴 프리드먼은 칠레의 인플레이션을 잡을 방법을 피노체트에게 조언했다가 비난의 맹포화를 맞았고 이를 결코 만회하지 못했다. 뷰캐넌은 이것을 잘 알고 있었을 것이다. 1976년에 프리드먼이 노벨상을 받았을 때 항의하는 사람들이 스톡홀름에서 시위를 벌였고, 그 이후에도 프리드먼이 강연을 하러 다닐 때마다 시위대가 나타나 항의를 했다.[36] 프리드먼의 이름은 영구히, 그리고 부끄럽게 피노체트와 한데 묶여버렸지만, 은밀한 방문객이었던 뷰캐넌이 칠레 군부에 제공한 도움은 대체로 사람들에게 알려지지 않았다. 또 프리드먼과 달리 뷰캐넌은 스포트라이트를 좋아하지 않았고 음지에서 일하는 편을 선호했다.

그러는 동안, 칠레에 강제된 정치경제 모델에 예측 가능한 문제들이 나타나기 시작했다. 몽 펠레린 소사이어티가 휴양 도시 비냐델마르에서 칠레의 새 체제에 환호한 이듬해에 칠레 경제는 급강하해서 경기가 14%도 넘게 위축되었다. 경제 상황이 너무나 안 좋아서, 노동자·학생·주부 등 광범위한 대중이 위험을 무릅쓰고 저항에 나섰고 피노체트 정권은 전에 없던 타격을 맞았다. 칠레의 경제위기는 내부적인 원인으로만 일어난 것은 아니었고 그해에 세계 경제도 휘청거렸다. 하지만 몽 펠레린 소사이어티 사상가들이 촉구하고 그들의 칠레 동료들이 실행한 경제 모델이 상황을 재앙으로 몰고 간 주요인이었음은 부인할 수 없다. 먼지가 가라앉고 나서 살펴보니, 규제가 모두 풀린 칠레의 은행들이 경제 전체를 가라앉힐 정도로 무모한 대출을 했음이 드러났다.[37]

그나마 칠레 경제가 아예 붕괴되는 사태를 막을 수 있었던 것은 피노체트가 몽 펠레린 소사이어티의 열혈 팬들, 특히 (뷰캐넌을 초청했던) 세르지오 데 카스트로를 경질한 덕분이었다. 경제위기에 대해 카스트로가 제안한 자유낙하 해법이 최저임금을 낮추고 그 밖에 불황을 유도하는 긴축정책들을 도입하려 하는 등 독재자가 보기에도 위험해 보이는 조치들을 담고 있었던 것이다. 피노체트는 이데올로기에 지나치게 경도된 인사들을 내보내고 정부의 개입을 이용해 배의 방향을 다시 잡을 의지가 있는 사람들로 교체했다. 그해 11월에 칠레는 "은행 시스템 전체가 무너지는 것"을 막기 위해 네 개의 은행과 네 개의 금융기관을 정부가 인수하도록 했다. 그랬더니, 마치 칠레의 상황을 '다시 보기'한 것과 같은 상황에 처한 미국인들에게 몹시 익숙하게 들리는 일이 2008년에 벌어졌다. "이전의 호황기에는 국가의 경제적 이득이 사유화되었는데, 이제 극심한 불황이 닥치니 국가의 손실이 사회화되었다". 평생 저축한 돈을 〔국가 사회보장 시스템이 없어지면서〕 새로 생긴 개인연금계좌에 넣었다가 민간 금융 기업이 운영하는 뮤추얼 펀드가 파산하면서 돈을 다 잃게 된 사람들이 특히 막대한 타격을 입었다.[38]

한편, 야당은 '자유의 헌법'에 다시 주목했다. 대중의 불만과 봉기에 힘을 얻어서, 야당은 1988년에 국민투표를 실시하도록 되어 있는 조항을 이용해 놀라운 성공을 거둔다. 하지만 곧 이들은 한 칠레 법학자의 표현을 빌리면, 이 헌법의 "풀기 어렵게 복잡한" 메커니즘이 "다수 대중이 스스로를 표현할 수 있거나 정당한 법률이 통과될 수 있는 경로들"를 얼마나 효과적으로 가로막고 있는지 알게 된다.

1988년 국민투표에서 유권자들은 피노체트가 8년 더 집권할 것인가에 대해 찬성·반대로만 답할 수 있었다. 가톨릭 교회에 대한 심각한 공격 등 악화되는 인권 상황을 조사하기 위해 방문한 정치학자 앨프리드 스테판Alfred Stepan은 〈뉴욕 리뷰 오브 북스〉에 게재된 보고서에서 이 투표에 "정말로 걸려 있는 것"이 무엇인지를 다음과 같이 설명했다. 이 투표에서 '찬성' 표를 찍자고 독려한다는 것은 "1930년대 이래로 서구 사회에서 존재한 적이 없는 유형의 권위주의 정권을 아예 제도화하려는 시도"라고 말이다.[39]

전체적으로 투표 과정이 독재자에게 유리한 쪽으로 너무나 불합리하게 왜곡되어 있었기 때문에, 처음에는 거의 모든 야당이 투표 보이콧을 주장했다. 하지만 국민투표는 피노체트에게 대중이 목소리를 낼 수 있는 유일한 기회였다. 그래서 대부분 보이콧 방침을 철회하고 '민주주의를 위한 정당연합'('콘세르타시온'Concertacion de Partidos por la Democracia)을 결성했다. 콘세르타시온은 '반대' 표를 촉구하는 운동을 벌였고, 유권자 등록을 맹렬히 독려해 92%의 칠레 시민이 투표권을 다시 얻게 했다. 10월 5일, 새벽부터 늦게까지 줄이 늘어선 가운데 투표가 이뤄졌고 놀라운 결과가 나왔다. 대놓고 투표 조작이 이뤄지는 상황이었는데도, 55대43으로 유권자들이 피노체트의 재집권을 무산시킨 것이다. 칠레의 12개 지구 중 10곳에서 '반대'가 승리해 이제까지 무소불위의 권력을 가지고 있던 독재자를 "창피스럽게" 만들었다. '자유의 헌법' 규정에 따라 피노체트가 1년 더 집권을 유지한 뒤, 1989년 7월에 드디어 칠레 사람들은 거의 20년 만에 새 대통령과 의회를 선출했다.[40]

하지만 '콘세르타시온'이 이끄는 중도좌파 연합정부가 넘겨받은 사회는 불평등과 경제적 불안정성이 심각하게 치솟고 있는 사회였고, 헌법은 이 경로를 바꾸는 것을 거의 불가능하게 해놓은 상태였다. 헌법은 1982년 이후에 실용주의자들이 약간의 수정을 하긴 했지만 여전히 피노체트 경제 모델의 기본규칙들에 단단하게 응결되어 있었다. 한 정치학자는 "피노체트 치하에서 자유시장 모델이 적용된 것은 막대한 사회적 비용을 초래했다"고 설명했다. "1970년에는 인구 중 23%가 빈민층이었는데 1987년에는 이 비중이 45%로 늘었다. 인구의 거의 절반이 빈민층이라는 의미다". 그러는 동안 부는 최상층으로 점점 더 집중되었다.[41]

피노체트 정권을 열렬히 칭송한 사람들이 매우 높이 평가한 노동 '유연화'는 노동자들이 오랜 조직화 활동과 정치활동을 통해 쟁취했던 보호 조치들을 제거했다. "직업 불안정성이 큰 저소득층 노동자가 칠레 노동력의 40% 이상을 차지하게 되었다". 게다가 이제는 개개인이 노후대비자금을 온전히 부담해야 해서 상황이 더 악화되었다. 고용주들이 분담해 불입하게 되어 있던 제도가 없어졌기 때문이다. 또 예전에는 시민이라면 누구나 공짜로 누릴 수 있었던 여타 재화와 서비스도 이제는 돈을 내야 했다. 게다가 성실히 돈을 저축한 사람들은 경제 불황으로 그 저축을 모조리 날렸다. 자신을 "화이트칼라 빈민"이라고 묘사한 한 세일즈맨은 기자에게 "오늘날 칠레에는 두 부류의 사람이 있다"고 말했다. "하나는 신용카드와 컴퓨터가 있는 사람들이고 다른 하나는 단지 생존을 위해 고전하는 사람들이다".[42] 그런데도 저명한 난민 작가 아리엘 도르프만Ariel Dorfman에 따르면, "피노체트의 사악한 헌법은" "긴급히 필요한 개혁들이 이뤄지기가 특히나 어렵게" 짜여 있었다.[43]

따라서 새로 집권한 민주정부는 자신의 임무가 두 가지라는 것을 처음부터 잘 알고 있었다. 독재 시절의 불의를 줄이는 것, 그리고 헌법에서 권위주의적 측면을 없애는 것이었다. 새로 선출된 정부가 발의하고 성공적으로 의회를 통과한 첫 54개의 수정 조항 중에는 개헌을 하려면 연달아 두 번에 걸쳐 압도적 다수의 찬성을 얻어야 한다는 조항을 없애는 것도 포함되었다. 그렇더라도 왜곡된 선거 시스템은 여전히 남아 있었다. 아직도 인구의 3분의 1을 차지하는 우파 유권자들이 지지한 의원과 나머지 3분의 2를 차지하는 중도좌파 유권자들이 지지한 의원이 거의 동수였다.[44]

그렇다면 오늘날 카토 연구소, 헤리티지 재단 등 미국 우익들이 경제적 기적의 모범사례로 칠레를 꼽는 것은 매우 우려스럽다.

미국이 사담 후세인을 몰아내고 난 뒤에 〈내셔널 리뷰〉의 선임 편집자 조나 골드버그Jonah Goldberg는 "이라크에는 피노체트가 필요하다"고까지 말했다. 헤리티지 재단이 발표하는 연간 국가별 순위에서 "2015년에 칠레는 경제적 자유 점수 78.5로, 세계에서 일곱 번째로 자유로운 나라에 올랐다". 7위는 남미에서는 필적할 나라가 없는 순위다. 헤리티지 재단에 따르면, 경제적 자유의 세계적인 "모범사례"인 칠레는 "재산권 보호가 (홍콩에 이어) 세계 두 번째로 탄탄하다". 찰스 코크도 홍콩과 싱가포르가 다른 나라들에 비해 "사회적·정치적 자유"가 부족하다는 점은 인정하면서도 이 둘을 "자유로운 사회"의 대표적인 예로 든 바 있다. 그는 중요한 것은 "가장 큰 경제적 자유"와 그것에 따라오는 "가장 큰 기회"라고 강조했다. 그 자유의 기회가 누구의 자유와 기회인지는 말하지 않고 말이다.[45]

하지만 이러한 지위를 자랑스러워하는 칠레인은 거의 없다. 대부분은 그 '경제적 자유'가 가져온 결과를 몹시 한탄하며, 그런데도 자신이 원하는 바와 상관없이 여기에 묶여 있다. 한때 남미에서 중산층의 횃불로 여겨지던 칠레는 이제 1930년대 이래 최악의 경제적 불평등을 가진 나라가 되었다. 칠레의 경제적 불평등은 OECD 34개 회원국 중 최악이기도 하다. 이제는 부의 집중으로 가장 크게 이득을 본 사람들 사이에서도 '경제적 자유'를 위한 시스템에서 득을 본 사람들과 피해를 본 사람들 사이의 간극이 "비도덕적"인 수준으로까지 치달았다는 인식이 퍼지고 있다.[46]

피노체트 시기에 공공선택이론 경제학이 일으킨 피해는 경제적 불평등만이 아니다. 전국적으로 교육에 "선택" 시스템을 강제한 것 역시 끔찍한 결과를 가져왔다. 소득에 따라 학생들을 "골라내는 것이 점점 심해지면서" 학생들의 학업 성취도가 극명하게 양분화된 것이다. 이것은 바우처 제도에 으레 따라오는 결과다. 대학 교육을 보면, 이제 대학 등록금은 전체 가구 평균소득의 40%에 달한다. 칠레는 1인당 소득 대비 대학 교육 비용이 전 세계에서 가장 비싼 나라가 되었다. 2011년과 2012년에 대대적인 학생운동이 일어났다. 20만 명이 시위에 참여했고 칠레 시민의 85%가 이를 지지했다. 젊은이들은 학교가 "부당 이윤을 뽑아가는 것"을 이제 끝내야 한다고 주장했고 모두에게 양질의 교육 기회를 제공하는 무상교육 시스템을 요구했다. 학생운동 지도자 중 한 명인 카밀라 바예호Camila Vallejo는 자신들이 요구하는 것은 "국가가 지금과는 다른 역할을 해야 한다는 것"이라고 설명했다. "우리는 소수의 경제집단이 시스템에서 이득을 취해가는 것을 용인하지 않을 것입니다."[47]

2015년에는 연금 민영화의 주요 수혜 기업 중 하나였던 펜타 그룹(자산이 300억 달러에 달했다) 경영진이 기소되었다. 기소 내용은 대규모 조세 회피, 뇌물 수수, 우파 정치인에 대한 불법 자금 지원 등이었다. 검사는 [피노체트 시기를 거치면서] 이 회사가 "국가의 돈을 사취하는 기계"가 되었다고 언급했다. 이 사건은 큰 바위를 들어 올렸고 독재정권과 유착된 기업 및 정당에 대한 여러 건의 수사로 이어졌다. 2016년에 칠레 대학의 한 법학 교수는 "부패의 깊이가 어마어마한" 것으로 드러났다며, "공공의 이해가 민간의 이해에 종속되고 그 둘 사이의 분명한 구분이 없을 때, 부패에는 무한한 기회의 문이 열리게 된다"고 언급했다.[48]

오늘날 칠레에서 당면한 문제들을 다루기가 너무나 어려운 이유는, 헌법이 여러 차례 개혁을 거쳤음에도 여전히, 부유한 보수층이 다른 사람들을 희생시켜가며 막대하게 유리한 위치를 점할 수 있게 해주기 때문이다.[49] 학생들의 투쟁이 있고 나서 2013년 대선에서 중도좌파 후보로 나선 미첼 바첼레트Michelle Bachelet는 교육, 사회보장, 의료, 조세 분야에서 대대적인 개혁을 약속했고 1980년의 헌법도 추가적으로 개정하겠다고 했다. 바첼레트는 거의 3분의 2를 득표해 당선되었지만 공약을 진척시키는 데 어려움을 겪었다. 2014년에 바첼레트 대통령은 이렇게 말했다. "권위주의적인 구속이 민주적인 과정을 가로막고 있습니다. 우리는 자물쇠와 빗장이 채워져 있지 않은 헌법을 원합니다."[50]

하지만 영구적인 자물쇠와 빗장을 채우는 것이야말로 뷰캐넌이 칠레의 동료들에게 그들의 통치를 보장하고, 설령 독재자가 권좌에서 내려오더라도 그들의 지배력을 놓치지 않기 위해 꼭 필요하다고 촉구한 것이었다. 그리고 그 자물쇠와 빗장은 오늘날까지도 효력을 발휘해 시민들에게서 정치적 참여를 통해 삶을 더 나아지게 만들 수 있을 거라는 희망을 갉아먹고 있다. 투표로 피노체트를 몰아낸 지 거의 30년이 지난 지금도 독재자의 경제 모델이 견고하게 남아 있다는 것에 실망한 많은 사람들이 아예 정치에 등을 돌리게 된 것이다. 특히 다른 시스템을 알지 못하는 젊은 이들이 더욱 그렇다. 몇몇 법학자들은 기업권력에 너무나 크게 좌우되고, 근본적인 변화는 원천적으로 봉쇄되고, 다수의 이해관계에 너무나 적대적이었던 시스템에 대한 혐오가 퍼지면서 대의제 정부 자체에 대한 정당성이 훼손될지 모른다고 우려한다.[51]

한편, 칠레에 자문을 하고 돌아온 뷰캐넌은 미국에서도 그것과 비슷한 급격한 변화가 이뤄지기를 원하게 되었고 그것의 효과에 대해 확신도 갖게 되었다. 그는 "미국의 고질병인 점진주의와 실용주의"를 버리기로 했다. 이제는 "사회적·경제적 제도의 전체 구조를 바꾸어야" 할 때였다.[52] 문제는, 작동하는 민주주의 체제에서 이 과업을 어떻게 달성할 것인가였다.

11장   민주주의가 자유지상주의 원칙을 패배시키다

버지니아 주 페어팩스 카운티는 포토맥 강을 사이에 두고 워싱턴DC 와 인접해 있다. 오래전에 담배 플랜테이션 때문에 황폐화되었던 곳에 점 차 낙농 농가들이 자리를 잡았고 1950년대 무렵에도 낙농 농가 위주의 그리 두드러질 것 없는 시골이었다. 그런데 이때 일군의 개발 사업가들이 이곳을 더 수익성 있게 활용하기 위한 일에 착수했다. 이 계획의 현지 기 지 역할을 할 곳을 마련하기 위해 이들은 버지니아 주를 설득해 2년짜리 대학을 세우도록 했다. 1957년, 이 대학은 어느 쇼핑몰에 '조지 메이슨 칼 리지'라는 이름으로 세워졌고 17명의 첫 입학생을 받았다.[1] 하지만 개발 자들은 이것보다 더 나아갈 수 있다는 것을 알고 있었다. 그들은 이 대학 이 하이테크 기업들을 끌어올 자석이 되기를 원했다.[2] 25년 뒤, 이제는 4 년제가 된 조지 메이슨 대학은 처음으로 널리 이름이 알려진 교수를 영 입했다. 제임스 맥길 뷰캐넌이었다. 점차적으로 조지 메이슨 대학은, 무엇 보다 기업 후원금을 따오는 뷰캐넌의 엄청난 능력에 힘입어, 재정 지원이 짜기로 유명한 버지니아 주에서 대학을 키우고 위상을 높일 수 있게 해줄 목표 하나를 발견하게 된다. 조지 메이슨 대학, 더 정확하게 말하면 조지 메이슨 대학의 경제학과와 법학대학원은, 현대 민주국가의 제도를 해체하고자 하는 우파 정치운동을 위한 연구기획센터를 열었다.

연방 정부가 주에 간섭을 한다고 내내 징징댄 버지니아였지만, 페어팩스 카운티의 땅을 수익성 있게 활용하고 싶어 했던 기업인들과 버지니아 주 의회는 연방 정부 자금으로 건설된 순환도로 '수도권 벨트웨이' 덕분에 페어팩스가 워싱턴DC와 곧바로 연결되자 매우 기뻐했다. 이 도로를 타면 펜타곤, 버지니아 주 랭글리의 CIA 본부, 워싱턴 공항 등을 몇 분 만에 갈 수 있었다(적어도 교통체증 문제가 심각해지기 전까지는 그랬다). 1960년대 말이면 점점 더 많은 연방 정부 직원과 가족들이 상대적으로 더 넓고 싼 집을 찾아 페어팩스로 들어왔다. 이들 중 많은 수가 그 끔찍한 규제적 관료제에서 일하는 고학력자들이었다. 이들은 버지니아 주의 낮은 재산세에서도 득을 보았다. 버지니아 주는 부유층의 재산을 보호하려는 노력을 계속 기울여온 덕분에 재산세가 낮았다.

페어팩스가 성장하면서 조지 메이슨 대학도 성장했다. 1978년에 이 대학은 기업가 정신이 충만한 새 총장 조지 W. 존슨George W. Johnson을 채용했다. 그는 지역 "CEO들과의 관계"를 열정적으로 구축해나갔고 지역 기업들이 연방 정부가 발주하는 아웃소싱 계약을 따낼 수 있게 도왔다. 개발자들은 자신들의 이야기를 기록으로 남기기 위해 역사학자를 고용하여 페어팩스에 대한 역사서를 쓰게 했는데, 이 역사서에 따르면 "존슨 총장은 이 〔벨트웨이의〕 '악당들Beltway bandits'(워싱턴DC 근처에서 연방 정부가 발주하는 일들을 하거나 컨설팅 업무 등을 하는 기업들 - 옮긴이)이 뭉칠 수 있다면, 워싱턴 당국자들 사이에 만연해 있던, 외주에 반대하는 편향과 맞서 싸우는 데 도움이 되리라는 것을 잘 알고 있었다". 곧 조지 메이슨 대학은 페어팩스의 주요 인사들에게 커다란 자부심의 원천이 되었다. 위에서 말한 역사서에 언급되었듯이, "페어팩스의 기업들이 조지 메이슨이라는 우산이 없었더라면 도저히 불가능했을 방식으로 사업을 할 수 있게 되었기 때문"이었다.[3]

정부의 잔칫상에서 먹을 것을 챙겨오려는 존슨 총장과 지역 기업 CEO들의 계획(공공선택이론의 용어로 말하자면, 이것은 의도적인 지대 추구의 명백한 사례다)에 대해 뷰캐넌이 알고 있었는지 아닌지는 확실치 않다. 아마도 몰랐을 것이다. 이 모든 일이 진행되던 당시에 뷰캐넌은 여전히 버지니아 공대에 있었기 때문이다. 하지만 버지니아 공대에 재직한 지 10여 년이 지난 1981년 무렵이면 뷰캐넌은 한시라도 빨리 버지니아 공대를 떠나려 하고 있었다. 전에 버지니아 대학에서도 그랬듯이, 버지니아 공대에서도 뷰캐넌의 자만심과 다른 이들의 합리적인 우려에 대한 맹목적인 무시가 뷰캐넌의 연구센터를 또다시 내파하게 만들었기 때문이다.

마치 아인 랜드가 말한 영웅처럼, 뷰캐넌은 자신이 무엇을 하건 거기에서 지배적인 인물이 되리라고 확신하는 유형의 사람이었다. 자신이 "권위의 화신"이 되는 것은 "유전적으로 결정된 것"이라고 말하기까지 했다. 그런 사람이었으니, 자신에게 동의하지 않는 사람이나 의견이 나타났을 때 그가 취할 수 있는 선택의 여지는 별로 없었다.[4] 궁극적인 통제권은 늘 자신이 행사해야 한다고 굳게 믿었던 뷰캐넌에게는 누군가가 그에게 와서 내게도 중요한 문제이니 협상을 하자고 말하는 것 자체가 충격적인 일이었다. 버지니아 공대의 경제학과장 대니얼 오르Daniel Orr는 뷰캐넌이 "모든 것을 자기 방식대로 해야 하는 사람"이었으며 "절대로 타협하지 않았다"고 회상했다.[5]

오르가 뷰캐넌과 의견의 일치를 보이지 않았던 부분은 이데올로기적인 문제가 아니라 현실적인 문제였다(오르도 진보적인 인사는 아니었다). 뷰캐넌의 대학원 프로그램이 일반적인 경제학자들이 생각하는 '리서치'가 아니라 그가 구성한 이론과 가설에 기초하고 있었기 때문에, 오르는 졸업생들이 학계에서 자리를 잡기가 어려울 수 있다고 우려했다. 대부분의 경제학과가 중요하게 생각하는 수학적인 기법이나 기술적인 훈련을 받지 못한 상태일 것이기 때문이었다. 오르는 뷰캐넌의 일을 존중했지만 새로운 교수를 뽑을 때는 〔학문적〕 접근방법 면에서 균형을 고려해야 한다고 주장했다. 하지만 뷰캐넌은 자신의 프로그램이 조금이라도 희석되거나 오염되는 것을 단호히 거부했다.[6]

설상가상으로 (오르의 묘사에 따르면) 뷰캐넌은 이의제기를 받을 때면 단지 "단호"하기만 한 것이 아니라 "폭발"했고 "용납할 수 없어"했다(심지어 그의 동지들 사이에서도 뷰캐넌이 얼굴을 붉히며 화를 내는 것은 전설이 되어 있었다). 경제학과의 다른 교수들도, 뷰캐넌이 늘 자기 방식대로만 해야 한다고 주장했기 때문에 공동체가 유지되는 데 꼭 필요한 호혜적 관계를 무너뜨렸다고 말했다. 이런 상황은 내부에서 '전쟁'을 촉발시켰다. 물론 샬로츠빌에서도 그랬듯이 블랙스버그에서도 뷰캐넌은 자신이 미끄러지고 있는 것에 대해 상황을 전혀 다르게 해석했다. 내가 왜 권력을 나눠야 한단 말인가? 그의 팀은 국제적인 명성을 쌓았고, 따라서 그는 "우리 팀의 견해가 더 비중 있게 취급되어야 한다"고 생각했다.[7] 뷰캐넌은 은밀히 힘을 써서 오르를 학과장직에서 몰아내려고 했는데, 그로서는 너무나 충격적이게도 이 시도는 실패로 돌아갔다. 뷰캐넌의 기여에 매우 고마워하고 있었던 대학 당국조차 그가 지나치게 자기 마음대로 의사결정을 하면서 다른 이들을 괴롭히는 것에는 참을성을 잃었던 것이다.[8]

마땅히 자신의 몫이라고 생각한 것을 거부당하고 자신이 이곳에서 환영받는 것도 이제 끝났다는 것을 깨달은 뷰캐넌은 다른 곳을 물색하기 시작했다. 그 자신의 표현으로, 그는 "학계판 '이탈 전략'을 실행했다"(떠날 것이냐 남아서 목소리를 낼 것이냐 중에서 떠나는 편을 택했다는 의미. 전자는 이탈exit 전략, 후자는 발언voice 전략이라고 불린다 — 옮긴이). 자신이 진행하는 프로그램의 "방향성을 수정하려 드는 사람들"의 영향을 막기 위해 그곳을 떠나는 방법을 택했다는 것이다. 즉, 뷰캐넌은 다른 곳으로 옮겨 감으로써 '소수자'로서의 자신의 권리를 다수자의 의지로부터 보호할 수 있었고, 나중에 이 전략을 조세와 규제를 회피하려는 기업들에도 조언하게 된다. "분리 독립" 전략이라고도 표현할 수 있을 텐데, 실제로 뷰캐넌 본인이 "분리 독립"이라는 말을 사용했다.[9]

구체적인 경위를 보면, 일시적으로 풀이 죽은 뷰캐넌은 1981년 12월 미국경제학회 연례 컨퍼런스에서 가까운 동료들에게 자신이 학교에서 제대로 인정을 받지 못하고 있다고 한탄했다. 칵테일 파티에서 뷰캐넌은, 전에 리버티 재단 주최의 컨퍼런스에서 그의 강의를 들었던 경제학자 한 명에게 자신과 자신의 팀이 다른 학교로 옮기는 것에 관심이 있다는 사실을 넌지시 알렸다. 그 경제학자는 조지 메이슨 대학의 캐런 본Karen Vaughn이었다. 훗날 본은 뷰캐넌이 [조지 메이슨 대학처럼] 자금도 부족하고 "명성도 별로 없는" 대학까지 고려하고 있다는 것에 깜짝 놀랐다고 회상했다. 본은 뷰캐넌을 영입하는 것이 자신의 대학과 학과에 얼마나 큰 변화를 가져올지 잘 알고 있었다. 그는 한 동료와 상의한 뒤 "이 기회를 덥석 붙잡았다".[10] 본은 뷰캐넌에게 조지 메이슨 대학에는 "공공선택학과의 어젠다에 맞설 기득권 집단이 존재하지 않으므로" 그가 "오기만 하면 원

하는 대로 운영할 수 있을 것"이라고 장담했다.[11]

조지 메이슨 대학에 와본 뷰캐넌은 "청소부부터 대학 총장까지" 그 학교의 모든 사람이 뷰캐넌의 프로그램을 유치하기 위해 "백방으로 노력하는" 것에 크게 감탄했다. 그의 첫 9개월 임금 10만 3,000달러는 대부분의 대학 총장이 받는 것보다 많았고 주지사가 받는 것보다도 많았다. 일이 잘못될세라 존슨 총장은 뷰캐넌이 받을 보수의 상당 부분을 지역의 은행이 서둘러 지불하도록 주선했다. 또한 존슨과 본은 버지니아 공대 경제학과 교수 중 여섯 명과 뷰캐넌의 소중한 비서 베티 틸먼도 고용하기로 했고, 뷰캐넌이 자신의 센터를 세울 때면 늘 요구했던 "별도의 건물"도 제공하기로 했다. 또 보통의 교수들은 학기당 네 과목이나 수업을 해야 했지만 뷰캐넌은 학부 수업을 면제받았다. 학부 강의보다는 부유한 사람들을 만나며 자금을 모으는 일에 시간을 더 써야 할 것이기 때문이었다. 실제로, 그해가 가기 전에 뷰캐넌은 그의 센터가 수행하는 연구, 대학원생교육, 그리고 '외부연결' 프로그램을 위해 총 80만 달러를 모아 왔는데, 2016년의 화폐 가치로는 200만 달러가 넘는다.[12]

오늘날 "기업 대학"이라는 표현은 대학에서, 가장 극단적으로는 공립대학에서 대대적으로 벌어지고 있는 우려스러운 변화를 비판하는 맥락에서 주로 쓰인다. 학교의 명성을 높이고 싶지만 재정이 짠 주 의회로부터 크게 도움을 기대할 수 없는 총장들은 기업 후원자들의 환심을 사는 일에 적극적으로 나섰고, 기업 후원자들, 특히 이데올로기적인 성향이 뚜렷한 후원자들은 자신의 돈이 들어가는 연구 프로그램에 대해, 심지어는 대학 전체의 방향성에 대해서까지 간섭을 하려 했다. 한편, 주 의회 의원들로서는 주에 세금을 내고 일자리를 만들어주는 기업들의 이해관계에 대학들이 잘 복무하고 있는지를 기업 후원자들이 주시하고 있어서 나쁠 것이 없었다(일반적으로 교수들은 이런 식의 외부 영향을 별로 좋아하지 않는다).[13]

이에 더해, 기업가적 마인드가 있는 총장이라면 기업의 도움으로 전국대학 랭킹에서 학교 순위가 올라가게 할 수 있었다(오늘날 모든 대학 이사회는 대학 순위에 강박적으로 집착한다). 1980년대에 조지 메이슨 대학의 부총장이었던 한 인사는 뷰캐넌의 "존재" 덕분에 "문자 그대로 수백만 달러"가 들어왔다며, 무엇보다 "기업과 재단으로부터 매우 탄탄한 지원을 받아서" 이 학교가 경제학 박사를 배출하기 시작할 수 있었다고 강조했다.[14]

찰스 코크는 뷰캐넌이 영입되기 전부터 조지 메이슨 대학에 관심을 갖고 있던 기업인 중 하나다. 코크는 캐런 본이 운영하는 '오스트리아학파 경제학 포럼' 참가자들을 위한 비용을 지불했다. 이 포럼은 코크의 우상인 루트비히 폰 미제스로와 F. A. 하이에크를 비롯해 자유지상주의 경제학자의 사상을 연구하는 모임이었다. 또한 본은 갓 박사학위를 받은 리처드 H. 핀크Richard H. Fink가 조지 메이슨 대학의 오스트리아팀에 조교수로 합류하도록 그의 채용을 주선했다. '리치'라는 별칭으로 불리던 핀크는 '매커macher'(왕초)였다. '매커'는 이디시어(중부와 동부 유럽으로 이주한 유대인들이 사용하던 언어 – 옮긴이)인데, 다른 나라 말 중에서는 그의 자신만만한 스타일을 이보다 잘 표현하는 단어를 찾기 어려울 것이다. 대담하게도 그는 박사과정생이던 시절에 코크를 찾아가 작은 교육 프로그램에 자금 지원을 요청했다(그가 다니던 뉴욕 대학은 당시 미국에서 유일하게 오스트리아학파 경제학을 전공할 수 있는 곳이었다). 그리고 조지 메이슨 대학에 교수로 오면서 이 프로그램을 가지고 왔다.[15]

핀크는 조지 메이슨 대학 경제학과 대학원생들의 사기를 높이기 위해

(그중 한 명의 우호적인 표현에 따르면) "거창하게 떠우는 데" 최선을 다했다. 다른 말로, 이곳 학생들이 자유지상주의 사상을 전파하는 일에 더 전투적이 되도록 만들기 위해 최선을 다했다. 핀크는 "우리는 말콤X처럼 될 것"이라고 그들을 독려했다. 말콤X가 흑인의 권력과 자긍심을 위해 전투적으로 나섰다면, 조지 메이슨의 동지들은 그만큼이나 철저하게 "오스트리아적이 될 것이고 자긍심을 가질 것"이었다. 핀크는 그들이 "오스트리아학파 경제학의 얼굴"이 되어야 한다고 말했다. 코크는 똑똑한 젊은이들에게 호소력이 있으려면 이 운동이 결코 타협하지 않고 순수성을 유지해야 한다고 말한 적이 있는데, 그때 코크가 원했던 스타일이 바로 이것이었다. 뷰캐넌은 자금줄인 코크에게 더없이 적절하게 이 점을 표현했다. "리치 핀크는 곧 분명히 이름을 날리게 될 것입니다."[16]

그렇더라도 본은 뷰캐넌의 학문적인 역량과 리더십, 학계에서의 위치, 실천적인 비전이 없었더라면 성공은 "상상도 할 수 없었을" 것이라고 말했다. 전에 코크는 "우리의 가장 큰 문제는 재능 있는 사람들이 부족하다는 것"이라고 한탄한 적이 있었는데, 조지 메이슨 대학의 팀은 바로 그 재능 있는 사람들을 지속적으로 배출해낼 파이프라인을 구축하고 있었다. 오래지 않아 이 프로그램은 200명이 넘는 대학원생을 받게 된다. 이들 대부분은 학교에서 배운 것을 나중에 학교 밖에서도 적용했다. 이를테면, 여름 글쓰기 워크샵에서 어떤 학생은 저널에 출판할 논문 작성 훈련을 받았지만 어떤 학생은 싱크탱크에 제출할 정책 분석을 작성하는 훈련을 받았다. 워싱턴DC가 지리적으로 매우 가까웠으므로 뷰캐넌은 이전 학교의 학장이 우려했던 졸업생들의 취업 문제도 해결할 수 있었다. 뷰캐넌의 프로그램에서 학위를 마친 학생들은, 학계에서 교수 자리를 잡지는 못할지 몰라도 기업이 자금을 댄 자유지상주의 재단이나 싱크탱크에서 자신을 필요로 하는 곳을 쉽게 찾을 수 있었다. 한 졸업생은 "우리는 우리의 길을 [학계가 아니라] 정책 분야에서 만들어야 했다"고 말했다.[17]

뷰캐넌은 그의 프로그램이 점점 더 정치적 색채를 띠는 것을 암묵적으로 승인했다. 그는 오랜 후원자 중 하나인 스카이프 재단에, 조지 메이슨으로 옮기고 나면 "정책이 실제로 돌아가는 곳에 더 접근성이 좋아지고 그곳 친구들이 정책을 적용하려 할 때 학문적 조언을 더 탄탄하게 제공할 수 있게 될 것"이라고 말했다. 뷰캐넌의 팀이 더 잘 도와줄 수 있게 된 워싱턴의 '친구들' 중에는 카토 연구소와 헤리티지 재단도 있었는데, 두 곳 모두 뷰캐넌을 위해 환영 리셉션을 열어주었다.[18] 한편 뷰캐넌은 조지 메이슨 대학 경제학과의 새로운 동료들을 독려하는 것도 잊지 않았다. 그는 "우리가 명시적인 의미에서의 혁명가가 될 수는 없겠지만", "지배적인 정통 견해들"에 맞서 싸움으로써 이 운동에 기여할 수 있을 것이라고 말했다.[19]

실제로 뷰캐넌이 도착하고 불과 몇 년 지나지 않아 〈월스트리트 저널〉의 한 기자는 조지 메이슨 대학을 "보수주의 학계의 펜타곤"이라고 표현했다.[20] 또 다른 기자는 조지 메이슨 대학이 "안정적으로 확보하고 있는 경제학자들은 레이건 행정부의 중요한 인력 풀이 되었다"며, 이 경제학자들이 세금을 감면하고 규제를 줄이고 국내 프로그램들에 들어가는 지출을 축소해서 경제 회복을 일으킨다는 레이건 정부의 계획과, 각 주에 권한을 되돌려준다는 방침 등과 관련해 정책을 제공하고 있다고 언급했다.[21] 예를 들어, 뷰캐넌의 대학원 프로그램이 배출한 1기 박사 제임스 C. 밀러, 폴 크레이그 로버츠Paul Craig Roberts, 로버트 D. 톨리슨Robert D. Tollison은 레이건 행정부에서 중요한 역할을 맡게 된다. 또한 새로 생긴 석사과정 학생들도 졸업 후 싱크탱크에 취직해 정책 분야에서 경력의 사다리를 차근차근 올라갔다. 특히 코크가 자금을 댄 카토 연구소와, 스카이프와 쿠어스가 자금을 댄 헤리티지 재단, 미국기업연구소 등이 조지 메이슨 졸업생들을 많이 채용했다.[22]

하지만 레이건 행정부에 걸었던 높은 기대에도 불구하고 급진적 변혁에 대한 야망은 그들의 기대보다 훨씬 일찍 좌초했다. 그러니까, 뷰캐넌만 빼고 말이다. 뷰캐넌은 애초부터 높은 기대를 갖지 않았다. 격려하는 유형의 사람이 전혀 아니었던 그는 레이건과 대처의 당선 이후 몽 펠레린 소사이어티에 팽배했던 환희의 분위기를 누그러뜨리려고 애썼다. 1981년 11월에 비냐델마르에서 열린 몽 펠레린 소사이어티 모임에서 뷰캐넌은 "우리의 이념에 동조하는 정치인과 정당이 선거에 승리했다고 해서 잠에 빠져들어서는 안 된다"고 경고했다. 선거 승리는 좋은 일이지만 "정부를 제약하기 위해 완전히 새로운 통치의 규칙을 마련해야 한다는 근본적인 문제에서 관심이 흐트러져서는" 안 된다는 것이었다. 뷰캐넌은 자신이 레이건을 매우 존경하긴 하지만, 아무리 레이건처럼 이데올로기적 동기가 강한 대통령이라 해도 현대의 대중민주주의 체제에서는 다수 대중의 압력에 굴복할 가능성이 있다고 말했다.[23] 그리고 마치 예언처럼, 실제로 그렇게 되었다.

뷰캐넌의 경고에도 불구하고, 우파 진영의 대부분은 로널드 레이건이 공약을 지켜서 몽 펠레린 소사이어티가 1947년 설립 당시부터 비판해온 유형의 큰 정부를 없애기에 충분할 만큼 대대적인 조세 감면과 지출 축소를 진행하리라 믿었다. 취임사에서 "현재의 위기 상황에서 정부는 문제의 해법이 아니라 **문제의 일부**"라고 말한 것을 볼 때, 분명히 레이건도 그렇게 할 생각이 있었다. 레이건은 구체적인 실행안, 즉 어떤 프로그램을 줄이고 어떤 조세를 감면할지를 정하는 일을 이 혁명의 현장 지휘관이라 할 수 있는 예산국장 데이비드 A. 스톡먼David A. Stockman에게 맡겼다.

스톡먼은 백악관에서 일하게 되었을 때 이미 열렬한 자유지상주의자였다. 뷰캐넌처럼 그도 "정치인들이 미국 자본주의를 망가뜨리고 있다"고 보았다. 정치인들은 민주제 정부를 "돈을 뿌려대는 경매장"이 되게 만들었고 "징벌적인 조세와 비도덕적이고 낭비적인 규제"를 부과해서 부를 실제로 창출하는 사람들을 "속박하고" 있었다.[24]

하지만 맹렬히 돌진하던 첫해부터 무언가가 잘못 돌아가기 시작했다. 예산국장 스톡먼은 일반 국민들에게는 고사하고 대통령과 대통령 자문팀에게도 켐프-로스 감면안Kemp-Roth Tax Cut 같은 대대적인 조세 감면은 어느 민주국가도 시도해본 적이 없는 정도로 사회계약을 대거 철회하지 않으면 불가능하다는 사실을 납득시키지 못했다. 대통령과 대통령 자문팀이 어떻게 이렇게 중대한 오판을 할 수 있었는지는 오늘날까지도 미스터리일 정도다. 공화당 중에서도 우파로 치우쳤던 선거팀이 너무나 오랫동안 "특별한 이해관계 집단"과 "정부 지출"을 인종 프레임으로만 이야기해온 나머지, 이런 대규모의 예산 삭감이 정말로 가난한 흑인들에게만 영향을 끼치고 대다수의 백인 유권자들(공화당을 지지하는 수백만 명을 포함해)은 영향을 받지 않을 것이라고 믿게 된 것이었을까?[25] 이유가 무엇이었든 간에, 레이건 정권하에서 영구적인 변화를 만들겠다는 자유지상주의자들의 꿈은 이러한 오판으로 좌초하고 말았다.

실패 후에 데이비드 스톡먼이 설명한 바에 따르면, 레이건과 우파가 선거 때 요구했던 규모의 "진정한 경제정책혁명"은 연방 정부에 어떤 식으로든 의지하는 "모든 유권자 집단"과 "위험하고 치명적인 전투"를 치러야 한다는 의미였다. 사회보장제도 수급자, 참전군인, 농민, 교육자, 주와 지방 공무원, 심지어는 주택 업계와도 싸워야 했는데, 수많은 중산층 구매자들이 주택담보대출 이자에 대한 조세 혜택에 의존하고 있었기 때문이다. 대통령이 "복지 여왕"이나 정부의 "낭비"를 비난하는 것이야 얼마든지 가능했겠지만, "국내 예산의 **절반** 이상을 차지하는" 것은 사실 사회보장제도, 참전용사수당, 메디케어 등 레이건 지지자들이 매우 소중하게 생각하는 제도들이었다. "최소주의적인 정부"는 소수가 아니라 광범위한 다수 대중을 "혼란에 빠뜨리고 트라우마에 빠지게 만들 것"이 분명했다. 최소주의적 정부가 가져다주리라는 어떤 이득도 실현되기 전에, 수많은 사람들이 "가차 없이", 아니 사실은 "뼈까지 난타당하는 정도로" 타격을 입고 말 터였다. 그리고 지금 이 설명은 반대 진영에서가 아니라 그 정책을 입안한 핵심 설계자 본인의 입에서 나온 말이었다.[26]

훗날 스톡먼은 "1982년 무렵이면 나는 레이건 혁명이 불가능하다는 것을 알고 있었다"고 말했다. 레이건 혁명은 "민주주의와 사실의 세계"에서는 일어나는 것이 한마디로 불가능했다. 대통령 경제팀의 계획이 얼마나 끔찍한 것인지를 사람들이 알게 되자마자 게임은 끝난 것이나 마찬가지였다. 사회보장제도를 즉각적으로 개혁하자는 것만 해도 그랬다. 당시 미국 인구 "일곱 명 중 한 명은 사회보장 프로그램에 의존"하고 있었다. 따라서 이 개혁안은, 스톡먼의 표현을 빌리면, "미국 복지국가의 중심 성채에 정면공격"을 선포한 셈이었다. 심지어 사우스캐롤라이나 출신의 공화당 하원의원도 "(사회보장제도가 없으면) 세상이 끝나는 줄로 아는" 유권자들로부터 전화가 "끊이지 않고 울려댄다"며 불평을 토로했다. 몇몇 강력한 시민사회단체들이 연합해 이 소중한 제도를 지키기 위해 "우리의 보장을 지키자Save Our Security" 운동을 벌였고, 이 운동은 성과가 있어서 곧 〈워싱턴 포스트〉 1면에 "상원, 만장일치로 대통령의 사회보장 개혁안 퇴짜"라는 기사가 실렸다. 스톡먼은 그때부터 이것은 끝난 게임이었다고 말했다. "민주주의가 자유지상주의 원칙을 패배시켰다".[27]

그때는 분명하지 않았지만, 지금 돌이켜보면 이 순간은 공화당의 분기점이었다. 이 일을 계기로, 역사적이지만 잘 알아차리기 어려운 방식으로 세 가지 길이 분기했다. 스톡먼은 첫 번째 길, 외로운 길을 갔다. 이 경험에서 그는 자유지상주의의 꿈이 위험한 환상이었다는 것을 알게 되었다. "특별한 이익집단이 막대한 권력을 휘두르고 있는" 것은 맞지만, 그 "이익집단들의 영향력은 다수 대중의 지지에 깊이 뿌리를 내리고" 있었다. 스톡먼은 이데올로기적으로 만들어진 "청사진"을 "민주주의적 자본주의 체제"의 사람들에게 그대로 덮어씌우려는 시도는 매우 큰 실수라고 결론 내렸다. 이 결론만큼이나 중요하게 스톡먼은 이렇게 덧붙였다. "그것은 시도되지 말았어야 했다." 스톡먼은, 이 사건에서 이끌어낼 수 있는 옳은 결론은 유권자들에게 진실을 알려야 한다는 것이라고 보았다. 청정 대기부터 깨끗한 물, 은퇴 후 보장, 그리고 막강한 군사력까지, 그들이 원하는 것을 모두 얻으려면 그들에게 필요한 것은 "온건한 사회주의적 민주주의"이고 이것을 얻으려면 그들은 세금을 더 내야 했다. 사실은 이렇게 간단한 문제였다. 세금을 더 내면 경제적 재앙이나 영구적인 재정적자를 일으키지 않으면서도 문제를 해결할 수 있을 터였다.[28]

그러나 공화당 우파 지도부는 스톡먼을 변절자라고 생각했다. 이들은 대통령 및 대통령 자문팀과 함께 두 번째 길을 갔다. '사실'에 기반한 세계를 벗어나기로 한 것이다. 핵심적인 복지 혜택들을 크게 삭감하는 것은 피하고 싶고, 그렇다고 공약으로 내걸었던 대대적인 조세 감면을 포기하고 싶지도 않아서, 또 대대적인 군비 지출에 대한 야망도 버릴 수 없어서, 이들은 지출 확대와 조세 감면을 둘 다 하기로 했다. 스톡먼이 반복적으로 지적했듯이, 그렇게 하면 재정 기차가 탈선하게 될 것이 틀림없는데도 말이다. 스톡먼은 경악했다. 대통령 자문팀 중에는 예산을 상세히 살펴보는 사람은 고사하고, 예산이 어떻게 작동하고 있는지를 조금이라도 이해하는 사람조차 없어 보였다. 그들의 희망을 뒤흔드는 심각한 상황에 대해 보고를 받을 때면 그들은 골치 아픈 정보들에 귀를 닫아버리는 편을 택했다. 그 결과, 레이건의 임기가 끝났을 무렵 재정적자는 전임자 지미 카터를 이기고 임기가 시작되었을 당시의 세 배로 불어나 있었다. 2.7조 달러라는 적자 규모는 미국 역사상 최악이었고 1988년에 국가부채는 GDP의 53%에 달했다.[29] 자신이 추진한 정책이 초래한 명백한 현실을 부인하는 것과 인간이 기후변화를 유발했다는 것을 부인하는 것은 그리 멀리 떨어진 일이 아니다.

마지막으로, 버지니아학파의 영향을 받은 자유지상주의자들은 제3의 길을 갔다. 이들이 볼 때 레이건은 "실패"한 것이 아니라 정치의 구조를 바꿀 절호의 기회를 "내다버린" 것이었다. 물론 레이건이 "정부의 역량"과 "정치 행위자들의 동기의 순수성"에 대해 "많은 사람들이 회의와 의심을 갖게 만든 것"은 사실이며, 이것은 자유지상주의 운동에 매우 도움이 되는 일이었다. 하지만 레이건은 너무 실용주의적이고, 너무 여론을 신경 쓰고, 공화당 내부에서 건강과 보건에 관심이 있는 사람들을 너무 의식하느라, "지대 추구자"들이 계속해서 "정치 과정을 통해 다른 이들을 착취하도록" 허용하고 말았다.[30]

이들 자유지상주의자들은 자신의 목적을 달성하려면 대중에게 솔직하게 이야기하는 것을 그만두어야 한다는 결론을 내리게 된 듯하다. 목표를 곧이곧대로 이야기하면서 그것의 장점을 대중에게 설득하려 하기보다는, 대중을 오도하는 주장을 펴서라도 일종의 '게걸음' 전략을 취할 필요가 있었다. 한 발자국씩 영토를 점령해가며, 누적적으로, 하지만 조용하게, 미국 사회의 권력관계를 급진적으로 변화시키는 최종 목적지까지 나아간다는 것이다. 이들은 이 새로운 전략을 사회보장제도를 없애는 싸움에서 시험해보기로 했다.[31]

뷰캐넌과 스톡먼 모두 알고 있었듯이, 사회보장제도는 미국 복지국가 시스템의 핵심이었다.[32] 뉴딜 시기에 도입된 개혁 중 가장 인기 있는 것이었고, 너무나 성공적이어서 1935년에 시작되었을 때부터도 극우파의 공격 대상이었다. 한 급진우파는 드와이트 아이젠하워 대통령과 그의 뒤를 이은 온건 공화당원들이 사회보장제도의 정당성을 인정했다고 맹비난을 퍼부었다. 하지만 아이젠하워 대통령과 온건 공화당원들이 그렇게 한 이유는 단순했다. 단지 미국 유권자 절대다수가 이 제도를 지지했고 사회보장제도 없이 노년이 되는 것을 두려워했기 때문만이 아니라, 이들 역시 사회보장제도가 매우 잘 작동하는 좋은 제도라고 생각했기 때문이었다.

그런데 1980년대가 된 지금, 틀림없이 칠레의 연금 민영화에 고무되어서, 찰스 코크의 카토 연구소는 뷰캐넌에게 연금 민영화라는 목적지까지 게걸음으로 전진하는 방법을 배우고자 했다. 영향력을 키우기 위해 1981

년에 샌프란시스코에서 워싱턴DC로 옮겨온 카토 연구소는 사회보장제도 민영화를 최우선 정책 과제로 삼고 있었다. 그리고 뷰캐넌은 사회보장제도를〔유명한 금융 사기꾼 찰스 폰지의 이름을 따서〕"폰지 시스템"이라고 부를 정도로 이 제도가 "본질적으로 사기"이고 "완전히, 그리고 근본적으로 잘못된 시스템"이라고 생각했다.[33]

하지만 뷰캐넌은 자유지상주의 견해로 볼 때 사회보장제도가 근본적으로 잘못된 것이긴 해도 그것을 대놓고 솔직하게 반대하는 것은 "정치적 자살"이나 다름없다고 설명했다. 유권자 대다수가 이 시스템이 그대로 존속되기를 원하고 있었기 때문이다. 사회보장제도에 "근본적인 구조개혁을 가한다는 것"은 미국 내의 "**어느**" 집단에서도 널리 지지를 받지 못하고" 있었다("어느"의 강조 표시는 뷰캐넌이 직접 붙인 것이다). "나이 든 사람도 젊은 사람도, 흑인도 황인종도 백인도, 여성도 남성도, 부자도 가난한 사람도, 프로스트 벨트〔미국 북부를 동서로 가로지르는 한랭지대 - 옮긴이〕도 썬벨트도, 모두 말이다".[34] 사회보장제도가 거의 보편적인 지지를 받고 있다는 말은, 철학적 근거를 들어 그것에 맞서 싸우려는 시도는 질 수밖에 없는 싸움이라는 의미였다.

따라서 뷰캐넌은 새로운 게걸음 전략에 맞게, 에둘러서 단계별로 나아가는(사실은 기만적이고 너무 많이 둘러 가는) 접근방식을 고안해 카토 연구소 사람들에게 알려주었다.

그는 "현재의 구조를 약화시키고자 하는 사람들"이 꼭 해야 할 일이 두 가지 있다고 말했다. 우선, 수혜자들이 사회복지제도의 지속가능성에 대해 생각을 바꾸게 만들어야 했다. 그래야(즉, 어차피 지속가능하지 않을 것으로 보여야) "사회보장제도를 버리는 것이 지금처럼 안 좋은 일로 보이지 않을” 것이었다.[35] 광고나 TV에 나이 든 사람이 걱정스러운 얼굴로 나와서 자신에게 그것이 필요해졌을 때 사회보장제도가 존재하고 있을지 걱정이라고 이야기한다면, 혹은 은퇴연금 프로그램에 줄곧 반대했던 정치인이 갑자기 그것이 존재하지 않게 될까 봐 우려한다면, 우리는 이면에 다른 메시지가 있는 것은 아닌지 주의를 기울여보아야 한다. 저 말을 하는 사람이 우리가 알고 있는 대로의 시스템이 유지되기를 정말로 바라는 것인가? 아니면 사회보장제도의 평판을 나쁘게 만들어서 언젠가 그것에 변화를 줄 때가 무르익었을 때, 혜택이 줄거나 수급자 기준이 달라지거나 해서 영향을 받게 되는 사람들이 꼭 무언가 좋은 제도를 빼앗긴 것처럼 느끼지는 않게끔 만들려는 것인가?

1단계가 사회보장제도가 존속 가능성이 의심스러울 정도로 불안정한 시스템이라고 암시함으로써 대중의 지지를 약화시키는 것이라면, 2단계는 “분열시켜 정복하라”는 고전적인 전략을 적용하는 것이다. 사회보장제도 수급자들을 분열시키는 것이다.

첫 번째 그룹은 이미 사회보장비를 받고 있는 사람들과 개시 연령에 가까운 사람들이다(뷰캐넌은 전자만 포함하고 후자는 이 그룹에 포함시키지 않았지만, 나중에 뷰캐넌에게 배운 것을 실행한 사람들은 후자도 여기에 포함시켰다. 10년 안에 개시 연령이 될 사람을 의미할 때도 있지만 우파 진영에서는 주로 5년 안에 개시 연령에 도달할 사람을 가리킨다). 현재의 수급자와 곧 수급자가 될 사람들은 **그들이 받을 돈**은 사회보장제도가 개혁되어도 영향을 받지 않을 것이라고 안심시켜야 한다. 뷰캐넌은 이것을 기존 청구권자들을 “돈으로 해결하는” 전술이라고 표현했다. 이 전술의 논리는 고전적인 공공선택이론 분석에서 찾을 수 있다. 이들은 사회보장제도의 변화에 가장 민감한 사람들이므로 개혁안이 언급되기 시작하면 기존 시스템을 지키기 위해 가장 맹렬히 싸울 사람들이다. 따라서 전투에서 이들이 빠지게 만들면 남아 있는 연합의 전력을 크게 약화시킬 수 있다(그리고 남아 있는 사람들은 자신은 받지 못할지도 모르는 것을 누군가는 보장받았다는 데 대해 분노하게 될 것이다).[36]

두 번째 그룹은 고소득자다. 사회보장제도에서 혜택을 받기 위해 이들이 내는 세금에는 다른 이들보다 높은 세율이 적용된다고 말하는 것이다. 이것은 실제로는 '보험'의 성격이 있는 사회보장제도가 부유한 사람들이 보기에는 저소득층에게 소득을 '이전'해주는 복지제도처럼 보이게 만들기 위한 것이다(오늘날 흔히 '복지제도'로 통칭되는, 자산 수준을 조사해means-tested 대상자에 해당되는 사람에게 소득을 이전하는 제도는 납세자들에게 별로 인기가 없다. 따라서 사회보장제도가 '사회보험'이 아니라 '복지제도'로 보이게 만들면 사회보장제도의 이미지를 훼손할 수 있다). 재원 확보를 위해 진보 진영은 부유한 사람들이 세금을 더 내게 하는 법안을 가지고 나올 텐데, 그러면 이 두 번째 그룹은 사회복지제도에 대한 지지가 더 떨어지게 될 것이다. 그리고 이 메시지가 충분히 많이 반복된다면 부유한 사람들은 남들이 정당한 만큼의 돈을 내지 않는다고 생각하게 되어서 사회보장제도를 바꾸는 것에 덜 반대하게 될 것이다.[37]

세 번째 그룹은 젊은층 노동 인구다. 이들에게는 이들의 월급에서 떼가는 돈이 노년층의 "막대한 복지 보조금"으로 들어간다는 이야기를 지속적으로 할 필요가 있다.[38]

마지막으로 조금 더 단기적인 목적에서, 기존 시스템에서 아슬아슬하게 수급 개시 대상이 아닌 사람들을 별도로 목표로 삼을 필요가 있다.

뷰캐넌은 은퇴 연령을 늦추고 소득세를 올리는 안을 낸다면 "(장기적으로) 사회보장제도에 대한 지지를 약화시키고자 하는 사람들에게 큰 도움이 될 것"이라고 말했다. 은퇴 연령을 늦추고 소득세를 올리면 소득 수준을 막론하고 모두가 불만을 갖겠지만, 그중에서도 현 시스템에서 개시 연령에 아슬아슬하게 미달하는 사람들, 그래서 [새로운 개시 연령까지] 더 오래 일하고 [더 높아진 소득세만큼] 돈을 더 내야 하게 된 사람들의 불만이 가장 클 것이다.[39]

이러한 "'개혁'의 조각들을 모아서 붙이면"('개혁'에 따옴표를 단 것은 뷰캐넌 본인인데, '개혁'이 진짜 목적이 아니라는 의미에서 따옴표를 붙인 것이다) 이제까지 강고하게 연합해 사회보장제도를 지지하던 세력을 흩어지게 할 수 있을 터였다. 더 좋은 것은, 이러한 변화들을 통해 한때는 연합되어 있었던 세력들이 서로 싸우도록 유도하는 것이다. 그렇게만 된다면, 반 세기 동안 이 시스템을 지탱하고 있던 광범위한 연합 세력을 드디어 무너뜨릴 수 있게 될 것이었다.[40]

그런데 뷰캐넌은 사회보장제도가 없어질 때 이득을 볼 사람들이 누구인지는 어떻게 알아낼 것인지, 그리고 어떻게 그들을 이 운동의 적극적인 동지로 끌어들일 것인지에 대해서는 설명하지 않았다. 이 부분을 설명하기 위해 헤리티지 재단의 연구원 두 명이 추가적인 계획을 내놓았다. '레닌주의적 전략 달성하기Achieving a 'Leninist' Strategy'라는 의미심장한 제목이 달린 계획이었다. 러시아 혁명이 가르쳐주었듯이, 급진 운동이 성공하려면 "적을 고립시키고 약화시키는 것", 그리고 목표하는 변화를 밀어붙일 "구체적인 정치적 연합을 창출하는 것" 두 가지 모두를 해내야 한다.[41] 즉, 사회보장제도가 없어질 때 이득을 볼 사람이 누구인지 찾아내서 그들을 전투에 참여시켜야 한다.

사회보장제도의 경우 그들이 누구인지는 명백했다. 바로 금융 분야였다. 우파는 사람들이 은퇴 후를 대비해 돈을 떼어놓는 것 자체에는 반대하지 않았다. 오히려 자기 책임과 자립이라는 원칙에 부합하게 사람들이 자신의 노년을 위해 일찍부터 열심히 저축하기를 바랐다. 사회보장제도를 지지하는 사람들과의 차이는, 그 떼어놓은 돈을 연방 정부가 가지고 있게 하지 말고 칠레에서처럼 자본가들에게 쥐여주고 싶어 했다는 데 있었다. 또한 칠레에서도 그랬듯이, 돈을 떼어놓을 때 고용주가 일부를 부담하도록 하는 의무를 없애고 싶었다.

여기에서도 점진적인 전략이 제안되었다. 우선, 민간 연금저축을 더 가입하기 쉽고 업계에도 더 수익성 있는 상품이 되게 해줄 법안을 통과시킨다. 이어서 금융 기업들을 등판시킨다. 금융 기업은 사회보험이 민간저축 계정으로 대체되면 큰 이득을 얻을 수 있다. '레닌주의적 전략을 달성하기'에 따르면, 개인은퇴계정IRA은 "민간 사회보장 시스템을 도입할 수 있는 강력한 도구"다. 투자 수익에 대한 세제 혜택이 있어서 투자상품으로서 인기가 좋아진 것이 한 이유다. 이렇게 해서 "사회보장제도 민영화를 위한 연합"이 강화되면, 현 시스템에 어떤 위기라도 생길 경우 그것을 매우 유리하게 활용할 수 있게 된다.[42]

이 글을 쓴 헤리티지 연구원들은 뷰캐넌의 아이디어를 실전에 쓸 전투 작전으로 변환했다. 가장 먼저 해야 할 일은 현재의 수급자들에게 그들은 아무것도 잃지 않을 것이라고 안심시키는 것이었다. "매우 적극적으로 목소리를 내는 강력한 이해관계 집단"인 이들은 "중화"시킬 필요가 있었다.[43] 2단계는 (합법적인 종류의 것이긴 하지만) "게릴라 전투"였다. 사회보장제도를 지키고자 하는 연합에 속한 각 집단들을 "매수하거나 설득하는" 것이었다. 그리고 매수도 설득도 안 되는 집단은 약화시키거나 무너뜨려야 했다(가령 AFL-CIO 소속 노조들은 스톡먼의 지출 감축안이 나오자 '우리의 보장을 지키자' 운동을 벌여 이에 맞섰다. 이들의 척추를 부러뜨린다면 앞으로 사회보장제도를 지키려는 어떤 노력도 크게 약화시킬 수 있을 것이었다).**44** 마지막으로, 3단계는 개인저축계정의 돈이 월가에 투자금으로 흘러들어올 때 이득을 보게 될 민간 기업 중에서 새로운 파트너를 찾아내는 것이었다.**45**

하지만 내부자들이 늘 명심하고 있는 메시지는 언제나 이것이었다. **"정치 과정의 동학이 달라지지 않는다면" "사회보장제도에 대한 급진적인 개혁은 결코 가능하지" 않을 것이다.**46

자유지상주의적 우파에게 사회보장제도 민영화는 가장 인기 있고 가장 성공적이던 연방 정부 프로그램에 대해 이데올로기적 승리를 거둔다는 것 외에도 매우 영리한 삼중의 승리를 의미했다. 첫째, 사회보장제도 민영화는 정부와 시민들의 유대를 끊고 사람들이 정부가 나의 삶에 가치 있는 것을 제공하는 존재라고 믿는 습관을 없앨 것이었다. 둘째, 공동의 문제에 대해 정부에 해법을 구하는 집단들 사이에 분열을 일으켜 집합적인 조직화의 호소력을 떨어뜨릴 것이었다. 셋째, (앞의 두 가지보다 결코 중요성이 덜하지 않은데) 자본가의 손에 아주 많은 돈이 흘러들어가게 해 그들이 부유해지게 함으로써, 이들이 더 많은 변화를 위한 로비에, 또 변화를 이끄는 단체·재단·싱크탱크 등에 후원을 하는 데 더 적극적으로 나서게 만들 수 있을 것이었다. 우파의 정책 기획 및 옹호 네트워크가 더 강력해진다면 더 힘있는 파트너들과 공동의 이해관계를 가질 수 있게 될 것이고, 자유지상주의 혁명을 진전시키는 방향으로 미국의 권력관계를 변화시키는 일도 더 빠르게 진전시킬 수 있을 것이었다. 훗날 찰스 코크는 이 것을 다음과 같은 매우 훌륭한 비유로 설명했다. "나는 우리가 하는 일이 석공의 일과 같다고 생각한다. 조심스럽게 하나의 돌을 골라 그것을 놓고 나면 그것은 잘 선택된 또 다른 돌을 놓을 수 있는 새로운 공간을 만든 다. 각각의 돌은 다 다르지만 모두가 맞물려서 상호 강화적인 틀을 만들 어낸다."[47]

이제 그가 꿈꾸는 혁명은 처음 착수했을 때만큼 허황되어 보이지 않았 다. 1980년대 중반에 정치학자 제프리 헤니그[Jeffrey Henig]는 민영화가 "지 적인 변방을 벗어나 현대의 공공정책 논의에서 핵심사안이 되었다"고 언 급했다. 버지니아 정치경제학파의 이론은 "복지국가의 정당성을 학술적 으로 반박하는 데" 특히나 유용했다. 이것은 민영화의 길을 열었고, 그와 함께 (한 열정적인 일원의 말을 빌리면) 정치의 속성을 "근본적이고 되돌릴 수 없이 변화시킨다는 목표"로 향하는 길을 열었다.[48]

그때도 그 이후에도 진보주의자들은 민영화가 민주주의를 속박하는 족쇄로 전략적으로 사용될 수 있다는 것을 제대로 간파하지 못했다. 더 안 좋게는, 민영화 제안들이 단순히 공공 영역보다 민간 영역을 선호하는 데서 나오는 것이라고만 생각했다.[49] 하지만 민영화 기차를 모는 사람들 은 그렇지 않다는 것을 잘 알고 있었다. 민영화는 궁극적인 목적지인 혁 명까지 느리지만 꾸준히 게걸음을 진전시켜나가는 데 있어 핵심적인 요 소였다. 이것은 '목적이 수단을 정당화한다'는 접근방법에서 나온, 궁극적 인 목표를 가능하게 할 토대를 차지할 수만 있다면 속임수를 쓰는 것도 마다하지 않는 정교한 전략이었다.

자유지상주의사들에게 레이건 정부가 실망스럽기는 했지만, 레이건 집권 말기에 자유지상주의 운동은 집권 초기보다 더 강력해져 있었다. 이 시기에 이 운동의 핵심들은 매우 귀중한 것들을 배웠고 이후에도 그것을 적용하는 일을 계속했다. 중요한 몇 명만 예를 들자면, 우선 레이건과 가장 가깝고 가장 신임받는 참모였던 에드윈 미즈 3세는 오늘날까지도 헤리티지 재단 및 여타 코크 네트워크의 조직들에서 일하고 있다. 미즈처럼 영향력 있는 정치인에게 조언을 하는 것은 스튜어트 버틀러Stuart Butler 같은 전략가들의 몫이다. 버틀러는 영국 출신 경제학자로, 정부 예산이 계속 증가하게 만드는 정치적 동학을 영구적으로 뒤집기 위해 뷰캐넌의 이론을 레닌적 전술로 구체화하는 일을 했다. 버틀러는 이론을 의회의 동지들이 밀어붙일 수 있는 구체적인 조치로 만드는 수완이 너무나 뛰어나서, 헤리티지 재단은 산하의 '정책혁신센터Center for Policy Innovation' 소장으로 그를 승진시켰다.**50**

1980년대 말이면 이들은 너무나 긴밀히 상호 연결되어서, 내부 전략가, 우파 공화당 공직자(가령 에드 미즈)와 의원(가령 잭 켐프), 이들에게 분석과 제안서를 가져오는 더 낮은 직급의 직원들 사이에 명확한 구분선을 긋기 어려울 정도가 되었다.**51** 마지막 집단에 속하는 사람 중 특정한 시점에 어떤 인물들이 이 계획의 실제 목적을 알고 있었는지 알아내려면 이 책의 범위를 훨씬 넘어서는 연구가 필요할 것이다. 어쨌든 이들 사단의 규모가 커지고 있었고(카토 연구소, 헤리티지 재단, 또 그 밖의 더 작은 기관들 모두 인원이 늘었다), 이들의 영향력도 커지고 있었다는 것(이들이 내놓는 제안이나 보고서에 언론의 관심이 높아졌고 이들 사단의 일원이 대통령 직속 민영화위원회 같은 조직에 들어가는 경우도 많아졌다)은 분명하다.

뷰캐넌이 조지 메이슨 대학으로 옮겨온 것은 신의 한수였다. 정치인들과 이야기할 일이 있으면 포토맥 강만 건너면 되었고, 정치인들을 불러 이들의 프로그램에 참여하게 할 때도 강만 건너오라고 하면 되었다. 많은 후원자를 확보한 뷰캐넌의 센터는 이 새로운 장소를 훨씬 더 많은 보병을 훈련시키는 기지로 활용했다. 이곳에서 훈련을 받은 사람 중 이후에 계속해서 비중 있게 활동하게 되는 사람으로는 스티븐 무어Stephen Moore를 꼽을 수 있다. 그는 조지 메이슨 대학에서 석사학위를 받은 뒤 헤리티지 재단의 예산 관련 프로그램을 시작으로 이 운동이 만들어낸 여러 직위들을 맡으면서 1980년대 대부분의 기간을 헤리티지 재단에서 일했다. 1987년에는 레이건 대통령의 민영화위원회 위원장을 맡았고 이어서 〈월스트리트 저널〉 편집위원으로 옮겨 갔다. 이렇게 해서 그는 가장 중요한 독자들, 즉 이 운동이 성공하면 크게 이득을 보게 될 강력한 금융 중개인들과 잠재적인 후원자들에게 이 운동을 알릴 수 있는 수단을 갖게 되었다.[52]

무어는 조지 메이슨 대학에 구축된 파이프라인의 생산물 중 눈에 띄는 한 사례일 뿐이다. 가장 전도유망한 사람들은 코크가 돈을 댄 프로그램에서 훈련을 마치면 곧바로 채용되었다. 자신의 연구가 정치인과 공직자들의 발언에서 언급되고 〈월스트리트 저널〉 같은 저명한 매체에도 나오는 것을 보면서, 진짜 목적을 공개적으로 주장하지 않고도 미국의 정치를 완전히 바꿔낼 수 있으리라는 확신과 자신감이 "간부단" 사이에서 한층 더 드높아졌다.

다른 사람들이 은밀한 새 전략을 진전시키는 데 집중하는 동안, 뷰캐넌은 복지국가를 후방에서 공격하는 전략만으로는 한계가 있다는 것 또한 잊지 않았다. 아무리 유권자 대다수가 원하더라도 공직자들이 새로운 사회적 프로그램을 제공하거나 대중을 위해 새로운 규제를 도입하는 것이 아예 법적으로 제약되도록, 헌법을 바꿀 방법을 알아내야 했다. 그는 기회가 있을 때마다 동료들에게 "단지 정치의 경비원을 바꾸는 것만으로는 충분하지 않으며" "우리 시대의 문제는 **통치자**보다 **통치의 규칙 자체**에 초점을 두어야 풀 수 있다"고 말했다. 진정한 변화는 "헌법을 바꿈으로써만" 올 수 있다는 의미였다. 이 운동은 "다수의 지배라는 개념에서 신성한 지위를 (실질적으로) 제거하는 것"을 목표로 삼아야 했다.[53]

조지 메이슨 대학 총장 조지 W. 존슨은 뷰캐넌이 누구이 말한 이 메시지를 분명히 들었을 것이고 잘 이해했을 것이다. 이에 더해 더없는 기업가 정신으로 충만한 총장이던 존슨은, 1985년에 예전의 쇼핑몰 건물에 있던 작은 규모의 고전하는 법학대학원 하나를 인수하고서 이곳을 활용해 "파란을 일으킬 수 있는" 방법에 대해 뷰캐넌과 털록에게 조언을 구했다. 공공선택이론 콤비인 뷰캐넌과 털록은 뷰캐넌의 옛 친구이자 코크의 자금 지원을 받은 바 있고 현재 에모리 대학에서 뷰캐넌이 버지니아 공대에서 했던 것과 비슷한 행동 때문에 입지가 위태로운 상태였던 헨리 G. 만이 법학대학원 학장으로 "대박"일 것이라고 추천했다. 훗날 만은 그때 뷰캐넌과 털록이 "내심 숨겨진 의도를 가지고 있었다"며 "뷰캐넌이 〔법학계에〕 그와 손발이 맞는 보수주의자들을 확보하려 하고 있었다"고 회상했다.[54]

존슨은 기꺼이 이 일을 추진했다. "북부 버지니아의 공화당 성향 기업인들이 매우 중요한 후원자들인 데다" 학교를 더 키우려면 우파가 지배적인 주 의회도 만족시켜야 했기 때문이다. 〈워싱턴 포스트〉는 이곳의 "극도로 보수주의적인" 경제학과가 "대학이 지원을 받고자 하는 의회 및 기업들과 매우 긴밀하고 우호적인 관계를 만들고 있다"고 언급했다. 만은 법학대학원을 자신의 방식대로 운영하겠다는 것을 조건으로 학장직을 수락했다. 총장은 만이 법학대학원의 기존 교수들을 다룰 때 "빠르게 행동해야 한다"고 조언했다. "다음 해 4월이면 그들이 조직적으로 목소리를 낼지도 모른다"는 것이었다. 2주가 지나기 전에 만은 정년보장 상태가 아니었던 교수를 거의 전부 해고했고 곧바로 짐을 싸게 만들 수 없는 교수들에게는 거래를 제안했다. 만은 그들이 충격에서 회복되었을 무렵에는, 저항하기에 "충분한 수의 사람들이 남아 있지 않았다"고 흡족해했다. 뷰캐넌처럼 만도 공개적인 채용 절차를 통해 가장 뛰어난 사람을 찾는다는 개념을 거부했고 자신과 뜻이 맞는 동류의 학자를 뽑으려 했다. 주로 현재의 학교에서 "제대로 인정받지 못하고 있다"고 느끼고 있는 백인 남성 학자들이 영입 대상이었다.[55] 머지않아 만은 예비 후원자들에게 "이곳 법학대학원의 교육 과정 전체에는 거의 모든 교수가 강조하고 발달시키고 있는 독특한 학문적 기조가 있다"고 홍보하게 된다.[56]

예를 들어, 만의 법학대학원은 "소비자주의와 환경주의"에 맞서 기업의 편에 서는 입장을 견지할 것이었다. 소비자주의와 환경주의는 1970년대에 영향력이 커지고 있던 두 가지 주요 운동이었다. 또한 "규제받지 않는 기업자본주의"의 우월성을 옹호하고, (만 자신도 논문에서 주장했듯이) "정부 개입이 불러오는 왜곡"으로부터 기업이 해방되어야 한다고 주장할 것이었다.[57] 이 '해방'에는 월가의 금융 기업들이 정부 규제에서 전적으로 자유로워지는 것도 포함되었다.

레이건 시기에 우파의 베이스 기지를 짓고 있던 이 조용한 프로젝트에 행운의 여신은 또 하나의 선물을 안겨주었다. 1986년 10월에 뷰캐넌이

'정치적 의사결정에 대한 이론과 공공경제학 분야'에 기여한 공로로 노벨상을 받은 것이다. 노벨상을 수여하는 스웨덴 아카데미는 뷰캐넌이 "'공공선택이론'이라고 불리는 분야의 선도적인 연구자"라고 소개했다. 분노와 불명예를 안고 샬로츠빌을 떠났을 때만 해도 이런 순간이 오리라고는 상상도 하지 못했다. 그의 끈기는 실로 큰 보상으로 이어졌다.[58]

훗날 뷰캐넌은 이 상이 주류에서 아주 많이 벗어난 "아웃사이더를 인정한" 상이었다고 언급했다. 그는 남부 출신이자 남부의 대학들에서만 재직한 최초의 노벨 경제학상 수상자였다. 그는 노벨 경제학상을 받은 사람 중 누구도 자신보다 "많은 사람에게 격려와 희망을 주지"는 못했을 거라고 엄숙하게 말했다. 또한 나중에 그는 자신의 노벨상 수상을, 보란 듯이 유쾌하게 다음과 같이 표현했다. "시골 공립학교를 다니고, 지방의 교육대학을 나오고, 기득권 대학과는 아무 연고도 없고, 학계에서 유행하는 온건 좌파 이데올로기를 공유하고 있지도 않고, 전적으로 비주류인 주제를 연구하고, 그것도 매우 옛 스타일의 분석 도구를 써서 연구하는 미들 테네시 출신 촌놈이, 저명하고 존경받는 스웨덴 위원회에 의해 선택되었다"고 말이다.[59]

노벨상 심사위원회는 선정 이유에서, 《동의의 계산》과 공공재정에 대한 두 권의 저서를 언급하면서 뷰캐넌이 공공선택 분야 연구에 기틀을 닦은 공로를 인정했다(그런데 《동의의 계산》 공저자인 털록을 언급하지 않아서 이후에 이 둘의 관계가 복잡해지게 된다). 또한 더 최근에는 그가 이상적인 헌법의 "규칙 체계"에 대한 "비전"을 정립하는 연구도 전개하고 있다고 언급했다. 심사위원회는 전통적인 경제학 이론이 시장에서 생산자와 소비자가 내리는 의사결정에 대해서는 우리의 이해를 크게 높여주었지만 정치 행위에 대해서는 설명하려 하지 않았다고 지적하면서, 뷰캐넌이 정치 행위자가 어떻게 교환(이윤 자체보다는 표, 혜택, 연합할 파트너 등의 교환)을 통한 이득을 추구하는지에 초점을 맞춤으로써 "게임의 규칙"에, 즉 "넓은 의미에서의 헌법"에 새로이 관심을 불러일으켰다고 평가했다. 심사위원회는, 정치 행위자가 겉으로 공언하는 의도보다 이러한 헌법적 규칙들이 정치 과정의 결과를 훨씬 더 많이 "결정한다"며, 따라서 상이한 헌법적 규칙들이 어떻게 상이한 결과를 낳을지 예상할 수 있게 해준다고 언급했다. 또한 심사위원회는, 궁극적으로 공공선택이론은 시장실패가 정치적 과정을 통해 고쳐질 수 있다는 믿음이 오류임을 드러내었다고 설명했다. 정치 과정에서도 시장에서와 마찬가지로 행위자들이 "이기적으로 행동하기" 때문이다.[60]

심사위원회는 "이제는 이러한 종류의 분석이 보편적으로 쓰이고 있다"고 언급했는데, 사실이라기보다는 희망이었을 것이다(매우 영향력 있는 심사위원이었던 스톡홀름 대학의 아사르 린드벡Assar Lindbeck 교수 본인이 "투표를 구매하는 민주주의"(린드벡이 쓴 표현이다)에 대한 뷰캐넌의 진단을 열렬히 받아들인 사람이었다. 노벨 경제학상의 역사를 다룬 한 연구에 따르면, 린드벡이 노벨상 위원회를 이끌고 있을 때 노벨 경제학상 수상자 선정이 "우파 쪽으로 기울었다"고 한다). 또한 심사위원회는 뷰캐넌이 어떤 헌법적 규칙을 택할 것인가와 관련해 "만장일치 원칙"의 우월성을 이론적으로 풀어낸 것과 "정치 과정"이 "자원 재분배의 수단이 되는 것을 막을 수 있도록" 헌법적 규칙을 개혁해야 한다고 주장한 것을 높이 평가했다. 심사위원회는 뷰캐넌의 "가장 중요한 성취"는 "근본적인 규칙들의 중요성을 집요하고 일관되게 강조한 것"이라고 언급했다.[61]

뷰캐넌이 노벨상을 받은 날, 행운의 여신은 몹시도 적절한 선물을 또 하나 선사했다. (버지니아의 한 저널리스트가 고소하다는 듯이 쓴 표현을 빌리면) "가진 돈을 다 써버린" 연방 정부가 그날 셧다운에 들어간 것이다.[62]

노벨상에 대해 고국인 미국에서 나온 반응을 보면, 〈뉴욕 타임스〉는 뷰캐넌의 사상이 "정치경제에 대한 사고에 조용한 혁명을 일구고 있다"고 보도했다. "조용한" 혁명이라고 표현한 이유는 그들이 "대중에게 인식되는 정도가 거의 제로"이기 때문이었다.[63] 그래도 읽어낼 줄 아는 사람들은 이 조용한 지적 혁명의 징후를 도처에서 볼 수 있었다. 뷰캐넌이 관여한 싱크탱크들이 점점 더 언론의 주목을 받았고, 자유지상주의적 사고 쪽으로 전향한 몇몇 레이건 행정부 인사들이 공적인 영역에서의 인센티브를 장기적으로 바꾸는 작업에 나서고 있었다.

또한 정부에 대한 대중의 신뢰가 급격히 떨어진 것도 이 운동에 힘을 실어주었다. 물론 대중의 신뢰가 하락한 것은 무엇보다 공직자들 본인들의 행위 탓이었다. 린든 존슨 대통령이 베트남 전쟁에 대해 거짓말을 한 것이라든가 리처드 닉슨 대통령의 워터게이트 범죄 같은 것들 말이다. 하지만 뷰캐넌은 버지니아학파의 이론도 정부에 대한 대중의 신뢰를 떨어뜨리는 데 이바지했다고 생각했다.[64] 버지니아학파는 정치 행위자들을 그들이 자처하듯이 시민의 이익을 생각하는 이타주의자들로 보기보다는 자기 자신을 키우는 데 관심을 갖는 개인들로 봐야 한다고 오래도록 주장해왔다. 훗날 털록은, "우리가 한 일은" 정치인들은 "사기꾼"이고, 유권자들은 "이기적"이고, 관료들은 "무능하다"고 전제함으로써 정치를 분석할 때 술집을 분석할 때와 같은 접근방법을 적용하고 그것을 공개적으로 알린 것"이었다고 특유의 직설 화법으로 말했다. 이러한 접근방법을 바탕으로, 이 대담한 자유지상주의자들은 정부의 행동이 그것으로 치료하려고 하는 문제보다 더 심각한 문제를 낳게 될 것임을 입증하고자 했다.[65]

뷰캐넌의 노벨상 수상은 그때까지 있었던 어떤 계기보다도 이 운동을 크게 진전시켰다. 동지들은 고무되었고 야망은 더 빠르게 커졌다. 1956년에 토머스 제퍼슨 센터를 세운 이래로, 뷰캐넌은 카토 연구소, 인디펜던트 연구소, 자유지상주의 연구센터, 이어하트 재단 등 거의 모든 자유지상주의 싱크탱크, 출판 매체, 교육 프로젝트와 일을 해왔고, 해외의 비슷한 곳들, 가령 경제문제연구소(영국), 애덤 스미스 연구소(영국), 프레이저 연구소(캐나다), 공공교육센터(칠레) 같은 곳과도 일을 해왔다. 후원금이 쏟아져 들어오는 와중에도, 자유지상주의 운동의 규모는 여전히 꽤 작아서 초창기부터 있었던 사람들(주로 학자들과 이데올로기 지향적인 기업인들)은 서로서로를 잘 알았다. 1980년에 뷰캐넌은 자유기업수호센터 담당자에게 "당신의 우편 목록에 있는 모든 곳의 이사회 멤버들을 내가 개인적으로 다 알고 있는 것 같다"고 말했을 정도다. 그는 컨퍼런스에서 강연을 하고, 자문위원회에 참석하고, 자유지상주의 후원자들이 전망 있는 사람들을 선발하는 것을 도우며 왕성하게 활동했다.[66] 두 개의 비중 있는 자유지상주의 싱크탱크가 그를 위해 커다란 공식 만찬을 열어주었다. 뷰캐넌은 "내 친구들 모두가" 이런 이벤트를 앞다퉈 열려고 경쟁하고 있는 것 같다고 농담했다.[67]

찰스 코크가 1980년대 중반에 캘리포니아에 있던 인간문제연구소(찰스 코크가 가장 애정을 가지고 있는 단체다)를 조지 메이슨 대학으로 옮긴 것은 뷰캐넌의 팀에서 뿜어져 나오는 이러한 에너지를 보고 내린 결정이었을까? 아니면 예전에 자신이 시도해보았던 정당 운동이 희망이 없다고 생각해서 다른 경로에 대해 더 포용적이 된 것이었을까? 우리로서는 알 수 없다.

우리가 아는 것은 조지 메이슨 대학 측에서 인간문제연구소를 유치하겠다고 먼저 제안했고 연구소에 상당한 재량권을 약속했다는 사실이다. 우리가 또 아는 것은, 인간문제연구소 소장이자 코크 사단의 충성스러운 일원인 레너드 P. 리지오Leonard P. Liggio가 "우리 일과 밀접하게 관련 있는 교수가 20명이나 있는 곳"으로 이전하게 된 것을 매우 기뻐했다는 사실이다. 그런 교수들 중 정점에 뷰캐넌이 있었다. 리지오는 "조지 메이슨 대학이 허가해주는 것만으로도 우리의 프로그램에 도움이 될 것"이라며 매우 기뻐했다. 그리고 뷰캐넌에게 연구소 이전과 관련한 협상에서 "핵심쟁점은 우리가 **프로그램과 재정의 자율성을 완전하게 유지하는** 것"과 "우리가 운영하는 박사후과정 프로그램이 조지 메이슨의 프로그램들과 완전히 동등한 위치를 갖는 것"이라고 말했다. 그는 이를 통해 "동조자들이 계속해서 산출될 수 있을 것"이라고 예상했다.[68]

리지오의 상사 찰스 코크는 인간문제연구소가 조지 메이슨에 옮겨온 후에 더 자주 연구소에 나왔고, 이곳이 진행하는 "학자와 지식인들"을 위한 여름 교육 프로그램을 점점 더 뷰캐넌의 팀에 의존했다. 10년 만에 인간문제연구소의 교육 프로그램을 이수한 교수 명단이 10페이지가 넘어갔다. 또 인간문제연구소는(이 연구소 자체의 직원도 점점 많아지고 있었다) 이 운동에 동참할 젊은이들을 모으기 위해 대학원생들에게 매우 너그러운 연구 자금을 제공했다.[69]

또한 더 광범위한 우파 인사들이 뷰캐넌과 가까워지고 싶어 했다. 〈내셔널 리뷰〉는 뷰캐넌의 연구가 경제학에서 정부를 사고하는 방식에 "막대한 변화"를 불러온 것에 놀라워하면서, 이들의 연구는 정부에 의존하는 것이 "1950년대와 60년대에 그랬던 것만큼 신뢰할 만해 보이지 않게 만든다"고 언급했다. 경제학 전문가가 아닌 일반 독자를 대상으로 하는 이 잡지는 버지니아학파의 사상이 "일반적인 자유시장 경제학자들의 비판보다 더 근본적인 비판"이라고 독자들에게 전했다. 뷰캐넌이 시민이 정부에 요구하는 것을 정부가 "해낼 역량이 실제로 있는지 의문을 제기하면서", "정부가 마땅히 그런 일을 하고자 시도해야 한다고 보는 통념에 도전한다"는 것이었다.[70] 레이건 대통령도 버지니아학파의 창시자 뷰캐넌이 "경제적 자유"를 위해 "정부 안팎에서 광범위한 영향력"을 발휘하고 있다고 찬사를 보냈다.[71]

그러니 인간문제연구소의 소장이, 아직 생긴 지 얼마 안 되었지만 앞으로 몇십 년 동안 미국의 사법 시스템과 법학대학원을 변모시키는 데 가장 큰 영향을 끼치게 될 어느 단체의 전국 컨퍼런스에서 입헌경제학에 대해 강연을 해달라고 뷰캐넌에게 요청을 해온 것은 이상한 일이 아니었다. 그 단체는 '페더럴리스트 소사이어티Federalist Society'였는데, 리지오는 이곳이 "오랫동안", 그러니까 에드 미즈에게 영감을 받아서 창립된 초기부터, "인간문제연구소와 함께 일해온 곳"이라고 소개했다.[72]

몇몇 내부 사람들이 "코크토푸스Kochtopus"(코크 문어발 – 옮긴이)라는 말을 쓰기 시작한 것도 이상한 일이 아니었다. 이 문어는 발이 너무 많아서 발들을 동시에 흔들면 그 뒤에 있는 사람, 그러니까 이 모든 것을 움직이는 돈줄이 잘 보이지 않았다. 한편, 코크는 코크대로 자신이 그토록 오랫동안 찾고 있던 열쇠를 가진 사상가가 뷰캐넌일지 모른다고 생각하게 되었다(아마도 노벨상으로 뷰캐넌이 굉장히 주목을 받은 데다 미국에 새로운 경제적 헌법이 필요하다는 주장이 인상적이어서 뷰캐넌을 다시금 눈여겨보게 되었을 것이다). 공공선택이론은 코크가 원하는 것을 이루기 위해 필요로 하는 전략에 지침을 줄 수 있을 것으로 보였다. 이제 이론에서 실천으로 나아가야 할 때였다. 코크의 돈으로 일하는 공작원들도 아직까지는 요구받아본 적이 없는 새로운 방식으로 말이다.

12장　콜럼버스를 추동한 종류의 힘

1990년대 중반 무렵 한 동료에 따르면, 코크는 운동에 진전이 없어서 점점 더 좌절하고 있었다.[1] 믿을 만한 사람들에게는 "순수성에 집착하느라 화석화되고" 때로는 "희한한 성격상의 신념"으로 왜곡되어 사이비 종교 같아진 자유지상주의 운동에 질렸다는 기색을 드러내기도 했다.[2] 그는 선출직 의원들에게 점점 더 기대를 해보았지만 이들의 역할도 인상적이지 못하기는 마찬가지였다. 최근에 자유지상주의 운동은 균형재정을 헌법으로 의무화하도록 하는 것을 포함한 일련의 개혁안에 대한 의원들의 캠페인인 〈미국과의 계약Contract with America〉이 아슬아슬하게 실패했는데, 코크가 믿음이 덜 강고한 사람이었다면 이때 포기했을지 모른다. 하지만 코크는 그래도 어딘가에는 이 난국을 타개해줄 사상이 있을 것이라는 믿음을 포기하지 않고 계속해서 지켜보았다.[3] 그러한 사상을 찾는 여정에서 코크는 뷰캐넌에게 다시 주목하게 되었고, 뷰캐넌은 코크에게 대문을 활짝 열었다. 나중에 자신이 뒷문으로 나가게 될 줄은 꿈에도 모르고서.

〈미국과의 계약〉은 그 자체가 공공선택이론 문서인 것은 아니다. 다만 작성에 가장 많이 기여한 리처드 아미Richard Armey("딕"이라고 주로 불렸다)가 공공선택이론가이기는 했다. 아미는 자유지상주의 운동에 매우 열성적으로 참여해온 사람으로, 노스텍사스 주립대학(현재는 노스텍사스 대학)의 경제학과 학과장을 지냈고 전공 분야는 공공선택이론이었다. 그는 마치 절대법칙이기라도 한 양 "합리적인 시장과 멍청한 정부"는 "아미의 제1공리"라고 늘 말하곤 했다. 노스텍사스 주립대학이 그가 견디기에는 너무 불편할 정도로 "진보 성향과 정치적 올바름 쪽으로 치우치자" 1984년에 대학 이사회에 있던 한 우파 석유 기업가가 공화당 하원 선거에 나가보라고 그를 설득했다. 아미는 열성 신도 특유의 비장한 결연함으로 최저임금제와 사회보장제도를 없애는 것을 포함해 "과감한 개혁"을 위한 싸움에 나섰다. 하원의원에 선출된 뒤 그는 카토 연구소의 도움으로 보좌진을 구성했다. 그리고 그의 첫 10년은 순조롭게 지나갔다.[4]

트레이드 마크인 카우보이 부츠와 텍사스 스타일의 으스대는 걸음걸이, 그리고 일탈한 공화당원을 다시 제자리로 몰아오기 위해 어려운 일을 해야 할 때면 언제라도 팔을 걷어붙일 준비가 되어 있는 태도로, 그는 곧 동료 공화당 의원들 사이에서 영웅이 되었다. 아미가 현대 미국 정치에서 가장 대담한 기습공격 중 하나인 〈미국과의 계약〉의 진짜 지적·전략적 배후라는 것을 알게 되자, 367명의 공화당 하원의원 후보 모두와 거의 모든 현역 의원이 동참을 선언했다. 9월의 어느 날 늦은 오후, 의사당에서 방송 카메라들이 지켜보는 가운데 거의 200명이 한 명씩 공개적으로 〈미국과의 계약〉에 동의함을 밝히고 서명을 했다.[5]

이날은 1994년 중간선거 6주 전이었고 빌 클린턴이 첫 임기의 중반을 지나가고 있을 때였다. 〈미국과의 계약〉에 서명한 사람들은 유권자들이 공화당 후보들에게 투표해서 공화당을 다수당으로 만들어준다면 〈미국과의 계약〉에 담긴 모든 것을 제104차 의회의 첫 100일 안에 의회에서 표결에 부치겠다고 약속했다. 그들은 "의회가 작동하는 방식을 급진적으로 변혁하겠다"고 선언했다. 무엇보다, 근본적인 변화에 대한 미국인들의 깊은 열망에 답이 되어줄 10개의 법안을 강력하게 밀겠다고 맹세했다.[6]

6주 뒤 중간선거에서 공화당은 상하원 모두 압승을 거뒀다. 한 정치사학자는 이를 "현대 들어 전례가 없던, 중간선거에서의 화려한 귀환"이라고 표현했다. 언론은 로널드 레이건이 시작한 공화당 혁명의 완수가 임박했다고 보도했다. 남부의 백인들, 그리고 남부 사람은 아니지만 남부의 전통과 스스로를 동일시하는 사람들이 이제 공화당을 너무나 장악하고 있어서, 이들 새로운 지도부가 한 첫 번째 일 중 하나는 하원 법규위원회Rules Committee 회의실에 버지니아의 옛 정치인 하워드 W. 스미스의 초상화를 건 것이었다. 그 시절 상원에 해리 버드가 있었다면 하원에는 스미스가 있었다. 스미스는 와그너법에 맞섰고, 공정노동기준법을 "꾹꾹 눌러" 기어나오지 못하게 만들었으며, 해리 트루먼 대통령이 전국적인 의료보장을 실시하려 한 것을 무산시키는 데 일조했고, 민권법을 저지하기 위해 노력했다. 법규위원회 의장이던 스미스는 다수 대중이 집합적으로 자신의 의지를 실현하는 것을 막기 위해 입법의 규칙을 활용하는 데 놀라운 수완을 발휘한 것으로 전설이 되어 있었다. 이제 양원을 모두 장악한 새로운 공화당 지도부는 민주당뿐 아니라 공화당에서도 온건파가 "과도하게 존중을 받고 있다"고 보았다.[7]

그 이후 한동안 언론은 〈미국과의 계약〉을 함께 작성했으며 그것의 성공 덕분에 하원의장이 된 조지아 주 출신 뉴트 깅그리치Newt Gingrich 의원에게 몰려들었다. 하지만 그가 대외적인 얼굴 역할을 맡고 있긴 했어도 이 의제를 통과시키기 위해, 특히 자유지상주의자들에게 매우 중요했던

균형예산을 헌법으로 강제하는 안이 의제로 올라오게 하기 위해 필요한 일을 실제로 한 사람은 아미였다.[8]

어떤 면에서 아미는 코크와 비슷한 점이 있었다. 아미는 단지 이 운동의 이념가이기만 한 것이 아니라, 한 저명한 논평가의 말을 빌리면, "의회 책략가"였고 매우 체계적으로 목표를 추구했다. 아미는 하원 규정집을 세세한 글자까지 다 읽으면서 복잡한 의회의 논의 과정에서 〈미국과의 계약〉에 담긴 각각의 내용을 어디에 밀어넣을 것인지를 정확하게 계획했다. 의구심을 갖고 미적대는 태도를 보이는 사람들을 북돋우기 위해 날마다 의사당 복도를 바삐 오가며 질문에 답했고, 필요한 경우에는 새로이 갖게 된 하원 다수당 원내대표로서의 권위를 이용해 따르라고 강제하기도 했다. 계획이 이뤄지려면 흐트러지지 않고 통합된 대오를 유지하는 것이 무엇보다 중요했다. 이 팀의 일원인 오하이오 주의 존 케이식John Kasich 이 말했듯이, 이들의 예산안이 "워싱턴 바닥에서 전에 본 적이 없는 수준으로" 메디케어를 삭감하는 것을 의미했기 때문이다. 또 다른 의원은 자신이 속한 소위원회가 매우 단단하게 결속되어 있어서 "필요하다면 내일 당장 모성애도 폐지할 수 있을 것"이라고 말했다.[9]

한 표 한 표가 소중했으므로, 아미는 '기독교 연합' 세력을 끌어들이기 위해 '학교 기도 허용 수정안'도 포함시켜야 한다고 주장했다. 이것은 그의 뜻대로 이뤄지지 않았고 그 밖의 몇 가지 전술적인 제안들도 받아들여지지 않았다. 아마도 이러한 작은 실패들이 적지 않게 영향을 미쳐서, 균형예산을 헌법으로 강제하는 안을 포함해 그들이 〈미국과의 계약〉에서 약속한 혁명 중 중요하고 야심찬 목표들을 달성하는 일은 결국 실패했다. 설상가상으로, 하원 공화당 의원들이 부채 상한을 올리는 것에 반대해 정부의 지출을 강제로 중단시키는 장기 셧다운을 두 차례나 하면서 벼랑 끝 저술을 편 것도 실패했다. 한 연구에 따르면 이 셧다운은 여론이 공화당 내 "극단주의적"인 분파에 등을 돌리게 만들었고 그들을 "무자비하고 무모해 보이게" 만들었다.[10]

로널드 레이건을 존경하는 유권자라 해도, 또 〈미국과의 계약〉에 서명한 후보들을 원칙적으로는 지지하는 유권자라 해도, 그들이 제안한 개혁대로 시장이 자유로워지면 사회보장제도, 메디케이드, 공립학교, 정부가 보장하는 대기와 수질, 지구 환경에 대한 보호 등이 존재하지 않은 채로 자신의 운명을 오로지 스스로 책임져야 한다는 것을 받아들일 준비는 되어 있지 않았다. 사실 이들을 진정으로 대표하는 의원들이라면 처음부터 이 점을 알고 있었어야 마땅하다. 이에 못지않게 중요한 것으로, 빌 클린턴의 전설적인 '트라이앵귤레이션' 능력(공화당의 의제 중 일부를 자신의 것으로 가져가면서, 균형재정 개헌안 같은 극단적인 조치와는 명확하게 선을 긋는 것)은 공화당 의원들의 움직임에서 김을 빼놓았다. 급진우파가 클린턴에게 타격을 입히기 위해 아무리 많은 노력과 돈을 들여도 클린턴이 늘 한 수 앞서갔기 때문에, 실패의 고통은 한층 더 통렬했다.[11]

뷰캐넌은 이 실망스러운 결과에 대해 사람들이 다시 한 번 "의존적인 지위"에 남아 있기를 원한 것이라고 경멸조로 설명했다.[12] 찰스 코크가 어떤 결론을 내렸는지는 기록이 남아 있지 않지만, 좌절해서 포기하기보다 오히려 판돈을 두 배로 올려서 급진우파가 추구하는 변혁의 "전체적인 속도를 더 높이려" 했다는 것은 분명하다. 그는 이제 전에 요구했던 이데올로기적 일관성 따위는 버리기로 했다. 1970년대에는 이데올로기적 일관성을 버린다는 것이 말도 안 되는 일로 여겨졌지만 이제는 현실에서의

"결과"가 중요했다.[13] 하지만 구체적으로 어떻게 그것을 달성할 것인가?

코크는 헨리 만의 '법과 경제 센터'뿐 아니라 뷰캐넌이 조지 메이슨 대학에 만든 센터에도 1980년대 중반부터 자금을 지원해왔다. 그는 뷰캐넌의 주요 사상을 잘 알고 있었고 그를 초대해 논의하는 자리를 가진 적도 몇 차례 있었다. 하지만 코크가 자신이 궁극적으로 찾으려 했던 단 하나의 빠진 조각이 바로 뷰캐넌이라는 확신을 갖게 된 것은 코크의 초점이 현실에서 성과를 내는 쪽으로 이동한 바로 이 무렵이었다. 뷰캐넌은 코크의 영웅 폰 미제스와 하이에크(이제는 둘 다 고인이 되었다)가 말한 공정한 사회의 비전을 단지 학술적으로 정교화하는 것을 훨씬 넘어, 사회를 급진적으로 변혁하는 데 필요한 '작전 전략'까지 개발한 유일한 학자였다. 그리고 이 전략은 코크와 뷰캐넌 둘 다 본능적으로 알고 있던 최대의 난점을 명시적으로 고려하고 있었다. 이들의 정치적 비전을 실현하는 데 고질적으로 장애가 되어온 그 난점은 미국의 대중이 수적인 우세를 이용해 이들의 계획을 거부할 수 있는 힘을 가지고 있다는 사실이었다. 이 운동의 진전에 발목을 잡고 있는 것이 무엇인지는 이제 분명했다. 다수 대중의 권력을 깨뜨리거나 적어도 약화시킬 전략이 부족하다는 것이 문제였다. 그리고 이것이야말로 뷰캐넌이 한평생을 들여 고민하고 해결책을 고안해온 주제였다.

뷰캐넌이 여러 차례 강조했듯이, 실전에서 필요한 것은 단지 통치자를 바꾸는 게 아니라 통치의 규칙 자체를 바꾸는 일이었다. 단기적으로 여기에는 두 가지가 필요했다. 첫째, 현 상태에서 목표 상태까지 작고 점진적인 단계를 통해 나아갈 수 있는 경로가 있어야 했다. 각각의 단계는 대중의 분노를 일으키지 않은 채로 통과할 수 있을 만큼 사람들이 받아들일 수 있는 범위 안에 있어야 하지만, 그러면서도 이전 단계 및 다음 단계와 연결되어서 전체적으로는 급진적인 변혁이라는 최종 목적지로 가는 길을 강화하는 것이어야 했다. 그리고 목적지에 도착할 무렵이면, 대중이 그제야 상황을 깨닫고 부당하다고 외쳐봐야 돌이키기에는 너무 늦은 상태가 되어 있어야 했다.

둘째, 이만큼이나 중요한 것으로, 이러한 점진적인 단계 중에서 어떤 것은 아무리 꾸미고 포장해도 완전히 실체를 가릴 수는 없을 것이므로, 경우에 따라서는 사람들에게 아예 실제와 정반대되는 이야기를 할 필요가 있을 것이었다. 이들이 미국인 다수가 원하는 것을 파괴하려는 게 아니라 강화하려는 것이라고 이야기하는 것이다. 가령, 실제 의도는 파괴하려는 게 맞더라도, '건전한 메디케어'나 '건전한 사회보장제도'를 위해 "개혁"을 하려는 것이라고 말해야 한다. 안 그러면 사회보장기금이 바닥나 사회보장제도 자체가 없어질지 모르므로 사회보장제도를 지키려면 이러한 "개혁"이 꼭 필요하다고 말하는 것이다. 코크와 뷰캐넌 모두에게, 목적은 수단을 정당화했다. 필요하다면, 그리고 그렇게 할 수 있는 기술적인 수단이 합법적인 범위 안에 존재하기만 한다면, 가리지 말고 그 수단을 사용해야 했다.

세세한 내용들은 연구자가 볼 수 있는 기록으로 남아 있지 않은 것이 많아서 우리가 다 알 수는 없지만, 코크가 스스로에게 부과한 임무가 선한 목적을 가진 것이라고 확신하고 있었음은 분명하다. 그는 자신이 하려는 일이 "사회의 번영과 웰빙"을 가져올 것이라고 믿었고, 따라서 그는 자신이 미는 수단이 기만적인 속성을 갖는다는 것에 대해 도덕적인 불편함을 느끼지 않았다.[14] 그는 자신의 우월한 지적 역량을 믿었다. 뷰캐넌 또한 그의 '신 콤플렉스God complex'(자신의 능력이나 권한을 과신하는 오류 - 옮긴이)가 도덕적인 불편함을 없애준 것으로 보인다. 칠레의 독재자를 도왔을 때도 그랬듯이 말이다. 이제 남은 문제는 코크와 뷰캐넌이 공동의 비전을 달성하기 위해 함께 일하게 되었을 때 이 둘이 얼마나 잘 지낼 수 있을 것인가였다. 소설가 어니스트 헤밍웨이Ernest Hemingway가 말했듯이, "독수리는 권력을 나누지 않는" 법이기 때문이다.[15]

1997년 1월에 코크는 확장 이전한 제임스 뷰캐넌 센터에 1,000만 달러를 기부하기로 했다. 이때 그가 한 연설은 그토록 찾아 헤맸던 도구, "현실 세계"에서 실제로 결과들을 산출해내는 데 꼭 필요하지만 이제까지 빠져 있던 단 하나의 도구를 드디어 발견했다고 믿었음을 잘 보여준다. 그는 개혁이 아니라 세계사적인 변혁을 추구했다. 그는 모인 사람들에게 "콜럼버스로 하여금 발견을 하도록 만든, 콜럼버스를 추동한 종류의 힘에 물꼬를 트고" 싶다고 말했다. 코크가 좋아하는 표현을 빌리면, 제임스 뷰캐넌의 이론과 실행 전략이야말로 여기에 딱 맞는 "테크놀로지"였다. 하지만 코크가 보기에 이제까지 뷰캐넌의 팀은 그 테크놀로지를 "승산 있는 전략들을 만들 수 있을" 정도로까지 강하게 사용하지 못하고 있었다. 코크는 우선 부드럽게 나무라는 말로 시작했다. "우리가 수적으로 막대하게 열세이기 때문에, 우리의 우월한 테크놀로지를 사용하지 못한다면 실패할 수밖에 없습니다."[16]

본질적으로 코크는 뷰캐넌팀에게 다음과 같은 메시지를 전하고 있었다. **당신들은 어떻게 해서 20세기에 정부의 규모와 권한이 이렇게 커졌는지, 그래서 어떻게 정부가 우리가 혐오해 마지않는 리바이어던이 되었**

는지 파악할 수 있는 새로운 분석틀을 가지고 있다. 나는 당신들의 분석 틀이 매우 가치 있다고 생각하므로 향후 몇 년간 1,000만 달러를 당신들 의 일에 투자할 것이다. 이제 당신들의 분석틀을 괴물을 넘어뜨리는 데 사용하라. 작은 것들을 얻느라 전전긍긍하지 말고 큰 싸움의 승리를 가져 오라. 머뭇거리는 사람들을 염두에 두고서, 코크는 이렇게 말했다. "우리 의 회의주의가 겨누어야 할 것은 이 분석틀 자체가 아니라 이 분석틀을 적용하지 않는 것을 정당화하는 논리들입니다." 코크는 이 프로젝트를 마 르틴 루터가 부패한 가톨릭 기득권 세력에 맞서 일으킨 종교개혁에 빗대 면서 연설을 맺었다.[17]

몽 펠레린 소사이어티 50주년 기념식은 뷰캐넌과 그의 동료 헨리 만(최 근에 은퇴한 전 조지 메이슨 법학대학원 학장)이 앞으로 할 일의 내용을 분명 히 밝히는 자리로 좋은 기회를 제공했다. 그때쯤이면 만은 코크에게 자 신의 가치를 입증하고도 남은 상태였다. 그가 진행한 여름 법학 워크샵 은 유명인사들을 부르고 호화로운 부대 시설과 서비스를 제공하면서 법 학 교수들과 연방 법원 판사들에게 사법적 의사결정에 자유시장적인 경 제 분석을 적용하는 방법을 밀도 있게 가르쳤다. 만의 프로그램이 얼마 나 성공적이었는지를 보여주는 한 지표로, 1990년이면 연방 판사 **다섯 명 중 두 명이 넘는** 꼴로 그의 프로그램을 거쳐갔다. 미국 연방 사법기관의 40%가 코크가 돈을 댄 교육과정을 밟은 것이다.[18]

만과 뷰캐넌은 경제적 자유를 진전시키기 위해 극복해야 할 몇 가지 난관을 짚는 것부터 시작했다. 기업에 대한 과도한 정부 규제가 전체적인 주제였고, 그중에서도 환경운동이 가장 큰 위협이었다. 환경주의자들이 "산업에 대해 통제력을 갖기를" 원하고 있기 때문이었다. 환경주의자들과의 싸움에서는 단지 그들이 추진하는 사안에서 패배만 시킬 게 아니라, 그들이 개인적으로 가진 "숨은 어젠다"를 만천하에 드러내서 명예도 실추시켜야 했다.[19]

자유사회의 비전을 향해 가는 데 또 하나의 장애물은 정부가 지원하는 "의료와 복지" 시스템이었다. 이것은 "노동시장의 정상적인 작동을 방해하고" 있었다. 사회보장제도, 메디케어, 메디케이드, 고용주가 제공하는 연금과 보험 등은 모두 사라지거나 점차적으로 개인저축계정으로 대체되어야 했다.[20]

또한 "현대 민주주의 사회의 조세정책"은 모조리 문제가 있었다. 유권자들은 "불가피하게 평등주의적인 성향"이 있어서, 제지되지 않는다면 "재분배"를 지지하는 쪽으로 이끌리게 마련이기 때문이었다.[21] 뷰캐넌과 만은 이 문제를 해결하려면 1913년에 수정헌법 16조를 통과시키면서 전국적으로 도입된 누진세를 없애고, 그 대신 소득에 상관없이 단일 세율을 적용하도록 세법을 바꾸어야 한다고 주장했다.[22]

'새로운 세기'를 위해 목표물로 삼아야 할 또 한 가지 핵심영역은 교육이었다. 뷰캐넌과 만은 유치원부터 대학까지, "세상에서 가장 사회화된 산업"인 공립학교가 육성하는 "공동체의 가치들" 중 많은 것이 "자유사회에 해로운 것"이라고 지적했다. 그러한 가치가 여전히 지배적인 위치를 차지한다는 것 자체가 자유지상주의 운동에 대한 모욕이었다. 자유지상주의 운동은 일찍이 1955년에 밀턴 프리드먼이 민영화를 주장했을 때부터 교육에 대한 "정부의 독점"을 끝내고자 해왔으니 말이다.[23]

마지막으로, 뷰캐넌과 만은 페미니즘을 다룰 방법을 알아내야 한다고 촉구했다. 뷰캐넌과 만은 페미니즘이 "명백한 이유 없이 사회주의적으로 크게 기울어 있다"고 지적하면서,[24] 따라서 정부의 행동을 촉구하는 것에 크게 의존하고 있는 페미니즘 운동에 맞서기 위해 일종의 문화적 전쟁이 필요하다고 주장했다.[25]

뷰캐넌과 만은 '적'이 놀라울 정도로 끈질긴 회복력이 있다고 인정했다. 그런데 그들이 무엇을 '적'이라고 규정했는지를 보면 독자들은 어리둥절할 것이다. 위에 제시된 의제들을 보면 뷰캐넌과 만이 [진보적] "자유주의"를 공격하는 것 같아 보이는데, 그들이 명명한 적은 "사회주의"였다.

소련이 붕괴하고 얼마 안 되어서 뷰캐넌은 "작은 형태의 사회주의"가 "부상하고 있다"고 경고했다.[26] 여기에서 그가 말한 "사회주의"는 우리가 학교에서 배워 알고 있는 의미에서의 사회주의가 아니다. 몽 펠레린 소사이어티가 말하는 "사회주의"는 시민들이 집합적으로 요구해서 정부로 하여금 국방과 치안 이외의 것을 세금으로 지원하게 하거나 민간 영역의 재산권을 침해하게 하는 모든 것을 의미한다. 이런 의미라면, 1990년대에 사회주의는 실로 건재했다.

게다가 이들로서는 더욱 우려스럽게도 '사회주의'를 표방하는 사람은 진보 진영만이 아니었다. 소련이 붕괴한 이후인 1990년경이면 조지 H. W. 부시, 마거릿 대처 같은 보수주의자도 소련과의 냉전이나 군비경쟁에 막대한 지출을 해야 할 필요성을 더 이상 느끼지 않았다. 그런데도 정부는 부를 창출한 사람들에게서 징발해간 돈을 돌려주기는 커녕 "평화 배당"을 이야기하면서 군비 지출에서 절약되는 돈을 국내의 여러 요구사항으로 옮겨서 지출하려 하고 있었다.[27]

뷰캐넌과 만은 1993년 '전국 유권자 등록법'의 통과가 이러한 사회주의로의 경향을 한층 더 촉진하고 있다고 보았다. 이 법은 저소득층의 목소리가 정치 과정에 반영될 수 있게 하려는 사람들의 노력으로 이뤄진 성과였다. 알렉스 케이사르Alex Keyssar가 미국 투표의 역사를 다룬 저술에서 적었듯이, 전국 유권자 등록법은 "1960년대에 시작된 드라마의 마지막 장"이었고, "모든 이에게 투표세의 장애를 없애고 전국적인 법을 통해 투표권을 보장하기 위해 지난 40년간 휘청거리는 걸음으로나마 밟아온 막대하게 중요한 과정의 완결"이었다. 전국 유권자 등록법은 각 주가 유권자 등록을 우편으로도 할 수 있게 하고, 다른 볼일로 공공기관을 방문하거나 자동차 면허증 갱신을 하러 가서도 할 수 있게 해서(그래서 이 법의 별명이 '운전면허자 선거인 등록법', 일명 '모터보터 법Motor Voter Act'이다) 투표 참여를 높이도록 했다. 그리하여 1997년이면 900만 명의 새 유권자가 투표에 참여할 수 있게 되었다.[28] 투표권의 중요성을 믿는 사람들에게 큰 성취였지만, 투표권을 폭넓은 계층으로 확장하자는 생각을 경멸하는 사람들에게는 몹시도 한탄스러운 일이었다. 뷰캐넌은 "우리가 점점 더 문맹들에게 투표권을 확대하고 있다"며 "더 이상 투표에 참여하는 사람들이 투표 지침을 읽고 따를 능력이 있는 사람들이라고 생각하는 게 당연한 일이 아니게 되는 방향으로 선거개혁이 급격히 진행되고 있다"고 불평했다.[29] 해리 버드가 살아 있었다면 뷰캐넌과 똑같이 말했을 것이다.

하지만 이제 코크는 드디어 이 모든 것을 끝낼 수 있는 방법을 가지고 있었다. 그가 성인이 된 이후 평생 찾고자 했던 답이 이제 그에게 있었다. 낭비할 시간이 없었다. 1,000만 달러 지원금 중 1차로 300만 달러가 한꺼번에 지급될 것이고, 코크의 새 계획에 맞도록 조직도 개편될 것이었다. 뷰캐넌의 '공공정책 연구센터'와 빠르게 성장하고 있던 '시장 과정 연구센터'(1980년에 리치 핑크가 조지 메이슨 대학에 조교수로 임용되면서 가지고 온 센티)가 새로 설립될 '제임스 뷰캐넌 정치경제 연구센터'의 분과로 편입될 것이었다. 새 정관에 따르면 이 센터는 "정치경제 관련 주제들에 대한 세계 수준의 리서치, 교육 및 외부연결 활동"을 목적 사업으로 하는 비영리 기구로서 [기부금] 소득공제 혜택을 받을 수 있었다.[30] 불과 얼마 전까지 뷰캐넌의 까마득한 후배 교수였던 핑크가 두 센터의 합병을 지휘하고 찰스 코크 재단의 소장 겸 코크 인더스트리즈의 부회장 겸 코크의 주요 정치 전략가로 일하게 될 예정이었다. 다만, 그렇더라도 2008년까지 10년간 새 센터 이사회의 공동의장은 뷰캐넌과 핑크가 아니라, 뷰캐넌과 코크가 맡기로 결정되었다.

뷰캐넌은 핑크가 자신과 동급으로 언급되게 하는 일은 피했지만, 곧 자신이 현명하지 못하게도 경계를 너무 쉽게 풀었다는 것을 알게 된다. 코크는 자신이 투자한 사업체의 통제권을 장악하고 싶어 하는 것으로 유명한 사람이었고 대상 기관이 비영리기구여도 마찬가지였다. 코크에게는 비영리기구에 투자하는 것이 영리기업에 투자하는 것과 차이가 없었다. 이것 역시 '그의 돈'이었던 것이다. 조지 메이슨 대학과 관련해서, 코크와 그의 팀은 영리하게도 자신들이 대학 전체를 통째로 접수할 필요는 없다는 것을 금세 파악했다. 통째로 접수하려다가는 괜히 주목을 끌어서 저항만 일으킬 (따라서 돈도 더 들) 것이었다. 더 넓은 세상에 대해 그가 원하는 것을 이루는 데는 대학의 일부분만 필요했고, 이제 그 '일부분'에 뷰캐넌이라는 믿음직한 상대가 추가되었다. 즉, 코크의 팀은 뷰캐넌을 동료라기보다는 투자가치가 있는 인수 대상으로 보고 있었다. 이런 맥락에서 핑크는 뷰캐넌에게 다음과 같이 거드름을 피웠다. "우리는 당신을, 그리고 몇몇 뛰어난 교수들과 학교 이사회[덕 아미, 헤리티지 재단의 에드 풀너, 〈위클

리 스탠더드〉 편집자 윌리엄 크리스톨, 제임스 C. 밀러 3세, 그리고 핀크 자신 등),
대학 행정 당국(총장 앨런 머튼과 교무처장 데이비드 포트 등), 기타 역량 있는
직원들, 주지사, 전직 주지사, 그리고 아마도 다음 주지사, 주 의회의 여
러 의원, 많은 후원자, 법학대학원 학장(마크 F. 그레이디), 법학대학원 교수
등을 **가지고** 있습니다. 이들 모두 우리가 논의했던 개념들을 지지하고 있
지요." 그가 말하지 않은 것은, 코크의 팀이 시카고 대학, UCLA, 그리고
뷰캐넌이 전에 일했던 버지니아 대학 등 다른 대학들에 있던 몽 펠레린
소사이어티의 전초기지들에서 반면교사로 배운 것이 있다는 점이었다.[31]
오래지 않아 뷰캐넌은 코크 사람들이 거기에서 어떤 교훈을 얻었는지 알
게 되는데, 그것은 전혀 그가 기대한 것이 아니었다.

코크의 '외부연결팀' 사람들 상당수는 학계에서 훈련받은 학자가 아니
었다. 그들은 말 그대로 공작원이었다. 세계 어디에서나 공작원들이 일하
는 방식대로, 그들은 일절 타협하지 않고 공작원으로서의 일을 했고 그
것에 대해 돈을 받았다. 하지만 뷰캐넌은 아무리 이들이 코크를 위해 일
하는 공작원들이라 해도(그리고 코크가 대담하고 큰 결과들을 원한다는 점을 처
음부터 분명히 밝히긴 했어도), 대학에 속한 기관에서 일하고 있으니만큼 대
담한 조치도 조심스럽게 진전시켜야 한다는 것을 염두에 두고 어느 정도
자제할 것이라고 보았던 것 같다. 그러나 그들은 전혀 조심하지 않았고
이런 상황은 뷰캐넌이 전혀 생각해보지 못한 것이었음이 분명하다.

코크의 공작원들은 신이 나서 행동에 나섰을 뿐, 조심해야 할 필요성
같은 것은 전혀 인식하지 못했다. 뷰캐넌의 센터는 원래부터 매우 방대
한 '외부연결' 프로그램을 가지고 있었다. 그런데 코크의 팀은 '외부연결'
이라는 말을 전쟁에서 이기기 위해 수단·방법을 가리지 않고 무엇이든지

한다는 의미로 재규정했고, 자신들이 하는 일을 뷰캐넌에게 일일이 보고 하거나 언질을 주거나 하지 않았다. 뷰캐넌은 코크와 이 센터 이사회의 공동의장이었지만, 사실 센터를 장악하고 있는 사람은 코크였다. 코크의 오른팔인 핑크는 뷰캐넌이 무언가를 질문할 때마다 번지르르하게 안심시키는 말을 하고 권위 있게 들리는 직함으로 불러주면서 계속해서 찬사를 퍼부었지만, 운영과 관련해서는 뷰캐넌의 말을 전혀 듣지 않았다.

뷰캐넌은 그들이 가지고 노는 불덩이ball of fire(정치적 행동이나 수완을 의미하기도 한다 - 옮긴이)가 되돌아와 그들을 태우게 될지도 모른다는 것을 코크보다 잘 알고 있었다. 그리고 처음에는 뷰캐넌이 옳았다. 새로운 공동 운영체제는 코크의 공작원들이 쓴 조악한 전술 때문에 시작도 하기 전에 거의 무너졌다. 그리고 그들의 의도는 아니었겠지만, 그들이 쓴 조악한 전술들은 21세기에 벌어진 도무지 이해하기 어려운 일들에 대해 우리가 조금이나마 더 감을 잡는 데 도움을 준다.

웬디 리 그램Wendy Lee Gramm이 새 뷰캐넌 센터 이사회에 들어오면서 제일 먼저 한 일 중 하나는 잠재 후원자들에게 9페이지짜리 기금 모금 편지를 발송한 것이었다. 편지는 1998년 5월에 발송되었고 대상은 코크처럼 "우리의 자유가 더 진전되지 못하고 있음을 한탄하는" 사람들이었다. 그램은 그들에게 "미국에서 가장 잘 숨겨져 있는 비밀 중 하나"를 알려주겠다며, 그 비밀은 바로 "개인의 자유와 경제적 자유"를 진전시키는 새로운 도구인 제임스 뷰캐넌 센터라고 말했다. 또한 그램은 "대학에 속한 기관이기 때문에 뷰캐넌 센터의 사상은 권위와 신뢰를 가지고 있다"고 언급했다.[32]

그램은 뷰캐넌의 노벨상 수상을 언급해 센터의 위상을 넌지시 드러낸 뒤, 이 센터가 규제 완화와 시장 기반의 정치를 촉진하는, 다른 곳에서는 볼 수 없는 독보적인 "외부연결" 프로그램을 가지고 있다고 언급했다. 한마디로, 그램은 이 편지에서 '공립대학'인 조지 메이슨 대학에 구축된 베이스 기지가 정부에 영향을 끼치는 〔정치〕'활동'을 어떻게 진행할 것인지를 '문서로' 제시하고 있었다. 그램이 쓴 편지에 따르면 이 센터는 "특화된 전문 세미나를 통해" "영향력 있는 정책 결정자들, 즉 상하원의 의원과 주의회 의원, 보좌진, 규제 당국의 관료 등"에게 "자유시장 원칙을 정책에 적용하는" 방법을 교육할 것이었다. 그램은 "양당 통틀어 의원실 절반 이상이 뷰캐넌 센터가 여는 교육 프로그램에 보좌진을 보낸다"고 자랑했다. 그것도 부족하다고 생각했는지, 연방 판사의 3분의 1 이상이 자유시장경제 원칙을 사법적 의사결정에 적용하는 법을 배우기 위해 조지 메이슨 대학의 교육 프로그램에 참여했다고도 언급했다.[33]

잠재적인 후원자가 아직도 미심쩍어할까 봐, 그램은 다른 대학들과 달리 조지 메이슨 대학은 상아탑이 아니라고 분명히 밝혔다. 그램은 "뷰캐넌 센터는 워싱턴DC와 (⋯) 변화를 만들어낼 수 있는 사람들과 매우 가까워서 자유를 실제로 진전시키기에 더할 나위 없이 좋은 위치에 있다"며, 일례로 하원 다수당 원내대표인 딕 아미가 의회에서 개인소득세, 법인세, 자본이득세의 대대적인 감면을 추진하고 있는 것을 강조했다(그램은 자신의 남편이자 동료 경제학자인 필 그램Phil Gramm이 아미가 하원에서 하는 것과 같은 역할을 상원에서 하고 있는 상원의원이라는 사실도 예로 들 수 있었을 것이다. 필 그램은 상원에서 금융 분야의 규제 완화를 밀어붙이고 있었다[34]).

그런데 이런 식의 후원금 모금은 학계의 규범과 뷰캐넌이 이제껏 해온 더 학문적인 모금 방식만 벗어난 게 아니라, 세법 위반의 소지가 있는 것이기도 했다. 새 뷰캐넌 센터는 세제 혜택을 받을 수 있는 비영리기구(501c3)로 설립 인가를 받았는데, 이것이 유지되려면 정당활동을 하지 않아야 했다. 익명의 누군가가 뷰캐넌과 경제학과장, 대학 총장에게 그램이 보낸 모금 편지의 복사본을 동봉한 서신을 보내서 그램의 모금 활동이 세법을 "명백하게 위반하고 있다"고 알렸다. 이 익명의 제보자는 "제임스 뷰캐넌 센터가 노골적인 정치활동을 한 것에 대해" 학교 측이 조치를 취해야 한다고 촉구했다.[35]

그램은 모금 편지를 보내겠다는 것이나 어떤 내용으로 보내겠다는 것을 문리대 학장과 미리 상의하지 않았다. 문리대 학장과 뷰캐넌 센터 일원이 아닌 경제학과 교수들은 이들의 파워 플레이에 크게 분노했고, 총장과 교무처장에게 "제임스 뷰캐넌 센터와 코크의 관계가 학문을 '정치화'할 우려가 있다"고 문제를 제기했다. 이 일이 드러나자 다른 사람들도 전보다 더 드러내놓고 불만을 표하기 시작했다. 버지니아 대학 시절 뷰캐넌의 제자였고 지금은 조지 메이슨 대학 경제학과 교수이자 뷰캐넌 센터의 교수진 관리 담당 책임자인 로버트 톨리슨은 경제학과의 몇몇 교수들이 더 이상 자기와 이야기하려 하지 않는다고 코크에게 보고했다. 톨리슨은 "기업가 정신, 시장 기반의 연구와 교육 등에 대해 우리와 뜻을 같이한다고 말했던 사람들조차" 사실은 자신들이 "가짜 자유지상주의자들이었음을" 드러냈다고 비난했다. 톨리슨은 그들이 찰스 코크, 리치 핑크, 그리고 "일반적으로 코크의 자금 전반에 대해" 마치 "반항이라도 하듯이 비판적이 되었다"고 코크에게 전했다.[36]

아무도 예상하지 못한 것은 뷰캐넌의 반응이었다. 뷰캐넌은 핑크에게

"솔직히 매우 '열 받았다'"고 말했다. "분명히 사기나 다름이 없고, 최소한으로만 보더라도 나와 당신과 제임스 뷰캐넌 센터와 조지 메이슨 대학을 이용해 먹은 일에" 자신의 이름이 도용되었기 때문이라는 것이었다.[37]

하지만 뷰캐넌은 왜 분개했을까? 뷰캐넌은 리치 핑크가 어떤 사람인지 모르지 않았다. 표준적인 행위 규범을 신경 쓰지 않고 일을 진행할 수 있는 사람이라며 몇 년 전에 핑크를 코크에게 추천한 사람도 뷰캐넌 본인이었다. 코크에게 고용된 이후에 핑크가 뷰캐넌의 이전 제자인 제임스 C. 밀러 3세와 함께 얼마나 지저분한 일들을 했는지는 비밀도 아니었다. 〈월스트리트 저널〉도 이들이 함께 수행한 '건전 경제를 위한 시민들' 프로젝트가 "비밀스러운" 방식으로 공작을 하고 있으며, 합류하겠다고 동의한 바 없는 조직들을 이곳 회원 기관이라고 주장하고 있다고 여러 차례 보도한 바 있었다. 심지어 이들은 보이스카우트와 걸스카우트도 "졸"로 활용했다.[38] 게다가 '건전 경제를 위한 시민들'은 뷰캐넌과 매우 가까운 곳에서 활동하고 있었다. 핑크와 밀러 둘 다 워싱턴에서 정치활동을 하는 동안 조지 메이슨 대학에도 적을 두고 있었다(핑크는 독특하게도 강의 부담이 없는 연구 부교수였고, 밀러는 뷰캐넌 센터의 '존 M. 올린' 펠로우로 있으면서 연방 상원의원에 출마했다[39]). 그리고 새로운 조지 메이슨 체계 자체가 카토 연구소와 "몽 펠레린 소사이어티 모임들에서" 이들과 "함께 오랜 시간 논의한" 결과로 생겨난 것이었다.[40]

뷰캐넌은 늘 완벽을 기하며 활동을 해왔다. 리치 핑크는 코크의 지원이 있으면 조지 메이슨의 새 뷰캐넌 센터가 "시카고 대학만큼 학문적인 영향력을 발휘할 수 있고 [하버드] 케네디 스쿨 행정대학원만큼 외부연결에서 신뢰성과 영향력을 가질 수 있을 것"이라고 뷰캐넌에게 거창하게 말한 바 있었다. 뷰캐넌이 늘 밀턴 프리드먼의 그늘에 가려 있는 것을 불만스러워했고 케네디 일가를 매우 싫어했다는 것을 알고서 한 말이었다. 그렇다면 뷰캐넌은 누군가가 (아무리 코크 사단이라 해도) 뷰캐넌의 이름을 마음대로 도용한 것처럼 프리드먼의 이름도 허락 없이 도용할 수 있었을까, 하는 생각이 들었는지도 모른다.

뷰캐넌 본인도 학계에서의 경력 내내 공개적으로 그가 인정한 것보다 훨씬 더 정치적인 일에 관여해온 사람이긴 하지만, 적어도 이 일에 대해서만큼은 모든 것을 다른 이들 탓으로 돌리기로 마음먹은 것으로 보인다. 불명예스러운 일에 "권위를 도용당한 것"에 분노하고 "개인적으로 부끄러움"을 느껴서, 또한 상황을 수습하기 위해 어떤 노력을 하더라도 그가 40년을 바친 연구 프로그램의 고결성이 심각하게 영구적으로 훼손되었다는 것을 알고서, 뷰캐넌은 핑크의 궤도하에 있는 활동에는 더 이상 관여하지 않기로 했다.[41]

그런데 뷰캐넌이 지지를 구하려 한 동료가 하필이면 타일러 코언이었다. 코언은 막 뷰캐넌 센터의 사무총장으로 임명되어서 이 센터의 "얼굴 역할"을 할 예정이었다. 코언의 아버지는 골드워터 지지자인 공화당원이었고 지역 상공회의소 회장을 지냈으며 "점차로 급진적인 자유지상주의자"가 되었다. 코언은 10대 시절부터 아버지를 통해 이 운동의 핵심 지도자들과 안면을 텄다. 15세 때 코언은 뉴욕에서 열린 '오스트리아학파 경제학 세미나'에 참석해서 리치 핑크를 만났으며 인간문제연구소를 거쳐 핑크의 길을 따라 1980년에 조지 메이슨 대학에 입학했고 졸업 후에는 하버드로 가서 박사학위를 받았다. 훗날 그는 "리치로부터 (경제학뿐 아니라) 조직을 구축하고 이끄는 것, 전략, 인성 등 많은 면에서 이루 말할 수 없이 많은 것을 배웠다"고 말했다. 핑크는 그에게 롤모델이었다. 하지만 열 살 때부터 체스에 조예가 있던 사람으로서 코언 스스로 깨우친 전략들도 있었다. 그리고 그는 자유지상주의 혁명을 위해 학계의 베이스캠프를 짓는 프로젝트에서 이미 핵심인사였다. 진정한 신도로서, 하지만 연구에서는 그리 두드러지지 못한 학자로서 그의 경력은 코크의 후원 덕분에 성공적으로 이륙했고, 따라서 그는 코크의 일이 진행되는 경로를 바꾸고 싶지 않았다. 스스로 자폐적이고 "중상류층 백인 남성이며 생애 내내 자신이 주류에 속해 있다고 생각했다"고 말하는 코언은 감상주의나 연대의식 따위는 전혀 갖고 있지 않았다.**42**

명목상의 학문적 고결성을 유지하기 위해 뷰캐넌은 자신의 일이 '시장 과정 연구센터'의 '외부연결' 프로그램과 거리를 두어야 한다고 주장했다. 코크 사람들은 동의했고 코크 쪽 프로그램들을 모두 조지 메이슨 대학 알링턴 캠퍼스로 옮겼다(법학대학원은 이미 그곳에 있었다). 이렇게 해서 그들은 워싱턴DC에 심지어 더 가까워졌다. 또한 학자가 아닌 공작원들이 거창한 직함을 갖는 것도 없애기로 했다(조직 내에서 승진하더라도 그렇게 하기로 했다). 또 비난이나 검찰 수사를 피하기 위해, 웹사이트에 '정책 결정자들을 위한 프로그램'을 홍보한 것도 삭제하기로 했다. 대학에 소속된 학술센터가 뜬금없이 '의회 담당 디렉터'(로손 베이더Lawson Bader였는데 경제학계와는 아무런 상관이 없는 사람이었다)를 두고 있다는 것이나 이곳 '펠로우' 네 명(웬디 리 그램, 제임스 밀러, 조지 메이슨 동문으로 밀러와 함께 '건전 경제를 위한 시민들'에서 활동한 제리 엘리그Jerry Ellig 박사 등)이 모두 정계에서도 활동하고 있다는 사실도 웹사이트에 자랑하지 않기로 했다. 코크의 공작원들은 '핵심인사 주말 휴양 모임' 같은 프로그램에 안토닌 스칼리아 연방 대법관과 카토 연구소, 리즌 재단과 같은 싱크탱크의 "전문가"들이 "의회의 중진 인사들"과 함께 모여서 "중요한 정책 사안들이 의회 일정과 잘 맞물리도록 논의한다"고 동네방네 광고하는 끔찍한 판단 착오를 한 바 있었다. 사회보 장제도와 메디케어의 민영화를 추진하는 것에 대해, 정부 기능과 규모를 "다운사이징"하는 것에 대해, 표현의 자유라는 명목으로 선거 후원금 지 출을 무제한으로 할 수 있게 하는 법안을 통과시키려는 것에 대해 뷰캐넌 센터가 의원들에게 긴밀하게 지침을 주고 있다는 사실을 국세청은 물론이 고 인터넷을 사용하는 일반인들이 알게 할 필요는 전혀 없었다.[43]

하지만 뷰캐넌이 대학 당국에 핑크의 센터가 통제를 벗어났다고 경고 하면서(실제로 통제를 벗어나 있었다. 핑크의 센터에는 "학계와 관련된 사람이 아무 도 없었기" 때문이다) 자신의 생각대로 더 밀고 나가려고 시도했을 때, 이것 은 성공하지 못했다. 〈워싱턴 포스트〉가 보도했듯이, 조지 메이슨 대학은 이렇게 많은 돈을 받아본 적이 없었던 것이다.[44]

데이비드 포터 교무처장은 뷰캐넌에게 "우리는 이 운동을 밀고 나가기 로 단호하게 결심이 서 있다"고 말했다. 그와 총장은 "경제학과와 뷰캐넌 센터가 더 긴밀하게 연관되기를" 원한다고 분명하게 밝혔다.[45] 다른 말로, 그들은 학과를 정치 프로젝트에 종속시키게 되는 한이 있더라도 코크에 게 더 잘 보이고 싶었다. 돈이 테이블에 있는 한 그들은 그 돈이 떠나가게 두지 않을 것이었다.

소용돌이가 한풀 잦아들고 난 뒤에, 조지 메이슨 대학 이사회는 찰스 코크와 제임스 뷰캐넌에게 "미국과 세계에" 기여한 바를 기려 조지 메이 슨 대학이 주는 최고 영예인 '조지 메이슨 상'을 각각 수여했다.[46] 이때 이 사회 의장은 에드 미즈였다. 하지만 뷰캐넌은 이 상과 그의 요구로 이뤄진 몇몇 소소한 변화들이 그의 상처받은 자존심을 달래기 위한 체면 세우주기용 제스처에 불과하다는 것을 잘 알고 있었다. 그는 더 이상 책임자가 아니었고, 심지어 자신의 이름을 딴 연구소에서도 그랬다. 뷰캐넌은 그런 미래에 직면하느니 은퇴를 하기로 했다. 그는 '세 번째 세기' 프로젝트에 동료들을 처음 모았던 한적한 오두막으로 들어갔다. 2013년에 그가 사망했을 때 코크도, 핑크도, 코언도, 미즈도 장례식에 오지 않았다.[47] 하긴 왜 오겠는가? 뷰캐넌이 그들에게 쓸모 있었던 시절은 지나갔는데.

그의 사상은 그들이 필요로 하는 테크놀로지를 제공했다. 그리고 그의 논리는 이것이 합리적으로 보이게 했다. 뷰캐넌은 "애덤 스미스는 민중이 아직 완전히 속박에서 풀리기 전의 정치적 환경에서 그의 주장을 개진했다"며 "당시에는 투표권이 제한적이고 지배계급이 사회에 대한 통제력을 가지고 있었으므로 (경제적 자유를 옹호하는) 합리적 주장에 정부가 더 잘 설득될 수 있었을 것"이라고 말했다. 하지만 이제는 아니었다. 대중은 이제 어찌 해볼 수 있는 정도를 넘어섰다. 기회가 또 주어진다면 〔빌〕 클린턴을 한 번 더 뽑을 시민 대중이, 그러한 시민 대중이 어떻게 시장의 공정성이나 효율성을 이해할 수 있겠으며, 어떻게 정부에 헌법적 제약이 필요함을 이해할 수 있겠는가?[48]

학계의 우산을 쓴 존중받을 만한 베이스캠프를 워싱턴과 불과 몇 분 거리에 확보하고서, 이제 코크는 콜럼버스를 추동한 종류의 힘을 모으는 일에 나설 참이었다. 이번에는, 민주주의를 족쇄로 묶기 위해.

3부
사상의 영향

결론   **각오하고 대비해야 할 것이다**

사람들이 자유의 가치를 충분히 높이 사지 않는다면 어떻게 될까? 제임스 뷰캐넌의 동료이자 친구인 찰스 K. 롤리^{Charles K. Rowley}는 레이건 혁명의 실패 이후 이렇게 질문했다. "그렇다면 그들을 강제로 자유로워지게 해야 하는가?"**1**

롤리는 외부의 비판자가 아니었다. 그는 1984년에 조지 메이슨 대학 경제학과에 갔을 때부터 버지니아 정치경제학파의 일원이었고 헌신적인 자유지상주의자였다. 뷰캐넌이 2013년에 사망했을 때, 그는 여전히 깊이 존경하고 있던 뷰캐넌의 전기를 쓰고 있었다. 그는 예언이라도 하듯이 뷰캐넌을 "아마도 세계 전역에서 좌파 성향의 경제학자들이 가장 미워하고 두려워하는 사람일 것"이라고 묘사했다.**2**

자유지상주의를 따르지 않는 사람들을 염두에 두고 롤리가 제기한 위의 질문에 누가 대답을 할 수 있을지, 또 그 대답이 그에게 만족스러울지 우리는 알 수 없다. 우리가 아는 것은 새로운 세기가 시작되면서 그가 자유지상주의 운동이 가고 있는 방향에 대해 불편함을 느낀 듯하다는 것이다.

몽 펠레린 소사이어티가 워싱턴DC에서 50주년 기념식을 준비할 때,

롤리는 헤리티지 재단의 회장 에드윈 J. 풀너Edwin J. Feulner로부터 준비위원회에 참여해달라는 요청을 받았지만 거절했다. 롤리는 한때는 학문과 사상에 초점을 두었던 이 조직에 거대 자금이 들어와 저질러놓은 일이 마뜩치 않다고 솔직하게 말했다. 그는 "부유한 개인들"과 "기업들에서 들어오는 후한 지원금"이 "(리서치를 빙자해) 학자들이 유랑이나 다니게 하는 것"이 불편했다. 롤리는 이것이 "프리드리히 폰 하이에크가 이 모임을 만들었을 때 의도한 바가 아니었을 것"이라고 불만을 제기했다. 그는 "이제는 몽 펠레린의 모임에 가보면 부유한 개인이나 재단 임원들 일색인 경우가 너무 많다"고 지적했다.[3]

롤리는 구체적으로 어떤 변질이 그의 마음을 불편하게 만들었는지에 대해 상세히 밝히지는 않았다. 적어도 내가 찾을 수 있는 문서에서는 발견할 수 없었다. 하지만 행간에서 그의 혼란을 읽어내기는 어렵지 않다. 자유지상주의 운동의 핵심 주장은(브라운 판결로까지 거슬러 올라가는 뷰캐넌의 핵심 주장이기도 하다), 정부는 개인에게 "강압"을 행사할 권리가 없으며 정부의 권한은 기본적인 법치와 공공질서를 유지하기 위해 필요한 최소한을 넘어서서는 안 된다는 것이었다. 뷰캐넌과 이 운동의 일원들이 사용하는 "자유"라는 말이 무언가 실질적인 의미를 갖는다고 전제한다면, 그 자유는 모든 사람이 자신이 적합하다고 판단해서 행한 노동에서 얻은 소득에 대해 스스로 통제할 권리를 갖는다는 믿음에 바탕한 것이었다. 가장 부유한 사람도 [누진세 등을 강요받지 않고] 이 권리를 다른 사람과 동등하게 가져야 했다. 다수 대중이 그의 돈을 공익을 위해 더 잘 사용할 수 있다고 생각하더라도 말이다. 자유지상주의 견해에서 볼 때 정부는 강압의 영역이고 시장은 자유의 영역, 즉 자유로운 선택에 기반한 상호 호혜적인 교환의 영역이었다.

하지만 롤리가 아주 가까이에서 목격한 바로, 자유지상주의 운동에서 매우 문제적인 두 개의 패턴이 위와 같은 자유 개념과 충돌하고 있었다. 첫째, "부유한 개인들"이 가지고 있는 막대한 규모의 부는 그 자체가 미묘하고 유혹적인 '권력'이었다. 둘째, 이 운동 전체가 단 한 명의 매우 부유한 개인의 영향력하에 들어가면서, 이 운동은 자신이 비판하는 상대와 마찬가지로 문제 있는 강압의 패턴을 보이게 되었다. 이 운동은 사기나 협잡과 마찬가지인 술수들을 통해 진짜 의도를 의심하지 않는 사람들을 기만하면서, 완전한 정보를 가지고 있었더라면 아마도 가지 않았을 목적지에 사람들이 제 발로 걸어가게끔 공작을 벌이는 방식으로 목적을 달성하고 있었다. 아무리 그들이 고전 자유주의와 비슷하다고 주장해도 이것은 고전 자유주의가 아니었다. 새롭게 부상한 기만적이고 강압적인 전략(상당 부분 제임스 뷰캐넌에게서 배운 전략이다), 그리고 몽 펠레린 소사이어티의 50주년 행사에 참석한 사람들(학자와 공작원 모두)이 단 한 명에게 명맥을 의존하고 있다는 사실, 이 두 가지를 결합해보면 롤리가 느낀 불편함이 쉽게 설명이 된다. 자율적인 지식인인 동시에 코크가 추진하는 메시아 운동의 일부가 된다는 것은 그 자체로 모순이었다. 메시아는 의구심을 허용하지 않는다. 나는 롤리가 이런 변화가 벌어지고 있는 것을 느꼈다고 생각한다. 다른 사람들에게는 안 그랬는지 몰라도 롤리에게는 이것이 분명히 자기 의심을 불러일으켰다.[4]

또 한 가지 우리가 아는 것은, 코크 사람들이 조지 메이슨 대학에 터를 잡고 통제권을 장악하자, 롤리의 우려가 경멸로, 그다음에는 혐오로 바뀌었다는 것이다. 롤리는 자신의 대학을 장악하고 있는 공작원들과 그들이 그렇게 활동하도록 허용하고 있는 대학 사람들에게 깊은 경멸을 갖게 되었다. 그는 찰스 코크의 최고 전략가 리치 핑크를 "3류 정치 모리배"라고 부르면서 "이름값을 한다"고 했다(fink는 '밀고자' 또는 '기분 나쁜 놈'이라는 뜻이다 - 옮긴이).**5**

롤리는 다른 사람들은 감히 대놓고 인정하지 못하는 이야기를 했다. "너무 많은 자유지상주의자들이 코크의 돈에 유혹되어서 이 독재적인 기업가에게 학술적인 무기와 도구를 제공하고 있다." 2012년이면 그는 "자유시장주의 싱크탱크"에 참여하고 있는 사람 중 "자기 목소리를 낼 수 있는" 사람이 있으리라고는 전혀 기대할 없는 상태가 되었다고 보고 있었다. 그 이유를 그는 다음과 같이 직설적으로 설명했다. "그들 중 너무 많은 사람이 찰스 코크와 데이비드 코크가 뿌려주는 쌈짓돈에서 이득을 얻고 있기 때문이다."**6**

롤리는 뷰캐넌도 그런 사람 중 하나라고 생각했을까? 1998년 이후로는 뷰캐넌이 조지 메이슨 대학에서 새로운 세대의 공작원들에게 전략을 가르치는 일에 전처럼 열심히 나서지 않았고, 적어도 내가 알아본 바로는 코크 네트워크의 어느 기관에서도 소장직을 맡거나 하지 않았지만, 코크 사람들이 제공하는 명예직이나 보수는 받아들였다. 10년 뒤에 출간된 자서전에서, 뷰캐넌은 평생 동안의 일을 되돌아보면서 "내게는 아무런 후회가 없다"고 언급했다.**7**

그랬을지도 모른다. 하지만 영민한 뷰캐넌이 버지니아 대학 총장 콜게이트 다든에게 케인스주의 경제학을 무찌르고 사상 전쟁에서 승리해 자유주의 정치를 달성하겠다고 약속했던 젊은 시절의 자신을 기억하지 못했을 리 없다. 그는 이론을 가지고 싸우려 했지 은밀한 전복 작전의 훈련 매뉴

얼을 써서 싸우려 하지는 않았다. 혹시 그가 웬디 그램 사건 이후 은퇴를 한 것은 수십 년 동안 자신이 했던 일이 어떤 결과를 초래했는지를 목격해야 하는 상황을 피하려 한 것이었을까? 역시, 우리로서는 알 수 없다.

분명히 롤리는 뷰캐넌을 계속해서 존경했다. 하지만 맹목적으로 그러지는 않았던 것 같다. 대선이 다가오던 2012년에 그가 그들이 함께 해왔던 자유지상주의 운동이 압제자의 도구 노릇을 했던 최근의 행태 때문에, 적어도 원칙적으로 볼 때 "심각한 피해를 입을지 모른다"고 예상한 것을 보면 말이다. 롤리는 코크가 자유지상주의가 그토록 오랫동안 비판해온 바로 그 정부기관들을 사용해서 미국을 정복하려는 그의 "조악한" 계획을 실행하기 위해 카토 연구소를 사적으로 사용하는 것을 보면서 분노했다. 또한 롤리는 코크가 "학문적 연구를 조작하는 것에 대해 아무 거리낌이 없다는 것"도 알고 있었다. 코크에게 중요한 것은 카토 연구소가 산출하는 연구 결과가 자신의 계획에 도움이 되느냐 아니냐뿐이었다. 어쩌다 이사회나 소속원 중 오랜 정통 자유지상주의자가 문제를 제기하면 코크는 간단히 그들을 자기 사람으로 갈아치웠다. 이제 코크 사람 중에는 "사회적 보수주의자" 유형과, 한때 자유지상주의자들이 매우 혐오했던 정당 인물들도 있었다.

그럼에도 결국 롤리는 자신의 제2의 조국(미국을 말한다. 그는 영국에서 태어났다 - 옮긴이)에 대해서보다는 이 운동에 더 충성심이 있었다. 그는 카토 연구소에 대해 우려한 것이었지 미국에 대해서나 다수 대중의 지배라는 원칙[즉, 민주주의 원칙]이 앞으로 어떻게 될 것인가에 대해 우려한 것은 아니었다. 롤리도, 이 운동의 내부자 중 누구도 자신의 우려를 공개적으로 이야기하지는 않았다. 그리고 누구도 미국 대중에게 (롤리의 한 독자의 표현

을 빌리면) 코크의 "유사 군대"가 미국에 저지르고 있는 일에 대해 경고해 주지 않았다.[8]

이때쯤이면 용기 있는 탐사보도기자들이 코크의 유사 군대가 저지른 공작 중 많은 것들을 폭로했다. 이들의 보도로, 보통의 노력으로 알아낼 수 있는 것보다 훨씬 더 많은 명목상의 독립 조직들이 보통의 노력으로 알아낼 수 있는 것보다 훨씬 더 많은 전선에서 공작을 벌이고 있음이 드러났다. 이들은 의원들에게 이들의 의제에 동참하지 않으면 도전자 후보를 내세우고 그에게 막대한 자금을 퍼부어서 의원직을 잃게 하겠다는 협박을 해서 공화당을 장악했다. 이들은 '미국 법안 교환 위원회'를 통해 급진우파가 미는 법안들이 모든 주의 의회에 들어가게 했다. 이 법안들은 겉보기에는 상호 독립적으로 보이지만 중앙집중적으로 자금이 지원되고 운영상으로 '주 정책 네트워크'에 연결되어 있는 수많은 기관들에 의해 뿌려졌다. 또한 이들은 전국 각지에서 티파티 사람들의 분노를 지렛대 삼아 '번영과 자유를 위한 미국인'과 프리덤웍스가 추진하는 입법 의제를 밀어붙였다. 또 이들과 연결된 각 주의 단위들은 선거운동에서 거짓된 내용이 담긴 전단지를 뿌려 사람들이 투표장에 나오도록 독려했다. 그리고 이들과 관련된 연방 의원들은 연방 공무원들과 그들의 일에 의존하는 수백만 명을 인질로 잡고서 연방 정부를 셧다운해가며 이렇게까지 하지 않으면 얻을 수 없는 것을 얻으려 했다. 이들이 저지른 공작은 이 밖에도 아주, 아주, 아주 많다.[9]

이들이 '충격과 공포shock-and-awe' 스타일의 체계적이고 조직적인 밀어붙이기 전략을 통해 전통적으로 요구되었던 숙의 과정이나 투명성을 생략한 채 급진적인 변화를 매우 빠르게 실행시켜나간 것을 생각하면, 이 방대한 프로젝트의 주요 공작원 중 매우 많은 수가 버지니아 주의 대학들, 특히 뷰캐넌의 마지막 근무지였던 조지 메이슨 대학 경제학과에서 훈련을 받았다는 사실을 사람들이 잘 모른다는 것은 이상한 일이 아닐 것이다. 또 이들이 벌인 복잡한 일들을 추적하고 파악해가는 과정에서도 이 모든 일이 최종 목적에 맞게 일관성을 갖도록 해주는 사상의 원천이 무엇인지, 그리고 그들의 최종 목적이 무엇인지를 아무도 질문하지 못했다는 것 또한 놀라운 일이 아닐 것이다. 그저 이것은 기존의 당파적인 정치 싸움이 경악스럽게 새로운 해악을 가져온 것으로만 보였다.

널리 존경받는 법조인 루이스 브랜다이스Louis Brandeis(1856~1941)는 "우리는 선택을 내려야 한다"며 다음과 같이 경고했다(여기에서 "우리"는 국가로서의 집합적인 미국인을 말한다). "우리는 민주주의를 가질 수도 있고 소수의 손에 부가 집중되는 체제를 가질 수도 있다. 하지만 둘 다 가질 수는 없다." 자본주의가 거침없이 날뛰던 시절의 사람인 브랜다이스도(그는 그 시절에 노조, 사회정의, 현명한 규제 등의 필요성을 주창했다. 한편 평생에 걸쳐 상당한 재산을 모으기도 했다) "국민의, 국민에 의한, 국민을 위한 정부"라는 근본 개념에 이렇게 대담하고 은밀한 공격을 가할 수 있을 정도로 막대한 부가 소수에게 집중될 수 있을 거라고는 상상하지 못했을 것이다.[10]

하지만 브랜다이스는 "햇빛은 최고의 살균제"라는 말도 우리에게 남겨주었다. 음지에 있는 비밀을 꺼내 한낮의 밝은 빛 아래에 놓아서 그것에 의해 영향을 받은 모든 이들이 내막을 파악할 수 있게 해야 한다는 의미에서, 이 책의 결론을 맺는 이 장을 통해 나는 우리가 우리의 정부와 우리의 삶의 방식에 대한 이들의 공격을 심각하게 받아들이고 그것에 효과적으로 대응하지 않는다면 어떤 일이 벌어질지 살펴보고자 한다. 이 장에서 묘사하게 될 끔찍한 전망은 그런 사회를 만들어내고 있는 사람들 본인들이 한 말에 바탕을 둔 것이다.

몹시 가차 없고 영민한 프로파간다 전문가였던 [나치의] 요제프 괴벨스 Joseph Goebbels는 이렇게 말했다. "엄청난 거짓말도 충분히 반복해서 하면 사람들은 곧 그것을 믿게 된다." 오늘날 코크가 돈을 대는 급진우파가 하는 엄청난 거짓말은 우리 사회가 '생산자'와 '탈취자'로 나뉜다는 것이다. 이것을 믿으면, 생산자가 자신의 것을 빼앗아가는 탈취자에 대해 선악 이분법적인 투쟁을 하는 것이 정당화된다. 티파티 집회에 가보면 "부랑자 계급"이라는 말을 아주 많이 들을 수 있다.[11] 부유한 후원자들이 돈을 댄 자유지상주의 저술에서도 이 말의 여러 변종을 볼 수 있다. 일례로, 카토 연구소의 데이비드 보아즈David Boaz는 경제 행위자가 약탈자와 희생자로 나뉘어 있는 "기생경제"에 대해 언급했다.[12] 또한 1인당 5만 달러 이상을 후원한 고액 후원자들 대상의 연회에서 [당시 공화당 대선후보] 미트 롬니가 유권자의 "47%"는 "생산적인" 미국인의 피를 빨아먹는 존재라고 라고 언급한 것은 유명한 일화다.[13]

미국인의 거의 절반이 조세제도를 통해 부유한 사람들을 등쳐 먹으려 하는 사람들이라는 증거가 있는가? 이들이 아무것도 기여하지 않으면서 집단으로 모여서 정부를 압박해 아무런 방어수단이 없는, 그리고 온전히 자신의 노력으로만 부를 창출한 소수층을 착취한다는 증거가 있는가? 가장 부유한 계층을 정부가 불공정하게 취급하고 있다는 것이 사실인가? 사실이라면, 이 사실을 억만장자의 비서가 그들의 상사인 억만장자보다 높은 세율을 적용받는 경우가 많다는 (거의 모든 이가 상식처럼 알고 있는) 사실과 어떻게 조화시킬 것인가?

이렇게 의도적으로 왜곡된 주장들은 이들의 진정한 목적, 즉 자신의 자유를 지킨다는 명목으로 다른 이들의 자유를 제한하고 다른 이들을 통제하려는 강박적인 목적을 드러내는 것이 아닐까? 놀랍게도, 다른 면에서는 매우 비밀스러운 이 운동이 이 질문에 대해서는 답을 하고 있다.

찰스 코크는 그가 생각하는 좋은 사회가 모든 이에게 번영을 가져다줄 것이라고 늘 주장했다. 하지만 그가 신뢰하는 부하들, 그가 자신의 메시아적 비전을 정당화하고 진전시키기 위해 의존하고 있는 공작원들은 그렇게 생각하지 않았던 것이 분명하다. 이들은 이 운동이 성공할 경우 생겨나게 될 사회에 대해 분명한 그림을 제시했다(물론 그런 사회를 만들고 있는 본인들의 책임은 쏙 빼놓고). 그 사회는 어떤 모습일 것인가? 그 사회가 오게 하려면 이들은 미국의 민주주의와 미국의 대중에게 무슨 일을 해야 할 것인가?

청년 시절부터 코크는 그가 인생의 스승으로 삼은 발디 하퍼를 통해 "우리 시대의 가장 큰 사회적 과제는 '정치라는 신체에서 자유를 잠식하는 병균을 막기 위한 예방의학을 어떻게 고안할 것인가'이다"라고 배웠다. 하퍼는 "예방에 실패해서 일단 질병이 진행되고 나면, 이미 잃어버린 자유를 회복시키기 위해서는 매우 쓴 약이 필요할 것"이라고 말했다.[14] 그리고 제임스 뷰캐넌은 그 약이 얼마나 쓸지를 알려주었다. 자신의 노후에 무엇이 얼마나 필요할지 미리 내다보고 저축해두지 않은 사람은, 2005년에 뷰캐넌이 쓴 글의 표현을 빌리면 "인류 중 종속적인 부류로, (…) 의존적인 가축과 비슷하게" 취급받게 될지 모른다.[15]

뷰캐넌의 뒤를 이어 조지 메이슨 대학의 베이스캠프(현재 이름은 '메르카투스 센터'다)를 이끌고 있는 타일러 코언은 "사회계약을 다시 쓰는 일"이 진행되고 있으니만큼 사람들은 "지금보다 훨씬 더 스스로를 보호하기 위해 노력해야 할 것"이라고 말했다. 일부는 번성하겠지만 "다른 이들은 길 옆으로 밀려나 떨어지게" 되리라는 것이었다. 또한 "가치 있는 사람들"이 빈곤을 탈출해 위로 올라가면, 이는 그들이 "뒤에 남겨지는 사람들을 무시하기가 더 쉬워지게 만들기도 할 것"이라고 말했다. 코언의 예상에 따르면, "가난한 사람들에게 제공되는 메디케이드가 축소될 것"이고 정부와 고용주가 분담하던 "여러 비용이 노동자들에게로 전가되면서 실질임금이 줄어들어" 많은 이들이 재정적인 곤란에 처하게 될 것으로 보인다. 미국에서 두 번째로 부유한 카운티에 사는 석좌교수 코언은 "정부로부터 받던 혜택이 삭감된 사람들은" 위와 같은 실질임금 감소를 상쇄하기 위해 텍사스 주처럼 생활비가 적게 드는 곳으로 이사를 가는 게 좋을 것이라고 조언한다. "텍사스 주는 복지수당과 메디케이드 커버리지가 매우 작고" 주민 열 명 중 거의 세 명이 의료보험이 없지만, 그래도 여기에는 일자리가 있고 "공공 서비스가 기준 이하라는 점"을 상쇄하기에 충분할 만큼 "매우 싼 주거지가 있다"는 것이다.[16]

코언은 사실 "미국이 전체적으로 더 텍사스 같아질 것"이라고 예상한다. 그의 어조는 마치 불가피한 일, '사실'을 말하는 듯하다. 그리고 그가 경제에 대해 하는 언급은 상당한 권위를 가지고 있다. 그의 블로그 '한계주의 혁명The Marginal Revolution'은 경제학자의 블로그 중 가장 방문자가 많다. 또 그는 민주당뿐 아니라 공화당도 비판하는 것으로 유명하고, 음식부터 여행까지 문화적인 현상들에 경제학적 개념을 적용하는 독특한 분석도 널리 인정받고 있다. 그는 스스로를 실용적인 자유지상주의자라고 이야기한다(그의 블로그 모토는 "더 나은 세상을 위한 작은 발걸음"이다). 하지만 그가 수많은 미국 사람들이 직면하고 있는 상황에 대해 건조하게 이야기한 바는, 그가 20년 넘게 바로 그 끔찍한 사회를 만들어내기 위해 찰스 코크와 함께 매진해온 사람임을 생각한다면 매우 다른 무게를 지닌다. 그의 언급은 그가 〔'예측'하는 내용이라기보다〕 '예고'하는 내용인 것같이 들린다. 이를테면 코언은 미국의 일부 저소득층은 리우데자네이루의 '파벨라' 같은 슬럼가를 특징으로 하는 "멕시코나 브라질 같은 환경"에 다시 처하게 될 것이라고 말한다. 또한 그는 "깨끗한 수돗물"은 더 이상 미국인들에게 익숙한 것이 아니게 될 것이고, "임금의 양극화"가 심화되고 정부가 제공하는 서비스가 줄어들면서 싼 주거지를 원하는 사람들의 수요에 부응하기 위해 "부분적인 판잣집"이 생겨날 것이라고 한다. 그는 "텍사스주에서 볼 수 있는 몇몇 현상들이 상당수의 미국인들이 직면할 미래"라며, "각오하고 대비해야 할 것"이라고 조언한다.[17]

자유지상주의자들은 정부의 합당한 역할이 법치 보장, 질서 유지, 국가 방위뿐이라고 말한다. 그래서 그들은 오랫동안 노년층을 위한 메디케어, 빈곤층을 위한 메디케이드, 그리고 가장 최근에는 오바마 케어를 반대해왔다. 하원 예산위원회 위원장 폴 라이언Paul Ryan은 다수 대중의 필요를 공공재원으로 제공하는 것은 그것을 위해 자신의 소득을 이전해야 하는 납세자들의 자유를 침해하는 것일 뿐 아니라, 수급자들에 대해서도 〔자립적인 주체로서〕 자신의 생존을 스스로 해결해야 한다는 영적인 필요를 침해하는 것이라고 말했다. 그에 따르면, 가령 학교에서의 무료급식은 가난한 아이들의 "배는 채워주겠지만 영혼을 굶주리게 만들 것"이었다.[18]

이보다 덜 알려져 있는 것은, 이들 열혈 자유지상주의자들이 공중보건에조차 정부가 관여하지 말아야 한다고 주장한다는 점이다. 여기에서 '공중보건'은 고관절 대체술이나 가족계획을 말하는 것이 아니다. 이들이 정부가 관여할 영역이 아니라고 주장하는 '공중보건'은 기본적인 위생을 말하는 것이다. 진보시대 이래로 콜레라나 티푸스 같은 전염병을 막기 위해 모든 정부가 중요하게 나섰던 바로 그것 말이다. 칼럼니스트 니컬러스 크리스토프Nicolas Kristof는 의회 다수당인 공화당이 "지카와 에볼라 같은 질병을 다루기 위한 공중보건 예산을 체계적으로 줄여왔다"고 지적했다.[19] 이 운동 내부자들의 사고방식을 보면 그 이유를 파악하는 데 도움이 된다. 노스캐롤라이나 주 의회 상원의원이었다가 코크팀의 지원으로 2014년에 연방 상원의원이 된 톰 틸리스Thom Tillis는 음식점들이, 화장실을 다녀온 종업원들이 손을 씻게 의무화하는 규제에서 "벗어날 수 있는 선택지"를 가질 수 있어야 한다고 말했다. "그 음식점이 '우리는 종업원들에게 화장실 다녀온 뒤 손을 씻으라고 요구하지 않습니다'라고 표지만 붙여놓는다면 나머지는 시장이 알아서 할 것"이라는 논리였다.[20]

오바마 케어가 통과되기 전에도, 리버티 재단의 후원을 받은 공공선택이론 경제학자 게리 M. 앤더슨Gary M. Anderson은 논문에서 공중보건 영역이란 20세기 초부터도 "이해관계 집단들이 사회의 부가 자신들에게 재분배되도록 하기 위해 사용했던 도구" 이상은 아니었다고 주장했다.[21] 그리고 오바마 케어를 둘러싼 싸움이 시작되었을 때, 〈월 스트리트 저널〉의 자유지상주의 저널리스트이자 뷰캐넌의 이데올로기에 토대를 둔 베스트셀러 《잊힌 사람The Forgotten Man》을 쓴 애머티 슐레이스Amity Shlaes도 비슷한 주장을 폈다. 슐레이스는 자신이 "공공선택이론으로 모든 것이 설명된다는 것을 알게 되었다"며 "가령 보건 당국자들이 어린아이의 혈액을 검사해 납 중독 여부를 알아보는 데 관심을 갖는 것은 납에 중독된 아이를 발견해내는 것이 그들의 일자리를 정당화한다는 점을 생각하면 매우 잘 이해가 된다"고 언급했다.[22]

미시건 주 플린트의 주민들(대체로 흑인이다)은 이렇게 생각하는 사람들이 만든 새로운 정치경제에서 "길옆으로 밀려나서 떨어져버린" 사람들에게 어떤 일이 일어나는지를 몸으로 겪었다. "플린트 스캔들"이라고 불리는 납 수돗물 재앙은, 포기하지 않고 집요하게 문제를 제기한 어느 평범한 여성의 노력으로 폭로되었다. 이 여성은 2014년에 딸의 머리카락이 빠지고 큰아들이 복통에 시달리고 쌍둥이 아이는 도통 치료가 되지 않는 발진으로 고생하는 것을 보다 못해 플린트 시 '위기관리 행정관'과 공화당 소속 미시건 주 주지사에게 청원을 냈지만, 당국은 청원을 무시했다. 다른 주에서 도우러 온 과학자들이 수돗물이 납에 오염되었음을 밝혀내고 나서야 미국인들은 이 역사상 최악의 공중보건 재앙에 대해 알 수 있었다. 연구에 따르면 "18개월 동안 10만 명의 주민이 독성이 있는 물에 노출되었다". 납은 물에 조금만 들어가도 안전하지 않으며, 뇌와 신체가 발달 중인 아이들에게는 특히 위험하다. 아이들이 납에 노출되면 회복할 수 없는 정신장애가 발생하기도 한다.[23]

플린트에서 일어난 일은 자연재해가 아니었다. 정부가 무능해서 생긴 일도 아니었다. 플린트의 재앙은 직접적으로 매키낙 센터Mackinac Center의 책임이라고 볼 수 있었다. 미시건 주의 싱크탱크인 매키낙 센터는 연구만 하는 게 아니라 정책도 추진한다는 데서 '싱크 앤 두think and do' 탱크라고 말하는 게 더 적절할 듯하다. 코크가 초창기부터 자금을 댄 곳 중 하나이고 직원들도 코크 사람들이며, 현재 50개 주에서 활동하고 있는 '주 정책 네트워크'와 연계되어 있다. 물론 '주 정책 네트워크'도 코크가 만든 것이며, 주 정부들이 "탈취자"들의 요구에 반응하는 것을 막기 위한 활동들을 추진하고 조율한다.²⁴

1994년에 미시건 주 주지사 존 엥글러^{John Engler}는 "매키낙 센터가 말하면 우리는 듣는다"고 말했다. 그의 후임 주지사들도 그랬다. 2011년에 매키낙 센터는 "재정위기"에 직면한 주 내의 지역 정부에 대해서는 위기관리 차원에서 주지사가 행정의 모든 면을 통제할 권한을 갖게 하는 법안을 맹렬히 밀어붙였다(이 제도는 1990년에 도입되었고 2011년의 개정안으로 위기관리 행정관의 권한이 강화되었다 – 옮긴이). 선출직인 시장이나 시 운영위원이 아니라 주 정부가 지명한 위기관리 행정관이 그 지역의 행정을 통제하게 되는 것이다. 위기관리 행정관이 지역 정부에 긴축조치를 강요할 수 있는 권한은 막강했다. 위기관리 행정관은 단체협상의 합의사항을 일방적으로 폐기할 수 있는 권한, 공공 서비스를 아웃소싱 할 수 있는 권한, 지역의 자원을 민간 기업에 매각할 수 있는 권한, 공급자를 임의로 교체할 수 있는 권한 등을 가지고 있었다.

디트로이트, 벤튼 하버, 플린트 등 제조업이 빠져나간 뒤 경제적으로 어려움을 겪고 있던 도시들이 위기관리 행정관의 관리하에 들어가면서, 2009년이면 미시건 주의 혹인 유권자 절반 이상이 그런 도시에 살고 있었다. 어느 시의 한 운영위원은 새 시스템이 "명백한 독재 시스템"이라고 말했다. 그리고 플린트에 파견된 위기관리 행정관은 돈을 절약하기 위해 플린트 시의 상수원을 오염된 플린트 강으로 변경했다. 한편, 매키낙 센터의 로비스트들은 위기관리 행정관들을 소송으로부터 보호하는 법 조항을 넣어두는 주도면밀함을 보였다. 벌어진 피해의 규모를 볼 때, 그들이 자신이 하고 있는 일이 불러오게 될 결과를 몰랐을 리 없다. 그러므로 위기관리 행정관들을 소송에서 보호한 것은 이 운동의 미래 보병들을 보호하는 매우 현명한 방법이었다.[25]

공중위생과 깨끗한 물을 기꺼이 위험에 빠뜨린 사람들이 오늘날 기후변화를 부인하는 데 앞장서는 사람들이기도 하다는 것이 놀랄 일인가? 더 이전 시기에 뷰캐넌의 동료와 제자들이 담배 회사들의 자금을 지원받아, 담배 회사, 흡연자, 그리고 흡연자 주위에 있는 사람들[간접흡연을 하게 되는 사람들]의 "자발적인 선택"을 부인하려는 "온정주의자"(온정주의적 정책은 정부가 사람들에게 유해하다고 생각하는 것을 규제하는 정책을 말한다 – 옮긴이)들의 신뢰를 훼손시키려는 경제학적 연구들을 내놓았다는 것이 놀랄 일인가? 그러한 연구들이, "온정주의자"들이 (흡연자와 담배 회사의 "자발적인 선택"을 제약하는) "강압"을 가리기 위해 "공중보건"을 운운할 뿐 사실은 "지대를 추구하는 이익집단"들의 압력에 의해 잘못된 "다수주의"를 추구하고 있다고 주장했다는 것이 놀랄 일인가? 또 이러한 경제학자들이 암 치료법이 나오면 "암 정책과 관련된 관료들이 실업자가 될 것이기 때문에" 정부 자금으로 연구하는 연구자들이 결코 암 치료법을 알아내지 않을 것이라고 암시한다는 것이 놀랄 일인가?[26]

공중보건 면에서 이들 재산권 지상주의 세력이 사람들이 정부로부터 의료 보조나 금연 상담 지원을 받게 하기보다 죽게 내버려두는 편을 선호하는 것과 마찬가지로, 환경 문제 면에서도 이들은 규제가 도입되어 경제적 자유가 침해되게 하기보다 전 지구적인 생태적·사회적 재앙이 오게 내버려두는 편을 선호한다. 코크 사단은 일찍이 대중이 환경주의를 받아들이는 것이 큰 문제라고 보았다. 찰스 코크가 조지 메이슨 대학에 처음으로 대규모 자금 지원을 했던 1997년에 코크의 조직 중 하나인 '건전 경제를 위한 시민들'은 미국인의 76%가 스스로를 환경주의자라고 생각한다는 점을 우려해야 한다고 기업들에 경고했다. 그리고 "더 심각하게도", 미국인들의 65%가 기업들이 오염을 막기 위한 조치를 스스로 취하리라고 "믿지 않는" 것으로 나타났고, "유권자의 79%는 현재의 환경 규제가 정당하다고 생각하거나 심지어 '더 강화되어야 한다'고 생각하는 것으로 나타났다"고도 경고했다.[27] 이 조사 결과에서 코크 사단이 취한 교훈은 자신들의 진짜 목표에 대해 다수 대중의 지지를 얻는 것은 불가능하다는 사실이었다. 그러면 어떻게 해야 하는가? 조지 메이슨 대학의 경제학과장 도널드 J. 부드로Donald J. Boudreaux는 "받아들이기가 쉽지는 않겠지만" 공공선택이론에 따르면 정부가 문제를 고치려 드는 것은 되레 일을 악화시킬 것이기 때문에 지구온난화도 "그냥 내버려두는 게 최선"이라고 말했다.[28]

진지한 과학자들과 우려하는 시민들이 부드로의 조언을 받아들이지 않자, 카토 연구소와 인디펜던트 연구소는 코크가 돈을 대는 기관 중 상대적으로 이름이 덜 알려진 곳들을 동원해서 환경에 대한 체계적인 "정보 왜곡 운동"을 벌이도록 했다. 저명한 과학자 나오미 오레스케스Naomi Oreskes와 에릭 M. 콘웨이Eric M. Conway에 따르면, 이들은 대중이 기후변화의 위험성이 아직 과학적으로 확인되지 않은 하나의 가설에 불과한 것으로 믿게 하기 위해 유사과학을 퍼뜨렸다. 전에 담배 회사들이 사용했던 전략, 즉 대중이 흡연과 질병의 상관관계가 아직 입증된 것이 아니라고 계속해서 믿게 만들기 위해 과학에 의심을 뿌리는 전략을 배워온 것이다.[29] 더 경악스러운 것은 과학자들 개개인에 대한 비방과 공격이었다. 코크의 자금으로 운영되는 한 단체는 기후 과학자들을 개인적으로 금전적인 보상을 노리고 기후변화의 위험성을 주장하는 사람들로 매도하는 공작을 벌였다. "기후 노다지판에 올라탄 사람들All Aboard the Climate Gravy Train"은 그런 공작에서 나온 기사 제목의 전형적인 사례다(정작 이 공작을 벌이는 사람들이야말로 억만장자가 뿌리는 돈에 의지하고 있다는 것을 생각하면, 더욱 뻔뻔한 비방이다).[30]

그 무렵이면 코크의 팀은 '성장을 위한 클럽Club for Growth'을 통해 의회에서 공화당 의원들이 환경에 대한 자유지상주의적 입장을 견지하게 하기 위해 (말을 안 듣는 의원들의 상대로) 도전자 후보들을 내는 데 막대한 자금을 퍼부을 수 있었다. 이는 한때 (합리적인) 원칙에 가장 충실했던 존 매케인John McCain 상원의원마저 2014년에 티파티로부터 경선 도전을 받은 뒤 입장을 뒤집은 이유를 설명해준다. 매케인은 가장 잘 알려진 사례일 뿐, 그 외에도 이런 사람은 많다. 2015년이면 공화당 의원 278명 중 인간이 유발한 기후변화가 사실이라고 인정하는 사람은 8명에 불과하게 되었다.[31] 경제학자이자 칼럼니스트인 폴 크루그먼Paul Krugman은 "지금 우리는 과학에 등을 돌리는 것이 문명의 미래를 위험에 빠뜨릴 바로 그 시점에 과학에 등을 돌리는 정당을 보고 있다"고 지적했는데, 정말 그렇다.[32]

기후변화에 대해 연방 정부가 행동에 나서지 못하도록 틀어막는 것은 레드 스테이트(공화당이 지배적인 주)들의 법무부와 화석연료 기업들이 (한 기자의 표현을 빌리면) "비밀스럽게 동맹을 맺어" 환경 당국 및 그 밖의 규제 당국에 대한 소송을 제기하는 데서 "전례 없는" 협력을 하면서 단단하게 뒷받침되고 있다.[33] 이렇게 전국 차원의 개혁을 막기 위해 주 정부의 힘을 사용하는 것은 "경쟁적 연방주의competitive federalism"라고 불리는 전략인데, 이것은 뷰캐넌이 옹호한 전략이고, 존 C. 칼훈의 헌법 이론에서 영감을 받은 전략이며, 잭 킬패트릭이 브라운 판결에 맞서 싸우는 데 적용했던 전략이기도 하다. 이것은 의도적으로 각 주가 "바닥을 향해 서로 경쟁하게 만드는" 전략이라고도 볼 수 있다. 현재 이 전략은 '미국 법안 교환 위원회'가 이끌고 있으며 주 의회의 결정에 학문적·이론적 정당성을 제공하는 '주 정책 네트워크'(다시 말하지만, 코크가 자금을 댄다) 전체가 이것을 밀고 있다.[34] 이곳과 연결된 위스콘신 주 단위들의 지원에 힘입어 스콧 워커가 주지사가 된 이후, 2015년에 위스콘신 주 산하의 한 토지관리 당국은 직원들이 근무 시간 중에 기후변화에 대해 이야기하는 것조차 금지하는 규정을 만들었다.[35]

이 모든 것을 또 다른 방식으로 이야기하면, 만약 코크 네트워크가 자금을 대는 연구자들과 기관들이 논의에 뛰어들지 않았다면 대중은 기후변화의 위험성에 대해 과학적 증거가 압도적으로 많이 존재하며 기후변화를 막는 데 정부의 행동이 긴급하게 필요하다는 데 대해 의구심을 품지 않았을 것이다.[36] 하지만 안타깝게도 그들의 운동은 효과를 발휘하고 있다. 미국인 중 "화석연료를 계속 태우는 것이 기후를 변화시킬 것"이라고 믿는 사람의 비중은 2007년 71%에서 2011년 44%로 떨어졌다.[37]

공립학교 시스템에도 재앙이 벌어지고 있다. 공립학교는 강력한 교사 노조가 생기기 한참 전이던 1950년대부터도 몽 펠레린 소사이어티의 공격 대상이었다. 이들은 공립학교를 없애고자 하는 이데올로기를 내세우기보다는 오늘날 학교와 관련된 모든 문제가 다 교사 노조가 너무 막강해서 생긴 것이라고 사람들이 믿게 만드는 전략을 펴왔다. 자유지상주의 세력이 의회를 장악하고 있는 주들을 보면 (내가 사는 노스캐롤라이나 주도 그렇다) 코크 사단은 주 의회 의원들과 연합하고 '주 정책 네트워크'의 지원을 받아서 교사 노조를 무력화시키는 법안들을 대대적으로 통과시키고 있다. 밤사이에 졸속으로 통과된 것도 있다. 또한 노스캐롤라이나 주 의회는 노조 무력화에 이어 7,000명의 보조교사를 줄였고, 주 의회의 예산위원회가 학교들을 유지·보수하는 데만 필요하다고 한 것보다도 1억 달러 적은 예산을 책정했으며, 공립학교 예산을 2008년에 비해 5억 달러나 줄였다. 학교 기자재 예산도 절반 이상 줄어서, 몇몇 가난한 지역에서는 학생들이 행여나 잃어버릴까 봐 교과서를 집에 가져가지도 못한다.[38]

그러면 이 돈은 어디로 가는가? 기업으로 간다. 이 돈은 사립학교들로 이루어진 새로운 "교육 산업"으로 들어가며 이런 학교 중 많은 수가 기본적인 교육 기준이나 투명성에 대한 요구를 받지 않는다. 충격을 받은 한 고등법원 판사는 노스캐롤라이나 주 의회가 "아이들에게 어느 것도 가르칠 법적 의무가 없는 사립학교"에 아이들을 보낼 수 있게 하기 위해 조세 보조를 하는 것은 주 헌법에 위배된다고 판결했다(바로 이런 경우를 대비해 코크 사단은 막대한 돈을 들여 주 대법원에 대한 통제력을 확보해놓았다. 이 판결은 주 대법원에서 뒤집혔다). 새로 생긴 영리학교인 온라인 차터스쿨의 CEO들은 2014년에 400만 달러를 벌었다. 스탠포드 대학의 한 연구에 따르면, 이런 학교는 공립학교 학생들에 비해 학생들의 학업 역량이 크게 떨어지도록 그냥 내버려둔다. 이들의 연구 결과, 한 학년도 수업일수 총 180일 중 "읽기 수업은 72일, 산수 수업은 180일"이나 미달하는 것으로 나타났다.[39] 다른 말로, 이 연구가 조사한 온라인 학교들이 학생들에게 산수는 '전혀' 가르치지 않았고 읽기는 '거의' 가르치지 않은 것이다. 그 결과, 20세기에 현명한 공공교육 투자를 통해 가장 가난한 남부 주에서 가장 부유한 주 중 하나가 되었던 노스캐롤라이나 주는 현재 학생 1인당 지출이 미시시피 주에도 미치지 못한다.[40]

공립학교 교육을 궁극적으로 기업에 넘기고자 하듯이 이들은 감옥도 기업에 넘기고자 한다. 조지 메이슨 대학의 경제학자이자 코크가 자금을 댄 인디펜던트 연구소에서 연구 책임을 맡고 있던 알렉산더 타바록은 이 일이 너무나 중요하다고 생각해서 2003년에 이에 대해 아예 책 한 권을 썼다. 《보초 교대Changing the Guard》라는 교묘한 제목이 붙은 이 책에서 타바록은, "이제 우리는 민영 감옥이 더 빠르게 지어질 수 있고 더 낮은 비용으로 운영될 수 있으며 질적인 면에서도 정부가 운영하는 것에 못지 않은 수준으로 유지될 수 있다는 것을 알고 있다"고 언급했다. 타바록은 "교정 당국이나 간수 노조 같은 특수 이해관계 집단들"이 감옥에 더 많은 정부 지출을 해야 한다고 주장하는 것에 대해서는 소리 높여 비판하지만, 교정 시설을 운영하는 민간 기업들이 이윤을 더 내기 위해 직업훈련이나 약물남용 상담같이 수감자들이 필요로 하는 일에 들어가는 비용은 줄이고 법원에서 더 가혹한 형량이 선고되도록 밀어붙여 수감 인구를 늘리려 하는 것에 대해서는 눈을 감는다.[41]

어쨌든 그 무렵이면, 일찍이 20년 전에 이 운동의 일원인 스티브 무어가 주장했듯이, 내부자들 사이에서는 공공 영역의 기능을 기업으로 넘기는 것이 "새로운 민영화 연합"을 만드는 데 매우 "강력한 전략"이라는 것이 일반적인 공작 원칙으로 통용되고 있었다. 정부 기능을 외주 받아 수익을 올리게 된 기업들이 민영화를 한층 더 촉진하기 위해 노력할 것이기 때문이다.[42] 실제로 민영 교정시설 운영 기업인 '미국 교정 기업Corrections Corporation of America, CCA'은 민영화 확대를 위한 로비에서 매우 비중 있는 역할을 하고 있다. 또한 이 기업은 민영화 관련 사안을 주로 담당하는 코크 계열의 리즌 재단에 많은 후원을 하고 있다.**43** 민간 교정시설 운영 업계에 대한 잠입취재 기사 '죄수들에게서 돈 뽑아내기^{Cashing In on Cons}'(참으로 적절한 제목이다)에 따르면, 이 업계는 연간 수입이 500억 달러 이상에 달하는 것으로 알려져 있으며, 물론 CCA는 그중에서도 특히 수익성이 높은 회사에 꼽힌다. 또 CCA는 공화당 의원들에게 매우 후하게 기부금을 내는 곳이기도 한데, 여기에서 나가는 정치 후원금 중 92%가 공화당 의원들에게 들어간 것으로 알려졌다.**44**

영리감옥이 만들어낸 왜곡된 인센티브를 상징적으로 보여주는 사건이 있다. 펜실베이니아의 판사 두 명이 "아이들을 〔감옥에〕 보내주고 〔감옥 운영 기업으로부터〕 돈을 받아서" 막대한 돈을 번 혐의로 기소된 것이다. 보도에 따르면, 판사들이 수천 명의 청소년을 소년원에 보내주는 대가로 소년원을 운영하는 기업들이 판사들에게 280만 달러를 지불한 것으로 알려졌다.**45** 권리도, 집합적 목소리도, 연대할 곳도 거의 없는 이민자들은 교정시설 운영 기업들이 안정적인 현금 흐름을 올리게 해주는 데 더욱 이상적인 상품이다. 최근 발간된, 이들을 구금하는 수용시설을 다룬 한 보고서는 제목이 '구금으로 돈을 긁어모으다^{Banking on Detention}'인데, 이런 기업들이 올리는 막대한 수익을 잘 말해준다.**46**

미국의 의료, 학교, 감옥, 그리고 세계의 기후가 분기점에 있다면, 미국의 노동력도 그렇다. 경제학자와 정치학자가 지난 20년 동안 수행한 수많은 연구에 의하면, 오늘날 미국에서 불평등의 증가는 세계화나 새로운 테크놀로지 등이 일으킨 외적 요인에 의한 불가피한 결과가 아니다. 그런

요인도 없지는 않지만, 현재 미국의 극단적인 불평등은 상당 부분 기업과 부유한 후원자들의 과도한 권력이 정치와 공공정책에 영향을 끼쳐서 발생한 것이다. 주목할 만하게도, 수십 년 동안 가혹한 긴축재정을 처방해 온 것으로 유명한 국제통화기금IMF조차 "노조의 쇠락은 전체 소득 분포에서 최상층이 차지하는 비중이 급격히 증가한 것과 강한 상관관계가 있다"고 밝혔다. IMF는 불평등의 증가를 늦추고 경제성장이 가능해지게 하려면 노조의 단체 협상권이 회복되어야 한다고 결론 내렸다.[47]

그런데 코크 사단은 반대 방향으로 맹렬히 돌진하고 있다. 노동자들이 집합적으로 더 나은 임금과 노동조건을 협상할 수 있는 역량을 의도적으로 파괴하는 것이다. 20세기 중반에, 과거 노예주였던 남부의 몇몇 주들이 노조 결성을 막기 위해 소위 '일할 권리' 법안들을 통과시켰다. 하지만 다른 곳에서는 이를 모방한 곳이 거의 없었고 그나마 호응을 한 곳은 인구가 매우 희박한 지역들이었다. 하지만 2012년과 2016년 사이에는 뷰캐넌의 아이디어에서 지침을 얻어서, 그리고 코크가 돈을 댄 '미국 법안 교환 위원회', '주 정책 네트워크', '번영을 위한 미국인' 등의 조직력에 힘입어서, 과거에 자유주였던 인디애나 주, 미시건 주, 위스콘신 주, 웨스트 버지니아 주에서도 이런 법이 통과되었다.[48]

2011년에 위스콘신 주 주지사 스콧 워커가 도입하기 시작한 새로운 반反노조법들은 이제까지 있었던 어떤 노조 파괴 운동보다도 누적적인 면에서 치명적인 결과를 가져왔다. 이 법안들의 정교함과 정확성은 뷰캐넌의 영향을 받아 만들어진 피노체트 시기의 칠레 노동법에 비견될 만하다. 이 법안들에 따르면 이제 위스콘신 주에서 공공 부문 노동자들은 노동조건과 부가급부를 협상할 수 없다. 오로지 임금만 협상할 수 있고 그나마도 인플레율에 연동되어야 한다. 또한 모든 노동계약이 1년 단위여서, 노조 활동가들이 노동자들의 관심사항을 다루고 새 노조원을 모집할 시간과 에너지를 잡아먹는다. 매년 진행해야 하는 연간 협상을 준비해야 하기 때문이다. 또 노조는 노조원들의 임금에서 노조 활동비를 자동 공제할 수 있는 권한도 잃었다. 그래서 이제는 노조원들을 일일이 찾아다니며 회비를 걷어야 한다. 게다가 이렇게 노조원들을 위해 실질적인 일을 아무것도 할 수 없게 된 상태에서, 노조는 **매년** 재신임 투표를 거쳐야 한다.[49] 그러니 워커가 "우리가 폭탄을 떨어뜨렸다"고 자랑한 것도 이상한 일이 아니었다.[50] 그가 도입한 조치들로 공공 부문 노동자의 노조 가입률이 5년 만에 절반으로 떨어졌다.[51]

휘청대는 노조와 민영화된 공공 서비스의 결합은 특히 흑인들의 어려움을 가중시켰다. 과거에 정부 고용에서 차별을 금지한 조치 등에 힘입어 상당수의 흑인이 중산층으로 진입할 수 있었다. 미국의 불평등에 대한 대규모 통합 학제 연구에 따르면, 공공 부문 고용은 "흑인의, 특히 흑인 여성의 계층 이동을 가능하게 한 주요 원천이었고 흑인의 빈곤을 줄이는 데 가장 중요한 기제였다". 그런데 최근의 한 신문 기사의 제목은 현상황을 다음과 같이 요약하고 있다. '공공 부문 일자리 감소, 흑인에게 타격Public Sector Jobs Vanish, Hitting Blacks Hard.' 대침체로 도입된 긴축조치도 한 원인이지만, 공공 부문 고용이 회복되지 못하고 있는 것의 주요인은 세금을 깎고 공공 서비스를 줄이고 그나마 남아 있는 공공 서비스는 민영화하거나 아웃소싱하기로 한 의도적인 결정의 결과다.[52]

역사학자 루스 로젠Ruth Rosen은 정부에 대한 대대적인 공격이 낳은 또다른 결과를 지적했다. 6세 미만 아이가 있는 엄마의 3분의 2가 일을 하는데 시장근본주의자들이(시장근본주의는 시장이 모든 문제를 해결할 것이라는 불합리한 믿음을 말한다) 너무나 많은 연방 규제, 공공 서비스, 사회적 보호를 없앤 상황에서, 미국의 아이와 노인은 누가 돌볼 것인가?[53] 자유지상주의자들은 로젠이 제기한 질문에 대해 자신들이 누누이 답을 해왔다고 말한다. 각자 알아서 돌보면 된다는 것이다. 그럴 수 없는 처지라면, 아이를 낳기 전에, 그리고 적절한 저축 없이 나이가 들기 전에, 미리미리 생각을 하지 못한 본인 탓이다. 학자금을 갚아야 하는 청년의 문제부터 육아, 간병, 노인부양 문제까지, 모든 문제에 대한 해법은 개개인이 미래의 필요들을 염두에 두면서 자신의 소득에서 일부를 저축해두는 것이며, 그렇게 하지 못했을 경우 그 대가는 온전히 자신이 감수해야 한다. 조지 메이슨 대학의 타일러 코언과 메르카투스 센터에 있는 한 동료는 미국의 젊은이들이 "월가를 점령할 게 아니라 〔은퇴자들이 자신의 것을 가져가지 못하도록〕 AARP[American Association of Retired Persons] 〔미국 은퇴자 협회〕를 점령해야 한다"고 말하기도 했다.[54]

하지만 노년층도 그들 나름의 곤란이 아주 많다. 사회보장제도의 변화는 민영화와 "개인의 책임"을 강조하는 것이 매우 파괴적인 영향을 가져올 수 있음을 보여주는 또 다른 비극적인 사례다. 여기에서도 칠레의 경험이 미국의 미래에 대해 힌트를 준다. 코크 사단의 핵심멤버 중 한 명인 스티븐 무어는 미국의 퇴직연금 프로그램은 "복지국가의 급소"라며 "그곳을 창으로 찌르면" 전체를 죽일 수 있다고 말했다.[55] 카토 연구소가 이끄는 코크의 팀은 개인투자계좌라는 피노체트의 모델을 계속해서 밀어붙이고 있으며 많은 공화당 의원들이 이 모델을 지지하고 있다. 하지만 이 모델을 실제로 도입해본 칠레의 경험을 보면, 이 모델은 너무나 재앙적인 것으로 드러났고 독재자 피노체트가 실각한 지금은 사회보험의 핵심요소들을 다시 도입해야 한다는 데 칠레 사람들 거의 모두가 동의하고 있다. 개인투자계좌 시스템은 노동자의 임금에서 자동적으로 [최소 10% 이상] 불입되도록 되어 있는 돈이 금융시장에 들어오면서 금융 기업에 큰 혜택이 되었다. 민간 연금 운용사들은 이 막대한 자금에 접근할 기회를 십분 활용했다. [2006년 뉴욕 타임스의 보도에 따르면] 민간 연금 운용사들은 노동자들의 불입금 중 4분의 1~3분의 1가량을 수수료로 뗀 것으로 알려졌다. 이들 운용사들은 [보도 시점 기준으로] 최근 5년간 연평균 50% 이상의 수익률을 올렸다[그러나 2008년 뉴욕 타임스의 또다른 보도는 펀드 운용 실적이 좋아 가입자에게 혜택이 가더라도 이것은 가입자에게만 해당되는 이야기이며 칠레 노동자의 상당수가 민간 연금 시스템에 포함되지 않는다고 지적했다]. (한 상원의원은 이런 금융 기업들이 "사람들에게서 연금을 강탈해가는" "양복 입은 도둑"이라고 비난했다). 심지어 그 시스템을 만들었던 피노체트 시절 노동부 장관의 동생이자 보수주의 성향의 억만장자인 세바스티안 피녜라Sebastián Piñera 현 대통령조차(그는 2010~2014년 대통령을 지냈고, 재집권에 성공해 2018년부터 다시 대통령으로 재직중이다) "칠레 국민의 절반이 연금이 없는 상태이고 연금이 있는 사람 중에서도 40%가 최소 수준에 도달하기 어려운 상황"이기 때문에 대대적인 개혁이 필요하다고 인정했다.[56]

그러는 동안 미국에서는 자유지상주의자들이 선동하는 가짜 공포 때문에 사람들의 관심이 정작 심각한 문제로부터 멀어진 사이, 은퇴 자금이 6조 달러나 부족한 상황이 되었다. 임금 소득자들이 자신이 가진 자원에만 의존해야 하게 된 것이 큰 요인 중 하나다. 시장의 압력에 의해서, 그리고 몽 펠레린 소사이어티적 사고방식에 독려를 받아서, 미국 기업 거의 전부가 한 세대 전만 해도 노동인구 절반가량을 커버했던 확정 급여형 (확정 기여형에 대비되는 개념 - 옮긴이) 연금을 포기했다. 그리고 1970년대 이래 실질임금이 사실상 정체 상태인 사람들이 많았기 때문에 미래를 위해 돈을 저축할 여력이 있는 사람이 많지 않았다. 그래서 401K 계좌나 그 밖의 연금저축을 갖고 있는 사람은 이제 매우 소수다. 이 분야에 대한 두 명의 전문가는 이 놀라운 상황을 다음과 같이 요약했다. "노동자 중 다수가, 아마도 절대다수가, 점점 더 어려운, 몇몇 경우에는 재정적으로 재앙적인 노년을 향해 가고 있다는 것이 지금의 가혹한 현실이다." 하지만 이 연구자들은 이 암울한 미래가 불가피한 것만은 아니라고 언급했다. 사회보장제도는 여전히 미국인 다수에게 "가장 널리 퍼져 있고 가장 효과적이며 가장 안전하고 가장 중요한 은퇴소득 원천"이라는 것이다. 위기를 막기 위해 우리에게 필요한 것은 자유지상주의 사단이 주장하는 것과 정확히 반대다. 저임금 일자리 증가 등 소득의 부족을 일으키는 요인들을 상쇄하기 위해 국가가 운영하는 사회보험 시스템이 확대되어야 하는 것이다.[57]

뷰캐넌이 오래도록 주장했듯이, 급진우파의 은밀한 공작이 궁극적으로 목표하는 바는 미국의 가장 중요한 정치 규정집인 헌법을 바꾸는 것이다. 현재 우리가 목격하고 있는 일들과 헌법을 바꾼다는 목표가 어떻게 연결되는지를 이해하려면 시간을 조금 뒤로 돌려 2008년 이래로 진행된 프로젝트를 전체적으로 살펴볼 필요가 있다. 2008년이 기점인 이유는 대침체를 불러온 금융위기와 미국의 첫 번째 흑인 대통령 선출이라는 두 가지 사건이 한꺼번에 일어나면서, 찰스 코크가 1997년에 조지 메이슨 대학에 기지를 마련한 이래 인내심 있게 기다려온 기회의 문이 드디어 열

린 시점이기 때문이다.[58]

1997년에 경제학 교수 타일러 코언은 인간문제연구소에서 연구 하나를 의뢰받았다. 미국을 변혁하기 위한 계획의 개념적인 토대를 마련하라는 것이었고, 코언은 이것을 〈자유의 부침을 가져오는 원인은 무엇인가 Why Does Freedom Wax and Wane〉라는 논문에 담았다.[59] 이 논문은 20세기의 주요 사례들을 일별한 것으로, 20세기 민주주의 국가들이 특징적으로 가지고 있는 "자유에 대한 제약들"을 없애고자 하는 메르카투스 센터가 지침으로 삼을 수 있을 만한 글이었다.[60]

코언은 어떤 점들을 발견했을까? 우선, 코언은 1920년대까지 유럽과 미국 모두에서 투표권을 가진 사람이 "부유한 남성 토지 소유자"를 넘어서 크게 "확대"되면서 공공 영역이 확장되는 불행한 결과가 초래되었다고 밝혔다. 그는 "투표세와 문해율 테스트를 철폐한 것이 투표율을 높이고 정부가 더 많은 복지 지출을 하게 만드는 결과를 낳았다"고 애석해했다.[61]

또한 코언은 "가장 자유로운 국가들은 일반적으로 민주주의 국가가 아니었다"며, "가장 성공적으로 자유를 보장한" 국가로 칠레를 꼽았다(우리가 보통 생각하는 '인간 개인의 자유'를 보장했다는 게 아니라 [일부 계층에게] 최대한의 경제적 자유를 제공했다는 의미다). 코언은 홍콩과 싱가포르도 자유가 영속적으로 잘 보장되고 있는 사례로 들었고, 이에 더해 두 개의 국가를 모범사례로 더 꼽았는데, 후지모리 치하의 페루와 1980년대 중반부터 1990년대 초까지의 뉴질랜드였다. 이 두 나라에서는 금융시장에서 규제 완화와 민영화가 대대적으로 벌어졌고, 부유한 사람들의 세금을 대거 감면해 "(거의) 일괄 세율"이 적용되었으며, 노조의 협상력이 크게 약화되었다.[62]

코언이 성공 사례들의 공통점으로 제시한 또 한 가지 중요한 사실은

"대중의 요구에 의해 이뤄진 개혁 치고 시장 지향적인 개혁이었던 경우는 하나도 없었다"는 것이었다. '자유'를 촉진하려는 운동은 어디에서나 동일한 문제에 봉착했다. 너무나 급진적인 변혁을 요구하기 때문에 언제나 대다수의 사람들로부터 "지지를 거의, 혹은 전혀 받지 못한다는" 점이었다. 코언은 이것이 부유한 소수 지배층에게 시사하는 바를 다음과 같이 직설적으로 언급했다. "만약 미국의 [민주적] 정치제도가 시장 지향적인 개혁의 달성을 너무 어렵게 만들고 있다면, 아마도 그 제도를 바꿔야 할 것이다."[63]

코언은 민주주의에 대해 제5열의 공격을 수행하는 방법에 대한 가이드북을 쓰고 있었던 셈이다.

코언은 미국의 정치제도에서 "견제와 균형이 약화되면 좋은 결과를 가져올 수 있는 기회가 높아질 것"이라고 말했다. 하지만 안타깝게도 대다수 미국인들이 미국 헌법을 존중하고 있으니만큼 헌법을 직접적으로 조작하려는 시도는 "재앙적"일 수 있었다. 코언은 칠레의 경험을 보건대 가장 좋은 전략은, (말하자면, '충격과 공포' 전략과 비슷하게) 막강한 파급력이 있는 정치적인 폭탄을 갑작스럽게 터뜨리라는 것이라고 조언했다. 오늘날 군사용어로 '충격과 공포' 전략은, 압도적인 무력시위와 함께 상호 연관된 정교한 작전들을 대대적으로 수행해서 적에게 갑작스러운 충격과 공포를 불러일으킴으로써 항복하도록 몰아붙이는 전략을 말한다. 이와 비슷하게, 코언은 때가 오면 "빅뱅 스타일의 결집된 폭발"이 경제적 자유를 옥죄는 수많은 민주주의적 제약들을 일거에 흩어버릴 수 있을 것이라고 보았다(1990년대에 코언이 글을 쓸 때는 아직 몰랐겠지만, 2011년 이후 공화당이 다수당이 된 주들이 동일한 회기에 교육, 고용, 환경, 조세, 투표권 등 여러 전선에서 급진적인 정책 변화들을 일제히 밀어붙인 것이 그가 말한 전략의 사례라고 볼 수 있을 것이다[64]).

코언은 빅뱅의 때가 무르익기 전까지는 여론을 형성하는 것이 결정적으로 중요하다고 지적했다. 아마도 여론전은 남성을 주 대상으로 삼는 것이 효과적일 터였다. 남성은 "경제학자처럼 생각하는" 경향이 큰 반면 여성은 경제적 자유가 야기할 문제점을 예상하는 경향이 있어서 정부의 개입을 지지할 가능성이 더 크기 때문이었다. 조지 메이슨 대학에서 수행한 한 연구도 인간 본연의 몇몇 불합리성이 선거에서 자유지상주의 운동에 유리하게 작용할 수 있다고 주장했다. 이 연구는, "인지과학과 진화생물학에서" 통찰을 얻는다면 사람들이 "불합리한 이유에서 지니고 있는 견해들" 때문에 좋은 정책을 지지하게 되는 것이 가능하다는 사실을 알게 된다고 언급했다. 인간이 생물학적으로 작용하는 내재적인 충동에 이성적인 역량을 발휘해 저항한다는 것이 얼마나 어려운지를 잘 파악한다면, 유권자들이 자신도 모르게 "다수 대중이 좋아하지 않는" 사안에 힘을 실어주는 방향으로 투표하게끔 유도하는 일이 가능할 수 있다는 것이었다.[65]

언론에서 벌어지고 있는 변화 또한 자유지상주의 운동에 유리하게 작용했다. 클린턴 전 대통령 때 잘 보았듯이 TV가 후보자의 사생활에 관련된 잘못을 물고 늘어지는 데 집착하는 경향이 있으니만큼 사람들이 정치에 피로를 느끼고 의구심을 품게 만들 수 있을 것이고, 따라서 정부를 불신하게 만들 수 있을 터였다. 사람들이 정부를 불신하면 이 운동에 매우 도움이 된다(그러나 코언은 "이러한 냉소주의가 지나치게 커지면 자유사회를 지탱하는 데 필요한 가치도 잠식될 수 있으므로" 다소 주의해야 한다고 덧붙였다). 또한 코언은 떠오르는 인터넷이 "루머, 가십, 음모론을 퍼뜨리는 데 특히 적합한 매체가 될 것으로 보인다"고도 언급했다.[66]

코언이 조언한 것처럼 "견제와 균형을 약화시키기 위해" 미국의 "정치제도"를 어떻게 변화시킬 수 있을지 알아보려면(궁극적으로 이는 헌법 개정, 그리고 그에 따른 판사들의 법리 적용의 변화를 통해서 이뤄질 것이다), 약간의 사전 설명이 필요하다. 사실 미국의 헌법은 지금도 다른 어느 민주주의 국가에서도 볼 수 없는 수준으로 대중의 역량을 제약하고 있기 때문이다. 존 C. 칼훈으로까지 계보가 거슬러 올라가는 운동답게, 코크 사단은 한 법학자가 "노예의 헌법"이라고 (타당하게) 부른 미국 헌법의 문제적인 특징들을 지금보다 한층 더 증폭시키려 한다.[67]

조금 더 설명해보자.

미국인들은 헌법이 정한, 따라서 미국 정치 시스템에 내재적인 '견제와 균형'의 장치들을 존중해야 한다고 어려서부터 누누이 듣는다. 이 장치들은 흥분한 대중이 급진적인 변화, 특히 소수 지배층의 재산권을 침해하는 변화를 몰아붙일 경우 (아예 길을 막는 것은 아니어도) 과속 방지턱을 두는 것과 같은 효과를 내도록 고안된 장치들이다. 이러한 제약 장치 중 가장 대표적인 사례는 인구 비례 대비 매우 불균형적으로 의석이 할당되는 상원제도를 들 수 있다. 상원은 원칙상 인구 비례대로 유권자를 대표하도록 되어 있는 하원을 견제하기 위한 장치다. 와이오밍 주처럼 인구가 적은 주도 캘리포니아 주처럼 인구가 많은 주와 동일한 수의 상원의원을 갖는다. 따라서 와이오밍 주 거주자의 투표가 캘리포니아 거주자의 투표보다 상원에서 7배 더 큰 가중치를 갖는 셈이 된다.[68] 이것은 공정한가? 공정하지 않다. 1960년대 초에 연방 대법원은 주 의회가 가진 비슷한 문제에 대해 위헌적이라고 판결한 바 있다. 당시 대법원은 몇몇 주의 선거제도가 의도적으로 도시와 교외 거주자보다 농촌 거주자가 의회에서 과다 대표되게끔 고안된 것이 위헌이라고 판결했다. 1인 1표라는 기본원칙에서 이탈했기 때문이다. 그리고 연방 상원제도는 이보다도 더 심각하게 1인 1표 원칙에서 이탈한 것이다. 하지만 연방 상원의 의석 배분은 [주 의회 의석 배분과 달리] '헌법'에 수정이 거의 불가능한 방식으로 명시되어 있기 때문에 이 문제를 고치기란 매우 어렵다.

한편으로 보면 이러한 헌법 시스템은 미국이 현대 세계에서 가장 안정적인 국가가 되게 하는 데 일조했다. 하지만 다른 한편으로 보면 이 시스템은 미국이 주요 민주주의 국가들 중에서 대중의 필요를 가장 잘 반영하지 못하는 나라가 되게 만들기도 했다. 미국에서는 무언가라도 유의미한 변화를 일으키려면 (그것이 대중이 지지하는 것이라 해도) '역사적'이라는 표현이 어울릴 만큼 어마어마하게 많은 사람이 참여하는 격동이 필요하다. 노예제를 끝내기 위해 남북전쟁이 있어야 했고, 대공황에 이어 개혁을 달성하기 위해 수만 명의 파업과 투쟁이 필요했으며, 흑인이 다른 시민들과 동일한 헌법적 권리를 누리기 위해 민권운동가들이 불러온 대대적인 소요와 정치적 위기가 필요했듯이 말이다.[69] 간단히 말해서, 현재의 견제와 균형 시스템은 아주 끔찍한 사회적 불의를 고치는 데도 막대한 장벽이 되고 있다.

이것은 헌법에 내제된 시스템적인 문제다. 그리고 이것은 압도적 다수가 동의하지 않는 한 가장 근본적인 어려움들을 다루는 것조차 불가능할 정도로 미국의 정치체제를 제약하는 메커니즘이다. 경제 불평등의 문제가 이를 잘 보여준다. 미국의 불평등은 전례 없이 치솟았고 세대 간 계층 이동성(젊은이들이 사회경제적 사다리에서 부모 세대보다 높은 칸에 올라갈 수 있는 가능성. 한때 이것은 미국의 가장 큰 약속이자 자부심이었다)은 영국 정도를 제외하면 비교 가능한 거의 모든 국가보다 현저하게 떨어졌다. 많은 학자들이 미국 특유의 개인주의적인 문화를 원인으로 꼽는다. 우리는 이런 설명을 늘상 들으며 우리 자신이 그런 주장을 편 적도 많이 있을 것이다.

하지만 미국의 저명한 정치학자 앨프리드 스테판과 후안 J. 린츠^{Juan J.} ^{Linz}는 최근 발표한 논문에서 미국의 독특함이라는 수수께끼를 새로운 방식으로 접근한 설명을 제시했다. 이들은 산업화된 민주주의 국가들을 대상으로 시민이 입법 과정을 통해 집합적 의지를 달성할 수 있는 역량을 가로막기 위해 마련된 장치(그들은 이를 "비토 행위자"라고 부른다. "행위자"뿐 아니라 비토가 발생하는 "지점"까지 포함하는 말이다)가 몇 가지나 존재하는지를 조사해 비교했다. 연구 결과, 비토 행위자가 적은 나라는 불평등 정도가 작았고 비토 행위자가 가장 많은 나라는 불평등 정도가 가장 심했다. 비토 행위자가 넷이나 되는 나라는 미국이 유일했다. 그 네 가지는 상원의 거부권, 하원의 거부권, 대통령의 거부권(상하원 모두에서 3분의 2가 다시 반대하지 않을 경우), 그리고 연방 의회를 통과한 후 전체 주 의회 중 4분의 3 이상이 비준을 해야만 수정이 가능하게 되어 있는 헌법인데, 모두 노예제를 옹호한 '건국의 아버지'들이 만든 헌법에 명시되어 있는 것들이다. 여기에 양당 시스템을 촉진하는 승자독식 선거인단 투표제, 권력을 주 정부 쪽으로 기울이는 수정헌법 10조, 유독 권한이 강한 상원이 1인 1표 원칙마저 심각하게 위배하는 방식으로 구성되는 것(다른 나라에 비해 매우 심한 편이다) 등이 결합해 다수 대중이 정치적 영향력을 행사할 수 있는 역량이 한층 더 제약된다.

이러한 메커니즘 때문에 "미국에서 소득이 가장 **평등했던**" 1960년대 말에도 "이 연구의 표본에 포함된 나라들〔오래도록 유지된 민주주의 국가들〕 중 어느 곳도 미국만큼 불평등하지 않았으며 대부분은 미국보다 훨씬 더 평등했다". 놀랍게도, 미국의 전체 주 중에서 가장 평등한 주도 비교 대상인 다른 국가들보다 불평등하다. 미국을 "예외적"으로 만드는 요인은 〔세계 유일의 강대국이라는 점이 아니라, 통상 '미국 예외주의'라는 말로 표현되는〕 시스템에 내제된 비토 행위자가 예외적으로 많아서 다수 대중을 예외적으로 심하게 제약한다는 점인 것 같다.[70]

이렇듯 미국은 원래도 예외적일 정도로 대중을 제약하는 시스템을 가지고 있는데, 코크 사단은 여기에 더 많은 비토 행위자를 보태려 한다. 뷰캐넌이 주창한 "헌법적 혁명"을 실행하려는 찰스 코크의 기관들이 이상적으로 생각하는 것은 가장 부유한 사람들이 완전히 동의해주지 않는 한 정부가 대중의 의지에 반응하는 것이 거의 불가능한 시스템이다.[71] 그리고 이들은 이러한 시스템을 만들기 위한 프로젝트를 다양한 갈래로 전개하고 있다.

하나는 사법 분야에서의 대대적인 변화다. 이것도 조지 메이슨 대학을 거점으로 진행되었으며, 법적 규칙들을 바꾸기 위해 조용히 실행된 변화들이 얼마나 빠르게 시민들을 전례 없는 수준으로 제약할 수 있는지를 잘 보여준다. 2015년에 〈뉴욕 타임스〉에는 '법원에 임의조정 만연, 짜고 치는 고스톱Arbitration Everywhere, Stacking the Deck of Justice'이라는 제목의 기사가 실렸다. 면밀한 취재를 바탕으로 한 이 기사에 따르면, "미국 기업들이 구석구석 손을 뻗쳐" 상황을 유리하게 만드는 방법 중 하나는 고용, 신용카드, 휴대전화 서비스, 의료 행위, 장기간의 돌봄 등 온갖 영역에서 계약이나 문구에 아주 작은 글씨로 계약자나 소비자들이 대수롭지 않게 여기거나, 읽지 않고 지나치기 쉬운 세부 조항들을 끼워넣는 것이다. 그런데 잘 읽어보면 그 세부 조항은 서명한 계약자나 소비자가 해당 기업의 잘못에 대해 집단소송을 걸지 못하게 하거나 소송이 들어가더라도 의무적으로 임의조정을 받아들여야 한다는 내용을 담고 있다. 임의조정에서는 조정의 규칙을 기업이 정하고 누가 조정 결과를 결정할지도 기업이 선택한다. 즉, (계약서에 서명했다는 근거로) 당사자의 '동의'에 의한 것이라고 주장하면서, 시민들에게서 소송을 제기할 수 있는 헌법적 권리를 박탈하는 것이다.[72]

레이건이 지명한 한 연방 판사는 이것이 "미국의 사법 역사에서 가장 근본적인 변화 중 하나"라고 표현했다. 그리고 그가 뒤이어 한 말은 천천히 곱씹어볼 가치가 있다. "섬찟하게도, 이제 기업들은 사법 시스템을 완전히 벗어날 수 있는, 그리고 잘못을 해도 처벌받지 않을 수 있는 선택지를 갖게 되었다." 이후에 나온 한 기사는 제목에서 이것이 '사법 시스템의 사유화Privatization of the Justice System'나 다름없다고 표현했다.[73]

작은 변화들을 누적해 이런 종류의 헌법적 혁명을 수행하려 하면서, 코크 네트워크 공작원들은 스스로에게도, 또 다른 이들에게도, 자신들이 "건국의 아버지"들이 가지고 있던 비전을 복원하고 있는 것이라고 말한다. 심지어 자신들을 "매디슨주의자"라고 부르기도 한다.[74]

하지만 이것도 틀린 이야기다. 코크 사단은 ('건국의 아버지'의 비전이 아니라) 재건시대의 개혁이 패배한 직후부터 대공황 직전까지, 미국 역사에서 매우 독특했던 시기의 헌법 해석을 촉진하고 있다. 뷰캐넌 본인도 털록과 공저한 책에서 미국의 의사결정규칙(헌법 해석)은 "1960년보다 1900년이 더 '이상적인' 모습에 가까웠다"고 말함으로써 이를 인정했다.[75] 1900년은 '로크너 대 뉴욕Lochner v. New York' 사건과 '플레시 대 퍼거슨Plessy v. Ferguson' 사건 판결이 있었던 해다. 이 두 판결은 각각 유의미한 노동개혁에 대한 다수 대중의 열망을 가로막고 각 주가 자체적으로 인종차별 법안을 통과시킬 수 있도록 허용한 것으로 유명하며, 이 판결들의 이름을 따서 이 시기는 지금도 "로크너와 플레시 시기"라고 불린다. 두 판결 모두 수정헌법 14조를 그것이 도입되었을 당시에 보호하고자 했던 사람들(흑인 등 차별받는 사람들)이 아니라 기득권을 가진 사람들에게 유리하게 해석함으로써 본래의 의도를 왜곡했다.

뷰캐넌이 이상적이라고 보았던 헌법 질서는 필적할 대상이 없을 정도로 막강한 기업 지배의 시대를 가능하게 했고, 그 시기에 북부와 남부의 지배층은 대중의 정치 참여에 대한 경멸이라는 공통점을 바탕으로 다시 하나가 되었다. 그 헌법 질서는 남부에서 대대적인 투표권 박탈을 가능하게 했고, 북부와 서부에서는 노동자 계급의 투표를 제약했으며, 노동자와 자본가 사이에서 계속해서 격렬한 싸움이 벌어지게 할 정도로 끔찍한 노동여건을 가져왔고, 도처에서 환경이 파괴되도록 방치했다. 이뿐만이 아니다. 당시 사람들이 '금권정치plutocracy'라고 비난하던 시스템이 정점이던 그 시절에 많은 사람들이 (법학자 배리 프리드먼Barry Friedman의 표현을 빌리면) "법과 사법체계의 효과성에 대한 믿음을 막대하게 잃었다". 사람들이 판사들이란 늘 고용주 편이라고 생각하게 되었기 때문이다. 이 시기가 (저널리스트 아이다 M. 타벨Ida M. Tarbell의 표현을 빌리면) "피를 뚝뚝 흘린" 시기이기도 하다는 것은 우연이 아니다.[76]

뷰캐넌이 이상적이라고 생각했던 1900년의 시스템이 대공황 시기에도 유지되었더라면 미국은 경제적 재앙에서 살아남은 세계 유일의 자유민주주의 국가가 되기는커녕, 우파에서든 좌파에서든 혁명을 일으키는 상황에 처하게 되었을 것이다. 미국이 세계에서 유일하게 자유민주주의 국가로서 재앙에서 살아남는 위업을 달성할 수 있었던 것은, 새로운 헌법 해석이 생겨나서 모든 이의 자유와 대중의 자기 통치를 위해 거대 기업의 시대에도 재산권에 어느 정도 제약을 가할 수 있게 된 덕분에 가능한 일이었다.[77]

짚고 넘어가야 할 통렬한 아이러니가 또 하나 있다. 그들이 말하는 바와 달리, 궁극적으로 이 운동의 목적은 '큰 정부'를 줄이는 것이 아니다. 오히려 그 반대다. 코크 사단이 추구하는 헌법 해석을 따르자면, 연방 법원들이 막대한 권력을 새로이 부여받게 된다. 유권자들이 원하는, 그리고 그 유권자들에게 정당하게 선출된 각 지역의 공직자들이 통과시킨 조치들을 연방 법원의 결정으로 없앨 수 있게 되는 것이다. 또한 그렇게 될 경우 야기될지 모를 대중의 분노를 통제하기 위해 경찰력도 대거 키울 필요가 있다. 이를 암시하는 불길한 전조가 있다. 코크의 네트워크는 평등권을 진전시키려 했던 연방 대법원의 "판사 활동가주의"를 오랫동안 비판했으면서도, 이제는 (카토 연구소에서 나온 한 간행물의 표현을 빌리면) "경제적 자유를 보호하기 위한 **활동가적 사법부**"의 필요성을 주장하고 있다.[78]

그들이 생각하는 '헌법적 혁명'을 진전시키기 위해 코크의 네트워크는 이제까지 들어본 적 없는 막대한 액수의 돈을 각 주의 법관 선거에 영향을 끼치기 위해 쏟아부었다. 언론의 관심은 '시민연합Citizens United v. Federal Election Commission' 사건이 대통령 선거와 연방 의회 선거에 끼치게 될 영향에 온통 쏠렸지만('시민연합' 사건은 연방 대법원이 기업에 '정치적 의사표현의 자유'를 인정한 사건으로, 이 경우에 표현의 자유는 기업이 선거 광고에 후원금을 제공하는 것 등을 의미한다 – 옮긴이), 이것이 틔운 물꼬는 향후 몇십 년간 각 주에서 법관들을 선출하는 데 더 중대한 영향을 끼치게 될 것이다(각 주별로 사법부 구성제도가 다르며, 임명직인 연방판사와 달리 주 법원의 판사는 선출직인 곳이 많다 – 옮긴이). 기업들이 기업에 유리하게 법을 해석해줄 만한 법관들에게 투자할 것이기 때문이다. 다수 의석을 차지한 공화당이 "급진적인 개혁"을 밀어붙이고 있는 주들은 시민들이 〔입법·행정·사법부 중에서〕 마지막으로 사법부에 호소하게 되리라는 것을 잘 알고 있다. 바로 그 때문에, 기업 후원자들은 '개혁'이 가로막히지 않게 해줄 판사들이 뽑히게 하는 데에 막대한 돈을 들인다. 노스캐롤라이나 주의 한 내부자는, 이 위험성을 다음과 같이 직설적으로 표현했다. "법원을 잃으면 전쟁에 지는 것이다."**79**

하지만 이 글을 쓰는 지금, 이 운동이 '헌법적 혁명' 측면에서 거둔 가장 대표적이고 중대한 성공은 존 로버츠John Roberts 대법관이 '독립 기업인 연맹 대 세벨리우스National Federation of Independent Business v. Sebelius' 사건에서 내린 판결이다. 이것은 오바마 케어와 관련된 사건인데, 우파의 일부 사람들은 로버츠 대법원장이 이 판결에서 오바마 케어를 지지했다고 비난했지만, 더 통찰력 있게 법조계를 지켜본 사람들은 판결의 결론 자체보다 로버츠가 판결문에서 통상조항을 언급한 방식에 주목했다.

이것을 이해하려면 맥락에 대한 설명이 조금 필요하다. 1937년에 연방 대법원이 처음으로 최저임금법을 승인하고 이어서 와그너법을 승인했을 때(뉴딜 개혁의 정당성을 대법원이 승인했다는 신호였다), 이것은 헌법의 통상조항 1조에 따라 연방 의회가 주들 사이의 거래를 규제할 수 있는 권한을 갖는다는 정부 측 논변을 대법원이 받아들인 것이었다. 이 판결 이후, 연방 정부는 전에는 개별 주나 민간 기업의 결정사항이던 것에 대해 헌법의 통상조항이 부여한 규제 권한을 행사한다는 논리로 관리감독을 대거 강화할 수 있었다. 그런데 오바마 케어와 관련해 로버츠 대법원장은 다음과 같이 언급했다. "통상조항은 개인을 요람에서 무덤까지 규제할 수 있는 보편 허가증이 아니다." 통상조항이 그러한 보편 허가증이라고 주장한 사람은 아무도 없었는데 말이다(로버츠는 대법관 취임 첫해에 브라운 사건의 파급력을 제한하기 위해 그 이전의 어느 대법관보다 많이 애쓴 사람이기도 하다). 루스 베이더 긴스버그[Ruth Bader Ginsburg] 대법관은 별도의 의견문에서 통상조항에 대한 로버츠 대법원장의 주장이 "경악스러울 정도로 퇴보적"이라고 지적했다. 그렇지만 어쨌든 대법원의 판례가 되었기 때문에, 법조 논평가이자 변호사인 제프리 투빈[Jeffrey Toobin]이 지적했듯이, "로버츠가 제시한 협소한 통상조항 개념은 이제 미국의 법이 되었다". 그리고 그 밖의 연방 법률과 연방 정부 프로그램에 대해 법적 도전을 불러올 수 있는 문을 열었다.[80]

스탠포드 대학 법학대학원의 한 교수는 로버츠의 판결을 "장전된 총"이라고 표현했다.[81] 그리고 이제 조지 메이슨 대학 법학대학원(몹시 적절하게도 안토닌 스칼리아 대법관의 이름을 따서 "스칼리아 법대"라고 불린다) 교수들은 대법원이 1937년 이전의 법리 해석으로 돌아감으로써 그 총을 발사해야 한다고 촉구하고 있다. 1937년 이전의 대법원은 대중의 경제 안정성을 증진하거나 사회적 정의를 실현하기 위한 정부의 조치들을 일상적으로 무산시키곤 했었다.[82]

이렇듯 '경제적 자유'의 기치하에 '작은 정부' 운운하는 수사법을 쓰긴

하지만 사실 코크 사단은 매우 강한 정부를 원한다. 물론 그들이 적절하다고 생각하는 방식으로만 강력하게 행동하는 정부를 말한다. 그들은 다수 대중이 달성할 수 있는 일의 범위를 자물쇠와 빗장을 채워 제약함으로써 미국의 민주주의가 칠레에서처럼 위축되기를 원한다. 앞서 살펴본 것 외에, 세 가지의 추가적인 영역에서도 현재 진행되고 있는 섬찟한 구조조정을 볼 수 있다.

첫째, 코크 사단이 장악한 주 의회는 각 지역의 선거 규칙도 포함해 이제까지 도시 정부나 지방 정부가 도입하고 집행할 수 있었던 정책 재량권을 점점 더 인정하지 않고 있다. '주 정책 네트워크' 소속 기관들 및 '미국 법안 교환 위원회'와 관련된 주 의회 의원들의 주도로, 공화당이 다수당인 주들은 도시 당국이나 지방 당국이 주 정부가 정한 모델에서 벗어나는 정책을 도입할 권리를 주 정부 차원에서 부정하는 법률들(통칭 '선취적 법률'이라고 불린다)을 통과시키고 있다.[83]

일반적으로, 도시와 교외 지역의 지방 당국이 자기 지역에서 최저임금을 인상하거나 환경보호 조례를 만들거나 성소수자를 보호할 수 있는 차별금지조치를 도입하려 하면 주 정부는 이것을 주법으로 막는다. 일례로, 텍사스 주는 댈러스 시가 댈러스 시내에서 영업을 하는 유통업체의 비닐봉지 사용을 제한하는 조례를 통과시키려 하자, "낮은 세금, 제한적인 정부, 자유시장"이라는 "텍사스 모델"에 부합하지 않는다며 이를 저지했다.[84]

오늘날 떠오르고 있는 이 패턴은 전혀 역설적인 것이 아니다. 1950년대부터도 그랬듯이, 이 운동은 보수주의자들과 기업의 이해관계가 주 정부 단위에서 가장 잘 관철될 수 있는 반면, 연방 정부와 지역 정부 수준에서는 대중이 더 성공적으로 보수주의 진영과 기업에 도전할 수 있음을 잘 알고 있다. 한 가지 이유는, 주 단위에서 벌어지는 일들이 언론과 시민의 감시에서 가장 멀리 떨어져 있기 때문이다.[85] 코크 사단이 누군가가 주 정부나 의회에서 유용할 만한 사람인가 아닌가를 판단하는 최우선 자격 조건은 "얼마나 다루기 쉬운가"이다. '공공 청렴성 센터Center for Public Integrity'의 최근 연구에 따르면, 사실상 거의 모든 주 정부가 기업과 부유층에 친화적이고, 덜 부유한 사람들을 과소 대표하고 있으며, 투명성이 부족하고, 윤리적인 목적에서 도입된 법들을 집행하는 데서 성과가 낮다. 이들이 '주의 권리'를 주창하는 것은 내부자 결집을 위해 인종차별주의에 기대려는 시대착오적인 전략이 아니라, 소수 부유층의 지배를 군히기 위해 냉철하게 계산된 전략이라고 봐야 한다.[86]

만약 코크 사단이 계속해서 자기들 뜻대로 전략을 짜고 이들과 연합한 의원들이 계속해서 이에 순종한다면, 전 세계 172개 민주국가 중 투표율이 138위인 미국에서 앞으로는 정치 과정에 참여하는 사람이 더욱 줄게 될 것이다.[87] 미국에서 첫 흑인 대통령이 선출된 이후, 코크 네트워크 각 기관의 공작원들 및 이들과 연합한 공직자들은 오바마가 유권자 등록과 관련한 "부정"선거로 당선되었다는 불합리한 확신을 퍼트리기 위해 체계적으로 불을 지폈다. 그들은 새로운 법을 대거 제정해 막지 않는다면 이러한 부정선거가 앞으로도 많은 선거 결과를 "도둑질할" 것이라고 말했다. 이것은 코크 사단이 특히나 노골적으로 사실을 왜곡해 여론을 조작한 사례이지만, 이 거짓말은 너무나 생생해서 등록된 유권자 거의 절반과 연방 판사나 대법관들까지도 부정선거가 큰 문제라고 믿게 되었으며, 관련된 소송들은 이와 같은 잘못된 가정에 기반해서 판결되었다.[88]

투표하는 사람이 적어지면 이들이 진행하고자 하는 모든 일을 달성하는 것이 더 쉬워진다. 2010년 중간선거에서 공화당이 대대적인 승리를 거두고 2년 뒤, '미국 법안 교환 위원회'와 관련된 주 의원들이 41개 주에서 누가 투표를 할 수 있고 어떻게 투표를 할 수 있는지에 제약을 두는 법안을 180개 이상이나 내놨다. 대체로 좌파 쪽을 지지하는 경향이 있었던 저소득층 유권자와 젊은층 유권자의 투표를 가장 크게 제약할 수 있도록 고안된 조치들이었다. 미국에서 이 정도 수준의 투표권 제약은 한 세기 전 남부 주들에서 주도면밀하게 투표권 박탈을 추진했던 시기 이래로 유례가 없는 일이다.[89] 그리고 이제 투표권 제약 운동은 주 정부 차원에서만이 아니라 전국적으로도 벌어지고 있으며, 그것의 영향을 곧 우리는 실감하게 될 것이다.[90]

이와 관련된 또 다른 전략이 대의제 의회에서 시민의 뜻이 '대표되는' 방식을 한층 더 왜곡한다. 우선, 미국에서 유례없이 대담하게 벌어지고 있는 게리맨더링이 있다. 재산권 지상주의를 추구하는 데 우호적이지 않다고 생각되는 미국인이 의회에서 과소 대표되고 이 운동이 더 잘 통제할 수 있다고 여겨지는 미국인이 과다 대표되도록 선거구를 조정하는 것이다. 이는 개헌 의회를 여는 데 필요한 초다수(압도적 다수)의 주 의회를 확보하기 위한 것이기도 하다(전체 주의 압도적 다수인 3분의 2, 즉 34개 주의 의회가 요구해야 개헌 의회가 소집될 수 있다 – 옮긴이). 제인 메이어와 데이비드 데일리David Daley 같은 저널리스트들은 2010년 중간선거 때 이러한 전략들을 폭로하는 데 크게 기여했다. 당시 이 전략들은 통칭 "다수 재획정 프로젝트Redistricting Majority Project, REDMAP"라고 불렸는데, 이것은 주 단위의 권력을 모아서 전국적인 변화를 일으키는 교활한 방법이다. 인구 통계 자료에 기반해 교묘하게 선거구를 재획정해 (민주당 지지자가 다수인 곳에서도)

공화당의 권력을 크게 증가시킬 수 있고 그 과정에서 공화당도 더 오른쪽으로 기울일 수 있기 때문이다.[91]

이런 식으로 권력을 움켜쥐는 것을 대부분의 사람들은 정당 간의 당파적 싸움 문제로 여긴다. 하지만 이것은 단순히 당파적 정당정치의 문제가 아니다. 이들이 펴는 전략이 얼마나 '획기적'으로 중대한 문제인지를 〈살롱〉 편집장 데이비드 데일리는 다음과 같이 설명했다. "공정하게 획정된 선거구를 지키지 못한다면, 시민들은 지도에 멋대로 금을 그어 (자기가 원하는 것을 이루려 하는) 억만장자들의 꼭두각시가 되고 말 것이다." 그리고 이 게임은 직접적으로 투표를 거부당하는 사람들이 아닌 사람들에게는 눈에 잘 띄지 않기 때문에 별로 방해를 받지 않고 이뤄질 수 있다. 데일리는 선거를 한 번만 더 치르고 나면 공화당이 "자칭 민주주의의 횃불이라는 미국에서 상상도 할 수 없었던 목적 하나를 달성하게 될 것"이라고 내다봤는데, 그 목적이란 "거부권의 영향을 받지 않는 초다수의결veto-proof supermajority을 통해 다수의 지지 없이 통치하는 것"이다(가령, 상하원 모두에서 3분의 2 이상의 의석을 확보하면 대통령의 거부권 행사 가능성을 사실상 무시할 수 있다 - 옮긴이).[92] 전략 마인드로 무장한 코크 사단의 일원인 그로버 노키스트Grover Norquist는 점점 더 많은 주로 뻗쳐가는 이 운동을 어떤 방패도 뚫을 수 있고 가시가 박혀 있기 때문에 한번 박히면 "절대로 빼낼 수 없는" 로마 병사의 투창에 비유했다.[93]

민주주의에 족쇄를 채우려는 코크 사단의 계획이 가져올 악영향의 마지막 사례 역시 20세기 중반의 남부 지역에서 그 원형을 찾아볼 수 있다. 저항하는 사람들을 주 정부기관과 민간기관이 사찰하고 겁주는 것이다. 2015년에 저널리스트 케네스 보글Kenneth Vogel은 코크 네트워크가 "은밀하고 조용한 비밀 작전을 펼쳐서 진보 진영 인사들에 대해 첩보를 수집하고 감시하는 활동을 했다"고 폭로했다. 보글에 따르면, 코크 네트워크는 이러한 사찰을 "미국의 정치적·시민적 삶을 완전히 재구성하고자 하는 그들의 노력에서 핵심적인 전략 도구"로 삼고 있다.**94** 주목할 만한 사례로, 제인 메이어가 코크 형제 및 그들의 네트워크에 대해 폭로하기 시작하자 코크 네트워크는 사설 탐정을 고용해 메이어를 털어서 나올 만한 먼지를 모조리 찾아내려고 했다. 메이어의 평판을 실추시켜서 메이어를 고용한 언론사에 해고를 종용하려는 것이었다. 다행히 이 시도는 실패했지만, 코크 사단이 하는 일을 폭로하고자 하는 다른 사람들에게 자신 또한 그런 비방 공격의 대상이 되지는 않을지, 그냥 입을 다물고 있는 게 낫지 않을지 등을 고민해야 할 거라는 교훈만큼은 확실하게 전달했다. 코크 사단은 이러한 겁박과 위협에 대해서도 경제학적인 미사여구를 가지고 있다. 그들은 이런 일을 "상대방의 거래 비용을 높이는 일"이라고 말한다.**95**

2차 세계대전이 한창이던 때, 미국의 흑인 역사학자 존 호프 프랭클린 John Hope Franklin은 "민주주의는 본질적으로 믿음의 행동"이라고 말했다.**96** 그 믿음이 누군가에 의해 의도적으로 종결되었을 때 우리가 큰 혼란의 소용돌이에 빠지게 된다는 것은 놀랄 일이 아니다. 제임스 뷰캐넌이 노벨상을 받았을 때 한 비판적인 학자가 현명하게 지적했듯이, 공공선택이론은 단순히 "묘사가 부정확한 것"(이 이론은 정치 과정이 실제로 어떻게 작동하는가를 "끔찍하게 왜곡하고" 있다)만이 문제가 아니다. 이 이론은 좋은 정부 정책, 그리고 공적인 삶에서의 윤리적 행동에 핵심적으로 중요한 "공직자의 정신적 규범"에 대한 믿음을 은밀히 공격한다는 데서 더 큰 문제가 있다. 즉, 공공선택이론은 학술적인 설명력과 관련해서도 잘못된 이론이지만, 사람들이나 의원들이 이 이론을 믿게 되면 사회에 매우 큰 악영향을 발휘하게 되리라는 데서도 문제 있는 이론이라는 것이다. 그리고 우리는 이 예언이 맞았음을 계속해서 목격하고 있다.[97]

오늘날 미국은 1860년대, 1930년대, 1960년대에 못지않은 역사의 분기점에 또다시 서 있다. 지금 어느 경로를 가느냐는 앞으로의 운명에 결정적으로 영향을 끼치게 될 것이다. 부유한 소수의 자유를 다른 모든 가치보다 우위에 놓고 이것을 아예 국가의 통치 원칙 자체에 새겨 넣는 것은, 껍데기만 대의제인 과두제에 동의하는 것과 마찬가지다. 칼훈과 뷰캐넌이 바로 이것을 촉구했고, 이제 코크의 네트워크가 이것을 한 판씩, 한 판씩 달성해가고 있다.[98]

어느 면에서 이들의 은밀한 계획이 미국인들에게 제기하는 질문은 단순하다. 우리는 20세기 중반의 버지니아 주를 조금 더 치장해놓은 것 같은 세상에 살고 싶은가? 재산권을 지고의 가치로 상정한 나머지, 민주적으로 선출된 정부가 시민의 필요에 맞게 그 외의 목적들을 추구하는 것이 원천적으로 마비되어버리는 세상에 살고 싶은가? "정치세력으로서의 '우리'가 종말을 고한" 세상에 살고 싶은가?

뷰캐넌과 코크가 생각하는 자유의 개념은 결국 해리 버드 시절의 버지니아 주를 말하는 것이 아닌가? 해리 버드 시절의 버지니아 주는 "과두지배층이 가장 완전하게 지배하고 있는" 체제였다. 그리고 그것을 가능하게 했던 도구들이 이제 전국적으로 적용되고 있다. 물론 주법으로 인종차별을 의무화했던 짐 크로는 오늘날 사라졌고 급진우파 운동이 그것을 공개적으로 주장하지도 않을 것이다. 하지만 20세기 중반 버지니아 주 정치경제 체제의 다른 모든 요소는 오늘날 급진우파 세력이 꿈꾸는 바를 너무나 정확하게 구현하고 있다. 가장 부유한 사람들이 아무런 도전도 받지 않고 모든 것을 장악하는 것, '일할 권리' 법안과 같은 책략을 이용해 노동자들의 권력을 빼앗는 것, 저항하는 공공 부문 노동자들(특히 교사들)을 임의로 해고하는 것, 투표권을 제한하는 여러 장치들을 도입해 지배층에 동의하지 않을 가능성이 큰 사람들이 유권자가 되지 못하게 하는 것, '주의 권리'라는 논리를 내세워 연방 정부가 평등권을 촉진하는 것을 막는 것, 공립학교 시스템에 반대하는 것, 역진적인 조세제도를 주창하는 것, 사회보장제도와 메디케어를 반대하는 것, 모든 종류의 공공 서비스를 극도로 인색하게 제공할 수밖에 없게 하는 재정정책을 강요하는 것 등등 모두가 말이다. 이들이 지출을 줄이려 하는 공공 서비스에는 바버라 로스 존스와 존 스토크스와 같은 당시의 학생들이 요구했던 양질의 공립학교만이 아니라, 1959년에 의사이자 엄마인 루이스 웬젤이 '올드 해리'(해리 버드)에 맞서 상원의원 선거에 나서면서 대변하고자 했던 사람들(정신장애가 있는 사람들, 빈곤 노년층 등)을 위한 의료, 돌봄, 주거 서비스 등도 포함된다. 무엇보다, 웬젤이 비판한 바의 핵심은 민주주의와 황금률의 원칙보다 개인의 축재를 "다른 이들에게 어떤 피해를 야기하든 상관없이" 지고의 가치로 우선시하는 황금만능주의였다.

남부의 학교 위기 때 처음으로 대중적인 지지를 얻었을 때부터도 자유지상주의 운동은 대부분의 사람들이 생각하는 의미에서의 '자유'를 추구하는 운동이 아니었다. 자유지상주의 운동은 다른 이들의 삶에 막대한 권력을 행사하는 사람들이 자신의 특권에 대해서는 어떤 간섭도 들어오지 않게 만들기 위해 인구 집단을 병리적이고 왜곡된 방식으로 분할하려

하는 운동이었다. 이 운동의 지도자들은 자본주의적 자유지상주의를 촉진할 수만 있다면 백인 우월주의를 갖다 쓰는 것도 꺼리지 않았다. 오늘날에는 다수 대중이 그들의 목표에 동의하지 않을 것이고 그들의 목표를 알게 된다면 그것을 막으려 하리라는 것을 잘 알고서, 이제 이들에게 고용된 공작원들은 '은밀한 작전'을 통해 승리하고자 한다. 예전과 마찬가지로 지금도 이 운동의 지도자들은 칼훈 스타일의 자유, 소수 지배층만을 위한 자유를 추구한다. 이것은 다수 대중이 기본적인 공정성과 자유를 누리는 것을 막을 수 있도록 상류층에 막대한 부를 집중시키는 자유다.

이것이 우리가 살고 싶은 나라인가? 이것이 우리가 아이들과 미래 세대에게 물려주고 싶은 나라인가? 이것이 우리가 진정으로 결정을 내려야 할 "공공의 선택"이다. 우리가 더 오래 미적거린다면 그들의 끔찍한 유토피아를 이식하고자 하는 사람들이 우리를 대신해 '선택'을 내리게 될 것이다. 실제로, 그들 중 한 명은 다음과 같은 단도직입적인 선언을 했다. "미국은 곧 미래에 대해 결정을 내리게 될 것이다. 그것은 영구적인 결정일 것이고 되돌아갈 길은 없을 것이다." 이미 벌어진 일들을 생각할 때, 민주주의의 미래를 지키고 싶다면 아마도 우리는 코크 본인이 한 다음의 말을 명심해야 할 것 같다. "안전하게 가려고 하는 것은 천천히 자살하는 것이나 마찬가지다."[99]

감사의 글

대학의 자유교양 교육은 그 이후 평생에 걸칠 배움에 토대가 된다고들 한다. 정말 그렇다. 그런데 이만큼 자주 이야기되지는 않지만 매우 중요한 사실이 한 가지 더 있다. 더 이른 시기에 만나게 되는 선생님들이 대학에서의 배움과 그 이후 평생 동안의 배움 모두에 너무나 중요하다는 사실이다. 나는 모든 아이들이 내가 미국 교외 지역의 좋은 공립학교에서 누린 것과 같은 양질의 교육을 받을 수 있기를 바란다. 어린 시절에 학교에서 뵈었던 훌륭한 선생님들께 깊이 감사를 드린다. 특히 프랭클린 J. 위너Franklin J. Wiener 선생님은 금전적으로는 훨씬 더 이득이었을 광고 업계 경력을 포기하고 소명을 따라 고등학교 영어 선생님이 되어 교육자의 길을 걸으셨다. 깊이 감사의 마음을 가진 수많은 학생들의 사랑을 얻으셨을 것이라고 생각한다. 또한 위너 선생님은 교직에 갓 들어온 교사들이 생계를 위해 다른 일을 추가로 해야만 하는 상황이 생겨서는 안 된다는 믿음에서, 노조 활동을 통해 동료 교사들을 돕는 일에도 적극적으로 나서셨다. 몇 년 동안 내 책상 위에는 위너 선생님이 트레이드 마크인 파이프를 물고 "교사도 세금을 낸다"고 쓰인 피켓을 들고 행진하는 사진이 게재된 신문이 놓여 있었다. 나중에 이사를 다니는 통에 그 사진은 잃어버렸지만, 위너 선생님이 보여주신 젊은이들에 대한 헌신과 우리에 대한 믿음은 내 인생을 바꾸었다고 해도 과언이 아니다.

또한 이 연구를 통해 나는 수많은 비공식적인 선생님들을 만나는 행운을 가질 수 있었으며, 이 책을 그들에게 바친다. 우선, 내가 프린스 에드워드 카운티 이야기에 처음 관심을 갖게 되었을 때, 이 이야기를 잘 알고 있는 사람들이 나더러 에드 피플스Ed Peeples를 만나보라고 권했다. 나는 그에게 이메일로 질문을 보내기 시작했고 이는 지속적인 우정으로 이어졌다. 에드는 리치몬드에 있는 그의 집 다락에 모아둔 문서들을 보여주었고, 그 집에 내가 머물도록 해주었으며(환대해준 아내 캐런에게도 감사드린다), 해리 버드 시절 버지니아 주의 상황에 대해 많은 것을 알려주었다.

에드의 친구인 제임스 H. 허시먼 주니어는 그가 쓴 저술을 읽다가 각주에 제임스 뷰캐넌이 언급된 것을 보고 무턱대고 연락을 취해보았는데, 내 연구 주제의 중요성을 곧바로 이해하고서 일면식도 없는 사이였던 내가 버지니아 주에 대한 풍성한 역사적 지식을 얻을 수 있게 도와주었다. 이후 소중한 친구가 된 것은 말할 것도 없다. 그는 버지니아 주의 역사에 대해 백과사전 같은 해박한 지식을 가지고 있었고 그의 분석은 매번 통찰이 가득했다. 동료 학자에 대한 너그러움도 그에 필적할 사람을 찾기 어려울 것이다. 그가 내게 파일째로 건네준 사료에는 다른 곳에서는 절대로 발견하지 못했을 1차 자료들과 그가 직접 연구한 내용들도 포함되어 있었다. 그는 오랜 세월 동안 이렇게 너그럽게 동료 연구자들에게 도움을 베풀어왔다. 그중 한 명이 되는 행운을 누리지 못했더라면 나는 이 책을 이러한 방식으로 쓸 수 없었을 것이다. 내 연구가 버지니아 주 주민으로서 그가 겪어온 삶의 경험과도 맞물리는 지점들이 있을 것이므로, 나는 그가 내 프로젝트에 특히 더 마음을 써주었을 것이라는 생각도 해본다. 그렇든 그렇지 않든, 그가 내 원고 전체를 다 읽고서 크고 작은 해석상의 조언을 해주고 여러 가지 오류도 수정해준 것에 대해 깊은 감사를 전한다. 여전히 책에 오류가 남아 있다면 일반 독자들을 위해 내가 복잡한 법적·정치적 문제들을 단순화하면서 생긴 문제이지, 꼼꼼하고 세심하게 원고를 검토해준 그의 탓이 아니다.

감사를 전할 또 한 명의 선생님은 S. M. 애머데이다. 애머데이의 획기적인 첫 저서 《자본주의적 민주주의의 합리화Rationalizing Capitalist Democracy》 덕분에 '뷰캐넌 하우스' 아카이브의 존재를 알 수 있었다. 애머데이에게 전화로 연락을 취해 그곳에 어떻게 갈 수 있을지 물었더니, 몹시도 일반적이지 않은 상황에서 자료를 수집하고 연구를 진행했던 자신의 경험을 상세하게 알려주었고, 내가 과도하게 상상하고 있는 게 아닌가 싶어 두렵던 마음도 누그러뜨려 주었다. 뷰캐넌 하우스 자료들을 통해 내가 개요를 더듬어볼 수 있었던 '계획'은 그때까지 아직 발견한 사람이 아무도 없었다(그 '계획'은 2010년 이후 내가 사는 노스캐롤라이나 주 의회에서도 무시무시한 모습을 드러냈다). 전화선 저쪽에서 긴 침묵이 흐른 뒤, 애머데이는 이렇게 말했다. "신자유주의를 비판하는 사람들 대부분은 이 이론을 읽지 않았다는 것을 기억하셔야 해요." 내게 이 통화는 커다란 전환점이 되었다. 나는 최종적으로 닿게 될 곳이 어디든 간에 이 길을 끝까지 따라가보기로 했다. 그리고 그날의 통화는 지속적인 우정으로 이어졌다. 나는 뷰캐넌의 정치경제 사상에 대해 애머데이보다 잘 파악하고 있는 사람은 보지 못했다. 내가 이 책에서 약탈적 권력 의지가 현실에서 어떻게 펼쳐지는지를 다뤘다면, 애머데이의 최근 저서 《이성의 죄수Prisoners of Reason》는 그것이 이론 수준에서 어떻게 펼쳐지는지를 잘 보여주고 있다.

가장 크게 감사를 드릴 선생님을 꼽으라면, 이 책 담당 에이전시의 수전 라비너Susan Rabiner일 것이다. 내가 이제껏 만나본 중 가장 정확한 선생님이었고 이 프로젝트에서도 더할 나위 없이 훌륭한 코치였다. 맨처음 이야기를 나누었을 때부터 수전은 이 주제의 중요성을 누구보다 잘 이해했고 그것을 책으로 만들어내는 데도 단순히 업무 차원을 훨씬 뛰어넘는 열정을 가지고 임해주었다. 나는 헬렌 켈러Helen Keller에게 앤 설리번Anne Sullivan 선생님이 있었다면 내게는 라비너가 있다는 생각을 여러 번 했다. 라비너는 단호하지만 인내심을 가지고, 내가 속한 학계를 넘어 더 폭넓은 대중을 상대로 이 이야기를 전달할 수 있으려면 어떻게 해야 하는지 알려주었다. 라비너는 저자들이 꿈에서나 바랄 수 있을 만큼 더없이 영민한 대화 상대였고, 아낌없이 격려해주는 코치였으며, 책의 내용에 대한 든든한 옹호자였다. 또한 라비너는 이 작업 전체가 매우 즐거운 과정이 되게 해주었다. 편집자 웬디 울프Wendy Wolf도 이 프로젝트에 처음부터 막대한 신뢰를 보여주었고 일반 독자를 대상으로 하는 글을 어떻게 써야 하는지에 대해 상세하게 알려주었다. 윌 파머Will Palmer는 필적할 상대가 없을 정도로 뛰어나게 교정·교열을 맡아주었을 뿐 아니라 내용에 대해서도 꼼꼼하게 짚어주어서 큰 도움을 받았다. 바이킹 출판사의 조지아 보드너Georgia Bodnar와 메건 제리티Megan Gerrity의 뛰어난 업무에도 감사를 전한다. 또한 날카로운 질문과 유용한 제안들로 원고가 한결 나아지게 해준 프리랜서 편집자 파멜라 하그Pamela Haag에게도 감사를 전한다.

내가 사는 동네의 훌륭한 선생님들이 없었더라면 라비너와 울프가 그 일을 맡아주도록 설득하지 못했을 것이다. 우선, 글쓰기 모임의 로라 에드워즈^{Laura Edwards}, 재클린 다우드 홀^{Jacquelyn Dowd Hall}, 리사 레벤스타인^{Lisa Levenstein}은 역사적 사안에 해박한 전문가이자 명민한 비판을 해주는 평론가였으며, 어느 저자라도 바라 마지않을 정도로 내 작업을 깊이 신뢰해주는 친구들이었다. 이들은 실로 '드림팀'이었다. 여름 내내 너그럽게 시간을 내어 전체 원고를 읽어봐주고 유용한 제안으로 책이 더 나아지게 해준 데 대해 깊은 감사를 전한다. 학자들로 구성된 또 다른 드림팀에도 감사를 전한다. 앨리스 케슬러 해리스^{Alice Kessler Harris}는 처음부터 이 프로젝트를 믿고 지지해주었다. 제이슨 브렌트^{Jason Brent}는 경제사상사의 다양한 전통에 대한 풍부한 지식으로, 내가 헛발을 짚지 않고 전체적인 분석을 정교화하는 데 결정적인 도움을 주었다. 조지프 A. 매카틴^{Joseph A. McCartin}은 공공 부문 노동자의 역사에 대한 최고의 권위자다. 소냐 애머데이^{Sonya Amadae}는 핀란드에서 본인의 연구를 수행하는 와중에도 시간을 내어 날카로운 조언으로 큰 도움을 주었다. 칠레를 다룬 장에 대해 통찰력 있는 조언을 해준 남미 역사학자 존 프렌치^{John French}와 제프리 루빈^{Jeffrey Rubin}에게도 감사를 전한다. 또한 '노동 및 노동자 계급의 역사학회^{Labor and Working Class History Association}' 동료들에게도 감사를 전한다. 이들에게서 이 책에 언급된 많은 이야기들을 들을 수 있었다.

리사 레벤스타인^{Lisa Levenstein}에게는 한 단락을 따로 할애해 감사를 전해야 마땅할 것이다. 너무나 고맙게도 막판에 크리스마스와 신년 휴가 기간을 털어 산만한 내 원고를 간결하고 명료하게 다듬는 영웅적인 일을 해주었다. 놀라운 전문성과 열정을 가진 편집자 리사와 친구여서 정말 행운이었다.

연구 지원금을 신청할 때 내 연구 계획에 대한 신뢰로 기꺼이 추천서를 써준, 다음의 저명한 역사학자들께 깊은 감사를 전한다. 린다 고든Linda Gordon, 린다 커버Linda Kerber, 앨리스 케슬러 해리스Alice Kessler Harris, 찰스 페인Charles Payne, 마이클 셰리Michael Sherry, 대니얼 T. 로저스Daniel T. Rodgers. 이들의 추천서를 진지하게 염두에 두고 내게 연구 및 저술 자금을 지원해준 다음 기관들에도 감사를 전한다. 미국학회위원회American Council of Learned Societies, 미국인문학기금National Endowment for the Humanities, 미국인문학센터National Humanities Center, 노스웨스턴 대학의 정책연구소Institute for Policy Research.

만나보지는 못했지만 크게 도움을 받은 분들에게도 감사를 전하고 싶다. 우선, 거대 자금이 미국 정치에 끼친 영향을 깊이 있게 취재한 헌신적인 기자들에게 감사를 전한다. 주석에 이들 중 많은 수가 언급되어 있지만, 이 지면을 빌려 그들 모두에게 다시 한 번 감사드린다. 그들의 용감한 취재가 없었더라면 나 역시 이 책이 다루고 있는 시기 중 최근 20년간의 역사를 모으고 엮어낼 수 없었을 것이다.

대학에서 학생들을 가르치는 일이 주는 즐거움 중 하나는 정보와 통찰이 양방향으로 흐른다는 점이다. 석박사과정 학생들 덕분에 이 책에 언급된 여러 문제들에 대해 더 잘 이해하게 되었다. 이들은 자신의 연구를 통해 내게 끊임없이 영감을 준 동료들이기도 했다. 학부 수업을 진행하면서도 많은 것을 배울 수 있었다. 수업에 참여해준 학생들에게 감사를 전한다. 또한 처음에는 노스웨스턴 대학에서, 그다음에는 듀크 대학에서, 이 책을 위한 연구에 도움을 준 다음의 연구 조교들에게 감사를 전한다. 앤서니 아바타Anthony Abata, 일라디오 보바딜라Eladio Bobadilla, 존 프리Jon Free, 알렉산더 고스Alexander Gourse, 나탈리 진 마린 스트리트Natalie Jean Marine

Street, 파바티 산토시 쿠마르Parvathi Santhosh Kumar, 헌터 톰슨Hunter Thompson, 브래드 우드Brad Wood, 마틴 자카리아Martin Zacharia.

이 밖에도 많은 동료들이 이 책의 여러 부분에 대해 각자의 자료와 아이디어를 공유해주었다. 다음의 동료들에게 감사를 전하며, 나의 불찰로 미처 여기에 언급하지 못한 분이 있다면 너그러운 양해를 구한다. 에드 발레이슨Ed Balleisen, 마사 비온디Martha Biondi, 잭 보거Jack Boger, 크리스토퍼 보나스티아Christopher Bonastia, 에일린 보리스Eileen Boris, 앤디 부어스틴Andy Burstein, 마고 커네이디Margot Canady, 에두아르도 카네다Eduardo Caneda, 패트릭 콘웨이Patrick Conway, 사울 코넬Saul Cornell, 낸시 코트Nancy Cott, 조지프 크레스피노Joseph Crespino, 엠마 에드먼즈Emma Edmunds, 레인 펜리치Lane Fenrich, 멜리사 피셔Melissa Fisher, 메리 폴리Mary Foley, 낸시 프레이저Nancy Fraser, 에스텔레 프리드먼Estelle Freedman, 폴 개스톤Paul Gaston, 조나돈 글래스먼Jonathon Glassman, 타볼리아 글림프Thavolia Glymph, 샐리 그린Sally Greene, 브라이언 그로건Brian Grogan, 로저 호로위츠Roger Horowitz, 낸시 이젠버그Nancy Isenberg, 제니퍼 클라인Jennifer Klein, 밥 코스타드Bob Korstad, 케빈 크루즈Kevin Kruse, 매트 라시터Matt Lassiter, 줄스 로Jules Law, 켈리 로튼Kelley Lawton, 브라이언 리Brian Lee, 아리안 린더츠Ariane Leendertz, 앤드류 루이스Andrew Lewis, 넬슨 리히텐슈타인Nelson Lichtenstein, 메리 앤 매캘로넌Mary Anne McAlonon, 조지프 A. 매카틴Joseph A. McCartin, 로라 맥애너니Laura McEnaney, 앨런 맥긴티Alan McGinty, 제니퍼 미텔스타트Jennifer Mittelstadt, 줄리 무지Julie Mooney, 베사니 모어튼Bethany Moreton, 앨리스 오코너Alice O'Connor, 줄리아 오트Julia Ott, 조지프 J. 퍼스키Joseph J. Persky, 크리스토퍼 펠프스Christopher Phelps, 킴 필립스 페인Kim Phillips-Fein, 제데디아 퍼디Jedediah Purdy, 번하드 리거Bernhard Rieger, 카일 셰퍼

Kyle Schaefer, 에드워드 H. 세베스타Edward H. Sebesta, 데이비드 스타이거월드David Steigerwald, 데이비드 스타인David Stein, 울프강 스트리크Wolfgang Streeck, 셸턴 스트롬키스트Shelton Stromquist, 케리 테일러Kerry Taylor, 헤더 톰슨Heather Thompson, 에카드 밴스 토이Eckard Vance Toy(토이가 안타깝게도 세상을 떠난 뒤, 그의 딸 켈리 디트마르Kelly Dittmar가 내게 연락을 취해 그가 연구를 위해 수집했던 극우세력에 대한 자료를 전해주었다), 카라 터너Kara Turner, 닉 웅거Nick Unger, 진 크리스천 비넬Jean-Christian Vinel, 대니얼 윌리엄스Daniel Williams, 피터 H. 우드Peter H. Wood, 셀레스테 로블루스키Celeste Wroblewski, 잭 우스트Jack Wuest.

늘 그렇듯이 많은 사서와 아카이브 전문가들에게 큰 신세를 졌다. 그들이 곤란한 상황에 처하게 될지 몰라 이름을 언급할 수는 없지만, 그들의 지식과 전문성, 그리고 기꺼이 도와주고자 하는 열린 마음은 내 연구에 막대한 도움을 주었다. 또한 학술대회와 강연회에서 이 책의 몇몇 부분을 발표할 수 있었던 덕분에 내용을 더 분명하고 정교하게 다듬을 수 있었다. 초청해준 주최 측과 참석자들에게 감사를 전한다.

끝으로 그리고 가장 중요하게, 이 책을 쓰는 내내 격려해주고 기운을 북돋워준 사랑하는 친구들(이름을 언급하지 않아도 누구인지, 또 내가 얼마나 그들을 친구로 두어서 행운이라고 생각하는지, 그들은 알 것이다)과 나의 가족 매리 앤 매캘로넌Mary Anne McAlonon, 레이 매캘로넌Ray McAlonon, 라이언 매캘로넌Ryan McAlonon, 데이비드 매클린David MacLean, 재키 매클린Jacquie Maclean, 엘리 오렌스타인Eli Orenstein, 이브 오렌스타인Eve Orenstein, 레스 오렌스타인Les Orenstein, 셀레스테 로블루스키Celeste Wroblewski, 앤 골든Ann Golden에게 감사를 전한다. 매리 앤은 마지막 달에 기적처럼 나타나서, 한 달 내내 '최고의 자매'를 갖는다는 게 무엇인지를 날마다 확인시켜주었다. 그리고 누구

와도 하나의 범주로 묶을 수 없는, 세상에 단 하나뿐인 사람 브루스 오렌
스타인Bruce Orenstein에게 감사를 전한다. 언제나 내 책의 첫 번째 독자이
자 내 영혼의 짝인 브루스의 사랑, 비전, 현명한 조언, 날마다의 일상적
인 도움, 그리고 유머 감각이 없었다면 나는 이 일을 마무리하지 못했을
것이다.

　모든 분들께 깊은 감사를 드린다.

주석

제사

1 르뮤는 코크가 자금을 지원한 인디펜던트 연구소의 펠로우로서 역시 코크가 자금을 댄 카토 연구소를 위해 글을 쓰고 있었다.

서문: 딕시에서의 조용한 거래

1 "Working Papers for Internal Discussion Only" (December 1956), record group 2/1/2.634, box 9, Office of the President, Papers of the President of the University of Virginia, Office of Administrative Files, Manuscripts Division, Alderman Library, University of Virginia. 다든의 사상에 대한 개요는 다음을 참고하라. *Guy Friddell, Colgate Darden: Conservations with Guy Friddell* (Chalottesville: University of Virginia, 1978). 이 센터의 설립에 대한 상세한 내용은 2장과 3장을 참고하라.

2 "Working Papers for Internal Discussion Only."

3 Trip Gabriel, "Teachers Wonder, Why the Heapings of Scorn?" *New York Times*, March 3, 2011, A1, 18.

4 예를 들어 다음을 참고하라. Andrew Burstein and Nancy Isenberg, "GOP's Anti-School Insanity: How Scott Walker and Bobby Jindal Declared War on Education," Salon, February 20, 2015; Rihard Fausset, "Ideology Seen as Factor in Closings at University," *New York Times*, February 20, 2015; 이와 관련한 스티브 밈스(Steve Mims) 감독의 다음 다큐멘터리도 참고하라. Starving the Beast, www.starvingthebeast.net.

5 Ari Berman, *Give Us the Ballot: The Modern Struggle for Voting Rights in America* (New York: Farrar, Straus and Giroux, 2015), 260, 263.

6 Elizabeth Koh, "Justice Clarence Thomas: 'We Are Destroying Our Institutions,'" *News & Observer*, October 27, 2016, 1.

7 William Cronon, "Who's Really Behind Recent Republican Legislation in Wisconsin and Elsewhere? (Hint: It Didn't Start Here)," *Scholar as Citizen* (블로그), March 15, 2011, http://scholarcitizen.williamcronon.net/tag/wpri. 그가 파헤치자 불안해진 위스콘신 주 공화당은 [정보공개 청구를 통해] 그의 이메일 내용 조회를 요청했다. David Walsh, "GOP Files FOIA Request for UW Madison Professor William Cronon's Emails," History News Network, March 25, 2011, http://historynewsnetwork.org/article/137911.

8 Jane Mayer, "Covert Operations: The Billionaire Brothers Who Are Waging a War Against Obama," *The New Yorker*, August 30, 2010; 더 최근에 제인 메이어는 다음 책을 출간했다. Jane Mayer, *Dark Money: The Hidden History of the Billionaire Behind the Rise of the Radical Right* (New York: Doubleday, 2016). 다음도 참고하라. Lee Fang, *The Machine: A Field Guide to the Resurgent Right* (New York: New Press, 2013); Kenneth P. Vogel, *Big Money: 2.5 Billion Dollars, One Suspicious Vehicle, and a Pimp—On the Trail of the Ultra-Rich Hijacking American Politics*

(New York: Public Affairs, 2014), and Daniel Schulman, *Sons of Wichita: How the Koch Brothers Became America's Most Powerful and Private Dynasty* (New York: Grand Central Publishing, 2014).

9 많은 저널리스트가 랜드나 프리드먼, 혹은 두 사람 모두에게 주목했다. 하이에크와 프리드먼에 초점을 둔 학술적인 설명으로는, 예를 들어 다음을 참고하라. Philip Mirowski, *Never Let a Serious Crisis Go to Waste: How Neoliberalism Survived the Financial Meltdown* (New York: Verso, 2013). 신자유주의 사상에 대한 역사학자인 미로브스키도 (다른 사람들보다는 많이 언급하긴 했지만) 뷰캐넌에 대해서는 지나가는 정도로만 언급했다. 다른 학자들도 대부분 마찬가지인데, 주목할 만한 예외는 S. M. 애머데이다. 다음을 참고하라. S. M. Amadae, *Prisoners of Reason: Game Theory and Neoliberal Political Economy* (New York: Cambridge University Press, 2016). 이 책에서 애머데이는 뷰캐넌의 사상을 상세하고 통찰력 있게 설명하면서, 뷰캐넌이 스스로를 "고전 자유주의자"라고 칭한 것의 오류와 그의 연구를 추동한 섬뜩한 권력의지를 지적했다.

10 James H. Hershman Jr. "Massive Resistance Meets Its Match: The Emergence of a Pro-Public School Majority." 다음에 수록됨. *The Moderates' Dilemma: Massive Resistance to School Desegregation in Virginia*, ed. Matthew D. Lassiter and Andrew B. Lewis (Charlottesville: University Press of Virginia, 1998), 222n49; Alfred Stepan, "State Power and the Strength of Civil Society in the Southern Cone of Latin America." 다음에 수록됨. Bringing the State Back In, ed. Peter B. Evans, et al. (Cambridge, UK: Cambridge University Press, 1985), 341n13.

11 나는 애머데이가 쓴 다음 책을 통해 이 문서보관소에 대해 알게 되었다. S. M. Amadae, *Rationalizing Capitalist Democracy: The Cold War Origins of Rational Choice Liberalism* (Chicago: University of Chicago Press, 2003). 애머데이는 이 책에서 뷰캐넌이 초기에 랜드 코퍼레이션과 관련이 있었음을 강조하고 있다. 애머데이의 연구는 내게 등대나 다름없었다.

12 George Zornick, "Vice President Mike Pence Would Be a Dream for the Koch Brothers," *The Nation*, July 14, 2016. 그의 신뢰도를 가늠할 수 있는 한 가지 지표만 예로 들자면, 펜스는 카토 연구소가 "A"를 준 네 명의 주지사 중 하나였다. Fiscal Policy Report Card on America's Governors (Washington, DC: Cato Institute 2014), 2-3, http://object.cato.org/sites/cato.org/files/pubs/pdf/fprc-on-americas-governors_1.pdf.

13 Charles G. Koch, *Creating a Science of Liberty* (Fairfax, VA: Institute for Humane Studies, 1997). 1997년 1월 조지 메이슨 대학에서 열린 '펠로우 리서치 콜로퀴엄'에서 한 연설. 제임스 뷰캐넌도 여기에서 연설을 했다.

14 Richard Austin Smith, "The Fifty-Million-Dollar Man," *Fortune*, November 1957, 177.

15 토머스 프랭크는 우파 진영에서 '부패'라는 말을 이러한 의미로 사용하는 경향이 많아지고 있음을 지적하면서 이것이 2008년 이전에 어떤 악영향을 끼쳤는지에 대해 훌륭하게 설명했지만, 이러한 움직임을 추동한 사상에 대해서는 그리 주목하지 않았다. 다음을 참고하라. Thomas Frank, *The Wrecking Crew: How Conservatives Ruined Government, Enriched Themselves, and Beggared the Nation* (New York: Metropolitan Books, 2008). 그는 이 책에서 2세대 공공선택이론 학자인 프레드 S. 맥체스니(Fred. S. McChesney)에 대해 언급하긴 했지만 뷰캐넌부터 시작하는 긴 계보는 다루지 않았다.(245-49).

16 "Working Papers for Internal Discussion Only."

17 골드워터의 대선 출마와 그것의 의미에 대해서는 다음을 참고하라. Rick Perlstein, *Before the Storm: Barry Goldwater and the Unmaking of the American Consensus* (New York: Hill &

Wang, 2001).

18 Koch, *Creating a Science of Liberty*.

19 뷰캐넌이 저술에서 "헌법적 혁명"을 처음 언급한 것으로는 다음을 참고하라. James M. Buchanan, "America's Third Century," *Atlantic Economic Journal* 1 (November 1973): 9-12. 많은 학자와 저널리스트들이, 오늘날 너무나 많은 민주국가들이 실질적으로 "주권"을 상실하고 유권자에게 제대로 반응하지 못함으로써 대중의 지지를 잃고 있다고 지적하고 있다. 하지만 대부분은 '누가' 이런 상황을 만들고 있는지를 설명하기보다 이런 상황이 '발생되었다'는 수동태적 설명에 치중했고, 이 상태를 일으킨 '원천'보다는 그 결과로 나타난 '영향'에 초점을 맞추었으며, 원인을 설명할 때도 인간 행위자를 짚어내기보다는 추상적인 개념들에 원인을 돌렸다. 예를 들어, '민주주의'라는 말이 "개념적 토대도 없고 실질적 내용도 비어 있음"을 강력하게 비판한 정치이론가 웬디 브라운의 다음 저술을 참고하라. Wendy Brown, *Undoing the Demos: Neoliberalism's Stealth Revolution* (New York: Zone Books, 2015). 또한 서구 민주국가들의 정당성을 잠식한 재정위기에 대해 냉철하게 탐구한 볼프강 스트리크의 다음 저술도 참고하라. Wolfgang Streeck, *Buying Time: The Delayed Crisis of Democratic Government* (London: Verso, 2014). 하지만 이들도 정당정치를 초월한 국제적인 기획들을 통해 정부가 경제에 개입하는 것을 의도적으로 막으려 했던 개인과 기관들을 충분히 명료하게 짚어내지 않았다. 이 책의 범위를 넘어서지만, 학자들이 뷰캐넌의 사상에 대해, 그리고 그가 노벨상을 탄 후 뷰캐넌의 사상이 초국가적으로 어떻게 전파되었는지에 대해 더 잘 알게 된다면, 오늘날 관찰되는 문제적 행위들의 기원이 더 잘 파악될 수 있으리라고 생각한다. 다음도 참고하라. Stephen Gill and A. Claire Cutler, eds., *New Constitutionalism and World Order* (Cambridge, UK: Cambridge University Press, 2015); Jeffrey Rubin and Vivienne Bennett, *Enduring Reform: Progressive Activism and Private Sector Responses in Latin America's Democracies* (Pittsburgh: University of Pittsburgh Press). 코크가 자금을 대는 아틀라스 네트워크Atlas Network에는 현재 95개국에서 활동하는 457개의 파트너 기관이 속해 있다. http://www.atlasnetwork.org. 자유지상주의자들의 글로벌 네트워크에 대한 자세한 내용은 다음을 참고하라. Steven Teles and Daniel A. Kenney, "Spreading the Word: The Diffusion of American Conservatism in Europe and Beyond," 다음에 수록됨. *Growing Apart? America and Europe in the Twenty-First Century*, ed. Jeffrey Kopstein and Sven Steinmo (Cambridge, UK: Cambridge University Press, 2008), 136-69.

20 James M. Buchanan, "Constitutions, Politics, and Markets." 발표 논문. Porto Allegre, Brazil, April 1993, Buchanan House Archives.

21 이러한 외연 확장이 어떻게 작동했으며 어떤 효과를 냈는지에 대해서는 다음을 참고하라. Grover G. Norquist, *Leave Us Alone: Getting the Government's Hands Off Our Money, Our Guns, and Our Lives* (New York: HarperCollins, 2008).

22 이미 1980년대 말부터 카토 연구소는 개인의 자유를 침해한다고 종교(특히 기독교)를 비난했던 자유지상주의의 오랜 역사가 종교계 우파와의 연대에 악영향을 미칠까 봐 초조해하고 있었다. 그래서 자유지상주의의 주장을 복음주의자들도 받아들일 수 있는 방식으로 재구성할 수 있는 연구원을 고용했다. Ben Hart, "When Government Replaces God," *Wall Street Journal*, December 30, 1988, A5. 종교계 우파는 그 자체로 방대한 연구가 필요한 큰 주제이고 코크가 대중적인 영향력을 넓히기 위해 연대할 대상을 찾으려 하기 전까지는 뷰캐넌의 프로젝트와 사실상 관련이 없었으므로, 이 책에서는 거의 다루지 않았다. 백인 복음주의 개신교의 정치활동과 자유지상주의 경제학 사이의 희한한 이데올로기적 친밀성에 대해서는, 예를 들어 다음을 참고하라. Michael Lienesch, *Redeeming America: Piety and Politics in the New Christian Right* (Chapel Hill: University of

North Carolina Press, 1993), 94-138; Linda Kintz, *Between Jesus and the Market: The Emotions That Matter in Right-Wing America* (Durham, DC: Duke University Press, 1997); Bethany E. Moreton, *To Serve God and Wal-Mart: The Making of Christian Free Enterprise* (Cambridge, MA: Harvard University Press, 2009). 오래전부터 모어튼 같은 페미니스트 학자들은 정부가 기능을 축소할 때 여성이 이중으로 피해를 보게 됨을 지적해왔다. 여성은 공공 부문 노동자로서 일자리를 잃었고 가정에서 무보수 노동자로서 추가적인 부담을 온전히 떠맡아야 했다.

23. 이에 대해 1996년에 〈월 스트리트 저널〉이 기업계에 경종을 울린 바 있다. 다음을 참고하라. Jacob M. Schlesinger, "As Opponents of 'Corporate Welfare' Mobilize on Left and Right, Business Has Reason to Worry," *Wall Street Journal*, December 18, 1996, A22.

24 Arlen Specter, *Life Among the Cannibals: A Political Career, a Tea Party Uprising, and the End of Governing as We Know It* (New York: Thomas Dunne, 2012); Howard Berkes, "GOP-on-GOP Attacks Leave Orrin Hatch Fighting Mad," National Public Radio, April 12, 2012, www.npr.org/sections/itsallpolitics/2012/04/12/150506733/tea-party-again-targets-a-utah-gop-senator-and-orrin-hatch-is-fighting-mad; Alan Rappeport and Matt Flegenheimer, "John Boehner Describes Ted Cruz as "Lucifer in the Flesh,'" First Draft (블로그), *New York Times*, April 28, 2016.

25 예를 들어 다음을 참고하라. Thomas E. Mann and Norman Ornstein, *It's Even Worse than It Looks: How the American Constitutional System Collided with the New Politics of Extremism* (New York: Basic Books, 2012); Geoffrey Kabaservice, *Rule and Ruin: The Downfall of Moderation and the Destruction of the Republican Party, from Eisenhower to the Tea Party* (New York: Oxford University Press, 2012); David Daley, *Raft**ked: The True Story Behind the Secret Plan to Steal America's Democracy* (New York: Liveright 2016); E.J. Dionne Jr., *Why the Right Went Wrong: Conservatism—From Goldwater to Trump* (New York: Simon & Schuster, 2016).

26 민영화의 위험성을 경고한 초창기의 저술로는 다음을 참고하라. Si Kahn and Elizabeth Minnich, *The Fox in the Henhosuse: How Privatization Threatens Democracy* (San Francisco: Berrett-Koehler, 2005). 뷰캐넌의 시각은 다루지 않았지만 그것이 일으킨 효과에 대한 내용을 상당히 많이 담고 있다.

27 코크 인더스트리즈에서 '정부 및 공공 사안'팀을 이끌고 있던 마크 홀든Mark Holden은 초대받은 사람들만 올 수 있는 억만장자 후원자들의 모임에서, 미국 정치에서 벌어지고 있는 일들을 우려하는 사람들은 사실 "우리를 두려워하는 것"이라며, 그래도 그들은 여기 모인 후원자들과 공작원들을 멈추지 못할 것이라고 말했다. "우리는 거의 다 이겼습니다. 정확히 얼마나 승리가 가까이 왔는지는 알 수 없지만, 우리는 반드시 이길 것입니다. [왜냐하면] 그들은 진짜 경로를 가지고 있지 못하기 때문입니다." Kenneth P. Vogel, "The Koch Intelligence Agency," *Politico*, November 18, 2015, www.politico.com/story/2015/11/the-koch-brothers-intelligence-agency-215943#ixzz47cZ8Bqci.

28 Jeb Bush and Clint Bolick, *Immigration Wars: Forging an American Solution* (New York: Threshold Editions, 2013). 볼릭은 코크가 후원한 '정의를 위한 연구소Institute for Justice'의 공동 창립자로, 자유지상주의 성향의 변호사다. '정의를 위한 연구소'는 뉴딜 이전 시기의 헌법으로 돌아가기 위한 전략 소송들을 준비하기 위해 설립되었다. 이곳은 카토 연구소의 로저 필론Roger Pilon을 도와, 법무부에서 민권 부서를 이끌고 있던 법학 교수 라니 귀니어Lani Guinier의 대법관 지명을 막고 클래런스 토머스Clarence Thomas가 대법관이 되게 하는 데 일조했다. 다음을 참고하라. Jane Mayer and Jill Abramson, *Strange Justice: The Selling of Clarence Thomas* (New York: Houghton Mifflin, 1994). 인용은 179-180, 186, 198에 나온다; Nina J. Easton, *Gang of Five: Leaders at the*

Center of the Conservative Crusade (New York: Simon & Schuster, 2000), 89-110, 260-65; Clint Bolick, "Clinton's Quota Queens," *Wall Street Journal*, April 30, 1993, A1.

29 이에 대한 훌륭한 저술로는 다음을 참고하라. Ira Katznelson, *Fear Itself: The New Deal and the Origins of Our Time* (New York: Liveright, 2013). 이와 극명한 대조를 이루는 저술로는, 뷰캐넌 의 영향을 받은 수정주의적 저술인 다음을 참고하라. Amity Shlaes, *The Forgotten Man: A New History of the Great Depression* (New York: Harper, 2007). 저자 애머티 슐레이스는 자유지상 주의 성향의 금융 전문 기자다. 그는 프랭클린 루스벨트 대통령이 추진한 정책들이 대통령의 사적 인 이익을 위한 행동이었다고 주장했는데, 이는 글로벌 맥락을 무시했을 뿐 아니라 새로운 정치경 제 체제를 요구했던 대중의 열망도 무시한 왜곡된 설명이다. '적극적인 정부'가 달성한 성취들에 대 해서는 다음을 참고하라. Jacob S. Hacker and Paul Pierson, *American Amnesia: How the War on Government Led Us to Forget What Made America Prosper* (New York: Simon & Schuster, 2016). 1970년대에 양당 공히 케인스주의로부터 멀어진 것에 대해서는 다음을 참고하라. Judith Stein, *Pivotal Decade: How the United States Traded Factories for Finance in the Seventies* (New Haven, CT: Yale University Press, 2010).

30 프리드먼과 하이에크에 대한 역사학 저술은 많이 나와 있지만, 뷰캐넌에 대해서는 많이 나와 있 지 않다. 내가 가장 많은 정보를 얻은 저술들은 다음과 같다. Philip Mirowski and Kieter Plehwe, eds. *The Road from Mont Pèlerin: The Making of the Neoliberal Thought Collective* (Cambridge, MA: Harvard University Press, 2009); Angus Burgin, *The Great Persuasion: Reinventing Free Markets Since the Depression* (Cambridge, MA: Harvard University Press, 2012); Daniel Stedman Jones, *Masters of the Universe: Hayek, Friedman, and the Birth of Neoliberal Economics* (Princeton, NJ: Princeton University Press, 2012); Daniel T. Rodgers, *Age of Fracture* (Cambridge, MA: Harvard University Press, 2011).

31 스티븐 켈만Steven Kelman은 뷰캐넌이 제시한 개념들이 국민을 위해 더 높은 목표를 가지고 행 동해야 한다는 "공직자의 정신적 규범"에 대한 사람들의 신뢰를 무너뜨려 "사회가 더 암울해 보이 게 만들고 개개인의 삶이 더 빈곤해지게 함으로써" "자기실현적이 될 위험이 있다"고 지적했다. 다 음을 참고하라. Steven Kelman, "Public Choice's and Public Spirit," *The Public Interest 87* (March 1987): 80-94. 2016년 선거를 생각해보면, 켈만의 분석은 마치 예언처럼 들린다.

32 William P. Carney, "Madrid Rounds Up Suspected Rebels," *New York Times*, October 16, 1936, 2.

33 '갈색 공포'에 대해서는 다음을 참고하라. Leo Ribuffo, *The Old Christian Right: The Protestant Far Right from the Depression to the Cold War* (Philadelphia, PA: Temple University Press) 178-224. '적색 공포'에 대한 책은 매우 많이 나와 있다.

34 Matt Kibbe, *Hostile Takeover: Resisting Centralized Government's Stranglehold on America* (New York: HarperCollins, 2012), 342.

35 Theda Skocpol and Alexander Hertel-Fernandez, "The Koch Effect: The Impact of a Cadre-Led Network on American Politics." (다음에서 발표된 논문. Inequality Mini-Conference, Southern Political Science Association, San Juan, Puerto Rico, January 8, 2016), www.scholarsstrategynetwork.org/sites/defaults/files/the_koch-effect_for_spsa_w_apps_skocpol_and_hertel-fernandez-correcte_1-4-16_1.pdf. 인용은 8페이지에 나온다. 이 논문을 알게 해준 낸시 코 트에게 감사를 전한다. 스카치폴과 바네사 윌리엄슨은 이보다 먼저 쓴 또 다른 저술에서 다음과 같 이 언급했다. "우리가 만나본 바로, 티파티를 지지하는 풀뿌리 지지자들 중 사회보장제도와 메디 케어의 민영화를 자유시장주의 정치세력(가령 하원의원 폴 라이언(공화당, 위스콘신 주) 같은 정치

인이나 '프리덤웍스', '번영을 위한 미국인' 같은 단체)이 말하는 것과 같은 의미에서 지지한 사람은 아무도 없었다." 다음을 참고하라. Theda Skocpol and Vanessa Williamson, *The Tea Party and the Remaking of Republican Conservatism* (New York: Oxford University Press, 2012), 61.

36. James M. Buchanan, "Saving the Soul of Classical Liberalism". 그의 사후에 다음에 다시 게재됨. *Cato Policy Report*, March/April 2013. www.scribd.com/documenet/197800481/Saving-the-Soul-of-Classical-Liberalism-Cato-Institute-pdf. 내부에서 적대를 선동해 워싱턴을 안으로부터 접수하자고 말한 공작원도 이 운동의 목적이 실제로는 반反민주주의적인 어젠다를 듣기 좋은 말로 잘 포장해서 대중을 동원하는 것이라고 묘사했다. 다음을 참고하라. Matt Kibbe, *Don't Hurt People and Don't Take Their Stuff: A Libertarian Manifesto* (New York: William Morrow, 2014).

37. 매디슨적인 것과는 거리가 먼 급진우파의 시민 불복종 운동에 사람들을 동원하려면 매디슨의 망토를 두를 필요가 있다는 최근의 주장에 대해서는 다음을 참고하라. Charles Murray, *By the People: Rebuilding Liberty Without Permission* (New York: Crown Forum, 2015). 인용은 8페이지에 나온다. 이들의 시민 불복종 운동은 민주주의 체제에서 일반적인 정치 과정을 통해서는 획득이 불가능한 것들을 획득하기 위해 연방정부와 벌이는 "전쟁"에서 "새로운 전선"을 열기 위한 전술이다. 후원자들은 불복종 운동 참여자들이 고소·고발을 당할 경우를 대비해 변호인 선임을 위한 자금을 지원한다.

프롤로그: 지배 계급의 마르크스

1 Richard Hofstadter, *The American Political Tradition and the Men Who Made It* (New York: Random House, 1948, 68.

2 Alexander Tabarrok and Tyler Cowen, "The Public Choice Theory of John C. Calhoun," *Journal of Institutional and Theoretical Economics 148* (1992): 655, 661, 665.

3. Ibid., 661, 665. 칼훈에 대한 공공선택이론가들의 평가를 더 보려면 다음을 참고하라. Peter H. Aranson, "Calhoun's Constitutional Economics," *Constitutional Political Economy 2* (1991): 31-52. 코언과 타바록은 조지 메이슨 대학 경제학과 석좌교수이며 이 대학에 소재한 메르카투스 센터를 이끌고 있다. 메르카투스 센터는 적어도 1997년 이래로 찰스 코크의 자금이 굉장히 많이 지원된 곳으로, 코언은 그때부터 이곳의 사무총장을 맡고 있다. 처음에는 코크와 공동 사무총장이었고 코크는 여전히 이사회 이사직을 유지하고 있다. "메르카투스의 전략은 이론과 실천을 결합해" 정책 결정자, 싱크탱크, 재단, 언론 등에 (오늘날의 용어로 말하자면) "전달 가능한 자료들deliverables"을 제공하는 것이라고 한다. Tyler Cowen, "Why Does Freedom Wax and Wane: Some Research Questions in Social Change and Big Government," Mercatus Center, GMU, 2000. 이 글은 2015년에 웹사이트에도 게재되었다.

4 Cowen, "Why Does Freedom Wax and Wane."

5 최근에 한 우파 출판사가 두 권 모두 다음의 모음집으로 재출간했다. H. Lee Cheek Jr., ed., *John C. Calhoun: Selected Writings and Speeches* (Washington, DC: Regnery, 2003). "남부의 '주의 권리'론이 보수주의 운동에서 정통적인 헌법 이론으로 등극했다"는 주장에 대해서는 다음을 참고하라. Michael Lind, *Up from Conservatism: Why the Right Is Wrong for America* (New York: Free Press, 1996), 208-34.

6 Murray N. Rothbard, *Power & Market: Government and the Economy* (Menlo Park, CA: Institute for Humane Studies, 1970), 12-13. 로스바드는 '감사의 글'에서 찰스 코크가 "헌신적인 관

심"을 보여준 것에 감사를 표했다. 그는 "오늘날 자유라는 주제에 대해 코크가 보여준 것과 같은 헌신적인 탐구는 매우 보기 드문 것"이라고 언급했다. 시민들을 조세에서 순이득을 얻는 '기득권 계급'과 순납세를 하게 되는 '피착취 계급'으로 나누는 칼훈의 분석은 이후 자유지상당의 공약에도 반복적으로 등장한다. Joseph M. Hazlett II, *The Libertarian Party and Other Minor Parties in the United States* (Jefferson, NC: McFarland & Co., 1992), 86.

7   Walter Johnson, *River of Dark Dreams: Slavery and Empire in the Cotton Kingdom* (Cambridge, MA: Belknap Press of Harvard University Press, 2015), 5.

8   Louis Hartz, *The Liberal Tradition in America* (New York: Harcourt, Brace, 1955), 158-59, 163.

9   Hofstadter, *American Political Tradition*, 69-70, 72-76. 진보적 자유주의에 대해 전적으로 적대적인 칼훈의 입장에 대해서는 다음을 참고하라. Manisha Sinha, *The Counter-Revolution of Slavery: Politics and Ideology in Antebellum South Carolina* (Chapel Hill: University of North Carolina Press, 2000).

10   다음을 참고하라. Jacob S. Hacker and Paul Pierson, *American Amnesia: How the War on Government Led Us to Forget What Made America Prosper* (New York: Simon & Schuster, 2016).

11   David L. Lightner, *Slavery and the Commerce Power: How the Struggle Against the Interstate Slave Trade Led to the Civil War* (New Haven, CT: Yale University Press, 2006), 99-100. (칼훈은 이것도 부족하다고 생각했지만) 헌법에 이미 규정되어 있는 여러 가지 재산권 보호 장치에 대해서는 다음을 참고하라. David Waldstreicher, *Slavery's Constitution, from Revolution to Ratification* (New York: Hill & Wang, 2009); Paul Finkelman, "The Proslavery Origins of the Electoral College," *Cardozo Law Review 23* (2002): 1500-1519. 두 저자 모두, 또한 다른 많은 저자들도, 이 주제에 대해 방대한 저술을 내놓았다.

12   Sinha, *Counter-Revolution of Slavery*, 64, 74, 77.

13   John C. Calhoun to Alexandre Dumas, August 1, 1847. 다음 책에 재수록됨. *The Friend: A Religious and Literary Journal*, February 26, 1848. 다음에 인용됨. Hofstadter, *American Political Tradition*, 77.

14   Laura F. Edwards, *The People and Their Peace: Legal Culture and the Transformation of Inequality in the Post-Revolutionary South* (Chapel Hill: University of North Carolina Press, 2009), 9, 12, 259, 278; William W. Freehling, *Secessionists at Bay, 1776-1854*, vol. 1. of *The Road to Disunion* (New York: Oxford University Press, 1991), 37. .

15   남북전쟁 이전의 남부인들과 2010년 이후 의회에서 의사방해 전략을 밀어붙이고 있는 급진주의자들 사이의 유사성에 대한 논평가들의 언급은 다음을 참고하라. Sam Tanenhaus, "Original Sin: Why the GOP Is and Will Continue to Be the Party of White People," *New Republic*, February 10, 2013; Bruce Schulman, "Boehner Resurrects the Antebellum South," *Great Debate* (블로그), Reuters, January 17, 2013, http://blogs.reuters.com/great=debate/tag/john-c-calhoun; Stephen Mihm, "Tea Party Tactics Lead Back to Secession," *Bloomberg View*, October 8, 2013, www.bloomberg.com/news/articles/2013-10-08/tea-party-tactics-lead-straight-back-to-secession.

16   Hofstadter, *American Political Tradition*, 68-92. 호프스태터가 분석에 토대로 삼은 다음 저술도 참고하라. Richard N. Current, "John C. Calhoun, Philosopher of Reaction," *Antioch Review 3* (1943). 인용문은 225, 227페이지를 참고하라.

17   Hofstadter, *American Political Tradition*, 71, 78, 84.

18   Robin L. Einhorn, *American Slavery, American Taxation* (Chicago: University of Chicago Press,

2006), 3, 5, 7-8.

19 Ibid.,7. 이와 비슷하게, 오늘날 우파들이 헌법을 기초한 사람들이 아니라 헌법에 반대한 반연방주의자들의 전통을 지지하는 사례에 대해서는 다음을 참고하라. Garry Wills, *A Necessary Evil: A History of American Distrust of Government* (New York: Doubleday, 2000). 모든 종류의 불평등을 정당화하고 불평등의 해결을 위한 모든 정책을 거부하기 위해 인종주의적 담론을 끌어오던 옛 시절의 연금술이 어떻게 해서 오늘날에도 계속 작동할 수 있는지에 대해서는 다음을 참고하라. Karen E. Fields and Barbara J. Fields, *Racecraft: The Soul of Inequality in American Life* (New York: Verso, 2014). 제임스 뷰캐넌이 자신의 논의를 끌어낸 더 뿌리 깊은 정치이론 전통에 대해서는 다음을 참고하라. Charles W. Mills, *The Radical Contract* (Ithaca, NY: Cornell University Press, 1997).

20 Waldstreicher, *Slavery's Constitution*. 매디슨은 "명목상으로는 얼마나 민주적이든 간에" 노예가 많은 주일수록 "사실상 더 귀족주의적"이 된다고 주장했다. 그런 주에서는 "권력이 전체가 아니라 일부에" 놓여 있고 "사람의 수가 아니라 재산의 양에" 놓여 있기 때문이라는 것이었다; Lacy Ford Jr. "Inventing the Concurrent Majority: Madison, Calhoun, and the Problem of Majoritarianism in American Political Thought," *Journal of Southern History* 60 (February 1994), 41-42.

21 Current, "John C. Calhoun," 230. 노예제와 자본주의에 대한 최근의 중요한 연구로는 다음을 참고하라. Sven Beckert, *Empire of Cotton: A Global History* (New York: Alfred A. Knopf, 2014); Edward E. Baptist, *The Half Has Never Been Told: Slavery and the Making of American Capitalism* (New York: Basic Books, 2014); Johnson, *River of Dark Dreams*.

22 Hofstadter, *American Political Tradition*, 78-80.

23 Ibid., 80.

24 Calhoun to Dumas, August 1, 1847, 21, 23.

25 Eric Foner, *Free Soil, Free Labor, Free Men: The Ideology of the Republican Party Before the Civil War* (New York: Oxford University Press, 1970).

26 Hofstadter, *American Political Tradition*, 77.

27 William J. Novak, *The People's Welfare: Law and Regulation in Nineteenth-Century America* (Chapel Hill: University of North Carolina Press, 1996); Brian Balogh, *A Government Out of Sight: The Mystery of National Authority in Nineteenth-Century America* (Cambridge, UK: Cambridge University Press, 2009).

28 Ford, "Inventing the Concurrent Majority," 49.

29 소득세가 도입된 이후 한 세기간의 우파 운동에 대해서도 비슷하게 이야기할 수 있다. 다음을 참고하라. Isaac William Martin, *Rich People's Movements: Grassroots Campaigns to Untax the One Percent* (New York: Oxford University Press, 2013).

30 남부의 "인종주의적 자본주의 체제"가 남긴 긴 흔적에 대해서는 다음을 참고하라. James L. Leloudis and Robert Korstad, *To Right These Wrongs: The North Carolina Fund and the Battle to End Poverty and Inequality in 1960s America* (Chapel Hill: University of North Carolina Press, 2010).

31 J. Mogan Kousser, *The Shaping of Southern Politics: Suffrage Restriction and the Establishment of the One-Party South* (New Haven, CT: Yale University Press, 1974). 19세기 이래 미국 정치의 발달 과정에서 인종의 역할, 그리고 정치적 동기와 호소력의 측면에서 인종적 감수성과 계급적 감수성의 혼합을 다룬 문헌은 여기에서 다 언급하기에는 너무 많다. 이 책에서 내가 주장한 더 좁은 측

면에 대한 간략한 논의는 다음을 참고하라. Rogers M. Smith, *Civic Ideals: Conflicting Visions of Citizenship in U.S. History* (New Haven: Yale University Press, 1997).

1장: 무엇도 우리를 막을 수 없었어요

1 해방신학자로서, 마틴 루터 킹의 "전조"로서, 또 조카 바버라 존스의 멘토로서 버논 존스 목사의 삶을 다룬 기념비적인 저술로는 다음을 참고하라. Taylor Branch, *Parting the Waters: America in the King Years, 1954-1963* (New York: Simon & Shuster, 1988), 7-26.

2 Kathryn Orth, "Going Public: Teacher Says She Encouraged 1951 Student Strike," *Richmond Times-dispatch*, May 30, 1999, CI; Inez Davenport Jones, "Students Went on Strike to Challenge Jim Crow," *Virginian-Pilot*, August 20, 2007, A15; Robert C. Smith, *They Closed Our Schools: Prince Edward County, Virginia 1951-1964* (Chapel Hill: University of North Carolina Press, 1965), 34. 이 동맹 휴학과 이후에 일어난 일들에 대해 최근에 역사학자, 역사사회학자, 그리고 프린스 에드워드 카운티에서 자란 백인 저널리스트가 각각 풍부한 내용을 담은 연구서를 출간했다. 다음을 참고하라. Jill Ogline Titus, *Brown's Battleground: Students, Segregationists, and the Struggle for Justice in Prince Edward County* (Chapel Hill: University of North Carolina Press, 2011); Christopher Bonastia, *Southern Stalemate: Five Years Without Public Education in Prince Edward County, Virginia* (Chicago: University of Chicago Press, 2011); Kristen Green, *Something Must Be Done about Prince Edward County: A Family, a Virginia Town, a Civil Rights Battle* (New York: HarperCollins, 2015).

3 "동등화" 운동은 다음을 참고하라. Doxey A. Wilkerson, "The Negro School Movement in Virginia: From 'Equalization' to 'Integration,'" *Journal of Negro Education* 29 (Winter 1960): 17-29; J. Douglas Smith, *Managing White Supremacy: Race, Politics, and Citizenship in Jim Crow Virginia* (Chapel Hill: University of North Carolina Press, 2002). 이 운동의 중요성에 대해 알려준 제임스 H. 허시먼에게 감사를 전한다.

4 버지니아 주의 투표세에 대한 간략하지만 훌륭한 설명은 다음을 참고하라. Brent Tarter, "Poll Tax," *Encyclopedia Virginia*, www.encyclopediavirginia.org/poll_tax#start_entry; 다음은 이 주제에 대한 고전에 해당하는 저술이다. V. O. Key Jr. *Southern Politics in State and Nation* (New York: Alfred A. Knopf, 1949). 특히 580, 594 페이지를 참고하라.

5 Smith, *They Closed Our Schools*, 42, 61-62.

6 Smith, *They Closed Our Schools*, 15-17, 19, 24.

7 이네즈 대븐포트 존스의 연설. 1999년 버지니아 주 팜빌에서 열림. 다음에 수록됨. *Above the Strom*, ed. Charles Gray and John Arthur Stokes (n.p.: Four-G Publishing, 2004), 91-93. 대븐포트는 자신의 역할을 수업 거부 이틀째가 될 때까지 미래의 남편[교장]에게 알리지 않았다(Orth, "Going Public," C1). 자신의 역할을 밝히고 그와 관련된 질문들을 해소한 것에 대해서는 다음을 참고하라. Kara Miles Turner, "'It Is Not at Present a Very Successful School': Prince Edward County and the Black Educational Struggle, 1865-1995" (듀크 대학 박사학위 논문, 2001년), 197n159. 당시에 직물 노동자들이 버지니아 주의 댄 리버 공장을 근거로 삼고 총파업을 위해 총력을 기울이고 있었다. 다음을 참고하라. Timothy J. Minchin, *What Do We Need a Union For? The TWUA in the South, 1945-1955* (Chapel Hill: University of North Carolina Press, 2000).

8 Kara Miles Turner, "Liberating Lifescripts'" Prince Edward County, Virginia, and the Roots of *Brown v. Board of Education*." 다음에 수록됨. *From the Grassroots to the Supreme Court: Prince Edward County, Virginia, and the Roots of Brown v. Board of Education*, ed. Peter F. Lau (Durham, NC: Duke University Press, 2004), 95; John Stokes with Louis Wolfe and Herman J. Viola, *Students on Strike: Jim Crow, Civil Rights, Brown, and Me: A Memoir* (Washington, DC: National Geographic, 2008), 54-62; Smith, *They Closed Our Schools*, 32-33.

9 Barbara Rose Johns Powell. 다음에 소장되어 있는, 손으로 쓴 기록. Robert Russa Moton Museum, Farmville, VA; *Stokes on Strike*, 71.

10 Stokes, *Students on Strike*, 54-62; Smith, *They Closed Our Schools*, 32-33.

11 Stokes, *Students on Strike*, 63-68; Davenport Jones, speech in *Above the Storm*, 90.

12 Stokes, *Students on Strike*, 63-68, 75, 78; Richard Wormser, *The Rise and fall of Jim Crow* (New York: St. Martin's, 2003), 180; Smith, *They Closed Our Schools*, 40-42.

13 "The Lonely Hero of Virginia School Fight," *Jet*, May 18, 1961, 20-24; "The Shame and the Glory," *Christian Century*, August 15, 1962, 977; Smith, They Closed Our Schools, 7, 11-13.

14 Smith, *They Closed Our Schools*, 43, 45-46; Richard Kluger, *Simple Justice: The History of Brown v. Board of Education and Black America's Struggle for Equality* (New York: Random House, 1975), 473; 더 일반적으로는 다음을 참고하라. Genna Rae McNeil, *Groundwork: Charles Hamilton Houston and the Struggle for Civil Rights* (Philadelphia: University of Pennsylvania Press, 1983); Kenneth Mack, "Law and Mass Politics in the Making of the Civil Rights Lawyer, 1931-1941," *Journal of American History* 93, no. 1. (June 2006): 60.

15 Smith, *They Closed Our Schools*, 47-48.

16 Ibis., 51-54.

17 Smith, *They Closed Our Schools*, 9, 58-59; Branch, *Parting the Waters*, 470-79.

18 Stokes, *Students on Strike*, 106.

19 Orth, "Going Public," CI; Smith, *They Closed Our Schools*, 75-76; Stokes, *Students on Strike*, 102-3, 107.

20 Smith, *Managing White Supremacy*.

21 James H. Hershman Jr. "A Rumbling in the Museum: The Opponents of Virginia's Massive Resistance" (버지니아 대학 박사학위 논문, 1978년), 28.

22 Mark Whitman, *Brown v. Board of Education: A Documentary History* (Princeton, NJ: Markus Wiener, 2004), 80-81; Kluger, *Simple Justice*, 482-84. 케네스 클라크Kenneth Clark는 가레트가 교수로서는 "그저 그런 교수의 전형"이라고 생각했다. (Kluger, 502).

23 Numan V. Bartley, *The Rise of Massive Resistance: Race and Politics During the 1950s* (1969; repr., Baton Rouge: Louisiana State University Press, 1997), 114-15.

24 이에 대해서는 제임스 T. 일리 주니어(James T. Ely Jr.)의 고전(*The Crisis of Conservative Virginia: The Byrd Organization and the Politics of Massive Resistance* (Knoxville: University of Tennessee Press, 1996))부터 더 최근의 스미스의 저술(*Managing White Supremacy*)까지 방대한 문헌이 존재한다. 내가 읽은 바로, 1950년대까지 이뤄졌던 온건한 문제제기들과 당시의 여건을 가장 잘 짚은 것은 허시먼의 다음 논문이다. "A Rumbling in the Museum." 다음도 참고하라. Matthew D. Lassiter and Andrew B. Lewis, eds. *The Moderates' Dilemma: Massive Resistance to School Desegregation in Virginia* (Charlottesville: University Press of Virginia, 1998).

25 Philip J. Hilts, "The Saga of James J. Kilpatrick," *Potomac Magazine* (Washington Post),

September 16, 1973, 15, 69; Robert Gaines Corley, "James Jackson Kilpatrick: The Evolution of a Southern Conservative, 1955-1965" (버지니아 대학 미출간 석사학위 논문, 1970년): William P. Hustwit, *James J. Kilpatrick: Salesman for Segregation* (Chapel Hill: University of North Carolina Press, 2013), 29-31, 39-40; 당나귀 인용은 다음에 나온다. Hollinger F. Barnard, ed., *Outside the Magic Circle: The Autobiography of Virginia Foster Durr* (Tuscaloosa: University of Alabama Press, 1985), 314.

26 사설, *Richmond News Leader*, May 7, 1951.

27 Gene Roberts and Hank Klibanoff, *The Race Beat: The Press, the Civil Rights Struggle, and the Awakening of a Nation* (New York: Alfred A. Knopf, 2006), 70-72.

28 Bartley, *Rise of Massive Resistance*, 128-29. 원래의 주장은 다음을 참고하라. H. Lee Cheek Jr., ed., *John C. Calhoun: Selected Writings and Speeches* (Washington, DC: Regnery, 2003); 일관성을 잘 갖춘 고전적인 설명으로는 다음을 참고하라. Richard N. Current, "John C. Calhoun, Philosopher of Reaction," *Antioch Review* 3 (1943).

29 Joseph J. Thorndike, "'The Sometimes Sordid Level of Race and Segregation': James J. Kilpatrick and the Virginia Campaign Against *Brown*." 다음에 수록됨. *The Moderates' Dilemma*, 51-71.

30 James J. Kilpatrick, *The Southern Case for School Segregation* (New York: Crowell-Collier Press, 1962), 8; Hilts, "Saga of James J. Kilpatrick," 69; Garrett Epps, "The Littlest Rebel: James J. Kilpatrick and the Second Civil War," *Constitutional Commentary* 10 (1993): 19.

31 James J. Kilpatrick, "Nine Men, or 36 States?" 다음에 수록됨. *Interposition: Editorials and editorial Page Presentations*, 1955-1956 (Richmond, VA: Richmond News Leader, 1956); Hilts, "Saga of James J. Kilpatrick," 72.

32 Thorndike, "'The Sometimes Sordid Level,'" 51-59; Hustwit, *James J. Kilpatrick*, 45-49.

33 Hershman, "A Rumbling in the Museum," 46-47, 88-89, 115-17.

34 "Virginia's Senator Harry Byrd," *Time*, August 17, 1962, 11-15; *Edward p. Morgan and the News*, transcript, American Broadcasting Network, October 9, 1958, Louise O. Wensel Papers, Special Collections Department, Manuscript Division, University of Virginia Library, Charlottesville; 다음도 참고하라. October 27, 1958, transcript.

35 *Edward P. Morgan and the News*, transcript, October 9, 1958; "Virginia's Senator Harry Byrd," 이러한 프로그램들에 의해 벌어진 대대적인 착취에 대해서는 다음을 참고하라. Cindy Hahamovitch, *No Man's Land: Jamaican Guestworkers in America and the Global History of Deportable Labor* (Princeton, NJ: Princeton University Press, 2013).

36 버도크라시 Byrdocracy. ['버드가 지배하는 체제']에 대한 최근의 요약으로는 다음의 11장을 참고하라. Brent Tarter, *The Grandees of Government: The Origins and Persistence of Undemocratic Politics in Virginia* (Charlottesville: University of Virginia Press, 2013), 281-304; James H. Hershman Jr. 2013년 8월 2일, 나와의 대화.

37 Nick Kotz, *Judgment Days: Lyndon Baines Johnson, Martin Luther King Jr. and the Laws That Changed America* (New York: Houghton Mifflin, 2003), 36; Robert Caro, *The Passage of Power* (New York: Alfred A. Knopf, 2012), 466, 468-69.

38 Steven F. Lawson, *Black Ballots: Voting Rights in the South, 1944-1969* (1976; repr., Lanham, MD: Lexington Books, 1999), 14-15; C. Vann Woodward, *Origins of the New South, 1877-1913* (Baton Rouge: Louisiana State University Press, 1951), 345; James H. Hershman Jr., "Massive

Resistance Meets Its Match: The Emergence of a Pro-Public Education Majority." 다음에 수록됨. *The Moderates' Dilemma*, 104-5, 109; J. Douglas Smith, *On Democracy's Doorstep: The Inside Story of How the Supreme Court Brought "One Person, One Vote" to the United States* (New York: Hill & Wang, 2014), 19.

39 Frank B. Atkinson, *The Dynamic Dominion: Realignment and the Rise of Virginia's Republican Party Since 1945* (Fairfax, VA: George Mason University Press, 1992), 4; Key, *Southern Politics in State and Nation*, 19-20.

40 다음을 참고하라. Smith, *Managing White Supremacy*.

41 Tarter, *Grandees of Government*.

42 "Virginia Outlaws Closed-Shop Pacts," *New York Times*, January 19, 1947, 4. 이 이야기를 알려준 제임스 H. 허시먼 주니어에게 감사를 전한다.

43 이런 술수들은 다음 책에 잘 나와 있다. Edward H. Peeples, *Scalawag: A White Southerner's Journey Through Segregation to Human Rights Activism* (Charlottesville: University of Virginia Press, 2014).

44 Harry F. Byrd to James Kilpatrick, November 8, 1957, box 245, Harry Flood Byrd Sr. Papers; Byrd to Kilpatrick, July 26, 1957, box 413, ibid.; Byrd to Kilpatrick, December 23, 1955, box 7, series B. James J. Kilpatrick Papers, Special Collections Department, University of Virginia Library (이후에 는 JJKP로 표기함).

45 James Kilpatrick to Harry Flood Byrd, December 26, 1955, box 7, series B, JJKP; Roberts and Klibanoff, *The Race beat*, 109, 111, 116-19; Joseph Crespino, *Strom Thurmond's America* (New York: Hill & Wang, 2012), 105-7.

46 Hershman, "A Rumbling in the Museum," 188, 189-90, 208-9, 214, 263; American Jewish Congress, *Assault upon Freedom of Association: A Study of the Southern Attack on the National Association for the Advancement of Colored People* (New York: American Jewish Congress, 1957), 27-29. 더 상세한 내용은 다음을 참고하라. Benjamin Muse, *Virginia's Massive Resistance* (Bloomington: Indiana University Press, 1961)

47 여러 자료가 있지만, 특히 다음에 실린 내용을 참고하라. James R. Sweeney, ed., *Race, Reason, and Massive Resistance: The Diary of David J. Mays, 1954-1959* (Athens: University of Georgia Press, 2008), 167, 168, 178, 190.

48 Smith, *Managing White Supremacy*, 278, 285-88, 294-95; record group 2/1/2, Board of Visitors Files for 1956, 1957, 1958, box 9, Office of the President, Papers of the President of the University of Virginia, Office Administrative Files, manuscripts Division, Alderman Library, University of Virginia; *Colgate Darden: Conversations with Guy Friddell* (Charlottesville: University of Virginia Press, 1978), 103-5. 175페이지도 참고하라.

2장: 테네시 촌놈, 바람의 도시에 가다

1 James M. Buchanan, *Better than Plowing and Other Personal Essays* (Chicago: University of Chicago Press, 1992), 1, 19, 25. 미들 테네시에 대한 이 장의 묘사는 '뉴딜: 연방 작가 프로젝트New Deal: the Federal Writers' Project'가 수집한 자료 덕분에 가능했다. 나는 다음의 자료를 인용했다. *The WPA Guide to Tennessee* (1939; repr., Knoxville: University of Tennessee Press, 1986).

2 Buchanan, *Better than Plowing*, 1; Wilma Dykeman, *Tennessee: A Bicentennial History* (New York: W.W. Norton, 1975), 167–68; Carton C. Sims, *A History of Rutherford County* (Murfreesboro, TN. 개인 출판), 210; Manuscript Census, 1920, 1940 (온라인), 러더포드 카운티 문서보관소와 듀크 도서관의 켈리 로튼Kelly Lawton 덕분에 볼 수 있었던 추가적인 자료. 미들 테네시의 바로 길 아래 쪽에서 자란 한 흑인 저널리스트는 이와 매우 다른 견해를 제시했다. 다음을 참고하라. Carl Rowan, *South of Freedom* (New York: Alfred A. Knopf, 1952) '자유의 남쪽'이라는 제목이 의미심장하다.

3 Buchanan, *Better than Plowing*, 2; Sims, History of Rutherford County, 210; Manuscript Census, 1920, 1940 (온라인), 러더포드 카운티와 켈리 로튼 덕분에 볼 수 있었던 추가적인 자료.

4 Buchanan, *Better than Plowing*, 1; Karin A. Shapiro, *A New South Rebellion: The Battle Against Convict Labor in the Tennessee Coalfields, 1871–1896* (Chapel Hill: University of North Carolina Press, 1998), 8, 108, 246.

5 Buchanan, *Better than Plowing*, 1, 5, 26–27.

6 Shapiro, *New South Rebellion*, 2, 47, 109, 139, 235, 242, 243.

7 Buchanan, *Better than Plowing*, 21, 30.

8 Shapiro, *New South Rebellion*, 8–9, 11, 90, 93, 133, 186, 196.

9 Dykeman, Tennessee, 133–34, 148; Buchanan, *Better than Plowing*, 1, 2, 5, 19, 21, 37.

10 Buchanan, *Better than Plowing*, 1–3, 75, 126; Robert D. Hershey Jr. "An Austere Scholar: James McGill Buchanan, *New York Times*, October 17, 1986; 2013년 9월 28일에 조지 메이슨 대학에서 열린 '제임스 M. 뷰캐넌 추모 컨퍼런스'에 참석한 하트무트 클림트Hartmut Kliemt의 발언(내가 기록했음).

11 Twelve Southerners, *I'll Take My Stand: The South and the Agrarian Tradition* (1930; repr., Baton Rouge: Louisiana State University Pres, 1977); R. Blakeslee Gilpin, *John Brown Still Lives! America's Long Reckoning with Violence, Equality, & Change* (Chapel Hill: University of North Carolina Press, 2011); Dykeman, *Tennessee*, 177. 내부적으로는 다양한 의견의 불일치가 있었다. 다음을 참고하라. Glenda Elizabeth Gilmore, *Defying Dixie: The Radical Roots of Civil Rights: 1919–1950* (New York: W.W〉 Norton, 2009)

12 Gilpin, *John Brown Still Lives!* 인용은 123, 124, 127, 141, 143페이지에 나온다; Buchanan *Better than Plowing*, 126. 다음도 참고하라. Paul V. Murphy, *The Rebuke of History: The Southern Agrarians and American Conservative Thought* (Chapel Hill: University of North Carolina Press, 2001).

13 Donald Davidson, *The Attack on Leviathan: Regionalism and Nationalism in the United States* (1938; repr., Gloucester, MA: Peter Smith, 1962), 5, 10, 12, 26. 이에 대한 통찰력 있는 논의로는 다음을 참고하라. Murphy, *Rebuke of History*, 92–113.

14 Buchanan, *Better than Plowing*, 25, 171; Jane Seaberry, "GMU Teacher Wins Nobel in Economics," *Washington Post*, October 17, 1986.

15 Davidson, *Attack on Leviathan*, 163, 168.

16 Buchanan, *Better than Plowing*, 49.

17 Ibid., 4, 49–50. 대조적으로, 북부에서 편견과 차별을 경험하고 나서 흑인들의 운동에 공감하게 된 남부 출신 백인 노동자 계급 사람들에 대한 이야기는 다음을 참고하라. Edward H. Peeples with Nancy MacLean, *Scalawag: A White Southerner's Journey Through Segregation to Human Rights*

Activism (Charlottesville: University of Virginia Press, 2014).

18 James M. Buchanan, "Afraid to Be Free: Dependency as Desideratum," 초고, Buchanan House Archives, Center for Study of Public Choice, George Mason University, Fairfax, VA (이후에는 BHA로 표기), 9. 이후 다음에 수록됨. *Public Choice* 120, no. 3 (September 2004). 이와 대조되는 관점의 논의로는 다음을 참고하라. W.E.B. Du Bois, *Black Reconstruction in America: An Essay toward History of the Part which Black Folk Played in the Attempt to Reconstruct Democracy in America, 1860-1880* (New York: Oxford University Press, 1935). 인용은 726페이지에 나온다. 이 외에도 재건시대에 대해 1960년대 이후에 나온 저명한 저술 어느 것을 보아도 이러한 관점의 분석을 볼 수 있다.

19 Rob van Horn and Philip Mirowski, "The Rise of the Chicago School of Economics and the Birth of Neoliberalism." 다음에 수록됨. *The Road from Mont Pèlerin: The Making of the Neoliberal Through Collective*, ed. Philip Mirowski and Dieter Plehwe (Cambridge MA: Harvard University Press, 2009), 169n5.

20 Buchanan, *Better than Plowing*, 1-4, 66.

21 Ibid., 68.

22 Ibid., 24, 77, 79; George J. Stigler. 프랭크 나이트에게 헌정된 원고(타자로 친 원고), May 24, 1972, BHA.

23 Buchanan, *Better than Plowing*, 5, 70, 72. 이 시기 시카고의 사회사에 대해서는 다음을 참고하라. Meg Jacobs, *Pocketbook Politics: Economic Citizenship in Twentieth-Century America* (Princeton, NJ: Princeton University Press, 2005); Laura McEnaney, *World War II's "Postwar": A Social and Policy History of Peace, 1944-1953* (Philadelphia: University of Pennsylvania Press, forthcoming, 2017).

24 Jacobs, *Pocketbook Politics*, 221-37; Patricia Sullivan, *Days of Hope: Race and Democracy in the New Deal Era* (Chapel Hill: University of North Carolina Press, 1996).

25 Milton Friedman and Rose D. Friedman, *Two Lucky People: Memoirs* (Chicago: University of Chicago Press, 1998), 158-61; Richard Cockett, *Thinking the Unthinkable: Think-Tanks and the Economic Counter-Revolution, 1931-1983* (London: HarperCollins, 1995), 110, 추가적인 표사는 다음 웹사이트에서 볼 수 있다. www.du-parc.ch/en/heritage

26 Daniel Stedman Jones, *Masters of the Universe: Hayek, Friedman, and the Birth of Neoliberal Politics* (Princeton, NJ: Princeton University Press, 2012), 57.

27 Cockett, *Thinking the Unthinkable*, 4, 28, 31, 97; Alan Ebenstein, *Friedrich Hayek: A Biography* (New York: Palgrave Macmillan, 2001), 231.

28 다음에서 인용함. Kim Phillips-Fein, *Invisible Hands: The Making of the Conservative Movement from the New Deal to Reagan* (New York: W.W. Norton, 2009), 41; George H. Nash, *The Conservative Intellectual Movement in America, Since 1945* (1976; repr., Wilmington, DE: Intercollegiate Studies Institute, 1996), 5; Cockett, *Thinking the Unthinkable*, 100-101; Angus Burgin, *The Great Persuasion: Reinventing Free Markets Since the Depression* (Cambridge MA: Harvard University Press, 2012), 89. 다음도 참고하라. Van Horn and Mirowski, "The Rise of the Chicago School," 147, 150-51.

29 Friedrich A. Hayek, *The Road to Serfdom* (Chicago: University of Chicago, 1944); Cockett, *Thinking the Unthinkable*, 5.

30 Hayek, *Road to Serfdom*, 4-6.

31 Ibid., 7, 35.

32 Ibid., 13, 16, 17, 19

33 Phillips-Fein, *Invisible Hands*, 5, 322.

34 Ibid., 41-42; van Horn and Mirowski, "The Rise of the Chicago School," 139-68; Alan O. Ebenstein, *Milton Friedman: A Biography* (New York: Palgrave Macmillan, 2007), 139. 볼커 펀드의 아이러니한 변천에 대해서는 다음을 참고하라. Michael J. McVicar, "Aggressive Philanthropy: Progressivism, Conservatism, and the William Volker Charities Fund," *Missouri Historical Review* 105 (2011): 191-212.

35 Hayek, *Road to Serfdom*, 262; Cockett, *Thinking the Unthinkable*, 89; Burgin, *Great Persuasion*, 103, 107-8; 케인스의 논평 전체를 보려면 다음을 참고하라. Stedman Jones, *Masters of the Universe*, 67. 버긴의 책은 몽 펠레린 소사이어티가 점점 더 분명하고 강하게 신자유주의 정책을 주창하게 된 변천 과정을 잘 보여준다.

36 Friedman and Friedman, *Two Lucky People*, 158-61; Dieter Plehwe, 다음 책의 서문, *Road From Mont Pèlerin*, 3-25.

37 R.M. Hartwell, *History of the Mont Pèlerin Society* (Indianapolis: Liberty Fund, 1995), xii; Friedman and Friedman, *Two Lucky People*, 161.

38 Buchanan, *Better than Plowing*, 75; Stigler, 나이트에게 헌정됨. 개괄로는 다음의 편저를 참고하라. Robert van Horn, Philip Mirowski, and Thomas A. Stapleford, *Building Chicago Economics: New Perspectives on the History of America's Most Powerful Economics Program* (New York: Cambridge University Press, 2011).

39 Buchanan, *Better than Plowing*, 16, 94-95. 너터에 대해서는 다음을 참고하라. John H. Moore, "Gilbert Warren Nutter," *American National Biography Online*, February 2000; William Breit, "Creating the 'Virginia School': Charlottesville as an Academic Environment in the 1960s," *Economic Inquiry* 25 (October 1987): 648-49.

40 Buchanan, *Better than Plowing*, 5, 70, 72.

41 James M. Buchanan, *Economics from the Outside In: "Better than Plowing" and Beyond* (College Station: Texas A&M Press, 2007), 195.

42 오늘날의 관계에 대해서는 다음을 참고하라. Marc J. Hetherington, *Why Trust Matters: Declining Political Trust and the Demise of American Liberalism* (Princeton, NJ: Princeton University Press, 2005).

43 다음에 인용되고 논의됨. James M. Buchanan, "The Constitution of Economic Policy," Nobel Prize lecture, December 8, 1986, www.nobelprize.org/nobel_prizes/economic-sciences/laureates/1986/buchanan-lecture.html

44 Buchanan, "Constitution of Economic Policy."

45 Buchanan, *Better than Plowing*, 6. 뷰캐넌이 빅셀의 원래 논지를 거꾸로 뒤집은 것에 대해서는 다음을 참고하라. Amadae, *Prisoners of Reason*, 193-200.

46 Buchanan, *Better than Plowing*, 8-9, 83-88; James M. Buchanan, *Public Principles of Public Debt: A Defense and Restatement* (Homewood, IL: Richard D. Irwin, 1958), vi, vii.

3장: 이 프로그램의 진짜 목적

1 James M. Buchanan, *Better than Plowing and Other Personal Essays* (Chicago: University of Chicago Press, 1992), 16, 94-95.

2 "Working Papers for Internal Discussion Only" (December 1956), record group 2/1/2,634, box 9, Office of the President, Papers of the President of the University of Virginia, Office Administrative Files, Manuscripts Division, Alderman Library, University of Virginia.

3 Warren Nutter, 타자로 친 회고 메모. 1975, box 80, William J. Baroody Papers, Manuscript Division, Library of Congress, Washington, DC.

4 Buchanan, *Better than Plowing*, 6-7, 8-9, 97, 100; James M. Buchanan, ed., *Political Economy, 1957-1982: The G. Warren Nutter Lectures in Political Economy* (Washington, DC: American Enterprise Institute for Public Policy Research, 1982), 4, 7, 11; John Kenneth Galbraith, *American Capitalism: The Theory of Countervailing Power* (Boston: Houghton Mifflin, 1952).

5 Kim Phillips-Fein, *Invisible Hands: The Making of the Conservative Movement from the New Deal to Reagan* (New York: W.W. Norton, 2009), 3-12. 인용은 13페이지에 나온다; Guy Friddell, *Colgate Darden: Conversations with Guy Friddell* (Charlottesville: University Press of Virginia, 1978), 129-30.

6 Friddell, *Colgate Darden*, 57.

7 Ibid., 129. 이 시기의 우파 기업인들에 대한 더 일반적인 논의는 다음을 참고하라. Elizabeth Fones-Wolf, *Selling Free Enterprise: The Business Assault on Labor and Liberalism, 1945-1960* (Urbana: University of Illinois Press, 1994).

8 법 현실주의의 역사에 대해서는 다음을 참고하라. Morton J. Horwitz, *The Transformation of American Law, 1870-1960: The Crisis of Legal Orthodoxy* (New York: Oxford University Press, 1992) 인용은 197페이지에 나온다. 브라운 사건의 법리적 맥락에 대해서는 다음도 참고하라. *Horwitz's The Warren Court and the Pursuit of Justice* (New York: Hill & Wang, 1998).

9 깊이 있는 문헌이 많이 나와 있지만, 일부만 소개하면 다음과 같다. Morton White, *Social Thought in America: The Revolt Against Formalism* (Boston: Beacon Press, 1947); Ellen Fitzpatrick, *Endless Crusade: Women Social Scientists and Progressive Reform* (New York: Oxford University Press, 1990); Daniel T. Rodgers, *Atlantic Crossings: Social Politics in a Progressive Era* (Cambridge, MA: Belknap Press of Harvard University Press, 1998); Genna Rae McNeil, *Groundwork: Charles Hamilton Houston and the Struggle for Civil Rights* (Philadelphia: University of Pennsylvania Press, 1983); Jonathan Scott Holloway, *Confronting the Veil: Abram Harris, Jr. E. Franklin Frazier and Ralph Bunche, 1919-1941* (Chapel Hill: University of North Carolina Press, 2002).

10 "Working Papers for Internal Discussion Only"; 다음도 참고하라. James M. Buchanan, "The Thomas Jefferson Center for Studies in Political Economy," *University of Virginia News Letter 35*, no. 2. (October 15, 1958): 1, 6. 나중에 이름을 짧게 줄이기 위해 "사회철학"은 빠졌다.

11 Buchanan, "Thomas Jefferson Center," 7; Buchanan, *Better than Plowing*, 95.

12 Brian Doherty, *Radicals for Capitalism: A Freewheeling History of the Modern Libertarian Movement* (Philadelphia, PA: Public Affairs, 2007), 182-83; Phillips-Fein, *Invisible Hands*, 42 51; H.W. Luhnow to Colgate Darden [1957], record group 2/1/2,635. series 1, box 11, Office of the President, Papers of the President of the University of Virginia, Office Administrative Files, Manuscripts Division, Alderman Library, University of Virginia. 초창기에 볼커 펀드가 버지니

아 대학에 보인 관심에 대해서는 다음을 참고하라. T. Coleman Andrews to President Colgate W. Darden, February 4, 1952, box 3, T. Coleman Andrews Papers, Division of Special Collections, University of Oregon Libraries (이후로는 TCAP로 표기); Andrews to Darden, June 8, 1950, TCAP. 볼커 펀드의 투자는 매우 성공적이었다. 볼커 펀드가 초창기에 자금을 지원한 학자 중 여섯 명이 노벨 경제학상을 받았다. 그들은 다음과 같다. F. A. 하이에크, 제임스 뷰캐넌, 밀턴 프리드먼, 로널드 코즈, 게리 베커Gary Becker, 조지 스티글러George Stigler(Doherty, *Radicals*, 183).

13 Record group 2/1/2, Board of Visitors files for 1956, 1957, 1958, Office of the President, Papers of the President of the University of Virginia, Office Administrative Files. 스미스에 대해서는 다음을 참고하라. Don Oberdorfer, "Judge Smith Rules with Deliberate Drag," *New York Times Magazine*, January 12, 1964; Bruce J. Dierenfield, *Keeper of the Rules: Congressman Howard W. Smith of Virginia* (Charlottesville: University of Virginia Press, 1987).

14 Record group 2/1/2, Board of Visitors files for 1956, 1957, Office of the President, Papers of the President of the University of Virginia, Office Administrative Files.

15 가레트의 채용에 대해서는 다음을 참고하라. K. Kenneth Morland, *The Tragedy of Public Schools: Prince Edward County, Virginia. Report for the Virginia Advisory Committee to the United States Commission on Civil Rights* (Lynchburg, VA: 미출판 보고서, 1964년), 22. 소송 당시 버지니아 주 측 주장의 "뼈대"가 된 가레트의 증언에 대해서는 다음을 참고하라. Taylor Branch, *Parting the Waters: America in the King Years, 1954-1963* (New York: Simon & Schuster, 1988), 484; "Henry E. Garrett, psychologist, Dies," *New York Times*, June 28, 1973.

16 William R. Duren Jr. to Edgar F Shannon Jr. June 29, 1962, box 9, Office of the President, Papers of the President of the University of Virginia.

17 Ronald L. Heinemann, *Harry Byrd of Virginia* (Charlottesville: University Press of Virginia, 1996), 246, 290, 454n63. 버드가 하이에크에게 관심이 있었다는 것을 알려준 제임스 허시먼에게 감사를 전한다. '올드 해리'(워싱턴에서 버드는 이 별명으로도 불렸다)는 그가 생각하는 자유 개념에 어긋나는 모든 법안의 통과를 막기 위해 싸웠다. 누진세, 노동자들의 노조 가입 권리를 보호하는 와그너법, 남부의 많은 농촌 지역에 전기를 공급하기 위한 테네시 계곡 개발 사업, 노년층에게 연금을 제공하는 사회보장제도, 노동 여건을 규제하는 공정노동기준법, 전시에 산업계에서 차별을 금지했던 공정고용실천위원회 등이 모두 그에게는 저지 대상이었다. Robert Caro, *The Passage of Power* (New York: Alfred A. Knopf 2012), 466, 468-69.

18 초도로브는 이 개념이 학교 문제를 "인종분리 사안으로부터 완전히 분리하고" 학교에 "경쟁" 시스템을 새롭게 불러올 수 있는 "흥미로운 가능성을 가지고 있다"고 언급했다. "All Men Are Created Equal"(사설), *The Freeman*, June 14, 1954, 655-66. 킬패트릭은 초도로브에게 편집자 자리를 제안한 적이 있으며, 따라서 이 둘이 사립학교 문제에 대해 논의했을 가능성이 있다. James Kilpatrick to Florence Norton, June 17, 1954, box 18, series B, JJKP. 초도로브의 역할에 대해서는 다음을 참고하라. George H. Nash, *The Conservative Intellectual Movement in America Since 1945* (1976: repr., Wilmington, DE: Intercollegiate Studies Institute, 1998), 22-25.

19 Robert LeFevre to Jack Kilpatrick, July 1, 1954, series B. box 31, JJKP; LeFevre to Kilpatrick, July 6, 1954, with attachment, series B. box 31, JJKP. 그들의 서신에 드러난 바로 볼 때, 르페브르는 킬패트릭의 기준에서 보기에도 너무 극단적이었다. 하지만 찰스 코크 등 골수 자유지상주의자들 사이에서는 현자나 마찬가지 대접을 받았다.

20 Doherty, *Radicals for Capitalism*, 200, 203, 205; F.A. Hayek, "Postscript: Why I Am Not a

Conservative," *The Constitution of Liberty* (1960; repr., Chicago: Regnery, 1972); James M. Buchanan, *Why I, Too, Am Not a Conservative: The Normative Vision of Classical Liberalism* (Northampton, MA: Edward Elgar, 2005); Ralph Harris, *Radical Reaction: Essays in Competition and Affluence* (London: Institute of Economic Affairs, 1961).

21 Nash, *Conservative Intellectual Movement*, 15; "Regnery Publishing" 다음에 수록됨. *American Conservatism: An Encyclopedia*, ed. Bruce Frohnen, et al. (Wilmington, DE: ISI Books, 206), 722-23.

22 Henry Regnery to Kilpatrick, May 19, 1955, box 39, Henry Regnery Papers, Hoover Institution Archives, Stanford University.

23 Hilts, "Saga of James J. Kilpatrick," 72; Henry Regnery to Kilpatrick, March 14, 1956, box 66, series B, JJKP; James Jackson Kilpatrick, *The Sovereign States: Notes of a Citizen of Virginia* (Chicago: Henry Regnery, 1957), 234-51. 몇 년 뒤 레그너리는 찬사와 아쉬움을 담아 킬패트릭에게 이렇게 말했다. "그 책을 출판했을 때, 나는 당신 주장의 설득력과 명료함을 보고 수정헌법 14조가 폐지될 것이며 '주의 권리'가 대법원에서 인정될 것이라고 믿어 마지않았습니다. 그렇게 되지 않았다는 사실은, 우리가 스스로를 중앙집중적인 권력의 미끼에 얼마나 많이 홀리게 두었는지를 보여주는 것일 뿐입니다." Regnery to Kilpatrick, April 17, 1972, box 39, Regnery Papers.

24 킬패트릭은 이러한 호평이 "기운을 북돋워주는 최고의 촉진제"였다고 말했다. Kilpatrick to Donald Davidson, April 29, 1957, box 8, Donald Grady Davidson Papers, Special Collections, Jean and Alexander Heard Library, Vanderbilt University, Nashville, TN. 다음도 참고하라. John Chamberlain, "The Duty to Interpose," *The Freeman*, July 1957, 55. 헨리 레그너리는 킬패트릭의 책을 "모든 주지사, 모든 미국 상원의원, 의회의 모든 의원 손에" 가게 하기 위해 기업 후원금을 모금했다. Henry Regnery to Kilpatrick, January 10, 1957, box 39, Regnery Papers; Regnery to Roger Milliken, January 23, 1957, box 51, Regnery Papers.

25 Ivan R. Bierly to Jack Kilpatrick, July 8, 1959, box 26, series B. JJKP; Bierly to Kilpatrick, October 2, 1959, box 26, series B. JJKP; David Greenberg "The Idea of 'the Liberal Media' and Its Roots in the Civil Rights Movement," *The Sixties* 2, no. 1. (Winter 2008-2009). 인종분리주의 성향인 언론인들이 '진보 매체'에 맞대응하려 한 계획에 대해서는 다음을 참고하라. Gene Roberts and Hank Klibanoff, *The Race Beat: The Press, the Civil Rights Struggle, and the Awakening of a Nation* (New York: Alfred A. Knopf, 2006), 214-20. 이에 대해 볼커 펀드가 보였던 관심에 대해서는 다음을 참고하라. Bierly to Kilpatrick, October 2, 1959, box 4, series B, JJKP.

26 개괄을 보려면 다음을 참고하라. Robert Griffith, "Dwight D. Eisenhower and the Corporate Commonwealth," *American Historical Review 87* (February 1982): 87-122. 인용은 102페이지에 나온다. 아이젠하워에 대한 우파의 더 폭넓은 분노에 대해서는 다음을 참고하라. Nash, *Conservative Intellectual Movement; Rich Perlstein, Before the Storm: Barry Goldwater and the Unmaking of the American Consensus* (New York: Hill & Wang, 2001).

27 Francis Crafts Williams to Kilpatrick (날짜 미상. 그러나 1956년임은 분명함), box 55, series B JJKP.

28 T. Coleman Andrews to Leonard E. Reed, January 30, 1956, box 4, TCAP; Andrews to Harry F. Byrd, December 5, 1947, box 2, TCAP; Andrews to Byrd, October 10, 1950, box 18, TCAP; Andrews to Byrd May 16, 1952, TCAP; Andrews to Byrd, July 17, 1952, TCAP; Andrews to Byrd, July 27, 1952, TCAP.

29 "Andrews Files for President," *Washington Post*, September 18, 1956, 24; "Andrews Says Fight Is Against Socialism," *Washington Post*, October 28, 1958, B5.

30 "Tax Rebellion Leader: Thomas Coleman Andrews," *New York Times*, October 16, 1956, 26; "Why the Income Tax Is Bad: Exclusive Interview with T. Coleman Andrews," *US News & World Report*, May 25, 1956. 민주당에 대한 앤드류스의 싸움은 프랭클린 델라노 루즈벨트가 노동 규제와 기업 규제를 지지하고 유럽의 '문제들'에 관여하는 데 대한 분노에서 촉발되었다. Harry F. Byrd to T. Coleman Andrews, July 2, 1935, box 2, TCAP; Andrews to Byrd, October 13, 1939, TCAP.

31 J. Addison Hagan to Harry F. Byrd, October 18, 1956, box 2, TCAP; Numan V. Bartley, *The Rise of Massive Resistance: Race and Politics During the 1950s* (1969; repr., Baton Rouge: Louisiana State University Press, 1997), 161-65; Joseph Crespino, *In Search of Another Country: Mississippi and the Conservative Counterrevolution* (Princeton, NJ: Princeton University Press, 2007).

32 Jonathan M. Schoenwald, *A Time for Choosing: The Rise of Modern American Conservatism* (New York: Oxford University Press 2002), 65, 68; Claire Conner, *Wrapped in the Flag: A Personal History of America's Radical Right* (Boston: Beacon Press, 2013), 26-27. 다른 이들의 지지에 대해서는 다음을 참고하라. Doherty, *Radicals*, 179, 258; T. Coleman Andrews to Leonard E. Reed, November 23, 1956, box 4, TCAP; Perlstein, *Before the Storm*, 10-12; Bartley, *Rise of Massive Resistance*, 149, 163.

33. 리치몬드 상공회의소 의장으로서 그가 "사회주의 철학의 어떤 확장에 대해서도" 반대한다고 밝힌 것에 대해서는 그의 증언 기록을 참고하라. Box 5, TCAP. 주별 득표율로 보면, 버지니아 주에서 가장 많은 6%를 기록했다.

34 Roberts and Klibanoff, *The Race Beat*, 159-65; 사설, *Richmond News Leader*, September 12, 1957, 12.

35 Roberts and Klibanoff, *The Race Beat*, 151, 158, 171.

36 Ibid., 172, 175-80; Bartley, *Rise of Massive Resistance*, 266.

37 James Jackson Kilpatrick, "Right and Power in Arkansas," *National Review*, September 28, 1957, 273-75.

38 "The Lie to Mr. Eisenhower" (사설), *National Review*, October 5, 1957, 292-93; "The Court Views Its Handiwork" (사설), *National Review*, September 21, 1957, 244. 산업가인 E. F. 허튼은 저명한 자유지상주의 매체에서 이에 동의하면서, 정부가 "몇몇 소수자 집단의 민권에 대해서는 몹시도 애석해하지만 노조의 독점이 일으키는 교란에 대해서는 아무도 처벌하지 않는다"고 언급했다. E.F. Hutton, "Contempt for Law," *The Freeman*, April 1957, 20. 포버스의 행동이 킬패트릭의 이론에서 비롯했다는 점에 대해서는 다음을 참고하라. Garrett Epps, "The Littlest Rebel: James J. Kilpatrick and the Second Civil War," *Constitutional Commentary* 10 (1993): 26-27; Benjamin Muse, *Virginia's Massive Resistance* (Bloomington: Indiana University Press, 1961), 172.

39 "Bayonets and the Law" (사설), *National Review*, October 12, 1957, 316-17.

40 James M. Buchanan to Frank H. Knight, October 24, 1957, box 3, Frank Hyneman Knight Papers, Special Collections Research Center, University of Chicago Library.

41 Breit, "Creating the Virginia School," 645-47, 652; Richard E. Wagner. 2013년 9월 29일 조지 메이슨 대학에서 열린 제임스 뷰캐넌 추모 행사에서 한 연설. "우리 소년들"을 언급한 경우는 매우 많다. 예를 들어 다음을 참고하라. Buchanan to Gordon Tullock, July 19, 1965, BHA.

42 Buchanan, *Better than Plowing*, 97.

43 Breit, "Creating the 'Virginia School'" 645-47, 652; James M. Buchanan to David Tennant Bryan, May 18, 1970, BHA.

44 Breit, "Creating the 'Virginia School'"; Carl Noller to James Buchanan, March 16, 1971, BHA.

45 "Everyday Hero," *Mason Gazette*, June 16, 2005; Fabio Fadavano. 뷰캐넌 추모 컨퍼런스에서 한 언급; Betty Tillman to Gordon Tullock, July 12, 1965, box 95, Gordon Tullock Papers, Hoover Institution Archives, Stanford University.

46 Alexander S. Leidholdt, "Showdown on Mr. Jefferson's Lawn: Contesting Jim Crow During the University of Virginia's Protodesegregation," *Virginia Magazine of History and Biography* 122 (2014): 236, 237.

47 Ibid., 241, 256.

48 Friedrich A. Hayek to James Buchanan, November 15, 1957, and March 8, 1958, box 72, Friedrich A. von Hayek Papers, 1906-1992, Hoover Institution Archives; H.W. Luhnow to Hayek, December 7, 1956, box 58, ibid.

49 William J. Baroody Jr, 다음 책의 서문, James M. Buchanan, ed., *Political Economy, 1957-1982: The G. Warren Nutter Lectures in Political Economy* (Washington, DC: American Enterprise Institute for Public Policy Research, 1982).

50 1954년에 꾸려진 '일할 권리 위원회National Right to Work Committee'는 출범하자마자 (한 저명한 법 사학자의 표현을 빌리면) "씁쓸하게도 최근에 노조 반대 싸움을 성공적으로 이끌었던" 남부의 한 CEO가 위원장을 맡은 것에 대해 전국 매체에서 십자포화를 맞았다. Sophia Z. Lee, *The Workplace Constitution, from the New Deal to the New Right* (New York: Cambridge University Press, 2014), 123.

51 Philip D. Bradley, ed., *The Public Stake in Union Power* (Charlottesville: University of Virginia Press, 1959), 인용은 168페이지에서 나온다; Friedrich A. Hayek to James Buchanan, November 15, 1957, and March 8, 1958, box 72, Hayek Papers; H. W. Luhnow to Hayek, December 7, 1956, box 58, ibid. 하이에크는 연방 법제의 입법화와 노조권력이 "일부 노동자 집단이 제약 없는 시장이었다면 받았을 정도보다 많은 보상을 받도록 해 다른 노동자 집단들을 희생시키고 있음을" 보여주었다고 허튼의 주장을 요약했다. 실업을 없애고 임금을 올리는 올바른 방법은 "자본을 계속해서 축적하는 것"이라는 설명이었다. Ludwig von Mises, 다음 책의 서문, *The Theory of Collective Bargaining*, by W.H. Hutt (Glencoe, IL: Free Press, 1954), 9-10; Lawrence Fertig to James M. Buchanan, August [1961], BHA. 렐름 재단과 릴리 기금Lilly Endowment의 후원에 대해서는 다음을 참고하라. W.H. Hutt to Henry Regnery, January 3, 1962, box 33, Regnery Papers; Regnery to Hutt, December 26, 1962, Regnery Papers; Warren Nutter to James Buchanan, May 6, 1965, BHA.

52 James M. Buchanan, 다음 수업의 강의 노트. Introductory Economics, Spring 1959, BHA. '노조의 독점'이라는 개념은 몽 펠레린 소사이어티가 고전 자유주의와 결별한 또 하나의 지점이다. 몽 펠레린 소사이어티의 몇몇 학자들은 애덤 스미스 등 초창기 자유시장 경제학자들이 기업의 독점과 정부의 간섭만 문제 삼은 것이 잘못이었다고 보았고, 노동자들의 조직화가 법적으로 허용된 것이야말로 진짜 위험이라고 주장했다. 다음을 참고하라. Yves Steiner, "The Neoliberals Confront the Trade Unions." 다음에 수록됨. *The Road from Mont Pèlerin: The Making of the Neoliberal Thought Collective*, eds. Philip Mirowski and Dieter Plehwe (Cambridge, MA: Harvard University Press, 2009), 181-203.

53 James Buchanan to Gordon Tullock, June 13, 1965, BHA; Roger Koppl, ed. *Money and Markets:*

Essays in Honor of Leland B. Yeager (New York: Routledge, 2006), 38. 조지 메이슨 대학의 뷰캐넌 하우스 문서보관소에 후원자들과 주고받은 방대한 서신이 소장되어 있다.

4장: 결과가 어떻든 소신대로

1 학교 폐쇄를 막기 위한 온건 성향 시민들의 운동을 다룬 뛰어난 저술로는 다음을 참고하라. Hershman Jr., "Massive Resistance Meets Its Match." 다음에 수록됨. *The Moderates' Dilemma*. 오늘날에도 주목할 만한 시사점을 가진 더 상세한 설명으로는 다음도 참고하라. Hershman Jr., "A Rumbling in the Museum." 남부의 온건 성향 시민들이 수행했던 결정적인 역할에 대한 더 폭넓은 설명은 다음을 참고하라. David L. Chappell, *Inside Agitators: White Southerners in the Civil Rights Movement* (Baltimore: Johns Hopkins University Press, 1994).

2 짐 크로 문화가 얼마나 깊이 세뇌 효과를 내는지에 대한 1인칭 시점의 훌륭한 저술로는 다음을 참고하라(저자는 나중에 세뇌를 극복한다). Edward H. Peeples, *Scalawag: A White Southerner's Journey Through Segregation to Human Rights Activism* (Charlottesville: University of Virginia Press, 2014). 그가 수집한 문서들은 이 시기와 그 이후 시기의 버지니아 사회사와 정치사에 대한 풍부한 자료를 포함하고 있다. 다음을 참고하라. Edward H. Peeples Jr. Collection, James Branch Cabell Library, Special Collections and Archives, Virginia Commonwealth University, Richmond, VA.

3 더 상세한 내용과 통찰력 있는 분석을 보려면 다음에 실린 논문들을 참고하라. *The Moderates' Dilemma*.

4 Dr. Louise Wensel. 보도자료, July 25, 1958, Louise O. Wensel Papers, Special Collections Department, Manuscript Division, University of Virginia Library, Charlottesville (이후 LOWP로 표기); George Lewis, "'Any Old Joe Named Zilch'? The Senatorial Campaign of Dr. Louise Oftedal Wensel," *Virginia Magazine of History and Biography* 107 (Summer 1999). 〈뉴욕타임스 매거진〉은 선거 6개월 전인 1958년 1월에 웬젤에 대한 인물 기사를 게재했다. Margaret and William Meacham, "The Country Doctor Is Now a Lady," *New York Times Magazine*, January 19, 1958, 페이지 번호가 적히지 않은 발췌 인쇄본, LOWP 소장.

5 Peter Montague, "Senatorial Candidate Wensel Blasts Byrd Organization, School Closures," *Cavalier Daily*, November 4, 1958; Louise O. Wensel, 타자로 친 사설 원고. 다음에 게재됨. *Northern Virginia Sun*, November 195, LOWP. 놀랍고 이례적이지만 잘 알려지지 않았던 웬젤의 선거운동에 대한 전체적인, 그리고 매우 감동적인 자료들은 LOWP에 소장된 문서들에서 볼 수 있다. 여기에는 웬젤 자신이 직접 서술한 내용도 포함되어 있다. 다음을 참고하라. Louise Oftedal Wensel, "Running for the United States Senate in 1958," 타자로 친 원고. LOWP 소장.

6 Wensel, 보도자료, July 25, 1958.

7 버지니아 주 AFL-CIO 지도자 헤럴드 보이드는 버드가 지배층의 통제력을 유지하기 위해 잠재적 유권자들을 투표 등록에서 배제한 것을 오랫동안 비난해왔다. 버지니아 주 하원은 '대대적인 저항' 법안들을 통과시키면서 그와 동시에 노조 활동가들이 의무적으로 주 당국에 등록하게 하는 조례도 승인했다. 명백하게 위협의 의도를 가진 것이었다. "Union Organizer Freed in Virginia," *Washington Post*, August 25, 1956. 이 내용과 다음의 자료를 알려준 제임스 H. 허시먼에게 감사를 전한다. "Dr. Wensel Is Backed by Virginia AFL-CIO." (출처가 드러나지 않은 신문 스크랩, September 7, 1958, LOWP).

8 예를 들어 다음을 참고하라. Mark Newman, "The Baptist General Association of Virginia and Desegregation," *Virginia Magazine of History an Biography* 105 (Summer 1997): 268. 허시먼에 따르면, 브라운 판결 이후 "공개적으로 브라운 판결을 지지한 소수의 백인들의 목소리는 거의 전적으로 종교계에서 나왔다"(34-35, 49, 51, 56, 64-67, 133, 280).

9 Matthew D. Lassiter, "A Fighting Moderate': Benjamin Muse's Search for the Submerged South." 다음에 수록됨. *The Moderates' Dilemma: Massive Resistance to School Desegregation in Virginia*, ed. Matthew D. Lassiter and Andrew B. Lewis (Charlottesville, University Press of Virginia, 1998), 182.

10 "The Changing Scene" (사설), University of Virginia *Cavalier Daily*, September 19, 1958; Andrew B. Lewis, "Emergency Mothers: Basement Schools and the Preservation of Public Education in Charlottesville." 다음에 수록됨. *The Moderates' Dilemma*, ed. Lassiter and Lewis, 72-102.

11 "Rally of Citizens Calls for Schools," *Virginians-Pilot*, October 14, 1958.

12 Gene Roberts and Hank Klibanoff, *The Race Beat: The Press, the Civil Rights Struggle, and the Awakening of a Nation* (New York: Random House, 2006), 210; Lewis, "Emergency Mothers," 80-81, 85-86, 216n37.

13 "Political Lethargy Dispelled as David Faces Goliath" (사설), Waynesboro *News Virginian*, July 28, 1958.

14 Robert E. Baker, "Protest Vote Is Heavy, but Byrd Wins Easily," *Washington Post*, November 5, 1958.

15 Kristin Norling, "Joel's in by a Nose," *Staunton Daily News*, November 5, 1598, 5; "The Election" (사설), Norfolk *Journal and Guide*, November 8, 1958; Lewis, "Any Old Joe," 316; "Dr. Wensel Says Byrd Win Is No Indication School Closings Have Full Favor" (출처가 나와 있지 않은 신문 스크랩), November 5, 1958, LOWP.

16 James H. Hershman Jr. "Massive Resistance Meets Its Match: The Emergence of a Pro-Public Education Majority." 다음에 수록됨. *The Moderates' Dilemma, ed. Lassiter and Lewis*, 104-5, 109.

17 Lewis, "Emergency Mothers," 92, 217n59.

18 Stuart Saunders, Memo on Virginia Industrialization Group, 6, in section 1, 2, box 1, Lewis F. Powell Jr. Papers, Washington and Lee University School of Law, Lexington, VA; Charles H. Ford and Jeffrey L. Littlejohn, "Reconstructing the Old Dominion: Lewis F. Powell, Stuart T. Saunders, and the Virginia Industrialization Group, 1958-1965," *Virginia Magazine of History and Biography* 121(2013): 146-72.

19 Lewis, "Emergency Mothers," 96.

20 James M. Buchanan and G. Warren Nutter, "The Economics of Universal Education," Report of the Thomas Jefferson Center for Studies in Political Economy, February 10, 1959, C. Harrison Mann Papers, Special Collections and Archives, George Mason University (BHA에도 있음); James M. Buchanan and G. Warren Nutter to Leon Dure, April 1, 1959, box 1, Leon Dure Papers, Manuscripts Division, Alderman Library, University of Virginia. 그들은 "결과가 어떻든 소신대로 의견을 개진해본 것"의 결과를 바로 샬로츠빌에서 볼 수 있었다. 다음을 참고하라. Lewis, "Emergency Mothers" 다음에 수록됨. *The Moderates' Dilemma*, 72, 102.

21 Buchanan and Nutter, "Economics of Universal Education."

22 Ibid. 이들의 무모함은 여기에서 그치지 않았다. 이들은 (그들의 제안대로) 학교 시설을 매각하려

면 누군가가 "어딘가에서 채권으로 발행된 2억 달러의 부채를 상환할 돈"을 가지고 와야 한다는 점을 고려하지 않고 있었다. Benjamin Muse, "It Is Also a Matter of Principal," *Washington Post*, February 22, 1959, E2. 이 자료에 대해 알려준 제임스 H. 허시먼에게 감사를 전한다.

23 다음을 참고하라. Lorin A. Thompson, "Some Economic Aspects of Virginia's Current Educational Crisis," 타자로 친 보고서 원고, September 1958, 원본은 다음에 소장되어 있음. Special Collections Department, University of Virginia Library; "Virginia's Economic Advancement Will Come to an End If Public School System Is Completely Abandoned," *Cavalier Daily*, January 8 1959; "Abandonment of Public Schools Seen as Threat to Virginia's Economic Growth," Charlottesville *Daily Progress*, January 7, 1959.

24 Buchanan and Nutter, "Economics of Universal Education"; Ford and Littlejohn, "Reconstructing the Old Dominion."

25 "Faculty Statement Supports Schools," *Daily Progress*, January 31, 1959. 며칠 뒤 버지니아 주 내의 10개 대학 교수진도 뒤를 따랐다. "College Instructors Urge Open Schools," *Daily Progress*, February 6, 1959. 뷰캐넌과 너터는 버지니아 대학 경영대학원 교수 한 명이 낸 영향력 있는 다음의 보고서 또한 암묵적으로 일축했다. Lorin A. Thomson, "Some Economic Aspects of Virginia's Current Educational Crisis," 타자로 친 원고, 1958년 9월. 원본은 다음에 소장되어 있다. Special Collections Department, University of Virginia Library; "Virginia's Economic Advancement Will Come to an End If Public School System Is Completely Abandoned," *Cavalier Daily*, January 8, 1959; "Abandonment of Public Schools Seen as Threat to Virginia's Economic Growth," Charlottesville *Daily Progress*, January 7, 1959.

26 Milton Friedman, "The Role of Government in Education." 다음에 수록됨. *Economics and the Public Interest*, ed. Robert A. Solo (New Brunswick, NJ: Rutgers University Press, 1955), 123-44. 프리드먼의 선언문은 가을의 선거운동 시기부터 1956년 1월의 학비 바우처 투표까지의 기간에 북부 버지니아의 교외 지역에서 온건파 주민들이 진행하던 '공립학교를 살리자' 운동에 밀려 수세에 몰려 있던 '대대적인 저항' 세력에 어느 정도 도움이 되었다. 페어팩스 카운티에서 '대대적인 저항' 지지 단체들은 주민들에게 배포하는 서신에 프리드먼의 주장을 거의 그대로 갖다 사용했고 시카고 박사 출신인 이 지역 경제학자를 불러 포럼을 열었다. 이 경제학자는 주 당국이 사립학교를 지원함으로써 주민들이 진정으로 학교를 '선택'할 수 있게 해야 한다고 촉구했다. Karley M. Williams, "Virginia School Proposal," *Washington Post* and *Times Herald*, October 16, 1955, E4; Mollie Ray Carrol to JJK, March 21, 1956, Series 6626-B, JJKP. 이 문서들에 대해 알려준 제임스 H. 허시먼에게 감사를 전한다.

27 Friedman, "The Role of Government in Education," 123-44. 너터는 위원회에 속한 의원들에게는 자신의 보고서가 순수하게 과학적인 것이라고 말했지만 프리드먼에게는 "분석과 설득의 혼합"이라고 말했다. Nutter to Friedman, February 18, 1959, and attached reply, box 31, Friedman Papers.

28 Roger A. Freeman, *Federal Aid to Education – Boon or Bane?* (Washington DC: American Enterprise Association, 1955). 뷰캐넌과 프리먼의 공동작업에 대해서는 다음의 회원명부를 참고하라. National Tax Association's Committee on Financing of Public Education, December 11, 1958, box 346, Roger Freeman Papers, Hoover Institution Archives, Stanford University Palo Alto, CA. 프리먼과 "몇몇 기업회원"들은 이 세무 학회의 위원회가 "왼쪽으로 치우쳐서" 세금을 올려야 한다는 "진보 진영"의 "세뇌"에 공모하고 있다고 불만을 표했다. Roger A. Freeman to Alvin Burger, November 21, 1958, and December 30, 1958, box 346, Roger Freeman Papers.

29 Freeman to Burger, November 21, 1958, and December 30, 1958, box 346, Roger Freeman Papers; Freeman, *Federal Aid to Education*.

30 Roger A. Freeman, "Unmet Needs in Education," 볼커 펀드에 제출된 타자로 친 보고서, July 15, 1959, 2, 16, 25, 28. 다음에 소장됨. Box 311, Roger Freeman Papers. 이와 관련해 오늘날 여성 단체의 역할과 한계에 대해서는, 예를 들어 다음을 참고하라. Susan Lynn, *Progressive Women in Conservative Times: Racial Justice, Peace, and Feminism, 1945 to the 1960s* (New Brunswick, NJ: Rutgers University Press).

31 올리버 힐의 발언. 다음에 인용됨. Hershman, "Massive Resistance Meets Its Match," 129.

32 James M. Buchanan to Frank Hyneman Knight, October 24, 1957, box 3, Frank Hyneman Knight Papers, Special Collections Research Center, University of Chicago Library. 뷰캐넌의 반박은 잭 킬패트릭이 북부 사람들이 남부의 인종 분리주의를 비판하는 것에 대해 반박하면서 했던 주장과 논리가 비슷하다. 킬패트릭이 구사한 화법상의 전략은 인종 분리주의 입장을 가진 언론인들 사이에서 많이 쓰였다. 다음을 참고하라. Roberts and Klibanoff, *The Race Beat*, 216-220.

33 이와 관련된 법적 역사를 명료하게 소개한 저술로는 다음을 참고하라. David L. Lightner, *Slavery and the Commerce Power: How the Struggle Agaisnt the Interstate Slave Trade Led to the Civil War* (New Haven, CT: Yale University Press, 2006); Laura F. Edwards, *A. Legal History of the Civil War and Reconstruction: A Nation of Rights* (New York: Cambridge University Press, 2015); AHR Forum: The Debate over the Constitutional Revolution of 1937," *American Historical Review* 110, no. 4 (2005): 1046-51.

34 확장되고 있던 남부의 교외 지역에서 공화당 온건파의 정치가 어떠했는지에 대한 명료한 분석은 다음을 참고하라. Lassiter, *The Silent Majority*.

35 J. Douglas Smith, *On Democracy's Doorstep: The Inside Story of How the Supreme Court Brought "One Person, One Vote" to the United States* (New York: Hill & Wang, 2014), 19.

36 "Constitutional Roadblocks" (사설), *Richmond News Leader*, April 9, 1959, 12; G. Warren Nutter rand James M. Buchanan, "Different School Systems Are Reviewed," *Richmond Times-Dispatch*, April 12, 1959, D3; G. Warren Nutter and James M. Buchanan, "Many Fallacies Surround School Problem," *Richmond Times-Dispatch*, April 13, 1959, 7. 중도파들이 직면한 '홉슨의 선택'[이러지도 저러지도 못하는 선택]에 대한 설명은 다음도 참고하라. Robert D. Baker, "The Perrow Report: Virginia Faces 2nd Dilemma," *Washington Post*, April 5, 1959, B3. 이 기사들을 알려주고 자료를 보내준 제임스 H. 허시먼에게 감사를 전한다.

37 Benjamin Muse, "Some Sounds and Signs of the Times," *Washington Post*, April 12, 1959; "Segregation Bill Loses in Virginia," *New York Times*, April 21, 1959, 25.

38 Robert D. Baker, "Serious Blow to Byrd Machine," *Washington Post*, April 25, 1959, A1.

39 잭 킬패트릭은 프린스 에드워드 카운티에서 한 연설에서 "중앙 정부가 압제적으로 비대해지는 것"에 맞서 "옛 자유"를 지키려는 입장에 찬사를 보내는 한편, 그렇게 하지 않는 미국인은 "복지국가라는 마약의 환상에" 취해서 졸고 있는 것이라고 말하면서 학교 폐쇄를 부추겼다. 그는 청중에게 이 "괴물"에 맞서는 "전투"는 "복종을 거부하는 저항이 없이는 얻을 수 없다"고 말했다. 물론 그러한 저항에는 "연방 정부의 명령"에 복종하지 않고 학교를 폐쇄하는 "용기 있는 행동"도 포함되었다. "Farmville High School Commencement Speech," June 4, 1959, box 2, series C. JJKP.

40 Paul Duke, "Dixie Eyes a Virginia County, First to Shut All its Public Schools," *Wall Street Journal*, December 1, 1959. 이 섬찟한 이야기는 많은 데서 연구되었다. 가장 최근의 학술 연구로는

다음을 참고하라. Bonastia, *Southern Stalemate and Titus, Brown's Battleground*. 회상 위주의 저술로는 다음을 참고하라. Green, *Something Must Be Done About Prince Edward County*.

41 Broadus Mitchell to James Buchanan, November 15, 1960, BHA; Buchanan to Mitchell, November 28, 1960, ibid.; Buchanan to Edgar F. Shannon Jr., November 21, 1960, ibid; Joan Cook, "Broadus Mitchell, 95, Professor, Historian and Hamilton Authority, *New York Times*, April 30, 1988.

5장: 자본주의를 정부로부터 보호하자

1 Alexander Keyssar, *The Right to Vote: The Contested History of Democracy in the United States* (New York: Basic Books, 2000), 256.

2 Harry F. Byrd to T. Coleman Andrews, August 7, 1957, box 2, TCAP; 몽고메리에 대해서는 다음 저술을 참고하라. 고전의 반열에 올라 있는 책이다. Taylor Branch, *Parting the Waters: America in the King Years, 1954-1963* (New York: Simon & Schuster, 1988).

3 Keyssar, *Right to Vote*, 236-37, 262, 269, 271. 버지니아 주는 1년에 1.5달러(2016년 화폐 가치로는 12달러 정도다)를 부과했고 누적 기준을 적용했다. 그리고 투표세가 선거일 6개월 전에, 즉 선거운동이 시작되기도 전에 다 납부되어야 했다. 투표세를 "선거 통제"의 "초석"으로 보는 분석은 다음을 참고하라. Frank B. Atkinson, *The Dynamic Dominion: Realignment and the Rise of Virginia's Republican Party Since 1945* (Fairfax, VA: George Mason University Press, 1992), 15. 버드 머신의 몰락을 다룬 12장("Suddenly, an Expanded Electorate")도 참고하라. 이보다 앞서 뷰캐넌은 "일괄적인 인당 투표세가 주요 수입원이 되기에 적절할 것"이라고 말한 바 있다. 또한 그는 투표세가 "비숙련 농업 노동자들이 주 밖으로 이주하게 하는 부가적인 효과"도 있을 것이라고 언급했다. (날짜가 명기되지 않은 원고. 1960년대 초로 추정), "Optimum Fiscal Policy for Southern States," BHA.

4 특히 다음을 참고하라. J. Douglas Smith, *On Democracy's Doorstep: The Inside Story of How the Supreme Court Brought "One Person, One Vote" to the United States* (New York: Basic Books, 2014). 제임스 뷰캐넌은 재산권과 조세에 대해 우려하면서, "선거구를 조정해야 한다는 판결이 나오면서 위험이 (…) 더 임박하고 긴급해졌다"고 언급했다. James Buchanan to Colgate Darden Jr. June 24, 1965, BHA.

5 이 책에서 다루는 인물들을 언급하고 있지는 않지만, 정치이론가 코리 로빈Corey Robin도 이러한 상호 관계를 다음 저서에서 통찰력 있게 짚어냈다. *The Reactionary Mind: From Edmund Burke to Sarah Palin* (New York: Oxford University Press, 2011), 3-28.

6 Gordon Tullock, "How I Didn't Become a Libertarian," August 7, 2003, LewRockwell.com; Gordon Tullock to James Buchanan, February 12, 1962, BHA.

7 J.E. Moes to James Buchanan, January 21, 1962, BHA; Richard E. Wagner, "Public Choice as Academic Enterprise," *American Journal of Economics and Sociology* 63 (January 2004), 64, 66. 언젠가 고든 털록은 뷰캐넌에게 "샬로츠빌에 당신이 없어서 어떤 것에 대해서도 좋은 비판과 코멘트를 받기가 어렵다"고 아쉬워했다. May 21, 1965, BHA.

8 Tullock to Richard C. Cornuelle, July 28, 1956, box 88, Tullock Papers. 볼커 펀드가 법학 분야의 이론, 법리의 적용, 법학 교육에 대해 가졌던 관심은 다음을 참고하라. Ivan Bierly to Tullock, March 21, 1958, box 86, Tullock Papers.

9 James M. Buchanan and Gordon Tullock, *The Calculus of Consent: Logical Foundations of Constitutional Democracy* (1962: 다음에 재수록됨. vol. 3. *The Collected Works of James M. Buchanan* (Indianapolis: Liberty Fund, 1990), 286. 이 장을 포함해 이 책에서 내가 제시한 설명 은 다음의 혁신적인 연구에 크게 빚졌다. S.M. Amadae, *Rationalizing Capitalist Democracy: The Cold War Origins of Rational Choice Theory* (Chicago: University of Chicago Press, 2003), 133-55. 공공선택이론 학자가 아닌 사람 중에서 뷰캐넌의 사상을 이렇게 깊이 있게 연구한 학자 는 애머데이가 유일할 것이다. 애머데이는 뷰캐넌의 사상이 집합행동과 민주주의에 제기하 는 위협을 명민하게 짚어냈다.

10 Buchanan and Tullock, *Calculus of Consent*, 21, 286.

11 Ibid., 123, 158-61, 234.

12 Ibid., 166-68, 171. S. M. 애머데이가 지적했듯이 이들의 분석은 정치이론에서 "공공이라 는 개념을 없애버리며", 이는 고전 자유주의와 크게 다르다. 다음을 참고하라. Amadae, *Rationalizing Capitalist Democracy*, 143.

13 George J. Stigler, "Proof of the Pudding?" *National Review*, November 10, 1972, 1258; 다음 도 참고하라. Steven G. Medema, "'Related Disciplines': The Professionalization of Public Choice Analysis," *History of Political Economy Annual Supplement* 32 (2000): 313.

14 Buchanan and Tullock, *Calculus of Consent*, 96, 284.

15 Ibid., 286, 289, 303. 법적인 역사에 대해서는 다음을 참고하라. Barry Friedman, *The Will of the People: How Public Opinion Has Influenced the Supreme Court and Shaped the Meaning of the Constitution* (New York: Farrar, Strauss, and Giroux, 2009), 141-94.

16 이와 관련한 사회정치사는 다음을 참고하라. Nell Irvin Painter, *Standing at Armageddon: The United States, 1877-1919* (New York: W.W. Norton, 1987).

17 Buchanan, *Better than Plowing*, 9. James M. Buchanan, *Better than Plowing and Other Personal Essays* (Chicago: University of Chicago Press, 1992).

18 James Madison to Edward Everett, August 1830, Constitution Society, www.constitution.org/rf/jm_18300801.htm. 뷰캐넌이 자신의 프로그램은 버지니아 "토종"이고 그와 반대편인 사람들 은 "외부인"이라고 주장한 것에 대해서는 다음을 참고하라. Buchanan, *Better than Plowing*, 106.

19 Dwight R. Lee, "The Calculus of Consent and the Constitution of Capitalism," *Cato Journal* 7 (Fall 1987): 332.

20 Ira Katznelson, *Fear Itself: The New Deal and the Origins of Our Time* (New York: Liveright, 2013), 249.

21 Eugene B. Sydnor Jr. 부음 기사. Virginia House of Delegates, January 14, 2004, http://lis.virginia.gov/cgi-bin/legp604.exe?041+ful+HJ208; "Sydnor Recalls Birth of Constitution agency," *Richmond News Leader*, February 5, 1966. 이 연구에 대해 알려준 제임스 스위니James Sweeny에게 감사 를 전한다. 또 이 연구에 관심을 갖게 해준 제임스 H. 허시먼에게 감사를 전한다. 다음도 참고하라. George Lewis, "Virginia's Northern Strategy: Southern Segregationists and the Route to National Conservatism," *Journal of Southern History* 72 (February 2006).

22 Lewis, "Virginia's Northern Strategy," 122; Hustwit, *Salesman for Segregation*, 170-72, 181, 184; 사례를 보려면 다음의 소책자들을 참고하라. R. Carter Glass, *Equality v. Liberty: The Eternal Conflict* (Richmond: Virginia Commission on Constitutional Government, 1960); Virginia

Commission on Constitutional Government, *Did the Court Interpret or Amend?* (Richmond: Virginia Commission on Constitutional Government, 1960).

23 James R. Sweeney, ed. *Race, Reason, and Massive Resistance: The Diary of David J. Mays, 1954-1959* (Athens: University of Georgia Press, 2008), 248, 251, 260-61.

24 Sweeney, *Race, Reason*, 219, 220. 남부의 학교갈등 문제를 피하고 북부의 우파 성향 사람들과 공유하는 헌법적 우려 사항들을 드러내기 위한 전략에 대해서는 224페이지와 261페이지도 참고하라.

25 Ralph Harris to James Buchanan, October 21, 1965, BHA; Ralph Harris and Arthur Seldon, "Offering a Choice by Voucher," 날짜가 드러나 있지 않은 〈런던 타임스〉 기사 스크랩. Buchanan to Arthur Seldon, November 4, 1965, BHA; Edwin West to Gordon Tullock, January 14, 1966, box 84, Tullock Papers. 볼커 펀드가 이 연구에 후원을 했다. 다음을 참고하라. Arthur D. Little to Leon Dure, September 25, 1961, box 3, Dure Papers. 싱크탱크 '경제문제연구소Institute of Economic Affairs, IEA'가 대처 정부의 의제 설정에 미친 영향에 대해서는 다음을 참고하라. Richard Crockett, *Thinking the Unthinkable: Think Tanks and the Economic Counter-Revolution, 1931-1983* (New York: HarperCollins, 1994). 듀어의 노조 파괴 활동에 대해서는 다음을 참고하라. Robert Rodgers Korstad, *Civil Rights Unionism: Tobacco Works and the Struggle for Democracy in the Mid-Twentieth Century South* (Chapel Hill: University of North Carolina Press, 2004), 321-27.

26 Amadae, *Rationalizing Capitalist Democracy*, 144.

27 Murray Rothbard to F.A. Harper, "What Is to Be Done," Known as "Rothbard's Confidential Memorandum to the Volker Fund," July 1961, http://mises.org/library/rothbard's-confidential-memorandum-volker-fund-what-be-done. 이 운동에서 로스바드의 위상에 대해서는 다음을 참고하라. Brian Doherty, *Radicals for Capitalism: A Freewheeling History of the Modern Libertarian Movement* (Philadelphia, PA: Public Affairs, 2007), 247.

28 Rothbard to Gordon Tullock, November 4, 1958, box 88, Tullock Papers.

29 Buchanan, *Better than Plowing*, 89, 95; James Buchanan, "The Sayer of Truth: A Personal Tribute to Peter Bauer," *Public Choice* 112 (September 2002): 233.

30 Volker Fund Announcement, 1961, box 58, Hayek Papers.

31 Janet W. Miller to Leon Dure, September 25, 1961, box 3, Dure Papers; Kenneth S. Templeton to Dure, July 7, 1960, ibid. 볼커 펀드가 1955년 이후에 사립학교 촉진을 위해 진행한 프로젝트에 대해서는 다음을 참고하라. William Volker Fund Records, 1953-1961, boxes 1 and 2, David R. Rubenstein Rare Book and Manuscript Library, Duke University. 한 관련자는 누구라도 볼커 펀드의 자금을 지원받고 싶다면 자신이 "공립학교, 고속도로, 경찰, 사악한 공기업들을 믿지 않는다는 것을 분명히 보여야 한다"고 말했다. Doherty, *Radicals for Capitalism*, 187.

32 예를 들어 다음을 참고하라. Milton Friedman to G. Warren Nutter, May 4, 1960, box 31, Friedman Papers; Nutter to Dure, February 24, 1960, box 1, Dure Papers; Dure to Francis P. Miller, May 8, 1960, box 1, Dure Papers; Milton Friedman, *Capitalism and Freedom* (1962; repr., Chicago: University of Chicago Press, 2002), 6, 31, 35-36, 116.

33 프리드먼은 바우처가 성공적이었다는 "이야기를 들었다"고 말했다. 물론 이 말은 사실이었다. 너터와 뷰캐넌이 그가 레온 듀어와 만날 수 있는 칵테일 만남을 주선했기 때문이다. 듀어는 '선택의 자유 바우처'의 주된 옹호자였고 인종분리 학교[백인 학교] 두 곳에 후원금

을 내고 있었다. 역시 학교의 인종통합을 둘러싼 싸움이 벌어지고 있던 시카고에서 프리드먼은 "학교의 인종분리 문제에 대한 적합한 해법은, 버지니아가 그렇게 했듯이 공립학교를 없애고 부모가 자녀를 원하는 학교에 보낼 수 있게 하는 것"이라고 말했다. Nutter to Dure, February 24, 1960, box 1, Dure Papers; Friedman to Nutter, May 4, 1960, box 31, Friedman Papers; "UC Economic Experts Advise Goldwater," *Chicago Tribune*, April 12, 1964, 8.

34 F.A. Hayek to Ivan Bierly, February 2, 1961, box 58, Hayek Papers; Dure to Segar Gravatt, June 4, 1964, box 2, Gravatt Papers.

35 서평. *Calculus of Consent* by Anthony Downs, *Journal of Political Economy* 72 (February 1964): 88; 같은 맥락에서 다음 서평도 참고하라. *Calculus of Consent* by J.E. Meade, *Economic Journal* 73 (March 1963): 101. 뷰캐넌과 랜드 코퍼레이션 연구자들과의 연관에 대해, 그리고 자신의 업적에 권위를 더하기 위해 그들이 서로의 연구를 서평에서 어떻게 언급했는지에 대해서는 다음을 참고하라. Amadae, *Rationalizing Capitalist Democracy*.

36 맨커 올슨Mancur Olson이 《동의의 계산》에 대해 다음에 게재한 서평. *American Economic Review* 52 (December 1962): 1217. 너무 많아서 여기에서 다 열거하기는 어렵다. 이것 이외에 다른 서평들은(대체로 긍정적이다) 도서관 사이트에서 간단한 검색으로 찾을 수 있다.

37 Bruno Leoni to Gordon Tullock, January 25, 1963, box 4, Tullock Papers.

38 Medema, "Related Disciplines," 309. 안타깝게도 이 일기장은 지금 남아 있지 않다. 이 컨퍼런스에 대해서는 다음을 참고하라. Amadae, *Rationalizing Capitalist Democracy*, 145-49.

39 예를 들어, 오바마의 규제 담당 자문이었던 법학자 카스 R. 선스타인Cass R. Sunstein이 쓴 다음 책을 참고하라. *Why Nudge? The Politics of Libertarian Paternalism* (New Haven, CT: Yale University Press, 2014).

40 Buchanan, *Better than Plowing*, 106-7.

41 James J. Kilpatrick, "Goldwater Country," *National Review*, April 9, 1963, 281-82; 다음도 참고하라. James J. Kilpatrick, "Crossroads in Dixie," *National Review*, November 19, 1963, 433-35.

42 이 수업에 대해서는 2013년 뷰캐넌 추모 컨퍼런스에서 리처드 E. 와그너Richard E. Wagner가 한 강연을 참고하라(내가 필기했음). 골드워터 후보 지명과 공화당의 우경화를 다룬 문헌은 매우 많이 나와 있다. 내가 이 책을 쓰기 위해 가장 많이 참고한 책은 다음이다. Rick Perlstein, *Before the Storm: Barry Goldwater and the Unmaking of the American Consensus* (New York: Hill & Wang, 2001); Kim Phillips-Fein, *Invisible Hands: The Making of the Modern Conservative Movement from the New Deal to Reagan* (New York: W.W. Norton, 2009).

43 Gordon Tullock to Kenneth Templeton, May 1, 1959, box 88, Tullock Papers; Tullock to Ivan Bierly, March 27 (1959), box 86, Tullock Papers: Tullock to Bierly, May 6, 1959, box 86, Tullock Papers.

44 Tullock to William F. Buckley Jr. August 8, 1961, series I. box 37, William F. Buckley Jr. Papers, Manuscripts and Archives, Yale University, New Haven, CT; Tullock to Buckley, September 19, 1961, series 1, box 37, Buckley Papers; Tullock to Douglas Cady, January 16, 1963, box 84, Tullock Papers; Joseph Crespino, *Strom Thurmond's America* (New York: Hill & Wang, 2012), 132, 159. 나중에 털록은 공화당이 정계개편을 촉진하는 데 인종주의를 활용할 수 있을 것이라고 조언하기도 했다. 이에 대해서는 그가 쓴 다음 글을 참고하라. "The Heredity Southerner and the 1968 Election," *The Exchange* 29 (January 1969), box 111, William A. Rusher Papers, Library of Congress, Washington D.C.

45 Tullock to Buckley, October 14, 1964, part I, box 33, Buckley Papers; Tullock to Buckley, November

1, 1965, part I, box 37, Buckley Papers; Buckley to Tullock, December 22, 1965, Buckley Papers.

46 Tullock to G. Warren Nutter, September 1964, box 95, Tullock Papers.

47 James Buchanan to F.A. Hayek, January 10, 1963, BHA.

48 "Colloquium on the Welfare State," Occasional Paper 3, December 1965, 25. Thomas Jefferson Center for Studies in Political Economy, University of Virginia, Charlottesville.

6장: 반혁명에는 시간이 걸린다

1 Gordon Tullock to William F. Buckley Jr. October 14, 1964, part 1, box 33, William F. Buckley Jr. Papers, Manuscripts and Archives, Yale University, New Haven CT.

2 John A. Andrew III, *The Other Side of the Sixties: Young Americans for Freedom and the Rise of Conservative Politics* (New Brunswick, NJ: Rutgers University Press, 1997), 203-4. 버클리는 처음부터도 의구심을 갖고 있었다. 다음을 참고하라. Rick Perlstein, *Before the Storm: Barry Goldwater and the Unmaking of the American Consensus* (New York: Hill & Wang, 2001), 471-73.

3 이를테면 골드워터는 앤드류스가 '일률 과세'에 대해 가지고 있던 약간의 주저함조차 없었다. 저널리스트인 스튜어트 앨솝Stewart Alsop이 골드워터에게 정말로 "1년에 500만 달러를 버는 사람이 5000달러 버는 사람과 동일한 세율로 세금을 내야 한다고 생각하는지" 묻자 골드워터는 "네, 네, 나는 그렇게 생각합니다"라고 대답했다. 그리고 오늘날 '자본 형성' 논리를 펴는 사람들이 하는 말과도 비슷하게, 그는 "가난한 사람은 부유한 사람의 투자에서 이득을 볼 것입니다"라고 말했다. Stewart Alsop, "Can Goldwater Win in 64?" *Saturday Evening Post*, August 24, 1963.

4 Reminiscences of William J. Baroody Sr. of the American Enterprise Institute to Barry Goldwater, January 7, 1970, box 11, Baroody Papers; Don Oberdorfer, "Nixon Eyes Ex-CIA Official," *Washington Post*, February 28, 1969, clipping in box 80, Baroody Papers; James Buchanan to Warren Nutter, November 4, 1964, box 80, Baroody Papers; Karl A. Lamb, "Under One Roof: Barry Goldwater's Campaign Staff." 다음에 수록됨. *Republican Politics: The 1964 Campaign and Its Aftermath for the Party,* ed. Bernard Cosman and Robert J. Huckshorn (New York: Praeger, 1968), 31.

5 Hobart Rowen and Peter Landau, "Goldwater's Economists," *Newsweek*, August 31, 1964, 62-64; Warren Nutter to Gordon Tullock, July 10, 1964, box 95, Tullock Papers; Perlstein, *Before the Storm*, 462; Robert D. Novak, The Agony of the GOP, 1964 (New York: MacMillan, 1965), 439-64; Katherine K. Neuberger to Charlton H. Lyons Sr., January 4 1963, box 155, Rusher Papers.

6 Joseph E. Lowndes, *From the New Deal to the New Right: Race and the Southern Origins of Modern Conservatism* (New Haven, CT: Yale University Press, 2008), 68; Kim Phillips-Fein, *Invisible Hands: The Making of the Conservative Movement from the New Deal to Reagan* (New York: W.W. Norton, 2009), 65-66; Robert Alan Goldberg, *Barry Goldwater* (New Haven, CT: Yale University Press, 1995), 177.

7 Republican National Committee, "Senator Goldwater Speaks Out on the Issues." 다음에 실렸던 광고. *Reader's Digest*, 1964. 골드워터가 이 주장을 편 첫 번째 인물은 아니다. 자유지상주의 지식인들도, 기업계의 우파 지도자들도 사회보장제도가 정당성 있는 제도라고 생각하지 않았

다. 다음을 참고하라. Phillips-Fein, *Invisible Hands*, 12, 21, 114, 147; Perlstein, *Before the Storm*, 260, 500-502; Goldberg, *Barry Goldwater*, 184, 188; David W. Reinhard, *The Republican Right Since 1945* (Lexington: University of Kentucky Press, 1983), 8, 49.

8 Dennis W. Johnson, *The Laws That Shaped America: Fifteen Acts of Congress and Their Lasting Impact* (New York: Routledge, 2009), 347; Perlstein, *Before the Storm*, 169.

9 Milton Friedman, "The Goldwater View of Economics," *New York Times Magazine*, October 11, 1964; 다음도 참고하라. Alan O. Ebenstein, *Milton Friedman: A Biography* (New York: Palgrave Macmillan, 2007), 37-69.

10 Milton Friedman and Rose D. Friedman, *Two Lucky People: Memoirs* (Chicago: University of Chicago Press, 1998), 367-70; "UC Economic Experts Advise Goldwater," *Chicago Tribune*, April 12, 1964, 8; "Right Face," *Newsweek*, January 13, 1964, 73; Robert D. Novak, *The Agony of the GOP*, 1964, 334; "Friedman Cautions Against [Civil] Rights Bill," *Harvard Crimson*, May 5, 1964.

11 Perlstein, *Before the Storm*, 462; Lowndes, *from the New Deal*, 105. 〈내셔널 리뷰〉의 발행인이자 초창기부터 골드워터를 지지했던 윌리엄 러셔Willism Rusher도 민권에 반대하기 위한 보수주의의 가장 강력한 논거로 '결사의 자유'를 주장했다. Rusher to William F. Buckley Jr. June 18, 1963, box 40, Buckley Papers.

12 Nicol C. Rae, *The Decline and Fall of the Liberal Republicans: From 1952 to the Present* (New York: Oxford University Press, 1989), 74; 존 버치 소사이어티의 영향력에 대해서는 53, 57 페이지를 참고하라. 다음도 참고하라. Perlstein, *Before the Storm; Andrews, Other Side of the Sixties*, 175-76.

13 Ayn Rand, "'Extremism', or the Art of Smearing." 다음에 재수록됨. Ayn Rand, *Capitalism: The Unknown Ideal* (New York: Signet, 1967), 176, 178.

14 Friedman and Friedman, *Two Lucky People*, 368.

15 Nick Kotz, *Judgment Days: Lyndon Baines Johnson, Martin Luther King Jr. and the Laws That Changed America* (Boston: Houghton Mifflin, 2005), 261.

16 버지니아 주에 대해서는 다음을 참고하라. Frank B. Atkinson, *The Dynamic Dominion: Realignment and the Rise of Virginia's Republican Party Since 1945* (Fairfax, VA: George Mason University Press, 1992), 30-31; Rae, *Decline and Fall*, 76. 골드워터에 반대하는 교외 지역의 정치적 분위기에 대한 명민한 분석은 다음을 참고하라. Matthew D. Lassiter, *The Silent Majority: Suburban Politics in the Sunbelt South* (Princeton, NJ: Princeton University Press, 2006).

17 "Days Ahead" (사설), *Farmville Herald*, November 6, 1964; "Record Vote Goes to Goldwater," *Farmville Herald*, November 6, 1964. 주 전반적인 투표 결과에 대해서는 다음을 참고하라. Atkinson, *Dynamic Dominion*, 30-31; Rae, *Decline and Fall*, 76. 자신의 연구에 사용하기 위해 소장하고 있던 〈팜빌 헤럴드Farmville Herald〉 기사를 내게 공유해준 크리스 보나스티야 Chris Bonastia에게 감사를 전한다.

18 Ronald L. Heinemann, *Harry Byrd of Virginia* (Charlottesville: University Press of Virginia, 1996), 106, 412. 수정헌법 14조가 법적으로 연방정부의 권력 및 민권과 어떻게 영구적으로 관련을 갖게 되었는지에 대해서는 다음을 참고하라. 이 관련 덕분에 '브라운 대 교육 위원회' 소송 및 이후에 이어진 법적 개혁의 상당 부분이 가능할 수 있었다. Laura F. Edwards, *A Legal History of the Civil War and Reconstruction: A Nation of Rights* (New York: Cambridge University

Press, 2015).

19 Ebenstein, *Milton Friedman*, 169-71, 181.

20 Kotz, *Judgment Days*, 261.

21 입법 측면에서의 성취에 대한 훌륭한 요약으로는 다음을 참고하라. Calvin G. MacKenzie and Robert Weisbrot, *The Liberal Hour: Washington and the Politics of Change in the 1960s* (New York: Penguin Press, 2008).

22 Bruce J. Dierenfield, *Keeper of the Rules: Congressman Howard W. Smith of Virginia* (Charlottesville: University of Virginia Press, 1987), 209, 28. 하지만 스미스의 의석은 매우 보수적인 공화당원이 차지했다. 미래에 대한 불길한 전조라 할 만하다.

23 William K. Klingaman, *J. Harvie Wilkinson Jr.: Banker, Visionary* (Richmond, VA: Crestar Financial, 1994), 120-33. 이 자료를 알려준 데 대해 제임스 H. 허시먼에게 감사를 전한다. 남부 경제발전 노력의 전개는 다음을 참고하라. Bruce J. Schulman, *From Cotton Belt to Sunbelt: Federal Policy, Economic Development and the Transformation of the South, 1938-1980* (New York: Oxford University Press, 1991).

24 Alexander S. Leidholdt, "Showdown on Mr. Jefferson's Lawn: Contesting Jim Crow During the University of Virginia's Photodesegregation," *Virginia Magazine of History and Biography* 122 (2014): 243, 245, 248.

25 Bryan Kay, "The History of Desegregation at the University of Virginia, 1950-1969" (미출판 석사 논문, 1979년 8월), 다음 문서보관소에 소장되어 있음. 66-70.

26 털록의 예전 제자인 YAF 사우스캐롤라이나 대학 지부의 몇몇 학생들은 (그중 한 명에 따르면) 자신의 자유가 침해된 것에 대해 "인종분리가 철폐된 구내식당 카운터에서 피켓 시위를 했다". John Warfield to Gordon Tullock, April 26, 1965, box 84, Tullock Papers.

27 Kay, "History of Desegregation," 107, 117, 120; Paul M. Gaston, *Coming of Age in Utopia: The Odyssey of an Idea* (Montgomery, AL: New South Boos, 2010), 271. 뷰캐넌 센터의 파밍턴 컨트리 클럽 사용에 대해서는 다음을 참고하라. James Buchanan to Frank Knight, October 14, 1957, box 3, Knight Papers.

28 Kay, "History of Desegregation," 107, 117, 120; Gaston, *Coming of Age*, 271.

29 James Buchanan to Gordon Tullock, July 12, 1965, BHA.

30 Buchanan to Warren Nutter, June 2, 1965, BHA; 다음도 참고하라. Gordon Tullock to Milton Friedman, April 21, 1965, box 116, Tullock Papers.

31 "$225,000 Given for New Institute," *Washington Post*, December 9, 1965, A16; "Study Slated on Potential of Virginia," *Washington Post*, April 14, 1967, C6. 이 연구소에 대해 알려주고 자료를 보내준 제임스 H. 허시먼에게 감사를 전한다.

32 이 새로운 비전과 그것의 적용은 다음에 잘 드러나 있다. Klingaman, *J. Harvie Wilkinson*, 83, 87, 125, 127-30, 133.

33 Warren Nutter to Milton Friedman, July 15, 1961, box 31, Friedman Papers.

34 Nutter to James Buchanan, October 28, 1960, BHA.

35 Ibid. 포드의 프로그램 담당자가 합리적인 우려를 제기한 것과 이에 대해 뷰캐넌이 도그마적 접근을 옹호한 것에 대한 자료는 다음에서 볼 수 있다. Folder D-234 (University of Virginia, Educational Program of Thomas Jefferson Center for Studies in Political Economy), Ford Foundation Records, Rockefeller Archive Center, Sleepy Hollow, NY.

36 Buchanan to Edgar F. Shannon Jr. January 9, 1961, box 79, Baroody Papers. 더 상세한 기록을 여기에서 찾을 수 있다.

37 총장의 행정 담당 비서 웰든 쿠퍼Weldon Cooper에게 로랜드 에거Rowland Egger 문리대 학장이 보낸 편지. Box 6, RG-2/1/2.635, series 1, Papers of the President of the University of Virginia, Office Administrative Files, Manuscripts Division, Alderman Library, University of Virginia.

38 Gordon Tullock to James Buchanan, February 2, 1962, BHA; (University of Virginia) Department of Economics, "Excerpt from Self-study Report," 1963, box 80, Baroody Papers; George W. Stocking to Robert J. Harris, November 14, 1964, box 12, RG-2/1/22.635, series I, Papers of the President of the University of Virginia, Office Administrative Files.

39 [University of Virginia] Department of Economics, "Excerpt from Self-Study Report," and Stocking to Harris, November 14, 1964.

40 James M. Buchanan, "What Should Economists Do," *Southern Economic Journal* 30 (January 1964): 215-21; Ely, 다음에 인용됨. Richard Hofstadter, *Social Darwinism in American Thought* (Boston: Beacon Press, 1955), 146.

41 이른바 '자기 조정적 시장'이라는 '냉혹한 유토피아'가 야기한 끔찍한 상황을 다룬 고전적인 저술로는 다음을 참고하라. Karl Polanyi, *The Great Transformation: The Political and Economic Origins of Our Time* (1944; repr., Boston: Beacon Press, 1957), 3. 뷰캐넌이 되살린 주장들에 대한 반박으로서, 법 현실주의 전통에 대해서는 다음을 참고하라. Morton J. Horwitz, *The Transformation of American Law, 1870-1960: The Crisis of Legal Orthodoxy* (New York: Oxford University Press, 1992). 특히 194-98페이지는 법 현실주의 학자들이 자연발생적 시장 개념을 어떻게 비판하는지를 설명하면서, 시장이 사회적·역사적으로 정책적인 선택에 의해 구성된 것이라는 개념을 제시하고 있다. 올리버 웬델 홈스 주니어Oliver Wendell Holmes Jr.를 상기시키면서, 이들은 재산이라는 것 자체도 "법이 창조한 것"이라고 말했다(197페이지).

42 명료한, 그리고 다소 섬찟한 설명은 다음을 참고하라. S.M. Amadae, *Prisoners of Reason: Game Theory and Neoliberal Political Economy* (New York: Cambridge University Press, 2016). 특히 175-92페이지에 뷰캐넌에 대한 내용이 나온다.

43 Gordon Tullock, "Welfare for Whom?" 다음 세션에서 발표된 논문. "The Role of Government," Mont Pèlerin Society, Aviemore Conference, 1968, BHA.

44 버지니아 주에 소재한 미국 상공회의소 산하 연구소의 소장은 사립학교 바우처를 위해 싸운 사람이었고, 1960년에 바로 이러한 분석을 찾기 위해 비슷한 생각을 가진 경제학자들에게 접근했다. Emerson P. Schmidt to Milton Friedman, December 7, 1960, box 32, Friedman Papers. 프리드먼은 이러한 분석의 "중요성"에 대해 동의했고 버지니아 대학의 학자 두 명과 접촉해보겠다고 제안했다. University of Virginia; Friedman to Schmidt, January 24, 1961, box 32, Friedman Papers.

45 전부 인용을 하기에는 이와 관련된 저술이 너무 많지만, 1968년 남부 역사학계의 거두인 C. 밴 우드워드C. Vann Woodward부터 지금까지 이어지는 '미국 역사학자 협회Organization of American Historians'의 선출직 회장들을 일별해보면 이런 문제들에 대해 전반적으로 동의가 이뤄져 있었음을 보여준다. www.oah.org/about/past-officers. 버지니아 대학에서 역사학자 폴 개스톤의 영향력이 점점 커진 것에 대해서는 그의 회고록인 다음을 참고하라. *Coming of Age in Utopia.*

46 G. Warren Nutter to President Edgar F. Shannon Jr. January 29, 1968, box 80, Baroody Papers;

Warren Nutter to James Buchanan, may 6, 1965, BHA. 뷰캐넌 센터의 교수진 중 실제로 존 버치 소사이어티에 속했거나 공산주의자들이 미국 정부에 침투했다는 음모론을 믿은 사람이 있었다는 증거는 없다. 하지만 존 버치 소사이어티의 경제관은 뷰캐넌 센터의 경제관과 그리 다르지 않다. 또한 1965년에 뷰캐넌 센터의 일원이자 버지니아 보수당의 버지니아 주지사 후보이던 윌리엄 J. 스토리William J. Story가 네 명의 후보 중 13%를 득표하면서 뷰캐넌 센터는 버지니아 주에서 입지가 더욱 올라갔다. Atkinson, *Dynamic Dominion*, 155-56.

47 William Breit, "Creating the 'Virginia School': Charlottesville as an Academic Environment in the 1960s," *Economic Inquiry* 25 (October 1987): 650; John J. Miller, "The Non-Nobelist," *National Review*, September 25, 2006, 32-33; Gordon Tullock, "The Origins of Public Choice." 다음에 수록됨. *The Makers of Modern Economics*, vol. 3. Ed. Arnold Heertje (Cheltenham, UK: Edward Elgar, 1999), 1123; "Chronology of Significant Events," April 1976, box 80, Baroody Papers; Warren Nutter to Edgar F. Shannon Jr. January 29, 1968, box 80, Baroody Papers.

48 James M. Buchanan to President Edgar F. Shannon Jr., April 4, 1968, box 80, Baroody Papers.

49 Richard A. Ware to Milton Friedman, July 22, 1966, box 26, Friedman Papers.

50 James Buchanan to Gordon Tullock, July 8, 1965, BHA; Buchanan to Tullock, April 28, 1968, box 11, Tullock Papers. 뷰캐넌은 렐름 재단Relm Foundation에 그가 '더 일찍 신중하게 내부에 다리들을 놓아서' 문제를 미리 잠재웠어야 했다고 인정했다. Buchanan to Otto A. Davis, January 19, 1968, BHA; Buchanan to Richard A. Ware, April 23, 1968, BHA.

51 Steven G. Medema, "'Related Disciplines': The Professionalization of Public Choice Analysis," *History of Political Economy Annual Supplement* 32 (2000): 289-323.

52 James C. Miller to the Rector and Board of Visitors, September 23, 1976, bx 80, Baroody Papers.

53 Buchanan to Frank Knight, July 7, 1967, box 3, Knight Papers.

54 Virginius Dabney, *Mr. Jefferson's University: A History* (Charlottesville: University of Virginia Press, 1981), 347-48; Jan Gaylord Owen, "Shannon's University: A History of the University of Virginia, 1959 to 1974" (컬럼비아 대학 박사학위 논문, 1993년), 18, 25-26, 30, 32.

55 James M. Buchanan, "The Virginia Renaissance in Political Economy: The 1960s Revisited." 다음에 수록됨. *Money and Markets: Essays in Honor of Leland B. Yeager*, ed. Roger Koppl (New York: Routledge, 2006), 35. 털록에 대해서는 너터조차 미심쩍어하고 있었다(37페이지).

56 James M. Buchanan, *Better than Plowing and Other Personal Essays* (Chicago: University of Chicago Press, 1992), 177.

7장: 미친 세상

1 James M. Buchanan, "Public Finance and Academic Freedom," Center Policy Paper No. 226-30-7073, Center for Public Choice, Virginia Polytechnic Institute and State University, Fall 1971, 4; James M. Buchanan. 샬로츠빌에서 열린 버지니아 공대 동문 대상 강연을 위해 준비한 메모. 1970년 1월 19일, BHA; "Potent Unexploded Bomb Found at UCLA," *Los Angeles Times*, November 12, 1968. 이 살인 사건에 대해서는 다음을 참고하라. Curtis J. Austin, *Up Against the Wall: Violence in the Making and Unmaking of the Black Panther Party* (Fayetteville: University of Arkansas Press, 2008), 224-26; Martha Biondi, *The Black Revolution on Campus* (Berkeley: University of California Press, 2012), 68-71; Elaine Browne, *A Taste of Power: A Black Woman's*

Story (New York: Pantheon, 1992, 160-67. FBI 코인텔프로 프로그램의 선동가들이 블랙팬서당의 토대를 흔들기 위해 두 단체 사이의 갈등을 어떻게 조장했는지에 대해서는 다음을 참고하라. Joshua Bloom and Waldon E. Martin Jr., *Black Against Empire: The History and Politics of the Black Panther Party* (Berkeley: University of California Press, 2013), 218-29.

2 Angela Davis et al., *If They Come in the Morning: Voices of Resistance* (New York: New American Library, 1971), 185-86; J. Clay La Force to James M. Buchanan, May 19, 1970, BHA.

3 James M. Buchanan, *Better than Plowing and Other Personal Essays* (Chicago: University of Chicago Press, 1992), 114. 샌프란시스코 주립대학 S. I. 하야카와S. I. Hayakawa 총장에 대한 뷰캐넌의 찬사는 다음을 참고하라. James M. Buchanan, 샬로츠빌 강연을 위해 준비한 메모. 역사학자 제레미 수리Jeremy Suri에 따르면, 전 세계적인 대학생들의 운동은 미국과 소련이 데탕트[긴장 완화]에 들어가게 할 만큼 심각했다. 다음을 참고하라. *Power and Protest: Global Revolution and the Rise of Détente* (Cambridge, MA Harvard University Press, 2003).

4 예를 들어 다음을 참고하라. Andrew Burstein and Nancy Isenberg, "GOP's Anti-School Insanity: How Scott Walker and Bobby Jindal Declared War on Education," *Salon*, February 9, 2015; Richard Fausset, "Ideology Seen as Factor in Closings at University," *New York Times*, February 20, 2015; 2016년에 나온 다음의 뛰어난 다큐멘터리도 참고하라. *Starving the Beast*, directed by Steve Mims, www.starvingthebeast.net.

5 James M. Buchanan and Nicos E. Devletoglou, *Academia In Anarchy: An Economic Diagnosis* (New York: Basic Books, 1970), x-xi.

6 Ibid., 8.

7 Ibid., 48-50.

8 Ibid., 76, 78

9 Ibid., 78-79.

10 Ibid., 80, 86.

11 Buchanan to Glenn Campbell, April 24, 1969, BHA; Buchanan to Bertram H. Davis, May 5, 1969, BHA; Buchanan to Arthur Seldon (late June) 1969, BHA; Thomas Medvetz, *Think Tanks in America* (Chapel Hill: University of North Carolina Press, 2012), 104. 곧 크리스톨은 뷰캐넌의 센터에 연사로 방문하게 된다. 또한 둘 다 몽 펠레린 소사이어티의 회원(1971년 연간 보고서)이라는 오랜 관계도 있었다. 크리스톨이 '적극적 우대 조치'를 반대한 것에 대해서는 다음을 참고하라. Mancy MacLean, *Freedom Is Not Enough: The Opening of the American Workplace* (Cambridge, MA: Harvard University Press, 2006).

12 Buchanan and Devletoglou, *Academia in Anarchy*, x., 128-29. 이 분석은 존 버치 소사이어티를 이끌던 프레드 C. 코크의 주장을 연상시킨다. 코크는 "공산주의자들"이 "유색인종"을 이용하고 있다고 주장했다. 다음을 참고하라. *A Business Man Looks at Communism* (Farmville, VA: *Farmville Herald*. 날짜 미상). 사우스캐롤라이나를 방문한 자리에서 앤젤라 데이비스를 해고한 것에 대해 비판적인 질문을 받은 뷰캐넌은 "애초에 앤젤라가 고용된 것이 공산주의자를 교수진에 밀어 넣기 위한 음모의 일환이었을 것"이라고 주장했다; Winthrop *College Herald*, clipping, October 7, 1971, BHA.

13 William Breit, "Supply and Demand of Violence," *National Review*, June 30, 1979, 684-85.

14 Gordon Tullock to James Buchanan, January 22, 1969, box 11, Tullock Papers. 한 긍정적인 서평은, 여기 제안된 대로 하지 않는다면 다음과 같은 안 좋은 결과로 귀결될 것이라고 언급했다.

"대학 시스템이 엄격하게 국가가 통제하고 지원하는, 전문직을 위한 교육을 제공하는 대학, 그리고 사적으로 지원되고 공적으로 멸시받는 문화 소비 대학, 이렇게 둘로 양극화되는 것." Harry G. Johnson. 다음 저널에 실린 《무정부 상태의 대학》 서평. *Journal of Political Economy* 79 (January-February 1971) 204-5.

15 예상 가능하게도, 버지니아 출신의 제임스 킬패트릭은 수정헌법 26조에 반대를 표명했다(당시에는 전국 칼럼니스트였다). "The States Are Being Extorted into Ratifying the Twenty-Sixth Amendment." 다음에 수록됨. *Amendment XXVI: Lowering the Voting Age*, ed. Sylvia Engdahl (New York: Greenhaven Press, 2010), 123-27. 미군이 거의 붕괴 상황이 된 것은 다음을 참고하라. Scovill Currin, "An Army of the Willing: Fayette'Nam, Soldier Dissent, and the Untold Story of the All-Volunteer Force." (듀크 대학 박사 학위 논문, 2015년). 뷰캐넌이 몹시 싫어했던 섀넌 총장이 대화와 개혁을 통해 난국을 어떻게 타개했는지는 다음을 참고하라. "Shannon's University: A History of the University of Virginia, 1959 to 1974." (컬럼비아 대학 박사학위 논문, 1993년). 140, 212-13, 218-19; Gaston, *Coming of Age*, 289. 뷰캐넌이 섀넌을 몰아내려 시도한 것은 다음을 참고하라. Buchanan to David Tennant Bryan, May 18, 1970, BHA.

16 당시에 더 일관되게 자유지상주의 원칙을 견지한 사람은 머리 로스바드였다. 그는 공공 분야와 민주주의를 혐오했고, 냉전 시기의 대외정책과 그것의 후손인 인도차이나 전쟁도 제국적인 경쟁이라며 반대했다. Murray N. Rothbard, *The Betrayal of the American Right* (Auburn, AL: Ludwig von Mises Institute, 2007), 186, 196.

17 메그나드 데사이Meghnad Desai는 앞날을 내다본 듯, "[이 책의] 분석이 '말 등에 올라탄 호모 이코노미쿠스'라는 쉬운 만병통치약을 찾는 것이나 다름없다"고 지적했다." Meghnad Desai, "Economics v. Anarchy," *Higher Education Review* 3 (Summer 1971): 78. 일일이 열거하기에는 너무 많다. 다른 서평들은 도서관 검색으로 쉽게 찾을 수 있다.

18 Steven G. Medema, "Related Disciplines': The Professionalization of Public Choice Analysis," *History of Political Economy Annual Supplement* 32 (2000): 305-23; James M. Buchanan, "Heraclitian Vespers," *American Journal of Economics and Sociology* 63 (January 2004): 266; Center for Study of Public Choice, introductory brochure, Virginia Polytechnic Institute and State University, Blacksburg, VA, c. 1979; Loren Lomasky, "When Hard Heads Collide: A Philosopher Encounters Public Choice," *American Journal of Economics and Sociology* 63 (January 2004): 192. 애덤 스미스처럼 스카프식으로 두른 넥타이에 대해서는 다음을 참고하라. Buchanan to Douglas Mason, September 23, 1971, BHA.

19 Geoffrey Brennan," Life in the Putty-Knife Factory," *American Journal of Economics and Sociology* 63 (January 2004): 86, 87.

20 Frank B. Atkinson, *Dynamic Dominion: Realignment and the Rise of Virginia's Republican Party Since 1945* (Fairfax, VA: George Mason University Press, 1992). 특히 200, 227-28 231-254페이지를 참고하라; Martin Koepenick, "T. Marshall Hahn Jr. on the New Georgia Pacific," PIMA Magazine72 (May 1990): 35; 제임스 H. 허시먼과 나와의 개인적인 교신(2015년 5월 2일); Brennan, "Life in the Putty-Knife Factory," 85, 87.

21 Center for Economic Education, "Economic Issues Facing Virginia's," seminar, November 15, 1972, BHA; James Buchanan to Gordon Tullock, "Five-Year Plan," October 9, 1973, BHA.

22 Buchanan to G. Warren Nutter, May 7, 1970, BHA. 그의 팀이 더 강한 조치를 요구한 것에 대해서는 다음을 참고하라. Gordon Tullock to T. Marshall Hahn, May 7, 1970, box 47, T. Marshall

Hahn Papers, 1962-1974, Special Collections, Virginia Polytechnic Institute and State University, Blacksburg, VA. 다음도 참고하라. Charles J. Goetz to Hahn, May 6, 1970, box 47, Hahn Papers; Hahn to Goetz, May 11, 1970, box 47, Hahn Papers.

23 Buchanan to Hahn, June 8, 1971, box 57, Hahn Papers.

24 Ibid.

25 William F. Upshaw to Buchanan, May 25, 1970, BHA: Buchanan to Benjamin Woodbridge, May 8, 1970, BHA: T. Marshall Hahn Jr. to Charles J. Goetz, May 11, 1970, Hahn Papers: Buchanan to Roy Smith, May 14, 1970, BHA; Buchanan to Senator Garland Gray, May 15, 1970, BHA; Buchanan to Richard M. Larry, June 3, 1971, BHA.

26 C. E. Ford to Buchanan, March 25, 1971, BHA; Buchanan to Richard M. Larry, January 14, 1972, BHA; Buchanan to Larry, February 22, 1972, and May 8, 1972, BHA; Buchanan, "Notes for discussion with Richard M. Larry on 4/26/1973," April 25, 1973, BHA. 스카이프 재단이 뷰캐넌 센터 발달 과정에서 핵심적이던 첫 10년 동안 수백만 달러의 전략적 기부를 한 것에 대해서는 다음을 참고하라. John S. Saloma, *Ominous Politics: The New Conservative Labyrinth* (New York: Hill & Wang, 1984), 27-28., 30-31.

27 Mancur Olson, and Christopher K. Clague, "Dissent in Economics: The Convergence of Extremes," *Social Research* 38 (Winter 1971): 751, 764. 이어하트 재단 소장인 리처드 웨어Richard A. Ware와의 교신을 통해 뷰캐넌이 포함시킴. March 7, 1972, BHA.

28 J.D. Tuller to Buchanan, October 20, 1970, BHA; Tuller to Buchanan, September 25, 1970, with attachment; Buchanan to Donald A. Collins, June 9, 1970, BHA. 올린의 연구에 대한 개괄은 다음을 참고하라. Jason DeParle, "Goals Reached, Donor on the Right Closes Up Shop," *New York Times*, May 29, 2005, A1, 21.

29 James M. Buchanan, "The 'Social' Efficiency of Education." 1970년 몽 펠레린 소사이어티 뮌헨 모임에서 발표한 원고. 이후 다음에 게재됨. *Il Politico* 25(Fall 1970), BHA. 그가 이러한 생각을 이론적으로 풀어낸 것이 '사마리아인의 딜레마'론이다. 자선이 게으름을 유발해 오히려 더 큰 해악을 낳을 수 있다는 주장으로, 도금시대의 '과학적 자선운동'을 재발굴한 것이라고 볼 수 있다. James M. Buchanan, "The Samaritan's Dilemma." 다음에 수록됨. *Altruism, Morality, and Economic Theory*, ed. Edmund S. Phelps (New York: Russell Sage Foundation, 1975), 71-85.

8장: 미약한 시작에서 창대한 일이 이뤄질 수 있다

1 John M. Virgo, "A New Forum on the Economic Horizon," *Atlantic Economic Journal* 1 (November 1973): 1-2; James M. Buchanan, "America's Third Century," *Atlantic Economic Journal* 1(November 1973): 3. 캘리포니아 주에 기원을 둔 보수주의 법학 운동을 다룬 알렉산더 고어스Alexander Gourse의 저술을 통해 이 논문을 알게 되었다. 고어스에게 감사를 전한다. 고어스의 연구는 뷰캐넌의 접근 방식이 로널드 레이건 주지사 시절의 캘리포니아 주 정부가 '법률 상담 서비스' 및 주 의회에 맞서 싸우는 데 어떻게 영향을 끼쳤는지를 잘 설명하고 있다. 다음을 참고하라. Alexander Gourse, "Restraining the Reagan Revolution: The Layers' War on Poverty and the Durable Liberal State, 1964-1989" (노스웨스턴 대학 박사학위 논문, 2015년).

2 James Buchanan to Emerson P. Schmidt, May 1, 1973, BHA; Buchanan to Clay La Force, May 9,

1973, BHA. 조세정의 운동에 대해서는 다음을 참고하라. Joshua M. Mound, "Inflated Hopes, Taxing Times: The Fiscal Crisis, the Pocketbook Squeeze, and the Roots of the Tax Revolts" (미시건 대학 박사학위 논문, 2015년).

3 Buchanan, "America's Third Century," 9. Gordon Tullock, *Toward a Mathematics of Politics* (Ann Arbor: University of Michigan Press, 1967).

4 James M. Buchanan to Nicos Devletoglou, February 27, 1973, BHA; Buchanan, "The Third Century Movement," 타자로 친 원고, 1973년 2월 중순, 1973; Wilson Schmidt to Buchanan, May 26, 1972, BHA; Buchanan to Schmidt, May 1, 1973; BHA.

5 Buchanan to Nicos Devletoglou, February 27, 1973, BHA; Buchanan, "Private, Preliminary, and Confidential" document, February 16, 1973, BHA; Buchanan, "Third Century Movement" document. '카운터 인텔리젠차'라는 용어는 5년 뒤 윌리엄 E. 사이먼William E. Simon이 《진실의 시간A Time for Truth》을 출간하면서 공공 담론의 장에 들어왔다. 이 책은 반기득권 인사들의 조직화를 처음으로 촉진한 저술로 흔히 알려져 있다. 사이먼이 닉슨 시절에 재무장관을 지냈고 이어 존 올린 재단의 이사장으로 간 것을 생각하면 이해할 만한 해석이기는 하지만(그는 자본 축적을 방해하는 "재분배적 국가"가 "기업을 상대로 불의를 행하는 것"을 폭로하고 저지하기 위해 올린 재단을 이끌었다), 이 말을 먼저 쓴 사람은 뷰캐넌이다. 뷰캐넌이 사이먼의 재무차관에게 이야기했고, 그래서 사이먼이 알게 되었을 것이다. 또한 뷰캐넌은 반혁명적 지식인들이 어떻게 행동에 나서게 할지에 대한 아이디어를 사이먼보다 먼저 가지고 있었고 이것이 사이먼의 글에 반영되어 있다. William E. Simon, *A Time for Truth* (New York: McGraw-Hill, 1978), 191, 210. 사이먼의 진단과 처방도 부분적으로는 공공선택 경제학(216, 219, 221)과 뷰캐넌의 "세 번째 세기 프로젝트"(222-31)에 토대를 두고 있다.

6 Buchanan, "Third Century Movement" document.

7 Buchanan, "America's Third Century," 4, 6-7.

8 Ibid., 7-8.

9 깊이 뿌리 박혀 있었던, 그리고 훗날 다시 활활 불타오른 편견과 고정관념들에 대한 날카로운 분석은 다음을 참고하라. Lisa Levenstein, *A Movement Without Marches: African American Women and the Politics of Poverty in Postwar Philadelphia* (Chapel Hill: University of North Carolina Press, 2009); Marisa Chappell, *The War on Welfare: Family, Poverty, and Politics in modern America* (Philadelphia: University of Pennsylvania Press, 2009)

10 초창기 민중주의에 대해서는 방대한 문헌이 나와 있다. 가장 최근에 나온 개괄과 해석으로는 다음을 참고하라. Charles Postel, *The Populist Vision* (New York Oxford University Press, 2007). 농민 조직의 리더십이 초창기의 '규제 국가'를 형성하는 데 기여한 '생산자 대 금권 정치가'의 싸움을 이끌었던 것에 대해서는 다음을 참고하라. Elizabeth Sanders, *Roots of Reform: Farmers, Workers, and the American Regulatory State, 1877-1917* (Chicago: University of Chicago Press, 1999).

11 Bruce Palmer, *"Man over Money": The Southern Populist Critique of American Capitalism* (Chapel Hill: University of North Carolina Press 1980), 170. 내가 조지 메이슨 대학에 가보았을 때 뷰캐넌의 책상에는 섬너의 다음 책이 있었다. *Social Darwinism: Selected Essays of William Graham Sumner*, ed. Stow Persons (Englewood cliffs, NH: Prentice-Hall, 1963); 스펜서의 책은 책꽂이에 꽂혀 있었다.

12 Buchanan, "America's Third Century," 9-12. 뷰캐넌이 설명한 개요는 닉슨의 전략가 케빈 필립

스Kevin Phillips가 1969년에 펴낸 다음 저술을 연상시킨다(뷰캐넌이 이것을 읽었는지는 알 수 없다). *Emerging Republican Majority*.

13 Buchanan, "America's Third Century," 11-12. 이 자료만으로는 리치몬드 컨퍼런스에 참석한 사람 중에 나중에 이 운동에 관여하게 된 사람이 있는지 여부를 분명히 알 수 없다. 하지만 뷰캐넌은 이날 연설에서(이후에 자료집에 출간되었다) 이 컨퍼런스가 조직화의 수단이었다고 언급했다. Buchanan to Clay La Force, May 9, 1973, BHA.

14 Buchanan to Richard M. Larry, January 14, 1972, February 22, 1972, and May 8, 1972, BHA; Buchanan, "Notes for discussion with Richard M. Larry on 4/26/73," April 25, 1973, BHA; C.E. Ford to Buchanan, March 25, 1971, BHA. 처음 설립되는 중요한 시기이던 1970년대에 스카이프가 수백만 달러 규모의 전략적 기부를 한 것에 대해서는 다음을 참고하라. John S. Saloma, *Ominous Politics: The New Conservative Labyrinth* (New York: Hill & Wang, 1984) 27-28, 30-31. 담론에 영향을 미치는 활동과 관련한 이 시기 우파 후원자들의 더 전반적인 움직임에 대해서는 다음을 참고하라. Alice O'Connor, "Financing the Counterrevolution." 다음에 수록됨. *Rightward Bound: Making America Conservative in the 1970s*, ed. Bruce J. Schulman and Julian E. Zelizer (Cambridge, MA: Harvard University Press, 2008).

15 C.E. Ford to Buchanan, March 25, 1971, BHA; Buchanan to Richard M. Larry, January 14, 1972, February 22, 1972, and May 8, 1972, BHA; Buchanan, "Notes for discussion with Richard M. Larry on 4/26/1973," April 25, 1973, BHA. 재정난을 겪는 썬 벨트 지역의 대학들의 졸업생을 우파 기업들이 채용한 것에 대해서는 다음을 참고하라. Bethany Moreton and Pamela Voekel, "Learning from the Right: A New Operation Dixie?" 다음에 수록됨. Daniel Katz, ed., *Labor Rising: The Past and Future of Working People in America* (New York: New Press, 2012).

16 Buchanan, "Third Century Movement" document; Buchanan, "Private, Preliminary, and Confidential" document; Buchanan, "Plans, Steps, and Projections" post, March 3, 1973, BHA.

17 Buchanan, "Third Century Movement" Document; Buchanan, "Private, preliminary, and Confidential" document; Buchanan, "Plans, Steps, and Projections" post. 우연이었는지 원출처를 알게 되어서였는지는 알 수 없지만, 뷰캐넌은 이 임무를 위한 계획을 세우는 데에 존 버치 소사이어티의 언어를 사용했다.

18 Buchanan, "Third Century Movement" document.

19 참석자 명단. Foundation for Research in Economics and Education Conference, October 4-5, 1973, BHA; Buchanan, "Notes for LA Meeting," October 5, 1973, BHA; 다음도 참고하라. Edwin Meese III, *With Reagan: The Inside Story* (Washington, DC: Regnery Gateway, 1992), 32-33.

20 Buchanan, "Notes for LA Meeting." 우파 진영이 미는 의제가 기업들의 이해관계에 진정으로 부합하는 것임을 기업들이 깨닫지 못하는 것은 때로 분노를 촉발했다. 가령, 공화당 우파의 한 전략가는 기업들이 "소심하고 오합지졸처럼 구는 것"에 분개해 "차라리 공산주의가 미국을 장악하면 좋겠다"며 "미국 기업이 해체되는 것을 보고 싶기 때문"이라고까지 말했다. William A. Rusher to Jack Kilpatrick, August 3, 1973; box 48, Rusher Papers.

21 Joseph G. Peschek, *Policy-Planning Organizations: Elite Agendas and America's Rightward Turn* (Philadelphia, PA: Temple University Press, 1987), 35. 참여자, 활동내역 등 현대문제연구소 관련 자료는 다음에서 볼 수 있다. Box GO97, Program and Policy Unit, series V. Ronald Reagan: Governor's Papers, Ronald Reagan Presidential Library, Simi Valley, CA.

22 Institute for Contemporary Studies, *Letter* 1. No. 1 (December 1974), a newsletter in box GO97.

이것을 포함해 주석22번의 모든 자료는 '레이건 문서Reagan Papers'에 소장되어 있다; ICS, introductory brochure, c. 1974; ICS, 타자로 친 개요, 날짜 미상; A. Lawrence Chickering to Don Livingston, September 11, 1973; ICS, 특별 모임 비망록, December 4 1973; ICS, 특별 모임 비망록, May 14, 1974. 마크 스미스에 따르면, 실제로 우파는 경제학에 초점을 두면서 부상할 수 있었다. 다음을 참고하라. Mark A. Smith, *The Right Talk: How Conservatives Transformed the Great Society into the Economic Society* (Princeton, NJ: Princeton University Press, 2007).

23 Peschek, *Policy-Planning Organizations*, 35.

24 Buchanan to Donald A. Collins, April 15, 1970, BHA; Institute for Contemporary Studies, introductory brochure, c. 1974, box GO97, Reagan Papers; ICS, 특별 모임 비망록, May 14, 1974, box GO97, Regan Papers. '캘리포니아 농촌 법률 지원소California Rural Legal Assistance', '경제 기회 사무소Office of Economic Opportunity, OEO' 등의 지원으로 레이건과 그의 기업 파트너들을 상대로 소송이 제기된 것에 대해서는 참고하라. Gourse, "Restraining the Reagan Revolution."

25 이 노력은 뷰캐넌이 UCLA에 짧게 재직하던 동안 만든 비영리기구인 '경제학 연구 교육 재단Foundation for Research in Economics and Education, FREE'을 통해 이뤄졌다. FREE에 대해서는 다음을 참고하라. Armen A. Alchian, "Well Kept Secrets of Jim's Contributions to Economic PhD.s of the University of California, Los Angeles"; http://publicchoice.ingo/Buchanan/files/alchian. htm; 1980년에 작성된 뷰캐넌의 상세 이력서에는 그가 이곳의 부회장이자 이사회 이사라고 되어 있다. BHA.

26 Steven M. Teles, *The Rise of the Conservative Legal Movement: The Battle for Control of the Law* (Princeton, NJ: Princeton University Press, 2008), 90, 102.

27 Buchanan to J. Clayton La Force, May 9, 1973, BHA; Manne to Buchanan, May 17, 1971, BHA.

28 Edwin McDowell, "Bringing Law Profs Up to Date on Economics," *Wall Street Journal*, July 23, 1971, 8.

29 Teles, *Rise of the Conservative Legal Movement*, 106-7, 110-11, 121, 124; Walter Guzzardi Jr. "Judges Discover the World of Economics," *Fortune*, May 21, 1979, 62; O'Connor, "Financing the Counterrevolution," 166-67.

30 Henry G. Manne to Buchanan, March 26, 1976, BHA; Teles, *Rise of the Conservative Legal Movement*, 103-7.

31 Saloma, *Ominous Politics*, 75; Teles, *Rise of the Conservative Legal Movement*, 103-7, 110-15, 121, 124; O'Connor, "Financing the Counterrevolution," 166-67.

32 Teles, *Rise of the Conservative Legal Movement*, 107-8, 114, 116-17. 〈포춘〉이 언급했듯이, "만의 프로그램이 가르친 것들은 기업이 걸린 소송에서 결과에 큰 차이를 가져올 수 있을 터였다." Guzzrdi, "Judges Discover," 58.

33 Saloma, *Ominous Politics* 75; Henry G. Manne, preface to *The Attack on Corporate America*, by University of Miami Law School, Law and Economics Center (New York: McGraw-Hill, 1978), xi-xv; Teles, *Rise of the Conservative Legal Movement*, 100. 만의 프로그램을 참관하고 온 뷰캐넌은 털록에게 유용한 논의는 별로 없었다며 만이 "돈 모으는 데만 관심이 있다"고 불평했다. Buchanan to Tullock, February 13, 1976, box II, Tullock Papers.

34 Teles, *Rise of the Conservative Legal Movement*, 104-5.

35 Eugene B. Sydnor Jr. 부음 기사, Virginia House of Delegates, January 14, 2004, http://lis.virginia.

gov/cgi-bin-legp604.exe?041+ful+HJ208; "Sydnor Recalls Birth of Constitution Agency," *Richmond News Leader*, February 5, 1966; Kim Phillips-Fein, *Invisible Hands: The Making of the Conservative Movement from the New Deal to Reagan* (New York: W.W) Norton, 2009), 156-62. 이 메모는 '파월 문서'와 온라인에서 볼 수 있다. 파월의 초창기 반노조주의에 대해서는 다음을 참고하라. Lewis Powell to James J. Kilpatrick, February 14, 1961, Powell Papers. 킬패트릭이 신디케이트 칼럼니스트가 되었을 때 "미국의 전국 칼럼에 너무나 오랫동안 존재해왔던 편향"을 드디어 시정하게 되었다고 파월이 기뻐한 것에 대해서는 다음을 참고하라. Powell To Kilpatrick, March 7, 1965, Powell Papers.

36 Teles, *Rise of the Conservative Legal Movement*, 3; 다음도 참고하라. Benjamin C. Waterhouse, *Lobbying America: The Politics of Business from Nixon to NAFTA* (Princeton, NJ: Princeton University Press, 2015).

37 Alliance for Justice, *Justice for Sale: Shortchanging the Public Interests for Private Gain* (Washington, DC: Alliance for Justice, 1993), 6; 다음도 참고하라. ICS, 특별 회의 비망록. December 4, 1974, box GO97, Reagan Papers.

38 Project on the Legal Framework of a Free Society, *Law and Liberty* 2, np. 3 (Winter 1976), BHA.

39 McDowell, "Bringing Law Profs Up to Date," 8; Henry G. Manne to Robert LeFevre, May 2, 1974, box 7, LeFevre papers, University of Oregon. 이 운동의 역사를 다룬 한 저술에 따르면, "자유지상주의 운동의 자금줄 대부분은" "개인적으로 이 운동의 개념들에 깊이 관심을 가지고 있었던" "기업인들"이었다. 찰스 코크가 (그리고 나중에는 그의 동생인 데이비드 코크도) 이들 중에서도 "가장 큰 자금줄"이 된다. Brian Doherty, *Radicals for Capitalism: A Freewheeling History of the Modern Libertarian Movement* (Philadelphia, PA: PublicAffairs, 2007), 16.

9장: 타협은 없다

1 코크는 이 '무언가'를 찾기 위한 자신의 오랜 여정을 다음 책에서 밝혔다. Charles G. Koch, *Creating a Science of Liberty* (Fairfax, VA: Institute for Humane Studies, 1997), 2-7.

2 코크 집안 이야기의 핵심인 유니버설 오일과의 오랜 법정 싸움은 다음에 가장 잘 서술되어 있다. Schulman, *Sons of Wichita*, 27-35.

3 Ibid. 인용은 33페이지에 나온다.

4 Gordon Tullock, "The Welfare Costs of Tariffs, Monopolies and Theft," *Western Economic Journal* 5 (1967): 224-32; 더 상세한 내용은 다음을 참고하라. Tullock, *Rent Seeking* (Brookfield, VT: Edward Elgar, 1993).

5 아이러니하게도 슐먼은 재판이 공정하게 이뤄졌더라도 코크가 패소했을 것이라고 생각했다. 코크가 문제의 기술을 알게 된 것은 자신의 사업체를 차리기 전, 유니버설 오일 직원이던 시절이었기 때문이다. Schulman, *Sons of Wichita*, 31-34.

6 Charles G. Koch, *The Science of Success: How Market-Based Management Built the World's Largest Private Company* (Hoboken, NJ: John Wiley & Sons, 2007), 12; Mayer, "Covert Operations"; Schulman, *Sons of Wichita*, 42, 48.

7 Fred C. Koch to James J. Kilpatrick, November 4, 1957, box 29, acc. 6626-b, JJK Papers; Schulman, *Sons of Wichita*, 21-22; J. Allen Broyles, *The John Birch Society: Anatomy of a Protest* (Boston: Beacon Press, 1964), 49, 58.

8 Schulman, *Sons of Wichita*, 21-22; Roy Wenzl and Bill Wilson, "Charles Koch Relentless in Pursuing His Goals," *Wichita Eagle*, October 14, 2012.

9 Koch, *The Science of Success*, 5-12; Wenzl and Wilson, "Charles Koch Relentless"; Mayer, "Covert Operations"; Glassman, "Market-Based Man."

10 "America's Richest Families", *US News & World Report*, August 14, 1978; 나는 당시 코크 주변을 맴돌던 한 젊은 자유지상주의자가 이 기사를 수집해둔 덕분에 이 목록을 볼 수 있었다. 그는 나중에 코크에게 채용되는 데 성공했다. Roy A. Childs Papers, box 5, Hoover Institution Archives.

11 Charles G. Kock, "Tribute," preface to *The Writings of F.A. Harper*, vol. 1: *The Major Works* (Menlo Park, CA: Institute for Humane Studies, 1978), 1-3; Charles G. Koch, *Creating a Science of Liberty* (Fairfax, VA: Institute for Humane Studies, 1997), 2.

12 F.A. Harper, *Why Wages Rise* (Irving on Hudson, NY: Foundation for Economic Education, 1957, 6-7, 71, 81-83, 94, 113, 119.

13 F.A. Harper, "Shall the Needy Inherit Our Colleges?" *The Freeman*, July, 1957, 31.

14 Harper, *Why Wages Rise*, 6-7, 71, 8-83, 94, 113, 119

15 F.A. Harper, *Liberty: A Path to Its Recovery* (Irvington on Hudson, NY: Foundation for Economic Education, 1949), 108-10-124.

16 Koch, "Tribute," 1-3.

17 Robert LeFevre to Jack Kilpatrick, April 23, 1956, with attachments, box 54, LeFevre Papers; Kilpatrick to LeFevre, April 26, 1956, ibid.; LeFevre to Kilpatrick, July 1, 1954, and July 6, 1954, ibid.; LeFevre to Kilpatrick, July 6, 1954, with attachment, ibid. 르페브르와 자유 학교에 대해서는 다음을 참고하라. Doherty, *Radicals for Capitalism*, 312-22.

18 Doherty, *Radicals for Capitalism*, 318; Schulman, *Sons of Wichita*, 89-96.

19 다음을 참고하라. "Wichita Collegiate School." Wikipedia, http://en.wikipedia.org/wiki/Wichita_Collegiate_School. 설립자의 선언문은 다음을 참고하라. Robert Love, *How to Start Your Own School: A Guide for the Radical Right, the Radical Left, and Everybody In-Between Who's Fed Up with Public Education* (New York: Macmillan, 1973) 특히 9, 31페이지를 참고하라. 러브에 대해서는 다음을 참고하라. J. Allen Bryles, *The John Birch Society: Anatomy of a Protest* (Boston: Beacon Press, 1964), 40, 59-60. 존 버치 소사이어티 창립자인 로버트 웰치는 1963년에 민권법이 계류 중일 때, "니그로들이 자신의 위생 수준을 높이고, 교육 수준을 높이고, 책임감을 높임으로써 자격을 갖춰 공공시설들을 백인과 함께 이용할 수 있는 **권리를 스스로 획득한다면**," 인종분리는 가만히 두어도 자연스럽게, "느리지만 분명하게 무너질" 것이라고 주장했다(강조는 내가 덧붙인 것이다). Claire Conner, *Wrapped in the Flag: A Personal History of America's Radical Right* (Boston: Beacon Press, 2013), 101,

20 1930년대부터 1960년대까지, 진보적 기부기관이던 데서, 자유지상주의 후원기관으로 변천한 볼커펀드의 역사는 다음을 참고하라. Michael McVicar, "Aggressive Philanthropy: Progressivism, Conservatism, and the William Volker Charities Fund," *Missouri Historical Review* 105, no. 4 (2011), 201.

21 Glassman, "Market-Based Man"; Institute for Humane Studies, *The Institute's Story* (Menlo Park, CA: Institute for Humane Studies. (날짜 미상. 하지만 1975년 이전인 것은 분명함), 7, 15, 23. 인간문제연구소-볼커-뷰캐넌의 연결고리에 대해서는 다음을 참고하라. John Blundell to

Buchanan, October 30, 1986, BHA; Doherty, *Radicals for Capitalism*, 407. 코크가 자금을 지원한 '독립교육센터'는 처음부터 인간문제연구소와 함께 일했고 1973년에 공식적으로 제휴를 맺었다. 다음을 참고하라. Everett Dean Martin, *Liberal Education vs. Propaganda* (Menlo Park, CA: Institute for Humane Studies. 날짜 미상), 17. 인간문제연구소의 활동에 대한 기록은 다음에서 볼 수 있다. Box 26, Hayek Papers, Hoovers Institution Archives.

22 Mont Pèlerin Society, "By Laws," rev. ed., February 1966, box 122, Tullock Papers; *Newsletter of the Mont Pèlerin Society* 4 (October 1973); 11. 7호도 참고하라(March 1975). 10호도 참고하라 (March 1976): 13. 모두 다음에 소장되어 있다. Box 122, Tullock Papers. 찰스 코크가 몽 펠레린 소사이어티 회원이 된 뒤, 찰스 코크 재단의 오스트리아학파 경제학 세미나, 인간문제연구소의 재산권법과 노조권력에 대한 컨퍼런스, 공립학교에 반대하는 독립교육센터의 주장과 같은 소식들이 몽 펠레린 소사이어티 뉴스레터에 실렸다.

23 예를 들어 다음을 참고하라. Ludwig von Mises, *The Anti-Capitalistic Mentality* (New York: D. Van Nostrand, 1956).

24 Schulman, *Sons of Wichita*, 77, 106. 코크의 자금으로 쓴 논문 중 하나에서 머리 로스바드는 몇몇 기업은 정부가 부여하는 특권을 통해 이득을 얻고 있으므로 노조나 정부 자체만큼 이 운동의 적일 수 있지만, 카르텔에 의해 피해를 입고 규제로 인해 제약을 받는 기업들, "특히 '동부 기득권'과 가깝지 않은 기업들"은 "자유시장과 자유지상주의 개념들을 더 잘 받아들일 가능성이 있다"고 언급했다. Justin Raimondo, *An Enemy of the State: The Life of Murray N. Rothbard* (Amherst, NY: Prometheus Boos, 2000), 203. 이 시기에, 실제로 이런 기업들이 미국 자본주의의 모델을 재구성하고 있었다. 이를 대표적으로 보여주는 월마트 사례에 대해서는 다음을 참고하라. Bethany E. Moreton, *To Serve God and Wal-Mart: The Making of Christian Free Enterprise* (Cambridge, MA: Harvard University Press, 2009).

25 Koch, *Science of Success*, 80.

26 Schulman, *Sons of Wichita*, 94. 코크의 우상인 루트비히 폰 미제스로는 아인 랜드에 대해 "어느 정치인도 하지 않으려고 하는 이야기를 대중에게 하는 용기가 있다"고 찬사를 보냈다. 그 용기 있는 이야기는, "너는 열등하며 상황을 아무리 개선해도 너보다 나은 사람들의 노력에 빚질 수밖에 없다"이다. Jennifer Burns, *Goddess of the Market: Ayn Rand and the American Right* (New York: Oxford University Press, 2009), 177.

27 Wenzl and Wilson, "Charles Koch Relentless."

28 Doherty, *Radicals for Capitalism*, 442-43. 제임스 뷰캐넌도 프리드먼이 "마치 신과 직통전화라도 가지고 있는 듯이" 정책을 단언해서 이야기한다고 불만을 표했다. James Buchanan to Rutledge Vining, March 8, 1974, BHA. 또한 그는 프리드먼이 이끄는 시카고학파와 거리를 두었다. James Buchanan to Warren J. Samuels, December 13, 1974, BHA. 조지 메이슨 대학에서 코크가 지원한 오스트리아학파 경제학 프로그램에 참여한 사람들은 '개입적 정책'을 지지한 조지프 스티글리츠, 폴 크루그먼, 로렌스 서머스 등의 논리에 시카고학파 경제학자들이 효과적으로 반박하지 못했다고 비판했다. Peter J. Boettke and David L. Prychitko, "Introduction: The Present Status of Austrian Economics: Some (Perhaps Biased) Institutional History Behind Market Process Theory." 다음에 수록됨. *The Market Process: Essays in Contemporary Austrian Economics* (Northampton, MA: Edward Elgar, 1994), 16n7.

29 James Glassman, "Market-Based Man," *Philanthropy Roundtable* (2011), www.philanthropyroundtable. org/topic/excellence_in_philanthropy/market_based_man.

30 John Blundell, "IHS and the Rebirth of Austrian Economics: Some Reflections on 1974-1976," *Quarterly Journal of Austrian Economics* 17 (Spring 2014): 93.

31 Ibid., 101-2.

32 1970년대의 불황이 기업계가 정치 과정에 영향을 끼치기 위해 조직화되기 시작한 결정적인 계기가 되었다는 것에 대해서는 많은 문헌이 나와 있다. 내가 도움을 받은 저술은 다음과 같다. Thomas Ferguson and Joel Rogers, *Right Turn: The Decline of the Democrats and the Future of American Politics* (New York: Hill & Wang, 1986); David Vogel, *Fluctuating Fortunes: The Political Power of Business in America* (1989; repr., Washington DC: Beard Books, 2003); Bruce Schulman, *The Seventies: The Great Shift in American Culture, Society, and Politics* (New York: Free Press, 2001); Kim Philipps-Fein, *Invisible Hands: The Making of the Conservative Movement from the New Deal to Reagan* (New York: W.W. Norton, 2009); Judith Stein, *Pivotal Decade: How the United States Traded Factories for Finance in the Seventies* (New Haven, CT: Yale University Press, 2010) Benjamin C. Waterhouse, *Lobbying America: The Politics of Business from Nixon to NAFTA* (Princeton, NJ: Princeton University Press, 2015); Meg Jacobs, *Panic at the Pump: The Energy Crisis and the Transformation of American Politics in the 1970s* (New York: Hill & Wang, 2016).

33 "기업 운동"이 "각자 알아서 로비를 하는" 상태로 분절된 것에 대해서는 다음을 참고하라. Waterhouse, *Lobbying America*. 인용은 232페이지에 나온다. 또 250-51페이지도 참고하라.

34 Charles Koch, "The Business Community: Resisting Regulation," *Libertarian Review*, August 1978. 재수록본이 다음에 소장되어 있음. Box 5, Roy A. Childs Papers, Hoover Institution Archives, Stanford University.

35 George H. Pearson to Buchanan, December 31, 1975 BHA; "Austrian Economic Theory & Analysis," program, Virginia Seminar, October 18-19, 1975, box 26, Hayek Papers; Buchanan to George H. Pearson, March 22, 1976, BHA. 일정표가 첨부되어 있음; Buchanan to Edward H. Crane III, November 30, 1977, BHA; Buchanan to Gordon Tullock, February 25, 1971, box II, Tullock Papers; Tullock to Buchanan, March 2, 1971, box 11, Tullock Papers; George Pearson to Buchanan, October 22, 1975, and March 25, 1976, BHA; James M. Buchanan, *Better than Plowing and Other Personal Essays* (Chicago: University of Chicago Press, 1992), 71-72.

36 George H. Pearson to Buchanan, January 8, 1971, October 22, 1975, and March 25, 1976, BHA. 코크가 자금을 댄 센터의 또 다른 출판물 중에 이 주제를 다룬 것으로는 다음을 참고하라. Murray N. Rothbard, *Education, Free and Compulsory: The Individual's Education* (Wichita, KS: Center for Independent Education, 1972).

37 Charles G. Koch to Buchanan, February 19, 1977, BHA. 다음도 참고하라. Pearson to Buchanan, October 22, 1975, BHA.

38 William E. Simon, *A Time for Truth* (New York: McGraw-Hill, 1978), 230.

39 가장 최근 저서에서 코크는 레닌이 "나에게 막대한 영향을 미친 사람 중 하나"라고 언급했다. Charles G. Koch, *Good Profit* (New York: Crown Business, 2015), 13.

40 Raimondo, *Enemy of the State*, 23, 28, 179; Doherty, *Radicals for Capitalism*, 45, 59-60, 243-45; Murray N. Rothbard, *The Betrayal of the American Right* (Auburn, AL: Ludwig von Mises Institute, 2007), 69, 73-77.

41 Raimondo, *Enemy of the State*, 211-17.

42 Rothbard, *The Betrayal of the American Right*, 202. 다음도 참고하라. Raimondo, *Enemy of the*

State, 24-39.

43 Ibid., 214-17.

44 Koch, "The Business Community."

45 Raimondo, *Enemy of the State*, 217.

46 Doherty, *Radicals for Capitalism*, 392-96; Hazlett, *Libertarian Party*, 84-89.

47 Edward H. Crane III, "Libertarianism." 다음에 수록됨. *Emerging Political Coalitions in American Politics*, ed. Seymour Martin Lipset (San Francisco: Institute for Contemporary Studies, 1978), 353-55.

48 Raimondo, *Enemy of the State*, 218. 뷰캐넌은 카토 연구소가 설립되었을 때부터 본인이 사망할 때까지 카토 연구소와 함께 일했다. 다음 부음 기사를 참고하라. www.cato.org/people/james-buchanan.

49 Murray N. Rothbard, *Left and Right: The Prospects for Liberty*, Cato Paper No. 1 (Washington, DC: Cato Institute, 1979), 1, 11, 19, 20.

50 Raimondo, *Enemy of the State*, 220-23. 로스바드의 헌신적인 전기 작가는 "세계에서는 아니라 해도 미국에서 가장 부유한 가문 중 하나의 도움으로, 아직은 실질적으로 존재하지 않는 이 생명체의 양과 질이 갑자기 100배나 증가하게 될 터였다"고 언급했다.

51 Rothbard, *Betrayal of the American Right*, 202. 다음도 참고하라. Raimondo, *Enemy of the State*, 224-39.

52 Raimondo, *Enemy of the State*, 224. "지배계급"이라는 말은 이제 코크가 후원하는 우파 진영에서 즐겨 사용하는 말이 되었다. 2016년 선거 때 헤리티지 재단의 한 모금 서신도 "미국의 공화정을 지배계급으로부터 구하자"고 촉구했다. Jim DeMint to mailing list, (날짜 미상. 하지만 2016년 12월 중순 것임은 분명함). 복사본을 내가 가지고 있다.

53 Rothbard, *Left and Right*, 25.

54 Raimondo, *Enemy of the State*, 224; James Allen Smith, *The Idea Brokers: Think Tanks and the Rise of the New Policy Elite* (New York: New Press, 1991), 221.

55 Doherty, *Radicals for Capitalism*, 16, 394, 409-13; Raimondo, *Enemy of the State*, 218-24.

56 Raimondo, *Enemy of the State*, 239.

57 James M. Buchanan, "The Samaritan's Dilemma." 다음에 수록됨. *Altruism, Morality, and Economic Theory*, ed. Edmund S. Phelps (New York: Russell Sage Foundation, 1975), 71, 74-76, 84.

58 Buchanan, "Samaritan's Dilemma," 71, 74. 뷰캐넌을 언급하지는 않은 채로, 자유지상주의 우파의 한 동료는 이 개념을 사용해 진보적인 사회정책이 실증적으로는 내용이 없고 분석적으로는 오류가 있는데도 영향력이 막대하다고 비판했다. Charles Murray, *Losing Ground: American Social Policy, 1950-1980* (New York: Basic Books, 1984). 카토 연구소는 뷰캐넌이 개진한 윤리를 정책 논의에 적용했다. 예를 들어 다음을 참고하라. Doug Brandow, "Right On, Gov Allen," *Washington Post*, January 29, 1995, C8.

59 Buchanan, "Samaritan's Dilemma," 74-75, 84.

60 Magalit Fox. "Lanny Friedlander, 63, of *Reason Magazine*, Dies," *New York Times*, May 7, 2011.

61 "Reason Profile" of editor Robert Poole Jr., *Reason*, October 1972; William Minto and Karen Minto, "Interview with Robert Poole," *Full Context* 11 (May/June 1999), www.fullcontext.info/people/poole_intx.htm.

62 Robert W. Poole Jr., *Cut Local Taxes—Without Reducing Essential Services* (Santa Barbara, CA: Reason Press, 1976); Dorothy, *Radicals for Capitalism*, 376-77; Minto and Minto, "Interview with Robert Poole."

63 Poole, *Cut Local Taxes*; Minto and Minto, "Interview with Robert Poole." 프록스마이어는 1975년 부터 정부기관들에 창피를 주기 위해 매달 황금양모상을 수여했다. 한번은 이에 대해 (정부 자금으로 연구를 수행한) 한 과학자가 명예훼손으로 소송을 걸어 승소했다. 프록스마이어 는 뷰캐넌과 달리 군비지출도 비판했다.

64 Doherty, *Radicals for Capitalism*, 441-43; Minto and Minto, "Interview with Robert Poole."

65 Doherty, *Radicals for Capitalism*, 441-43.

66 Smith, *The Idea Brokers*, 221-22.

67 Robert W. Poole Jr. to F. A. Hayek, August 3, 1979, box 101, Hayek Papers, Hoover Institution; Reason Press Release, April 20, 1981; Tibor Machan to F. A. Hayek, September 14, 1981, ibid.; Minto and Minto, "Interview with Robert Poole": Robert W. Poole, *Cutting Back City Hall* (New York: Universe Books, 1980).

68 인간문제연구소와 동류인 리버티 펀드는 볼커 펀드의 컨퍼런스 전통을 되살리고자 했다. 볼 커 펀드의 컨퍼런스는 1950년대에 뷰캐넌과 너터도 포함해 하드코어 자유지상주의 학자들 을 많이 배출한 바 있다. A. Neil McLeod to Buchanan, June 3, 1976, BHA.

69 예를 들어 다음을 참고하라. Buchanan to A. Neil McLeod, June 15, 1981, BHA.

70 Buchanan to A. Neil McLeod, June 15, 1981, BHA. 뷰캐넌은 와인 리스트를 손에 들고 있었다. 맥리오드는 1960년대에 인간문제연구소 자문위원회 위원장이었다.

71 Schulman, *Sons of Wichita*, 107.

72 Ed Clark to Charles G. Koch, February 16, 1978, box 1, Ed Clark Papers, Hoover Institution Archives; Schulman, *Sons of Wichita*, 109.

73 Charles G. Koch to Robert D. Love, March 2, 1978, box 1. Clark Papers. 실제로 캘리포니아 주는 친자본주의 운동에 매우 전망 있는 지역이었다. Lisa McGirr, *Suburban Warriors: The Origins of the New American Right* (Princeton, NJ: Princeton University Press, 2001).

74 Doherty, *Radicals for Capitalism*, 406, 408. 조세 저항에 대해서는 다음을 참고하라. Schulman, *The Seventies*, 205-217, James M. Buchanan, "The Potential for Taxpayer Revolt in Americans Democracy," *Social Science Quarterly* 59 (March 1979): 691-96.

75 Doherty, *Radicals for Capitalism*, 414-17, 421; Schulman, *Sons of Wichita*, 114-15.

76 Doherty, *Radicals for Capitalism*, 416, 421; Schulman, *Sons of Wichita*, 116. 알고 보니, 로스바드 는 충성스러운 일원이었다가 코크의 뜻을 거역해 내쳐진 수많은 사람 중 첫 사례였을 뿐이 었다. 크레인 등 많은 사람들이 (보통은 그들의 행보가 너무 지나치게 된 뒤에) 마찬가지 처 지가 되었다.

77 James M. Buchanan, "Heraclitian Vespers," *American Journal of Economics and Sociology* 63 (January 2004): 269; Buchanan, *Better than Plowing*, 12, 101, 106; James M. Buchanan, *The Limits of Liberty: Between Anarchy and Leviathan* (1975; repr. 페이지 번호 바뀜. Indianapolis: Liberty Fund, 2000), 209, 212.

78 Buchanan, *Limits of Liberty*, 5, 220.

79 Ibid., 117, 11, 19-20. 116페이지도 참고하라. 이러한 "행운의 여건"이 전국적인 입법에 미 친 반민주주의적인 영향은 다음을 참고하라. Ira Katznelson, Kim Geiger, and Daniel Kryder,

"Limiting Liberalism: The Southern Veto in Congress, 1933-1950," *Political Science Quarterly* 108 (Summer 1993): 283-306.

80 Buchanan, *Limits of Liberty*, 223, 186. 209페이지도 참고하라.

81 James O'Connor, *The Fiscal Crisis of the State* (New York: St. Martin's 1973). 뉴욕이 초창기 신자유주의 정책의 실험실로 사용되었던 것은 다음을 참고하라. Alice O'Connor, "The Privatized City: The Manhattan Institute, The Urban Crisis, and the Conservative Counterrevolution in New York," *Journal of Urban History* (January 2008); Kimberly K. Phillips-Fein, *Fear City: The New York City Fiscal Crisis and the Rise of the Age of Austerity* (New York: Metropolitan Books, 2017). 또한 인플레로 명목소득이 증가해 세금이 오르게 되는 '브래킷 크리프'도 많은 중산층 납세자들이 세법이 불공정하다고 여기게 만들었다.

82 다음을 참고하라. Sklar, ed., *Trilateralism: The Trilateral Commission and Elite Planning for World Management* (Boston: South End Press, 1980); Niall Ferguson, et al., *The Shock of the Global: The 1970s in Perspective* (Cambridge, MA: Belknap Press of Harvard University Press, 2010).

83 James M. Buchanan and G. Brennan, "Tax Reform Without Tears: Why Must the Rich Be Made to Suffer?" *The Economics of Taxation*, ed. Henry J. Aaron and Michael Boskin (Washington, DC: Brookings Institution, 1980), 35-54.

84 Buchanan, *Limits of Liberty*, 56, 108, 187.

85 Ibid., 188, 191, 196, 202, 219. 이 시기에 그가 제시한 또 다른 사례로는 다음을 참고하라. James M. Buchanan and Richard G. Wagner, *Democracy in Deficit: The Political Legacy of Lord Keynes* (New York: Academic Press, 1977).

86 Buchanan, *Limits of Liberty*, 188, 191, 196, 202, 219. 다른 많은 사람들은 이러한 연대를 진보의 신호라고 보았다. 다음을 참고하라. Paul Johnston, *Success While Others Fail: Social Movement Unionism and the Public Workplace* (Ithaca, NY ILF Press Books, 1994); Marjorie Murphy, *Blackboard Unions: The AFT and the NEA, 1900-1980* (Ithaca, NY: Cornell University Press, 1992), 252-73; Eileen Boris and Jennifer Klein, *Caring for America: Home Health Care Workers in the Shadow of the Welfare State* (New York: Oxford University Press, 2012), 94-148.

87 Amadae, *Prisoners of Reason*, 175-76, 182, 191. 애머데이가 《자유의 한계》에 대해 언급한 절은 전체를 면밀히 읽을 가치가 있다(175-192페이지).

88 Buchanan, *Limits of Liberty*, 205.

89 Ibid., 224-25.

90 Ibid, xvi, 208, 212, 215, 220-21.

91 Warren J. Samuels, "The Myths of Economic Liberty and the Realities of the Corporate State: A Review Article," *Journal of Economic Issues* 10 (December 1976), 인용은 927, 929페이지에 나온다.

92 "Buchanan Awarded Economic Prize," *VPI News Messenger*, January 27, 1977.

93 George J. Stigler, "Why Have the Socialists Been Winning?" 1978년 홍콩에서 열린 몽 펠레린 소사이어티 모임에서의 회장 연설. 하이에크의 80세 생일 기념 논문집에 포함됨. *Ordo*, Band 30 (Stuttgart, Germany: Gustav Fisher Verlag, 1979), 66-68. 이 연설문을 알려준 에두아르도 카네도Eduardo Canedo에게 감사를 전한다. 하이에크도 그와 비슷한 결론에 도달한 바 있었다. 그는 "현재의 민주주의 형태가 지속되는 한 괜찮은 정부란 존재할 수 없다"고 말했다. F.A. Hayek, *The Political Order of a Free People*, vol. 3, *Law, Legislation and Liberty* (Chicago:

University of Chicago Press, 1979), 135, 150-51.

94 James M. Buchanan, "America's Th ird Century," *Atlantic Economic Journal* 1 (Nov. 1973), 9-12; James M. Buchanan to Milton Friedman, Sept. 26, 1972, box 22, Friedman Papers.

10장: 자물쇠와 빗장이 채워진 헌법

1 Orlando Letelier, "Economic 'Freedom's' Awful Toll: The 'Chicago Boys' in Chile," *The Nation*, August 28, 1976; Naomi Klein, *The Shock Doctrine: The Rise of Disaster Capitalism* (New York: Metropolitan Books, 2007), 98-99. 칠레는 이름 짓는 방식이 복잡한데, 공식적인 두 번째 성 (피노체트의 경우에는 '우가르테Ugarte')은 일반적으로 사용되지 않는다. 칠레인이 아닌 독자들이 혼동하지 않도록, 이름 중 덜 사용되는 부분은 빼고 표기했다.

2 이 시기 칠레가 겪은 고통스러운 역사에 대해서는 여러 언어로 많은 문헌이 나와 있다. 영어로 출간된 저술 중 내가 이 장을 쓰는 데 크게 참고한 것은 다음과 같다. 출간 연도 순으로 표기했다. Pamela Constable and Arturo Valenzuela, *A Nation of Enemies: Chile Under Pinochet* (New York: WW Norton, 1993); Robert Barros, *Constitutionalism and Dictatorship: Pinochet, the Junta, and the 1980 Constitution* (Chicago: University of Chicago Press, 2002); Steve J. Stern, *Battling for Hearts and Minds: Memory Struggles in Pinochet's Chile* (Durham, DC: Duke University Press, 2006); Klein, *Shock Doctrine*; Lois Hecht Oppenheim, *Politics in Chile: Socialism, Authoritarianism and Market Democracy*, 3rd, ed. (Boulder, CO: Westview, 2007); Karin Fischer, "The Influence of Neoliberals in Chile Before, During and After Pinochet." 다음에 수록됨. *The Road from Mont Pèlerin: The Making of the Neoliberal Thought Collective*, ed. Philip Mirowski and Dieter Plehwe (Cambridge, MA: Harvard University Press, 2009).

3 Jeffrey Rubin, *Sustaining Activism: A Brazilian Women's Movement and a Father-Daughter Collaboration* (Durham, NC: Duke University Press, 2013), 50, 52-53. 제프리 루빈은 이 부분에 대한 내 초고를 읽고 매우 큰 도움을 주었다. 특히 피노체트 독재정권이 없애버린 개혁정책들이 [직전의 사회주의 정권인 아옌데 정권이 아니라] 그 이전의 반공주의적인 기독민주당 프레이 정권에서 시작되었던 것임을 지적해준 데 대해 감사를 전한다. 간단한 요약을 보려면 참고하라. Lewis H. Diuguid, "Eduardo Frei Dies," *Washington Post*, January 23 1982.

4 프리드먼의 영향에 대해서는 다음을 참고하라. Constable and Valenzuela, *A Nation of Enemies*, 166-67; Klein, *Shock Doctrine*, 75-128. 하이에크의 방문에 대해서는 다음을 참고하라. Fischer, "The Influence of Neoliberals in Chile," 10, 316, 328, 339n2. 미국에서의 인권운동에 대해서는 다음을 참고하라. Van Gosse, "Unpacking the Vietnam Syndrome: The Coup in Chile and the Rise of Popular Anti-Interventionism." 다음에 수록됨. *The World the Sixties Made*, ed. Van Gosse and Richard Moser (Philadelphia, PA: Temple University Press, 2003).

5 내가 알기로 뷰캐넌이 칠레에 미친 영향을 강조한 또 다른 학자는 앨프리드 스테판과 카린 피셔뿐이다. 비교정치학자인 스테판이 각주에서 뷰캐넌을 언급했고, 나는 그것을 보고 버지니아학파에 대해 관심을 갖게 되었다. 카린 피셔는 현재 린츠 대학 사회학 연구소를 이끌고 있다. Stepan, "State Power and the Strength of Civil Society in the Southern Cone of Latin America." 다음에 수록됨. *Bringing the State back In*, ed. Peter B. Evans, et al. (New York: Oxford University Press, 1985), 341n13; Fischer, "The Influence of Neoliberal in Chile," 321-26. 둘 다 매우 날카로운 통찰을 보여주었지만 내가 이 장을 쓰는 데 활용한 원천자료를 가지고 있지

는 않았다. 뷰캐넌은 바람직한 방향으로의 변화가 "점진적으로" 이뤄질 수 있을 것이라고 본 하이에크의 주장에 명시적으로 이의를 제기했다. 뷰캐넌은 "[급진적인] 개혁은 실제로 매우 어려운 일이겠지만, 그렇더라도 우리는 바람직한 세상을 달성하기 위해 개혁을 하고자 노력해야 한다"고 언급했다. Buchanan, *The Limits of Liberty: Between Anarchy and Leviathan* (1975; repr., 페이지 번호가 달라짐. Indianapolis: Liberty Fund, 2000), 211n1.

6 미셸 바첼레트. 훗날 칠레 대통령이 된다. 다음에 인용됨. Bruno Sommer Catalan, "Chile's Journey Towards a Constituent Assembly," *Equal Times*, November 17, 2014.

7 Klein, *Shock Doctrine*, 78, 133-37.

8 Fischer, "Influence of Neoliberals in Chile," 325-26; Oppenheim, *Politics in Chile*, 133-37.

9 José Piñera, "Chile." 다음에 수록됨. *The Political Economy of Policy Reform*, ed. John Williamson (Washington, DC: Institute for International Economics, 1994), 228-30; Fischer, "Influence of Neoliberals in Chile," 325-26; Klein, *Shock Doctrine*, 78; Oppenheim, *Politics in Chile*, 133-37; Constable and Valenzuela, *A Nation of Enemies*, 155, 191. 피녜라가 계속해서 카토에서 일한 것에 대해서는 다음을 참고하라. www.cato.org/people/jose-pinera.

10 Oppenheim, *Politics in Chile*, 115; Ramon Ivan Nunez Prieto, *Las Transformaciones de la Educacion Bajo el Regimen Militar*, vol. 1 (Santiago, Chile: CIAN, 1984), 50-53. 번역을 해준 앤서니 아바타Anthony Abata에게 감사를 전한다.

11 Carlos Francisco Caceres to James Buchanan, November 27, 1979, BHA.

12 James M. Buchanan, "From Private Preferences to Public Philosophy: The Development of Public Choice." 다음에 수록됨. *The Economics of Politics, by James Buchanan*, et al. (London, Institute of economic Affairs, 1978). 다음으로 재출간됨. "De las Preferencias Privadas a Una Filosofia del Sector Publico," *Estudios Publicos* 1 (1980). CEP에 대해서는 다음을 참고하라. Sergio de Castro to Buchanan, June 25, 1980, BHA.

13 Juan de Onis, "Purge Is Underway in Chile's Universities," *New York Times*, February 5, 1980, 6. 이때 해직된 사람 중에 칠레 대학의 경제학연구센터 소장도 있었는데, 그는 피노체트가 "선출된 의원들로 구성된 의회"를 관여시키지 않고 개헌안을 통과시키려 하는 것에 대해 반대하던 변호사 및 전직 의원들로 구성된 모임을 이끌고 있었다.

14 Juan de Onis, 'New Crackdown in Chile Greets Appeals for Changes," *New York Times*, July 10, 1980, A2.

15 Vanessa Walker, "At the End of Influence: The Letelier Assassination, Human Rights, and Rethinking Intervention in US-Latin American Relations," *Journal of Contemporary History* 46 (2011); Carlos Francisco Caceres to Buchanan, November 27, 1979, BHA; "Accomplished US Economist in Chile," *El Mercurio*, May 6, 1980, C4; "Ministe de Castro with Economist James Buchanan," *El Mercurio*, May 8, 1980, C3; Constable and Valenzuela, *A Nation of Enemies*, 171, 186. 〈엘 메르쿠리오El Mercurio〉 기사들을 번역해준 엘라디오 보바딜라Eladio Bobadilla에게 감사를 전한다.

16 Carlos Francisco Caceres to Buchanan, February 12, 1980, BHA; Buchanan to Hernan Cortes Douglas, May 5, 1981, BHA; Jorge Cauas to F.A. Hayek, June 5, 1980, box 15, Hayek Papers; 참석자 명단. Foundation for Research in Economics and Education Conference, October 4-5, 1973, BHA. 뷰캐넌을 공식 초청한 사세레스와 페드로 이바녜즈에 대해서는 다음을 참고하라. Barros, *Constitutionalism and Dictatorship*, 221-22. 이들은 투표권 제한 조치들과 새 헌법을 통해 대중의 역량을 제약함으로써 대중권력을 위축시키는 일에 가장 열성적으로 나선 사람들

이었다.

17 "Government Interventionism Is Simply Inefficient," *El Mercurio*, May 9, 1980, C1.

18 "Government Interventionism," C1; "Economic Liberty: The Basis for Political Liberty," *El Mercurio*, May 7, 1980, C1.

19 Jorge Cauas to Friedrich Hayek, March 26, 1980, box 15, Hayek Papers.

20 Stern, *Battling for Hearts and Minds*, 170-71.

21 Ibid., 167-78; "Chile's New Constitution: Untying the Knot," *The Economist*, October 21, 2004; "Chile: Democratic at Last-Cleaning Up the Constitution," *The Economist*, September 15, 2005; Carlos Huneeus, "Chile: A System Frozen by Elite Interests," International Institute for Democracy and Electoral Assistance (2005). 현재 링크는 깨져 있다(복사본을 내가 가지고 있다).

22 Oppenheim, *Politics in Chile*, 118, 137; Constable and Valenzuela, *A Nation of Enemies*, 137-38.

23 Barros, *Constitutionalism and Dictatorship*, 172; Stern, *Battling for Hearts and Minds*, 171-73, 178; Cynthia Gorney, "Pinochet, with Disputed Constitutional Mantle, Moves into Palace," *Washington Post*, March 12, 1981; "Chile's New Constitution: Untying the Knot," *The Economist*, October 21, 2004.

24 Edward Schumacher, "Chile Votes on Charter That Tightens Pinochet's Rule," *New York Times*, September 11, 1980, A2; Heraldo Munozz, *The Dictator's Shadow: Life Under Augusto Pinochet* (New York: Basic Books, 2008), 128-29; Barros, *Constitutionalism and Dictatorship*, 173n10; Stern, *Battling for Hearts and Minds*, 171-73, 178; Gorney, "Pinochet, with Disputed Constitutional Mantle"; "Chile's New Constitution."

25 Buchanan to Sergio de Castro, May 22, 1980, BHA. 이와 비슷한 감사의 인사로는 다음도 참고하라. Buchanan to Carlos Francisco Caceres, May 17, 1980, BHA.

26 Rolf J. Luders, "The Chilean Economic Experiment." 1980년 몽 펠레린 소사이어티 총회에서 발표된 원고. 다음에 소장됨. Box 24, Mont Pèlerin Society Records, Hoover Institution Archives, Stanford University, Palo Alto, CA.

27 Constable and Valenzuela, *A Nation of Enemies*, 311, 313.

28 하이에크도 기뻐했다. 그는 새 헌법을 지지하면서, "자신을 의도적으로 제약하는 독재자는" 아마도 "제약이 없는 민주적인 사회에서보다 더 자유주의적인 [경제]정책을 펼 수 있을 것" 이라고 말했다. Fischer, "Influence of Neoliberals in Chile," 328. 339페이지의 주석 2번도 참고하라.

29 Center for Study of Public Choice, *Annual Report*, 1980, Virginia Polytechnic Institute and State University, 61-62, BHA.

30 Pedro Ibanez, Mont Pèlerin Society, "Announcement," December 1980, box 88, Hayek Papers; James M. Buchanan, "Democracy: Limited or Unlimited?" 1981년 비냐델마르에서 열린 몽 펠레린 소사이어티 모임에서 발표한 원고, BHA; Marcus Taylor, *From Pinochet to the 'Third Way': Neoliberalism and Social Transformation in Chile* (London: Pluto Press, 2006), 199-200. 아옌데 의 묘에 대해서는 다음을 참고하라. Contestable and Valenzuela, *A Nation of Enemies*, 140.

31 Taylor, *From Pinochet to the 'Third Way'*, 199-200.

32 Center for Study of Public Choice, *Annual Report*, 1980, 60-61.

33 William A. Link, *Righteous Warrior: Jesse Helms and the Rise of Modern Conservatism* (New York: St. Martin's Press, 2008), 331.

34 James M. Buchanan, *Politics by Principle, Not Interest: Toward Nondiscriminatory Democracy* (New York: Cambridge University Press, 1998).

35 "Pinochet's Web of Bank Accounts Exposed," *Guardian*, March 16, 2005; Eric Dash, "Pinochet Held 125 Accounts in U.S. Banks, Report Says," *New York Times*, March 16, 2005; Muñoz, *The Dictator's Shadow*, 289, 292; Buchanan, *Economics from the Outside In: "Better than Plowing" and Beyond* (College Station: Texas A& M Press, 2007), 201. 이 장을 읽고 피노체트의 축재에 대해 알려준 브라질 동료 존 프렌치John French에게 감사를 전한다.

36 예를 들어 '급진 경제학 연합Union of Radical Economics'이 미국기업연구소에서 열린 프리드 먼의 노벨상 수상 축하연에서 배포한 다음 글을 참고하라. *The Economics of Milton Friedman and the Chilean Junta* (New York: URPE, 1997). 복사본이 다음에 소장됨. Box 138, Friedman Papers.

37 Constable and Valenzuela, *A Nation of Enemies*, 194-96.

38 Ibid., 196-98. 은퇴연금을 잃게 된 것에 대해서는 212페이지도 참고하라.

39 Jorge Contesse, 다음에 인용됨, Alisa Solomon, "Purging the Legacy of Dictatorship from Chile's Constitution," *The Nation*, January 21, 2014; Alfred Stepan, "The Last Days of Pinochet?" *New York Review of Books*, June 2, 1988.

40 Constable and Valenzuela, *A Nation of Enemies*, 310; Barros, *Constitutionalism and Dictatorship*, 306, 310.

41 Oppenheim, *Politics in Chile*, 190.

42 Constable and Valenzuela, *A Nation of Enemies*, 143, 229, 237(인용-), 245; Taylor, *From Pinochet to the 'Third Way,'* 188-89, 237.

43 Ariel Dorfman, "9/11: The Day Everything Changed in Chile," *New York Times*, September 8, 2013, 6-7.

44 Constable and Valenzuela, *A Nation of Enemies*, 312-13; Alfred Stepan, ed., *Democracies in Danger* (Baltimore: Johns Hopkins University Press, 2009), 62-63; Mark Ensalaco, "In with the New, Out with the Old? The Democratizing Impact of Constitutional Reform in Chile," *Journal of Latin American Studies* 26 (May 1994): 418, 420. 2석 선거구 방식binomial system 폐지 등 이 헌법을 대대적으로 수정하고자 하는 현재의 운동에 대해서는 다음을 참고하라. Solomon, "Purging the Legacy."

45 Daniel J. Mitchell and Julia Moriss, "The Remarkable Story of Chile's Economic Renaissance," *Daily Coller*, July 18, 2012, www.cato.org/Publications/commentary/remarkable-story-chiles-economic-renaissance' Jonah Goldberg, "Iraq Needs a Pinochet," *Los Angeles Times*, December 14, 2006. 다음에 인용됨. Munoz, *The Dictator's Shadow*, 30; "Chile," 2016 Index of Economic Freedom, Heritage Foundation, www.heriage.org/index/country/chile; Koch, *Good Profit*, 59. 뷰캐넌의 동료들도 이와 비슷한 찬사를 보냈다. 다음을 참고하라. Paul Craig Roberts and Karen LaFollette Araujo, *The Capitalist Revolution in Latin America* (New York: Oxford University Press, 1997). 특히 절친한 친구인 피터 바우어가 쓴 서문을 참고하라. 쟁쟁한 인물들이 쓴 칠레 경제에 대한 이 모든 평가 중 "경제가 비명을 지르게 만드는 데" 미국이 했던 역할, 가령 닉슨이 아옌데 시기에 CIA를 지시해 자행한 것과 같은 역할을 언급한 사람이 아무도 없는 것에 주목하라. 그들은 미국의 정책이 악화시킨(물론 이것만이 원인이지는 않았겠지만) 것과 정확히 동일한 종류의 문제에 대해 아옌데를 맹렬히 비난했다.

46 Reuters in Santiago, "Chilean Student Leader Camila Vallejo Elected to Congress," *Guardian*, November 18, 2013.

47 Miguel Urquiola, "The Effects of Generalized School Choice on Achievement and Stratification: Evidence from Chile's Voucher Program," *Journal of Public Economics* 90 (2006): 1477, 1479; Pamela Sepulveda, "Student Protests Spread Throughout Regions," Inter Press Service, November 25, 2011; William Moss Wilson, "Just Don't Call Her Che," *New York Times*, January 29, 2012, 5; Francisco Goldman, "They Made Her an Icon, Which Is Impossible to Live Up To," *New York Times Magazine*, April 8. 2012, 25.

48 Pascale Bonnefoy, "Executives Are Jailed in Chile Finance Scandal," *New York Times*, March 8, 2015, 9; Pascale Bonnefoy, "As Graft Cases in Chile Multiply, a 'Gag Law' Angers Journalists," *New York Times*, April 7, 2016. 민간연금계정의 문제에 대해서는 다음을 참고하라. Silvia Borzutsky, "Cooperation or Confrontation Between the State and the Market? Social Security and Health Policies." 다음에 수록됨. *After Pinochet: The Chilean Road to Democracy and the Market*, ed. Silvia Borzutsky and Lois Hecht Oppenheim (Gainesville: University Press of Florida, 2006), 142-66.

49 Linz and Stepan, *Problems of Democratic Transition and Consolidation*, 200.

50 Reuters, "Chile Election Victor Michelle Bachelet Pledges Major Reforms," *Guardian*, December 16, 2013; Munoz, *The Dictator's Shadow*, 128-29; Barros, *Constitutionalism and Dictatorship*, 298; Bruno Sommer Catalan, "Chile's Journey Towards a Constituent Assembly," *Equal Times*, November 17, 2014.

51 칠레의 한 저명한 헌법학자는 "1980년 헌법에서 권위주의 체제적 특성이 곧 제거되지 않는다면 대의제의 위기가 올 것"이라며, 그렇게 된다면 "대의제의 위기는 폭력적인 투쟁을 통해 끝나게 될 것"이라고 우려했다. Javier Couso, "Trying Democracy in the Shadow of an Authoritarian Legality: Chile's Transition to Democracy and Pinochet's Constitution of 1980," *Wisconsin International Law Journal* 29 (2011): 415. 다음도 참고하라. Aldo C. Vacs, "Coping with the General's Long Shadow on Chilean Democracy." 다음에 수록됨. *After Pinochet*, ed. Borzutsky and Oppenheim, 167-73. 다음도 참고하라. Brianna Lee, "Chile's President Michelle Bachelet Approval Sinks over Economic Malaise, Corruption, and Stalled Reforms," *International Business Times*, September 16, 2015.

52 Center for Stuey of Public Choice, *Annual Report*, 1980, BHA; James M. Buchanan, "Reform in the rent-Seeking Society," *Toward a Theory of the Rent-Seeking Society*, ed. James M. Buchanan, et al (College Station: Texas A&M University 1980), 361-62, 367.

11장: 민주주의가 자유지상주의 원칙을 패배시키다

1 Leslie Maitland Werner, "George Mason U: 29 and Growing Fast," *New York Times*, December 31, 1986.

2 개발업자들은 작가를 고용해 자신들의 이야기를 기술하도록 했다. 이 저술은 나의 연구에도 크게 도움이 되었다. Russ Banham, *The Fight for Fairfax: A Struggle for a Great American County* (Fairfax, VA: GMU Press, 2009), xiii-xv, 30, 94. 전후 시기에 대학이 관여한 대도시 개발 전략 및 특성에 대해서는 다음을 참고하라. Margaret Pugh O'Mara, *Cities of Knowledge:*

Cold War Science and the Search for the Next Silicon Valley (Princeton, NJ: Princeton University Press, 2004).

3 Banham, *Fight for Fairfax*, 184; 존슨이 "거의 매일" 개발자들과 나눈 대화에 대해서는 다음도 참고하라. Paul E. Ceruzzi, *Internet Alley: High Technology in Tysons Corner 1945-2005* (Cambridge, MA: MIT Press, 2008), 125. 또한 132페이지도 참고하라. 연방 정부와의 근접성, 국방부와의 계약, 랜드 코퍼레이션과의 관련성이 이 모든 것을 가능하게 했다는 점에 주목하라. 뷰캐넌과 랜드 코퍼레이션에 대해서는 다음을 참고하라. Amadae, *Rationalizing Capitalist Democracy*, 76, 78, 145. 이 지역에서 '벨트웨이 악당들'이라는 용어가 사용된 초창기 사례에 대해서는 다음을 참고하라. "Fairfax County Beltway Gets 30 Years," *Washington Post*, August 20, 1968, B3.

4 Buchanan, *Better than Plowing and Other Personal Essays* (Chicago: University of Chicago Press, 1992), 45.

5 Ruth S. Intress, "Winner of Nobel Seen As Brilliant but Opinionated," *Richmond Times-Dispatch*, October 1986. '프리드먼 문서'에 날짜와 페이지 번호 없이 복사본으로 소장되어 있다; Eric Randall, "Philosophical Differences Led Nobel Prize Winner Away from Tech," October 22, 1986, *Richmond Times-Dispatch*. 다음에 소장됨. RG 15/8, College of Arts and Sciences Printed Material, Special Collections, Virginia Polytechnic Institute and State University.

6 Intress, "Winner of Nobel"; Randall, "Philosophical Differences."

7 Intress, "Winner of Nobel."

8 Ibid.; Randall, "Philosophical Differences." 2013년에 열린 뷰캐넌 추모 행사에 모인 사람들은 그가 종종 이렇게 분노를 폭발적으로 드러내곤 했다고 회상했다. 뷰캐넌이 기업에 조언한 이탈 전략에 대해서는 다음을 참고하라. James M. Buchanan and Roger L. Faith, "Secession and the Limits of Taxation: Toward a Theory of Internal Exit," *American Economic Review* 77 (December 1987): 1023-31.

9 Buchanan, *Better than Plowing*, 16; Buchanan and Faith, "Secession and the Limits of Taxation," 1023-31.

10 Leah Y. Latimer, "Nobel Seen as Milestone of Mason's Growing Stature," *Washington Post*, October 17, 1986; Karen I. Vaughn to James Buchanan, August 6, 1978, BHA; Karen I. Vaughn, 2013년 9월 29일 뷰캐넌 추모 행사에서의 연설; D'vera Cohn, "GMU Raids Faculty Stars from Rivals," *Washington Post*, June 30, 1985; Philip Walzer, "Faculty Stars Seldom Shine for Undergraduates." 출처가 없는 AP 기사 스크랩.

11 Vaughn. 뷰캐넌 추모 행사에서의 연설; Karen I. Vaughn, "How James Buchanan Came to George Mason University," *Journal of Private Enterprise* 30 (2015): 103-9; Karen I. Vaughn, "Remembering Jim Buchanan," *Review of Austrian Economics* 27 (2014), 160.

12 Buchanan to A. Neil McLeod, June 14, 1983, BHA; Latimer, "Nobel Seen as Milestone"; Cohn, "GMU Raids Faculty Stars"; Walzer, "Faculty Stars Seldom Shine." 조지 메이슨 대학이 기업계와 형성한 '공생관계'(기업과 우파 재단이 돈을 대고 조지 메이슨 대학이 뷰캐넌의 이론을 포함해 '유용한 이론들'을 제공하는 관계)를 긍정적으로 본 견해는 다음을 참고하라. Michael Kinsley, "How to Succeed in Academia by Really Trying: Viewpoint," *Wall Street Journal*, October 30, 1986, 33.

13 공립대학 교육의 변화에 대해서는 다음의 매우 훌륭한 민족지학적 연구를 참고하라. Gaye

Tuchman, *Wannabe U: Inside the corporate University* (Chicago: University of Chicago Press, 2009). 당사자로서 1인칭 시점에서 정치경제를 분석한 것으로는 다음을 참고하라. Nancy Folbre, *Saving State U: Why We Must Fix Public Higher Education* (New York: New Press, 2010).

14 Wade J. Gilley, "Is GMU Big Enough for Buchanan?" 다음에 수록됨. *Methods and Morals in Constitutional Economics: Essays in Honor of James M. Buchanan*, ed. Geoffrey Brennan, Hartmut Kliemt, and Robert D. Tollison (New York: Springer, 2002), 565-66. 주목할 만하게, 길리는 "기대에 부합하게 수준을 높일 필요 없이" 학부생 교육을 강조하는 "잘못된" 비전을 가진 "자유교양 쪽 사람들"도 비난하고 있다(564페이지).

15 Buchanan to George Person, October 16, 1980, BHA; Peter J. Boettke, David L. Prychitko, "Introduction: The Present Status of Austrian Economics: Some (Perhaps Biased) Institutional History Behind Market Process Theory." 다음에 수록됨. *The Market Process: Essays in Contemporary Austrian Economics Introduction*, ed. Boettke and Prychitko (Northampton, MA: Edward Elgar, 1994), 10; Daniel Schulman, *Sons of Wichita*, 260-62 (또한 하이에크와 폰 미제스에 대해서는 55, 93, 105페이지를 참고하라); Doherty, *Radicals for Capitalism*, 408. 미국기업연구소의 경제자문위원회 의장은 학문적으로는 그리 두드러질 것 없는 핀크의 공급측 경제학 논문 모음집에 대해 "이것이 실제로 이 운동을 진전시키고 있다"고 언급했다. Paul W. McCracken, "Taking Supply-Side Economics Seriously," *Wall Street Journal*, January 28, 1983, 30.

16 Brian Doherty, *Radicals for Capitalism: A Freewheeling History of the Modern Libertarian Movement* (Philadelphia, PA: PublicAffairs, 2007), 407. 말콤X 이야기는 430페이지에 나온다. James M. Buchanan to Charles Koch, May 24, 1984, BHA; Vaughn, *Remembering Jim Buchanan*, 145.

17 Charles Koch, "The Business Community: Resisting Regulation," *Libertarian Review*, August 1978; Boettke and Prychitko, "Introduction," 11; Paul Crag Roberts. 다음에 인용됨. David Warsh, *Economic Principals: Masters and Mavericks of Modern Economics* (New York: New Press), 96.

18 Buchanan to Richard M. Larry, June 14, 1982, BHA. (1982년 6월 14일에 마이클 S. 조이스에게 보낸 것과 같은 글). Buchanan to Martin F. Connor, June 15, 1982, BHA; Janet Nelson to Buchanan, September 22, 1983, BHA; Edward H. Crane to Buchanan, September 7, 1983, BHA; James M. Buchanan, "Notes for Heritage Foundation Reception." May 23, 1984, BHA; Vaughn, *Remembering Jim Buchanan*," 163.

19 James M. Buchanan, "Notes for Remarks to George Mason Economics Faculty," October 1, 1982.

20 Lawrence Mone, "Thinkers and Their Tanks Move on Washington," *Wall Street Journal*, March 19, 1988, 34. .

21 David Shribman, "Academic Climber University Creates a Niche, Aims to Reach Top Ranks," *Wall Street Journal*, September 30, 1985, 1. 리즌 재단 소장인 풀은 뷰캐넌의 개념이 워싱턴에서 새로운 "통념"으로 자리잡았다고 말했다. Robert W. Poole Jr. "The Iron Law of Public Policy," *Wall Street Journal*, August 4, 1986, 13.

22 규제 완화를 옹호하는 것으로 잘 알려져 있던 미국기업연구소의 밀러는 대통령 직속 '규제 완화를 위한 태스크포스팀'의 실무팀장으로 활동했다. 그다음에는 연방거래위원회 위원장을 맡았고, 나중에는 레이건 정부에서 예산관리실을 이끌었다. 톨리슨은 밀러가 위원장이던 시기에 연방거래위원회 경제 사무국장을 맡았다. 당시의 한 보도에 따르면, 로버츠는 "다른 누구보다도 1981년 [레이건의] 감세 관련 법안을 많이 작성한 사람"이었다. Jane Seaberry, "'Public Choice' Finds Allies In Top Places," *Washington Post*, April 6, 1986, F1; Robert D.

Tollison, "Graduate Students in Virginia Political Economy, 1957-1991," 버지니아 정치경제에 대한 비정기 논문. (Fairfax, VA: Center for Study of Public Choice, George Mason University, 1991), 3-4, 21; "Swearing-In Ceremony for Jim Miller," October 8, 1985, box 232, White House Office of Speechwriting, Reagan Library.

23 James M. Buchanan, "Democracy: Limited or Unlimited?" 1981년 비냐델마르에서 열린 몽 펠레린 소사이어티 모임에서의 발표 원고. 뷰캐넌은 1980년과 1984년에 레이건에게 투표했지만 자신을 공화당원이라고 말하지 않았다. 그는 자신이 "독립적인 인물"이라고 말했다. Ken Singletary, "Nobel Prize Winner Explains Reasons for Leaving Tech." 출처가 나오지 않은 기사 스크랩. 1986년 11월 18일. 다음에 소장됨. T. Marshall Hahn Papers, Virginia Polytechnic Institute and State University, Special Collections, Blacksburg. VA.

24 David A. Stockman, *The Triumph of Politics: Why the Reagan Revolution Failed* (New York: Harper & Row, 1986). 인용은 2페이지에 나온다.

25 예를 들어 다음을 참고하라. Thomas Edsall, *Chain Reaction: The Impact of Race, Rights, and Taxes on American Politics* (New York: W.W. Norton, 1991. 특히 10장 "암호Coded Language"를 참고하라.

26 Stockman, *Triumph of Politics*, 8-9, 11, 92, 125.

27 Ibid., 13, 181, 190-92, 204, 390-92. 최근 두 명의 저명한 역사학자가 출간한 저술은 대중적이고 실용적인 진보주의가 더 지속성이 있을 것이라는 스톡먼의 주장이 맞았음을 보여준다. 다음을 참고하라. Meg Jacobs and Julian E. Zelizer, *Conservatives in Power: The Reagan Years, 1981-1989: A Brief History with Documents* (Boston: Bedford/St. Martin's, 2010). 동일한 결론을 내린 또 다른 저술로는 다음을 참고하라. W. Elliot Brownlee and Hugh Davis Graham, eds., *The Reagan Presidency: Pragmatic Conservatism and Its Legacies* (Lawrence: University Press of Kansas, 2003).

28 Stockman, *Triumph of Politics*, 14, 393, 391-92, 394. 관련된 부분 전체를 다 인용할 만한 가치가 있다. 해당 부분은 다음과 같다. "우리는 자유 세계의 무기고가 되는 비용을 감당할 수 있다. 그리고 온건한 정도의 복지국가를 가질 비용도 감당할 수 있다. 우리가 할 수 없는 것은, 현재의 조세로 그것의 자금을 대지 않아도 되는 척을 계속하는 것이다"(292페이지).

29 Ibid., 92, 222. 1981년 10월의 "우리가 알고 있는 진짜 예산 수치를 감추기 위해 이뤄진 치명적인 결정"에 대한 섬찟한 이야기는 329-42, 344-45, 357, 362, 373페이지. 최종 수치는 다음을 참고하라. James T. Paterson, *Restless Giant: The United States from Watergate to Buch v. Gore* (New York: Oxford University Press, 2005), 158-59.

30 James M. Buchanan, "Post-Reagan Political Economy." 다음에 수록됨. *Constitutional Economics*, ed. James M. Buchanan (Cambridge, MA: Basil Blackwell, 1991), 1-2; James M. Buchanan, *Why I, Too, Am Not a Conservative: The Normative Vision of Classical Liberalism* (Northampton, MA: Edward Elgar, 2005), 60.

31 뷰캐넌은 사회보장제도가 "외국산인 비스마르크주의가 미국에 들어와 이식된 것"이라고 말했다(두 명의 오스트리아인 경제학자가 설파한 개념을 미국에 이식하느라 바빴던 뷰캐넌이 여기에서는 토착주의를 들고 나온 것이다). James M. Buchanan, "The Economic Constitution and the New Deal: Lessons for Late Learners." 다음에 수록됨. *Regulatory Change in an Atmosphere of Crisis: Current Implications of the Roosevelt Years*, ed. Gary M. Walton (New York: Academic Press, 1979), 22. 대공황 시기에 미국에서 노년연금 보장을 위한 대대적인 투

쟁이 자생적으로 일었던 것에 대해서는 다음을 참고하라. Edwin Amenta, *When Movements Matter: The Townsend Plan and the Rise of Social Security* (Princeton, NJ: Princeton University Press, 2006).

32 사회보장제도는 다음의 핵심주제였다. James M. Buchanan, "Dismantling the Welfare State." 1981년 8-9월 스톡홀름에서 열린 몽 펠레린 소사이어티 유럽 지역 모임에서 발표를 위해 준비한 메모. 다음에 소장됨. Box 88, Hayek Papers. 다음도 참고하라. Daniel Orr, "Rent Seeking in an Aging Population" 다음에 수록됨. *Toward a Theory of the Rent-Seeking Society*, ed. James M. Buchanan, et al (College Station: Texas A&M University 1980), 222-35.

33 Edward H. Crane to Buchanan, May 6 1983, BHA; James M. Buchanan, "Social Security Survival: A Public-Choice Perspective," *Cato Journal* 3. No2. (Fall 1983): 339-41, 352-53; Mancur Olson, "'Social Security Survival': A Comment," ibid, 355-56. 카토 연구소를 워싱턴DC로 이전한 것에 대해 머리 로스바드는 "남들의 존중을 받기 위해, 그리고 국가주의를 향해" 움직인 기회주의적 결정이라고 비판했다. Schulman, *Sons of Wichita*, 116.

34 Buchanan, "'Social Security Survival,'" 339-41, 352-53. 그해의 더 이른 시기에 뷰캐넌은 민영화를 지지하는 가족보장재단Family Security Foundation의 이사회에 참여했다.

35 Buchanan, "'Social Security Survival,'" 339-41, 352-53.

36 Ibid.

37 Ibid. 현재 미국 복지체계는 투트랙으로 되어 있다. '사회보험' 시스템과 '자산조사 기반' 시스템의 차이는 다음을 참고하라. Linda Gordon, *Pitied but Not Entitled: Single Mothers and the History of Welfare* (New York: Free Press, 1994).

38 Buchanan, "Social Security Survival," 이때 이래로 지금까지도 이어지고 있는 오랜 시도에 대해서는 다음을 참고하라. Steven M. Teles and Martha Derthick, "Social Security from 1980 to the Present: From Third Rail to Presidential Commitment-and Back?" 다음에 수록됨. *Conservatism and American Political Development*, ed. Brian J. Clenn and Steven M. Teles (New York: Oxford University Press, 2009), 261-90. 이제까지는 실패했지만, 젊은층이 사회보장제도를 반대하게 만들려는 우파 기업인들의 체계적인 시도는 꾸준히 존재해왔다. 다음을 참고하라. Jill Quadangno, "Generational Equity and the Politics of the Welfare State," *Politics and Society* 17 (April 1989): 353-76.

39 Buchanan, "'Social Security Survival,'"

40 Ibid.

41 Stuart Butler and Peter Germanis, "Achieving a 'Leninist' Strategy," *Cato Journal* 3 (Fall 1983): 547-56.

42 Ibid.

43 Ibid.

44 Ibid.

45 Ibid.

46 Ibid. 아무도 하룻밤 새 기적이 일어나리라고 기대하지는 않았으므로, 이 논문의 저자들은 "레닌도 잘 알고 있었듯이, 혁명이 성공하려면" 간부단은 "긴 싸움을 준비해야 한다"고 언급했다.

47 Koch, *Good Profit*, 41.

48 Jeffrey R. Henig, "Privatization in the United States: Theory and Practice," *Political Science Quarterly*

104 (Winter 1989-90): 649-50; 다음도 참고하라. Jeffrey R. Henig, Chris Hammett, and Harvey B. Feigenbaum, "The Politics of Privatization: A Comparative Perspective," *Governance: An International Journal of Policy and Administration* 1 (October 1988): 442-68; Monica Prasad, *The Politics of Free Markets: The Rise of Neoliberal Economic Policies in Britain, France, Germany, and the United States* (Chicago: University of Chicago Press, 2006), 3, 14, 22, 24, 27.

49 이러한 과소평가의 사례는 다음을 참고하라. Peter T. Kilborn, "Panel Urging Public-to-Private Shift," *New York Times*, March 7, 1988.

50 버틀러의 더 이전 경력과 공공선택이론에 대한 관심에 대해서는 다음을 참고하라. Richard Crockett, *Thinking the Unthinkable: Think-Tanks and the Economic Counter-Revolution*, 1931-1983 (New York: HarperCollins, 1994), 281-82; 민영화가 어떻게 미국에서 대중정치의 핵심동학을 바꿀 수 있는지에 대한 그의 설명은 다음을 참고하라. Stuart M. Butler, *Privatizing Federal Spending: A Strategy to Eliminate the Deficit* (New York: Universe Books, 1985).

51 1964년 골드워터 대선 선거운동부터 시작해서 켐프가 이 운동에 대해 내내 보여온 열정에 대해서는 다음을 참고하라(다만, 그는 단체협상권만큼은 "신성한 권리"라고 생각했다). Morton Kondracke and Fred Barnes, *Jack Kemp: The Bleeding-Heart Conservative Who Changed America* (New York: Sentinel, 2015), 25, 27, 119.

52 구성원 명단은 다음 책의 전문을 참고하라. President's Commission on Privatization, *Privatization: Toward a More Effective Government* (Washington DC: GPO 1988). 무어의 경력과 저술은 다음을 참고하라. http://premierespeakers.com/stephen_moore/bio; Zach Beauchamp, "Why the Heritage Foundation Hired an Activist as Its Chief Economist," *ThinkProgress*, January 21, 2014.

53 James M. Buchanan, "Can Democracy Be Tamed?" 1984년 9월 영국 케임브리지에서 열린 몽 펠레린 소사이어티 전체 모임을 위해 준비된 대외비 문서. 다음에 소장됨. box 58, John Davenport Papers, Hoover Institution Archives, Stanford University, Palo Alto, CA; 다음도 참고하라. James M. Buchanan, et al., *The Economics of Politics* (London: Institute for Economic Affairs, 1978).

54 Steven M. Teles, *The Rise of the Conservative Legal Movement* (Princeton, NJ: Princeton University Press, 2008), 116, 122, 129-30, 207-16.

55 "A Nobel for James Buchanan" (사설), *Washington Post*, October 17, 1986; Teles, *Rise of the Conservative Legal Movement*, 116, 122, 129-130, 207-16.

56 Henry G. Manne, "An Intellectual History of the George Mason University School of Law," George Mason University Law and Economics Center (1993), www.law.gmu.edu/about..history.

57 John S. Saloma, *Ominous Politics: The New Conservative Labyrinth* (New York: Hill & Wang, 1984), 75; *The Attack on Corporate America: The Corporate Issues Sourcebook*, ed. M. Bruce Johnson (New York: McGraw-ill, 1978), xi-xv.

58 Ruth S. Intress, "Winner of Nobel Seen As Brilliant But Opinionated," *Richmond Times-Dispatch*, October 1986. '프리드먼 문서'에 날짜나 페이지 번호가 없는 복사본이 소장되어 있음. Werner, "George Mason U.": 29."

59 Buchanan, *Better than Plowing*, 35-36; James M. Buchanan, "Notes on Nobelity," December 17, 2001, www.nobelprize.org/nobel_prizes/economic-sciences/laureates/1986/buchanan-article.html.

60 노벨 경제학상 보도자료, 1986년 10월 16일. 하지만 뷰캐넌의 연구 업적이 노벨상을 받을 정도가 되는가에 대해 몇몇 저명한 경제학자들 사이에 의구심이 일었고, 이는 은퇴한 이후에

도 뷰캐넌을 계속 괴롭혔다. Hobart Rowen, "Discreetly Lifted Eyebrows Over Buchanan's Nobel Prize," *Washington Post*, October 26, 1986. 수상자가 발표된 뒤에, 공공선택이론이 20년 동안 무엇을 했는지에 대해 비판적인 질문을 받자 노벨상 위원회 위원장은 "정치인들과 공공 행정가들이 어떻게 사고하는지"를 설명했다고 답변했다. Jane Seaberry, "In Defense of Public Choice: Chairman of Nobel Panel Discusses Economics Winner," *Washington Post*, November 23, 1986.

61 스웨덴 왕립 과학 아카데미, 보도자료. 린드벡에 대해서는 다음을 참고하라. Avner Offer and Gabriel Soderberg, *The Nobel Factor: The Prize in Economics, Social Democracy, and the Market Turn* (Princeton, NJ: Princeton University Press, 2016), 205-7. 노벨 경제학상은 다른 노벨상들보다 60년이나 늦은 1968년에 스웨덴 은행의 제안과 자금 지원으로 시작되었다는 것을 포함해 알프레드 노벨이 노벨상을 처음 만들었을 때부터 있었던 분야의 더 저명한 상(노벨 화학상 등)과는 차이가 있다. 그래서 몇몇 비판자들은 노벨 경제학상 선정에는 내재적으로 편향이 개입될 수밖에 없다고 본다. 다음을 참고하라. Thomas Karier, *Intellectual Capital: Forty Years of the Nobel Prize in Economics* (New York: Cambridge University Press, 2010).

62 "Prize Virginian" (사설), *Richmond Times-Dispatch*, October 17, 1986. 사실 이 셧다운은 대통령과 민주당이 다수당인 하원 사이에서 지출을 어디에서 줄일 것이냐를 두고 일었던 갈등에서 비롯했다. 군비와 해외 원조를 줄일 것이냐(하원안), 국내 교육과 복지 프로그램을 줄일 것이냐(대통령안)가 쟁점이었다.

63 Robert D. Hershey Jr., "A Bias Toward Bad Government?" *New York Times*, January 19, 1986, F1, 27.

64 뷰캐넌 하우스 아카이브에 소장된 이 센터의 연간 보고서를 참고하라.

65 Gordon Tullock, "The Origins of Public Choice." 다음에 수록됨. *The Makers of Modern Economics*, vol. 3. Ed. Arnold Heertje (Sheltenham, UK: Edward Elgar, 1999), 127.

66 Buchanan to Gregory R. McDonald, February 25, 1980, BHA. Richard J. Seiden to Buchanan, June 26, 1981, BHA. 가령 뷰캐넌이 후버 연구소가 인재를 뽑을 때 선별을 도운 것은 다음을 참고하라. Dennis L. Bark to Buchanan, June 5, 1978; 몽 펠레린 소사이어티를 위해 인재를 선별한 사례는 다음을 참고하라. Buchanan to George J. Stigler, September 21, 1971, BHA. 스카이프 가족 자선 기금을 위해 인재를 선별한 사례는 다음을 참고하라. Buchanan to Richard M. Larry March, 16, 1973, BHA. 뷰캐넌이 이러한 단체들과 한 일은 너무 많아서 모두 열거하기는 불가능하다. 하지만 관련된 서신 파일은 뷰캐넌 하우스 아카이브에서 찾을 수 있다.

67 David J. Theroux and M. Bruce Johnson to Buchanan, December 5, 1986, BHA; Buchanan to David J. Theroux and M. Bruce Johnson, December 15, 1986, BHA; Buchanan to Milton Friedman, June 8, 1987, box 171, Friedman Papers.

68 Leonard P. Liggio to Buchanan, May 27, 1985, BHA. 리지오가 당시만 해도 여전히 소규모였던 이 운동에서 사람, 단체, 기업들을 찾아내 연결하는 데 얼마나 핵심적인 역할을 했는지에 대해서는 다음에 실린 '감사의 글'을 참고하라. *Born on the 5th of July: Letters on the Occasion of Leonard P. Liggio's 65th birthday* (Fairfax, VA: Atlas Economic Foundation, 1998).

69 곧 찰스 코크 재단은 뷰캐넌 센터에 첫 기부금을 제공했다. 5,000달러라는 소소한 금액이었지만 신뢰를 보여주는 행동이었다. George Pearson to Robert D. Tollison, December 27, 1985, BHA. 이곳의 교육 프로그램을 이수한 사람들의 목록은 IHS의 웹사이트에서 찾을 수 있다.

70 David R. Henderson, "Buchanan's Prize," *National Review*, December 31, 1986, 20. 다음도 참고하

라. Chamberlain, "Another Nobel for Freedom," 36, 62.

71 Ronald Reagan to David J. Theroux, 전보. October 29, 1987, box 386, Institute of Economic Affairs Records, Hoover Institution Archives.

72 Leonard P. Liggio to Buchanan, December 29, 1986, BHA; Edwin Meese III, "The Attorney General's View of the Supreme Court: Toward a Jurisprudence of Original Intention," *Public Administrative Review* 45 (November 1985): 701-4; Gourse, "Restraining the Reagan Revolution." 이 운동에 대한 이야기와 관련된 다른 많은 단체들처럼, 페더럴리스트 소사이어티에 대해서도 알아야 할 내용이 방대하다. 다음이 좋은 출발점이 될 것이다. Jonathan Riehl, "The Federalist Society and Movement Conservatism: How a Fractious Coalition on the Right Is Changing Constitutional Law and the Way We Talk and Think About It." (노스캐롤라이나 대학 채플힐 캠퍼스 박사학위 논문, 2007년).

12장 콜럼버스를 추동한 종류의 힘

1 Brian Doherty, *Radicals for Capitalism: A Freewheeling History of the Modern Libertarian Movement* (Philadelphia, PA: PublicAffairs, 2007), 603.

2 Charles G. Koch, *Creating a Science of Liberty* (Fairfax, VA: Institute for Humane Studies, 1997), 9. 코크가 한때는 높이 평가했고 후원도 했지만 이제는 그의 목적에 맞게 정치권력을 달성하는 데 장애가 되고 있다고 여기게 된 "순수주의자" 중 가장 대표적인 인물은 머리 로스바드다. 그는 자신이 설립에 참여했던 카토 연구소에서 쫓겨났다. 예를 들어 다음을 참고하라. Murray N. Rothbard, "Newt Gingrich Is No Libertarian," *Washington Post*, December 30, 1994, A17.

3 〈미국과의 계약〉에 대해서는 다음을 참고하라. Patterson, *Restless Giant*, 343-45. 복지국가가 정치적으로 탄탄한 지지를 얻고 있는 데다 이제까지 우파를 제약하는 데 "결정적으로 중요한 역할을 했던 게임의 규칙" 덕분에 매우 끈질긴 회복력을 가지고 있다는 점에 대해서는 다음을 참고하라. Paul Pierson, *Dismantling the Welfare State?: Reagan, Thatcher, and the Politics of Retrenchment* (New York: Cambridge University Press, 1994) 한편, 이 때문에 우파는 더 대담한 계획이 필요하다는 인식을 갖게 되었다. 인용은 166페이지에 나온다.

4 Gordon Tullock, "Origins of Public Choice." 다음에 수록됨. *The Makers of Modern Economics*, vol. 3, ed. Arnold Heertje (Cheltenham, UK: Edward Elgar, 1999), 134-36; John J. Fialka, "Cato Institute's Influence Grows in Washington as Republican-Dominated Congress Sets Up Shop," *Wall Street Journal*, December 14, 1994, A16; Luke Mullins, "Armey in Exile," *Washingtonian*, June 26, 2013; Richard Armey, "The Invisible Foot of Government." 다음에 수록됨. *Moral Values in Liberalism and Conservativism*, ed. Andrew R. Cecil and W. Lawson Taitte (Dalls: University of Texas Press, 1995), 119; David Maraniss and Michael Weisskopf, "*Tell Newt to Shut Up!*" (New York: Simon & Shuster, 1996), 7-8, 34, 37, 59, 83-83; Kenneth S. Baer, *Reinventing Government: The Politics of Liberalism from Reagan to Clinton* (Lawrence: University Press of Kansas, 2000), 231, 236-37.

5 John E. Owens, "Taking Power? Institutional Change in the House and Senate." 다음에 수록됨. *The Republican Takeover of Congress*, eds. Dean McSweeney and John E. Owens (New York: St. Martin's Press, 1998), 58; Baer, *Reinventing Government*, 239; Maraniss and Weisskopf, "Tell

Newt to Shut Up!" 83, 86.

6 Patterson, *Restless Giant*, 343-45.

7 Elizabeth Drew, *Showdown: The Struggle Between the Gingrich Congress and The Clinton White House* (New York: Simon & Schuster, 1996), 97, 175. 존 L. 루이스 등의 항의로 이 초상화는 내려졌다. 스미스에 대해서는 다음을 참고하라. Oberdorfer, "'Judge' Smith Rules with Deliberate Drag"; Dierenfield, *Keeper of the Rules*.

8 Patterson, *Restless Giant*, 344-45; John Micklethwait and Adrian Wooldridge, *The Right Nation: Conservative Power in America* (New York: Penguin Press, 2004), 115-16. 엘리자베스 드루는 아미를 "진정한 이념가"라고 표현했다. 또한 드루는 그가 현직 대법관 클래런스 토머스의 아내인 버지니아 토머스Virginia Thomas를 직원으로 고용하고 있었다는 것도 지적했다. 다음을 참고하라. Elizabeth Drew, *Showdown: The Struggle Between the Gingrich Congress and the Clinton White House* (New York: Touchstone, 1997), 56.

9 Elizabeth Drew, *Whatever It Takes: The Real Struggle for Power in America* (New York: Viking, 1997), 58; 이러한 맹렬한 열정에 대해서는 35, 121페이지를 참고하라. Owens, "Taking Power?" 58; Baer, *Reinventing government*, 239; Maraniss and Weisskopf, "*Tell Newt to Shut Up!*" 83, 86..

10 John E. Owens, "The Republican Takeover in Context." 다음에 수록됨. *The Republican Takeover of Congress*, eds. McSweeney and Owens. 1. 하원에서 이 전략이 성공하는 데는 공공선택이론식 개념의 '부패' 사례를 들며 정부를 비판하는 전술이 매우 결정적이었다. 2페이지를 참고하라. 중산층이 가지고 있던 특권들을 건드림으로써 하원 공화당이 대중적 지지를 크게 잃은 것에 대해서는 다음을 참고하라. Owens, "Taking Power?" 59. 공공선택이론이 〈미국과의 계약〉에 끼친 영향에 대해서는 다음을 참고하라. Nigel Ashford, "The Republican Policy Agenda and the Conservative Movement." 다음에 수록됨. *Republican Takeover*, eds. McSweeney and Owens, 103-4.

11 깅그리치의 자존심, 클린턴의 대인 기술, 그리고 급진적인 [우파적] 개혁의 시도를 누르는 클린턴 자문팀의 능력에 대해서는 《뉴트에게 입닥치라고 해요!Tell Newt to Shut Up!》의 나머지 부분에 잘 나와 있다. 깅그리치의 시도를 클린턴이 트라이앵귤레이션으로 무산시킨 것에 대해서는 다음을 참고하라. Micklethwait and Wooldrige, *The Right Nation*, 117-19. 클린턴은 민주당 인사를 대다수와 많이 달랐다. 이것은 매우 영구적인 악영향도 낳게 되는데, 그가 복지 사안에 정통한 참모들의 반대에도 불구하고 '복지개혁' 법안에 서명한 것이 대표적이다.

12 James M. Buchanan, *Why I, Too, Am Not a Conservative: The Normative Vision of Classical Liberalism* (Northampton, MA: Edward Elgar, 2005), 4.

13 Doherty, *Radicals for Capitalism*, 603-4.

14 Koch, *Creating a Science of Liberty*. 1997년 1월 조지 메이슨 대학에서 열린 강연. 나중에 이 센터 기금 모금에 사용되었다. Robert N. Mottice to James Buchanan, August 13, 1998.

15 Ernest Hemingway, *A Moveable Feast* (New York: Scribner, 1964).

16 Koch, *Creating a Science of Liberty*: "James Buchanan Center Funded with $10 Million Gift," *Mason Gazette*, March 1998. 전체 1,000만 달러를 분납으로 지급하기로 되어 있었고 그중 가장 첫 입금분이 300만 달러였다. 다음을 참고하라. Richard H. Fink to Alan G. Merten, June 27, 1997, BHA. 뷰캐넌이 코크에게 감사를 전한 것에 대해서는 다음을 참고하라. Buchanan to Koch, July 8, 1997, BHA.

17 Koch, *Creating a Science of Liberty*, 12, 13. 코크는 존 C. 칼훈이 한 말을 연상시킨다. 칼훈은 그의 시절에 다수 대중을 늘려야 했던 자신의 선거에서 "나에게는 다른 경로를 추구한다는 것이 전혀 선택의 여지가 아님이 더없이 명백하게 느껴진다. 이것은 늘 내가 모종의 운명의 힘에 의해 움직이고 있는 것 같다는 느낌을 준다"고 말했다. Richard Hofstadter, *The American Political Tradition and the Men Who Made It* (New York: Random House, 1948), 76.

18 Edwin McDowell, "Bringing Law Profs Up to Date on Economics," *Wall Street Journal*, July 23, 1973; Steven M. Teles, *The Rise of the Conservative Legal Movement* (Princeton, NJ: Princeton University Press, 2008), 122. 다음도 참고하라. Walter Guzzardi, "Judges Discover the World of Economics," *Fortune*, May 21, 1979, 58-66.

19 Henry Manne to Buchanan, "Draft Program Synopsis for Mont Pèlerin Society Meeting in Washington, DC, September 1998," BHA

20 Ibid. 당시 몽 펠레린 소사이어티 회장이었던 헤리티지 재단의 에드 풀너가 이 모임에 대해 기고한 글이 다음에 실려 있다. Lee Edwards, *Leading the Way: The Story of Ed Feulner and the Heritage Foundation* (New York: Crown Forum, 2013), 260-61. 풀너는 사회보장제도가 미국에서 자유를 가로막는 가장 큰 장벽 중 하나라고 언급했다(261페이지).

21 Henry Manne to Buchanan, "Draft Program Synopsis for Mont Pèlerin Society Meeting in Washington, DC, September 1998," BHA.

22 Ibid.

23 Ibid.

24 Ibid.

25 코크는 페미니즘과의 전투에서도 도움을 주었을 것이다. 사전적 정의로만 보자면 자유지상주의의 반명제라고 할 수 있는 종교계 우파와 기회주의적으로 협업했을 뿐 아니라 반페미니즘 조직인 '독립여성포럼'에 직접적으로 자금과 인력을 지원하기도 했다. 2001년에 이 단체 회장이 된 낸시 폰텐하우어Nancy Pfotenhauer는 조지 메이슨 대학 경제학과 출신으로, 이전에 코크 인더스트리즈의 워싱턴 사무실 소장, 공화당 전국위원회 선임 경제학자, '건전 경제를 위한 시민들'의 실무 부회장을 지냈다. 독립여성포럼 웹사이트에 게시된 인물 정보를 참고하라. http://web.archive.org/web/20041214151602/ww.iwf.org/about_iwf/pfotenhauer.asp.

26 James M. Buchanan, "Constitutions, Politics, and Markets," 발표 원고, Porto Alegre, Brazil, April 1993, BHA. 다음도 참고하라. James M. Buchanan, "Socialism Is Dead: Leviathan Lives," *Wall Street Journal*, July 19, 1990, A8.

27 예를 들어 다음을 참고하라. David Rosenbaum, "From Guns to Butter," *New York Times*, December 14, 1989, A1.

28 Alexander Keyssar, *The Right to Vote: The Contested History of Democracy in the United States* (New York: Basic Books, 2000), 314-15. 유권자 등록법이 통과되도록 하는 운동에서 선봉에 섰던 곳은 지역공동체 조직 네트워크인 ACORN이었다. 이곳은 나중에 코크가 자금을 댄 리더십 연구소의 전략가 두 명에 의해 결국 와해되고 만다. ACORN에 대해서는 다음을 참고하라. John Atlas, *Seeds of Change: The Story of ACORN, America's Most Controversial Antipoverty Community Organizing Group* (Nashville, TN: Vanderbilt University Press, 2010); Robert Fisher, ed., *The People Shall Rule: ACORN, Community Organizing, and the Struggle for Economic Justice* (Nashville, Tn: Vanderbilt University Press, 2009).

29 James Buchanan, "Notes Prompted by Telephone Conversation with And(rew) Ruttan on 15 February 2001," February 16, 2001, BHA. 그는 또한 1970년대에 비해 1990년대에 '납세자가 무관심해진' 것에 대해서도 크게 우려했다. James Buchanan, "Taxpayer Apathy, Institutional Inertia, and Economic Growth," March 15, 1999, BHA.

30 Buchanan to Richard H. Fink, July 8, 1997, BHA; Buchanan to Charles G. Koch, July 8, 1997, BHA; James Buchanan Center Affiliation Agreement, effective January 1, 1998, BHA.

31 Fink to Buchanan, August 18, 1998(강조 표시는 내가 추가한 것이다). 1997년에 조지 메이슨 대학으로 온 마크 F. 그레이디에 대해서는 UCLA 법학 대학원의 교수진 소개를 참고하라. UCLA School of Law, http://law,ucla,edu/faculty-profiles/mark-f-grady.

32 Wendy Lee Gramm to Robert E. Weissman, 공식 서신, May 13 ,1998, BHA.

33 Ibid. 또한 공화당인 버지니아 주지사 짐 길모어Jim Gilmore의 지지에 대해 자랑한 것에 대해서는 다음을 참고하라. Robert N. Mottice to James M. Buchanan 공식 서신, August 13, 1998, BHA. 판사들을 대상으로 하는 프로그램에 대해서는 다음도 참고하라. Law and Economics Center, George Mason University School of Law, "The Advanced Institute for Federal Judges", Omni Tucson Gold Resort and Spa, April 25-May 1, 1998, headlined by Buchanan. 25년간 지속되어 온 이 판사 대상 교육 프로그램이 "법과 경제 센터의 가장 중요한 프로그램"이라고 언급되어 있다.

34 Wendy Lee Gramm to Robert E. Weissman, 공식 편지, May 13, 1998, BHA. 1996년 재선 때 그램은 석유업계에서 선거 자금을 가장 많이 받은 의원이었다. 그가 석유업계에서 받은 자금은 80만 달러에 달한다. 코크 인더스트리즈가 네 번째로 큰 기업 기부자였다. Alexia Fernandez Campbell, "Koch: 1996 Marks Beginning of National Efforts," July 1, 2013, Investigative Reporting Workshop, American University School of Communication, http://investifativereportingworkshop.org/investigations/the_club/story/Kich-1996_marks_beginning; "Energy Sector Gave $22 Million to Campaigns," *Washington Post*, December 22, 1997.

35 그램의 편지 사본을 동봉한 익명의 메모. BHA.

36 Robert D. Tollison to Charles Koch, November 23, 1998, BHA. 톨리슨은 코크의 프로그램에 대한 반대가 계속 제기될 경우 경제학과를 파산시켜버리자고도 했다. 그는 결국 분노에 차서 미시시피 대학으로 옮겨갔다.

37 James M. Buchanan to Richard Fink, September 17, 1998, BHA.

38 뷰캐넌은 핀크가 "학교, 기업계, 싱크탱크, 재단들 사이의 복잡한 교차점들에서 기업가, 조직가, 코디네이터"를 맡겠다고 자처한 데 대해 매우 찬사를 보낸 바 있었다. 또한 의미심장하게도 그는 핑크가 이 운동의 많은 사람들이 "학교에 대해 표명한 (그리고 내 생각에 매우 근거가 있는)" 우려에 대해 잘 알고 있다고 말했다. Buchanan to Charles Koch, May 24 1984, BHA. CSE에 대해서는 다음을 참고하라. Asra Q. Nomani, "Critics Say Antitariff Activists in Washington Have Grass-Roots Base That's Made of Astroturf," *Wall Street Journal*, March 17, 1995, A16; David Wessel and Jeanne Saddler, "Foes of Clinton's Tax Boost Proposals Mislead Public and Firms on the Small-Business Aspects," *Wall Street Journal*, July 20, 1993, A12.

39 '건전 경제를 위한 시민들'은 스스로를 "전국적으로 20만 명의 회원을 둔 풀뿌리 조직"이라고 소개했다. 이 숫자는 곧 25만 명이 되며 그 이후로는 바뀌지 않았다. 이곳 회원들은 "시장 지향적인 정책운동을 지지하고 정부가 민간 의사결정에 간섭하는 것이 줄어들기를 원하는" 사람들이라고 소개되어 있었다. 핀크는 이곳의 "설립자, 회장, CEO"라고 언급되

어 있었다. Mari Maseng to Frederick J. yan Jr., January 5, 1987, White House Schedule Proposal, PR007: 471415, White House Office of Records Management, Ronald Reagan Presidential Library. 백악관 보도자료, September 3, 1987. 다음에 소장됨. Thomas G. Moore Papers, box 10, OA 18900, Ronald Reagan Presidential Library. 밀러에 대해서는 다음을 참고하라. "The Candidates," *Washington Post*, January 3, 1996, D1.

40 Buchanan to Fink, September 5, 1998, BHA. 뷰캐넌은 "코크가 지난 몇 년간 내가 해온 노력을 신뢰해주고" 그 노력의 전망에 대해 열정을 가지고 지켜봐준 데 대해, 그리고 핑크가 "기업가적 노력으로 그 전망이 실현되게 해준 데 대해" 감사를 표한 바 있다. 다음을 참고하라. Buchanan to Fink, July 8, 1997, BHA.

41 "Statement by James M. Buchanan to be circulated at meeting on 24 August 1998," BHA; James Buchanan to Tyler Cowen, September 5, 1998, BHA.

42 Tyler Cowen, "A Short Intellectual Autobiography." 다음에 수록됨. *I Chose Liberty: Autobiographies of Contemporary Libertarians*, complied by Walter Block (Auburn, AL: Ludwig von Mises Institute, 2010). 92-93; Michael S. Rosenwald, "Tyler Cowen's Appetite for Ethnic Food—and Answers About His Life," *Washington Post*, May 13, 2010. 뷰캐넌과 오래 협업한 조프리 브레넌Geoffrey Brennan은 코언이 새로운 센터의 "얼굴 역할"에 적합한 인물이라고 말했다. 코언이 "전적으로 유연하고 대외적으로 수완이 있고" "똑똑하며", 그와 동시에 이 프로젝트의 성공에 필요한 "장기적인 투자를 하기에 충분한 정도로 젊고 야망이 있기 때문"이라는 것이었다. 브레넌은 이 점에서 코언이 토머스 뷰캐넌 센터를 처음 시작했을 때의 뷰캐넌과 비슷한 면이 있다고 언급했다. Geoffrey Brennan to Betty Tillman, August 19, 1998. 코언의 첫 책 《시장실패 이론: 비판적 검토The Theory of Market Failure: A Critical Examination》(Fairfax, VA: George Mason University Press, 1988)는 카토 연구소에서 공동 출간된 논문 모음집이며, 시장실패가 흔히 일어난다는 가정을 기반으로 정부 개입을 주장하는 쪽의 논거들을 반박하기 위해 쓰였다. '공공선택 경제학'에 대한 헌정집이나 마찬가지인 이 논문 모음집은 코크가 자금을 댄 기관 세 곳에 소속된, 학자가 아닌 저자들을 소개하고 있다. 뷰캐넌이 코언에게 불만을 제기했던 바로 그 시기에 코언은 신간 《상업 문화를 기리며In Praise of Commercial Culture》를 내놓았다. 이 책은 루트비히 폰 미제스로부터 시작해 이미 오래 이야기되어온 옛 이론들을 다루고 있다. 이 책의 '감사의 글'에서 그는 연구자금을 지원해준 리치 핑크, 찰스 코크, 데이비드 코크에게 감사를 전하고 있다. Tyler Cowen, *In Praise of Commercial Culture* (Cambridge, MA: Harvard University Press, 1998), v; Ludwig von Mises, *The Anti-Capitalistic Mentality* (Princeton, NJ; D. Van Nostrand, 1956).

43 Tyler Cowen, "Memo on Restructuring the James Buchanan Center (날짜 미상. 그러나 1998년 9월인 것은 분명함). BHA; James Buchanan to David Potter, August 13, 1998, BHA; Walter Williams to Economics Faculty, with Memo on Restructuring the James Buchanan Center, September 30, 1998, BHA; David Nott to Richard Fink, August 19, 1998 (현재는 '비활성' 상태인 웹페이지들이 추가되어 있음). 밀러에 대해서는 다음을 참고하라. Center for Study of Public Choice, Annual Report, 1994, 2. 이보다 먼저 밀러는 뷰캐넌 센터의 '존 M. 올린' 펠로우로서 코크의 '건전 경제를 위한 시민들'의 회장을 지냈다. Center for Study of Public Choice, Annual Report, 1994, 2, BHA. 스칼리아 대법관은 헨리 만이 진행한 '판사들을 위한 법과 경제학 프로그램'을 수료했고 카토 연구소의 발간물 〈규제Regulations〉의 공동 창간자이자 편집자였다. 그는 1996년 볼티모어에서 열린 주요 임원 겨울 세미나에서 기조 연설을 했다. '정의를

위한 연구소'의 회장 칩 멜러Chip Mellor, 그리고 '건전 경제를 위한 시민들', 카토 연구소, 리즌 재단 등 코크 관련 기관의 대표자들도 모두 참석해 연설을 했다. Jason DeParle, "Debating the Sway of the Federalist Society," *Chicago Daily Law Bulletin*, August 2, 2005; James Buchanan Center, Chief of Staff Winter Retreat Agenda, January 19-21, 1995, BHA.

44 James Buchanan to David Potter, August 13, 1998, BHA; "Statement by James M. Buchanan to be circulated at meeting on 24 August 1998," BHA; Walter Williams to Economics Faculty, with Memo on Restructuring the James Buchanan Center, September 30, 1998, BHA; "Gift to GMU to Be Used for New Center," *Washington Post*, January 13, 1998.

45 David Potter to James Buchanan, August 5, 1998, BHA; 다음도 참고하라. Potter to Deans and Directors, August 5, 1998, BHA.

46 "Allen Makes Education Appointments," *Washington Post*, June 19, 1997, VAB4; Edwin Meese III to James M Buchanan, January 24, 2000, BHA. 조지 앨런George Allen 주지사를 비롯, 에드 미즈, 헤리티지 재단의 에드 풀너, 저널리스트 윌리엄 크리스톨, 만능 선수 제임스 밀러 등 우파 인사들이 이사회를 구성하고 있었다. Teles, *Rise of the Conservative Legal Movement*, 212. 앨런이 주지사 직에서 내려오자 리치 핑크는 그 다음번 공화당 후보에게 5만 달러를 기부했다. "A Grand Old Golf Party Rakes in Lots of Green for Republicans," *Washington Post*, August 12, 1998. 1990년대에 공화당을 우파 쪽으로 더 기울이는 데 크리스톨이 한 역할에 대해서는 다음을 참고하라. Nina Easton, *Gang of Five: Leaders at the Center of the Conservative Crusade* (New York: Simon & Schuster, 2000), 266-80. 1990년대 말에 니나 이스턴이 정확하게 지적했듯이, "전에는 우파의 활동가들이 이렇게 밀접하게 정당의 당직자 및 전문가들과 관련된 적이 없었다"(280페이지).

47 내가 추모식에 참석해 관찰한 것이다. 1913년 9월 28-29일.

48 James M. Buchanan, "Notes prompted by telephone conversation with And[rew] Ruttan on 15 February 2001," Feb. 16, 2001, BHA.

결론: 각오하고 대비해야 할 것이다

1 Charles K. Rowley, "The Calculus of Consent." 다음에 수록됨. *Democracy and Public Choice: Essays in Honor of Gordon Tullock*, ed. Charles K. Rowley (Oxford, UK: Basil Blackwell, 1987), 55. 두 세기 전에 이 질문을 제기한 장 자크 루소를 염두에 두고 이렇게 질문했을 것이다.

2 Charles K. Rowley, "James M. Buchanan: A Short Biography." 다음의 허가를 얻어 재수록됨. Rowley and A. Owens, "Buchanan, James, McGill (1919-)." 다음에 수록됨. *The Biographical Dictionary of American Economists*, vol. I, ed. Ross B. Emmett (New York: Thoemmes Press/Continuum International, 2006), 98-108. 조지 메이슨 대학에서 열린 2013년 9월 뷰캐넌 추모 행사의 일환으로 소책자 형태로 배포됨(내가 소장하고 있음). 롤리는 그해 여름 뷰캐넌이 사망했을 때 상세한 전기를 준비하고 있었다. 나는 위의 글 및 그와 비슷한 다른 글들로 보건대 그것이 칭송 일색의 전기였을 것이라고 생각한다. 하지만 그가 그 글을 쓴 이후에 펼쳐진 일들을 생각하면 더 비판적인 내용을 담고 있었을 수도 있다.

3 Charles K. Rowley to Dr. Edwin J. Feulner, November 11, 1997, BHA.

4 일이 어디를 향해 가고 있는지에 대한 롤리의 생각은 맞았다. 매우 배타적인 몽 펠레린 소사이어티의 2010년 명부를 보면 사상가들이 주도하던 데서 부유한 후원자들이 주도하는 쪽으로 방

향이 바뀌었음을 알 수 있다. 학자인 회원들과 함께, 코크의 자금으로 활동하는 핵심공작원들의 이름도 이 명부에 많이 등장한다. 독자들에게 익숙할 만한 사람들만 예로 들면, 찰스 코크 본인을 포함해 한때 하원 원내대표였고 나중에는 '건전 경제를 위한 시민들' 공동회장이 되는 리처드 아미(이 무렵에는 프리덤웍스의 회장이기도 했다), 카토 연구소의 회장과 실무 부회장을 각각 맡고 있었던 에드워드 크레인과 데이비드 보아즈, 헤리티지 재단의 회장이던 에드 풀너, '일할 권리 위원회' 회장 리드 라슨, '정의를 위한 연구소' 공동 창립자 윌리엄 H. 멜러, 리더십 연구소 회장 모튼 블랙웰, 리즌 재단 회장 데이비드 노트, 미국기업연구소에서 오래 일한 자유지상주의자 찰스 머리, 이 운동의 여러 전투에서 싸운 에드윈 미즈 3세(그는 헤리티지 재단, 페더럴리스트 소사이어티, 사법 감시Judicial Watch 등과 함께 메르카투스 센터 이사회에도 계속 참여했다) 등이 있다. "Mont Pèlerin Society Directory - 2010," www.desmogblog.com/sites/beta/desmogblog.com/files/Mont%20Pelerin%20Society%20Directory%202010.pdf.

5 "Koch Versus Cato: Unraveling the Riddle," *Charles Rowley's Blog*, March 5, 2012; "Economist's View: Has the "Kochtupus' Opened Libertarian Eyes?" *Charles Rowley's Blog*, March 6, 2012; Rowley reply, *Charles Rowley's Blog*, June 26, 2012(출력본을 내가 소장하고 있음). 롤리 사후에 이 블로그는 없어졌다. 관심이 있는 독자는 다음 아카이브에 연락을 취하기 바란다. Wyback Machine Archive, http://web.arvhve.org/web/*/charlesrowley.wordpress.com. 다음도 참고하라. Schulman, *Sons of Wichita*, 263-64.

6 "Koch Versus Cato."

7 James M. Buchanan, *Economics from the Outside In: "Better than Plowing," and Beyond* (College Station: Texas A&M University Press, 2007).

8 "Koch versus Cato"; "Death of William A. Niskanen Opens Door for Koch Takeover of Cato Institute," *Charles Rowley's Blog*, March 4, 2012; Catherine Probst, "University Mourns Passing of Economics Professor Charles Rowley," *News at Mason*, GMU.edu., August 5, 2013.

9 인쇄 매체와 온라인 매체의 기자 수십 명이 기사, 블로그 글, 인용 등으로 이 이야기를 다루었다. 그들의 취재에 경의를 표한다. 책 분량의 글로는 다음을 참고하라. Mayer, *Dark Money*; Fang, *The Machine*; Vogel, *Big Money*; Schulman, *Sons of Wichita*.

10 널리 존경받는 훌륭한 법관인 루이스 브랜다이스에 대한 인물 소개는 다음을 참고하라. Jeffrey Rosen, "Why Brandeis Matters," *New Republic*, June 29, 2010 http://newrepublic.com/article/75902/why-brandeis-matters.

11 Theda Skocpol and Vanessa Williamson, *The Tea Party and the Remaking of Republican Conservatism* (New York: Oxford University Press, 2012), 66. 민권운동 시기에도 그랬듯이, 자유지상주의자들은 자신의 목적을 위해 백인 인종주의자들의 유색인종에 대한 적대감을 활용하는 데 거리낌이 없었다. 오늘날 '진짜 미국인'이 미국에서 인종적 지배력을 잃어버렸다고 느끼는 백인들의 인종주의적 감정에 대해서는 (이 감정이 티파티 운동의 동력이었다) 다음을 참고하라. Christopher S. Parker and Matt A. Barreto, *Change They Can't Believe In: The Tea Party and Reactionary Politics in America* (Princeton, NJ: Princeton University Press, 2013).

12 David Boaz, *The Libertarian Mind* (New York: Simon & Schuster, 2015), 252. 또 다른 선동가는 미국이 "일을 하기보다는 투표를 해서 생계를 유지하려고 하는 최하층 계급을 만들고 있다"고 언급했다. Grover G. Norquist, *Leave Us Alone: Getting the Government's Hands Off Our Money, Our Guns, and Our Lives* (New York: HarperCollins 2008), 119.

13 롬니가 이 주장을 아무 데서나 가져온 것은 아니었다. 이것은 뷰캐넌의 개념에 기반해 정

교하게 계획된 전략이었다. 다음을 참고하라. William W. Beach, "An Overview of the Index of Dependency" (Washington, DC: Heritage Foundation 2002); 다음도 참고하라. Norquist, *Leave Us Alone*, 116-17. 물론 뷰캐넌 자신도 현대 민주주의 정치는 범죄적인 음모라고 줄곧 묘사해왔다. 그는 "현대의 지대 추구자들은 '사회적 선'에 대해 아무런 환상을 가지고 있지 않다"고 경고했다. "그들은 정직, 공정성, 법치에 대한 존중 등의 개념을 지키지 않는다." James M. Buchanan, "Hayek and the Forces of History," 타자로 친 원고, BHA. 나중에 다음에 재수록됨. *Humane Studies Review* 6 (1988-1989). 새로운 세기가 열리면서, 뷰캐넌은 민중을 야수와 비슷하다고 보게 되었다. 그는 사석에서 이렇게 말했다. "애덤 스미스는 민중이 아직 완전히 속박에서 풀리기 전의 정치적 환경에서 그의 주장을 개진했다. 당시에는 투표권이 제한적이고 지배계급이 사회에 대한 통제력을 가지고 있었으므로 (경제적 자유를 옹호하는) 합리적 주장에 정부가 더 잘 설득될 수 있었을 것이다." 즉 자유가 퍼질 수 있으려면 민중은 계속해서 속박되어 있어야 한다고 본 것이다. James M. Buchanan, "Notes Prompted by Telephone Conversation with And(rew) Ruttan on 15 February 2001," February 16, 2001, BHA.

14 F.A. Harper, *Liberty: A Path to Its Recovery* (Irvington on Hudson, NY: Foundation for Economic Education, 1949), 113.

15 James M. Buchanan, *Why I, Too, Am Not a Conservative: The Normative Vision of Classical Liberalism* (Northampton, MA: Edward Elgar, 2005), 8. 다음도 참고하라. James M. Buchanan, "Afraid to Be Free: Dependency as Desideratum," *Public Choice* 124 (July 2005): 19-31.

16 Tyler Cowen, *Average Is Over: Powering America Beyond the Age of the Great Stagnation* (New York: Dutton, 2013), 229-30, 236-39, 241.

17 Ibid., 241-45, 247, 258.

18 Eliana Dockerman, "Paul Ryan Says Free School Lunches Give Kids 'An Empty Soul,'" *Time*, March 6, 2014. 이것은 일군의 가톨릭 수녀들이 그가 주창하는 버전의 "가톨릭 입장"에 대해 반대의 뜻을 밝히기 위해 2,700마일(약 4,300킬로미터)의 버스 투어를 한 이후였다. 이 버스 투어는 널리 보도되었다. Simone Campbell, "We 'Nuns on the Bus' Don't Like Paul Ryan's idea of Catholic Values," *Guardian*, September 28, 2012.

19 Nicholas Kristof, "Congress to America: Drop Dead," *New York Times*, May 12, 2016, A27.

20 Sam Knight, "Freshman GOP Senator: I'm Okay with Not Forcing Restaurant Workers to Wash Up," *The District Sentinel*, February 2, 2015. 다음도 참고하라. Rebekah Wilce, "Spending for ALEC Member Tillis Breaks All Records in NC Senate Race," *PR Watch*, posted October, 21, 2014.

21 Gary M. Anderson, "Parasites, Profits, and Politicians: Public Health and Public Choice," *Cato Journal* 9 (Winter 1990): 576. 이러한 주장을 더 보려면 메르카투스 센터 웹사이트를 참고하라.

22 Amity Shlaes, "James Buchanan, a Star Economist Who Understood Obamacare," *Bloomberg View*, January 10, 2013.

23 Mason Adams and Jesse Tuel, "They Did Nothing to Deserve This," *Virginia tech Magazine*, Spring 2016, 41-50; 다음도 참고하라. Elisha Anderson, "Legionnaires'-Associated Deaths Grow to 12 in Flint," *Detroit Free Press*, posted April 11, 2016.

24 초창기에 매키낙 센터가 코크의 네트워크에서 직원을 채용한 것에 대해서는 다음을 참고하라. Kelly R. Young to Roy Childs, March 4, 1992, box 5, Roy A. Childs Papers, Hoover Library; Mackinac Center "Accomplishments: 1988-2013," http://web.archive.org/web/20151013073304/

http://www.mackinac.org/18315. 주 정책 네트워크에 대한 개괄은 다음을 참고하라. Center for Media and Democracy, "Exposed: The State Policy Network," November 2013, www.alecexposed. org/w/images/2/25/SPN_National_Report_FINAL.pdf.

25 Monica Davey, "A State Manager Takes Over and Cuts What a City Can't," *New York Times*, April 26, 2011, 1; Paul Rosenberg, "The Truth About Flint: Kids Drank Poisoned Water Because of the GOP's Radical, Anti-Democratic 'Reforms,'" *Salon*, January 23, 2016. 더 상세한 설명은 다음을 참고하라. John Conyers, "Flint Is the Predictable Outcome of Michigan's Long, Dangerous History with 'Emergency Managers,'" *The Nation*, February 17, 2016.

26 Robert D. Tollison and Richard E. Wagner, *The Economics of Smoking* (Boston: Kluwer Academic Publishers, 1992), ix-xi, 140-41, 142, 225. 조지 메이슨 대학 공공정책 연구센터는 이런 류의 연구를 다수 내놓았다. 이 운동이 주장하는 바가 흔히 그렇듯이, 시장점유율을 잃은 대기업들이 담배 생산지인 주의 대학들에 소속된 경제학자들을 통해, 이미 탄탄한 연구가 뒷받침된 (그들에게 불리한) 결과에 반대되는 결과들을 산출하려 한 데 따른 것으로 보인다.

27 AL Kamen, "Name That Tone," *Washington Post*, March 21, 1997, A25. 역사적인 관점에서, 한 논평가는 기업이 화석연료에 들인 투자금을 과거 백인 농장주가 노예에 들인 투자금과 비교했다. 노예에 투자된 자금을 지키려던 것이 남북전쟁을 촉발했다. Christopher Hayes, "The New Abolitionism," *The Nation*, April 22, 2014.

28 Donald J. Boudreaux, "The Missing Elements in the 'Science' of Global Warming," *Reason*, September 7, 2006.

29 Naomi Oreskes and Erik M. Conway, *Merchants of Doubt: How a Handful of Scientists Obscured the Truth on Issues from Tobacco Smoke to Global Warming* (New York: Bloomsbury, 2010), 234, 237, 249. 인용은 243페이지에 나온다. 더 일반적인 설명은 다음을 참고하라. Naomi Klein, *This Changes Everything: Capitalism vs. the Climate* (New York: Simon & Schuster, 2014); Jane Mayer, "Covert Operations: The Billionaire Brothers Who Are Waging a War on Obama," *The New Yorker*, August 30, 2010. 다음도 참고하라. Cato Institute, "Global Warming," www.cato. org/special/climatechange; Climate Science & Policy Watch, "Americans for Prosperity: Distorting Climate Change Science and Economics in Well-Funded Campaign," www.clmatesciencewatch. org/2010/03/18/americans-for-prosperity-distorting-cliate-change-science-and-economics-in-well-funded-campaign; CEI에 대해서는 다음을 참고하라. Competitive Enterprise Institute, "Cooler Heads Coalition News," http://cei.org/blog/cooler-heads-coalition-news.

30 Iain Murray, "All Aboard the Climate Gravy Train," *National Review*, March 11, 2011; "Christopher C. Horner, Senior Fellow," Competitive Enterprise Institute, https://cie.org/expert/christopher-c-horner. 다음도 참고하라. Michael S. Greve and Fred L. Smith Jr., eds., *Environmental Politics: Public Costs, Private Rewards* (New York: Praeger, 1992). 비슷한 맥락에서 다음도 참고하라. Tollison and Wagner, *Economics of Smoking*, 183-184, 225.

31 Eduardo Porter, "Brining Republicans to the Talks on Climate," *New York Times*, October 14, 2015, B4.

32 Eric Holmberg and Alexia Fernandez Campbell, "Koch: Climate Pledge Strategy Continues to Grow," Investigative Reporting Workshop, American University School of Communication, July 1, 2013; Paul Krugman, "Climate Denial Denial," *New York Times*, December 4, 2015, A33; Porter, "Brining Republicans to the Talks," *New York Times*, October 14, 2015, B1, 6.

33 Eric Lipton, "Working So Closely Their Roles Blur," *New York Times*, December 7, 2014, A1, 30-31. 한 권위 있는 연구에 따르면, 1990년대 무렵이면 반환경주의적인 우파가 "사법 시스템의 풍경을 바꾸기 위해 고안된 정교한 전략 덕분에 느리지만 꾸준하게 (법정으로) 들어왔다". Judith A. Layzer, *Open for Business: Conservatives' Opposition to Environmental Regulation* (Cambridge, MA: MIT Press, 2012), 185.

34 뷰캐넌은 "분리 독립은 물론 가장 극단적인 형태의 이탈이지만, 이것 역시 제도적-헌법적 재배열의 스펙트럼 중 하나일 뿐"이라고 말했다. 이 스펙트럼에는 "탈중심화, 지방 이양, 연방주의, 민영화, 규제 완화"등 공화당이 실행하고자 하는 핵심 전략들이 모두 포함된다. "공통적으로 이것들은 모두 '이탈'의 요소를 가지고 있다." 이것들은 모두 부유한 소수가 "경쟁"의 원칙을 내세워 다수를 누름으로써 다수로부터 "착취당하는"것을 피하는 수단이다. 논리는 간단하다. 뷰캐넌이 요약했듯이, "이탈이라는 선택지를 가지고 있으면 자유로울 수 있다." 헌법적 용어로 말하자면, 이것은 각 주들 사이에, "진정으로 경쟁적인 연방주의"라는 원칙을 도입해 주들의 정책 및 중앙정부의 권력을 규율한다는 개념이었다. 얼마 후 이 새로운 연방주의 운동을 제시하는 자리에 뷰캐넌의 센터는 아모코, 아메리카 온라인, 제너럴 다이나믹스, 록히드, 필립 모리스 등 수십 곳의 기업을 초청했다. 또한 헤리티지, 스카이프, 브래들리 같은 우파의 유수 재단, 그리고 물론 찰스 코크도 초청되었다. James M. Buchanan, "The Moral of the Market," 타자로 친 인터뷰 내용, [c. 2004], BHA; James M. Buchanan "Secession and the Economic Constitution," 발표용 논문. Berlin October 1999, 2, 4, ibid.; John H, Moore To William D. Witter, February 5, 1997, ibid. 마이클 린드는 다음 저서에서 이렇게 지적했다. "연방주의가 거침없이 나갈 때 유일하게 이득을 보는 곳은 기업이다. 기업들은 주 의회와의 협상에서 다른 주로 이전하겠다는 협박을 무기로 삼아 유리한 위치를 차지할 수 있다." Michael Lind, *Up from Conservatism: Why the Right Is Wrong for America* (New York: Free Press, 1996), 218.

35 Julie Bosman, "Wisconsin Agency Bans Activism on Climate, *New York Times*, April 9, 2015.

36 다음 연구에 따르면, 1990년대에 나온 "환경적으로 회의주의적인" 책은 거의 모두 우파 재단과 관련이 있었다. Oreskes and Conway, *Merchants of Doubt*, 234, 236.

37 Klein, *This Changes Everything*, 35. 더 광범위한 피해에 대해서는 다음을 참고하라. Layzer, *Open for Business*, 333-60. 고의적인 기만에 대해서는 다음을 참고하라. Ari Rabin-Havt and Media Matters for America, *Lies, Incorporated: The World of Post-Truth Politics* (New York: Anchor Books, 201), 34-57.

38 Lindsay Wagner, "Starving the Schools." 다음에 수록됨. *Altered State: How Five Years of Conservative Rule Have Redefined North Carolina* (NC Policy Watch, December 2015), 15-18. 이와 대조되는 것으로는 다음을 참고하라. Motoko Rich, et al., "In School Nationwide, Money Predicts Success," *New York Times*, May 3, 2016, A3.

39 Lindsay Wagner, "Paving the Way Toward Privatization." 다음에 수록됨. *Altered State*, 26-27; 다음도 참고하라. Valerie Strauss, "The Assault on Public Education in North Carolina Just Keeps on Coming," *Washington Post*, May 18, 2016.

40 Wagner, "Starving the Schools," 15-19; Chris Fitzsimon, "The Wrecking Crew." 다음에 수록됨. *Altered State* 3.

41 Alexander Tabarrok, ed., *Changing the Guard: Private Prisons and the Control of Crime* (Oakland, CA: Independent Institute, 2003) 1, 6.

42 Stephen Moore and Stuart Butler, *Privatization: A Strategy for Taming the Federal Budget* (Washington, DC Heritage Foundation, 1987), 1, 8, 10. 민영화가 미친 영향을 실증적으로 비판한 연구로는 다음을 참고하라. Elliott D. Sclar, *You Don't Always Get What You Pay For: The Economics of Privatization* (Ithaca, Ny: Cornell University Press, 2001).

43 Alex Friedman to Hon. Patrick Leahy, May 9, 2008, BHA. 뷰캐넌의 할아버지 시대에도 그랬듯이(당시에는 죄수 노동력이 기업의 수익성에 도움이 되었다) 교정시설을 운영하는 기업들은 수감된 사람들을 노동력으로 활용해 수익을 올리는 것을 금지했던 뉴딜 시기의 규제를 없앴다. 다음을 참고하라. Heather Ann Thompson, "Rethinking Working-Class Struggle Through the Lens of the Carceral State: Toward a Labor History of Inmates and Guards," *Labor* 8 (2011): 15-45. CCA가 이런 식으로 이득을 뽑아내는 데서 개척자였다는 것은 34페이지를 참고하라.

44 Silja J. A. Talvi, "Cashing In on Cons," *In These Times*, February 28, 2005, 16-29.

45 Jon Hurdle and Sabrina Tavernise, "Former Judge Is on Trial in 'Cash for Kids' Scheme," *New York Times*, February 8, 2011, A 20. 다음도 참고하라. Charles M. Blow, "Plantations, Prisons and Profits," *New York Times*, May 26, 2012, A 17; Talvi, "Cashing In on Cons," 16-29.

46 Detention Watch Network and Center for Constitutional Rights, "Banking on Detention: 2016 Update," www.detentionwatchnetwork.org/sites/default/files/reports/Banking%20on%20Detention%20 2016%20Update_DWN,%20CCR.pdf. 다음도 참고하라. In the Public Interest, "Criminal: How Lockup Quotas and 'Low-Crime Taxes' Guarantee Profits for Private Prison Corporations," September 2013, www.inthepublicinterest.org/wp-content/uploads/Criminal-Lockup-Quota-Report. pdf.

47 Sabrina Dewan and Gregory Randolph, "Unions Are Key to Tackling Inequality, Says Top Global Financial Institution," *Huffington Post*, March 5, 2015. 이제는 이와 관련된 수십 권의 학술 저술이 나와 있다. 내가 가장 통찰력 있다고 생각한 것은 다음과 같다. Larry M. Bartels, *Unequal Democracy: The Political Economy of the New Gilded Age* (Princeton, NJ: Princeton University Press, 2008); Jacob S. Hacker and Paul Pierson, *Winner-Take-All Politics: How Washington Made the Rich Richer — and Turned Its back on the Middle Class* (New York: Simon & Schuster, 2011); Joseph E. Stiglitz, *The Price of Inequality: How Today's Divided Society Endangers Our Future* (New York: W.W. Norton, 2012; Thomas Piketty, *Capital in the Twenty-First Century* (Cambridge, mA: Belknap Press of Harvard University Press, 2014). 더 처방적인 책으로는 다음도 참고하라. Robert B Reich, *Saving Capitalism: For the Many, Nor the Few* (New York: Alfred A. Knopf, 2015); Anthony B Atkinson, *Inequality: What Can Be Done?* (Cambridge, MA: Harvard University Press, 2015).

48 Lydia DePhillis, "West Virginia House Passes Right-to-Work Bill after Harsh Debate," *Washington Post*, February 4, 2016. 이로써 웨스트 버지니아 주는 이런 법을 가지고 있는 26번째 주가 되었다.

49 Michael Cooper and Megan Thee-Brenan, "Majority in Poll Back Employees in Public Unions," *New York Times*, March 1, 2011, A1, 16; "The Hollow Cry of Broke" (사설), *New York Times*, March 3, 2011, A 26; Roger Bybee, "After Proposing Draconian Anti-Union Laws, Wis. Gov. Walker invokes National Guard," *In These Times*, February 15, 2011. 워커 자신도 그의 지지율이 37%로 떨어진 것이 이 법이 너무 인기가 없어서라고 보았다. 즉, 그는 명백히 대부분의 유권자의 뜻에 부합하지 않게 행동하고 있었다. Scott Walker, *Unintimidated: A Governor's Story and a Nation's*

Challenge (New York: Sentinel, 2013), 225.

50 Dan Kaufman, "Land of Cheese and Rancor," *New York Times Magazine*, May 27, 2012, 30, 32; Dan Kaufman, "Fate of the Union," *New York Times Magazine*, 55. 워커는 나중에 이 법안에 대한 대중의 분노가 그의 팀이 "다른 조치들을 통과시키는 것"을 가능하게 했다고 자랑했다. 그 법안이 너무나 심하게 분노를 일으켜 관심이 여기에 집중되는 바람에, 일반적으로는 "저항과 논란"을 불러일으켰을 만한 다른 조치들이 "아무도 알아채지 못하는 사이에 통과될 수 있었다"는 것이다. Walker, *Unintimidated*, 215.

51 Monica Davey, "Decline in Wisconsin Unions Calls Election Clout into Question," *New York Times*, February 28, 2016, 12, 20.

52 Patricia Cohen, "Public Sector Jobs Vanish, Hitting Blacks Hard," *New York Times*, May 25, 2015, B1, 5; Michael B. Katz, Mark J. Stern, and Jamie J. Fader, "The New African American Inequality," *Journal of American History* 92 (June 2005): 75-108, 인용은 77페이지에 나온다. 다음도 참고하라. Virginia Parks, "Revisiting Shibboleths of Race and Urban Economy: Black Employ in Manufacturing and the Public Sector Compared, Chicago 1950-2000," *International Journal of Urban and Regional Research* 35 (2011): 110-29.

53 이 분야에서 있었던 오랜 동안의 운동과 연구를 요약하면서 루스 로젠은 논문의 제목에서 다음과 같은 표현을 사용했다. "돌봄 위기: 여성은 어떻게 국가 위기의 부담을 짊어지게 되었는가?" Ruth Rosen, "The Care Crisis: How Women Are Bearing the Burden of a National Emergency," *The Nation*, March 12, 2007, 11-16. 다방면에 걸친 악영향에 대한 사례 연구로는 다음을 참고하라. Jane Berger, "'There Is Tragedy on Both Sides of the Layoffs': Public Sector Privatization and the Urban Crisis in Baltimore," *International Labor and Working-Class History* 71 (Spring 2007): 29-49. 여성운동의 긴 역사에서 이 사안에 대한 몇몇 사례는 다음을 참고하라. Dorothy Sue Cobble, *The Other Women's Movement: Workplace Justices and Social Rights in Modern America* (Princeton, NJ: Princeton University press, 2004). 이에 대한 이론적 분석으로는 다음을 참고하라. Nancy Folbre, The *Invisible Heart: Economics and Family Values* (New York: New Press, 2002).

54 Tyler Cowen and Veronique de Rugy, "Reframing the Debate." 다음에 수록됨. *The Occupy Handbook*, ed. Janet Byrne (New York: Little, Brown, 2012), 414-15, 418, 421. 다음도 참고하라. Norquist, *Leave Us Alone*, 92. 젊은 층을 공공선택이론식의 관점으로 끌어들이는 데 쓰인 수단은 대학생을 조직하는 데 막대한 돈을 쏟아부은 것이었다. 다음을 참고하라. Lee Fang, "Generation Opportunity, New Koch-Funded Front, Says Youth Are Better Off Uninsured," *The Nation*, September 19, 2013.

55 Paul Krugman, "Republicans Against Retirement," *New York Times*, August 17, 2015.

56 Larry Rohter, "Chile Rethinks Its Privatized Pension System," *New York Times*, January 10, 2006; 다음도 참고하라. Eduardo Gallardo, "Chile's Private Pension System Adds Public Payouts for Poor," *New York Times*, March 10, 2008.

57 Nancy J. Altman and Eric R. Kinston, *Social Security Works: Why Social Security Isn't Going Broke and How Expanding It Will Help Us All* (New York: New Press, 2015), 555, 61, 65, 67; Jacob S. Hacker, *The Great Risk Shift: The New Economic Inequality and the Decline of the American Dream* (New York: Oxford University Press, 2006), 109-38.

58 코크는 그의 스승인 발디 하퍼가 가르쳤듯이, 머지않아 "오늘날의 부가 떠 있는 환상의 거

품이 예견되지 않은 사건으로 터져버릴 날"이 올 것이고, 그러면 그 "공백을 메우는" 프로젝트를 자신이 할 수 있게 되리라는 것을 알고 있었다. Institute for Humane Studies, *The Institute's Story* (Menlo Park, CA: 날짜 미상. 하지만 1970년대 초인 것은 분명하다), box 26, Hayek Papers. 티파티에 대해, 그리고 코크의 기관들이 풀뿌리 우파운동인 티파티의 동력을 자신의 목적에 어떻게 끌어들일 수 있었는지에 대해서는 많은 책과 논문이 나와 있다. 내가 보기에 가장 종합적이고 통찰력 있는 것은 다음이다. Skocpol and Williamson, *The Tea Party and the Remaking of Republican Conservatism*. "자유지상주의자들이 티파티의 경로를 이끌고 있으며" 이것이 공화당을 "기능적으로 자유지상주의 정당이 되게 했다"는 카토 연구소의 의기양양한 주장에 대해서는 다음을 참고하라. David Kirby and Emily Ekins, "Libertarian Roots of the Tea Party," *Policy Analysis* 705 (August 6, 2012): 1.

59 이 프로젝트에 인간문제연구소가 자금을 지원한 것에 대해서는 다음을 참고하라. Tyler Cowen and David Nott. 메모. May 13, 1997. BHA. 처음에는 찰스 코크와 코언이 공동 의장이었다. 코크는 여전히 메르카투스 센터의 아홉 명의 이사 중 한 명이다. 핑크와 에드윈 미즈 3세도 이곳의 이사다.

60 Tyler Cowen, "Why Does Freedom Wax and Wane?: Some Research Questions in Social Change and Big Government," Mercatus Center, George Mason University, 2000 (repr. Online, 2015. 원본에는 페이지 번호가 없지만 모든 인용문은 이 문서에서 나온 것이다).

61 Ibid. 이 주제에 대한 찰스 코크 버전의 설명은 다음을 참고하라. Charles G. Koch, "Koch Industries, Market Process Analysis, and the Science of Liberty," *Journal of Private Enterprise* 22 (Spring 2007). 특히 4-6페이지를 참고하라.

62 Cowen, "Why does Freedom Wax and Wane?"

63 Ibid.

64 피녜라는 그 이전에 카토 연구소에 자리를 얻으면서 경제적 변혁은 빠르게 진행되어야 하고 "모든 전선에서 동시에 진행되어야 한다"고 주장했다. Jose Piñera, "Chile." 다음에 수록됨. *The Political Economy of Policy Reform*, ed. John Williamson (Washington, DC: Institute for International Economics, 1994), 228. 내오미 클라인은 뷰캐넌에 대해서나 코크 형제가 언론에 나오기 전에 뷰캐넌이 쓴 글에 대해서는 잘 몰랐지만, 신자유주의 행위자들이 공공의 감시가 마비된 위기 상황을 이용해 그들의 목적을 달성하는 방식을 뛰어나게 짚어냈다. 다음을 참고하라. Naomi Klein, *The Shock Doctrine: The Rise of Disaster Capitalism* (New York: Metropolitan Books, 2007). 코언은 미국 등 직접적인 무력으로 변화를 강제할 수 없는 민주주의 국가들에서 적용할 수 있는 원칙들을 짚어냈다고 볼 수 있다.

65 Cowen, "Why Does Freedom Wax and Wane?"

66 조지 메이슨 대학 경제학과 동료인 월터 E. 윌리엄스도 우파 라디오에 고정 출연하는 명사가 되었다. 그는 러시 림보Rush Limbaugh의 라디오 방송에 20년 넘게 게스트로 출연했다 윌리엄스는 뷰캐넌이 잠시 UCLA에 있던 동안 뷰캐넌의 제자였으며 신디케이트 칼럼니스트이기도 했다. Colleen Kearney Rich, "The Wonderful World of Masonomics," *Mason Spirit*, November 1, 2010.

67 David Waldstreicher, *Slavery's Constitution: From Revolution to Ratification* (New York: Hill & Wang, 2009). 이 책은 이 시스템이 "사람을 소유한 사람[노예주]을 우대하도록" 고안되어 있었다는 점을 지적했다(5페이지). 코크 프로젝트의 계획에 대해서는 다음의 섬찟한 보도를 참고하라. Michael Wines, "Push to Alter Constitution, via the States," *New York Times*, August

23, 2016, A1. 이 글은 다음과 같이 시작한다. "지난 10년간 주 의회에서 이뤄온 정치적 승리를 바탕으로 보수주의 단체들은 미국 전역에서 미국 역사상 전례가 없는 사건을 준비하고 있다. 헌법을 개정하기 위해 50개 주를 소집하여 회의를 하는 것이다." 와인스는 이 계획이 "대체로 사람들이 알지 못하는 상태에서 펼쳐졌으며", 주 의회를 점점 더 많이 장악하면서 "상당한 성공 가능성"을 얻었다고 지적했다. 이 운동이 어떤 변화를 일으키려 했는지에 대해 감을 잡으려면, 코크의 자금을 받은 저자가 작성한 다음 요약본을 참고하라. Mark R. Levin, *The Liberty Amendments: Restoring the American Republic* (New York: Threshold Editions, 2013).

68 Alfred Stepan and Juan J. Linz, "Comparative Perspectives on Inequality and the Quality of Democracy in the United States," *Perspectives on Politics* 9 (December 2011): 844. 다음의 뛰어난 기사를 통해 이 일에 대중의 관심을 촉구해준 질 르포르에게 감사를 전한다. Jill Lepore, "Richer and Poorer: Accounting for Inequality," *The New Yorker*, March 16, 2015.

69 미국 헌법은 시민의 역량을 너무나 제약하기 때문에 성인 전체 인구가 투표권을 갖는 상태로 시작하는 신생국들에서는 "모델"로서의 매력이 전보다 훨씬 떨어지게 되었다. 대법관 루스 베이더 긴즈버그는 "만약 내가 2012년에 헌법 초안을 쓴다면 미국 헌법을 참고하지 않을 것"이라고 언급했다. "We the People' Loses Followers," *New York Times*, February 7, 2012, A1. 다음도 참고하라. Sanford Levinson, *Our Undemocratic Constitution: Where the Constitution Goes Wrong (and How We the People Can Correct It)* (New York: Oxford University Press, 2006).

70 Stepan and Linz, "Comparative Perspectives," 841-56. 인용은 844페이지에 나온다.

71 토마 피케티는 전 지구적인 전쟁에 맞먹을 기능을 할 정치적인 수단이 발견되지 않는다면 불평등을 고치는 것과 관련해 상황은 더 나빠지기만 할 것이라고 언급했다. Thomas Piketty, *Capital in the Twenty-First Century* (Cambridge, MA: Belknap Press of Harvard university Pres, 2014). 저명한 정치 철학자 낸시 프레이저는 자본주의가 다시 한 번 자신의 영속을 위한 사회적·정치적 조건을 파괴하고 있다고 냉정하고 정확하게 분석했다. Nancy Fraser, "Legitimation Crisis: On the Political Contradictions of Financialized Caitalism," *Critical Historical Studies* 2, no. 2. (Fall 2015): 157-89. 고도의 긴축이 민주주의에 악영향을 미칠 가능성에 대해서는 다음의 논문 모음집을 참고하라. Armin Schafer and Wolfgang Streeck, eds., *Politics in the Age of Austerity* (Cambridge, UK: Polity, 2013). 특히 편저자들이 쓴 글을 참고하라.

72 Jessica Silver-Greenberg and Robert Gebeloff, "Arbitration Everywhere, Stacking the Deck of Justice," *New York Times*, November 1, 2015, A1, 22-23. 다음도 참고하라. Katherine V.W. Stone, "Signing Away Our Rights," *American Prospect*, April 2011, 20-22. 조지 메이슨 대학과 관련해서, 다음과 같은 내용이 나온다: 찰스 코크가 조지 메이슨 대학에 첫 번째 대규모 지원금을 주려 했을 무렵, '건전 경제를 위한 시민들'은 "풀뿌리 로비를 일으켜 미국의 민사소송 시스템을 뒤집기 위한 일련의 법안을 지지하는 운동을 벌였다". 이 수백만 달러짜리 노력을 이끈 C. 보이든 그레이는 '건전 경제를 위한 시민들' 회장으로 일하면서 에드 미즈와 함께 사법부를 변혁하기 위해 노력했고 딕 아미, 잭 켐프와 함께 프리덤웍스의 공동 창립 의장을 지냈다. 그 이후로 그레이는 조지 메이슨 대학 스칼리아 법학 대학원 교수로 재직하고 있다. 이 계보에 대해서는 앞으로 더 연구되어야 할 것이 많지만, 적어도 이러한 결과를 만들어낸 10년간의 일을 보건대, 미국의 거버넌스를 변화시키려는 끈질기고 전략적인 노력이 있었다는 것만큼은 분명히 시사한다. 일례로, 이러한 관행에 대해 연방 대법원에서 새로운 법 해석을 뒷받침하는 판결을 받아낼 목적으로 진행된 초창기 소송들을 대리한 존 G. 로버츠 주

니어는, 2005년에 대법원장이 된다. 그는 디스커버 은행을 대리하는 변호사로 소송을 진행해 대법원까지 가져갔으나 2002년에 대법원으로부터 원하는 판결을 받아내는 데 실패한 바 있었다. 다음을 참고하라. Silver-Greenberg and Gebeloff, "Arbitration Everywhere"; Jessica Silver-Greenberg and Michael Corkery, "In Arbitration, a 'Privatization of the Justice System,'" *New York Times*, November 2, 2015, A1, B4; Peter H. Stone, "Grass-Roots Group Rakes in the Green," *National Journal* 27 (March 11, 1995): 521; David D. Kirkpatrick, Conservatives See Court Shift a Culmination," *New York Times*, January 30, 2006, A1, 18; FreedomWorks, "Citizens for a Sound Economy CSE) and Empower America Merge to Form FreedomWorks." 날짜가 나와 있지 않은 2004년 보도자료. http://web.archive.org/web/20040725031033/ http://www.freedomworks.org/release.php.

73 Silver-Greenberg and Gebeloff, "Arbitration Everywhere"; Greenberg and Corkery, "In Arbitration, a 'Privatization of the Justice System,'" *New York Times*, November 2, 2015, A1, B4. 다음도 참고하라. Noam Scheiber, "As Americans Take Up Populism, the Supreme Court Embraces Business," *New York Times*, March 11, 2016.

74 예를 들어 다음을 참고하라. Charles Murray, *By the People: Rebuilding Liberty Without Permission* (New York: Crown Forum, 2015).

75 James M. Buchanan and Gordon Tullock, *The Calculus of Consent: Logical Foundations of Constitutional Democracy* (Ann Arbor: University of Michigan Press, 1962), 289. 이 운동이 왜 곡한 개념들은 훨씬 더 이른 시기의, 헌법에 반대한 반연방주의 운동으로까지 거슬러 갈 수 있다. 다음을 참고하라. Garry Wills, *A Necessary Evil: A History of American Distrust of Government* (New York Doubleday, 2000).

76 Barry Friedman, *The Will of the People: How Public Opinion Has Influenced the Supreme Court and Shaped the Meaning of the Constitution* (New York: Farrar, Straus and Giroux, 2009), 168; Jane Dailey, *Before Jim Crow: The Politics of Race in Postemancipation Virginia* (Chapel Hill: University of North Carolina Press, 2000), 163; Nell Irvin Painter, Standing at *Armageddon: The United States, 1877-1919* (New York: W.W. Norton, 1987). 타벨 인용은 72페이지에 나온다. 페인터의 제목('아마겟돈에 서다')은 이 시기의 폭발적인 분열에 대해 수 세대의 역사학자들이 동의하고 있는 바를 잘 포착하고 있다. 코크의 운동이 계속 진전된다면, 우리는 또 다시 "아마겟돈에 서 있게" 될지 모른다.

77 Ira Katznelson, *Fear itself: The New Deal and the Origins of Our Time* (New York: Liveright, 2013). 카츠네른의 명료한 분석은 애머티 슐래이스가 쓴 다음 저술과 크게 대조된다. 슐래이스는 뷰캐넌의 영향을 받은 자유지상주의 성향의 저널리스트다. Amity Shlaes, *The Forgotten Man: A New History of the Great Depression* (New York: HarperCollins, 2007). 법원에서 적용되는 법리의 내부적인 변천에 대해서는 다음을 참고하라. Alan Brinkley, et al., "AHR Forum: The Debate over the Constitutional Revolution of 1937," *American Historical Review* 110 (October 2005): 1047. 망명 경제학자인 칼 폴라니는 1944년에 불붙는 세계를 보면서 소위 "자기 조정적"인 시장은 사실 "인간적이고 자연적인 실체들을 무화시키는 사회적 조치 없이는 유의미한 기간 동안 유지되는 것이 불가능했다"고 지적했다. Karl Polanyi, *The Great Transformation: The Political and Economic Origins of Our Time* (Boston: Beacon Press, 1944), 3.

78 Clint Bolick, *David's Hammer: The Case for an Activist Judiciary* (Washington, DC: Cato Institute, 2007). 전체적인 프로젝트와 그것이 2005년 무렵이면 닦아놓게 된 길에 대해서는 다음을

참고하라. Jeffrey Rosen, "The Unregulated Offensive," *New York Times Magazine*, April 17, 2005.

79 Monica Davey, "Concerns Grow as Court Races Draw Big Cash," *New York Times*, March 28, 2015, A1, 15; Sharon McCloskey, "Win the Courts, Win the War," 다음에 수록됨. *Altered State*, 51. 코크의 자금을 받은 클린트 볼릭은 또 한 가지 이유를 제시했다. "주 헌법은 (…) 미국 헌법보다 더 쉽게 수정될 수 있다." Bollick, *Two-Fer: Electing a President and a Supreme Court* (Stanford, CA: Hoover Institution Press, 2012), 88-91. 2016년 1월에 애리조나 주의 티파티 계열 주지사가 볼릭을 애리노나 주 대법관으로 지명했다. 한 저널리스트의 표현에 따르면 이것은 "아마 사람들이 듣도 보도 못했을 가장 섬찟한 정치적 지명"이었다. 볼릭의 대법관 지명은 볼릭 본인이 이 운동에는 "뛰어난 변호사들이" 개진해온이고 "새로운 헌법적 조항들을 강제할 의지가 있는 판사들"이 필요하다는 조언을 한 뒤에 이뤄진 것이다(Bollick, *Two-Fer*, 95. 96페이지도 참조). 볼릭은 더 이상 주변부 행위자가 아니다. 온건파 기득권의 대선 후보 주자로 예상되던 젭 부시(당시 볼릭과 책을 막 공저한 상태였다)가 볼릭의 애리조나 주 대법관 지명을 "환상적인" 지명이라고 언급해준 것이다. Ian Millhiser, "The Most Chilling Political Appointment That You've Probably Never Heard Of," *ThinkProgress*, January 6, 2016.

80 Jeffrey Toobin, "To Your Health," *The New Yorker*, July 9 and 16, 2012, 29-30. 더 깊은 맥락을 보려면 다음을 참고하라. Adam Liptak, "The Most Conservative Court in Decades," *New York Times*, July 25, 2000, A1, 20-21; Adam Liptak, "Justices Offer Receptive Ear to Business Interests," *New York Times*, December 19, 2010, A1, 32.

81 Pamela S. Karlan, "No Respite for Liberals," *New York Times Sunday Review*, June 30, 2012.

82 Nichola Fando, "University in turmoil Over Scalia tribute and Koch Role," *New York Times*, April 28, 2016; David E. Bernstein, *Rehabilitating Lochner: Defending Individual Rights Against Progressive Reform* (Chicago: University of Chicago Press); Michael S. Greve, *The Upside-Down Constitution* (Cambridge: MA: Harvard University Press, 2012). 코크의 연구 지원금을 받았으나 스칼리아 법학 대학원에 있지 않았던 두 명의 연구도 참고하라. Clint Bolick, *Death Grip: Loosening the Law's Stranglehold over Economic Liberty* (Stanford, CA: Hoover Institution Press, 2011); Levin, *The Liberty Amendments*. 이 책은 이들이 통제력을 확보한 주의 숫자를 초다수[압도적 다수]만큼이 되게 하고자 이토록 애쓰는 궁극적인 목표가 헌법 개정임을 알 수 있게 해준다.

83 이에 대한 오늘날의 논리는 다음을 참고하라. Clint Bolick, *Leviathan: The Growth of Local Government and the Erosion of Liberty* (Stanford, CA: Hoover Institution Press, 2004). 노스캐롤라이나 주 의회도 지역 단위에서 의회에서 사람들이 인구 비례대로 대표되지 않게 하기 위해 법을 바꾸었다. 민주당의 한 비판자가 지적했듯이, 그들은 "유권자들의 뜻에 상관없이 모든 수준의 정부에서 승리하기 위해 규칙을 재구성하고자 했다." Richard Fausset, "With State Control, North Carolina Republicans Pursue Some Smaller Prizes," *New York Times*, April 7, 2015 A12.

84 "GOP Statehouse Shows the Locals Who's Boss" (사설), *New York Times*, February 21, 2017, A22; Alan Blinder, "When a State Balks at a City's Minimum Wage," *New York Times*, February 22, 2016; Kate Scanlon, "In Texas, State Leaders Attack Local Governments for Going Big on Regulations," *Daily Signal*, March 15, 2015; Shaila Dewan, "States Are Overturning Local Laws, Often at Behest of Industry," *New York Times*, February 24, 1915, A1.

85 레이건을 당선시킨 킹메이커였던 윌리엄 A. 러셔 같은 공화당 우파 전략가마저 이것을 알

고 있었다. 〈내셔널 리뷰〉 발행인이던 러셔는 이곳 동료들이 연방 조세 수입을 각 주로 이전하는 것에 대한 지지 여부를 묻자, "미국에서 일반적으로 주 정부와 지방 정부가 연방정부보다 훨씬 부패했고 부패하기 쉽다는 것은 반박 불가능한 사실"이라고 답했다. 또한 그는 "워싱턴의 관료들은 풀 속의 뱀일 수 있지만 일반적으로는 풀 속의 정직한 뱀"이라고 말했다. 따라서 그는 "적어도 주와 지방의 관료들이 풀 속에 있는 '우리의' 뱀인지"를 확인해야 한다고 지적했다. William Rusher to William F. Buckley, Pricsilla Buckley, James Burnham, Jeffrey Hart, and Frank Meyer, February 3, 1971, box 121. Rusher Papers. 주 정부들이 어떻게 해서 "자유주의의 적들이 권력을 강화하고, 대중적인 호소력을 높이고, 연방 정부의 활동에 대한 제약을 정당화하는 장소가 되었는지"에 대한 날카로운 사회과학 분석으로는 다음을 참고하라. Margaret Weir, "States, Race, and the Decline of New Deal Liberalism," *Studies in American Political Development* 19 (Fall 2005): 157-72.

86 "States Get a Poor Report Card" (사설), *New York Times*, March 20, 2012. A22. 전체 보고서는 다음을 참고하라. Caitlin Ginley, "Grading the Nation: How Accountable Is Your State?" Center for Public Integrity, March 19, 2012, www.publicintegrity.org/2012/03/19/8423/grading-nation-how-accountable-your-state. 이후에 발간된 것들도 참고하라.

87 Andrew Young to the Editor, *New York Times*, June 11,2015. 메르카투스 센터의 한 경제학자는 이 운동의 경제학에 동의하지 않는 유권자들을 "공공의 골칫거리"라고 부르면서, "투표율을 높이려는 활동을 줄이거나 아예 하지 않는 것"이 현명한 일이라고 언급했다. Bryan Caplan, *The Myth of the Rational Voter: Why Democracies Choose Bad Policies* (Princeton, NJ: Princeton University Press, 2007), 197, 199.

88 Lori C. Minnite, *The Myth of Voter Fraud* (Ithaca, NY: Cornell University Press, 2010), 154-57; "The Success of the Voter Fraud Myth" (사설), *New York Times*, September 20, 2016, A22.

89 Ari Berman, *Give Us the Ballot: The Modern Struggle for Voting Rights in America* (New York: Farrar, Straus, and Giroux, 2015), 260, 263. 이보다 앞서, 밀워키 카운티 운영위원으로서 워커가 투표율을 낮추기 위해 했던 노력은 다음을 참고하라. Minnite, *Myth of Voter Fraud*, 103-8.

90 Wendy Weiser, "Voter Suppression: How Bad?" *American Prospect*, Fall 2014, 12-16.

91 Jane Mayer, "State for Sale," *The New Yorker*, October 10, 2011; Mayer, *Dark Money*, 240-67. 인용은 263페이지에 나온다. 메이어는 게리맨더링의 당파적이고 정책적인 동기를 강조했다. 나는 개헌 의회를 구성하기 위해 주들의 연대를 강화하는 것도 목적 중 하나라고 본다. 이 목적을 짐작하게 하는 것으로는 다음을 참고하라. Wines, "Push to Alter Constitution, via the States."

92 David Daley, Ratf**ked: *The True Story Behind the Secret Plan to Steal America's Democracy* (New York: Liveright, 2016), xxvi, 110, 181-84, 187, 199-200. 버지니아 공대 시절로 거슬러 올라가는 뷰캐넌의 동료 W. 마크 크레인은 조지 메이슨 대학 경제학과 교수로 있던 시기에 게리맨더링을 구상했고, 코크와 관련이 있는 두 명의 버지니아 주 공화당 주지사로부터 감사와 인정을 받았다. 다음에 나오는 상세 이력서를 참고하라. https://policystudies.lafayette.edu/wp-content/upleads/sites/41/2016/02/Mark-Crain-CV.pdf. 명백히 한층 더 많은 권력을 추구하면서, 이 운동은 도시와 교외 유권자들이 과소 대표되게 할 추가적인 방법들을 강구하고 있다. 해리 버드 시절 헌법에 명시되었던 "[흑인 인구는] 5분의 3으로 가산한다"는 조항만큼의 가치가 있는 하나의 조치를 예로 들면, 코크 사단의 변호사들은 (시민권이 없는 이주자,

투표권이 박탈된 범죄자, 미성년자 등) 투표를 할 수 없는 사람들을 의회에서 의석 배분과 자금 지원 등을 결정할 때 인구수에 포함하지 않도록 하는 안을 제시했다. 2016년 초에 대법원은 이것이 위헌이라고 결정했지만, 〈아메리칸 프로스펙트〉가 언급했듯이, "1인 1표 원칙에 대한 새로운 방식의 투쟁이 이제 막 시작되었을 뿐"이라고 보아야 한다. 투표제도와 관련한 한 전문가이자 법조 논평가는, 이는 "정치권력이 대거 이동하는" 결과를 낳을 수 있다고 경고했다. Scott Lemieux, et al., "'One Person, One Vote' Battle Just Starting," *American Prospect*, April 18, 2016; Eliza Newlin Carney, "How Scalia's Absence Impacts Democracy Rulings," *American Prospect*, February 18, 2016.

93 Norquist, *Leave Us Alone*, 217, 222.

94 Kenneth P. Vogel, "The Koch Intelligence Agency," *Politico*, November 18, 2015, www.politico.com/story/2015/11/the-koch-brothers-intelligence-agency-215943#ixzz47cZ8Bqci. 코크 사람들은 해당 공작 자체는 해체되었다고 주장한다. 하지만 거기에 쓰인 방법은 이들의 공작에서 여전히 핵심적으로 쓰이고 있다. 예를 들면 '주 정책 네트워크'는 '좌파 지도 그리기Mapping the Left' 프로젝트를 시작했는데 이는 그들의 맞은편에 일관되고 통합된 적이 있는 것처럼 보이게 만들려는 것이었다(20세기 중반에 '대대적인 저항'을 기획했던 사람들이 한 것과 비슷하다). 또한 이들은 상대의 방어 역량을 가늠해 개인적으로 비방하거나 위협을 하는 전략도 사용했다. 예를 들어 다음을 참고하라. Susan Myrick, "Mapping the Left in NC: Roots of Radicalism," *NC Capitol Connection* 7, no. 2 (February 2015): 1, 10; Paul Krugman, "American Thought Police," *New York Times*, March 28, 2011, A27. 민권운동 시절 주 당국이 사찰을 한 것에 대한 기록으로는 다음을 참고하라. Yasuhiro Katagiri, *The Mississippi State Sovereignty Commission: Civil Rights and State's Rights* (Jackson: University Press of Mississippi, 2001); Rick Bowers, *Spies of Mississippi: The True Story of the Spy Network That Tried to Destroy the Civil Rights Movement* (Washington, Dc: National Geographic, 2010)

95 Shulman, *Sons of Wichita*, 285-86.

96 John Hope Franklin, "History: Weapon of War and Peace," *Phylon* 5 (1944): 258. 이 자료를 알려준 이블린 브룩스 히긴보담에게 감사를 전한다.

97 저자인 스티븐 켈만은 뷰캐넌이 제시한 개념들이 국민을 위해 더 높은 목표를 가지고 행동해야 한다는 "공직자의 정신적 규범"에 대한 사람들의 신뢰를 무너뜨려 "사회가 더 암울해 보이게 만들고 개개인의 삶이 더 빈곤해지게 함으로써" "자기실현적이 될 위험이 있다"고 지적했다. 다음을 참고하라. Steven Kelman, "'Public Choice' and Public Spirit," *The Public Interest* 87 (March 1987): 80-94. 인용은 81, 93페이지에 나온다. 뷰캐넌의 이론이 사실상 무력으로 재산권 지상주의를 뒷받침해야 한다는 주장과 이어진다는 점을 밝힌 분석으로는 다음을 참고하라. Amadae, *Prisoners of Reason*, 175-203.

98 이 운동이 사법적 토대를 얼마나 많이 정복했는지에 대해서는 다음을 참고하라. Brian Beutler, "The Rehabilitationists," *New Republic*, Fall 2015.

99 Norquist, *Leave Us Alone*, xv; Daniel Fisher, "Inside the Koch Empire: How the Brothers Plan to Reshape America," *Forbes*, December 5, 2012.

참고 문헌

아래의 참고문헌은 이 책에 인용된 것만 포함하고 있으며 내가 연구에 참고한 모든 문헌을 망라한 것은 아니다. 이 분야의 전문가가 아닌 일반 독자들은 내가 연구에 참고한 모든 문헌을 보는 것에 크게 흥미가 있지 않으리라고 생각한다. 이 주제와 관련된 저술을 낸 연구자와 저널리스트 중 본인의 저술이 아래에 언급되지 않은 경우에 대해서는 양해를 구한다. 모두 다 인용하지는 못했지만, 수많은 영역에 풍성한 문헌들이 존재한 덕분에 연구에 큰 도움을 받을 수 있었다. 모든 저자들에게 진심으로 존경과 감사를 드린다.

문서보관소 소장 자료

AFL-CIO George Meany Memorial Archives, Special Collections, University of Maryland, College Park, MD.
    Civil Rights Department Records
American Friends Service Committee Archives, Philadelphia
    Community Relations Department
    Southern Program Project
    Southside Virginia School Desegregation
Buchanan House Archives, Center for Study of Public Choice, George Mason University, Fairfax VA
David R. Rubenstein Rare Book and Manuscript Library, Duke University, Durham, NC
    William Volker Fund Records, 1953-1961
Ford Foundation Records, Projects, Ford Foundation Archives, Rockefeller Archive Center Sleepy Hollow, NY
    Educational Program of Thomas Jefferson Center for Studies in Political Economy, University of Virginia
George Mason University Special Collections and Archives, Fair Fax, VA
    C. Harrison Mann Papers
Hoover Institute Archives, Stanford University, Stanford, CA
    Roy A. Childs Papers
    Ed Clark Papers
    John Davenport Papers
    Roger Freeman Papers
    Milton Friedman Papers, 1931-2006
    Friedrich A. von Hayek Papers
    Institute of Economic Affairs Records
    Mont Pèlerin Society Records
    Henry Regnery Papers
    Gordon Tullock Papers

James Branch Cabell Library, Special Collections and Archives, Virginia Commonwealth University, Richmond, VA
　Edward H. Peeples Jr. Collection
　Richmond Crusade for Voters Archive
Jean and Alexander Heard Library, Special Collections, Vanderbilt University, Nashville, TN
　Donald Grady Davidson Papers
Lewis F. Powell Jr. Archives, Washington and Lee University School of Law, Lexington, VA
　Lewis F. Powell Jr. Papers
Library of Congress, Manuscript Division, Washington, DC
　William J. Baroody Papers
　William A. Rusher Papers, 1940–1989
Robert Russa Moton Museum, Farmville, VA
　Barbara Rose Johns Manuscript Memoir
Ronald Reagan Presidential Library, Simi Valley, CA
　Thomas G. Moore Papers
　Office of Domestic Affairs
　Ronald Reagan Governor's Papers
　White House Office of Records Management
　White House Office of Speechwriting
University of Chicago Library, Special Collections Research Center, Chicago
　Frank Hyneman Knight Papers
University of Oregon, Special Collections & University Archives, Eugene, OR
　T. Coleman Andrews Papers
　Robert LeFevre Collection
University of Virginia Library, Special Collections Department, Charlottesville, VA
　Harry Flood Byrd Sr. Papers
　Leon Dure Papers
　John Segar Gravatt Papers
　James J. Kilpatrick Papers
　Papers of the President of the University of Virginia
　Louise O. Wensel Papers
Virginia Polytechnic Institute and State University, Special Collections, Blacksburg, VA
　T. Marshall Hahn Papers
　William E. Lavery Records
Yale University, Manuscripts and Archives, New Haven, CT
　William F. Buckley Jr. Papers

신문, 잡지, 온라인 출판물

American Prospect
Atlantic

Bloomberg News

Carolina Israelite

Cavalier Daily

Charles Century

Commentary

Daily Caller (Cato Institute)

Daily Progress (Charlottesville, VA)

Daily Signal (Heritage Foundation)

Dissent

The Economist

Equal Times

Farmville Herald

Forbes

Fortune

The Freeman

Guardian

Huffington Post

Human Events

In These Times

International Business Times

Investigative Reporting Workshop (American University School of Communication)

Jet

Lew Rockwell.com

Los Angeles Times

Lynchburg News

Mason Gazette

El Mercurio

The Nation

National Journal

National Review

New Republic

The New Worker

New York Times

News 7 Observer (Raleigh, NC)

Politico

Potomac Magazine

The Public Interest

Reason

Richmond News Leader

Richmond Times dispatch

Salon

Saturday Evening Post
Staunton (VA) *Daily News*
ThinkProgress
Time
US News & World Report
Virginian-Pilot
Wall Street Journal
Washington Post
Yahoo News

학위 논문

Corley, Robert Gaines. "James Jackson Kilpatrick: The Evolution of a Southern Conservative, 1955-1965," Master's thesis, University of Virginia, 1970.

Currin, Scovill. "An Army of the Willing: Fayette'Nam, Soldier Dissent, and the Untold Story of the All-Volunteer Force," PhD diss., Duke University, 2015.

Glickman, Andrew Ziet. "Virginia Desegregation and the Freedom of Choice Plan: The Role of Leon Dure and the Freedom of Association," Master's thesis, University of Virginia, 1991.

Grourse, Alexander, "Restraining the Reagan Revolution: The Lawyers' War on Poverty and the Durable Liberal State, 1964-1989," PhD diss., Northwestern University, 2015.

Hershman, James H., Jr. "A Rumbling in the Museum: The Opponents of Virginia's Massive Resistance," PhD diss., University of Virginia, 1978.

Kay, Bryan. "The History of Desegregation at the University of Virginia, 1950-1969," Master's thesis, University of Virginia, 1979.

Mound, Joshua M. "Inflated hopes, Taxing Times: The Fiscal Crisis, the Pocketbook Squeeze, and the Roots of the Tax Revolt," PhD diss., University of Michigan, 2015.

Owen, Jan Gaylord. "Shannon's University: A History of the University of Virginia, 1959 to 1974." PhD diss., Columbia University, 1993.

Rasche, Pamela Jane. "Leon Dure an the 'Freeman of Association'," Master's thesis, University of Virginia, 1977.

Riehl, Jonathan, "The Federalist Society and Movement Conservativism: How a Fractious Coalition on the Right Is Changing Constitutional Law and the Way We Talk and Think About It," PhD diss., University of North Carolina at Chapel Hill, 2007.

Turner, Kara Miles. "'It Is Not at Present a Very Successful School': Prince Edward County and the Black Educational Struggle, 1865-1995," PhD diss., Duke University, 2001.

학술지 논문

Aranson, Peter H. "Calhoun's Constitutional Economics," *Constitutional Political Economy* 2 (1991)

Berger, Jane. "'There Is Tragedy on Both Sides of the Layoffs': Public Sector Privatization and the Urban Crisis in Baltimore," *International Labor and Working-Class History* 71 (Spring 2007)

Blackford, Staige. "Free Choice and Tuition Grants in Five Southern States," *New South* 19, no. 14 (April 1964).

Breit, William, "Creating the 'Virginia School': Charlottesville as an Academic Environment in the 1960s," *Economic Inquiry* 25 (October 1987).

Brennan, Geoffrey. "Life in the Putty-Knife Factory," *American Journal of Economics and Sociology* 63 (January 2004).

Brinkley, Alan, et al. "AHR Forum: The Debate over the Constitutional Revolution of 1937," *American Historical Review* 110, no. 4 (2005).

Buchanan, James M. "Afraid to Be Free: Dependency as Desideratum," *Public Choice* 124 (July 2005)

____. "America's Third Century," *Atlantic Economic Journal* 1 (November 1973).

____. "Constitutional Imperatives for the 1990s: The Legal Order for a Free and Productive Economy," Hoover Institution, Stanford University (1988).

____. "DICTA: Some Remarks on Privatization," *Virginia Law Weekly* (October 23, 1987).

____. "Heraclitian Vespers," *American Journal of Economics and Sociology*, no. 63 (January 2004).

____. "The Potential for Taxpayer Revolt in American Democracy," *Social Science Quarterly* 59 (March 1979).

____. "Saving the Soul of Classical Liberalism," *Cato Policy Report*, March/April 2013.

____. "The Sayer of Truth: A Personal Tribute to Peter Bauer," *Public Choice*, no. 112 (September 2002).

____. "Social Insurance in a Growing Economy: A Proposal for Radical Reform," *National Tax Journal*, December 1968.

____. "Social Security Survival: A Public-Choice Perspective," *Cato Journal* 3 (Fall 1983).

____. "The Thomas Jefferson Center for Studies in Political Economy," *University of Virginia News Letter* 35, no. 2 (October 15, 1958).

Buchanan, James M., and R. L. Faith. "Secession and the Limits of Taxation: Toward a Theory of Internal Exit," *American Economic Review* 77 (1987).

Butler, Henry N. "The Manne Programs in Economics for Federal Judges," *Case Western Reserve Law Review* 50 (Fall 1999).

Butler, Stuart, and Peter Germanis. "Achieving a 'Leninist' Strategy," *Cato Journal* 3 (Fall 1983).

Couso, Javier. "Trying Democracy in the Shadow of an Authoritarian Legality: Chile's Transition to Democracy and Pinochet's Constitution of 1980," *Wisconsin International Law Journal* 29 (2011).

Current, Richard N. "John C. Calhoun, Philosopher of Reaction," *Antioch Review* 3 (June 1943).

Desai, Meghnad. "Economics v. Anarchy," *Higher Education Review* 3 (Summer 1971).

Einhorn, Robin I., "Slavery," *Journal of Business History* (2008).

Enslaco, Mark. "In with the New, Out with the Old? The Democratizing Impact of Constitutional Reform in Chile," *Journal of Latin American Studies* 26 (May 1994).

Epps, Garrett. "The Littlest Revel: James J. Kilpatrick and the Second Civil War," *Constitutional Commentary* 10, n. 1 (1993).

Feigenbaum, Harvey B. "The Politics of Privatization: A Comparative Perspective," *Governance: An International Journal of Policy and Administration* 1 (October 1988).

Ford, Charles H., and Jeffrey L. Littlejohn. "Reconstructing the Old Dominion: Lewis F. Powell, Stuart T.

Saunders, and the Virginia Industrialization Group, 1958-1965," *Virginia Magazine of History & Biography* 121, no. 2 (2013).

Ford, Lacy, Jr. "Inventing the Concurrent Majority: Madison, Calhoun, and the Problem of Majoritarianism in American Political Thought," *Journal of Southern History* 60 (February 1994).

Fraser, Nancy. "Legitimation Crisis: On the Political Contradictions of Financialized Capitalism," *Critical Historical Studies* 2, no 2 (Fall 2015).

Friedman, Murray. "One Episode in Southern Jewry's Response to Desegregation: An Historical Memoir," *American Jewish Archives* 30 (November 1981): 170-83

Greenberg, David. "The Idea of 'the Liberal Media' and Its Roots in the Civil Rights Movement," *The Sixties* (Winter 2008-2009).

Haddigan, Lee. "How Anticommonism 'Cemented' the American Conservative Movement in a Liberal Age of Conformity," *Libertarian Papers* 2 (2010).

Henig, Jeffrey R. "Privatization in the United States: Theory and Practice," *Political Science Quarterly* 104, no. 4 (Winter 1989-90).

Henig, Jeffrey R., Chris Hammett, and Harvey B. Feigenbaum. "The Politics of Privatization: A Comparative Perspective," *Governance: An International Journal of Policy and Administration* 1, no. 4 (October 1988).

Katz, Michael B., Mark J. Stern, and Jamie J. Fader. "The New African American Inequality," *Journal of American History* 92, no. 1. (June 2005)

Katznelson, Ira, Kim Geiger, and Daniel Kryder. "Limiting Liberalism: The Southern Veto in Congress, 1933-1950," *Political Science Quarterly* 108 (Summer 1993)

Kelman, Steven. "'Public Choice' and Public Spirit," *The Public Interest* 87 (March 1987): 80-94.

Kirby, David, and Emily Eins. "Libertarian Roots of the Tea Party," *Policy Analysis* 705 (August 6, 2012).

Koch, Charles G. "The Business Community: Resisting Regulation." *Libertarian Review*, August 1978.

____. "Koch Industries, Market Process Analysis and the Science of Liberty," *Journal of Private Enterprise* 22 (Spring 2007).

Lee, Dwight R. '*The Calculus of Consent* and the Constitution of Capitalism," *Cato Journal* 7 (Fall 1987)

Leidholdt, Alexander S. "Showdown on Mr. Jefferson's Lawn: Contesting Jim Crow During the University of Virginia's Photodesegregation," *Virginia Magazine of History and Biography* 122 (2014)

Lemieux, Pierre. "The Public Choice Revolution," *Regulation* 27, no. 3 (Fall 2004).

Lewis, George. "Any Old Joe Named Zilch'? The Senatorial Campaign of Dr. Louise Oftedal Wensel," *Virginia Magazine of History and Biography* 107 (Summer 1999).

____. "Virginia's Northern Strategy: Southern Segregationists and the Route to National Conservatism," *Journal of Southern History* 72 (February 2006).

Lomasky, Loren. "When Hard Heads Collide: A Philosopher Encounters Public Choice," *American Journal of Economics and Sociology* 63 (January 2004).

Mack, Kenneth W. "Law and Mass Politics in the Making of the Civil Rights Lawyer, 1931-1941," *Journal of American history* 93 (June 2006).

Manne, Henry G. "An Intellectual History of the George Mason University School of Law," George Mason University Law and economics Center, 1993. www.law.gmu.edu/about/history.

____. "A New Perspective for Public Interest Law Firms," Washington Legal Foundation, Critical Legal Issue Working Paper Series, no. 3 (November 1985).

McVicar, Michael J. "Aggressive Philanthropy: Progressivism, Conservatism, and the William Volker Charities Fund," *Missouri Historical Review* 105 (2011).

Medema, Steven G. "'Related Disciplines': The Professionalization of Public Choice Analysis," *History of Political Economy* 32, suppl. 1 (2000).

Meese, Edwin III. "The Attorney General's View of the Supreme Court: Toward a Jurisprudence of Original Intention," *Public Administrative Review* 45 (November 1985).

O'Connor, Alice. "The Privatized City: The Manhattan Institute, the Urban Crisis, and the Conservative Counterrevolution in New York," *Journal of Urban History* 34, (January 2008).

Olson, Mancur, and Christopher K. Clague. "Dissent in Economics: The Convergence of Extremes," *Social Research* 38 (Winter 1971).

Quadagno, Jill. "Generational Equity and the Politics of the Welfare State.," *Politics and Society* 17 (April 1989).

Rothbard, Murray N. "Rothbard's Confidential Memorandum to the Volker Fund. 'What Is to Be Done?'" *Libertarian Papers* 1, no. 3 (2009).

Skocpol, Theda, and Alexander Hertel-Fernandez. "The Koch Effect: The Impact of a Cadre-Led Network on America Politics," Paper prepared for the Inequality Mini-Conference, Southern Political Science Association, San Juan, Puerto Rico, January 8, 2016, https://www.scholarsstrategynetwork.org/sites/default/files/the_koch_effect_for_spsa_w_apps_skocpol_and_hertel_fernandez-corrected_1-4-16_1.pdf.

Stepan, Alfred, and Juan J. Linz. "Comparative Perspectives on Inequality and the Quality of Democracy in the United States," *Perspectives on Politics* 9 (December 2011).

Stigler, George J. "Why Have the Socialists Been Winning?" *Ordo*, Band 30. Stuttgart: Gustav Fisher Verlag, 1979.

Sweeney, R. "A Postscript to Massive Resistance: The Decline and Fall of the Virginia Commission on Constitutional Government." *Virginia Magazine of History and Biography* 121 (2013).

Tabarrok, Alexander, and Tyler Cowen. "The Public Choice Theory of John C. Calhoun," *Journal of Institutional and Theoretical Economics* 148 (1992).

Tullock, Gordon, "Problems of Majority Voting," *Journal of Political Economy* 68 (1959).

____. "The Welfare Costs of Tariffs, Monopolies and Theft," *Western Economic Journal* 5 (1967).

Urquiola, Miguel. "The Effects of Generalized School Choice on Achievement and Stratification: Evidence from Chile's Voucher Program," *Journal of Public Economic* 90 (2006).

Vaughn, Keren I. "Remembering Jim Buchanan," *Review of Austrian Economics* 27 (2014).

____. "How James Buchanan Came to George Mason University," *Journal of Private Enterprise* 30 (2015)

Wagner, Richard E. "Public Choice as Academic Enterprise," *American Journal of Economics and Sociology* 63 (January 2004)

Walker, Vanessa. "At the End of Influence: The Letelier Assassination, Human Rights, and Rethinking Intervention in US-Latin American Relations," *Journal of Contemporary History* 46 (2011).

책, 책의 일부 장, 기타 출판물

Alliance for Justice. *Justice for Sale: Shortchanging the Public Interest for Private Gain*. Washington, DC: Alliance for Justice, 1993.

Altman, Nancy J., and Eric R. Kinston. *Social Security Works: Why Social Security Isn't Going Broke and How Expanding It Will Help Us All*. New York: New Press, 2015.

Amadae, S. M. *Prisoners of Reason: Game Theory and Neoliberal Political Economy*. New York: Cambridge University Press, 2016.

_____. *Rationalizing Capitalist Democracy: The Cold War Origins of Rational Choice Liberalism*. Chicago: University of Chicago Press, 2003.

Amenta, Edwin. *When Movements Matter: The Townsend Plan and the Rise of Social Security*. Princeton, NJ: Princeton University Press, 2006.

American Jewish Congress. *Assault upon Freedom of Association: A Study of the Southern Attack on the National Association for the Advancement of Colored People*. New York: American Jewish Congress, 1957.

Andrew, John A., III. *The Other Side of the Sixties: Young Americans for Freedom and the Rise of Conservative Politics*. New Brunswick, NJ: Rutgers University Press, 1997.

Applebome, Peter. *Dixie Rising: How the South Is Shaping American Values, Politics, and Culture*. New York: Harcourt Brace, 1996.

Armey, Dick, and matt Kibbe. *Give Us Liberty: A Tea Party Manifesto*. New York: HarperCollins, 2010.

Atkinson, Frank B. *The Dynamic Dominion: Realignment and the Rise of Virginia's Republican Party Since 1945*. Fairfax, VA: George Mason University Press, 1992.

Atlas, John. *Seeds of Change: The Story of ACORN, America's Most Controversial Antipoverty Community Organizing Group*. Nashville, TN: Vanderbilt University Press, 2010.

Austin, Curtis J. *Up Against the wall: Violence in the Making and Unmaking of the Black Panther Party*. Fayetteville: University of Arkansas Press, 2006.

Baer, Kenneth S. *Reinventing Government: The Politics of Liberalism from Reagan to Clinton*. Lawrence: University Press of Kansas, 2000.

Balogh, Brian. *A Government Out of Sight: The Mystery of National Authority in Nineteenth-Century America*. Cambridge, UK: Cambridge University Press, 2009.

Banham, Russ. *The Fight for Fairfax: A Struggle for a Great American County*. Fairfax, VA: George Mason University Press, 2009.

Baptist, Edward. *The Half Has Never Been Told: Slavery and the Making of American Capitalism*. New York: Basic Books, 2014.

Barnard, Hollinger F., ed. *Outside the Magic Circle: The Autobiography of Virginia Foster Durr*. Tuscaloosa: University of Alabama Press, 1985.

Barros, Robert. *Constitutionalism and Dictatorship: Pinochet, the Junta, and the 1980 Constitution*. Chicago: University of Chicago Press, 2002.

Bartels, Larry M. *Unequal Democracy: The Political Economy of the New Gilded Age*. Princeton, NJ: Princeton University Press, Russell Sage, 2008.

Bartley, Numan V. *The Rise of Massive Resistance: Race and Politics During the 1950s*. Rev. ed. Baton Rouge: Louisiana State University Press, 1997.

Beckert, Sven. *Empire of Cotton: A Global History.* New York: Alfred A. Knopf, 2014.

Berman, Ari. *Give Us the Ballot: The Modern Struggle for Voting Rights in America.* New York: Farrar, Straus and Giroux, 2015.

Bernstein, David E. *Rehabilitating Lochner: Defending Individual Rights Against Progressive Reform,* Chicago: University of Chicago Press, 2011.

Biondi, Martha. *The Black Revolution on Campus.* Berkeley: University of California Press, 2012.

Block, Walter, compiler. *I Chose Liberty: Autobiographies of Contemporary Libertarians.* Auburn, AL: Ludwig von Mises Institute, 2010.

Bloom, Joshua, and Waldo E. Martin Jr. *Black Against Empire: The History and Politics of the Black Panther Party.* Berkeley: University of California Press, 2013.

Blumenthal, Sidney. *The Rise of the Counter-Establishment: The Conservative Ascent to Political Power.* New York: Times Books, 1986.

Boaz, David. *The Libertarian Mind.* New York: Simon & Schuster, 2015.

Boettke, Peter J. and David L. Prychitko. "Introduction: The Present Status of Austrian Economics: Some (Perhaps Biased) Institutional History behind Market Process Theory," In *The Market Process: Essays in Contemporary Austrian Economics,* ed. Boettke and Prychitko. Northampton, MA: Edward Elgar, 1994.

Bolick, Clint. *David's Hammer: The Case for an Activist Judiciary.* Washington, DC: Cato Institute, 2007
____. *Death Grip: Loosening the Law's Stranglehold over Economic Liberty.* Stanford, CA: Hoover Institution Press, 2011.
____. *Leviathan: The Growth of local Government and the Erosion of Liberty.* Stanford, CA: Hoover Institution Press, 2004.
____. *Two-Fer: Electing a President and a Supreme Court.* Stanford, CA: Hoover Institution Press, 2012.
____. *Unfinished Business: A Civil Rights Strategy for America's Third Century.* San Francisco: Pacific Research Institute for Public Policy, 1991.
____. *Voucher Wars: Waging the Legal Battle over School Choice.* Washington, DC: Cato Institute, 2003.

Boris, Eileen, and Jennifer Klein. *Caring for America: Home Health Care Workers in the Shadow of the Welfare State.* New York: Oxford University Press, 2012.

Borzutsky, Silvia. "Cooperation or Confrontation Between the State and the Market? Social Security and Health Policies," In *After Pinochet: The Chilean Road to Democracy and the Market,* ed. Silvia Borzutsky and Lois Hecht Oppenheim. Gainesville: University Press of Florida, 2006.

Bradley, Philip D., ed. *The Public Stake in Union Power,* Charlottesville: University of Virginia Press, 1959.

Branch, Taylor. *Parting the Waters: America in the King Years, 1954-1963.* New York: Simon & Schuster, 1988.

Breit, William, and Barry T. Hirsch, eds. *Lives of the Laureates: Twenty-Three Nobel Economists.* Cambridge, MA: MIT Press, 2009.

Brown, Wendy. *Undoing the Demos: Neoliberalism's Stealth Revolution,* New York: Zone Books, 2015.

Browne, Elaine. *A Taste of Power: A Black Woman's Story.* New York: Pantheon, 1992.

Brownlee, W. Elliot, and Hugh Davis Graham, eds. *The Reagan Presidency: Pragmatic Conservatism and Its Legacies.* Lawrence: University Press of Kansas, 2003.

Broyles, J. Allen. *The John Birch Society: Anatomy of a Protest.* Boston: Beacon, 1964.

Buchanan, James M. *Better than Plowing and Other Personal Essays*. Chicago: University of Chicago Press, 1992.

———. "The Economic Constitution and the New Deal: Lesson for Late Learners," In *Regulatory Change in an Atmosphere of Crisis: Current Implications of the Roosevelt Years*, ed. Gary M. Walton. New York: Academic Press, 1979.

———. *Economics from the Outside In: "Better than Plowing" and Beyond*. College Station: Texas A&M University Press, 2007.

———. "From Private Preferences to Public Philosophy: The Development of Public Choice," In *The Economics of Politics*. London: Institute of Economic Affairs, 1978.

———. *The Limits of Liberty: Between Anarchy and Leviathan*. Indianapolis: Liberty Fund, 2000. First Published 1975

———. ed. *Political Economy, 1957-1982: The G. Warren Nutter Lectures in Political Economy*. Washington, DC: American Enterprise Institute for Public Policy Research, 1982.

———. *Politics by Principle, Not Interest: Toward Nondiscriminatory Democracy*. New York: Cambridge University Press, 1998.

———. "Post-Reagan Political Economy," In *Constitutional Economics*, ed. James Buchanan. Cambridge, MA: Basil Blackwell, 1991.

———. *Public Principle of Public Debt: A Defense and Restatement*. Homewood, IL: Richard D. Irwin, 1958.

———. "The Samaritan's Dilemma," In *Altruism, Morality and Economic Theory*, ed. Edmund S. Phelps. New York: Russell Sage Foundation, 1975.

———. *The Thomas Jefferson Center for Studies in Political Economy*. Charlottesville: University of Virginia Press, 1957.

———. "The Virginia Renaissance in Political Economy: The 1960s Revisited," In *Money and Markets: Essays in Honor of Leland B. Yeager*, ed. Roger Koppl. New York: Routledge, 2006.

———. *Why I, Too, Am Not a Conservative: The Normative Vision of Classical Liberalism*, Northampton, MA: Edward Elgar, 2005

Buchanan, James M. and G. Brennan. "'Tax Reform Without Tears: Why Must the Rich Be Made to Suffer?" *The Economics of Taxation*, ed. Henry J. Aaron and Michael Boskin. Washington, DC: Brookings Institution, 1980.

Buchanan, James M., and Nicos E. Devletoglou. *Academia in Anarchy: An Economics Diagnosis*. New York: Basic Books, 1970.

Buchanan, James M., and Gordon Tullock. *The Calculus of Consent: Logical Foundations of Constitutional Democracy*. Ann Arbor: University of Michigan Press, 1962.

Buchanan, James M., and Richard E. Wagner. *Democracy in Deficit: The Political Legacy of Lord Keynes*. New York: Academic Press, 1977.

———. et al. *The Economics of Politics*. London: Institute of Economic Affairs, 1978.

———. et al., eds. *Toward a Theory of the Rent-Seeking Society*. College Station: Texas A&M University Press, 1980.

Burgin, Angus. *The Great Persuasion: Reinventing Free Markets Since the Depression*. Cambridge, MA: Harvard University Press, 2012.

Burns, Jennifer. *Goddess of the Market: Ayn Rand and the American Right*. New York: Oxford University Press, 2009.

Caplan, Bryan. *The Myth of the Rational Voter: Why Democracies Choose Bad Policies*. Princeton, NJ: Princeton University Press, 2007.

Caro, Robert. *The Passage of Power*. New York: Alfred A. Knopf, 2012.

Chappell, David L. *Inside Agitators: White Southerners in the Civil Rights Movement*. Baltimore: Johns Hopkins University Press, 2009.

Chappel, Marisa. *The war on welfare: family, Poverty, and politics in Modern America*. Philadelphia: Univercity of Pensylvania

Cheek, H. Lee, Jr. ed. *John C. Calhoun: Selected Writings and Speeches*. Washington, DC: Regnery, 2003.

Conner, Clair. *Wrapped in the Flag: A Personal History of America's Radical Right*. Boston: Beacon, 2013.

Constable, Pamela, and Arturo Valenzuela. *A Nation of Enemies: Chile Under Pinochet*. New York: W.W. Norton, 1993.

Conway, Erik M. *Merchants of Doubt: How a Handful of Scientists Obscured the Truth on Issues from Tobacco Smoke to Global Warming*. New York: Bloomsbury Press, 2010.

Cosman, Bernard, and Robert J. Huckshorn, eds. *Republican Politics: The 1964 Campaign and Its Aftermath for the Party*. Westport, CT: Praeger, 1968.

Cowen, Tyler. *Average Is Over: Powering America Beyond the Age of the Great Stagnation*. New York: Dutton, 2013.

_____. *The Theory of Market Failure: A Critical Examination*. Fairfax, VA: George Mason University Press, 1988.

Cowen, Tyler, and Veronique de Rugy. "Reframing the Debate." In *The Occupy Handbook*, ed. Janet Byrne. New York: Little, Brown, 2012.

Crane, Edward H., III. "Libertarianism." In *Emerging Political Coalitions in American Politics*, ed. Seymour Martin Lipset. San Francisco: Institute for Contemporary Studies, 1978.

Crespino, Joseph. *In Search of Another Country: Mississippi and the Conservative Counterrevolution*. Princeton, NJ: Princeton University Press, 2007.

_____. *Strom Thurmond's America*, New York: Hill & Wang, 2012.

Crockett, Richard. *Thinking the Unthinkable: Think Tanks and the Economic Counter-Revolution, 1931-1983*. New York: HarperCollins, 1994.

Dabney, Virginius. *Mr. Jefferson's University: A History*. Charlottesville: University of Virginia Press, 1981.

Dailey, Jane. *Before Jim Crow: The Politics of Race in Postemancipation Virginia*. Chapel Hill: University of North Carolina Press, 2000.

Daley, David. *Ratf**ked: The True Story Behind the Secret Plan to Steal America's Democracy*. New York: Liveright, 2016.

Davidson, Donald. *The Attack on Leviathan: Regionalism and Nationalism in the United States*. Gloucester, MA: Peter Smith, 1962. First published 1938.

Davis, Angela, et al. *If They Come in the Morning: Voices of Resistance*. New York: New American Library, 1971.

Dierenfield, Bruce J. *Keeper of the Rules: Congressman Howard W. Smith of Virginia*. Charlottesville: University of Virginia Press, 1987.

Dionne, E.J. *Why the Right Went Wrong: Conservatism–from Goldwater to Trump*. New York: Simon & Schuster, 2016.

Doherty, Brian. *Radicals for Capitalism*. New York: Public Affairs, 2009.

Drew, Elizabeth. Showdown: *The Struggle Between the Gingrich Congress and the Clinton White House*. New York: Simon & Schuster, 1996.

_____. *Whatever It Takes: The Real Struggle for Power in America*. New York: Viking, 1997.

Du Bois, William Edward Burghardt. *Black Reconstruction in America: An Essay toward a History of the Part which Black Fold Played in the Attempt to Reconstruct Democracy in America, 1860-1880*. New York: Oxford University Press, 1935.

Dykeman, Wilma, *Tennessee: A Bicentennial History*. New York: W.W. Norton 1975.

Easton, Nina. *Gang of Five: Leaders at the Center of the Conservative Crusade*. New York: Simon & Schuster, 2000

Ebenstein, Alan O. *Chicagonomics: The Evolution of Chicago Free Market Economics*. New York: St. Martin's, 2015.

_____. *Friedrich Hayek: A Biography*. New York: Palgrave Macmillan, 2001.

_____. *Milton Friedman: A Biography*. New York: Palgrave Macmillan, 2007.

Edsall, Thomas Byrne, with Mary D. Edsall. *Chain Reaction: The Impact of Race, Rights, and Taxes on American Politics*. New York: W.W. Norton. 1992.

Edwards, Laura F. *A Legal History of the Civil War and Reconstruction: A Nation of Rights*. New York: Cambridge University Press, 2015.

_____. *The People and Their Peace: Legal Culture and the Transformation of Inequality in the Post-Revolutionary South*. Chapel Hill: University of North Carolina Press, 2009

Edwards, Lee. *Leading the Way: The Story of Ed Feulner and the Heritage Foundation*. New York: Crown Forum, 2013.

Einhorn, Robin L. *American Slavery, American Taxation*. Chicago: University of Chicago Press, 2006

Fang, Lee. *The Machine: A Field Guide to the Resurgent Right*. New York: New Press, 2013.

Federal Writers' Project. *The WPA Guide tot Tennessee*. Knoxville: University of Tennessee Press, 1986.

Ferguson, Niall, et al. *The Shock of the Global: The 1970s in Perspective*. Cambridge, MA: Belknap Press of Harvard University Press, 2010.

Ferguson, Thomas, and Joel Rogers. *Right Turn: The Decline of the Democrats and the Future of American Politics*. New York: Hill & Wang, 1986.

Fields, Karen E. and Barbara J. Fields. *Racecraft: The Soul of Inequality in American Life*. New York: Verso, 2014.

Fink, Richard H., and Jack C. High, eds. *A Nation in Debt; Economists Debate the Federal Budget Deficit*. Frederick. MD: University Publications of America, 1987.

Fisher, Robert, eds. *The People Shall Rule: ACORN, Community Organizing, and the Struggle for Economic Justice*. Nashville, TN: Vanderbilt University Press, 2009.

Fitzpatrick, Ellen. *Endless Crusade: Women Social Scientists and Progressive Reform*. New York: Oxford University Press, 1990.

Fones-Wolf, Elizabeth. *Selling Free Enterprise: The Business Assault on Labor and Liberalism, 1945-1960*. Urbana: University of Illinois Press, 1994.

Frank, Thomas. *The Wrecking Crew: How Conservatives Ruined Government, Enriched Themselves, and Beggared the Nation*. New York: Metropolitan Books, 2008.

Freehling, William W. *Secessionists at Bay, 1776-1854. Vol. 1 of The Road to Disunion*. New York: Oxford University Press, 1991.

Freeman, Roger A. *Federal Aid to Education-Boon or Bane?* Washington, DC: American Enterprise Association, 1955.

Friddell, Guy. *Colgate Darden: Conversations with Guy Friddell*. Charlottesville: University of Virginia Press, 1978.

Friedman, Barry. *The Will of the People: How Public Opinion Has Influenced the Supreme Court and Shaped the Meaning of the Constitution*. New York: Farrar, Straus, and Giroux, 2009.

Friedman, Milton. *Capitalism and Freedom*. Chicago: University of Chicago Press, 1962.

____. "The Role of Government in Education." In *Economics and the Public Interest*, ed. Robert A. Solo. New Brunswick, NJ: Rutgers University Press, 1955.

Friedman, Milton, and Rose D. Friedman, *Two Lucky People: Memoirs*. Chicago: University of Chicago press, 1998.

Frohnen, Bruce, et al., eds. *American Conservatism: An Encyclopedia*. Wilmington, DE: Intercollegiate Studies Institute, 2006.

Gaston, Paul M. *Coming of Age in Utopia: The Odyssey of an Idea*. Montgomery, AL: NewSouth Books, 2010.

Gilmore, Glenda Elizabeth. *Defying Dixie: The Radical Roots Civil Rights, 1919-1950*. New York: W.W. Norton, 2009.

Gilpin, R. Blakeslee. *John Brown Still Lives! America's Long Reckoning with Violence, Equality & Change*. Chapel Hill: University of North Carolina Press, 2011.

Goldberg, Rober Alan. *Barry Goldwater*. New Haven, CT: Yale University Press, 1995.

Gordon, Linda. *Pitied but Not Entitled: Single Mothers and the History of Welfare*. New York: Free Press, 1994.

Gosse, Van. "Unpacking the Vietnam Syndrome: The Coup in Chile and the Rise of Popular Anti-Interventionism." *The World the Sixties Made*, ed. Van Gosse and Richard Moser. Philadelphia, PA: Temple University Press, 2003.

Green, Kristen. *Something Must Be Done About Prince Edward County: A Family, a Virginia town, a Civil Rights Battle*. New York: HarperCollins, 2015.

Greve, Michael S., and Fred L. Smith Jr., eds. *Environmental Politics: Public Costs, Private rewards*. Westport, CT: Praeger, 1992.

____. *The Upside-Down Constitution*. Cambridge, MA: Harvard University Press, 2012.

Hacker, Jacob S. *The Great Risk Shift: The New Economic Inequality and the Decline of the American Dream*. New York: Oxford University Press, 2006.

Hacker, Jacob S., and Paul Pierson. *American Amnesia: How the War on Government Led Us to Forget What Made America Prosper*. New York: Simon & Schuster, 2016.

____. *Winner-Take-All Politics: How Washington Made the Rich Richer-and Turned Its Back on the*

Middle Class. New York: Simon & Schuster, 2011.

Hahamovich, Cindy. *No Man's Land: Jamaican Guestworkers in America and the Global History of Deportable Labor*. Princeton, NJ: Princeton University Press, 2011.

Harper, F.A. *Liberty: A Path to Its Recovery*. Irvington on Hudson, NY: Foundation for Economic Education, 1949.

____. *Why Wages Rise*. Irvington on Hudson, NY: Foundation for Economic Education, 1957.

Hartwell, R.M. *History of the Mont Pèlerin Society*. Indianapolis: Liberty Fund, 1995.

Hartz, Louis. *The liberal Tradition in America*. New York: Harcourt, Brace, 1955.

Hayek, F.A. 'Postscript: Why I am Not a Conservative" *The Constitution of Liberty*. 1960; repr., Chicago: Regnery, 1972.

____. *The Mirage of social Justice*. Vol. 2 of *Law, Legislation and liberty*. Chicago: University of Chicago Press, 1978.

____. *The Political Order of a Free People*, vol. 3 of *Law, Legislation and Liberty*. Chicago: University of Chicago Press, 1979.

____. *The Road to Serfdom*. Chicago: University of Chicago Press, 1944.

Hazlett, Joseph M., II. *The Libertarian Party and Other Minor Parties in the United States*. Jefferson, NC: McFarland & CO. 1992.

Heinemann, Ronald L. *Harry Byrd of Virginia*. Charlottesville: University Press of Virginia, 1996.

Hetherington, Marc J. *Why Trust Matters: Declining Political Trust and the Demise of American Liberalism*. Princeton, NJ: Princeton University Press, 2005.

Hofstadter, Richard. *The American Political Tradition and the Men Who Made It*. New York: Radom House, 1948.

____. *Social Darwinism in American Thought*. Boston: Beacon Press, 1955.

Holloway, Jonathan Scott. *Confronting the Veil: Abram Harris, Jr. E. Franklin Frazier, and Ralph Bunche, 1919-1941*. Chapel Hill: University of North Carolina Press, 2002.

Horwitz, Morton J. *The Transformation of American Law 1870-1960: The Crisis of Legal Orthodoxy*. New York: Oxford University Press, 1992.

____. *The Warren Court and the Pursuit of Justice*. New York: Hill & Wang, 1998.

Hustwit, William P. *James K. Kilpatrick: Salesman for Segregation*. Chapel Hill: University of North Carolina Press, 2013.

Hutt, W.H. *The Theory of Collective Bargaining*. Glencoe, IL: Free Press, 1954.

Jacobs, Meg. *Panic at the Pump: The Energy Crisis and the Transformation of American Politics in the 1970s*. New York: Hill & Wang, 2016.

____. *Pocketbook Politics: Economic Citizenship in Twentieth-Century America*, Princeton, NJ: Princeton University Press, 2005.

____. "The Politics of Environmental Regulation: Business-Governmental Relations in the 1970s and Beyond," In *What's Good for American Business*, ed. Kimberly Phillips-Fein and Julian E. Zelizer. New York: Oxford University Press, 2012.

Jacobs, Meg. And Julian E. Zelizer. *Conservatives in Power: The Reagan Years, 1981-1989: A Brief History with Documents*. Boston: Bedford/St. Martin's, 2010

Johnson, Dennis W. *The laws That Shaped America: Fifteen Acts of Congress and Their Lasting Impact*.

New York: Routledge, 2009.

Johnson, M. Bruce, ed. *The Attack on Corporate America: The Corporate Issues Sourcebook*. New York: McGraw-Hill, 1978.

Johnson, Walter. *River of Dark Dreams: Slavery and Empire in the Cotton Kingdom*. Cambridge, MA: Belknap Pres of Harvard University Press, 2013.

Jones, Daniel Stedman, *Masters of the Universe: Hayek, Friedman, and the Birth of Neoliberal Economics*. Princeton, NJ: Princeton University Press, 2012.

Kabaservice, Geoffrey. *Rule and Ruin: Downfall of Moderation and the Destruction of the Republican Party, from Eisenhower to the Tea Party*. New York: Oxford University Press, 2012.

Kahn, Si, and Elizabeth Minnich. *The Fox in the Henhouse: How Privatization Threatens Democracy*. San Francisco: Berrett-Koeler, 2005.

Katznelson, Ira. *Fear Itself: The New Deal and the Origins of Our Time*. New York: Liveright, 2013.

Key, V.O. Jr. *Southern Politics, in State and Nation*. New York: Random House, 1949.

Keyssar, Alexander. *The Right to Vote: The Contested History of Democracy in the United States*, New York: Basic Books, 2000.

Kibbe, Matt. *Hostile Takeover: Resisting Centralized Government's Stranglehold on America*. New York: HarperCollins, 2012.

Kilpatrick, James J. *Interposition: Editorials and Editorial Page Presentations, 1955-1956*. Richmond, VA: Richmond News Leader, 1956.

____. *The Southern Case for School Segregation*. New York: Crowell-Collier Press, 1962.

____. *The Sovereign States: Notes of a Citizen of Virginia*. Chicago: Henry Regnery, 1957.

____. "The States Are Being Extorted into Ratifying the Twenty-Sixth Amendment," In *Amendment XXVI: Lowering the Voting Age*, ed. Sylvia Engdahl. New York: Greenhaven Press, 2010.

Kintz, Linda. *Between Jesus and the Market: The Emotions That Matter in Right-Wing America*. Durham, DC: Duke University Press, 1997.

Klein, Naomi. *The Shock Doctrine: The Rise of Disaster Capitalism*. New York: Metropolitan Books, 2007.

____. *This Changes Everything: Capitalism vs. the Climate*. New York: Simon & Schuster, 2014.

Klingaman, William K. *J. Harvie Wilkinson, Jr.: Banker, Visionary*. Richmond, VA: Crestar Financial Corporation, 1994.

Kluger, Richard. *Simple Justice: the History of Brown v. Board of Education and Black America's Struggle for Equality*. New York: Random House, 1975.

Koch, Charles G. *Creating a Science of Liberty*. Fairfax, VA: Institute for Humane Studies at George Mason University, 1997.

____. *Good Profit: How Creating Value for Others Built One of the World's Most Successful Companies*. New York: Crown Business, 2015.

____. *The Science of Success: How market-Basaed Management Built the World's Largest Private Company*. Hoboken, NJ: John Wiley & Sons, 2007.

____. "Tribute," Preface to *The Writings of F.A. Harper, vol. 1: The Major Workds*. Menlo Park, CA: Institute for Humane Studies, 1978.

Koch, Fred C. *A Business Man Looks at Communism*. Farmville, VA: Farmville Herald, n.d.

Kondracke, Morton, and Fred Barnes. *Jack Kemp: The Bleeding-Heart Conservative Who Changed America*. New York: Sentinel, 2015.

Kornstad, Robert Rodgers. *Civil Rights Unionism: Tobacco Workers and the Struggle for Democracy in the Mid-Twentieth-Century South*. Chapel Hill: University of North Carolina Press, 2004.

Kotz, Nick. *Judgment Days: Lyndon Baines Johnson, Martin Luther King, Jr., and the Laws That Changed America*. New York: Houghton Mifflin, 2003.

Kousser, J. Morgan. *The Shaping of Southern Politics: Suffrage Restriction and the Establishment of the One-Party South*. New Haven, CT: Yale University Press, 1974.

Kruse, Kevin M. *White Flight: Atlanta and the Making of Modern Conservatism*. Princeton, NJ: Princeton University Press, 2005.

Lassiter, Matthew D. *The Silent Majority: Suburban Politics in the Sunbelt South*. Princeton, NJ: Princeton University Press, 2006.

Lassiter. Matthew D. and Andrew B. Lewis, eds. *The Moderates' Dilemma: Massive Resistance to School Desegregation in Virginia*. Charlottesville: University Press of Virginia, 1998.

Lawson, Steven F. *Black Ballots: Voting Rights in the South, 1944-1969*. Lanham, MD: Lexington Books, 1999. First published 1976.

Layzer, Judith A. *Open for Business: Conservatives' Opposition to Environmental Regulation*. Boston: MIT Press, 2012.

Lee, Sophia Z. *The Workplace Constitution, from the New Deal to the New Right*. New York: Cambridge University Press, 2014.

Levin, Mark R. *The Liberty Amendments: Restoring the American Republic*. New York: Threshold Editions, 2013.

Levinson, Sanford. *Our Undemocratic Constitution: Where the Constitution Goes Wrong (and How We the People Can Correct It)*. New York: Oxford University Press, 2006.

Levenstein, Lisa. *A Movement Without Marches: African American Women and the Politics of Poverty in Postwar Philadelphia*. Chapel Hill: University of North Carolina Press, 2009.

Lienesch, Michael, *Redeeming America: Piety and Politics in the New Christian Right*. Chapel Hill: University of North Carolina Press, 1993.

Light, Jessica. "Public Choice: A Critical Reassessment," In *Government and Markets: Toward a New Theory of Regulation*, ed. Edward J. Balleisen and David A. Moss. New York: Cambridge University Press, 2010.

Lightner, David L. *Slavery and the Commerce Power: How the Struggle Against the Interstate Slave Trade Led to the Civil War*. New Haven, CT: Yale University Press, 2006.

Lind, Michael. *Up from Conservatism: Why the right Is Wrong for America*. New York: Free Press, 1996.

Link, William A. *Righteous Warrior: Jesse Helms and the Rise of Modern Conservatism*. New York: St. Martin's, 2008.

Linz, Juan J., and Alfred Stepan. *Problems of Democratic Transition and Consolidation: Southern Europe, South America, and Post-Communist Europe*. Baltimore: Johns Hopkins University Press, 1996.

Love, Robert. *How to Start Your Own School: A Guide for the Radical Right, the Radical Left, and Everybody In-Between Who's Fed Up with Public Education*. New York: Macmillan, 1973.

Lowndes, Joseph E. *From the New Deal to the New Right: Race and the Southern Origins of Modern Conservatism*. New Haven, CT: Yale University Press, 2008.

Lynn, Susan. *Progressive Women in Conservative Times: Radical Justice, Peace, and Feminism, 1945 to the 1960s*. New Brunswick, NJ: Rutgers University Press.

MacKenzie, G. Calvin, and Robert Weisbrot. *The Liberal Hour: Washington and the Politics of Change in the 1960s*. New York: Penguin, 2008.

Maclean, Nancy. *Freedom Is Not Enough: The Opening of the American Workplace*. Cambridge, MA: Harvard University Press, 2006.

Mann, Thomas E., and Norman Ornstein. *It's Even Worse than It Looks: How the American Constitutional System Collided with the New Politics of Extremism*. New York: Basic Books, 2012.

Manne, Henry G., and James A. Dorn, eds. *Economic Liberties and the Judiciary*. Fairfax, VA, and Washington, DC: George Mason University Press and the Cato Institute, 1987.

Maraniss, Davis, and Michael Weisskopf. *"Tell Newt to Shut Up!"* New York: Simon & Schuster, 1996.

Martin, Everett Dean. *Liberal Education vs. Propaganda*. Menlo Park, CA: Institute for Humane Studies, n.d.

Martin, Isaac William. *Rich People's Movements: Grassroots Campaigns to Untax the One Percent*. New York: Oxford University Press, 2013.

Mayer, Jane. *Dark Money: The Hidden History of the Billionaires Behind the Rise of the Radical Right*. New York: Doubleday, 2016.

Mayer, Jane, and Jill Abramson. *Strange Justice: The Selling of Clarence Thomas*. New York: Houghton Mifflin, 1994.

McEnaney, Laura. *World War II's "Postwar": A Social and Policy History of Peace, 1944–1953*. Philadelphia: Unviersity of Pennsylvania Press, forthcoming 2017.

McGirr, Lisa. *Suburban Warriors: The Origins of the New American Right*. Princeton, NJ: Princeton University Press, 2001.

McNeil, Genna Rae. *Groundwork: Charles Hamilton Houston and the Struggle for Civil Rights*. Philadelphia: University of Pennsylvania Press, 1983.

McSweeney, Dean, and John E. Owens, eds. *The Republican Takeover of Congress*. New York: St. Martin's, 1998.

Medvetz, Thomas, *Think Tanks in America*. Chapel Hill. University of North Carolina Press, 2012.

Meese, Edwin, III, "Speech by Attorney General Edwin Meese, III, Before the American Bar Association," In *The Great Debate: Interpreting Our Written Constitution*. Occasional Paper. Washington, DC: Federalist Society, 1986.

____. *With Reagan: The Inside Story*. Washington DC: Regnery Gateway, 1992.

Micklethwait, John, and Adrian Wooldridge. *The Right Nation: Conservative Power in America*. New York: Penguin Press, 2004.

Mills, Charles. *The Racial Contract. Ithaca*, NY: Cornell University Press, 1997.

Minchin, Timothy J. *What Do We Need a Union For? The TWUA in the South, 1945–1955*. Chapel Hill: University of North Carolina Press, 2000.

Minnite, Lori C. *The Myth of Voter Fraud. Ithaca*, NY: Cornell University Press, 2010.

Moriwski, Philip, and Dieter Plehwe, eds. *The Road from Mont Pèlerin: The Making of the Neoliberal Thought Collective*. Cambridge, MA: Harvard University Press, 2009.

Mises, Ludwig von. *The Anti-Capitalistic Mentality*. New York: D. Van Nostrand, 1956.

Moreton, Bethany E. *To Serve God and Wal-Mart: The Making of Christian Free Enterprise*. Cambridge, MA: Harvard University Press, 2009.

Moreton, Bethany, and Pamela Voekel. "Learning from the Right: A New Operation Dixie?" In *Labor Rising: The Past and Future of Working People in America*, ed. Richard Greenwald and Daniel Katz. New York: New Press, 2012.

Munoz, Heraldo. *The Dictator's Shadow: Life Under Augusto Pinochet*. New York: Basic Books, 2008.

Murphy, Paul V. *The Rebuke of History: The Southern Agrarians and American Conservative Thought*. Chapel Hill: University of North Carolina Press, 2001.

Murray, Charles. *By the People: Rebuilding Liberty Without Permission*. New York: Crown Forum, 2015.

Muse, Benjamin. *Virginia's Massive Resistance*. Bloomington: Indiana University Press, 1961.

Nash, George H. *The Conservative Intellectual Movement in America, Since 1945*. Wilmington, DE: Intercollegiate Studies Institute, 1998. First published 1976.

Norquist, Grover G. *Leave Us Alone: Getting the Government's Hands Off Our Money, Our Guns, and Our Lives*. New York: HarperCollins, 2008.

Novak, Robert D. *The Agony of the GOP, 1964*. New York: Macmillan, 1965.

Novak, William J. *The People's Welfare: Law and Regulation in Nineteenth-Century America*. Chapel Hill: University of North Carolina Press, 1996.

O'Connor, Alice. "Financing the Counterrevolution." In *Rightward Bound: Making America Conservative in the 1970s*, ed. Bruce J. Schulman and Julian E. Zelizer. Cambridge, MA: Harvard University Press, 2008.

O'Connor, James. *The Fiscal Crisis of the State*. New York: St. Martin's, 1973.

Oppenheim, Lois Hecht. *Politics in Chile: Socialism, Authoritarianism and Market Democracy*. Boulder, CO: Westview, 2007.

Orr, Daniel. "Rent Seeking in an Aging Population." In *Toward a Theory of the Rent-Seeking Society*, ed. James M. Buchanan, et al. College Station: Texas A&M University Press, 1980.

Painter, Nell Irvin. *Standing at Armageddon: The United States, 1877-1919*. New York: W.W. Norton, 1987.

Palmer, Bruce. *"Man over Money": The Southern Populist Critique of American Capitalism*. Chapel Hill: University Of North Carolina Press, 1980.

Parker, Christopher S., and Matt A. Barreto. *Change They Can't Believe In: The Tea Party and Reactionary Politics in America*. Princeton, NJ: Princeton University Press, 2013.

Patterson, James T. *Restless Giant: The United States from Watergate to Bush v. Gore*. New York: Oxford University Press, 2005.

Peeples, Edward H., with Nancy MacLean. *Scalawag: A White Southerner's Journey Through Segregation to Human Rights Activism*. Charlottesville: University of Virginia Press, 2014.

Perlstein, Rick. *Before the Storm: Barry Goldwater and the Unmaking of the American Consensus*. New York: Nation Books, 2001.

Peschek, Joseph G. *Policy-Planning Organizations: Elite Agendas and America's Right Turn*. Philadelphia, PA: Temple University Press, 1987.

Phillips-Fein, Kim. *Invisible Hands: The Making of the Conservative Movement from the New Deal to*

Reagan. New York: W.W. Norton, 2009.

Pierson, Paul. *Dismantling the Welfare State?: Reagan, Thatcher, and the Politics of Retrenchment*. New York: Cambridge University Press, 1994.

Piketty, Thomas. *Capital in the Twenty-First Century*. Cambridge, MA: Belknap Press of Harvard University Press, 2014.

Piñera, José. "Chile". In *The Political Economy of Policy Reform*, ed. John Williamson. Washington, DC: Institute for International Economics, 1994.

Polanyi, Karl. *The Great Transformation: The Political and Economic Origins of Our Time*. Boston: Beacon, 1957. First published 1944.

Poole, Robert W. *Cut Local Taxes Without Reducing Essential Services*. Santa Barbara, CA: Reason Press, 1976.

_____. *Cutting Back City Hall*. New York: Universe Books, 1980.

Postel, Charles. *The Populist Vision*. New York: Oxford University Press, 2007.

Potter, David M. *The South and the Concurrent Majority*. Baton Rouge: Louisiana State University Press, 1972.

Prasad, Monica. *The Politics of Free Markets: The Rise of Neoliberal Economic Policies in Britain, France, Germany and the United States*. Chicago: University of Chicago Press, 2006.

Prieto, Ramon Iván Nuñez. *Las Transformaciones de la Educación Bajo el Régimen Militar*, vol. 1. Santiago: CIAN, 1984.

Rabin-Havt, Ari, and media Matters for America. *Lies, Incorporated: The World of Post-Truth Politics*. New York: Anchor Books, 2016.

Rae, Nicol C. *The Decline and Fall of the Liberal Republicans: From 1952 to the Present*. New York: Oxford University Press, 1989.

Raimondo, Justin. *An Enemy of the State: The Life of Murray N. Rothbard*. Amherst, NY: Prometheus, 2000.

Reinhard, David. *The Republican Right Since 1945*. Lexington: University Press of Kentucky, 1983.

Ribuffo, Leo P. *The Old Christian Right: The Protestant Far Right from the Great Depression to the Cold War*. Philadelphia, PA: Temple University Press, 1983.

Roberts, Gene, and Hank Klibanoff, *The Race Beat: The Press, the Civil Rights Struggle, and the Awakening of a Nation*. New York: Alfred A. Knopf, 2006.

Roberts, Paul Craig, and Karen Lafollette Araujo. *The Capitalist Revolution in Latin America*. New York: Oxford University Press, 1997.

Robin, Corey. *The Reactionary Mind: Form Edmund Burke to Sarah Palin*. New York: Oxford University Press, 2011.

Rodgers, Daniel T. *The Age of Fracture*. Cambridge, MA: Belknap Press of Harvard University Press, 2011.

_____. *Atlantic Crossings: Social Politics in a Progressive Era*. Cambridge, MA: Belknap Press of Harvard University Press, 1998.

Rothbard, Murray N. *Power & Market: Government and the Economy*. Menlo Park, CA: Institute for Humane Studies, 1970.

_____. *The Betrayal of the American Right*. Auburn, AL: Ludwig von Mises Institute, 2007.

Rowan, Carl T. *South of Freedom*. New York: Alfred A. Knopf, 1952.

Rowley, Charles K., ed., *Democracy and Public Choice: Essays in Honor of Gordon Tullock*. Oxford, UK: Basil Blackwell, 1987.

Rubin, Jeffrey, and Vivienne Bennett, eds. *Enduring Reform: Progressive Activism and Private Sector Responses in Latin America's Democracies*. Pittsburgh: University of Pittsburgh Press.

Rubin, Jeffrey W., and Emma Sokoloff-Rubin. *Sustaining Activism: A Brazilian Women's Movement and a Father-Daughter Collaboration*. Durham, DC: Duke University Press, 2013.

Saloma, John S. *Ominous Politics: The New Conservative Labyrinth*. New York: Hill & Wang, 1984.

Sanders, Elizabeth. *Roots of Reform: Farmers, Workers, and the American State, 1877-1917*. Chicago: University of Chicago Press, 1999.

Schäfer, Armin and Wolfgang Streeck, eds., *Politics in the Age of Austerity*. Cambridge, UK: Polity, 2013.

Schoenwald, Jonathan M. *A Time for Choosing: The Rise of Modern American Conservatism*. New York: Oxford University Press, 2002.

Schulman, Bruce J. *From Cotton Belt to Sunbelt: Federal Policy, Economic Development, and the Transformation of the South, 1938-1980*. New York: Oxford University Press, 1991.

_____. *The Seventies: The Great Shift in American Culture, Society, and Politics*. New York: Free Press, 2001.

Schulman, Daniel. *Sons of Wichita: How the Koch Brothers Became America's Most America's Most Powerful and Private Dynasty*. New York: Grand Central, 2014.

Sclar, Elliott D. *You Don't Always Get What You Pay For: The Economics of Privatization*. Ithaca, NY: Cornell University Press, 2001.

Shapiro, Karin A. *A New South Rebellion: The Battle Against Convict Labor in the Tennessee Coalfield, 1871-1896*. Chapel Hill: University of North Carolina Press, 1998.

Shlaes, Amity. *The Forgotten Man: A New History of the Great Depression*. New York: Harper, 2007.

Simon, William E. *A Time for Truth*. New York: Mcgraw-Hill, 1978.

Sinha, Minisha. *The Counter-Revolution of Slavery: Politics and Ideology in Antebellum, South Carolina*. Chapel Hill: University of North Carolina Press, 2000.

Sklar, Holly, ed. *Trilateralism: The Trilateral Commission and Elite Planning for World Management*, Boston: South End Press, 1980.

Skocpol, Theda, and Vanessa Williamson. *The Tea Party and the Remaking of Republican Conservatism*. New York: Oxford University Press, 2012.

Smith, J. Douglas. *Managing white Supremacy: Race, Politics, and Citizenship in Jim Crow Virginia*. Chapel Hill: University of North Carolina Press, 2002.

_____. *On Democracy's Doorstep: The Inside Story of How the Supreme Court Brought "One Person, One Vote" to the United States*. New York: Hill & Wang, 2014.

Smith, James Allen. *The Idea Brokers: Think Tanks and the Rise of the New Policy Elite*. New York: New Press, 1991.

Smith, Mark A. *The Right Talk: How Conservatives Transformed the Great Society into the Economic Society*. Princeton, NJ: Princeton University Press, 2007.

Smith, Robert C. *They Closed Our Schools: Prince Edward County, Virginia 1951-1964*. Chapel Hill: University of North Carolina Press, 1965.

Specter, Arlen. *Life Among the Cannibals: A Political Career, a Tea Party Uprising, and the End of Governing as We Know It*. New York: Thomas Dunne, 2012.

Stein, Judith. *Pivotal Decade: How the United States Traded Factories for Finance in the Seventies*. New Haven, CT: Yale University Press, 2010.

Stepan, Alfred. "State Power and the Strength of Civil Society in the Southern Cone of Latin America." In *Bringing the State Back In*, ed. Peter B. Evans, et al. New York: Oxford University Press, 1985.

Stepan, Alfred, ed. *Democracies in Danger*. Baltimore: Johns Hopkins University Press, 2009.

Stern, Steve. *Battling for Hearts and Minds: Memory Struggles in Pinochet's Chile, 1973-1988*. Durham, NC: Duke University Press, 2006.

_____. *Reckoning with Pinochet: The Memory Question in Democratic Chile, 1989-2006*. Durham, NC: Duke University Press, 2010.

Stiglitz, Joseph E. *The Price of Inequality: How Today's Divided Society Endangers Our Future*. New York: W.W. Norton, 2012.

Stockman, David A. *The Triumph of Politics: Why the Reagan Revolution Failed*. New York: harper & Row, 1986.

Stokes, John, with Lois Wolfe and Herman J. Viola. *Students on Strike: Jim Crow, Civil Rights, Brown, and Me: A Memoir*. Washington, DC: National Geographic, 2008.

Sullivan, Patricia. *Days of Hope: Race and Democracy in the New Deal Era*. Chapel Hill: University of North Carolina Press, 1996.

Sunstein, Cass R. *Why Nudge? The Politics of Libertarian Paternalism*. New Haven, CT: Yale University Press, 2014.

Sweeney, James R. ed. *Race, Reason, and Massive Resistance: The Diary of David J. Mays, 1954-1959*. Athens: University of Georgia Press, 2008.

Tabarrok, Alexander, ed. *Changing the Guard: Private Prisons and the Control of Crime*. Oakland, CA: Independent Institute, 2003.

Tarter, Brent. *The Grandees of Government: The Origins and Persistence of Undemocratic Politics in Virginia*. Charlottesville: University of Virginia Press, 2013.

Taylor, Marcus, *From Pinochet to the "Third Way": Neoliberalism and Social Transformation in Chile*. London: Pluto Press, 2006.

Teles, Steven M. *The Rise of the Conservative Legal Movement: The Battle for Control of the Law*. Princeton, NJ: Princeton University Press, 2008.

Teles, Steven M., and Brian J. Glenn, eds. *Conservatism and American Political Development*. New York: Oxford University Press, 2009.

Teles, Steven, and Daniel A. Kenney. "Spreading the Word: The Diffusion of American Conservatism in Europe and Beyond." In *Growing Apart? America and Europe in the Twenty-First Century*, eds. Jeffrey Kopstein and Sven Steinmo. Cambridge, UK: Cambridge University Press, 2008.

Thaler, Richard H., and Cass R. Sunstein. *Nudge: Improving Decisions About Health, Wealth, and Happiness*. New York: Penguin, 2009.

Thorndike, Joseph J. "'The Sometimes Sordid Level of Race and Segregation': James J. Kilpatrick and the Virginia Campaign Against Brown." In *The Moderates' Dilemma: Massive Resistance to School Desegregation in Virginia*, ed. Matthew D. Lassiter and Andrew B. Lewis. Charlottesville:

University Press of Virginia, 1998.

Tollison, Robert D., and Richard E. Wagner. *The Economics of Smoking*. Boston: Kluwer Academic Publishers, 1992.

Tullock, Gordon. "Origins of Public Choice." In *The makers of Modern Economics*, vol. 3, ed. Arnold Heertje. Cheltenham, UK: Edward Elgar, 1999.

____. *The Politics of Bureaucracy*. Washington, DC: Public Affairs, 1965.

____. *Rent Seeking*. Brookfield, VT: Edward Elgar, 1993.

____. *Toward a Mathematics of Politics*. Ann Arbor: University of Michigan Press, 1967.

Turner, Kara Miles. "'Liberating Lifescripts': Prince Edward County, Virginia, and the Roots of *Brown v. Board of education*." In *From the Grassroots to the Supreme Court: Prince Edward County, Virginia, and the Roots of* Brown v. Board of Education, ed. Peter F. Lau. Durham. NC: Duke University Press, 2004.

Twelve Southerners. *I'll Take My Stand: The South and the Agrarian Tradition*. Baton Rouge: Louisiana State University Press, 1977. First published 1930.

Vacs, Aldo C. "Coping with the General's Long Shadow on Chilean Democracy." In *After Pinochet: The Chilean Road to Democracy and the Market*, ed. Silvia Borzutsky and Lois Hecht Openheim. Gainesville: University Press of Florida, 2006.

Van Horn, Robert, Philip Morowski, and Thomas A. Stapleford. *Building Chicago Economics: New Perspectives on the History of America's Most Powerful Economics Program*. New York: Cambridge University Press, 2011.

Vogel, David. *Fluctuating Fortunes: The Political Power of Business in America*. Washington, DC: Beard Books, 2003. First published 1989.

Vogel, Kenneth P. *Big Money: 2.5 Billion Dollars, One Suspicious Vehicle, and a Pimp – on the Trail of the Ultra-Rich Hijacking American Politics*. New York: Public Affairs, 2014.

Waldstreicher, David. *Slavery's Constitution, from Revolution to Ratification*. New York: Hill & Wang, 2009.

Walker, Scott. *Unintimidated: A Governor's Story and a Nation's Challenge*. New York: Sentinel, 2013.

Waterhouse, Benjamin C. *Lobbying America: The Politics of Business from Nixon to NAFTA*. Princeton, NJ: Princeton University Press, 2015.

White, Morton. *Social Thought in America: The Revolt Against Formalism*. Boston: Beacon Pres, 1947.

Whitman, Mark. Brown v. Board of Education: *A Documentary History*. Princeton, NJ: Markus Wiener, 2004.

Wilentz, Sean. *The Age of Reagan: A History, 1974-1008*. New York: HarperCollins, 2008.

Wlkonson, J. Harvie. *Harry Byrd and the Changing face of Virginia Politics, 1945-1966*. Charlottesville: University Press of Virginia, 1968.

Willss, Garry. *A Necessary Evil: A History of American Distrust of Government*. New York: Doubleday, 2000.

Woodward, C. Vann. *Origins of the New South, 1877-1913*. Baton Rouge: Louisiana State University Press, 1951.

Zernike, Kate. *Boiling Mad: Behind the Lines in Tea Party America*. New York: St. Martin's Griffin, 2011.

찾아보기

벼랑 끝에 선 민주주의

초판 1쇄 인쇄 2019년 11월 18일
초판 1쇄 발행 2019년 11월 25일

지은이 낸시 매클린 | 옮긴이 김승진
펴낸이 오세인 | 펴낸곳 세종서적(주)

주간 정소연 | 편집 이민애 | 디자인 Heeya
마케팅 임세현 | 경영지원 홍성우 이지연
인쇄 천광인쇄

출판등록 1992년 3월 4일 제4-172호
주소   서울시 광진구 천호대로132길 15, 세종 SMS 빌딩 3층
전화   마케팅 (02)778-4179, 편집 (02)775-7011 | 팩스 (02)776-4013
홈페이지 www.sejongbooks.co.kr | 블로그 sejongbook.blog.me
페이스북 www.facebook.com/sejongbooks | 원고모집 sejong.edit@gmail.com

ISBN 978-89-8407-774-4 (03300)

이 도서의 국립중앙도서관 출판시도서목록(CIP)은 서지정보유통지원시스템
홈페이지(http://seoji.nl.go.kr)와 국가자료공동목록시스템(http://www.nl.go.kr/kolisnet)에서
이용하실 수 있습니다.(CIP제어번호: CIPCIP2019041405)